FRANK MEESSEN

UNVERÄNDERLICHKEIT UND MENSCHWERDUNG GOTTES

FREIBURGER
THEOLOGISCHE STUDIEN

Unter Mitwirkung
der Professoren der Theologischen Fakultät
herausgegeben von

Remigius Bäumer, Alfons Deissler, Helmut Riedlinger

Hundertvierzigster Band

Unveränderlichkeit und Menschwerdung Gottes

FRANK MEESSEN

Unveränderlichkeit und Menschwerdung Gottes

Eine theologiegeschichtlich-systematische Untersuchung

HERDER
FREIBURG · BASEL · WIEN

CIP-Titelaufnahme der Deutschen Bibliothek

Meessen, Frank:
Unveränderlichkeit und Menschwerdung Gottes : eine theologiegeschichtlich-systematische Untersuchung / Frank Meessen. - Freiburg im Breisgau ; Basel ; Wien : Herder, 1989
(Freiburger theologische Studien ; Bd. 140)
ISBN 3-451-21555-1
NE: GT

D 25

Herstellung: Weihert-Druck, Darmstadt 1989
ISBN 3-451-21555-1

MEINEN ELTERN

VORWORT

Die vorliegende Arbeit geht auf eine Anregung von Prof. DDr. Karl Lehmann zurück. Er hat mich zu diesem Unternehmen ermuntert und in vielen Gesprächen und mit wertvollen Hinweisen tatkräftig unterstützt. Durch diese Begleitung hat er mir über die besondere Problematik der vorliegenden Fragestellung hinaus zugleich einen Weg zur verantwortlichen Rede von Gott gewiesen. Ihm, meinem Lehrer, gilt deshalb in erster Linie mein Dank.

Danken möchte ich auch dem zweiten Gutachter Herrn Prof. Dr. Helmut Riedlinger, dies noch einmal mehr, als er als Mitherausgeber der "Freiburger theologischen Studien" eine Aufnahme der vorliegenden Arbeit in diese Reihe befürwortet hat.

Zu Dank verpflichtet bin ich darüber hinaus auch Herrn Dr.theol.habil. Wilhelm Maas, von dem ich viele nützliche Anregungen erhalten habe.

Schließlich habe ich auch meinen Eltern zu danken, die mich durch materielle und ideelle Hilfe unterstützt haben, sowie dem Bischöflichen Ordinariat der Diözese Mainz für einen großzügigen Druckkostenzuschuß.

Ein letzter Dank sei meiner Ehefrau Christine gesagt, die in so vielfältiger Hinsicht am Entstehen dieser Arbeit beteiligt war.

Heppenheim, im Januar 1989

Frank Meessen

INHALT

Einführung

Wer die heutige Diskussion in der Gotteslehre verfolgt, wird unschwer einen Umbruch in Form und Inhalt feststellen können. Augenfällig ist nicht nur die organische Zuordnung der ehemals getrennt gehaltenen Traktate "De Deo uno" und "De Deo trino", sondern vor allem auch das Bemühen, den seins- und wesensphilosophischen Ansatz der klassischen Gotteslehre durch eine heilsgeschichtliche Perspektive zu ergänzen oder gar zu ersetzen.

Dieser Umbruch hat zur Folge, daß sämtliche dogmatischen Aussagen innerhalb der traditionellen Gotteslehre einer kritischen Prüfung unterzogen werden, um zu sehen, inwieweit unter den neuen Anforderungen ihre theologische Vertretbarkeit noch gewährleistet ist. Davon betroffen sind u.a. all jene Gottesprädikationen, die in der klassischen Tradition als "Eigenschaften Gottes" apostrophiert werden. Eine dieser Eigenschaften ist die Unveränderlichkeit (immutabilitas) Gottes. Diese muß innerhalb einer heilsgeschichtlichen Dogmatik die Frage provozieren, ob überhaupt noch ernsthaft von Gott als dem Unveränderlichen gesprochen werden kann, wenn feststeht, daß Gott nach dem Zeugnis der Schrift ein lebendiges Verhältnis zur Geschichte hat.

Die vorliegende Studie unternimmt den Versuch, das Schicksal dieser traditionsgeladenen Aussage von der Unveränderlichkeit Gottes innerhalb der theologischen Gotteslehre der Gegenwart nachzuzeichnen. Es wird sich dabei zeigen, daß diese auf den ersten Blick peripher anmutende Tradition nicht nur das Gott-Welt-Verhältnis in seiner grundlegenden Gestalt beleuchtet, sondern in einem damit auch einen unmittelbaren Zugang zum Zentrum der dogmatischen Gotteslehre eröffnet.

A. DIE UNVERÄNDERLICHKEIT GOTTES ALS THEOLOGISCHES PROBLEM

I. Eine fragwürdig gewordene Aussage

Zum Grundbestand der Dogmatik zählt seit alters her die Aussage von der Unveränderlichkeit Gottes. Ihr kommt bis in unser Jahrhundert der Rang einer unangefochtenen und nicht hinterfragbaren theologischen Autorität zu. Viel zu selbstverständlich erscheint ihr Aussagegehalt, als daß sie Gegenstand einer ernsthaften oder gar kritischen Auseinandersetzung hätte werden können. Daran haben auch vereinzelte Einsprüche im 19.Jhdt. nicht grundsätzlich etwas geändert. Wer sich hingegen die heutige theologische Diskussion vor Augen führt, wird unschwer feststellen können, daß sich die Lage vollständig geändert hat. Anders als in vergangenen Epochen mehren sich die kritischen Stimmen derer, die zunehmend an jenem traditionsgeladenen Begriff der Unveränderlichkeit Gottes Anstoß nehmen.
Als Gründe für diesen fundamentalen Wandel scheinen im wesentlichen zwei Faktoren maßgeblich zu sein. Eine erste, mehr innertheologische Begründung kann in der wachsenden Traditionskritik gesehen werden. Ein zweiter Grund besteht in den Anforderungen einer lebensnahen Verkündigung an die systematische Theologie.

1) Traditionskritik

Der kritische Umgang mit der theologischen Tradition ist nicht erst ein Phänomen unserer Tage. Durch die gesamte Theologiegeschichte hindurch lassen sich immer wieder Bestrebungen finden, das überlieferte Glaubensgut einer ernsthaften Prüfung zu unterziehen. Man denke nur etwa an die vielfältigen Formen der Mystik, an die theologia negativa eines NIKOLAUS von KUES oder an die erneute Konzentration auf die Schriftoffenbarung durch die Reformatoren. Mindestens die beiden zuletzt Genannten gehören heute selbst jenem Traditionsprozeß an, so daß von einer Fähigkeit der Tradition zur Selbstreinigung gesprochen werden kann.
Als ein Beispiel dafür läßt sich auch die Reaktion auf den im letzten Jahrhundert durch A.v.HARNACK vorgetragenen Vorwurf der Hellenisierung der orthodoxen Glaubenstradition anführen. Diesem Vorwurf der Entfremdung vom Evangelium wurde durch eine intensive formale und materiale Beschäftigung mit der Glaubens-

überlieferung geantwortet. Sprachphilosophische Erwägungen und dogmengeschichtliche Untersuchungen haben dabei zu der grundsätzlichen Erkenntnis der Vorläufigkeit und historischen Bedingtheit einer dogmatischen Aussage in ihrer jeweiligen konkreten Gestalt geführt.
Dogmenhermeneutisch wird also nicht gefragt, ob eine bestimmte dogmatische Aussage der Tradition "richtig" oder "falsch" ist, sondern ob ihre historisch bedingte Gestalt nicht durch eine neue, dem allgemeinen theologischen Erkenntnisstand entsprechende Artikulation zu ersetzen ist. Soll der Glaube der Kirche seine Lebendigkeit und Tragfähigkeit bewahren, dann ist diese traditionskritische Anfrage nicht nur legitim, sondern geradezu gefordert.
Im Zuge dieser Entwicklung ist es auch zu einer kritischen Auseinandersetzung mit den dogmatischen Gottesprädikationen -wie etwa der Lehre von der Ewigkeit, Allmächtigkeit oder eben auch der Unveränderlichkeit Gottes- gekommen. Angesichts ihrer historischen Bedingtheit spricht deshalb K.LEHMANN von einer Revisionsbedürftigkeit dieser Lehre[1]. "Man müßte jeden Titel und jedes Attribut auf seinen Ursprung und seine Wandlungen hin durchforschen"[2]. Eben dies ist heute im Blick auf die Aussage von der Unveränderlichkeit Gottes in vollem Gang.
Der kritische Umgang mit der Tradition der Unveränderlichkeit Gottes hat sich insofern aber noch verschärft, als -durch den Hellenisierungsvorwurf HARNACKs sensibilisiert- ihr metaphysisch-spekulativer Charakter erkannt wurde. Damit hat diese Tradition den Argwohn jener auf sich gezogen, die eine Befreiung theologischen Denkens von der Knechtschaft der Metaphysik anstreben. Im Hintergrund steht hier die schroffe, von B.PASCAL eingeführte Trennung, die den "Gott der Philosophen" vom "Gott Abrahams, Isaaks und Jakobs" scheidet.
Einer von der griechischen Metaphysik geprägten christlichen Dogmatik wird vorgeworfen, Gott seines wesenhaften Geheimnischarakters entkleidet und ihn auf das Niveau einer handhabbaren Objektivität reduziert zu haben. Nach C.GEFFRÉ "läuft in der metaphysischen Theologie als dem Triumph des entfaltenden Denkens alles so ab, als sei das ursprünglichste Geheimnis des sich offenbarenden Gottes auf ein vorgängiges Grundprinzip zurückzuführen, das aber letztlich im Logos der menschlichen Vernunft mündet"[3]. In diesem Zusammenhang hat B.KLAPPERT[4] darauf

hingewiesen, daß Gott letztlich seiner Freiheit beraubt wird, weil er innerhalb dieser metaphysischen Tradition funktional an die Welt gebunden wird.
Eine solche metaphysisch geprägte Dogmatik, zu der auch die Aussage von der Unveränderlichkeit Gottes gehört, hat in der Tat Schwierigkeiten, das biblisch bezeugte Geschichtshandeln Gottes noch sachgemäß zum Ausdruck zu bringen. Nochmals GEFFRÉ: "In der metaphysischen Theologie können wir eine rigorose Reduktion der biblischen Eigenschaften Gottes... auf den 'actus purus' des Seins beobachten. Dies führt zu unentwirrbaren Schwierigkeiten, wenn man das 'geschichtliche' Handeln Gottes (Schöpfung, Inkarnation, Vergöttlichung) wirklich ernst nehmen will"[5].

2) Anforderungen der Verkündigung

Neben der Traditionskritik hat auch die gegenwärtige Verkündigungssituation Anteil daran, daß die Aussage von der Unveränderlichkeit Gottes zunehmend fragwürdiger geworden ist. Damit geht es im folgenden mehr um die äußeren Einflüsse auf das theologische Denken. Diese zeigen sich als die geschichtlichen, z.T. historisch spezifischen Bedingtheiten der allgemein menschlichen Erfahrungswirklichkeit. Sie bestimmen das theologische Denken und näherhin den Gottesgedanken in Gestalt einer inhaltlichen Zielvorgabe, dem die Glaubensreflexion Rechnung tragen muß, wenn die Verkündigung einen tragfähigen Glauben vermitteln will. Diese Bedingtheiten der menschlichen Erfahrungswirklichkeit, denen das Bild eines unveränderlichen Gottes kaum zu entsprechen vermag, sind die geschichtliche Verfaßtheit menschlicher Existenz, die Regelhaftigkeit einer technokratischen Industriegesellschaft und die Leidenserfahrung des Menschen.

Die Geschichtlichkeit des Menschen gehört zu den bedeutsamsten Erkenntnissen der Neuzeit. Doch sie zählt zugleich auch zu ihren gefährlichsten. Denn dieses geschichtliche Denken trägt die latente Gefahr einer emanzipatorischen Absolutsetzung menschlicher Geschichte in sich, in deren Fortgang der Einzelne der "Menschheit" geopfert wird. Demgegenüber hat die christliche Verkündigung den Wert jedes einzelnen Menschen zu betonen, was ihr nur dadurch gelingen kann, daß sie den Menschen von der Überlast einer Totalverantwortung befreit und Gott als den Herrn der Geschichte denkt. Dabei "müssen sich Theologie und Verkündigung freilich lösen von traditionellen Formen und Formeln, ohne dabei die in ihnen enthaltene Substanz zu verlieren. Faktisch gelang es ja im Rahmen der traditionellen Glaubenslehre, die von den Kategorien der griechischen Metaphysik geprägt war, kaum, den lebendigen Gott der Geschichte in adäquater Weise auszusagen"[6].

Auf einen zweiten Aspekt der pastoral begründeten Unhaltbarkeit der Tradition von der Unveränderlichkeit Gottes hat A.DUMAS[7] aufmerksam gemacht. Im Zeitalter der Computer verliert der Mensch in zunehmendem Maß seine schöpferische Subjektivität. Er ist nicht mehr der die Welt selbständig Gestaltende, sondern Handlanger "organisatorischer Objektivitäten"[8], die die Wirklichkeit zu einem perfekt funktionierenden Regelkreis zusammenschließen. In ihr erscheint der Mensch nur noch "als Bastler, der sich in der Präzision übt für seine Spiele im Universum ohne metaphysische Transzendenz"[9]. In dieser Welt, so meint DUMAS, kann Gott nicht mehr als der unveränderliche Grund alles Seins verkündet werden. Heute "hat Gott die Aufgabe der Intervention und nicht mehr die Funktion des tragenden Grundes. Er durchbricht die systematisierende Regelhaftigkeit"[10]. Daraus ist dogmatisch der Schluß zu ziehen: "Das wahre Antlitz Gottes ist nicht das einer Unveränderlichkeit, sondern im Gegenteil das einer ständigen Neuheit. Gott ist der, durch den in die Unveränderlichkeit des Menschen das Neue einbricht"[11].

Ein letzter Gesichtspunkt, der eine Verkündigung des unveränderlichen Gottes wenig angemessen erscheinen läßt, bezieht sich auf die Leidenssituation[12] des Menschen. Kann es angesichts unheilbarer Krankheiten, schrecklicher Katastrophen, grausamer Kriege oder mörderischer Konzentrationslager überhaupt noch ein Sprechen von Gott geben, das dieses Leid des Menschen außer acht ließe? So steht die unüberhörbare Forderung im Raum, daß nicht mehr ein dem Leid des Menschen gegenüber unveränderlicher, d.h. ein leidensunfähiger Gott verkündigt werde, sondern jener andere, "der das Antlitz des leidenden Jesus hat, der Gott der Sympathie"[13].

Diese soeben kurz beschriebenen inner- und außertheologischen Wirkfaktoren können einen ersten Hinweis darauf geben, warum die Aussage von der Unveränderlichkeit Gottes in zunehmendem Maß fragwürdig geworden ist. Sie können allerdings eine theologische Bestandsaufnahme nicht ersetzen. Im folgenden muß deshalb der Tradition der Unveränderlichkeit Gottes selbst nachgegangen werden. Wir werden uns hierbei im wesentlichen auf die detaillierte Untersuchung von W.MAAS[14] stützen.

II. Die Tradition der Unveränderlichkeit Gottes

1) Entstehung des Begriffs

Wie zahlreiche Grundbegriffe der theologischen Tradition hat auch jener von der Unveränderlichkeit Gottes seinen Ursprung im Raum der griechischen Philosophie. Er findet sich bereits bei den frühen Vorsokratikern bis hin zum Spätplatonismus. Ausgesagt wird die Unveränderlichkeit von verschiedenen Subjekten, so von Gott, vom Einen, vom Sein, von der Seele, von der Idee. Was in seinem Wesen unveränderlich ist, entzieht sich dem Bereich des Endlichen; es besitzt dort höchstens eine entfernte Entsprechung.

In seiner Untersuchung hat W.MAAS auf die Vielzahl der geistigen Begründungszusammenhänge hingewiesen, in denen die Aussage von der Unveränderlichkeit Gottes steht. Sie lassen sich im wesentlichen in vier Verstehenshorizonte aufteilen: den sittlich-religiösen, den physikalisch-kinesiologischen, den mathematisch-geometrischen und den materiell-substanzhaften.

Im sittlich-religiösen Verstehenshorizont gründet die Unveränderlichkeit in der moralischen Vollkommenheit. In PLATONs "Staat" erscheint Gott als der absolut Gute, der sich insofern einerseits einer Wandlung durch äußere Einflüsse entzieht, denn das Vollkommene ruht in sich selbst und kann nicht durch Anderes in seiner Vollkommenheit geschmälert werden, und von dem andererseits auch eine tatsächliche oder nur mögliche Veränderung durch sich selbst auszuschließen ist, denn als das Gute könnte er sich nur zum Schlechteren verändern, was seinem Wesen widersprechen müßte. Auch ist jede Veränderung nur zum Schein bei Gott auszuscheiden. Des weiteren ist dieser unveränderliche Gott wesenhaft unbezüglich und unbedürftig. Der Mittel- und Spätplatonismus ergänzt die sittliche Begründung noch durch ein religiöses Postulat: Nur der sittlich vollkommene Gott, der nicht durch menschliche Einrede umgestimmt werden kann, vermag das Vertrauen des Menschen zu begründen.

Der zweite Verstehenshorizont, der physikalisch-kinesiologische, interpretiert die Unveränderlichkeit als Unbewegtheit, so neben XENOPHANES[15] vor allem ARISTOTELES. "Der unveränderliche und sich immer gleich bleibende 'Gott' ist die naturphilosophisch notwendige Erklärung für die stetige, sich immer gleichbleibende Kreisbewegung (des 'ersten Himmels')"[16]! Soll es in der Ursachenfolge des sich bewegenden Kosmos nicht einen Rückgang ad infinitum geben, ist eine erste Ursache anzunehmen, die selbst unbewegt ist - der unbewegte Beweger. An die Unveränderlichkeit dieses unbewegten Bewegers knüpfen sich verschiedene Bedingungen. So schließt der unbewegte Beweger zunächst jede Beeinflussung durch das Bewegte aus. Er steht in einem ausschließlichen und sich stets gleichbleibenden Verhältnis zu sich selbst. Die Unbewegtheit setzt weiterhin eine voll verwirklichte Seinsrealität voraus, was den Ausschluß jeglicher Potentialität bedeutet. Und schließlich ist mit der Unveränderlichkeit Gottes dessen Unteilbarkeit verbunden, denn verändern kann sich nur dasjenige, was in einem seiner Teile unverändert bleibt, sich in einem anderen aber verändert.

Im mathematisch-geometrischen Verstehenshorizont dient einerseits die Bewegung des in sich geschlossenen Kreises[17] als Anhalt für den Begriff der Unveränderlichkeit. Was an ihm erkennbar wird, ist nach PLATON auch das Wesen des unveränderlichen Seins: reine Bezogenheit auf sich selbst (indem er sich um sein eigenes Zentrum bewegt) sowie die Gleichförmigkeit und logoshafte Geordnetheit dieser Beziehung. Das unveränderliche Sein ist das Immer-gleich-Bleibende. Darüber hinaus dient als Erkenntnismodell auch die Gestalt des mathematischen Punktes. Er ist als Resultat der Subtraktion von der Linie die absolute Einfachheit und Teillosigkeit. Was aber absolut einfach ist, kann nicht veränderlich sein. Diese Einfachheit wird schließlich auch durch die mathematische Ein-Zahl (Monas) verdeutlicht. Sie ist das Prinzip der Einheit und schließt jede Veränderung in sich, jede Zusammensetzung, Gemeinschaft und Bezüglichkeit vollständig aus. "Hier steht das griechisch-philosophische Grundgesetz von der absolut starren Unveränderlichkeit Gottes hinsichtlich seiner Begründung und Interpretation auf einem inneren Höhepunkt"[18].

Schließlich wird die Unveränderlichkeit noch im Vorstellungshorizont des Materiell-Substanzhaften gedacht. In diesem Zusammenhang spielt die Seinslehre des PARMENIDES (um 540-470) eine wichtige Rolle. "Der Einfluß dieser parmenideischen Lehre vom absolut unveränderlichen Sein kann überhaupt nicht überschätzt werden. Er ist fast allgegenwärtig in der Geschichte der abendländischen Ontologie"[19]. Im Anhalt an das (relative) Selbstbeharrungsvermögen alles Substanzhaften und bei gleichzeitiger Abstraktion wird die Unveränderlichkeit als ein zentrales Merkmal des Seins erkannt. Es ist unerschütterlich, unbewegt und unteilbar, weder geworden noch ein werdendes, damit aber ewig und vollkommen in sich selbst. Somit sind Nicht-Affizierbarkeit (Leidensunfähigkeit), Bedürfnislosigkeit, Unteilbarkeit und Vollkommenheit die sachlichen Begründungen für die Unveränderlichkeit des wahren Seins[20].

2) Rezeption durch die christliche Theologie

Auf die Rezeptionsgeschichte des Begriffs der Unveränderlichkeit im Raum der christlichen Theologie[21] braucht hier nicht im einzelnen eingegangen werden. W.MAAS hat nachgewiesen, daß über PHILON von ALEXANDRIEN[22] die Aussage von der Unveränderlichkeit Gottes in das christliche Denken Einzug gehalten hat und innerhalb der Vätertheologie schon sehr früh zu einer grundlegenden dogmatischen Wesensaussage über Gott geworden ist. Insbesondere über AUGUSTINUS strahlt diese Tradition bis hinein ins Mittelalter, wo sie schultheologisch (PETRUS LOMBARDUS, THOMAS von AQUIN) und lehramtlich (4.Laterankonzil 1215) bestätigt wird und bis in unser Jahrhundert in Gültigkeit bleibt.
Um die ganze Problematik dieser Rezeption zu erfassen, ist zu berücksichtigen, daß die im Raum der griechischen Philosophie gedachte Unveränderlichkeit keineswegs einen einzelnen, kontextlosen Begriff, sondern einen umfassenden Aussagekomplex darstellt. Zu den wichtigsten Inhalten innerhalb dieses Gefüges gehören die sittliche Vollkommenheit, die räumliche Unbewegtheit sowie die innere Bewegungslosigkeit, der Ausschluß eines Bestimmtwerdens von außen (A-pathie), das völlige Bei-sich-Bleiben, die absolute Einfachheit als Unteilbarkeit, die Einheit als ausschließliche Selbstbezogenheit, die seinshafte Vollkommenheit als Ausschluß noch nicht verwirklichter Potentialität sowie Unvergänglichkeit und Ewigkeit.
Hier finden sich zunächst durchaus positive Anknüpfungspunkte, etwa Gottes sittliche oder seinshafte Vollkommenheit oder seine "A-pathie". Wird aber ein solcher Aussagekomplex mit all seinen Assoziativkräften von der griechischen Philosophie übernommen und in die christliche Gotteslehre eingeholt, dann muß sich die grundsätzliche Frage stellen, ob ein philosophischer Gottesbegriff dem biblischen Gottesgedanken überhaupt zu entsprechen vermag. Liegt Gott nicht im ersten Fall immer noch in Reichwei-

te menschlichen Denkens, so daß seine Erkenntnis den Gesetzen eben dieses Denkens u n t e r liegt? Und handelt es sich im zweiten Fall nicht um den wesenhaft transzendenten Gott, der auch menschliches Denken transzendiert und sich in seiner Offenbarung nur zu erkennen g i b t ? Bleibt aber angesichts dieses qualitativen Unterschieds dann nicht zu befürchten, daß die Aussagen der griechisch-philosophischen Gotteslehre eine für den biblischen Gottesgedanken gefährliche Vernünftigkeit enthalten?

Tatsächlich sind die Spannungen nicht zu übersehen, die mit der Rezeption der philosophischen Unveränderlichkeitsaussage entstanden sind. Eine erste Schwierigkeit stellt sich da ein, wo sich die völlige Beziehungslosigkeit des unveränderlichen Gottes und die Bundesgemeinschaft des biblischen Gottes mit dem Menschen gegenüberstehen. Hier die Gott-Monas, die in vollkommener Selbstgenügsamkeit jedes Verhältnis zu einem Anderen ausscheidet, dort der Schöpfergott, der mit seiner Schöpfung ein von ihm gestiftetes Verhältnis eingeht und gerade d a r i n als Gott erkannt werden will.

Eine zweite Schwierigkeit ergibt sich daraus, daß der unveränderliche Gott jedes Erleiden von außen vollkommen ausschließt. "A-pathie" bedeutet die Negation eines äußerlichen Bestimmtwerdens durch ein Anderes. Ist dieses ein ungewolltes, dann kann eine christliche Theologie durchaus zustimmen, soll Gott nicht zum Objekt kreatürlicher Manipulation werden. Was die Apathieaussage letztlich problematisch macht, ist die Negation einer jeglichen (!) Art von Bestimmtwerden, also auch ein solches, dem Gottes freie Entscheidung vorausgeht, sich durch Anderes berühren oder bestimmen zu lassen. Vom griechischen Geist konnte diese Differenzierung nicht erwartet werden, weil ein freiwilliges Bestimmtwerden Gottes durch ein Anderes philosophisch ebenso unsinnig erscheinen muß wie etwa eine selbstgewählte Veränderung des Guten zum Schlechten. Indem die christliche Theologie undifferenziert von der Apathie Gottes gesprochen hat, mußte sie sich den Blick auf jenes Leiden Gottes verstellen, das die Bibel vom Gott des Bundes in so reichem Maß bezeugt.

Die Schwierigkeiten verdichten sich noch zusehends im christologischen Horizont. Wie sollte angesichts des unveränderlichen Gottes, der gänzlich in sich verschlossen und absolut einfach ist, von Menschwerdung Gottes gesprochen werden? Wie kann ein Unveränderlicher etwas werden? Nach K.RAHNER wird man "nicht gut leugnen können, daß an diesem Punkt die traditionelle Theologie und Philosophie der Schule zu blinzeln und zu stottern anfängt"[23]. Im Einflußbereich der griechischen Unveränderlichkeitsaussage gerät die Inkarnationstheologie bzw. Christologie unweigerlich in die Nähe des Doketismus[24], weil der unveränderliche Gott-Logos in seiner Gottheit gänzlich unberührt bleiben muß. Ob aber Joh 1,14 dann noch zu seinem Recht kommt, darf bezweifelt werden.

Trinitätstheologisch steht der inneren Bewegungslosigkeit und unterschiedslosen Einfachheit des unveränderlichen Gottes schließlich die Relationalität und Dynamik der immanenten Trinität entgegen. Der Gott der christlichen Theologie ist nicht eine strukturlose, unveränderliche Substanz, sondern innerste Lebendigkeit in dreifaltiger Einheit. Was diese Einheit Gottes ausmacht, ist nicht an der mathematischen Ein-Zahl oder der geometrischen Punkthaftigkeit abzulesen, sondern enthalten im lebendigen Gegenüber und Miteinander der trinitarischen Personen.

Diese wenigen Andeutungen zeigen bereits, daß der griechisch-philosophische Aussagekomplex der Unveränderlichkeit Gottes für den christlichen Gottesgedanken eine elementare Gefährdung darstellt[25]. In seiner Untersuchung kommt W.MAAS zu der fundamentalen Einsicht, daß die Schultheologie dieser Gefahr nicht selten unterlegen ist[26]. Dies geschieht meist auf Kosten der biblischen Rede von der Innigkeit der Bundesbeziehung Gottes mit dem Menschen, die einerseits dadurch belastet wird, daß sich die Schöpfungsbeziehung Gottes -als relatio rationis[27] bezeichnet- unter dem Einfluß der Unveränderlichkeitsaussage schnell in die Irrealität einer nur gedachten Beziehung verflüchtigen kann. Andererseits ist diese biblische Rede, wo sie ein Leiden Gottes ausdrückt, oft nur als anthropomorphes bzw. anthropopathisches Sprechen ausgelegt worden. Und schließlich geht die Rezeption auch auf Kosten der Christologie, da der unveränderliche Gott-Logos mit der Geschichtlichkeit des Lebens Jesu nicht in Berührung kommen darf.

Es bleibt also festzustellen, daß durch die Rezeption der Unveränderlichkeitsaussage im Rahmen der schuldogmatischen Tradition vor allem Gottes heilsgeschichtliches Handeln oftmals verdunkelt wurde. Wo nun aber eine theologische Aussage eine solche grundlegende Bedeutung erhält, daß andere theologische Inhalte dadurch präjudiziert, d.h. daran gemessen werden, da kann nicht mehr nur von einer gewöhnlichen Aussage gesprochen werden, sondern da scheint es sich viel eher um ein theologisches A x i o m zu handeln.

Wie sehr dieses Axiom auch in unserem Jahrhundert noch in Geltung ist, zeigt ein Blick in die dogmatischen Lehrbücher. Dort wird die Unveränderlichkeit als eine der Wesenseigenschaften Gottes aufgeführt und damit begründet, daß Gott reiner Akt, absolut einfach und gänzlich vollkommen ist, also im wesentlichen genauso wie im griechisch-philosophischen Denken. Der axiomatische Charakter zeigt sich auch hier derart, daß die Spannungen zwischen dem unveränderlichen Gott und dem Gott der Bibel entweder gar nicht empfunden werden oder zugunsten des Axioms leicht lösbar erscheinen, indem das altbewährte Argument von der anthropomorphen Redeweise der Bibel gebraucht wird: "In allen diesen Wendungen liegt eine Herablassung und Anbequemung an unsere beschränkte und unvollkommene Vorstellungs- und Redeweise vor. Unsere Sprache kann die in den Wirkungen vor sich gehenden Änderungen nur dadurch scharf und kraftvoll ausdrücken, daß sie sie in die Ursache selbst verlegt"[28].

Darin zeichnet sich zugleich die durchgängige Argumentation ab: Die ausgesagten Veränderungen, die mit dem heilsökonomischen Handeln Gottes im Raum der Geschichte verbunden sind, betreffen tatsächlich nur das Geschöpfliche, während Gott selbst gänzlich unberührt bleibt. Diese argumentative Übereinstimmung mit der Tradition gilt auch und in besonderem Maß für die Inkarnation. "Innerlich verändert wird aber auch hier nur die Kreatur, welche... durch die Inkarnation zur Einheit der Person und Würde mit Gott erhoben wird, während Gott weder über sich erhoben noch auch von seiner Höhe herabgedrückt wird"[29]. Denkt man hier an Joh 1,14 oder gar Phil 2,6f., dann wird die inkarnationstheologische Verkürzung, die in derartigen Äußerungen liegt, geradezu mit Händen greifbar.

Ein letztes Beispiel liefert schließlich J.AUER[30]. Dort heißt es im Anschluß an die Begründung der Unveränderlichkeit Gottes durch dessen Aseität, Einfachheit und wesenhafte Unendlichkeit, "daß dieser Gott allem außergöttlichen Sein und Geschehen gegenüber absolut er selbst, in seinem Wesen unverändert und unver-

änderlich bleibt, wie tief er auch in seiner Herablassung die endliche Welt in seine unendliche Selbstgenügsamkeit aufnehmen (dem Unendlichen ist nichts hinzuzufügen)... und in ihr einmal vollenden wird"[31]. Das Verhältnis zwischen Gottes Unveränderlichkeit und seinem heilsgeschichtlichen Handeln hat hier antinomische Gestalt. Beides wird zwar von Gott ausgesagt, aber in einer fast betont unvermittelten Weise. Die Priorität scheint in jedem Fall bei der ersten Teilaussage der Unveränderlichkeit Gottes zu liegen. Dadurch wird die Aussage vom Heilshandeln Gottes ins zweite Glied verdrängt. Ihr theologisches Gewicht wird ihr vom Begriff der Unveränderlichkeit Gottes zugemessen. Demgegenüber wäre aber zu fragen, ob damit, daß Gott die Welt "in seine unendliche Selbstgenügsamkeit" aufnehmen wird, der theologische Sinn der eschatologischen G e m e i n - s c h a f t Gottes mit dem Menschen bereits vollständig erhoben ist. Fordert nicht vielmehr das "Gott alles in allem" (1 Kor 15,28), auch für Gott selbst eine Bedeutung anzunehmen (ohne dabei gleich an eine idealistische Selbstfindung Gottes zu denken) - gegen die Aussage von der Unveränderlichkeit und Selbstgenügsamkeit Gottes?
Diese wenigen Beispiele mögen genügen um zu zeigen, daß die Tradition des Unveränderlichkeitsaxioms noch bis in die Gegenwart hinein wirksam geblieben ist. Trotz unterschiedlicher Zusammenhänge ist diesen Beispielen gemeinsam, daß ihnen das Bewußtsein dafür fehlt, daß die Aussage von der Unveränderlichkeit Gottes, wie sie auf dem Boden der griechischen Philosophie entstanden ist, in dem Augenblick, in dem sie auf den biblisch bezeugten Gott Israels und Jesu Christi übertragen wird, zu einem dogmatischen P r o b l e m werden muß.

3) Lehramtliche Äußerungen

Auch in zahlreichen Dokumenten des kirchlichen Lehramtes[32] taucht der Begriff der Unveränderlichkeit Gottes auf. Innerhalb der christologischen Auseinandersetzungen der ersten Jahrhunderte dient er gegen die arianische Ktisma-Christologie mit zur Begründung der ewigen Gottgleichheit des Sohnes mit dem Vater (DS 126). Er verneint, daß der Sohn durch seine Menschwerdung jenen Veränderungen unterliegt, denen die veränderliche Kreatur unterworfen ist. - Inkarnationstheologisch wird festgestellt, daß der Logos durch die Menschwerdung weder in Fleisch noch in eine Seele verwandelt wird, weil die natura deitatis einfach und unveränderlich ist und immer gänzlich in ihrer Wesenheit bleibt (DS 297). - Trinitätstheologisch dient der Unveränderlichkeitsbegriff auf dem 4.Laterankonzil zur Widerlegung der Annahme, mit der Zeugung des Sohnes durch den Vater sei eine Teilung oder Verminderung der Gottheit des Vaters eingetreten (DS 805), denn die natura Patris ist unteilbar, weil gänzlich einfach (omnino simplex, DS 800, 805). - Schließlich ist von der Unveränderlichkeit Gottes auch auf dem 1.Vatikanischen Konzil die Rede, wo gegen den Pantheismus die Vorstellung verurteilt wird, daß die Natur Gottes mit jener der materiellen Welt identisch und deswegen auch deren Veränderungen unterworfen sei (DS 2901). Die wesenhafte Unterschiedenheit Gottes von der Welt wird damit begründet, daß Gott eine einzige, gänzlich einfache und unveränderliche, geistige Substanz ist (DS 3001). - Die übrigen lehramtlichen Äußerungen gebrauchen den Unveränderlichkeitsbegriff in einer Reihe mit anderen Gottesprädikationen wie Ewigkeit, Unbegreifbarkeit, Unsichtbarkeit, Allmacht, Unendlichkeit und Unermeßlichkeit als ein weiteres Attribut, das so selbstverständlich ist, daß es nicht eigens begründet werden muß.

Zusammenfassend kann man sagen, daß die lehramtlichen Dokumente mit dem Unveränderlichkeitsbegriff eine negative Aussage intendieren. Neben der Vorstellung einer Teilung oder Minderung der Gottheit des Vaters durch die Zeugung des Sohnes schließt die Unveränderlichkeit Gottes vor allem jede Form einer geschöpflichen Veränderung Gottes bzw. Christi aus. Aber "über das Wesen der Unveränderlichkeit Gottes selbst wird in allen Aussagen nicht näher gesprochen"[33]. Daraus, daß sich das Lehramt mit einer Beschreibung dessen, was positiv unter der Unveränderlichkeit Gottes verstanden werden soll, weitgehend zurückhält, ergibt sich für die heutige Diskussion ein Höchstmaß an interpretatorischer Freiheit und zugleich eine erhöhte Anforderung an die Verantwortlichkeit theologischen Denkens.

III. Theologische Reaktionen

Die Verdunkelungsgefahr, die von der zu einem theologischen Axiom gewordenen Aussage der Unveränderlichkeit Gottes für die christliche Theologie ausgeht, ist heute weitgehend erkannt[34]. Im folgenden sollen nun die Reaktionen gegen jene Tradition dargestellt werden. Diese bestehen in einer allgemeinen Übereinstimmung, das Unveränderlichkeits- bzw. Apathieaxiom in dieser Form abzulehnen. Positiv hat das zu einer Besinnung auf die Auslegung derjenigen Bibelstellen geführt, die traditionell für die Begründung der Unveränderlichkeit Gottes herangezogen wurden. Und im dogmatischen Denken wird der Unveränderlichkeit die "Geschichtlichkeit" Gottes entgegengehalten.

1) Ablehnung des Unveränderlichkeitsaxioms

Um es von vornherein noch einmal deutlich zu sagen: der heutige Konsens bezieht sich auf die Ablehnung des Unveränderlichkeits-a x i o m s, d.h. darauf, daß bestimmte Assoziativkräfte dieser Aussage, wie etwa der reinen Selbstgenügsamkeit, Selbstbezogenheit, absoluten Leidensunfähigkeit und inneren Starrheit, elementare Wesenszüge des biblischen Gottesbildes verstellen.

Die Ablehnung dieses Axioms setzt in einer ausdrücklichen Form bereits im vergangenen Jahrhundert ein. In einem Aufsatz von 1856 schreibt der protestantische Theologe I.A.DORNER "Über die richtige Fassung des dogmatischen Begriffs der Unveränderlichkeit Gottes, mit besonderer Beziehung auf das gegenseitige Verhältnis zwischen Gottes übergeschichtlichem und geschichtlichem Leben"[35] folgendes: "Wir sehen von sonst sehr verschiedenen Seiten aus, daß die Unveränderlichkeit und Unwandelbarkeit Gottes, die sonst Jedem wie von selbst axiomatisch feststand, einem großen Theil der Zeitgenossen factisch erschüttert ist, daß daher die Theologie diese Frage in erneute Untersuchung zu nehmen hat"[36]. Und einige Jahrzehnte später stellt H.CREMER "die Unfruchtbarkeit des Lehrstücks von den Eigenschaften Gottes in seiner bisherigen Behandlung in der Dogmatik und im kirchlichen Unterricht"[37] fest. "Die Unveränderlichkeit Gottes, welche man lediglich aus dem Gottes b e g r i f f gewinnt, ist eine ganz andere, als die Gott in seiner Offenbarung betätigt"[38].

Von denjenigen, die die heutige Diskussion über die Unveränderlichkeit Gottes wesentlich mitbestimmen, ist es K.BARTH gewesen, der wohl als erster seine entschiedene Ablehnung des philosophischen Unveränderlichkeitsgedankens ausgedrückt hat. "Die Entscheidung hinsichtlich des richtigen Verständnisses dieses Begriffs fällt damit, daß man einsieht: es handelt sich nicht darum, in einem mehr oder weniger konsequent als solches begriffenen Unveränderlichen Gott zu erkennen, sondern es handelt sich darum, G o t t als 'unveränderlich' zu erkennen... Denn das wäre nun allerdings die denkbar fatalste Voraussetzung der besonderen Gotteslehre nicht nur, sondern alles Redens von Gott, wenn wirklich 'das Unveränderliche' als solches Gott sein sollte"[39]. Nach E.BRUNNER "sprechen vielfach die Theologen von der Unveränderlichkeit Gottes als wie von ideeller Wahrheit, weil sie nicht an den lebendigen Gott der Offenbarung denken, sondern an das 'Esse', das Absolute, die Substanz usw. Der Gott der philosophischen Spekulation ist 'per definitionem immutabilis'"[40]. K.RAHNER hat gefordert, "daß der Satz von der Unveränderlichkeit Gottes uns nicht den Blick darauf verstelle, daß, was hier bei uns in Jesus als Werden und Geschichte geschehen ist, s e i n ihm eigenes Werden ist"[41]. Apodiktisch stellt E. SCHILLEBEECKX fest: "Gott ist unveränderlich; jawohl, aber auf eine göttliche Weise, die sich uns entzieht und nichts mit Fixismus zu tun hat"[42]. Nach W.PANNENBERG "mußte der Begriff einer naturhaften Unveränderlichkeit Gottes das theologische Verständnis seines geschichtlichen Handelns behindern, und er hat dies in kaum überschätzbarem Ausmaß getan"[43]. Im Titel seiner Programmschrift spricht H.MÜHLEN von der "Veränderlichkeit Gottes als Horizont einer zukünftigen Christologie"[44]. In einem Vergleich zwischen der frühchristlichen Dogmatik und der dichten Theologie des Philipper-Hymnus sieht sich H.U.v.BALTHASAR gezwungen, im Blick auf das Schriftzeugnis "ein Plus festzustellen, das die so fixierten Formeln der Unveränderlichkeit Gottes nicht wirklich fühlbar werden lassen"[45]. Für die Christologie spricht D.WIEDERKEHR die Warnung aus: "Leitend darf hier nicht ein unkritisch übernommener und im Fremdverständnis der jeweiligen Philosophie belassener Begriff von Gottes unveränderlicher Natur sein"[46]. H.KÜNG bemerkt: "Wenn die Schrift von einer Unwandelbarkeit Gottes redet, so nicht im metaphysischen Sinne einer starren naturhaften Unbeweglichkeit"[47], so daß zu überlegen ist, ob "nicht die Problematik der Veränderung und des Werdens in Gott neu reflektiert werden muß"[48]. Für W.KASPER steht die traditionelle Theologie in der Gefahr, "Gott in seiner Unveränderlichkeit zum Gefangenen seines eigenen Seins zu machen"[49]. Und nach Chr.SCHÜTZ stellt die Unveränderlichkeit Gottes einen "unerträglichen Gedanken der metaphysischen Gottesidee"[50] dar. H.OTT ist der Auffassung, daß Theologie überhaupt nur möglich ist, weil Gott mit dem Menschen eine Geschichte eingegangen ist. "Weil aber diese Geschichte eine wirkliche, keine bloß scheinbare Geschichte ist, eine Geschichte z w i s c h e n Partnern, welche beide betrifft (...), darum wandelt sich Gott in ihr"[51]. Ebenso muß nach P.SCHOONENBERG die Frage gestellt werden, "ob sich Gott nicht verändert und verändern muß, insofern er relational ist, ob er sich nicht in seinen realen Beziehungen zu seinen Geschöpfen echt wandelt"[52]. Nach W.MAAS "ist auf dem Hintergrund und in Konsequenz des griechisch-philosophischen Unveränderlichkeitsaxioms die neutestamentliche Aussage eines Werdens und einer Kenosis des Gott-Logos selbst immer wieder uminterpretiert worden... Das Werden, das Leiden, die Veränderung, betrifft nur die 'angenommene', 'dazugekommene' menschliche Natur. Der Gott-Logos als solcher bleibt davon unberührt"[53]. Ähnlich äußert sich auch J.GALOT: "Ein eng gefaßter Begriff der Unveränderlichkeit Gottes hat oftmals innerhalb der theologischen Lehre den Ausschluß einer jeglichen Vorstellung von Veränderung, gleichgültig welche immer es auch sei, nach sich gezogen"[54]. Angesichts des Gekreuzigten spricht E.JÜNGEL von einer entscheidenden Korrektur des christlichen Gottesgedankens. "Durch die im Kreuz Jesu Christi begründete Unterscheidung von Gott und Gott sind das Absolutheitsaxiom und mit ihm das Apathieaxiom und das Unveränderlichkeitsaxiom als für den christlichen Gottesbegriff untaugliche Axiome destruiert worden"[55]. Gegen die Geltung des Apathieaxioms haben sich vor allem auch K.KITAMORI mit seiner "Theologie des Schmerzes Gottes"[56] und J.MOLTMANN gewandt. Für den letzteren "ist ein Gott, der nicht leiden kann, ärmer als jeder Mensch. Denn ein leidensunfähiger Gott ist ein teilnahmsloses Wesen. Ihn rühren Leiden und Unrecht nicht. Affektlos wie er ist, kann ihn nichts affizieren, nichts erschüttern... Wer aber nicht leiden kann, kann auch nicht lieben"[57]. So ähnlich auch D.SÖLLE[58]. Und aus spirituellem Antrieb fragt H.RIEDLINGER: "Können wir an einen Gott glauben, dessen Freude auch angesichts der schrecklichsten Greuel jeden eigenen Schmerz ausschließen muß"[59]?

Mit diesen Ausführungen ist deutlich geworden, daß die Ablehnung des Unveränderlichkeits- und Apatheiaxioms nicht mehr nur auf der kritischen Haltung einer kleinen Minderheit beruht, sondern durchaus als theologischer Konsens in der gegenwärtigen Theologie angesehen werden darf.

2) Erhebung der biblischen Aussage über die Unveränderlichkeit Gottes

Im Zuge stetig wachsender Vorbehalte gegen eine Gotteslehre, die in bedrohlichem Ausmaß in die Abhängigkeit eines rein metaphysischen Denkens geraten ist, läßt sich heute "eine ausgesprochene theologische Hinwendung auf das explizite Gotteszeugnis der Schrift... beobachten"[60]. Zum Thema der Unveränderlichkeit Gottes sind in diesem Zusammenhang zwei Fragen maßgeblich. Die erste bezieht sich auf diejenigen Bibelstellen (Ex 3,14; Mal 3,6; Ps 102,27f.; Jak 1,17), die innerhalb der traditionellen Schultheologie zur biblischen Begründung der Unveränderlichkeit Gottes herangezogen wurden: Inwieweit können nach heutigem exegetischen Kenntnisstand diese Stellen noch für eine Begründung der Unveränderlichkeit Gottes benutzt werden? Darüber hinaus ist zweitens nach jenen biblischen Aussagen zu fragen, die ungeschützt von einer Veränderung Gottes sprechen.

Ex 3,14: Da antwortete Gott dem Mose: Ich bin der "Ich bin da". Für die Auslegungstradition[61] von grundlegender Bedeutung ist bereits die LXX-Übersetzung. Das hebräische "ehjeh ašer ehjeh" wird mit "ego eimi ho on" wiedergegeben. Damit erhält die ursprüngliche Aussage eine philosophische Färbung, die ihr wesensfremd ist. "Wenn die Septuaginta die Bedeutung des Namens mit 'der Seiende' wiedergibt, hat sie zwar den grammatikalischen Tatbestand getroffen, nicht aber den semasiologischen. Denn 'hajah' heißt im hebräischen nicht 'sein' im griechisch-abendländischen Sinn (Gegensatz: werden und vergehen), sondern 'eintreten, werden, geschehen, da-sein, sein'. Der dynamische Aspekt ist also bei weitem der vorherrschende. Eine Deutung im Sinne des 'ipsum esse' ist weder vom Verbum noch von der unphilosophischen Mentalität des Hebräers her... vertretbar"[62].

Dieser Hinweis findet im weiteren Kontext von Ex 3 eine aufschlußreiche Bestätigung. Innerhalb der Gottesbegegnung des Mose gibt sich Jahwe als Gott der Väter zu erkennen (VV. 6,15, 16). Diese Genitivverbindung ist nicht nur Anhaltspunkt für eine Identifizierung Jahwes durch Mose, sondern darüber hinaus Offenbarung des Gottseins Gottes. Er ist ein Gott "für", d.h. ein mitseiender Gott. Und ebendies erfährt auch Mose in seiner Situation: Gott aber sagte: Ich bin mit dir (V. 12).

Jahwes Selbstvorstellung in V 14 läßt demnach sein Sein als Mitsein erkennen. Für seine Treue zum Volk Israel steht er nicht mit einer Absichtserklärung ein, sondern mit seinem ureigenen Selbstsein: Wenn wir untreu sind, bleibt er doch treu, denn er kann sich nicht selbst verleugnen (2 Tim 2,13). In diesem Sinn bedeutet die Namensoffenbarung die Offenbarung endgültiger Beistandsverheißung, personaler Zuwendung - kurz unerschütterlicher Bundestreue. "Auf keinen Fall aber ist hier eine starre, zeitenthobene Unveränderlichkeit Gottes gemeint"[63].

Mal 3,6: Ich, der Herr, habe mich nicht geändert, und ihr habt nicht aufgehört, Söhne Jakobs zu sein.
Auch hier erschließt sich das richtige Verständnis wieder aus dem Zusammenhang. In Mal 2,17-3,12 geht es um das Erscheinen Gottes zum Gericht. Dem sündigen Volk wird die fortgesetzte Verletzung der Bundesverpflichtung vorgeworfen und deshalb das Gericht angedroht (V.5). Im hebräischen Urtext folgt nun ein "Denn", das das Gericht über die Söhne Jakobs mit Gottes Unveränderlichkeit in einen Sinnzusammenhang bringt. Weil Gott unerschütterlich zu seinen Verheißungen steht, seien es solche zum Heil oder Gericht, führt der Bundesbruch Israels zum Gericht. H.BRANDENBURG bemerkt dazu: "Jahve blieb der Unwandelbare und wird es bleiben. Er wird sich an seinen heiligen Prinzipien nichts abmarkten lassen... Gott wandelt sich nicht. 'Ich will nicht ändern, was aus meinem Munde ergangen ist', heißt es von Jahve in PS 89,35"[64].
Wie sehr Gottes Unveränderlichkeit das unumstößliche Stehen zu seinem Wort bedeutet und auch hier nicht als "starre Unbeweglichkeit und fixe Unveränderlichkeit Gottes im Sinne griechischer Gottesvorstellung"[65] verstanden werden darf, zeigt gleichsam eine Gegenprobe in V.7: Kehrt um zu mir, dann kehre ich mich euch zu, spricht der Herr der Heere. Hier wird von einer Verhaltensänderung Gottes gesprochen, die für den Fall eintreten wird, daß Israel umkehrt. Gott re-agiert auf das jeweilige Verhalten des Bundespartners, d.h. er wendet sich dann seinem Volk wieder zu. Doch gerade darin, daß er sein Verhalten ändert, entspricht er seinen Verheißungen, bleibt er in diesem Sinn der Unveränderliche.
Ps 102,28: Du aber bleibst, der du bist, und deine Jahre enden nie. Der erste Teil der Aussage besteht im hebräischen Urtext aus zwei Personalpronomina "Aber Du (bist) Er". Der Angesprochene wird mit demjenigen identifiziert, der Himmel und Erde erschaffen hat (V.26) und dessen Name alle Geschlechter überdauert (VV. 13, 25, 27). Der Ansprechende hingegen ist ein not-

leidender Mensch (VV. 4-12), der mit dem Tode ringt und auf diese Weise die Hinfälligkeit seiner Existenz erkennen muß. Die kreatürliche Veränderlichkeit kontrastiert mit der Nicht-Veränderlichkeit Gottes: Sie (sc. Himmel und Erde) werden vergehen, du aber bleibst (V. 27). Die theologische Aussage erschöpft sich allerdings nicht in der Erkenntnis der Unvergänglichkeit Gottes. Der Umstand, daß ein in Not Geratener diesen Gott mit Du anspricht und von ihm Rettung erwartet (V. 18), legt den Schluß nahe, daß die Kosmologie dieses Psalmes auf eine heilsgeschichtlich-soteriologische Sinnspitze hinausläuft. Der Beter, der den unwandelbaren Gott der Zeiten mit jenem eschatologischen Retter identifiziert, der sich über Zion erbarmt (VV. 13-23, 29), erkennt in der Unwandelbarkeit dieses Gottes den inneren Grund für die Verläßlichkeit seiner Heilsverheißung. "Das Thema 'Jahwes Heilstaten in der Urzeit' klingt hier an und wird zur Botschaft von Gottes unveränderlichem Walten über allem Zufall hin variiert... der Beständigkeit Jahwes entspricht die Treue seiner Heilsmitteilung"[66]. Und H.GUNKEL merkt an: "So hat der Dichter von Ps 102 den Schmerz über sein zerrinnendes Leben dadurch überwunden, daß er dessen gedachte, 'was ewig bleibt': er erinnert sich, daß Gott in allem Wandel des Irdischen immerdar derselbe ist, und diese göttliche Ewigkeit verbürgt ihm auch das künftige wundervolle Heil Zions, das sicherlich bald hereinbrechen wird"[67].
Jak 1,17: Jede gute Gabe und jedes vollkommene Geschenk kommt von oben, dem Vater der Gestirne, bei dem es keine Veränderung und keine Verfinsterung gibt.
Diese neutestamentliche Perikope lebt von der begrifflichen Spannung zwischen der ständigen Veränderung des Kosmos und der Unveränderlichkeit der Güte Gottes. "Die Intention dieser Bezeichnung (sc. Vater der Gestirne) ergibt sich aus dem folgenden: Bei Gott gibt es keine Veränderung oder durch die wechselnde Stellung der Gestirne bedingte Verfinsterung, wie sie auf Erden vorkommt. Ist aber Gott unwandelbar in seiner Güte, kann von ihm nichts Böses und Unheilvolles ausgehen"[68]. Ähnlich betont auch MICHL die Güte Gottes: "In der Sternenwelt treten Veränderungen und Verfinsterungen ein, während für Gott jede Unvollkommenheit fremd bleibt. Seiner Güte verdanken die Christen, was sie sind; denn nach seinem freien Willensentschluß hat er sie durch die Frohbotschaft... 'geboren'"[69]. Die Negation einer

Veränderlichkeit, wie sie bei Gestirnen auftritt, bedeutet nicht eine kosmische Unbeweglichkeit, sondern die Permanenz seines Heilshandelns. Gott "bleibt unverändert, nämlich hinsichtlich seiner Eigenschaft, nur gute Gaben zu schenken"[70].

Mit diesen knappen Ausführungen konnte für die einzelnen Perikopen deutlich gemacht werden, daß der jeweilige Kontext eine Interpretation der Unveränderlichkeit Gottes im Sinne des griechischen Unveränderlichkeitsaxiom ausschließt. Statt dessen hat sich in allen Fällen gezeigt, daß die Aussagen im Dienst heilsgeschichtlicher Verkündigung stehen und die Bundestreue Gottes, d.h. die Verläßlichkeit seiner Verheißungen zum Ausdruck bringen.

War bisher nur von der Unwandelbarkeit und Beständigkeit Gottes die Rede, so scheinen dem jene Bibelstellen zu widersprechen, die von einer Veränderung Gottes reden. Hierzu gehören insbesondere die Aussagen von der Reue Gottes. In einer Studie ist J.JEREMIAS[71] diesem Problem nachgegangen und dabei zu einem Ergebnis gekommen, das für unsere Frage von Bedeutung ist. Zunächst unterscheidet JEREMIAS zwei Komplexe, einmal Gottes Reue über eine früher vollzogene Heilssetzung (die Erschaffung des Menschen Gen 6 und die Einsetzung Sauls zum König 1 Sam 15) und zum anderen die Reue Gottes über ein von ihm angedrohtes Strafgericht (Jer 18,7f.; 26,3.13.19; 42,10; Hos 11,8f.; Am 7,3; Joel 2,13f.; Jona 3,9f.; 4,2). Im ersten Fall handelt es sich darum, daß Gott ein von ihm selbst gesetztes Heilswerk bereut (Gen 6,6; 1 Sam 15,11.35), weil menschliche Schuld das Gottesverhältnis nachhaltig gestört hat. Deshalb nimmt Gott das Heilswerk wieder zurück (Sintflut, Verwerfung des Sauls). Von alles entscheidender Bedeutung ist dabei die enge Verknüpfung der Reue Gottes mit dem völligen Ausscheiden einer nochmaligen Wiederholung. Die zurückgenommene Heilstat wird zugleich von einer bedingungslosen Heilszusage überhöht. Von dieser Verheißung wird Gott nun nichts mehr zurücknehmen (Gen 8,21; Num 23,19; 1 Sam 15,29; Ps 110,4). "Das Theologumenon von Jahwes Reue ist dadurch stets mit einem 'nie mehr' (Gen 8,21) verbunden und dient nur als dunkle Folie, von der sich die unabänderlichen Heilszusagen Jahwes um so heller abheben"[72]. In dieser Selbstverpflichtung Gottes und nicht in seiner vorangehenden Reue liegt die eigentliche Veränderung Gottes. Denn Bereuen und Rücknahme der Heilstat ist die angemessene und keineswegs überraschende Reaktion der strafenden Gerechtigkeit Gottes. Insofern er sich an seine (Unheils-) Verheißungen hält, bleibt Gott der Unveränderliche (Mal 3,6). Die eigentliche Wandlung findet vielmehr dort statt, wo Gott eine wiederholte Zurücknahme seiner Heilszusage anläßlich menschlicher Sünde durch eine eidliche Verpflichtung ausschließt[73]: Jahwe ist kein Gott der Reue. Die Veränderung, die in Gott selbst stattfindet, "ist letztlich der Sieg des Heilswillens Jahwes über seine Strafgerechtigkeit"[74].

Diese Aussage vom Sieg des Heilswillens Gottes über die Verwerfung des Menschen, die hier nur als theologische Schlußfolgerung zu erheben war, wird von der zweiten Textgruppe direkt zum Ausdruck gebracht: Wie könnte ich dich preisgeben, Efraim, wie dich aufgeben, Israel?... Mein Herz wendet sich gegen mich, mein Mitleid lodert auf. Ich will meinen glühenden Zorn nicht vollstrecken und Efraim nicht noch einmal vernichten (Hos 11, 8f.). Gottes Willenswandel bezieht sich hier auf sein Strafhandeln an Israel. Daß Jahwe ein Gott der Reue ist, wird Israel nun zum Heil. Es kann nur überleben, wenn Gott von seinem Strafgericht Abstand nimmt. "Diese äußerste Rettungsmöglichkeit für ein in Schuld verstricktes Gottesvolk kann Israel nur als Kampf Jahwes gegen sich selbst, als Jahwes Sieg über seinen lodernden Zorn im 'Herzensumsturz' (Hos 11,8) und Willenswandel beschreiben; denn ihm ist es unvorstellbar, daß Jahwe als der heilig-gerechte, der Schuld und Unrecht nicht zu ertragen vermag, willkürlich und beliebig Gericht und Strafe ausführen oder aber unterlassen kann"[75]. JEREMIAS schlägt in diesem Zusammenhang vor, nicht anthropopathisch von "Reue" Gottes zu sprechen, weil damit sprachlich ein Schuldeingeständnis impliziert ist, das hier auszuschließen ist, denn Gottes Zorn entbrennt nicht zu Unrecht, er hat im eigentlichen Sinn also garnichts zu "bereuen". Sein Willenswandel kommt ausschließlich im Blick auf die Konsequenzen seines Handelns zustande. Statt von "Reue" sollte deshalb eher von Gottes "Eingreifen gegen sich selbst"[76], von seiner "Selbstüberwindung"[77] gesprochen werden.

Als Fazit kann festgehalten werden: Die angeführten Textstellen über eine Wandlung Gottes stimmen alle darin überein, daß Gott in einem Eingreifen gegen sich selbst seine Strafgerechtigkeit überwindet, sei es, daß er sein Heilswerk niemals mehr zurücknehmen wird, sei es, daß er in Zukunft von seinem vernichtenden Strafgericht Abstand nehmen wird. Als Grund für diese Außer-

kraftsetzung des Zusammenhangs von Schuld und Strafe erscheint immer "Jahwes leidenschaftliche Sorge um die Seinen"[78], so daß hinter der Heil schaffenden "Inkonsequenz" und Wandelbarkeit Gottes seine unverbrüchliche Bundestreue aufleuchtet.
Am Ende dieses Abschnitts, in dem es um die Erhebung der biblischen Aussage über Gottes Unveränderlichkeit ging, kann zusammenfassend gesagt werden, daß diese Unveränderlichkeit Gottes den bisherigen Untersuchungen zufolge als Zuverlässigkeit seiner Bundestreue erscheint. Jene Aussagen von einer Willensänderung Gottes stehen hierzu nicht im Widerspruch, sondern eher in sachlicher Konvergenz, insofern jene Sinneswandlungen (als das Überwinden seiner Strafgerechtigkeit) die konkreten Formen sind, unter denen sich Gottes Bundestreue einem störrischen, abtrünnigen Volk gegenüber vollzieht. Gerade dieser Aspekt, der den Existenz erhaltenden und Heil schaffenden Charakter der Unveränderlichkeit Gottes hervorhebt, macht eine Auslegung der Unveränderlichkeit im Geiste der griechisch-philosophischen Gotteslehre unmöglich. In der systematischen Theologie hat sich in weiten Teilen aufgrund dieser biblischen Erkenntnis und in Ablehnung des alten Unveränderlichkeitsaxioms deshalb jene Auffassung verbreitet, wie sie etwa von H.MÜHLEN formuliert wird: "Die U n v e r ä n d e r l i c h k e i t der Seiendheit Gottes ist nunmehr die Unveränderlichkeit der B u n d e s t r e u e Gottes, d.h. seiner verläßlichen, sich im Bundesverhältnis durchhaltenden personalen Zugewandtheit Gottes zu seinem Volke"[79]. Nach K.BARTH besteht die Unveränderlichkeit Gottes in der "Beständigkeit seines Wissens, Willens und Tuns und also seiner Person; sie ist die Stetigkeit, die Unbeirrbarkeit, die Unermüdlichkeit, in der Gott sowohl er selbst ist als auch sein Werk treibt, es als solches erhält und immer wieder zu seinem Werke macht"[80]. J.-B.BRANTSCHEN stellt fest: "Gott ist unveränderlich heißt: auf Gott ist V e r l a ß . Gott ist im Unterschied zu den Göttern der Heiden nicht launisch; er und er allein ist der unwandelbar treue Bundesgenosse"[81]. W.PANNENBERG meint, "daß Gott sich in seinem Tun nicht ändert, das ist nicht Ausdruck einer sein Wesen konstituierenden Unbeweglichkeit, sondern das ist ebenso wie die schöpferische Tätigkeit selbst Gottes freie, jeweilige, vom Menschen nicht vorwegzunehmende Entscheidung. Es ist identisch mit der Treue Gottes"[82]. Und für H.KÜNG ist die Unveränderlichkeit Gottes nicht anders auszule-

gen als "im geschichtlichen Sinn seiner wesenhaften Treue zu sich selbst und zu seinen Verheißungen, die Stetigkeit und Kontinuität in seinem Handeln garantiert"[83].

3) Erkenntnis der "Geschichtlichkeit" Gottes

Neben einer einhelligen Ablehnung des Unveränderlichkeitsaxioms und einer intensiven Konzentration auf die biblische Aussage von der Unveränderlichkeit Gottes hat sich in der gegenwärtigen Theologie so etwas wie eine Gegenbewegung zur Theologie vom unveränderlichen Gott etabliert. In ihrem Zentrum steht gleichsam provokativ die biblische Erkenntnis von der "Geschichtlichkeit" Gottes.

Das Wort Geschichtlichkeit ist heute weniger ein präziser theologischer Begriff als vielmehr Chiffre für eine theologische Grundperspektive. "Für die einen hat dieses Wort und die mit ihm gemeinte Sache etwas Befremdendes und Beängstigendes an sich; sie verwechseln es mit Relativismus, Indifferentismus und Haltlosigkeit. Für die andern ist dieses Wort schon fast zu einem neuen Glaubensbekenntnis geworden, zum Schibboleth ihrer eigenen Fortschrittlichkeit"[84].

Von Geschichtlichkeit ist heute in verschiedenen theologischen Zusammenhänge die Rede. So wird etwa in der theologischen Anthropologie der Mensch als ein zutiefst geschichtlich verfaßtes Wesen erkannt und in dogmenhermeneutischer Sicht die zeitgeschichtliche Bedingtheit des Dogmas und damit seine Interpretationsbedürftigkeit und -fähigkeit festgestellt. Auch das 2.Vatikanische Konzil hat sich diese Kategorie zu eigen gemacht, wenn es von der Weltwirklichkeit als einem geschichtlichen Prozeß spricht, in den der Mensch gestaltend eingreift und von dem er zugleich in Form der Bedingung seines Handelns abhängig ist[85]. "So vollzieht die Menschheit einen Übergang von einem mehr statischen Verständnis der Ordnung der Gesamtwirklichkeit zu einem mehr dynamischen und evolutiven Verständnis"[86].

Und schließlich wird auch von der "Geschichtlichkeit" Gottes gesprochen. Darunter ist im wesentlichen Gottes biblisch bezeugter lebendiger Geschichtsbezug zu verstehen und in der Folge davon die Vorstellung, daß Gott selbst keine unberührbare, leblose und unbewegliche Gottheit ist, sondern der mitgehende Weggott. So bedeutet die Rede von der "Geschichtlichkeit" Gottes für viele einerseits Kritik an der traditionellen Gotteslehre[87] und zugleich hoffnungsvoller Neuanfang derselben[88].

Der Gedanke der "Geschichtlichkeit" Gottes, ohne den die heutige Diskussion zum Thema der Unveränderlichkeit Gottes kaum denkbar wäre, hat seine Wurzeln (in der Neuzeit) vor allem im deutschen Idealismus (s. nächstes Kapitel). Doch schon vor diesem war seit J.G.HERDER, dem "Vater des geschichtlichen Bewußtseins"[89], der Begriff der Geschichtlichkeit zu einem festen Bestandteil des philosophischen Denkens geworden. Seitdem spielt er in Philosophie und Theologie eine unübersehbare Rolle. In unserem Jahrhundert haben an seiner Gestalt als Aussage über Gott besonders drei Autoren mitgewirkt: D.BONHOEFFER, M.BUBER und J.A.T.ROBINSON. Ihre Bedeutung für die heutige Theologie liegt weniger darin, fertige theologische Konzepte anzubieten, an die dann angeschlossen werden könnte, als vielmehr darin, Denkanstöße gegeben zu haben.

Das innere Movens der Theologie D.BONHOEFFERs ist die Herausforderung durch den neuzeitlichen Atheismus. Er stellt sich deshalb die Frage, "was das Christentum oder auch wer Christus heute für uns eigentlich ist. Die Zeit, in der man das den Menschen durch Worte -seien es theologische oder fromme Worte- sagen könnte, ist vorüber; ebenso die Zeit der Innerlichkeit und des Gewissens, und d.h. eben die Zeit der Religion überhaupt. Wir gehen einer völlig religionslosen Zeit entgegen"[90]. Diese Religionslosigkeit, d.h. positiv die Autonomie und Profanität der Welt, wird zum entscheidenden theologischen Kriterium seines Gottesgedankens. Die Gottesferne ist demnach nicht Konsequenz mangelnder Erkenntnisfähigkeit des Menschen, sondern ein Moment am Wesen Gottes selbst: "Der Gott, der mit uns ist, ist der Gott, der uns verläßt... Vor und mit Gott leben wir ohne Gott"[91]. Überwunden sind damit alle "religiösen" Vorstellungen von der Macht Gottes in der Welt, vom Deus ex machina. Hinter dieser Erkenntnis BONHOEFFERs steht keine Spekulation, sondern eine christologische Reflexion über den Gekreuzigten. "Gott läßt sich aus der Welt herausdrängen ans Kreuz, Gott ist ohnmächtig und schwach in der Welt und gerade und nur so ist er bei uns"[92]. Von hier aus erhält auch die Transzendenz Gottes ihre Bestimmung. Sie liegt nicht in einer räumlichen Weltjenseitigkeit, sondern in seiner Agonie in und an der Geschichte[93]. Als der in Christus ohnmächtig Leidende ist Gott in der Geschichte anwesend und nur als solcher steht er ihr zugleich "machtvoll", d.h. in der Kraft seines Leidens transzendent gegenüber. Das

Leiden Gottes vereint Transzendenz und Immanenz. "Gott ist mitten in unserm Leben jenseits"[94]. - BONHOEFFER hat mit Hilfe dieses am Gekreuzigten orientierten Gottesgedankens die Gottlosigkeit und Profanität der Welt zum bevorzugten Ort werden lassen, an dem Gott ohne metaphysisch-transzendentalen Überstieg erkannt werden kann. Gott leidet an der aggressiven Diesseitigkeit der Welt, und dieses ohnmächtige Leiden ist seine "Geschichtlichkeit".
Auch für M.BUBER ist die Problematik des Atheismus ein Thema. Aber anders als BONHOEFFER, der die Frage in Richtung auf einen gewandelten Gottesbegriff hin abschreitet, betrachtet BUBER den Atheismus als letzte Konsequenz einer mißratenen Gottesbeziehung. An deren Anfang steht das Verfügungsdenken der religiösen Subjektivität, das Gott religiös wie philosophisch in die Objekthaftigkeit eines kultischen oder nur zu denkenden Gegenstandes zwingt und das am Ende die Gottesbeziehung in eine reine Ich-Es-Relation auflöst. Diese Abstraktion Gottes, die ihn schließlich völlig aus der Lebenswirklichkeit ausgeschieden hat, nennt BUBER "Gottesfinsternis"[95].
Diesem restlosen Ausschluß Gottes aus der menschlichen Lebenswirklichkeit durch eine selbstmächtige Religiosität setzt BUBER die Gegenseitigkeit und Intimität der wahren Gottesbeziehung entgegen. Die "Geschichtlichkeit" Gottes kommt dabei dort in den Blick, wo der Autor in der Kühnheit des Glaubens jene Gegenseitigkeit und Intimität des Gottesverhältnisses auch von Gottes Schöpfungsbeziehung aussagt. "Daß du Gott brauchst, mehr als alles, weißt du allezeit in deinem Herzen; aber nicht auch, daß Gott dich braucht, in der Fülle seiner Ewigkeit dich? Wie gäbe es den Menschen, wenn Gott ihn nicht brauchte, und wie gäbe es dich? Du brauchst Gott, um zu sein, und Gott braucht dich - zu eben dem, was der Sinn deines Lebens ist. Belehrungen und Gedichte mühen sich mehr zu sagen, und sagen zuviel: welch ein trübes und überhebliches Gerede, das vom 'werdenden Gott' -aber ein Werden des seienden Gottes ist, das wissen wir unverbrüchlich in unserem Herzen. Die Welt ist nicht göttliches Spiel, sie ist göttliches Schicksal"[96]. Gott steht demnach in einer "Abhängigkeit" vom Menschen, - dies nicht in der Form, daß das Geschichtliche konstitutives Element des Absoluten wird, sondern als die "Angewiesenheit" des Erlösers auf die Mitwirkung des Menschen. Gott ist deshalb kein "werdender" Gott, aber als der

Absolute vollzieht er sein Heilswerk an der Werdewelt des Menschen nur in innigster Gemeinschaft mit diesem.
Welche Form diese innigste Gemeinschaft annimmt, so daß von einem "Werden des seienden Gottes" gesprochen werden kann, hat BUBER in "Die chassidische Botschaft"[97] zum Ausdruck gebracht. "Gott will zum Werk an der Vollendung seiner Schöpfung den Menschen brauchen... aber Wille Gottes, das bedeutet, daß dieses 'Brauchen' wirkende Wirklichkeit wird: in der geschehenden Geschichte harrt Gott des Menschen"[98]. Die Gemeinschaft Gottes mit dem Menschen vollzieht sich demnach bereits im Raum der Geschichte. BUBER schließt hier den entscheidenden Gedanken der Schekhina (Welteinwohnung) an. "Nicht zum Schein ist Gott in seiner Welteinwohnung ins Exil gegangen; nicht zum Schein erleidet er in seiner Einwohnung das Schicksal seiner Welt mit. Und nicht zum Schein harrt er, daß von der Welt aus die anfangende Bewegung auf die Erlösung zu geschehe"[99]. Und um hier jedes Mißverständnis einer gnostisch-idealistischen Spekulation zu vermeiden, fährt er fort: "Wie es zugeht, daß dies nicht Schein, sondern Wirklichkeit ist, wie Gott dem Allmächtigen und Allwissenden irgend etwas von seiner Welt aus, sei es Abfall, sei es Umkehr, widerfahren kann, das ist Gottes des Schöpfers und Erlösers Geheimnis, mir nicht geheimnisvoller als daß er ist"[100]. Gottes "Geschichtlichkeit" besteht nach BUBER demnach in der Innigkeit seiner Geschichtsbeziehung, die als seine Schekhina[101] ausgelegt wird. Im Unterschied zu BONHOEFFER ist BUBERs Einfluß auf die Theologie aber vergleichsweise gering.

Auf eine ganz andere Weise hat schließlich J.A.T.ROBINSON dazu beigetragen, den Begriff der "Geschichtlichkeit Gottes" in die Theologie einzuführen. Sein Einfluß liegt darin, verschiedene traditionskritische Strömungen zusammengefaßt und ihre Wirkung durch Konzentration verstärkt zu haben. So spricht er selbst davon, er "habe wenig mehr getan als einige Strohhalme aufgegriffen, die augenscheinlich in dieselbe Richtung wehen"[102].
Was der anglikanische Bischof mit seinem Aufsehen erregenden Buch intendiert, ist nichts Geringeres als den "Vollzug einer 'kopernikanischen Wende'"[103] in der Theologie. Seine Grundlage ist P.TILLICHs Kritik am Supranaturalismus, R.BULTMANNs Entmythologisierungsprogramm und D.BONHOEFFERs "religionslose" Interpretation des Christentums. Auf diesem Hintergrund stellt ROBINSON programmatisch fest: "Anstelle eines Gottes, der im

wörtlichen oder räumlichen Sinne 'über der Welt' wohnt, hat sich in unserer Vorstellung ein Gott angesiedelt, der im geistigen oder metaphysischen Sinne 'außerhalb der Welt' existiert"[104]. Diesem weltjenseitigen, geschichtsfernen Gott gilt ROBINSONs leidenschaftlicher Widerspruch. "Wir werden eines Tages die Leute nicht mehr von einem Gott 'außerhalb der Welt' überzeugen können, den sie anrufen sollen, um ihr Leben in Ordnung zu bringen, genausowenig wie wir sie überreden könnten, die Götter des Olymp ernst zu nehmen. Wenn das Christentum überleben soll, dann gilt es, keine Zeit zu verlieren, um den christlichen Glauben von diesem Denkschema, von dieser 'theistischen' Theologie zu befreien"[105].

Was ROBINSON einer zur Objektivation neigenden metaphysischen Theologie entgegensetzt, ist die existentielle Bedeutsamkeit Gottes, die sich im Raum der Geschichte des Einzelnen finden läßt. "Gott ist nicht außerhalb der Welt. Er ist -um mit Bonhoeffer zu reden- 'mitten in unserem Leben jenseitig', eine Tiefe der Wirklichkeit, die 'nicht an den Grenzen' des Lebens zu finden ist, sondern 'in der Mitte', die... einem -um mit Kierkegaard zu sprechen- durch ein 'tieferes Eintauchen in die Existenz' zuteil wird. Denn das Wort 'Gott' bezeichnet die letzte Tiefe all unseres Seins, den schöpferischen Grund und den Sinn unserer ganzen Existenz"[106]. Von hier aus wird dann vor allem auch der Begriff der Transzendenz Gottes einer radikalen Kritik unterzogen. "Das Jenseitige ist nicht das, was uns aus dem Diesseitigen und Weltlichen herausnimmt und uns von ihm wegführt, sondern es ist der radikale Einbruch des Unbedingten mitten in die begrenzten Möglichkeiten einer rein menschlichen Gemeinschaft hinein"[107].

Wirkungsgeschichtlich ist bei ROBINSON hier weniger sein existentialer Gottesbegriff von Bedeutung, als vielmehr die unerbittliche Ablehnung eines weltfernen und damit selbst geschichtslosen Gottes. Auch wenn bei ihm weniger der reale Bezug Gottes zu als die Bedeutsamkeit Gottes für die Geschichte des Menschen im Vordergrund steht, hat er doch gleichsam atmosphärisch dazu beigetragen, den Gott der Geschichte gegen die Absolutheit einer rein metaphysisch gedachten Gottheit ins theologische Denken zu heben.

Ein weiterer Impuls für den Gedanken der "Geschichtlichkeit" Gottes kommt schließlich von einer Seite, von der dieses kaum zu erwarten war - von Seiten der griechischen Philosophie selbst. K.KERÉNYI hat auf den Umstand aufmerksam gemacht, daß "théos" ein Prädikatsbegriff ist, der seinen Beispielen zufolge zur Bezeichnung eines Geschehens dient, so daß ihm etwas Dynamisches eignet: "Es bricht d a s g ö t t l i c h e E r e i g n i s ein: théos geschieht, zeitlich, in dieser Welt und ist ganz in diesem Geschehen. Verwischen wir die Sprachgrenze und damit die Grenze der verschiedenen Bannkreise, so heißt der Satz: G o t t g e s c h i e h t . Ob man damit heute etwas anfangen kann? Meine Erfahrung mit Theologen... in bezug auf den Satz, ist nicht, daß er, als Unmögliches enthaltend, von allen zurückgewiesen worden wäre"[108]! Damit ist jener leblosen Statik einer rein metaphysisch gedachten, absoluten Gottheit widersprochen, in deren sachlicher Konsequenz letztlich eine Unberührtheit von außen, ja eine Beschränkung Gottes und damit eine wesentliche Verdunkelung der realen Beziehung Gottes zur Geschichte liegt. Eine dynamische Fassung des Gottesbegriffs beseitigt diese theologische Hypothek.

Der biblische Gedanke der "Geschichtlichkeit" Gottes, d.h. die Betonung des realen Geschichtsbezugs Gottes sowie der Lebendigkeit seines Wesens, hat heute bereits die Gestalt einer grundlegenden Perspektive systematischer Theologie angenommen. Das in der nachkonziliaren Phase der Theologie erarbeitete dogmatische Handbuch "Mysterium Salutis" wird im Untertitel als "Grundriß heils g e s c h i c h t l i c h e r Dogmatik" bezeichnet, deren zentrales Anliegen es ist, das Gottsein Gottes weder im reinen Denken noch als existentiale Bedeutsamkeit zu erweisen, sondern es dort zu "begreifen", wo es sich dem Menschen offenbart: im Horizont der Geschichte. Gott steht mit der geschichtlichen Welt in einem lebendigen Verhältnis, und gerade i n diesem Verhältnis will er a l s Gott erkannt (und anerkannt) werden[109].

An der Erkenntnis der "Geschichtlichkeit" Gottes scheint somit das theologische Axiom von der Unveränderlichkeit Gottes zerbrochen zu sein. Der Unbezüglichkeit des unveränderlichen Gottes, seiner Leblosigkeit und Leidensunfähigkeit wird die Relation Gottes zur Geschichte, seine innere Lebendigkeit und Leidensfähigkeit gegenübergestellt. Wenn heute dennoch eine umfangreiche Diskussion hierüber stattfindet, dann darf man annehmen, daß es dabei um mehr geht als um die einhellige Ablehnung eines übermächtigen philosophischen Gottesbegriffs. Das innere Movens der heutigen Auseinandersetzung ist tatsächlich nicht nur die Kritik am Unveränderlichkeits a x i o m, sondern die Frage, ob mit diesem Axiom auch jeder B e g r i f f der Unveränderlichkeit Gottes für untauglich und destruktiv zu halten ist.

IV. Die theologische Fragestellung

1) Frage nach der Verzichtbarkeit der Unveränderlichkeitsaussage

Im Kampf gegen das Unveränderlichkeits- bzw. Apathieaxiom hat sich der lebendige Geschichtsbezug Gottes als das entscheidende Gegenargument erwiesen. Diese Relation, deren Unerschütterlichkeit biblisch als Gottes zuverlässige Bundestreue zum Ausdruck kommt, ist eine Geschehens- oder Handlungsbeziehung. Als solcher eignet ihr aber nicht die Regelhaftigkeit eines sich im absoluten Gleichmaß wiederholenden Ereignisses, sondern eine Dynamik, die auf einen Höhepunkt zuläuft (Hebr 1,1-4). Das Bundesverhältnis Jahwe-Israel findet in Jesus Christus seine unüberbietbare Vollendung, indem sich Gott selbst in persona dem Menschen mitteilt. Mit der Inkarnation des Sohnes Gottes ist damit der göttliche Geschichtsbezug zu einer nicht mehr steigerungsfähigen Dichte gelangt.
Von hier aus kann man sagen, daß Gottes "Geschichtlichkeit" nach Joh 1,14 schließlich zu einem "Werden" des Sohnes, ja nach Phil 2,6f. sogar zu einer Entäußerung seiner Gottesgestalt führt. Wenn hier nun aber gilt, daß dieses "Werden" Gottes im Sohn nicht mit einer Wesensverwandlung und seine Entäußerung nicht mit dem Ablegen seines Gottseins verwechselt werden darf, das Subjekt der Aussage also nach wie vor der Gott-Logos bleibt, dann führt kein Weg daran vorbei, hier und gerade hier auch von einer "Unveränderlichkeit" Gottes, d.h. von einer bleibenden Identität im Geschehen der Menschwerdung und Kenose zu sprechen. Das Eintreten in die Geschichte betrifft durchaus auch das göttliche Subjekt und eben nicht nur die angenommene menschliche Natur (deshalb ist das alte Unveränderlichkeitsaxiom untauglich), aber doch so, daß der Gott-Logos seine göttliche Identität bewahrt und sich nicht in einen Menschen verwandelt.
Analoges gilt von Gottes heilsgeschichtlichem Handeln allgemein. Sein lebendiger Bezug zur Geschichte darf zu keinem Augenblick zu einer Beeinträchtigung seiner göttlichen Identität: konkret

seiner Freiheit, Transzendenz, Weltüberlegenheit und Geschichtsmächtigkeit führen. Handelt Gott an der Welt nicht mehr als der Freie, Transzendente, Weltüberlegene und Geschichtsmächtige, dann wird letztlich Gott selbst den Bedingungen der Geschichte unterworfen und sein Sein durch diesen Geschichtsbezug bedingt. Erreicht wäre damit jene "urdeutsche Häresie, daß Gott erst wird und nicht IST"[110]. Zu deren Vermeidung scheint auch hier ein Begriff der "Unveränderlichkeit" Gottes unverzichtbar.
Und schließlich ist zu fragen, ob nicht auch unter einem soteriologischen Gesichtspunkt an einer "Unveränderlichkeit" Gottes festgehalten werden muß. Wie könnte Gott Heil schaffen, wie die neue Schöpfung heraufführen, wenn er in die alten Unheilszusammenhänge der Geschichte hineinverstrickt wäre und -bei allem heilsgeschichtlichem Engagement- ihnen nicht auch, diese umfassend, als der Heilsmächtige "unveränderlich" gegenüberstünde[111]?

Mit diesen knappen Andeutungen dürfte deutlich werden, daß der Gedanke der "Geschichtlichkeit" Gottes nicht nur die kritische Instanz für das Unveränderlichkeitsaxiom darstellt, sondern zugleich auch selbst auf eine noch zu entfaltende Unveränderlichkeitsaussage angewiesen ist. Man wird deshalb G.EBELING zustimmen müssen, wenn er feststellt: "Sosehr die Bestimmungen eines philosophischen Gottesbegriffs vom biblischen Gottesverständnis her der Kritik unterliegen, kann man sie doch nicht einfach in der Weise beiseiteschieben, daß man auf derselben Sinnebene das Entgegengesetzte behauptet, also etwa... zugunsten der Leidensfähigkeit Gottes das Attribut der Unwandelbarkeit streicht"[112]. Unterscheidet man zwischen Funktion bzw. Aussageintention und dem materialen Aussagegehalt des Unveränderlichkeitsaxioms, dann ergibt sich hier auch ein positiver Anknüpfungspunkt, insofern die Intention weiter in Geltung bleiben muß, nämlich die Vollkommenheit Gottes auszusagen. Nur darf diese Vollkommenheit Gottes nicht mehr auf dem Hintergrund einer griechisch-philosophischen Gotteslehre selbstmächtig gedacht werden[113], sondern ist einzig im Nach-Denken der biblischen Offenbarung zu entwickeln.
Gelingt dies, einen neuen Begriff der "Unveränderlichkeit" Gottes zu entfalten, der als die particula veri des überkommenen Gottes wesen- und seinshafte Vollkommenheit denkt ohne die alten theologischen Begleiterscheinungen (exklusive Selbstbezogenheit, Leidensunfähigkeit, Leblosigkeit), dann entsteht zwischen ihm

und dem Begriff der "Geschichtlichkeit" Gottes nicht ein widersprechendes sondern ein entsprechendes Verhältnis. Denn beide denken aus entgegengesetzten Richtungen hin auf die eine, gemeinsame Mitte: den "unveränderlichen" Gott der Geschichte.

2) Dialektik der "Unveränderlichkeits"-Aussage

Bereits der Hinweis auf das Entsprechungsverhältnis der "Unveränderlichkeit" und der "Geschichtlichkeit" Gottes macht deutlich, daß beide dialektisch aufeinander bezogen sind. So wie die "Geschichtlichkeit" Gottes nicht ohne seine Vollkommenheit zu denken ist, so darf die "Unveränderlichkeit" Gottes nicht den realen, lebendigen und auch für Gott selbst "folgenreichen" Geschichtsbezug verdunkeln. Der neue Begriff der Unveränderlichkeit Gottes muß sich dadurch als theologisch legitim erweisen, daß er die Spannung aushält, mit der er durch die Erkenntnis von Gottes Geschichtshandeln (bis hin zu seiner christologischen Zuspitzung) belastet wird. "Die Aussage von der Unveränderlichkeit Gottes ist im selben Sinn eine dialektische Aussage wie die von der Einheit, d.h. diese beiden Aussagen bleiben für uns -faktisch- nur dann wirklich richtig, wenn wir die beiden andern Aussagen (von der Trinität bzw. von der Inkarnation) sofort hinzudenken, ohne daß w i r die eine als der andern vorgeordnet denken könnten oder dürften"[114].

In diesem Zusammenheit ist darauf hinzuweisen, daß bei einzelnen Autoren der Patristik eine, wenn man so will, antinomische Vorform dieser Dialektik zu finden ist. Für das Gesamtwerk TERTULLIANs z.B. hat R.CANTALAMESSA[115] nachgewiesen, daß dieser sowohl an der Unveränderlichkeit Gottes als auch in unverkürzter Weise an der vollen Menschwerdung festhält. Auch wenn beide nicht in einem unmittelbaren Zusammenhang miteinander vermittelt werden, werden sie von TERTULLIAN -was sich übrigens auch bei ORIGENES zeigen ließe- nicht alternativ, sondern zumindest im Horizont seiner gesamten Theologie gegenseitig inklusiv verstanden.

3) Theologische Fragestellung

Damit sind wir bei der eigentlichen theologischen Fragestellung angelangt. Das Thema "Unveränderlichkeit und Menschwerdung Gottes" scheint auf den ersten Blick einen sprachlogischen Widerspruch in sich zu enthalten. Wie kann der unveränderliche Gott etwas werden? Soll von den Prädikationen nichts zurückgenommen werden, dann läßt sich die Schwierigkeit nur auf Kosten der

Identität des Subjekts beseitigen. Hält man hingegen an dieser Identität fest, dann bleibt die Aussage ein sprachlogischer Verstoß.
Diese Ausweglosigkeit verschwindet erst dann, wenn der theologische Charakter dieser Aussage berücksichtigt wird. Es hat sich durch das oben Gesagte gezeigt, daß beide Prädikate nicht nur keinen sprachlogischen Widerspruch bilden, sondern im Blick auf den Gott der Bibel sogar in einem theologisch geforderten Sinnzusammenhang stehen. Die Identität des Subjekts, die in sprachlogischer Hinsicht die Widersprüchlichkeit der Aussage verursacht hat und mithin g e g e n die Verbindung der beiden Termini gerichtet ist, wird in theo-logischer Hinsicht zum unverzichtbaren Argument f ü r die Verbindung.
Das eigentliche Problem liegt demnach im "und" des Themas. Statt auf eine sprachliche Paradoxie verweist es das Denken an das Mysterium Gottes, der Mensch-werdend (als letzte Verdichtung seines heilsgeschichtlichen Handelns überhaupt[116]) Gott bleibt, ohne etwas von seiner Freiheit, Transzendenz, Weltüberlegenheit und Geschichtsmacht einzubüßen[117]. Die nachfolgende Diskussion wird deshalb daran zu messen sein, ob die Dialektik, die sowohl im Begriff der "Unveränderlichkeit" als auch der "Geschichtlichkeit" Gottes enthalten ist, in angemessener Weise beachtet und ausgetragen wird. Des weiteren bleibt zu sehen, ob sich in der Spannungsmitte dieser Dialektik eine positive Vermittlungsmöglichkeit abzeichnet.

V. Überblick über den weiteren Gang der Untersuchung

Bevor die Diskussion zum Thema als dem Schwerpunkt dieser Untersuchung dargestellt wird, sind in theologiegeschichtlicher Hinsicht einige Versuche zu betrachten, aus theologischem oder philosophischem Antrieb das Unveränderlichkeitsaxiom einer Kritik zu unterziehen. Es kann sich im Rahmen dieser Arbeit nur um eine knappe Skizzierung der entscheidenden Gedanken handeln. Da theologiegeschichtlich gesehen alle Ansätze nur zu einem punktuellen Durchbrechen des Axioms geführt haben, können wir auf unsere Weise die These von W.MAAS, wonach die Schuldogmatik im wesentlichen dem Axiom verpflichtet geblieben ist, bestätigen.

Den Hauptteil bildet die Darstellung der Gegenwartsdiskussion über die "Unveränderlichkeit" Gottes. Hier werden katholische wie protestantische Autoren zu Wort kommen, die aus den

unterschiedlichsten Ansätzen heraus einen Diskussionsbeitrag geleistet haben. Einem darstellenden Teil folgt jeweils ein kommentierender, in dem auch kritische Anfragen an den jeweiligen Autor erwogen werden.
In einem letzten Kapitel werden die Ergebnisse der Diskussion nochmals zusammengefaßt, wobei auch eine eigene Beurteilung vorgenommen werden soll. Abschließend sind noch offene Fragen und Ausblicke zu erörtern.

B. ASPEKTE THEOLOGIEGESCHICHTLICHER KRITIK AM UNVERÄNDERLICHKEITSAXIOM

Es kann kein Zweifel daran bestehen, daß das Axiom von der Unveränderlichkeit und Leidensunfähigkeit Gottes in der Geschichte der Theologie von weitreichender Bedeutung gewesen ist. Dennoch hat es innerhalb der Geschichte theologischen Denkens einige Versuche und Ansätze gegeben, diesem Axiom argumentativ zu begegnen. Im folgenden sollen diese Ansätze andeutungsweise skizziert werden, wobei auf historische Details weitgehend verzichtet werden muß. Es sind dies einige Gedanken der früheren Kirchenväter, LUTHERs Kreuzestheologie, der deutsche Idealismus (HEGEL und SCHELLING) und die davon beeinflußten Kenotiker des 19.Jahrhunderts sowie Strömungen innerhalb der angelsächsischen Theologie. Sie alle bieten auf ihre Weise unterschiedliche Aspekte einer theologiegeschichtlichen Kritik am Unveränderlichkeitsaxiom.

I. Leidenstheologie der Patristik

Auch wenn nicht bestritten werden kann, daß die altkirchliche Theologie unter dem gewaltigen Einfluß der griechisch-philosophischen Gotteslehre der Antike stand, so muß im selben Augenblick doch auch zur Kenntnis genommen werden, daß bereits in der Frühphase christlichen Denkens Versuche unternommen wurden, diesem Einfluß des griechischen Geistes zu widerstehen. Naturgemäß sind es insbesondere schriftexegetische Untersuchungen, die das unterscheidend Christliche zutage fördern. Das Nachdenken kreist hier neben alttestamentlichen Aussagen von einem leidenden Gott vor allem immer wieder auch um den Kreuzestod Christi. Das Kreuz, "den Heiden eine Torheit" (1Kor 1,23), wird im Rahmen soteriologischer Bemühungen schließlich zur Frage nach der Vereinbarkeit des Gottesgedankens mit dem Begriff des Todes als letzter Form von Veränderung. Die sich abzeichnenden leidenstheologischen Ansätze, die voll und ganz auf christologischem Fundament stehen, bilden so gegenüber dem Axiom von Gottes Unveränderlichkeit und Leidensunfähigkeit ein kritisches Potential.

1) Einfache Ausdrucksweise

Gegenüber einer mehr philosophisch-spekulativen Form der Rede von Gott und der darin enthaltenen Aussage von der Unveränder-

lichkeit und Leidensunfähigkeit Gottes hat die altkirchliche Theologie im Bedenken biblischer Texte den Gedanken des Leidens als theo-logisch bedeutsam herausgestellt. Sie thematisiert mit dieser biblischen Orientierung des Gottesbildes etwas, das der griechisch-philosophischen Gotteslehre wesensfremd sein mußte: die Vorstellung von einem leidenden Gott.
Vor allem die Anschaulichkeit der Passion Christi, das Kreuz als d a s christliche Identitätsmerkmal sowie der Nachfolgegedanke von Paulus bis zu den Märtyrern der Verfolgungszeit haben bewirkt, daß es bereits seit den Anfängen eine zunächst "unkomplizierte Redeweise"[1] leidenstheologischer Aussagen gibt. So war es ohne weiteres möglich, im Anschluß an den Realismus von Apg 20,28, wo vom "Blut Gottes" gesprochen wird, Leidensprädikate und Gottesbegriff miteinander zu verbinden. IGNATIUS wünscht, Nachahmer "der Leiden meines Gottes"[2] zu sein. Unanstößig erschien auch der Satz des MELITON v.SARDES: "Gott litt am Versprechen gegenüber den Israeliten"[3] und für TERTULLIAN besteht der christliche Glaube im "Glauben, daß Gott auch gestorben ist"[4] sowie im Bekenntnis zum "deus crucifixus"[5].

Neben dieser beispielhaften Auswahl leidenstheologischer Aussagen findet sich noch eine andere Gruppe, die als Patripassianismus bezeichnet wird. Die Naivität seiner Aussage gründet nicht in der Einfachheit und Unbefangenheit eines frühchristlichen Glaubensbekenntnisses, sondern ist Ausdruck judaisierender Polemik. Daß Gott der Vater leide, ist Konsequenz einer modalistischen Betrachtung des Kreuzes. Dem modalistischen Monarchianismus war daran gelegen, angesichts der christlichen Inkarnations- und Trinitätstheologie die göttliche Einheit zu wahren. So sind Vater, Sohn und hl.Geist bloße Erscheinungsformen der einen göttlichen Person. Insofern die hypostatischen bzw. personalen Wesensunterschiede aufgehoben sind, bestehen die Unterschiede nach SABELLIUS nur noch in den verschiedenen Benennungen Gottes als Vater, Sohn und hl.Geist. Der Patripassianismus[6] hat aufgrund der Wesensidentität den Schluß gezogen, daß in Jesus Christus auch der Vater Mensch geworden sei. Ist Gott aber Mensch geworden, dann muß alles Menschliche und also auch das Leiden und der Tod des Sohnes ebenso vom Vater ausgesagt werden. "Da Christus, selber Gott, litt, litt zugleich auch der Vater"[7]. Demnach -so stellt HIPPOLYT ironisch fest- ist es der Gott des Alls, der Schöpfer der Welt und Vater des Sohnes, der ans Kreuz geheftet wurde, der sich selbst seinem Geist über-

gab, der starb und doch auch nicht starb und der sich selbst auferweckte[8]. Der Patripassianismus ist im Jahre 260 lehramtlich verurteilt worden (DS 112).
Zunehmende Auseinandersetzungen mit dem griechischen Geist sowie auch die Probleme eines unbefangenen, einfachen Denkens haben Reflexionen und Differenzierungen notwendig gemacht.

2) Differenzierung von "Leiden"
In einer Schrift an Theopomp hat sich der Origenesschüler GREGOR THAUMATURGOS die Frage nach dem Leiden Gottes gestellt. "Über die Leidensunfähigkeit und Leidensfähigkeit Gottes"[9] kann als die erste Monographie zu diesem Thema gelten. Ihr zentrales Anliegen ist die Verhältnisbestimmung von leidensunfähiger Natur Gottes und göttlicher Freiheit. Denn es mußte sich ja die Frage ergeben, inwieweit eine naturhafte Disposition auf Gottes freies Handeln einschränkend wirkt. GREGOR sieht in Gott wohl eine leidensunfähige Natur, aber Leidensunfähigkeit nicht als Ausschluß des Leidens aufgrund physischer Unmöglichkeit. In diesem Sinn ist Gottes Natur "keinem Gesetz und keiner Nothwendigkeit und keiner Gewohnheit und keiner Widerspenstigkeit und keiner Furcht und keinem Wachstum und keiner Krankheit unterworfen"[10]. Die gleiche Freiheit gilt auch von Gottes Wille[11]. Gott ist also hinsichtlich seiner Natur und seines Willens keinerlei Bedingung unterworfen. Mit diesem, für GREGOR so wichtigen Gedanken kommt zum Ausdruck, daß das Heilshandeln Gottes nicht durch eine naturhaft-physische Disposition seiner selbst eingeschränkt oder bedingt wird. "Wer... durch die Macht der Nothwendigkeit abgehalten [wird] gute Werke zu thun, dieser hört auf (Gott zu sein), auch wenn er Gott genannt wird"[12].
Wendet sich der Gott der Christen der Menschheit zu und geht darin bis zur Selbsterniedrigung, so ist dies dennoch nicht als ein Leiden Gottes zu verstehen[13], denn Gott nimmt die Erniedrigung aus freiem Willen auf sich. Und eben diese Freiwilligkeit und keine naturhafte, statische Disposition ist der Grund für Gottes Leidensunfähigkeit. So kommt es zu dem Paradox, daß Gott gerade im Leiden sich als der Leidensunfähige erweist. A-pathie ist kein statischer Zustand, sondern dynamischer Vollzug. Deshalb liegt der Akzent auch auf dem Ernst des Leidens. "Die Leidensunfähigkeit ist durchaus nicht erhaben über die Leiden, wenn sie nicht zuvor durch Leiden die Kraft ihrer Leidensunfähigkeit kundtut"[14]. Indem Gott sich der Welt zukehrt und öff-

net, leidet er an der Sünde der Menschen. Dieses Leiden Gottes aus Liebe ist ein Geheimnis, es ist aber stets auch real[15]. GREGOR hat damit den theologischen Komplex des Leidens in zweifacher Hinsicht differenziert: Gott leidet real an der Sünde der Menschheit. Zu ihrer Rettung entäußert er sich selbst. Weil dies aber ohne Nötigung geschieht, beweist er seine Leidensunfähigkeit. Indem Gott den Grund des Leidens selbst bestimmt, steht er auch immer schon über dem realen Leidensgeschehen. "Gott ist leidensfähig, steht aber unendlich über menschlischem Leid"[16].

Eine andere Differenzierung nimmt HILARIUS vor. Er unterscheidet zwischen passio und sensus passionis, d.h. zwischen dem objektiven Ereignis und dem subjektiven Empfinden des Leidens. Jesus Christus war durchaus dem "inpetus passionis"[17] ausgesetzt. Und dies wird nicht etwa nur der menschlichen Natur zugeschrieben. "Es hat also der eingeborene Gott jede ihn befallende Schwäche unserer Leiden erlitten"[18]. Die Leidensrealität wird jedoch unter einem dreifachen Gesichtspunkt eingeschränkt. HILARIUS hat das plastische Christusbild der Evangelien vor Augen, wie sie ihn als Wundertäter und Heiland[19] verkünden. Kann man diesem Herrn der Herrlichkeit etwa einen von Schwäche gezeichneten und schmerzempfindlichen Körper zuschreiben? Darüber hinaus trägt er zwar unsere Sünden, "selbst jedoch sündigt er nicht"[20]. Daher trifft ihn auch kein Strafleiden. Schließlich werden die Leidenssituationen von Jesus Christus nicht passiv ausgehalten, sondern aktiv gestaltet: "Er ist aus eigenem Antrieb (ex se) gestorben und hat von sich aus (per se) den Geist übergeben"[21]. Dieses letzte Aktiv-sein im Tod gipfelt schließlich im Triumph über den Tod[22]. Das Ergebnis ist wohl ein leidender Christus, aber "in der Kraft seiner Natur"[23]. Christus trägt die Wunde der Sünde, aber es fehlt der "dolor"[24] bzw. die "natura passionis"[25]. "Wohl sind Passion und Tod eine Wirklichkeit. Aber sie bedeuten für Christus keinen Schmerz. Denn die eigentliche Wirklichkeit des Leibes und der Seele Christi ist der Zustand der Verklärung"[26].

3) Differenzierung des Leidenssubjekts

Die erste, noch weitgehend unreflektierte Verknüpfung von Leidensprädikaten mit dem Gottesbegriff ist auch hinsichtlich des Subjekts präzisiert worden. So findet sich schon bei IRENÄUS die Verdeutlichung: "Das menschgewordene Wort Gottes selbst hing am Holz"[27]. Mit dem menschgewordenen Logos Gottes ist unter Berufung auf die johanneische und paulinische Theologie die erste Naivität und Unbefangenheit einer nunmehr ungenügenden Subjektbezeichnung beseitigt und der Rahmen abgesteckt, in dem sich die christliche Lehre bewegt. Die leidenstheologischen Aussagen hängen zukünftig sowohl von der Frage nach der göttlichen Identität des Menschgewordenen als auch von jenen Vorstellungen ab, mit denen die Einheit der beiden Naturen beschrieben wird.

Grundkonsens aller, der keiner Diskussion bedarf, ist die Leidensunfähigkeit der göttlichen Natur an sich. Schwierigkeiten ergeben sich erst, wenn aufgrund der Heilsqualität der Passion an der göttlichen Identität des Gekreuzigten festgehalten werden muß. Wird die volle Menschheit Christi ebenso gewahrt wie die Realität der göttlichen Natur, und werden die auseinanderstrebenden Kräfte der beiden Naturen in einer übergreifenden personalen oder hypostatischen Einheit zusammengehalten, dann ergibt sich auf den ersten Blick ein Paradoxon. So formuliert ATHANASIUS: "Es ist paradox, daß derselbe gelitten und nicht gelitten hat; gelitten hat er, weil dessen eigener Körper litt und er in diesem leidenden Körper war; er litt aber nicht, weil das Wort von göttlicher Natur und leidensunfähig ist"[28]. ATHANASIUS verweist im Sinne der Homousie-Formel auf die göttliche Identität des Gekreuzigten[29]. Die athanasianische Paradoxie hat es bewußt vermieden, durch eine Vermittlung der beiden Aussagen eine letzte Verstehbarkeit und Einsicht zu gewinnen. Die Gedanken der Heilsmitteilung des Logos durch Annehmen körperlichen Leidens und der grundsätzlichen Leidensunfähigkeit der göttlichen Natur Christi scheinen sich hier gegenseitig zu blockieren. Aber eher bleibt die Frage nach einer Vereinbarkeit offen, als daß ihr zuliebe eine der beiden Grundaussagen abgeschwächt wird.

Die Paradoxie gründet hier in einer notwendig zu denkenden Einheit der beiden Naturen der Person Christi. Demgegenüber erscheinen die Schwierigkeiten dort weniger groß, wo aus Sorge über eine Vermischung von Gott und Mensch zu einem Mythoswesen eine Trennungschristologie Platz greift. Diese steht aber in der Gefahr, die Verschiedenheit der Naturen so stark zu betonen, daß daraus eine Tendenz zur Geschiedenheit der Naturen erwächst. In diesem Fall verliert die personale Einheit der beiden Naturen an Gewicht und es entstehen letztlich zwei getrenn-

te Subjekte, ein göttliches und ein menschliches[30]. Leiden wird dann nur der menschlichen Natur bzw. der menschlichen Subjektivität zugeteilt.
Als Kritiker der Trennungschristologie ist im 5.Jahrhundert vor allem KYRILL v.ALEXANDRIEN aufgetreten. Er denkt die Einheit Jesu Christi weder als Vermischung der beiden Naturen, noch teilt er die Vorstellung, wonach die Natur des Logos durch Verwandlung Fleisch geworden sei[31]. Er insistiert vielmehr auf der Unterschiedenheit der beiden Naturen, die durch die Inkarnation des Logos allerdings zu einer gottmenschlichen Einheit hypostatisch verbunden sind, zu dem "Einen Christus und Sohn"[32].

In leidenstheologischer Hinsicht führt KYRILLs Einheitsverständnis der hypostatischen Einigung zu einer neuen Erkenntnis. Von Gott, der an sich, d.h. außerhalb seiner geschichtlichen Existenz in Jesus Christus, leidensunfähig ist ("denn wer von Anfang an körperlos ist wie Gott, ist frei von jedem Leiden"[33]), kann nun gesagt werden, daß er als der menschgewordene Logos "dem Fleische nach"[34] gelitten hat. So spricht KYRILL an zahlreichen Stellen von der Aneignung der körperlichen Leiden durch den Logos Gottes: "Wenn jemand nicht bekennt, daß das Wort Gottes nach dem Fleisch gelitten hat, nach dem Fleisch gekreuzigt wurde und nach dem Fleisch den Tod gekostet hat,...a.s."[35]. Der leidensunfähige Gott leidet, und zwar im inkarnierten Sohn und dem Fleische nach, wobei das Fleisch Instrumentalursache des Leidens ist. Das Leidenssubjekt wird so in zweifacher Hinsicht präzisiert. Zugleich wird mit dem Festhalten an der göttlichen Identität des Leidenden sowie an der Realität des Leidens der antiken Auffassung von der gegenseitigen Ausschließlichkeit von Gott und Leiden begegnet[36]. Obwohl KYRILL die Aussage von der prinzipiellen Leidensunfähigkeit der göttlichen Natur aufrechterhält, ist seine Theologie "im Effekt ein Angriff auf die Vorherrschaft des Apathieaxioms in der Christologie"[37].

Eine theologische Verschärfung erbringt die theopaschitische[38] Formel. Sie findet sich erstmalig bei PROKLUS von KONSTANTINOPEL: "unus ex trinitate secundum carnem crucifixus"[39]. W.ELERT hat sie als "einzigen Wellenbrecher"[40] im Strom der platonischen Philosophie bezeichnet. Ihre Aussageabsicht ist die Identität des Leidenden und Gekreuzigten mit dem trinitarischen Sohn festzustellen. Auf diese Weise wird Gottes Heilshandeln in und an der Geschichte eng mit der ewigen Trinität verknüpft. Anlaß zu Kritik bot dabei nicht nur die leidenstheologische Aussage als solche, sondern vor allem die offensichtliche Hineinverlegung des Leidens in die Trinität selbst. Und besonders der undifferenzierte Zusatz des PETRUS FULLO "der für uns gekreuzigt ist"[41] hinter das "heiliger Unsterblicher" hat diese Abwehrhaltung bekräftigt.

Unter dem Gesichtspunkt der gleichen Wesensnatur der trinitarischen Personen kann das "unus ex trinitate" suggerieren, daß auch der Vater und der hl.Geist von der Passion betroffen sind. Dann würde die ganze Trinität das Kreuz erleiden. Hält man deswegen aber an der Leidensunfähigkeit der göttlichen Natur fest, dann scheint nach PROKLUS die Konsequenz, im Gekreuzigten schließlich einen anderen außerhalb der Trinität anzunehmen, kaum vermeidbar[42]. In dieser Situation behauptet PROKLUS (mit KYRILL) zunächst die Leidensunfähigkeit der göttlichen Natur und wehrt damit die patripassianische Konsequenz ab: "Die göttliche Natur nämlich ist zu keinem Schmerz fähig"[43]. Zugleich, so argumentiert PROKLUS weiter, muß aber die Konsequenz, im Gekreuzigten einen außerhalb der Trinität Stehenden anzunehmen, daran scheitern, daß dieser nicht die Macht hätte, Sünden zu vergeben[44]. Der Leidende ist also "einer aus der Trinität", der aber doch zugleich von den beiden anderen Personen hinreichend zu unterscheiden ist. Diese personale Differenzierung wird mit Hilfe des heilsgeschichtlichen Handelns möglich. PROKLUS verweist hier zunächst auf das Kreuz, das die Zielursache der Inkarnation ist[45]. Mensch geworden aber ist weder der Vater noch der Geist, sondern einzig der Sohn. Daher kann allein der inkarnierte Sohn der Gekreuzigte sein. "Wir bekennen, daß einer aus der Trinität, der Gott-Logos, Fleisch wurde"[46], und dieser eine "aus der Trinität ist es, der gelitten hat"[47]. - Die theopaschitischen Aussagen sind 534 (DS 401) und 553 (DS 432) zwar lehramtlich anerkannt worden, "aber sie sind im Westen nie recht heimisch geworden. In der gesamten lateinischen Dogmatik des Mittelalters muß man sie fast mit der Laterne suchen"[48].

So wird auch bei PROKLUS das Leiden des Sohnes, das ausdrücklich zum Heil der Schöpfung geschieht[49], gemäß der leidenstheologischen Tradition nur dem Fleische nach (secundum carnem) ausgesagt. "Wir bekennen, daß dieser nicht in dem litt, was er ist, sondern wozu er wurde"[50]. Anders ist auch ein Leiden Gottes

gar nicht denkbar, "denn jedes Leiden ist Aufruhr und Kampf von Zusammengesetztem"[51]. Gottes Wesen ist absolute Einfachheit, so daß ein Leiden Gottes nur mit Hilfe der Inkarnation möglich wird, bei der er als der Menschgewordene seine ursprüngliche Einfachheit zur Einheit zweier Naturen erweitert hat.
Eine zusammenfassende Darstellung der leidenstheologischen Tradition stellen die "Capitula" des JOHANNES MAXENTIUS[52] dar: Hier ist die Rede von der einen menschgewordenen Natur des Gott-Logos, die Gottheit und Menschheit ohne Vermischung zu einer Person eint unter Ausschluß einer bloß moralischen Einigung; von der göttlichen Identität bzw. trinitarischen Zugehörigkeit des Gekreuzigten; vom Leiden secundum carnem und von der Leidlosigkeit der göttlichen Natur.

4) Reflxion des Leidensmotivs
Hierzu hat ORIGENES einen entscheidenden Beitrag geleistet. Er stellt sich die Frage, was Gott bewegen konnte, sich so auf die Welt einzulassen und bis hin zum Kreuz Leiden auf sich zu nehmen. In einer Predigt zu Ezechiel 16 führt er aus: "Er stieg auf die Erde herab aus Mitleiden (descendit miserans) mit dem Menschengeschlecht; er hat unsere Leiden gelitten, bevor er das Kreuz erlitt und bevor er sich entschloß, unser Fleisch anzunehmen (passiones perpessus est nostras, antequam crucem pateretur et carnem nostram dignaretur assumere); denn hätte er (vorher) nicht gelitten, so wäre er nicht in den Wandel des Menschenlebens eingetreten. Zuerst hat er gelitten, dann stieg er herab und wurde sichtbar (primum passus est, deinde descendit et visus est). Was ist das für ein Leiden, das er für uns erlitt? Es ist das Leiden der Liebe (caritatis est passio). Und der Vater selbst, der Gott des Alls, 'langmütig und sehr mitleidend', der sich Erbarmende, leidet nicht auch er in gewisser Weise (pater... ipse et Deus universitatis... nonne quodammodo patitur?)? Oder weißt du nicht, daß er, wenn er sich um das Menschliche kümmert (humana dispensat), menschliches Leiden leidet (passionem patitur humanam)? Denn 'es trug der Herr, dein Gott, deine Sitten, wie wenn ein Mensch seinen Sohn erträgt'. So erträgt Gott unsere Sitten, wie der Sohn Gottes unsere Leiden trägt. Selbst der Vater ist nicht leidensunfähig (ipse pater non est impassibilis). Wenn er angerufen wird, erbarmt er sich und teilt den Schmerz (condolet), er erleidet etwas von der Liebe und versetzt sich in jene, in welchen er wegen der Größe seiner Natur nicht

sein kann (fit in iis, in quibus iuxta magnitudinem naturae suae non potest esse), und hält unsertwegen menschliches Leiden aus"[53]. Der Text atmet ganz den Geist der Schrift. ORIGENES hat das Bild Jesu vor Augen, wie er vom Leid der Menschen getroffen wird und sich ihrer erbarmt[54]. Entscheidend ist, daß das Mitleiden Jesu nicht als seelischer Zustand verstanden wird, der als solcher von der Begegnung mit Menschen in einer geschichtlichen Situation abhängt. Vielmehr verläßt ORIGENES den Raum des irdischen Jesus und nimmt den deus incarnandus in den Blick. Unter Voraussetzung der Identität Jesu Christi mit dem ewigen Sohn Gottes schließt er vom Mitleiden des Menschgewordenen zurück auf ein Mitleiden des Menschwerdenden. Hieraus folgt eine Kontinuität dergestalt, daß das irdische Erbarmen Jesu eine Offenbarung des mitleidenden, ewigen Sohnes bedeutet. Das Heilshandeln betrifft aber nicht nur den Sohn, sondern auch und vor allem den Vater, denn "vom Vater selbst geht die Initiative unserer Erlösung aus"[55]. Die den Rückschluß auf das Mitleiden des Vaters gewährende Offenbarung ist das alttestamentlich bezeugte Erbarmen und die Nähe Gottes zu seinem Bundesvolk.

Von diesem biblisch orientierten Standpunkt aus ist ORIGENES ein -wenn auch nur punktueller- Durchbruch des Unveränderlichkeits- und Apathieaxioms gelungen[56]. Während nämlich unter dessen Einfluß der Gedanke der Beziehung Gottes zur Welt immer in der Gefahr stand, für das theologische Denken nur von untergeordneter Bedeutung zu sein, stellt ORIGENES ausgehend von der hl.Schrift gerade diese Schöpfungsbeziehung Gottes in den Mittelpunkt seiner Überlegung und negiert so praktisch die Konsequenz der Apathie- und Unveränderlichkeitsvorstellung. Mit der Relationalität Gottes verbindet sich augenblicklich aber auch eine Affizierbarkeit Gottes. Sie führt schließlich zu einem anteilnehmenden Leiden Gottes mit seiner Schöpfung. Auch hier wird faktisch der Einfluß des Apathieaxioms zurückgewiesen. ORIGENES bestreitet wohl keinesfalls die Leidensunfähigkeit der göttlichen Natur, widersetzt sich aber der Schlußfolgerung, daß die Leidensunfähigkeit der Natur überhaupt Leidlosigkeit Gottes bedeuten müsse. Gott darf nicht theologisch auf seine Natur eingegrenzt werden, sondern muß biblisch in seiner personalen Zuwendung zur Welt in den Blick kommen. Das ausgesagte Leiden ist deshalb nicht ein Leiden in seiner Natur, sondern ein Leiden der Liebe (caritatis est passio). Aber es ist deswegen nicht weniger ein Leiden Gottes. Seine Ernsthaftigkeit drückt ORIGENES implizit damit aus, daß er es als gottimmanente Voraussetzung des Heilshandelns versteht (primum passus est, deinde descendit). Das ganze Ausmaß des erlösenden Leidens weist zurück auf ein vorgängiges Mit-Leiden, das mit einfachen Bedauern nichts gemein hat. Es ist ein wirkliches Getroffensein vom Leid der Welt, das für das Erbarmen Gottes bis hin zur Ungeheuerlichkeit des Kreuzes den Grund darstellt. "Die Offenbarung der Liebe erschüttert alles, was die Welt über die Gottheit gedacht hatte"[57].

Für die Begründung des Leidens Gottes hat ORIGENES damit eine neue Dimension eröffnet. Während die theopaschitische Formel Leiden streng christologisch interpretiert, d.h. im Rahmen der Idiomenkommunikation im physischen und seelischen Schmerz die Instrumentalursache für das Leiden des Gottessohnes sieht und dieses damit von geschichtsimmanenten Gegebenheiten bedingt sein läßt, verläßt ORIGENES diese eingeschränkte Perspektive der Christologie und erschließt einen transzendentaltheologischen Horizont. Er fragt nach dem, was als das zu Offenbarende dem Offenbarenden vorausliegt. So begründet er das Leiden des Erlösers in dem allem Heilshandeln vorausgehenden und durch seine Liebe bedingten Leiden mit seiner Schöpfung. Grund und Maß dieses Leidens liegen im transzendenden Gott selbst, insofern er als Schöpfergott und der Welt bleibendes Gegenüber gedacht wird. Leiden ist dann eine Form, in der Gott sein Weltverhältnis gestaltet und als ein Mit-Leiden Ausdruck der Liebe und nicht eines Mangels.

5) Grenze der Leidenstheologie

Die bisherigen knappen Darlegungen haben gezeigt, daß mit Ausnahme der Ezechiel-Homilie des ORIGENES sich die leidenstheologische Tradition der Patristik ganz im christologischen Kontext bewegt. Denn einzig das Fleisch des Menschgewordenen wird als Instrumentalursache des Leidens Gottes anerkannt. Diese strikte Einhaltung zeigt sich an Kommentaren zu jener Schriftstelle, an der das Leiden des menschgewordenen Sohnes seine Ursache nicht mehr nur in der leib-seelischen Verfaßtheit menschlicher Existenz, sondern im Verhältnis zum Vater zu haben scheint. Gemeint ist Jesu Verlassenheitsklage Mk 15,34. Legt sich hier nicht eine trinitarische Interpretation des Leidens Christi nahe?

Eine solche trinitarische Interpretation, wonach das Leiden

des Sohnes in der Verlassenheit vom Vater gründet, kennt die Patristik nicht. Im Kreuzestod eine Diastase zwischen Vater und Sohn anzunehmen, erscheint völlig ausgeschlossen. Der Verlassenheitsruf des Gekreuzigten wird niemals als Ausdruck einer persönlichen Not des Sohnes gewertet. Nach HILARIUS sind die Leiden Christi als Ausdruck seines aktiven Handelns zu verstehen. Dies gilt in besonderem Maß für den Kreuzestod. Daher ist es falsch, Jesu Ruf als Klage zu interpretieren [58]. Vielmehr erreicht Christus hier das Ziel seines Heilshandelns "in höchstem Jubel des Leidens" (in summa exsultatione patiendi) [59], denn das Heilswerk ist vollendet. Und auch KYRILL, der wesentlichen Anteil an den leidenstheologischen Aussagen der Kirchenväter hat, verfällt hier nicht auf eine trinitarische Interpretation. Wer im Kreuzesereignis eine Überwältigung Christi durch Schmerz und Angst annimmt, so KYRILL, stellt seine Gottheit in Frage [60]. Wiewohl es der menschgewordene Sohn Gottes ist, der hier nach Gott schreit, so ist dies dennoch keine persönliche Not, sondern der stellvertretende Ruf im Namen der ganzen Menschheit. "Beachte nämlich, daß der Eingeborene Mensch wurde, einer von uns, und seinen Schrei stellvertretend für die ganze Menschheit ausstieß" [61].
Die Grenze der patristischen Leidenstheologie verläuft demnach nicht nur dort, wo an der grundsätzlichen Leidensunfähigkeit der göttlichen Natur an sich festgehalten wird, sondern auch, wo eine trinitarische Interpretation des in Gottverlassenheit Sterbenden abgelehnt wird.

6) Zusammenfassung

Zahlreiche Autoren der frühchristlichen Theologie, auf die hier nur hingewiesen werden konnte, haben im Anschluß an alt- und neutestamentliche Schriftaussagen und auf unterschiedliche Weise den Gedanken eines leidenden Gottes artikuliert. Ob es die ersten leidenstheologischen Aussagen aus der Frühphase christlicher Theologie mit ihrem etwas provokativ-plakativen Charakter sind, christologische und trinitätstheologische Erörterungen über das Leidenssubjekt oder die Klärung der Voraussetzung eines Leidens Gottes von Seiten des Gottesbegriffs selbst - all diesen Überlegungen ist gemeinsam, daß sie dem aus der griechisch-philosophischen Gotteslehre entliehenen und axiomatisch verstandenen Begriff der Unveränderlichkeit und Leidensunfähigkeit Gottes kritisch gegenüberstehen. Ihre Kritik

richtet sich dabei konkret gegen eine absolute Unberührbarkeit, Selbstbezogenheit und Leidensunfähigkeit Gottes, die das göttliche Subjekt seiner realen Schöpfungsbeziehung entkleiden und zu einer teilnahmslosen Gott-Monas machen müßten. Statt dessen wird in verschiedenen Zusammenhängen immer wieder so von einem Leiden und Mit-Leiden Gottes gesprochen, daß darin gerade die uneingeschränkte Realität des göttlichen Schöpfungsbezugs und seine Berührbarkeit bis hin zur Leidensfähigkeit zu Ausdruck kommt.
Als inneres Movens dieser Kritik erscheint das Bemühen, den soteriologischen Charakter des Heilshandelns Gottes zu wahren. Die leidenstheologischen Reflxionen stehen letztlich im Dienst der christlichen H e i l s wahrheit. Denn die Erlösung des Menschen hängt in christologischer Hinsicht wesentlich auch davon ab, daß der Ernst der Inkarnationsaussage nicht doketisch verkürzt, sondern in vollem Umfang gewahrt wird. Das bedeutet aber, daß das gott-menschliche Subjekt aus den Unheilszusammenhängen der Geschichte nicht herausgehalten werden darf und in christologischer Perspektive deshalb ein Leiden Gottes "dem Fleische nach" ausgesagt werden muß.

II. LUTHERs Kreuzestheologie

Nach den patristischen Anfängen hat es nahezu tausend Jahre gedauert, bis sich wieder eine kritische Stimme gegen das Axiom von Gottes Unveränderlichkeit und Leidensunfähigkeit zu Wort meldet. Es ist Martin LUTHER, der mit seiner Kreuzestheologie die frühen leidenstheologischen Ansätze der Kirchenväter aufnimmt und sie in christologischer wie trinitätstheologischer Hinsicht weiterführt. Wie bei den Vätern steht auch bei ihm ein soteriologisches Anliegen im Hintergrund: der Heilswert des Kreuzes kann nur dann als gesichert angenommen werden, wenn die göttliche Identität des Gekreuzigten feststeht. In dieser christologisch-trinitarischen Perspektive entsteht ein Gottesbild, das bis in die Gegenwart ein Grundpfeiler protestantischen Denkens geblieben ist. "Es handelt sich um das, was man die Geschichtlichkeit Gottes (im Gegensatz zu seiner Unbeweglichkeit und Leidensunfähigkeit) nennen könnte"[62] .

1) Formale und materiale Kreuzestheologie

LUTHERs Denken zentriert sich um seine Kreuzestheologie. Sie hat zuerst eine formal-erkenntnistheoretische Bedeutung, indem sie kreuzigende bzw. gekreuzigte Theologie sein will. Alles Reden von Gott mit Hilfe des Analogieverfahrens verfehlt ihn aufgrund der Gefallenheit der Schöpfung. Das, was der Mensch für herrlich und göttlich erachtet, muß gekreuzigt werden, und das, was er für gering und ohnmächtig hält, wird theologisch bedeutsam. Dieses "theologische Denkprinzip seiner Theologie"[63] ist Ergebnis einer ausgeprägten Christozentrik. Gotteserkenntnis kann nur dort ansetzen, wo sich Gott selbst offenbart. Dies ist in Jesus Christus geschehen und findet seinen Höhepunkt am Kreuz. "Gott kann nicht gefunden werden außer in Leiden und Kreuz" (Deum non inveniri nisi in passionibus et cruce)[64]. Dieser inhaltliche Ertrag soll hier vorgestellt werden.

2) Kenosis des Sohnes

An Weihnachten 1515 hatte LUTHER das Thema der Menschwerdung zum Anlaß genommen, in einer Predigt das Subjekt der Inkarnation zu betrachten. Dabei geht es ihm nicht um die theologische Durchführung des Inkarnationsgedankens, sondern er entfaltet unter Bezugnahme auf den atl.Schöpferlogos in Verbindung mit der johanneischen Wiederaufnahme im Prolog eine philosophische Logosspekulation. In diesem Zusammenhang geht LUTHER auch die Frage an, inwiefern die ewige Zeugung des Sohnes die bleibende Identität der immanenten Trinität noch gewährleistet. Zunächst verweist er auf empirische Gegebenheiten in der Natur. Dort ist Wachstum und Vermehrung zu beobachten, ohne daß das Lebewesen dabei seine Identität verlöre. Dies vermag ein Licht zu werfen auf den unbegreiflichen Gott, dessen Leben ein Geheimnis ist und dessen ewige Zeugung des Sohnes seine bleibende Identität nicht beeinträchtigt (manet idem et tamen seipsum multiplicat)[65]. Sodann knüpft er an die aristotelische Tradition des philosophischen Gottesbegriffs an. Bewegung ist das Wesen Gottes. Aber sie ist auch im Bereich der belebten Natur anzutreffen als Entstehen von Neuem. In der jeweiligen Weise deutet diese Bewegung immer auf Leben hin[66]. Vor allem die Unbefangenheit, mit der er Analogien aus dem Bereich des Geschöpflichen ebenso verwendet wie er ARISTOTELES zitiert, um Lebendigkeit und bleibende Identität zu vermitteln, läßt erkennen, daß das Thema der "Geschichtlichkeit" Gottes in diesem transzendentalen Sinn nicht in das theologische Zentrum lutherischen Denkens gehört. Hier bewegt sich LUTHER ganz "im Geleise der traditionellen Dogmatik"[67].

Die Gelassenheit philosophischer Reflexion ist dort am Ende, wo sich die Anschaulichkeit der christologischen Wahrheit eröffnet. Im Rahmen seiner Auslegung von Phil 2 vertritt er die Auffassung, daß die Entäußerung des Sohnes nicht in der Selbstverneinung seiner göttlichen Natur und Wesenhaftigkeit besteht. Der in diesem Zusammenhang bedeutsame Begriff der Gestalt bezeichnet ein bestimmtes Verhalten, das die Natur des Subjekts nicht verändert [68]. So heißt Knechtsgestalt, "das sich eyner stellet und geberdet wie eyn knecht gegen andere, das es auch deutlicher were geredt 'Morphi tu dulu', knechtisch geberde, odder der geberdet knechtisch, das ist, er stellet sich also, das wer yhn ansihet, der mus yhn fur eynen knecht halten" [69]. Hat sich der Sohn Gottes entäußert, dann hat er Knechtsgestalt angenommen, ohne dabei sein göttliches Wesen aufzugeben [70]. In seiner Erniedrigung verzichtet er vielmehr auf den Gebrauch seiner Herrlichkeit "und branget nicht damit widder uns, sondern dienete viel mehr uns damit" [71]. Die Selbsterniedrigung ist die Selbstlosigkeit des Gebrauchs seiner Gottheit zum ausschließlichen Heil der Menschheit. So wird er als Gott zum Diener des Menschen. "Das ist, Er war Gott und alle Göttliche werck und wort, die er furet, thet er uns zu gut und dienet uns damit als eyn knecht und lies yhm nicht dafur dienen als eyn herr, wie er billich recht hatte und sucht auch widder ehre noch gut drynnen, sondern unsern nutz und heyl, das war yhe eyn frey williger dienst umb sonst gethan andern zu gut" [72]. In der "forma servi", die das christologische Vorzeichen der Menschwerdung ist und nicht diese selbst, wird er schließlich noch geringer als ein Mensch, indem er nicht nur dient, sondern sich noch der Sünde unterwirft und dem Tod, "der der aller schmehlichst war, nemlich am creutze, nicht als eyn mensch, sondern als eyn wurm" [73].

3) Communicatio idiomatum

Die Bereitschaft des Logos zur Entäußerung gelangt durch die Menschwerdung zu ihrem (heilsgeschichtlich wirksamen) Vollzug. "Indem es sich inkarniert, kommt das Wort Gottes wahrhaftig seinem eigenen Wesen nach und wohnt im Menschen Jesus" [74]. Die Menschwerdung setzt dabei die Kenosis nicht notwendig voraus, denn LUTHER ist der Auffassung, daß der Logos auch Mensch hätte werden können ohne Verzicht auf seine Gottesgestalt.
Menschwerdung wird im Rahmen der Tradition von den zwei Naturen Christi als Annahme des Fleisches durch den Logos verstanden.

So wie an der göttlichen Identität des Logos bei seiner Entäußerung festgehalten wird, so hier auch an der vollständigen menschlichen Natur Christi, was für die leidenstheologischen Aussagen grundlegend ist. Daß Gott im Sohn ein wirklicher Mensch wird, ohne aufzuhören Gott zu sein, muß im Glauben bewahrt werden; dem menschlichen Verstand setzt es ein unüberwindliches Hindernis: "Zu sagen, daß die Gottheit Mensch geworden ist und auch nicht Mensch geworden ist, ist ein völliger Widerspruch"[75]. Einen Denkweg sieht LUTHER in dem Hinweis auf den in Gott aufgehobenen Unterschied von Substanz und Akzidens. "In Gott gibt es kein Akzidens. Sein, Leben, Hoffen und Denken sind 'substantialia', nicht Akzidenzien wie beim Menschen"[76]. Das bedeutet, daß auch die in Christus angenommene Menschheit Substanzcharakter besitzt. "Sofern wir uns die Einheit (sc. Christi) so vorstellen, daß die Gottheit in Christus gleichsam die Substanz sei und dessen Menschheit das Akzidens... so ist davon nicht recht und angemessen gesprochen"[77]. Denn wäre die Menschheit Christi ein Akzidens, dann müßte ihre Annahme eine Veränderung Gottes zur Folge haben. Da eine solche Veränderung aber völlig auszuschließen ist, würde sich der Schluß nahelegen, daß der menschgewordene Christus nicht Gott sein könne. Demgegenüber hält LUTHER am Substanzcharakter der Menschheit Christi fest, so daß die Inkarnation in Gott keine Veränderung hervorruft. "Der Sohn kann sich also inkarnieren und dennoch Gott bleiben"[78].

LUTHER schließt sich auch der klassischen Tradition der Unveränderlichkeit und Leidensunfähigkeit der göttlichen Natur an: "Deus non est passibilis"[79]. Dies gilt aber nur für Gott, insofern er für sich, d.h. außerhalb seiner Offenbarung in Christus bedacht wird. Theologie angesichts des Menschgewordenen kommt zu einem anderen Ergebnis. Denn hier stellt sich nicht mehr die Frage nach einem abstrakten An-sich, sondern es geht um die Konsequenzen, die Gottes Eintreten in die Geschichte für die Theologie bringt. Dreh- und Angelpunkt ist die hypostatische Union.

Wenn LUTHER ausgehend von der hypostatischen Union mit Hilfe einer bestimmten Deutung der Idiomenkommunikation die Anwesenheit Gottes auch im Leiden Jesu zu denken versucht, so begreift er sie niemals als Verwirklichung einer Wesensnotwendigkeit Gottes, wonach Gott in Jesus etwa leiden müsse, sondern allein als die entscheidende Möglichkeitsbedingung für den Heilswert von Passion und Kreuz. "Denn wenn ich das gleube, das allein die menschliche natur fur mich gelidden hat, so ist mir der Christus ein schlechter heiland, so bedarff er wol selbs eines heilands"[80].

Um sein theologisches Ziel zu erreichen, muß er die wahre Menschheit Christi betonen, "denn Blut haben und dasselbige Blut am Creutzen vergiessen sind nicht Göttlicher Natur Eigenschafft, Sondern Menschlicher Natur. Weil nu Christus sein Blut am Creutzen vergossen... hat, So mus Er freilich warer, natürlicher Mensche sein. Denn die Gottheit allein und an ir selbs hat nicht Blut, wird auch an ir selbs nicht gecreutziget"[81].

Aufgrund der unvermischten und ungetrennten Einheit der beiden Naturen in der Person Christi entsteht eine "intime Gemeinschaft"[82], die das Leiden nicht nur von der menschlichen Natur, sondern von der ganzen Person[83] auszusagen nötigt. LUTHERs entscheidende Erweiterung des klassischen Begriffs der communicatio idiomatum besteht darin, daß die Eigenschaften der beiden Naturen in ihrer konkret gewordenen Einheit in Jesus Christus auch jeweils von der anderen ausgesagt werden können. "So gibt die schrifft umb solcher personlicher einickeit willen auch der Gottheit alles, was der menscheit widderferet und widderumb"[84]. Jesus Christus macht die Trennung der Naturen und ihre Abstraktheit zunichte. "So sage ich mit Recht: die Gottheit leidet nicht, die Menschheit erschafft nicht. Dies sage ich von der abstrakten, für sich genommenen Gottheit. Aber dies darf man nicht tun. Die Abstrakta sind nicht zu trennen, sonst ist unser Glaube falsch. Vielmehr ist an das Konkrete zu glauben: dieser Mensch ist Gott"[85]. ZWINGLI hatte die Möglichkeit der realen Idiomenkommunikation bestritten und statt dessen nur von einer rhetorischen Zuweisung der Eigenschaften an die je andere Natur gesprochen. "Wer vom Leiden Gottes spricht, gebraucht nach Zwingli nur eine Redensart, die der Wirklichkeit nicht entspricht"[86]. Gegen diese Weigerung, die Konkretheit der Naturen in Christus und damit ihr gegenseitiges Sich-Bestimmen anzuerkennen, formuliert LUTHER seine provokativen Spitzenaussagen, um den Heilswert von Passion und Kreuz zu sichern: "Dieser Mensch erschuf die Sterne; Gott schreit in der Wiege; der Mensch, der an der Mutterbrust saugt, ist Schöpfer und Herr der Engel: der alles erschuf, liegt in der Krippe"[87].

Auf dem Boden der hypostatischen Union und einer erweiterten Idiomenkommunikation gelangt LUTHER am Ende sowohl zu der Aussage, daß der göttliche Sohn wirklich in die Geschichte der Menschheit herabsteigt, als auch zur Erkenntnis des Leidens Gottes [88], genauer zur Erkenntnis des leidenden und gekreuzigten Gottessohnes: "Und so fort an alle werck, wort, leiden und was Christus thut, das thut, wirckt, redet, leidet der warhafftige Gottes son, und ist recht gered: Gottes son ist fur uns gestorben" [89].

4) Drama zwischen Vater und Sohn

Die christologisch begründete Aussage von der "Geschichtlichlichkeit" Gottes hat LUTHER aber nicht nur mit Hilfe der traditionellen Naturkategorie und der Lehre von der hypostatischen Union artikuliert, sondern auch dadurch, daß er die irdische Existenz Jesu als unter dem Joch der Sünde stehend zu einer Dramatik zwischen Vater und Sohn werden läßt. So steht hier auch noch stärker die Anschaulichkeit des Kreuzesgeschehens im Mittelpunkt. Es wirft seinen Schatten auf die gesamte Existenz Jesu. Denn auf Golgatha kommt das zu seiner Krisis, was die irdische Existenz des Sohnes von Anbeginn prägt: "Vor Gott hat er alle Sünden auf sich genommen" [90]. In dieser heilsgeschichtlichen Perspektive bestimmt er das Leiden des Sohnes nicht nur als Ausdruck der Solidargemeinschaft mit dem Menschen, sondern auch als Folge der Sünde. "Gott hat nicht allein größte Qualen mit uns erlitten, sondern hat auch gelitten wegen unserer Übertretung und ist zugrunde gegangen an unserer Ungerechtigkeit" [91]. Daher besteht zwischen Inkarnation (als Tragen der Sünde) und dem Kreuz (als entscheidender Kampf gegen die Sünde) ein enger Zusammenhang. Mit der Menschwerdung beginnt bereits die Passion. "Wenn man so will, krönt das Kreuz nur die Inkarnation -oder aber: Die Inkarnation i s t schon das Kreuz" [92].

In der Menschwerdung unterstellt sich der Sohn der Macht der Sünde [93]. Hierin liegt der kenotische Charakter der Inkarnation. LUTHER nimmt mit dem Tragen der Sünde die atl.Tradition der Gottesknechtslieder von Jes 53 auf. Für den Reformator ist es nun der Sohn Gottes, der "den gestrengen zorn und unwanckelbarn ernst gottis uber die sund und sundere" [94] trägt. Diese Dramatik vollzieht sich am Kreuz. Sie wird einmal als Kampf Christi gegen das Gesetz beschrieben. "Gott hatte ihn dazu bestimmt, daß er den Angriff des Teufels, des Todes und des Gesetzes sowie die Sünden der ganzen Welt und aller Menschen (er)trage" [95]. Doch liegt die letzte Spitze der Kreuzestheologie darin, daß es letztlich Gott selbst ist, der sich gegen Christus wendet. So erscheinen die Angriffe des Teufels, des Gesetzes und des Todes nur "als Instrumente Gottes, mit denen Gott selbst Christus schlägt und straft"[96]. Christus, der Sohn, erleidet den Zorn des Vaters mehr als irgendein Mensch. Der Schmerz ist im höchsten Maß erlittene Wirklichkeit, so daß hier jeglicher Doketismus ausgeräumt ist. Es ist in dem Erleiden der Strafe für die Sünde der Welt vor allem die subjektive Gewißheit der Gottverlassenheit[97], "im Leiden der göttlichen Hilfe und Macht beraubt"[98] zu sein. In engem Zusammenhang hiermit steht LUTHERs Auffassung vom Höllenabstieg[99] Christi. "Von Gott verlassen sein bedeutet: Vom Leben und Heil weggehen in einen fernen Bereich des Todes und der Hölle"[100]. Durch seine streng christologische Exegese von Ps 22 gewinnt LUTHERs Verständnis vom Descensus sein besonderes Profil. Demnach macht die Gottverlassenheit, die Christus hier von sich selbst aussagt, zusammen mit der Anfechtung im Garten Gethsemane die innere Wirklichkeit der Höllenfahrt Christi aus. "Anfechtung, Versuchung und Gottverlassenheit i s t bereits Höllenfahrt"[101]. Nach E.VOGELSANG liegt hier der tiefste Punkt der Erniedrigung Christi[102]. Obwohl LUTHER die Aussage des Credos nicht in Zweifel zieht, wonach die Höllenfahrt nach dem Tode geschieht, versteht er den Descensus vor allem als ein Geschehen vor und im Tod Christi.

Daß es sich nicht nur um die Entfernung Gottes zum Menschen Jesus von Nazareth -also um menschliche Gottverlassenheit- handelt, sondern um eine trinitarische, macht wiederum jenes soteriologische Motiv LUTHERs deutlich, wonach das Erleiden des Zornes Gottes und der Angst der Gottverlassenheit nur dann einen Heilswert hat, wenn nicht nur ein Mensch sein Subjekt ist, sondern letztlich der Sohn Gottes selbst[103].

Dieser Aspekt kommt zum Ausdruck, wenn innerhalb des Kampfes Christi gegen das Gesetz die Gottheit, d.h. die Schuldlosigkeit des Sohnes zur Möglichkeitsbedingung eines Sieges Christi gemacht wird[104]. Denn weil das Gesetz den Unschuldigen anklagt und zu Fall bringt, hat es seine Existenzberechtigung verloren, hat sich der Tod selbst vernichtet. Im Verhältnis des Sohnes zum Vater gründet die Auferstehung im Aushalten des göttlichen Zornes. Denn dieses Ertragen weist auf die Liebe Gottes, zunächst wie sie in der Gehorsamstat Christi zum Heil pro nobis offenbar wird. "Diese Liebe wirkt durch den Zorn hindurch 'sub contraria specie'"[105]. Zugleich wird im Ausleiden des Gerichts durch den Sohn auch der trinitarische Abstand von Vater und Sohn überwunden. Liebe bildet den größeren Rahmen für das Verhältnis von Vater und Sohn[106] und konstituiert damit die weite Dynamik von LUTHERs Gottesbegriff. Passion und Tod erscheinen dann als eine "letzte Zuspitzung der Rede vom lebendigen Gott"[107].

5) Zusammenfassung

Mit dieser seiner Kreuzestheologie, die er christologisch und trinitarisch entfaltet, hat LUTHER den Geltungsbereich des klassischen Unveränderlichkeits- und Apathieaxiom in aller Deutlichkeit eingeschränkt. Es ist die soteriologische Bedeutung des Kreuzes Christi, die zum letzten theologischen Maßstab seiner Reflexion wird und die demzufolge auch jede Vorgabe der Tradition zu bewerten hat. Soll der Kreuzestod Christi das Heilsereignis schlechthin sein, dann muß mit aller Entschiedenheit nicht nur an der menschlichen Identität des Gekreuzigten festgehalten werden, sondern ebenso an dessen göttlicher. Nur wenn es Gott selbst ist, der in diesem Menschen gekreuzigt wird, ist die Sünde überwunden und der Mensch im Glauben gerechtfertigt. Mit dieser ausschließlich soteriologisch begründeten Anwesenheit Gottes im Kreuzestod des Sohnes wird trinitätstheologisch nicht nur dem innerlich unbewegten, leblosen Gott des Unveränderlichkeitsaxioms die innere Dramatik der Vater-Sohn-Relation entgegengehalten, sondern auch der schultheologischen Auffassung von der völligen Leidensunfähigkeit Gottes widersprochen. Denn im Sohn unterwirft sich Gott nicht nur den Bedingungen menschlicher Existenz, sondern auch den Unheilszusammenhängen der Sünde und läßt sich damit von Gottes Zorn über die Sünde treffen. Er geht darin selber in jene letzte Todeswirklichkeit ein, die das Apathieaxiom von Gott bedingungslos ausschließt. Zusammenfassend kann festgestellt werden, daß LUTHER mit seiner Kreuzestheologie dem klassischen Unveränderlichkeits- und Apathieaxiom dort widerspricht, wo dieses im Begriff steht, die heilskonstitutive Bedeutung des Kreuzes Christi zu verdunkeln.

III. Gottes Geschichtlichkeit im deutschen Idealismus

Ein dritter Aspekt theologiegeschichtlicher Kritik am Unveränderlichkeitsaxiom zeigt sich im idealistischen Denken des frühen 19.Jahrhunderts. Was sich vordem im Rahmen der Theologie als Konfrontation Gottes mit dem Kreuzestod Christi abgezeichnet hat, wird -stark vereinfacht gesprochen- nun philosophisch als Begegnung des Absoluten mit dem Endlichen (SCHELLING) und Tödlichen (HEGEL) der Geschichte gedacht. An die Stelle des soteriologischen Fragehorizonts tritt ein geschichtsphilosophisch-spekulatives Denken, für das die Absolutheit Gottes nur in der Einheit mit der Geschichte bzw. der Materie besteht. Gott wird auf diese Weise selbst zu einem geschichtlichen Prozeß.

1) F.W.J.SCHELLING: Geschichte als Mittel der Selbstbereicherung Gottes

a) Gottes Lebendigkeit

Im Unterschied zur negativen Philosophie, die Gott nur als logisches Prius alles Wirklichen gerade noch berührt, gestaltet SCHELLING im Rahmen seiner positiven Philosophie den Gottesbegriff mit der zentralen Kategorie der Lebendigkeit. Gegen die alte Metaphysik ist Gottes Sein nicht einfach ein fertiges und unveränderliches Vorhandensein, sondern ist in sich dynamisch und nach außen bezogen. "Ein metaphysisch hinaufgeschraubter Gott taugt weder für unsern Kopf noch für unser Herz"[108].

Der idealistische Begriff für Lebendigkeit ist Verwirklichung, ein Werden vom An-sich zum Für-sich. Dies trifft auch für Gott zu. Dieser Prozeß gliedert sich in ein Bewußtwerden Gottes und ein Sichoffenbaren in der Schöpfung. Verwirklichung bedeutet so zwar ein Werden, aber nicht im naiv-zeitlichen Sinn des Übergehens vom Nochnichtseienden zum Seienden, sondern ist das "Werden" dessen, was immer schon ist. Damit ist formal schon angedeutet, wie Verwirklichung und bleibende Identität (Gottes Unveränderlichkeit) zusammengedacht werden.

b) Gottes Bewußtwerden

Gott erkennt sich selbst auf unzeitliche Weise. Der diesem Vorgang (nur logisch) vorausliegende Zustand ist Bewußtlosigkeit. "Es ist die reine Froheyt in sich selber, die sich selbst nicht kennt, die gelassene Wonne... stille Innigkeit"[109]. Von hier geht der erste Schritt zur Verwirklichung Gottes aus. Und "dieses Zu-sich-Kommen Gottes vollzieht sich nicht im weltlichen, sondern im vor-weltlichen Raum"[110]. SCHELLING gibt hiervon in seiner "Philosophie der Offenbarung" und in der "Stuttgarter Privatvorlesung" unterschiedliche Gestaltungen. Einmal wird sich Gott seiner selbst bewußt "im unkonstruierbaren Erwachen des Denkens"[111]. Hier erscheint Gott gegenüber das Andere als eine sich unvermittelt zeigende Möglichkeit. Die bloße Erscheinung ist damit zum möglichen Gegenstand des göttlichen Wollens geworden. Und "indem sie also dem vollkommenen Geist einen solchen Gegenstand eines möglichen Wollens zeigt, wird er sich als Wille, als der wollen kann, inne"[112]. Damit erhält das bis dahin gestaltlose, unbestimmte Wesen Gottes eine Kontur. Gott wird zum Gegenüber des Anderen, nicht aber in Notwendigkeit, sondern als sich gehörend in Freiheit. "Es geht an der Möglichkeit des Anderen auf, daß mögliches Anderes als möglich dem zugehört, dem sie sein 'Anderes' vorstellt, daß er also auch ohne dieses Andere er selbst und zugleich mit diesem Anderen gemeinsam er selbst sein kann und so im Grunde je 'all-einig' bleibt"[113]. Damit verläßt Gott den Zustand "reiner Unmittelbarkeit"[114] und "Unseligkeit"[115], in dem er sich selbst nicht fassen kann und gewinnt Gestalt, indem er sich als Sich-selbst-Setzenden erfährt. Diese Differenzierung seines Seins ist als die "Selbstaffektion"[116] das Auseinandertreten der Potenzen, d.h. die Potentialisierung des Seins als Seinkönnendes, Seinmüssendes und Seinsollendes[117]. Und in diesem Zusammenhang erscheint nun der absolute Geist auch in seiner "Unveränderlichkeit". Denn Gott erfährt sich angesichts der Möglichkeit des Anderen als der in der Trennung der Potenzen selbst nicht Trennbare. "Es verschlägt ihm nichts, dem Seyn nach Einheit oder Spannung zu seyn, denn er selbst wird dadurch nicht verändert, es ist nur eine andere Form der Existenz, denn er existiert in der Spannung ebensowohl, nur auf andere Weise, als in der Einheit"[118]. Gottes "Unveränderlichkeit" ist die Identität seines Wesensbestandes[119].

Dieses gottimmanente Wirklichwerden, das ohne die Realität des weltlich Seienden sich in Ewigkeit vollzieht und als vor aller Schöpfung liegend Gott als den "Herrn des Seins"[120] auszeichnet, wird von SCHELLING in der "Stuttgarter Privatvorlesung" nochmals verdeutlicht. "Contraction... ist der Anfang aller Wirklichkeit"[121]. Der unzeitliche Anfang Gottes, d.h. die Aufhebung der Ungeschiedenheit der Prinzipien (Realität-Idealität, Natur-Geist, Grund-Existenz, Sein-Seiendes) liegt in Gott selbst. Er vollzieht diesen Anfang, indem sich Gott freiwillig auf die erste Potenz, seinen Grund, einschränkt[122]. Im Unterschied zum plötzlichen Überkommen Gottes durch die Möglichkeit des Anderen ist hier der Anfang Gottes freie Tat. Die Selbstbeschränkung Gottes auf seine erste Potenz, die keine Auflösung der Einheit der Potenzen bedeutet, kann dabei nicht als alleiniger Akt begriffen werden. Vielmehr ist mit dem Kontrahieren zugleich auch Gottes Expandieren mitgegeben. So erscheint die "Seynsfuge"[123] von Grund der Existenz und existierender Existenz als ein Zirkel, so daß "das, wodurch das Eine erzeugt wird, selbst wieder von ihm gezeugt werde. Es ist hier kein Erstes und kein Letztes, weil alles sich gegenseitig voraussetzt, keins das andere und doch nicht ohne das andre ist. Gott hat in sich einen inneren Grund seiner Existenz, der insofern ihm als Existierenden vorausgeht; aber ebenso ist Gott wieder das Prius des Grundes, indem der Grund, auch als solcher, nicht sein könnte, wenn Gott nicht actu existierte"[124]. Die Bewegung des Gründens und des Existierens, wobei der Grund das Heraustretende trägt und die Existenz als im Grund gründend diesen erst zu ihrem Grund werden läßt[125], sind wegen ihrer vollkommenen Gleichzeitigkeit ein einziger Akt. Insofern hier kein Neues entsteht, kann man sagen: "Das Göttliche kennt keine Geschichtlichkeit; die Konstruktion des Absoluten als eines Prozesses (Hegel) wird damit abgewiesen"[126].

Der Gegensatz von Sein und Seiendem, Grund und Existenz, Realität und Idealität, usw. als Grundgesetz des Lebens[127] wird schließlich noch durch das Gegensatzpaar von Liebe und Egoismus dargestellt. Demnach ist der Egoismus Gottes selbstbehauptende Selbstheit und ewige Verschlossenheit, während die Liebe das sich hergebende, mitteilende Prinzip verkörpert. "Die bloße Liebe für sich selbst aber könnte nicht seyn, nicht subsistiren, denn eben weil sie ihrer Natur nach expansiv, unendlich mittheilsam ist, so würde sie zerfliessen, wenn nicht eine contraktive Urkraft in ihr wäre"[128]. Umgekehrt wäre Gott ein isolierter, egoistischer Nichtgott, würde er sich jeglicher Mitteilung verschließen. Mit dem Gestaltannehmen der beiden Bewegungen, die in einem stabilen, dynamischen Gleichgewicht stehen[129], zeigt sich so die Einheit des Gegensätzlichen und damit die Göttlichkeit Gottes[130].

c) Gottes Schöpfung

Innerhalb der allumfassenden Beweglichkeit Gottes stellt das vorweltliche Zu-sich-Kommen Gottes nur einen ersten Schritt dar; es ist die Voraussetzung der Schöpfung: "Die Unterordnung des göttlichen Egoismus unter die göttliche Liebe ist der Anfang der Creation"[131]. Mit ihr entsteht der Raum für Gottes Offenbarung nach außen[132], und zugleich wird durch diese der Anfang der Zeit gesetzt[133]. Schließlich erscheint im Auseinandertreten der Potenzen, in der "Scheidung der Kräfte"[134], die Welt der Ideen. Dies geschieht nicht durch Erzeugen von Vorstellungen, sondern durch Erwecken, "indem der Verstand die in dem geschiedenen Grund verborgne Einheit oder Idea hervorhebt"[135]. Aber der Aufbruch der Ideenwelt "ist nur ein Anfang, der ins Weitere drängt"[136]. Der Einfaltung folgt die Entfaltung[137]. Damit bleibt der zu sich gekommene Geist nicht bei sich, was seinem wesenseigenen Proprium als dem sich mitteilenden entgegenlaufen würde, sondern tritt ins Außergöttliche. "Das ist zur Mitte des idealistischen Denkens vom absoluten Geist geworden: Geist ist explizierendes Sein, sich aussprechendes, sich objizierendes Sein"[138]. So kann SCHELLING den absoluten Geist auch als ein "wogend wallend Meer"[139] bezeichnen. Zu beachten ist dabei, daß das ins Außen Tretende nicht Gott selbst ist, sondern die Fülle seiner Kräfte, die aus seinem Schoß hervortreten[140].

Im Fortgang der Schöpfung zeigt sich so zwar eine Äußerung Gottes, indem er das ideengestaltete Reale von sich ausschließt, "aber nicht um es nun in diesem Nichtseyn zu lassen, sondern um es aus ihm zu erheben, um aus dem von sich ausgeschlossenen Nichtgöttlichen... das ihm Aehnliche und Gleiche zu erziehen"[141]. Es ergibt sich eine Egreß-Regreß-Bewegung, die von Gott ausgeht, die Geschichte durchzieht, um wieder in Gott zu enden. Der gesamte Prozeß der Schöpfung ist eine "innere Transmutation oder Verklärung des anfänglich dunkeln Prinzips in das Licht"[142]. Von hier aus kommt nun die ganze Bewegung der Verwirklichung in den Blick. Die immanente Gestaltung des göttlichen Wesens drängt nach einer Aktualisierung seiner Fülle über die Grenzen des göttlichen Selbst hinaus.

In diesem schöpfungstheologischen Zusammenhang stellt sich SCHELLING auch die Frage nach Gottes "Unveränderlichkeit". Der Vorwurf, Gott selbst mache sich bei der Schöpfung zum Objekt, wird mit dem Hinweis, er würde sich damit als setzendes Subjekt selber aufheben, ohne sich als Objekt wahrhaftig zu setzen[143], ebenso abgewiesen wie die Vorstellung einer Teilung des göttlichen Subjekts. Denn so "wäre eine Theilung in ihm vorgegangen; es wäre als Subjekt nicht mehr was es vorher war, welches gegen alle Begriffe von der Unveränderlichkeit Gottes, ja eines jeden Subjektes streitet"[144]. Der Gedanke fußt letztlich auf der Argumentation, mit der die gottimmanente Wesensstabilität dargelegt wurde und bringt sie nun gegenüber dem göttlichen Schöpfungsprozeß in Anschlag. Als der sich in seiner eigenen Existenz begründende Gott ist er allem Seienden gegenüber der frei verfügende, ist er das Prius, der Herr des Seins. Als Gottes Geschichtsmächtigkeit gründet sie in seiner "Überwesentlichkeit... die mit der Freiheit absoluter Selbstbestimmung identisch ist. Gerade durch seine Überwesentlichkeit ist Gott frei, das Sein anzunehmen, in die Geschichte einzugehen und doch ihr absoluter Herr zu bleiben, weil er sich frei zu seinem Sein bestimmen kann"[145]. Gleichwohl taucht hier ein Problem auf. Denn für SCHELLING ist der Weltbezug Gottes zwar keine Schicksalsgegebenheit, sonst wäre er nicht Herr des Seins, sondern freier Entschluß aus Liebe. Aber ein völliger Verzicht ist doch nicht denkbar. "Gott macht sich selbst, und so gewiss er sich selbst macht, so gewiss ist er nicht ein gleich von Anfang Fertiges und Vorhandenes"[146]. Wie der bisherige Gedankengang gezeigt hat, kann die Selbstkonstitution nicht auf die vorweltliche Immanenz Gottes reduziert werden, sondern muß auch die Aktualisierung als Entfaltung nach außen umfassen, weil das Zu-sich-Kommen des An-sich-Seienden auch die Verleiblichung einschließt. Der "vorweltlichen 'Verwirklichung' folgt das viel größere Geschehen der realen 'Verwirklichung'- und sie hat den eigentlichen Akzent"[147]. Wenn also die Schöpfung die Frage nach Sein oder Nichtsein Gottes auch nicht entscheiden kann, scheint sie doch als Ausfaltung der göttlichen Kräfte zur vollen Verwirklichung Gottes hinzuzugehören. Dann kann aber der Schluß gezogen werden, daß das Sein Gottes "von Wesen her einer Steigerung fähig"[148] ist. In der Setzung und Einholung der Welt liegt damit eine "Seinsbereicherung Gottes"[149].

Der sich nach außen mitteilende und erst "ins Volle seines Seins"[150] kommende Gott steht so neben dem freien, geschichtsmächtigen Gott. Für die Frage nach Gottes "Unveränderlichkeit" ergibt sich nun daraus: Durch das Gründen seiner eigenen Existenz in sich selbst ist Gott als lebendiges Wesen grundsätzlich von nichts außer ihm abhängig. In seiner unzeitlich immanenten Verwirklichung ist Gott "unveränderliches" Ereignis. Mit dem idealistischen Gedanken der Verleiblichung des Geistes tritt nach SCHELLING nicht das Wesen, sondern nur die Fülle der göttlichen Kräfte nach außen bei bleibender Wesensidentität. Aber in dem Maß ihrer Zugehörigkeit zum Wesen Gottes muß ihre Verwirklichung auch eine "Veränderung", wenigstens aber eine Bereicherung Gottes darstellen.

d) SCHELLINGs theologische Wirkungsgeschichte

Der Einfluß SCHELLINGs auf die Theologie ist verhältnismäßig gering. Dies hängt wohl auch mit dem Umstand zusammen, daß von ihm keine schulbildende Wirkung ausging. Während HEGEL zum Begründer einer idealistischen Tradition wurde, "stirbt Schelling ohne philisophische Nachkommenschaft"[151].

Am Anfang der eher bescheiden zu nennenden theologischen Wirkungsgeschichte stehen die Gründer der Katholischen Tübinger Schule (Gründung 1817) J.S.DREY und J.A.MÖHLER, insofern das Verhältnis von Freiheit und Notwendigkeit reflektiert wird[152]. Von den deutschen Kenotikern wurde die Unterscheidung von Akt und Potenz übernommen. Während aber SCHELLING die Potenz im Sinne von Vermögen und Mächtigkeit (potestas) verstand, faßten diese sie als statischen Besitz auf, "wobei ihnen jedoch unterderhand die Potenz mehr zur Verlegenheit als zur Hilfe wird"[153]. Stärkere Breitenwirkung erreichte der Philosoph im russischen Denken (s.u.). Besonders die theosophischen Elemente hatten auf die russische Religionsphilosophie des 19.Jahrhunderts insofern großen Einfluß, als im Anschluß an die Sophiologie der russ.-orthodoxen Tradition SCHELLINGs Versuch einer Vermittlung von Philosophie und Religion anziehend wirkte[154].

Die dialektische Theologie und der Antimodernismus bewirkten in den zwanziger Jahren einen Abbruch des Gesprächs zwischen der Theologie und dem deutschen Idealismus. "Die Probleme wurden dabei mehr abgewiesen als gelöst"[155]. Auf protestantischer Seite hatte sich aber P.TILLICH[156] bereits 1910 mit SCHELLINGs Philosophie auseinandergesetzt. Im Mittelpunkt stehen besonders existentialphilosophische Überlegungen zum Problem der Entfremdung und Zerrissenheit des Daseins in Anlehnung an die Potenzenlehre als Sprung zwischen Essenz und Existenz. "Wir sehen... daß Schelling in seinem Alterswissen das Problem unserer Zeit vorausnahm, das Problem der menschlichen E x i s t e n z in einer Welt, in der m e n s c h l i c h e Existenz aufs Schwerste bedroht ist"[157].

In der Theologie der Gegenwart finden sich im Evolutionsdenken TEILHARD de CHARDINs Hinweise auf SCHELLINGs Einfluß ebenso wie beim Begriff der Konkretion, wie er von der amerikanischen Prozeßtheologie entfaltet wird.

2) G.W.F.HEGEL: Geschichtliche Selbstfindung des absoluten Geistes

a) Wahrheit des Seins

HEGELs Gottesbegriff ist die theologisch-philosophische Anwendung dessen, was er unter Sein und Wahrheit versteht. Seine zentrale Aussage lautet: "Das Logische ist das Dialektische, wo das Sein als solches betrachtet ist, das als Unmittelbares unwahr ist. Die Wahrheit des Seins ist das Werden; Werden *ist eine* Bestimmung, sich auf sich beziehend, etwas Unmittelbares, eine ganz einfache Vorstellung, enthält aber die beiden Bestimmungen: Sein und Nichtsein"[158].

Werden ist nicht im Sinne eines linearen, evolutiven Prozesses zu verstehen, sondern ist Entfaltung durch Gegensätze. Somit ist eine wesentliche Kategorie des Werdens das Moment der Vermittlung. "Nur diese sich *wiederherstellende* Gleichheit oder die Reflexion im Anderssein in sich selbst - nicht eine *ursprüngliche* Einheit als soche oder *unmittelbare* als solche - ist das Wahre. Es ist das Werden seiner selbst, der Kreis, der sein Ende als seinen Zweck voraussetzt und zum Anfang hat und nur durch die Ausführung und sein Ende wirklich ist"[159]. Darin ist zugleich ein zweites entscheidendes Moment des Wirklichen enthalten. Weil die dialektische Vermittlung Dynamik bedeutet, die den Raum und die darin enthaltenen Momente umschließt, kann HEGEL in der Vorrede zur Phänomenologie des Geistes formulieren: "Das Wahre ist das Ganze. Das Ganze aber ist nur das durch seine Entwicklung sich vollendende Wesen. Es ist von dem Absoluten zu sagen, daß es wesentlich *Resultat*, daß es erst am *Ende* das ist, was es in Wahrheit ist"[160]. Das Wahre kann nur als ein System gedacht werden, das als Vorwärtsgehen immer auch ein Rückgang in den Grund des Seins ist. Im Resultat zeigt sich also "das in Wahrheit Erste, das die ganze Entwicklung dem Sein nach begründet"[161]. So bestimmt HEGEL die Vermittlung als "die sich bewegende Sichselbstgleichheit"[162].

Werden als dialektische Vermittlung zu einem Ganzen enthält die Momente, die HEGELs Gottesbegriff im wesentlichen bestimmen. An die Trinitätstheologie sich anlehnend bedeutet die Existenz Gottes als ein Ganzes vor allem Geist zu sein. "Gott erzeugt ewig seinen Sohn, Gott unterscheidet sich von sich... Er tut dies und ist in dem gesetzten Anderen schlechthin bei sich selbst... Aber wir müssen wohl wissen, daß Gott dies g a n z e Tun s e l b s t ist. Gott ist der Anfang, er tut dies, aber er ist ebenso auch nur das Ende, die Totalität: so als Totalität ist Gott der Geist"[163]. Der damit eng verbundene Gedanke des Anderen als des zu Vermittelnden macht das zweite Moment aus, das Gottes Wirklichkeit als Wahrheit entscheidend mitqualifiziert. In Auseinandersetzung mit einer alles einebnenden Erbauungstheologie betont er wieder das Kreuz. "Das Leben Gottes und das göttliche Erkennen mag also wohl als ein Spielen der Liebe mit sich selbst ausgesprochen werden; diese Idee sinkt zur Erbaulichkeit und selbst zur Fadheit herab, wenn der Ernst, der Schmerz, die Geduld und Arbeit des Negativen darin fehlt"[164].

HEGEL hat den Werdeprozeß des Geistes, der diesen durch den Gegensatz führt, in drei Stufen eingeteilt. Die erste ist "d a s a b s o l u t e W e s e n, der anundfürsichseiende Geist, insofern er die einfache ewige S u b s t a n z ist. In der Realisierung ihres Begriffes, Geist zu sein, aber geht sie in das S e i n f ü r A n d e r e s über; ihre Sichselbstgleichheit wird zum w i r k l i c h e n, sich a u f o p f e r n d e n absoluten Wesen; es wird zum S e l b s t, aber zum vergänglichen Selbst. Daher ist das Dritte die Rückkehr dieses entfremdeten Selbsts und der erniedrigten Substanz in ihre erste Einfachheit"[165]. Es sind dies die Formen der Allgemeinheit oder das "Reich des Vaters", d.h. der vorweltliche Gott; der Besonderung oder das "Reich des Sohnes", d.h. der entäußerte Gott; der Einzelheit oder das "Reich des Geistes", d.h. der versöhnte Gott.

b) Der vorweltliche Gott

Gott ist zuerst Substanz. "Gott in seiner Allgemeinheit, dies Allgemeine, in welchem keine Schranke, Endlichkeit, Besonderheit ist, ist das absolute Bestehen... Gott ist die a b s o l u t e S u b s t a n z, die allein wahrhafte Wirklichkeit"[166]. Das will besagen, daß Gott zunächst sein eigener Grund, seine eigene Voraussetzung ist. Als reine Substanz betrachtet besitzt jedoch Gott noch kein Bewußtsein seiner selbst[167]. Er ist gänzlich verhältnislos[168]. Damit kündigt sich ein "Gefälle" des substantialen Ansich an. Hat sich die Substanz bisher im Sinne der Sichselbstgleichheit und Einfachheit als fest und verharrend dargestellt, so ist sie "ebenso Negativität; dadurch geht jenes feste Dasein in seine Auflösung über"[169] und entledigt sich seiner Einfachheit und "harten Unwandelbarkeit"[170]. Hier liegt eine zentrale

Aussage HEGELs. "Es kommt... alles darauf an, das Wahre nicht als S u b s t a n z, sondern ebensosehr als S u b j e k t aufzufassen und auszudrücken"[171]. Erst die Subjektivität läßt die Substanz zur "lebendigen Substanz"[172] werden, zur Einfachheit und Unmittelbarkeit des Ansich tritt die Bezüglichkeit des Fürsich. Dadurch kommt es "zu einer die Selbständigkeit der Substanz überbietenden Freiheit, der Freiheit des Selbstbewußtseins"[173]. Dies konstituiert das Absolute als Geist. Demnach bezeichnet Geistigkeit den Umstand, daß sich das Absolute als Geist zu sich selbst verhält. "So ist auch G o t t in seinem u n m i t t e l b a r e n Begriffe nicht Geist; der Geist ist nicht das Unmittelbare, der Vermittlung Entgegengesetzte, sondern vielmehr das seine Unmittelbarkeit ewig setzende und ewig aus ihr in sich zurückkehrende Wesen"[174]. HEGELs fundamentale Einsicht, das Wahre als System zu denken, hat ihre theologische Bedeutung darin gefunden, Gott in seiner weltjenseitigen Immenenz als Wesen aufzufassen, das sich mit sich selbst vermittelt.

Gottes immanente Selbstvermittlung als Zu-sich-selbst-Verhalten enthält zunächst den Gedanken eines subjektiven Gegenübers. Gott "ist das reine Wesen, das sich zum Gegenstande macht, aber darin nur sich selbst anschaut"[175]. Diese "Gegenständlichkeit"[176] Gottes, die die höchste Bestimmung des Geistes als Selbstbewußtsein ausdrückt, wird als "Setzen der Individualität"[177] verstanden, d.h. Gott gibt seiner Immanenz eine (dialogische) Bestimmung durch "Entzweien der unterschiedslosen Flüssigkeit"[178]. Trinitarisch gesprochen vollzieht sich die immanente Zeugung des Sohnes durch den Vater. "In dem Momente der A l l g e m e i n h e i t ... ist es also der absolute Geist, welcher zuerst das V o r a u s g e s e t z t e, jedoch nicht Verschlossen-Bleibende, sondern als s u b s t a n t i e l l e M a c h t in der Reflexionsbestimmung der Kausalität S c h ö p f e r Himmels und der Erde ist, aber in dieser ewigen Sphäre vielmehr nur s i c h s e l b s t als seinen S o h n erzeugt"[179]. Dieses Setzen des Anderen kommt nicht dadurch zustande, daß Gott sich überströmend mitteilt und dieses Mitgeteilte der Sohn wäre, sondern Zeugung des Sohnes vollzieht sich durch immanente Selbstverneinung. "Gott... erscheint hier in seiner ewigen Geschichte und zeigt sich, das absolute Affirmative zu sein, das selbst stirbt - Moment der Negation -, sich entfremdet wird, sich verliert"[180].

Doch es wird nicht bei dieser gottimmanenten Negation stehen-

geblieben, denn der Sohn gehört auch als der Andere wesentlich zur Gottheit Gottes. Er hat Anteil an Gottes Ewigkeit und Liebe; er ist der Andere G o t t e s. Dies hat zur Folge, daß Gott in seinem Anderswerden in sich selbst zurückkehrt und in dieser ewigen Rückkehr die "bewegende Sichselbstgleichheit"[181] ist. Alle Unterschiede bleiben darin "aufgehoben". "In der Idee sind die Unterschiede nicht sich ausschließend gesetzt, sondern so, daß sie nur sind in diesem S i c h z u s a m m e n s c h l i e ß e n des einen mit dem anderen"[182]. So ist es möglich, daß Gott sich im Verlust seiner selbst wiederfindet.
Das theologische Ergebnis läuft hier auf eine gewisse vorweltliche Identität und Souveränität Gottes hinaus. So besteht durchaus Grund zu der Annahme, daß Gott von Ewigkeit her Substantialität und Subjektivität schon immer vermittelt hat. "Als Prädikat des absoluten Geistes bedeutet Ewigkeit... auch die Vorweltlichkeit des göttlichen Geschehens von Sich-unterscheiden und Sich-zurücknehmen, das Immer-schon-sein des göttlichen Selbstbewußtseins, das mit der Welt nicht erst entsteht"[183]. Die Vermittlung des trinitarischen Lebens, seine vorweltliche Souveränität läßt den Schluß zu, daß "Gott autark in sich selbst ruht"[184].

Nun finden sich bei HEGEL zahlreiche Belege dafür, daß Gottes Identität und Souveränität von dem Wirklichkeitsgehalt seines Andersseins abhängen. Der innertrinitarische Unterschied des vorweltlichen Gottes besteht bislang nur in seiner "reinen Idealität"[185]. Im ewigen Gegenüber ist "das A n d e r s s e i n nicht als solches gesetzt; es ist der Unterschied, wie er im reinen Denken unmittelbar k e i n U n t e r s c h i e d ist; ein Anerkennen d e r L i e b e, worin die beiden nicht ihrem Wesen nach sich e n t g e g e n s e t z t e n"[186]. Die Unterschiede sind in der Verschiedenheit ihrer Bestimmung noch nicht voll verwirklicht[187]; "sie sind noch nicht aus dem Allgemeinen herausgetreten, noch nicht als Unterschiede manifest"[188]. Diesen Zustand kennzeichnet HEGEL häufig als Liebe. "Liebe ist ein Unterscheiden zweier, die doch füreinander schlechthin nicht unterschieden sind"[189]. Damit erhält das innertrinitarische Leben des vorweltlichen Gottes den Charakter eines bloßen Spiels des Unterscheidens, "mit dem es kein Ernst ist"[190], "ein Spiel der Selbsterhaltung, der Vergewisserung seiner selbst"[191]. Das Spiel der Liebe mit sich selbst[192] hat noch nicht zur Ernsthaftigkeit des innertrinitarischen Andersseins, zu einer echten Entzweiung geführt.

"Dieser Begriff der Trinität... ist für Hegel wesentlich ungenügend und vorläufig"[193].
Wenn die Wahrheit Gottes von seiner Selbstvermittlung der Gegensätze abhängt, kann jene nur hergestellt werden, wenn die Gegensätze auch tatsächlich zu Gegensätzen geworden sind. Die trinitarische Spannung des vorweltlichen Gottes muß demzufolge in Richtung auf ein gottjenseitiges Gegenüber überschritten werden. Die gottimmanente Entäußerung in der Zeugung des Sohnes verlangt nach ihrem Vollzug ad extra.

c) Der entäußerte Gott

Die Selbstentäußerung Gottes ist der allumfassende Prozeß, in dem er sich als "die Tiefe des seiner selbst gewissen Geistes"[194] auslotet. Hierfür "muß er sich auf den Weg machen, auf den Weg in die Fremde, ohne die der Geist sich selbst nicht kennenlernen würde"[195]. Damit handelt Gott gemäß seiner Bestimmung, "den Anteil, den das Selbstbewußtsein an dem Bewußtsein hat, zu bereichern, die U n m i t t e l b a r k e i t d e s A n s i c h - die Form, in der die Substanz im Bewußtsein ist - in Bewegung zu setzen"[196]. HEGEL kennt zwar auch ein vorweltliches Anundfürsichsein des Geistes, aber dieses "ist es erst für uns oder a n s i c h... Es muß dies auch f ü r s i c h s e l b s t, muß das Wissen von dem Geistigen und das Wissen von sich als dem Geiste sein, d.h. es muß sich als G e g e n s t a n d sein, aber ebenso unmittelbar als aufgehobener"[197]. So kommt HEGEL schließlich dazu, von einer Notwendigkeit der Entäußerung zu sprechen, weil das Ansichseiende außerhalb des Gegensatzes überhaupt kein wahrhaftes Bestehen hat[198]. Es ist geradezu Gottes "Bestimmung", das Sein der Idee mit dem Bewußtsein auszugleichen[199].
Zu einer ersten realen Gegenüberstellung kommt es bei der Schöpfung. In ihr entspricht Gott seiner Geistigkeit, die ja als Verhalten zu sich selbst bestimmt ist. In der Schöpfung stellt sich Gott sein kreatürliches Andere gegenüber. Auf diese Weise wird der Geist sich offenbar. Im Sich-zeigen (im Dativ und Akkusativ) liegt eine Notwendigkeit, denn "sichmanifestieren gehört zum Wesen des Geistes"[200]. Ein Geist, der nicht offenbar ist, ist kein Geist. Mit der Offenbarung verläßt der Geist die Sphäre der Allgemeinheit und geht in die der Besonderung über[201]. Den das geistige Wesen konstituierenden Charakter der Offenbarung drückt HEGEL mit dem Wortspiel von "zeigen" und "zeugen" aus: "Der Geist zeugt sich selbst und erst im Zeugnis; er ist nur, indem er sich

zeugt, sich bezeugt und sich zeigt, sich manifestiert"[202].

Bei der Erschaffung der Welt macht Gott den Sohn, der in der Allgemeinheit des Geistes nur als Noema des Vaters existierte, nun zum real Existierenden[2o3], und zwar "damit der Unterschied sei und damit er zu seinem Rechte komme, so ist erforderlich das Anderssein, daß das Unterschiedene sei das Anderssein als S e i e n d e s"[204]. Die Seiendheit des Anderen als Anderen liegt in seiner Natürlichkeit und Endlichkeit. Die Welt ist deshalb vor allem d a s Andere Gottes[205].

Um das naheliegende Mißverständnis einer Identität des ewigen Sohnes mit der endlichen Welt auszuschließen, bezeichnet HEGEL den in der Ewigkeit und Liebe der Göttlichkeit verbleibenden Sohn als "Wahrheit des Anderen"[206], das nun als endliche Welt in Erscheinung tritt. Der Logos ist die "Urmöglichkeit weiterer Entgegensetzungen. Diese konstituieren die Welt"[207]. Die Welt ist das Andere "außer der Wahrheit"[208]. Aber gerade in ihrer Bestimmtheit, nur das Andere, Abhängige zu sein, "das als solches keine Wahrheit hat"[209], stellt die Welt doch auch die "Wahrheit des Sohnes"[210] dar. Denn der Sohn wird es sein, der die mit der Schöpfung bereits angezeigte und gesetzte Abständigkeit und Abgründigkeit in seiner Göttlichkeit ausloten wird. Diese Position der Welt als Gottes Gegenüber beschreibt HEGEL an anderer Stelle als die Situation, in der der Geist sich in vollendeter Totalität objektiv wird, als die ewige Menschwerdung Gottes[211].

Mit der Schöpfung kommt es zu einer Verendlichung Gottes in zweifachem Sinn. Zunächst bestimmt sich Gott als Schöpfer. "Gott schafft eine Welt; Gott bestimmt; außer ihm ist nichts zu bestimmen da; er bestimmt sich, indem er sich denkt, setzt sich ein Anderes gegenüber... er setzt es sich als ein Anderes und wird dadurch selbst zu einem Anderen seiner, zu einem Endlichen, denn er hat ein Anderes sich gegenüber"[212]. Der schlechthin Unbegrenzte hat damit seine schrankenlose Allmacht preisgegeben und zugelassen, daß das Andere "seine Schranke (wird), die ihn verendlicht"[213]. Indem Gott seine Abstraktheit und Unendlichkeit verneint, erniedrigt er sich[214].

Daneben hat Endlichkeit die für HEGEL besonders wichtige Bedeutung einer Trennung dessen, "was an sich identisch ist, aber was festgehalten wird in der Trennung"[215]. Verendlichung Gottes durch Schöpfung macht demnach auf den Umstand aufmerksam, daß Gott im bleibenden Gegenüber von Geist und Welt und im Unterschied zur

ewigen Aufhebung der trinitarischen Verschiedenheiten des vorweltlichen Gottes sich auf eine Spannung einläßt, die mit ihrem Entstehen nicht auch schon immer wieder aufgehoben ist. Gott schreibt den Unterschied und den Abstand zu dem welthaften Anderen fest.
Weil dies nun wesentlich dazu beiträgt, das Anderssein des Anderen zu realisieren, indem Gott dieses aushält, ist das Kontinuum der Zeit zum unabdingbaren Moment der Selbstvergewisserung geworden. "Die Zeit erscheint als das Schicksal und die Notwendigkeit des Geistes, der noch nicht in sich vollendet ist"[216].

Die größtmögliche Schärfe des Unterschieds zwischen Gott und Welt als seinem Anderen ist aber erst dann erreicht, wenn "die einzelnen Elemente um diese Andersheit wissen und sie vollziehen. Auch das Moment des Selbst muß in der Schöpfung erscheinen, der Geist sich als Geist selber sich entgegensetzen"[217]. Damit die Schöpfung wirklich das Andere wird, geschieht der Sündenfall. In ihm kapselt sich das natürliche Bewußtsein gegen den Geist ab. "Indem dies Insichgehen des daseienden Bewußtseins sich unmittelbar als das sich selbst U n g l e i c h werden bestimmt, so erscheint das B ö s e als das erste Dasein des in sich gegangenen Bewußtseins"[218]. Das Insichgehen ist somit als Verlust einer uranfänglichen Sichselbstgleichheit ein Moment des Anderswerdens des Anderen. Da das natürliche Bewußtsein aus dem göttlichen Geist entlassen ist, hat sich der Geist durch das Bösewerden des natürlichen Geistes sich selbst entgegengesetzt.

Der Geist aber vermag nur dadurch zum absoluten Geist zu werden, daß die Trennung zwischen Geist und Natur, d.h. zwischen Schöpfer und Geschöpf überwunden wird. So folgt auf Schöpfung und Sündenfall die Versöhnung Gottes mit der Welt. Diese wird als Regreß, d.h. als Heimholung des Anderen begriffen und hat ihren Anfang in der irdischen Existenz des göttlichen Sohnes. Dieses " 'zweite Anderswerden' ist als Entäußerung und Tod das Aufheben des ersten Andersgewordenseins, der sinnlichen Gegenwart"[219].
Entäußerung umfaßt Menschwerdung und Kreuz des Sohnes. Für HEGEL stehen die beiden christologischen Eckdaten in einem eindeutigen Bestimmungsverhältnis, wodurch die Inkarnation bereits im Lichte des Todes erscheint. Im folgenden wird deshalb nur eine perspektivische Unterscheidung getroffen.
Die Möglichkeitsbedingung für die Menschwerdung liegt darin,

"daß das göttliche Wesen sich selbst v o n A n f a n g entäußert, sein Dasein in sich geht und böse wird, es nicht ausgesprochen, aber darin e n t h a l t e n ist, daß a n s i c h dies böse Dasein nicht ein ihm Fremdes ist"[220]. Indem Gott die Subjektivität der menschlichen Natur in sich trägt[221], ist die (noch unausgesprochene) Trennung von Endlichkeit und Unendlichkeit in seinem Wesen selbst lokalisiert. In der Menschwerdung kommt es zur äußersten und härtesten Konkretisierung[222] dieses Gegensatzes, indem Gott "als wirkliche einzelne Subjektivität in den Unterschied gegen die Einheit und Substanz als solche tritt, in dieser gemeinen Zeitlichkeit und Räumlichkeit die Empfindung, das Bewußtsein, den Schmerz der Entzweiung durchmacht"[223]. Seiner vorweltlichen Abstraktheit entäußert erscheint er "als wirkliches Selbst"[224] in der Geschichte. Gott ist in die Endlichkeit der Welt eingegangen und trägt nun die "Signatur der Vergänglichkeit"[225] an sich. So läßt sich die Menschwerdung als Tod Gottes[226] interpretieren.
Zugleich aber betont HEGEL, daß der zur Erscheinung Kommende doch auch Gott sei. "Aber das Andere ist Gott, hat die ganze Fülle der göttlichen Natur in sich; diesem, daß dieser Andere der Sohn Gottes ist, damit Gott ist, tut die Bestimmung des Andersseins keinen Eintrag; ebenso auch nicht ihm in der menschlichen Natur"[227]. Mit der Göttlichkeit des Sohnes Jesus Christus, der "zur Natur Gottes selbst gehört"[228], wird zum Ausdruck gebracht, daß die Allgemeinheit ihrem Inhalt nach der Horizont bleibt, in welchem selbst die Verneinung Gottes durch die Inkarnation noch umgriffen ist. Es hört sich beinahe doketisch an, wenn behauptet wird: "Das Allgemeine tritt also aus diesem Äther der Gleichheit mit sich selbst und des Beisichselbstseins nie heraus. Gott kann als dieses Allgemeine nicht dazu kommen, bei einem anderen in der Tat zu sein, dessen Bestehen mehr als ein Spiel des Scheines wäre"[229]. Diese Darstellung scheint die Schlußfolgerung zu rechtfertigen, daß über eine mögliche Unterscheidung von immanenter und ökonomischer Trinität bei HEGEL hinaus die weltliche Entäußerung in der immanenten verwurzelt und von deren Beisichsein immer noch einmal umgriffen ist. "Die Identität bleibt gleichsam unangefochtener Herr über jegliche Differenz"[230]. Immanente und geschichtliche Kenosis sind dann nur graduell verschieden, stellen sie doch "qualitativ denselben Sachverhalt"[231] dar.

In diesem Zusammenhang besteht innerhalb der Ausführungen HEGELs selbst eine gewisse Spannung. Gibt es eine ewige Identität Gottes, die vor allem auch das Andere in seiner Idealität und (!) Realität noch umgreift? Wird dies letztlich bejaht, dann muß doch fraglich bleiben, ob HEGELs eigene Feststellung genügend berücksichtigt wurde, wonach es mit dem Unterschied und dem Schmerz in der ewigen Allgemeinheit des Geistes noch kein rechter Ernst sei. Um hier nun klarer zu sehen, ist nach den Gründen für die Menschwerdung zu fragen.

Als Motiv gibt HEGEL in seiner "Religionsphilosophie" die Beendigung des endlichen Widerspruchs gegen Gott und damit der Abkapselung des Menschen an. "Dieser Widerspruch ist zunächst das Bedürfnis seiner Aufhebung. Dies Bedürfnis ist zunächst der Anfang und das Weitere ist, daß Gott für den Geist werde, daß sich der göttliche Inhalt ihm vorstelle, aber dann zugleich der Geist in empirisch endlicher Weise ist; so erscheint es ihm in empirischer Weise, was Gott ist"[232]. Die Interpretation im Sinne heilsgeschichtlicher Freiheit wird jedoch dadurch unmöglich, daß das Vorstellen im Prozeß der Selbstvergewisserung die notwendige Mitte zwischen dem reinen Denken und dem Selbstbewußtsein darstellt[233]. Insofern erscheint es eher als "Bestimmung des Geistes, daß das Unendlich-Allgemeine sich im endlichen Dasein eines empirischen Individuums inkarniert"[234]. Allein das radikale Übergehen in das Andere - das "wahre Selbstopfer"[235] durch Entäußerung in Raum und Zeit - läßt Gott in seine Wahrheit gelangen. "Wenn man aber fragen wollte, muß Gott erscheinen?, so würde dieses notwendig bejaht werden müssen, denn nichts ist wesentlich, was nicht erscheint"[236].

Die Entäußerung der Menschwerdung läuft in letzter Konsequenz auf den Tod des zur Erscheinung gekommenen Gottes hinaus. Dieser Tod "ist das schmerzliche Gefühl des unglücklichen Bewußtseins, daß Gott selbst gestorben ist"[237]. In ihm kommt der christologische Prozeß der Selbstfindung Gottes zu seinem entscheidenden Gipfel[238].

Im Tod des Mittlers geht nicht nur die natürliche Existenz zugrunde, sondern auch die Abstraktheit[239] des göttlichen Wesens; er bedeutet den Verlust der Substanz. Gott verneint sein Ansichsein endgültig. Er gibt damit seine Verhältnislosigkeit und einfache Unmittelbarkeit auf. Im Tod besitzt Gott die Gewißheit des

"Verlustes aller W e s e n h e i t"[240], d.h. er gibt seinen Selbstand zugunsten eines völligen Übergehens in das Andere seiner auf. Zugleich ist der Tod auch das Verlorengehen alles Wissens, das Gott von sich gehabt hat. Es ist nicht der Tod des selbstbewußten Gottes, den es ja erst zu verwirklichen gilt, sondern das Sterben desjenigen Gottes, der als das reine Denken doch immer auch schon sich selbst zum Gegenstand des Denkens gemacht hat. Hier nun vollzieht sich die "Rückkehr des Bewußtseins in die Tiefe der Nacht des Ich=Ich, die nichts außer ihr mehr unterscheidet und weiß"[241].
Gott ist im Tod völlig "außer sich". Er hat sich an das Andere gänzlich verloren, damit alle Verfügungsgewalt über sich abgetreten. "Dies ist der fürchterlichste Gedanke, daß alles Ewige, alles Wahre nicht ist, die N e g a t i o n s e l b s t i n G o t t ist"[242]. Der Tod Gottes bringt das Anderswerden, welchem der innertrinitarische Ernst noch gefehlt und seine grundsätzliche Realität in der Menschwerdung schon gefunden hat, zur unüberbietbaren Wirklichkeit und Gewißheit[243].
Während Gott sich so an das Endliche verliert, kommt die "Unwahrheit des gegenständlichen Gottes"[244] zum Ausdruck. Das Bösewerden als Gipfel des Andersseins, das die Entgegensetzung gegenüber Gott bewirkt hat, wird nun von Gottes Seite aus eingeholt und überwunden. So "geschieht es also, daß, wie das Böse nichts anderes ist als das Insichgehen des natürlichen Daseins des Geistes, umgekehrt das Gute in die Wirklichkeit tritt"[245], bis die Distanz überbrückt ist.
Jedoch ist der Tod nicht nur als absolute Beglaubigung der Endlichkeit[246] zu verstehen, sondern vor allem als zur Geschichte Gottes gehörig. So konstituiert sich hier der spekulative Gottesbegriff: "Nicht das Leben, das sich vor dem Tode scheut und von der Verwüstung rein bewahrt, sondern das ihn erträgt und in ihm sich erhält, ist das Leben des Geistes"[247]. Als der entscheidende Ort der Personkonstituierung Gottes[248] muß der Tod daher als jener Horizont aufgefaßt werden, in dem sich die Vermittlung von Substantialität und Subjektivität ereignet: die Substanz hat sich ihrer selbst entäußert und ist so zum Selbstbewußtsein geworden, und dieses in seiner Entäußerung zur Dingheit und zum "allgemeinen Selbst"[249]. "Beide Seiten sind sich auf diese Weise entgegengekommen, und hierdurch [ist] ihre wahre Vereinigung entstanden"[250].

So ist der Tod Gottes ein Geschehen, das seine eigene Umkehrung in sich enthält. Das erste Anderswerden Gottes -das Annehmen eines natürlichen Daseins und einer selbstischen Wirklichkeit- erfährt im Tod als zweites Anderswerden seine Aufhebung[251]. "Dadurch ist das Wesen in ihr sich selbst geworden"[252]. Gott erhält sich in diesem Prozeß und stellt sich so als Geist dar. "Denn der Geist ist das Wissen seiner selbst in seiner Entäußerung; das Wesen, das die Bewegung ist, in seinem Anderssein die Gleichheit mit sich selbst zu behalten"[253]. Und der Tod, so zur "Negation der Negation"[254] geworden, ist dann "rein als Moment, aber auch nicht als mehr denn als Moment der höchsten Idee"[255] zu bezeichnen.

Damit ist der Tod "aufgehoben", ist er Gottes Verherrlichung[256] und das "Absolute... darum die Identität der Identität und der Nichtidentität"[257]. Die Gegensätzlichkeit und Entzweiung von Endlichkeit und Unendlichkeit, die Gott in den Tod geführt hat, wird nicht aufgelöst oder zu einer indifferenten Einheit verschmolzen, sondern als Entzweite werden sie zur "versöhnten Totalität"[258] erhoben.

d) Der versöhnte Gott

HEGEL hat den Begriff vom "spekulativen Karfreitag, der sonst historisch war"[259], geprägt. Die Philosophie soll ihn "in der ganzen Wahrheit und Härte seiner Gottlosigkeit wiederherstellen, aus welcher Härte allein... die höchste Totalität in ihrem ganzen Ernst und aus ihrem tiefsten Grunde, zugleich allumfassend und in die heiterste Freiheit ihrer Gestalt auferstehen kann und muß"[260]. Mit der bedeutsamen Unterscheidung von "historisch" und "spekulativ" wird darauf hingewiesen, daß die letzte Selbstvergewisserung Gottes, jene "höchste Totalität" noch aussteht, denn "spekulativ" bedeutet die allumfassende und zum Ganzen führende Bewegung. Der Karfreitag als ein historisches Faktum gehört der Vergangenheit an. Hier hat sich nur einseitig, nur "an sich"[261] die Vermittlung von Substanz und Selbstbewußtsein vollzogen. Obwohl das Selbstbewußtsein Gottes im Tod seine eigene substantielle Entäußerung erfaßt hat, "so ist dadurch dennoch noch nicht für es der wahre Geist geworden, insofern nämlich das Sein überhaupt oder die Substanz nicht a n s i c h ebenso ihrerseits sich ihrer selbst entäußerte und zum Selbstbewußtsein wurde"[262]. Spekulativer Karfreitag bedeutet damit das Ganze von Welt und Geschichte umgreifende und integrierte Ereignis, in dem noch "von unten" auf die Entäußerung Gottes mit derselben entgegenkommenden Bewegung der Entäußerung geantwortet werden muß. Dieses geschichtliche Gegenüber des nur "an sich" versöhnten Gottes ist seine Gemeinde.

Die Gemeinde ist dazu bestimmt, das "allgemeine Selbstbewußtsein"[263] darzustellen, das sich durch "die aufgehobene unmittelbare Gegenwart des selbstbewußten Wesens"[264] konstituiert. Im Geist der Gemeinde tritt sich das aufgehobene Selbst des Gekreuzigten sich selbst gegenüber, es besteht noch die Form der Gegenständlichkeit[265]. Sie ist dadurch bedingt, daß HEGEL Auferstehung und Himmelfahrt nur metaphorisch versteht und statt dessen von einem "geistigen Auferstehen"[266] spricht. Dies meint, daß das einzelne aufgehobene Selbstbewußtsein Gottes durch Jesus Christus zum allgemeinen, geistigen Selbstbewußtsein der Gemeinde in der Geschichte werden muß[267]. "Der gestorbene göttliche Mensch... ist a n s i c h das allgemeine Selbstbewußtsein; er hat dies f ü r d i e s S e l b s t b e w u ß t s e i n zu werden"[268]. Die Ausdehnung des einzelnen Selbstbewußtseins auf die entstandene Gemeinde markiert den "Übergang von der Christologie zur Ekklesiologie, vom Dasein Gottes als ausschließender Person zur Konstitution Gottes als des absoluten Geistes"[269]. Dazu muß sich die Gemeinde davon überzeugen, daß das natürliche Dasein das Böse ist. In diesem Wissen des Bösen übersteigt der Mensch das Bösesein, verläßt er die Unmittelbarkeit seiner Natur und stirbt der Sünde ab[270]. Gemeinde steht zwar noch in der Welt, "aber zugleich sich zum Himmel erhebend"[271]. Darüber hinaus muß die Gemeinde die Vorstellung ergreifen, daß sich Gott im Tod des Sohnes bereits mit dem natürlichen Dasein, dem Anderen, versöhnt hat[272]. Erst auf diese Weise wird der Tod als das "Nichtsein d i e s e s E i n z e l n e n verklärt zur A l l g e m e i n h e i t des Geistes, der in seiner Gemeinde lebt, in ihr täglich stirbt und aufersteht"[273]. Die einseitige Versöhnung, das "besondere Fürsichsein"[274] Gottes, hat damit seine "Gegenständlichkeit" überwunden. Gott wird zum Geist erst in seiner Gemeinde[275].

In der Anerkennung der Gemeinde vollzieht sich die Aufhebung der Entzweiung von Gott: "Das Sein der Welt ist... zurückzukehren zu ihrem Ursprung, in das Verhältnis des Geistes, der Liebe zu treten"[276]. Darin überwiegt aber der theologische Gedanke, daß Gott nur als Rückkehrender Gott ist. "Ohne Welt ist Gott nicht

Gott"[277]. Diese enge Verschränkung von Trinität und Geschichte, wobei die Geistigkeit des Dreieinigen als "Angel, um welche sich die Weltgeschichte dreht"[278], erscheint, hat HEGEL am Schluß der "Phänomenologie des Geistes" als "begriffene Geschichte" bezeichnet. Sie bildet die "Erinnerung und die Schädelstätte des absoluten Geistes, die Wirklichkeit, Wahrheit und Gewißheit seines Throns, ohne den er das leblose Einsame wäre"[279].

e) HEGELs theologische Wirkungsgeschichte

Denken und Gedanken HEGELs haben die Theologie der vergangenen 150 Jahre auf verschiedene Weise und in verschiedenen Richtungen geprägt. Die unterschiedlichsten Strömungen und Positionen lassen sich unter dem Gesichtspunkt des HEGELschen Einflusses aneinanderreihen.

Die Katholische Tübinger Schule, in einer Phase theologischer Neuorientierung entstanden, gestaltet ihre theologische Reflexion vor allem auch im Dialog mit dem deutschen Idealismus. Neben der Gründergeneration (J.S.DREY und J.A.MÖHLER) sind im Zusammenhang einer Auseinandersetzung mit HEGEL besonders F.A.STAUDENMAIER und J.E.KUHN zu nennen[280]. Bei KUHN, mit dem 1837 "die Geisteswelt Hegels in die Katholische Tübinger Schule eingezogen"[281] ist, spielt bei einer kritischen Auseinandersetzung mit diesem die Prozeßhaftigkeit des Absoluten, die immanente Selbstvermittlung Gottes und das gegenseitige In-Sein von Gott und Welt eine entscheidende Rolle. F.A.STAUDENMAIER setzt sich vor allem mit dem Systemgedanken und der Dialektik auseinander.

Zu einer ganz anderen Wirkung kam HEGEL innerhalb der Leben-Jesu-Forschung des 19.Jahrhunderts. Die Skepsis der Aufklärung gegenüber einer Vereinbarung von Wahrheit und Geschichte hatte die Leben-Jesu-Forschung veranlaßt, einen Weg der Versöhnung beider zu suchen. D.F.STRAUß, der sich selbst als "Apostel Hegels" fühlte[282], entwickelte hierfür eine spekulative Christologie. Ihr zufolge findet in Jesus eine Realisierung des Gottmenschlichen statt, die aber im Raum des Historischen unvollkommen bleibt. Eine Vollendung kommt nur durch dasjenige zustande, "was die Idee in die Geschichte hineinträgt oder durch die Art, wie die Geschichte zur Idee erhoben wird. Darum ist es im letzten Grunde indifferent, bis zu welchem Grade die Gottmenschlichkeit sich in der Person Jesu realisiert hat, denn lebendig ist die Idee in dem Gemeinbewußtsein derer, die durch die sinnliche Erscheinung jener Idee angeregt sind"[283].

Auch die moderne Kenotik (s.u.) ist im Zusammenhang mit HEGEL zu sehen[284]. Sein Gedanke der Selbstentäußerung Gottes wird aber nicht spekulativ verstanden, sondern streng christologisch auf die Selbsterniedrigung des Logos bezogen. Aufgrund gravierender Sachdifferenzen bestimmt M.BREIDERT das Verhältnis der Kenotiker zu HEGEL im Sinne eines "Mißverständnisses oder der unreflektierten Anknüpfung an seine Begrifflichkeit"[285].
Der gegen die Kenotiker gerichtete I.A.DORNER (s.u.) bleibt ebenso im Bannkreis HEGELschen Denkens, wenn er die moralische Wesenhaftigkeit Gottes als eine sich-vollziehen-müssende auffaßt.

In diesem Jahrhundert sind eine Reihe von Theologen zu nennen[286], die in ihrem Denken zwar nicht unbedingt eine Abhängigkeit, aber doch eine deutliche gedankliche Nähe zu HEGEL erkennen lassen. Die an der menschlichen Existenz orientierte Theologie R.BULTMANNs sieht Person und Werk Christi nur im Horizont der gläubigen Gemeinde. An HEGEL erinnert dabei besonders die relative Bedeutungslosigkeit der historischen Gestalt Jesu und die "Auferstehung ins Kerygma". Für K.RAHNER ist der Sohn als Logos die immanente Selbstaussage des Vaters, die sich bei der Schöpfung und Menschwerdung auf je unterschiedliche Weise ad extra vollzieht. Eine gewisse Parallelität zu HEGEL findet sich auch bei H.U.v.BALTHASAR, wenn er Person als ein aus der Entäußerung Auf-sich-Zurückkommen versteht. Und auch K.BARTH läßt gewisse formale Ähnlichkeiten mit HEGEL erkennen, insofern er in der Geschichte das zur Ausführung kommen sieht, was in Gottes Ewigkeit schon immer entschieden ist. Gott geht dabei aus sich heraus und bleibt doch bei sich. J.MOLTMANNs heilsgeschichtlich bestimmte Trinitätslehre verrät eine Nähe zu HEGELs geschichtlichem Vollzug der Geistwerdung. Am vielleicht unmittelbarsten schließt W.PANNENBERG an HEGEL an. Sein universalgeschichtlicher Entwurf betont, daß die Wahrheit der Geschichte erst am Ende der Geschichte gegeben ist und erinnert so an HEGELs "Das Wahre ist das Ganze" (Phänomenologie des Geistes, III,24). Ebenso "konstituiert" erst die Auferstehung Jesu die Wahrheit seines Lebens. Gewisse Einflüsse HEGELs finden sich des weiteren auch in der amerikanischen Gott-ist-tot-Theologie. Und schließlich ist im Zusammenhang einer grundsätzlichen Interpretation von Welt als Geschichte noch auf die einschlägigen Texte des 2.Vatikanischen Konzils hinzuweisen[287].

3) Zusammenfassung

Im Hinblick auf das traditionelle Unveränderlichkeitsaxiom nimmt der Gottesbegriff des deutschen Idealismus eine neue kritische Position ein. Während die patristische Theologie und auch LUTHER dem überlieferten Axiom weitgehend nur aufgrund eines einzelnen heilsgeschichtlichen Ereignisses widersprechen, indem sie auf dem Boden der biblischen Zeugnisse vor allem Passion und Kreuz Jesu Christi bedenken, um von hier aus gegen die Tradition von der Unveränderlichkeit Gott und das Leiden in einen unmittelbaren Zusammenhang zu bringen, nimmt die idealistische Kritik an diesem Axiom die Gestalt eines im Grunde neuen Gottesbegriffs an. Es ist vor allem die Zuordnung von weltlicher Geschichte und Gott, von Endlichkeit und Unendlichkeit, von Nichtsein und Sein, die sich in diesem Gottesbegriff niederschlägt und dafür sorgt, daß dieser Gott nicht mehr als der Unveränderliche im Sinne der Schultheologie verstanden werden kann. So wird (besonders von HEGEL) die Vorstellung der Unveränderlichkeit Gottes im Sinne ewiger, außergeschichtlicher Seinsvollkommenheit abgelehnt. Die ontologische Differenz von Akt und Potenz, die im Hinblick auf Gott bislang nur als eine begriffliche verstanden wurde, ist jetzt zu einer realen geworden, so daß Gott nicht mehr als reiner Akt erscheint, sondern als geschichtlicher Prozeß seiner Aktuierung. SCHELLING und HEGEL schließen dabei (mit unterschiedlicher Gewichtung) auch das nichtgöttliche Andere ein, insofern sich der Prozeß der göttlichen Selbstverwirklichung nur als ein Eintreten in den Lauf der zeitlichen Geschichte vollzieht. Hier zeigt sich der zweite Einwand gegen das Unveränderlichkeitsaxiom. War Gott bisher unveränderlich, weil er jede reale Beziehung zum Anderen seiner selbst ausgeschlossen hatte, so steht dem nun eine für Gott selbst wesenskonstitutive Bezüglichkeit nach außen entgegen. Diese Bezüglichkeit gegenüber der Geschichte ist die notwendige Bedingung für ein letztes Zu-sich-selbst-Kommen Gottes, so daß nicht Unveränderlichkeit, sondern geschichtliche Verfaßtheit Merkmal des Wesens Gottes ist.

IV. Die russischen Kenotiker

Im Gefolge des idealistischen Denkens (besonders SCHELLINGs) hat auch die russische Kenotik das Problem der "Geschichtlichkeit" Gottes bedacht. Im Zentrum steht das himmlische Kreuz, die Opferung des himmlischen Lammes. Der Metropolit PHILARET von

MOSKAU sprach in einer Karfreitagspredigt von der kreuzigenden Liebe des Vaters, der gekreuzigten Liebe des Sohnes und der triumphierenden Liebe des Geistes. Dieses grundlegende Motiv hat unter den einzelnen Denkern eine unterschiedliche Gestaltung und Akzentuierung erfahren. Im folgenden seien zwei völlig verschiedene Ansätze vorgestellt: Nikolaj BERDIAJEW und Sergej BULGAKOW.

1) N.BERDIAJEW: Gott-Welt-Verhältnis als göttliche Tragödie

"Die Welt fürchtet sich so sehr, eine Bewegung, eine Sehnsucht in Gott, eine Tragödie in Gott zuzugeben, und lehrt die Unveränderlichkeit und Unbewegtheit Gottes"[288]. Damit ist bereits auch der theologische Grundgedanke BERDIAJEWs genannt. Das göttliche Leben ist Drama, Mysterienspiel. Im Gegenüber von Vater und Sohn ereignet sich die ewige, gottimmanente Sehnsucht des Liebenden nach der liebenden Erwiderung des Geliebten. Im Zentrum dieser "Gottheitstragödie" steht das Kreuz. Es ist "das tragische Leidensmysterium, das von der Gottheit... durchlebt wird"[289]. In seiner geschichtlichen Gestalt spiegelt es das sich in Ewigkeit vollziehende göttliche Mysterium der himmlischen Gottesgeburt wider[290]. Gott ist deshalb nicht unveränderliche Substanz, sondern dramatisches Geschehen. Bewegtheit ist kein Anzeichen von Unvollkommenheit, sondern ausdrücklicher Bestandteil göttlicher Lebensfülle[291]. "Jedes Sein, das der schöpferischen Bewegung entbehrte, wäre ein gemindertes Sein; eins der Momente, das Moment der schöpferischen Bewegung... würde ihm gebrechen"[292]. Aber zugleich findet sich in Gott auch absolute Ruhe, womit der Gefahr eines alleinigen Dynamismus, der Gott in seine Bewegung auflöste, gewehrt wird. Gotteserkenntnis darf um keinen Preis der rationalen Unvereinbarkeit von gleichzeitiger Bewegung und Ruhe zuliebe den Versuch unternehmen, das Antinomische zu glätten[293]. Theologie muß zutiefst antinomisches Denken sein, denn "in Gott fallen die Gegensätze zusammen"[294].

Die göttliche Tragödie beschränkt sich aber nicht nur auf Gottes Immanenz. Denn im Sohn als der zweiten Hypostase der Dreieinigkeit zeigt sich eine dramatische Bewegung, die bereits auch das Moment der Erschaffung der Welt einschließt. Im Sohn ist zugleich auch das gotttranszendente Gegenüber mitintendiert. In ihm, der Schöpfung, zeigt sich die Tiefe jenes göttlichen Dramas, in dem "sich das innere Leidensdürsten der Gottheit auftut, ihre innere Sehnsucht nach... jenem Anderen, der für Gott das Objekt der höchsten, schrankenlosesten Liebe zu sein vermöchte - die

Sehnsucht Gottes und die Liebe zu jenem Anderen und der schrankenlose Durst, vom Anderen das gleiche wiederzuempfangen, geliebt zu werden"[295]. Der dem Vater in Liebe ewig antwortende Sohn ist zugleich "der absolut göttliche Mensch, der Gottmensch"[296]. Und weil er dies im Himmel ist, muß das (reine und sündlose) Menschsein Teil der göttlichen Dreieinigkeit sein[297]. Hier betont nun BERDIAJEW die unbedingte Selbständigkeit der menschlichen Natur, vor allem ihre Freiheit. Denn nur wo der Mensch auf Gottes sehnsüchtige Liebe in Freiheit antwortet, gibt es überhaupt eine Antwort. Daß er antworten soll, daß er "bei der Überwindung der Finsternis des Nichtseins"[298] schöpferisch mitwirken soll und kann, liegt in der Erwartung Gottes und der Christusgestalt der Schöpfung begründet. In seinem eigenen Antwortgeben findet der Mensch seine Verwirklichung. Und umgekehrt vollzieht sich im Antworterhalten Gottes Erfüllung.

Aber wie bereits erwähnt muß die Antwort des Menschen in Freiheit erfolgen. Und hierin liegt der Grund für den tragischen Charakter des Dramas zwischen Gott und Geschichte[299]. Denn die Freiheit der Geschichte "beschließt ja in sich ein derartiges dunkles, irrationales Prinzip, daß es keine einzige innere Gewähr dafür gibt, daß das Licht die Finsternis besiege, daß das göttlich aufgegebene Thema zur Lösung gelange, daß auf das von Gott gestellte Thema der freien Liebe die Antwort erfolge"[300]. Die Tragik des Geschehens entsteht im Schnittpunkt von Freiheit der Geschichte und der unbedingten Angewiesenheit Gottes[301] auf den Menschen. In diesem Schnittpunkt steht das Kreuz. Angesichts dieses Umstandes, daß der Mensch gleichwertiger und unverzichtbarer Partner Gottes ist und dieses Verhältnis in der Verfehlung des Menschen einen tiefen Riß erfahren hat, läßt den Gang des Sohnes ans Kreuz in gewisser Weise als notwendig erscheinen, insofern die "Gottesgeburt" nur in der intakten Beziehung Gottes zu seinem Anderen möglich ist. So scheint es, als sei im Zusammenhang der Geschichte Gottes mit der Welt nur dessen Liebe, nicht aber dessen Freiheit gegenüber dieser Geschichte auszusagen. Tatsächlich hat auch BERDIAJEW hier die mystische Lehre vom "Ungrund" übernommen. Demnach gibt es eine uranfängliche, grundlose und unauslotbare Untiefe, der "Bronnen des Seins"[302]. "Die Unterscheidung von Schöpfer und Geschöpf ist nicht die letzte Tiefe; diese Unterscheidung wird in dem göttlichen Nichts, das schon nicht mehr Gott ist, aufgehoben"[303]. Die sich hieraus ergebende Gleichrangigkeit der ontologischen Dignität von Gott und Mensch, die den dramatischen Dialog erst eigentlich begründet, liegt demnach in der gemeinsamen Herkunft. Der Schöpfer entsteht zusammen mit der Schöpfung, Gott zusammen mit dem Menschen. Der theogonische Prozeß korreliert mit dem anthropogonischen. Somit hat Geschichte ihre Freiheit nicht von Gott (und ist in diesem Sinn keine kreatürliche), sondern von jenem uranfänglichem Ungrund. Der Mensch ist daher auch für Gott nicht "berechenbar". "Dies ist die geheimnisvolle Ohnmacht Gottes vor der unergründlichen Freiheit des Menschen, die als Gefährdung und Rückzug Gottes angesehen wird"[304]. Das Kreuz, mit dem Gott das durch die Sünde gestörte Gleichgewicht wiederherstellt, bedeutet dabei keine prinzipielle Änderung des Kräfteverhältnisses zwischen Schöpfer und Geschöpf. Lediglich stellt es "die gebrochene Kraft der menschlichen Freiheit wieder her"[305]. So bleibt die Möglichkeit der freien Liebe des Geschöpfs ebenso erhalten wie die Angewiesenheit Gottes auf die Schöpfung.

Der tragische Konflikt zwischen der Notwendigkeit der Liebe, d.h. der Angewiesenheit des Liebenden auf den Geliebten, und der Freiheit der Liebe findet seine Aussöhnung und Überwindung erst in der Gnade. Dieses Geheimnis des christlichen Glaubens enthält den Sieg der Gnade über die irrationale Finsternis der Freiheit, indem sie diese zur freien Liebe überführt[306]. "Das Reich Gottes, das Reich des durchlichteten Menschen und des durchlichteten Kosmos wird nur durch das Dritte, durch den hl.Geist verwirklicht, in dem das Drama zu seinem Abschluß kommt und der Kreis sich schließt"[307]. Gegenwärtig aber ist das Drama zwischen Gott und Geschichte noch in Gang, so daß mit dem Ende der Geschichte auch noch die Erfüllung Gottes aussteht. In diesem Sinn kann dann von einer "Geschichtlichkeit" Gottes gesprochen werden.

2) S.BULGAKOW: Ewige Opferung des Lammes

Im Vergleich mit BERDIAJEW behandelt BULGAKOW die Gottesproblematik in einem entscheidenden Punkt völlig anders. Obwohl sich inhaltliche Ausgestaltungen im Sinne einer Kenosis sehr nahekommen, ist bei BULGAKOW eine funktionalistische Verhältnisbestimmung zwischen Gott und Welt vermieden. Denn die Weltzuwendung Gottes gründet im innertrinitarischen Geschehen der freien Liebe Gottes.

Das innergöttliche Leben des ganz bei sich seienden dreifaltigen Gottes vollzieht sich in unbegrenzter Liebe und Glückseligkeit.

Im Mittelpunkt des ewigen Lebens der Trinität steht das geopferte Lamm[308]. Es kennzeichnet ein trinitarischen Ereignis, in dem der Vater, "Se dévastant"[309], den Sohn in einer ewigen Selbstentleerung hervorbringt. Der Sohn beantwortet diese Liebe des Vaters, indem er sich ihm verdankend selbst gänzlich zum Opfer darbringt. Zur Darbringung und Annahme des Opfers kommt die Vollendung des Opfers durch den Geist, "der auf die Selbstdarbringung des Logos mit der Verherrlichung antwortet, Trost des Trösters"[310]. Die Unbedingtheit und Macht der Liebe Gottes hat allein in diesem immanenten Opfer der göttlichen Trinität ihren Grund, denn "die Liebe ist ohne Opfer machtlos"[311].
Die Kenose in Gott muß unter zwei Aspekten betrachtet werden. Das göttliche Leben vollzieht sich in den Beziehungen der drei naturhaft göttlichen Hypostasen. Diese ontologische Fülle der Gottheit kann in keiner Weise gemindert werden. Dem steht der gestalthafte Vollzug der göttlichen Seinsfülle gegenüber. Diese trinitarische Lebensgestaltung des für-sich-seienden Gottes (vie pour soi) -im begrifflichen Unterschied zur Seinsfülle des aus-sich-seienden Gottes (vie par soi)- erlebt durch Gottes eigene Entscheidung ihre definitive Festlegung[312], d.h. jene Bedingungen, unter denen sich das Leben zwischen den trinitarischen Personen vollzieht. Diese Selbstbeschränkung geschieht durch nichts und niemand als durch Gott selbst. Sie ist die Gestalt seiner Aseität und Freiheit.
Die "limitation sacrificielle"[313] des in seiner Trinität für-sich-seienden Gottes bedeutet deshalb keine Minderung seiner Seinsfülle. Eine derartige Beständigkeit des Seins kommt allein dem Gott zu, der in drei Personen doch der Eine ist[314]. Für unsere Frage ist nun bedeutsam -und hier zeigt sich der Unterschied zu BERDIAJEW besonders deutlich-, daß dieses innertrinitarische Opfergeschehen als das Leben der immanenten Trinität alles heilsgeschichtliche Handeln Gottes untergreift. Die immanente Trinität transzendiert die ökonomische in dem Maß, in dem sie deren Grund ist. Damit ist alles Handeln Gottes an und in der Welt nur Offenbarung eines Teils der innertrinitarischen Lebensfülle. Für Gottes eigenes Sein trägt es weder eine ontische Bereicherung noch eine Minderung aus.
Diese "Zweck-losigkeit" der ökonomischen Trinität ist nur ein anderer Ausdruck für das, was sie zuinnerst begründet und in der Zeit fortbestehen läßt: die sich selber aufopfernde Liebe Gottes,

die die Grenze des trinitarischen Lebens in den Bereich des Nicht-Göttlichen verschiebt. Die damit begonnene Schaffung der Welt gründet so zwar in der Gestalt der Kenosis Gottes, weil sie sich der Selbstweggabe Gottes an das Nicht-Göttliche verdankt, sie ist aber keine immanente Selbstsetzung der Gottheit, sondern Werk Gottes. "Für die Göttliche Dreieinigkeit, die in sich die vollendete Fülle der Hypostasen enthält, ist das Ich und Wir, die Schaffung neuer Ich, menschlicher Hypostasen, ganz und gar ein Akt der Gnade, der Liebe zu den Menschen, der gebenden, nichts als gebenden Göttlichen Liebe, keineswegs aber der Akt einer metaphysischen Notwendigkeit"[315].
Als "schöpferische Kenosis"[316] ist die Schöpfung im ewigen Opfer der Trinität eingeschlossen und begründet: der selbstverzehrenden Hingabe des Vaters, die den Sohn erscheinen läßt, entspricht die Ausdehnung seiner selbst ad extra; das selbsterniedrigende Opfer des Sohnes umgreift die Sendung des Wortes in die Welt als Inhalt und Grund der Schöpfung: "Le Fils, l'Agneau de Dieu, est suréternellement 'immolé' dans la création du monde"[317]. Und der hl.Geist, der das geopferte Lamm verherrlicht, wird das Werk der Schöpfung vollenden. "Jede Person handelt, insofern sie Träger einer bestimmten Beschaffenheit ist, entsprechend ihren immanenten hypostatischen Eigentümlichkeiten"[318]. Insofern die Schöpfung mit all ihren Möglichkeiten vom innertrinitarischen Geschehen der Opferung des Lammes umfangen ist, kann Gottes Handeln in erster Linie nicht als ein Re-agieren verstanden werden. Gegenüber dem Reichtum der Ewigkeit Gottes vermag die Zeit nicht Neues zu erbringen[319].
Die oben erwähnte Logosgestalt der Schöpfung weist nach BULGAKOW nun auch bereits auf die Inkarnation hin. In seiner Sophiologie wird als das tertium comparationis zwischen Gott und Schöpfung die prinzipielle und inhaltliche Übereinstimmung der göttlichen mit der kreatürlichen Weisheit beschrieben. Demnach ist die spätere "Menschwerdung keineswegs ein unvorhergesehenes ontologisches Ereignis für die Welt, noch eine Neuheit für Gott selbst"[320]
Denn Gott hat die Welt nicht geschaffen, um sie in unüberwindbarer Entfernung zu sich zu halten, sondern um diese zu überbrücken und in die Welt einzugehen[321].
Somit liegt auf der Linie der Schöpfung die Fleischwerdung des Logos. Sie ist die Steigerung der Beziehung von Gott und Mensch und bringt als Bestandteil des göttlichen Heilsplanes zugleich

Gottes ewigen Ratschluß zum Ausdruck, mit der Welt in eine unüberbietbare, personale Beziehung zu treten. Inkarnation darf deshalb nicht auf ein soteriologisches Motiv reduziert werden. Sie ist Teil der "zweck-losen" Selbstentäußerung Gottes und als solche auch in der Immanenz des geopferten Lammes verankert. "Die Absicht der Menschwerdung und der Entschluß zur erniedrigenden Aufgabe seiner Gottheit sind das ureigene Werk des Sohnes, gestaltet nach dem Willen des Vaters und vollendet durch den Heiligen Geist, von Ewigkeit 'vor' Erschaffung der Welt"[322]. Die Liebe Gottes zur Welt, wie sie sich in der göttlichen Entsagung der Inkarnation äußert, vermag aber die Fülle des immanenten Lebens nicht auszuschöpfen.

Die Menschwerdung ist näherhin als Kenose zu begreifen. Sie bezeichnet die Ungeheuerlichkeit, daß Gott das Nicht-Göttliche wird, ohne doch aufzuhören Gott zu sein. Die ontologische Dignität des Sohnes erfährt keine Seinsminderung, wenn er die Knechtsgestalt als Bedingung seiner Sohnesexistenz wählt. Vielmehr ist gerade die Kenosis die heilsgeschichtliche Gestalt des sohnhaften Seins. Der Sohn entledigt sich daher nicht seiner göttlichen Natur, sondern seiner im Schoß der Trinität vermittelten Herrlichkeit, "jene Herrlichkeit, die der Sohn als Gott besitzt, deren er sich aber in der Kenose entäußert, um sie erneut anzunehmen"[323]. Kenosis bedeutet so Trennung zwischen Natur und Herrlichkeit des Sohnes.

Daß der Sohn hierzu fähig ist, gründet in seiner Opferhaltung gegenüber dem Vater, die die heilsökonomische Kenosis umgreift, so daß zwischen beiden unterschieden werden muß. "Die 'immanente' Trinität kennt keine Kenose des Wortes, eine solche gibt es nur in der 'ökonomischen' Trinität"[324]. Und entsprechend dieser Unterscheidung darf auch das Kreuz des "metaphysischen Golgothas"[325], von dem das irdische sich als Höhepunkt der Selbsterniedrigung ableitet, in der immanenten Trinität nicht isoliert oder verabsolutiert werden, sondern es bleibt durch die Verherrlichung des Sohnes durch den Geist vom größeren Zusammenhang der innertrinitarischen Glorie umfangen.

So läßt sich zusammenfassend sagen: Mit dem sich im Innern der Trinität vollziehenden Opfer entspricht die Trinität der drei Personen ihrem eigenen Sein. Durch die hypostatische Vermittlung wird das Opfer zur Verherrlichung. Die in sich verschränkte und ewige Einheit des "geschlachteten Lammes" erfährt in der Welt-

zuwendung Gottes eine dem geschichtlichen Nacheinander der Zeit entsprechende Aufgliederung und konstituiert damit die ökonomische Trinität. Nur hier kann in einem gewissen Sinn von Vereinzelung der Opfermomente gesprochen werden. Eine letzte Verherrlichung des Opfers steht hier noch aus. Aber aufgrund ihres abgeleiteten Charakters, ihres Gegründetseins in der immanenten Trinität kann die ökonomische keine Minderung von Gottes Integrität und Herrlichkeit sein.
Damit kann schließlich auch bei BULGAKOW von einer "Geschichtlichkeit" Gottes gesprochen werden, allerdings in einem ganz anderen Sinn als bei BERDIAJEW. Denn hier ist mit diesem Begriff nicht die Verwiesenheit Gottes an die Antwort der Geschichte gemeint, sondern die Ereignishaftigkeit des innertrinitarischen Lebens Gottes, in dessen Bewegtheit alle Bewegungen der heilsökonomischen Trinität eingeschlossen sind.

3) Zusammenfassung

Mit diesen beiden unterschiedlichen Fassungen einer "Geschichtlichkeit" Gottes haben die Autoren dem Axiom von der Unveränderlichkeit Gottes an zwei entscheidenden Stellen widersprochen. Zum einen wird der Unbezüglichkeit jener unveränderlichen Gottheit die Angewiesenheit Gottes auf die Antwort der Geschichte entgegengehalten, die als solche für das Wesen Gottes selbst konstitutive Bedeutung erhält. Zum anderen ist die Ereignishaftigkeit und Lebendigkeit der "ewigen Geschichte", die sich im innertrinitarischen Leben Gottes abspielt, gegen die vom Unveränderlichkeitsaxiom implizierte innere Starrheit und Leblosigkeit Gottes gerichtet.

V. Die deutschen Kenotiker des 19.Jahrhunderts und I.A.DORNER

Auch in Deutschland ist es im Anschluß an das idealistische Denken zu einer Wiederbelebung des Kenosis-Gedankens gekommen. Diese Diskussion hat vor allem im protestantischen Raum stattgefunden und nicht zuletzt auch zu einer kritischen Erörterung über die Frage der Unveränderlichkeit Gottes geführt. In der zweiten Hälfte des 19.Jahrhunderts hat sich I.A.DORNER, von dem bereits in der Einführung die Rede war, sowohl mit der klassischen Tradition der Unveränderlichkeit Gottes als auch mit deren Kritik seitens der deutschen Kenotiker auseinandergesetzt.

1) Die deutschen Kenotiker: Kenosis als Selbstaufgabe

Die deutschen Kenotiker[326] haben im Anschluß an HEGELs Vorstellung vom Tod Gottes die Menschwerdung als radikale Selbstverneinung des Logos aufgefaßt. Damit war im Unterschied zur Kenotik des 16. und 17.Jahrhunderts das Subjekt der Entäußerung nicht mehr der Menschgewordene, sondern der Menschwerdende, d.h. die zweite Person der Trinität.

Bei allen Unterschiedlichkeiten in der theologischen Durchführung ist der Kenotik das Anliegen des obersten Grundsatzes "logos non extra carnem et caro non extra logon" die entscheidende Gemeinsamkeit. Um dieses Ziel zu erreichen, schien eine "Selbstbeschränkung des Göttlichen" (THOMASIUS) notwendig, weil die uneingeschränkte Macht und Herrlichkeit des Sohnes sowie dessen göttliches Selbstbewußtsein in der Gestalt Jesu Christi mit der kreatürlichen Menschheit zu einer Duplizität des Wesens und zur Unverträglichkeit der beiden Naturen führen müßte.

Hinsichtlich Gestalt und Umfang der Kenose gibt es unterschiedliche Auffassungen. So bestimmt E.SARTORIUS die Entäußerung lediglich als Verzicht auf den Gebrauch der göttlichen Macht und Herrlichkeit, nicht aber als einen eigentlichen Verlust[327]. Nach Th.A.LIEBNER ist der Logos wohl im Besitz des göttlichen Inhalts, aber nur als geschenkt vom Vater. In der Entäußerung gibt er diesen Besitz nicht auf, sondern erwirbt ihn durch Gehorsam als sein Eigentum[328]. In ähnlicher Weise argumentiert O.BENSOW. Demnach können die göttlichen Eigenschaften gar nicht abgelegt werden, weil sie Wesensbestimmungen Gottes sind. Bei der Kenosis des Sohnes kommt es zu einer Wandlung. "Sie besteht darin, dass die Ewigkeitsform der Bethätigung der Eigenschaften mit der zeitlichen Form vertauscht wird"[329]. Sie sind aus ihrer Aktualität in Potentialität übergegangen. Für G.THOMASIUS ist die Unterscheidung von Besitz und Gebrauch der göttlichen Eigenschaften nicht anwendbar. "Hiernach ist uns also die Erniedrigung nicht eine bloße Verhüllung, sondern eine w i r k l i c h e K e n o s i s der bezeichneten göttlichen Eigenschaften, und zwar nicht bloß ihres Gebrauchs, sondern ihres B e s i t z e s"[330]. Als "ein Mensch, welcher Gott ist"[331], hat er sich der göttlichen Seinsweise und Herrlichkeit (Allmacht, Allwissenheit, Allgegenwart) entäußert, bleibt aber im -nun menschlichen- Besitz der immanenten göttlichen Eigenschaften: Macht, Wahrheit, Heiligkeit, Liebe. "Sie leuchten durch seine ganze Selbstbezeugung hindurch, und verbreiten über sein Leben im Fleisch jenen himmlischen Glanz, der Mitten aus der Armuth und Niedrigkeit hell und klar hervorstrahlt"[332].

Sehr entschieden ist auch die Kenosislehre von W.F.GEß. Für ihn ist die Entäußerung des Sohnes vor allem eine "Entherrlichung". Sie besteht "in einem Verzicht auf die Macht über Himmel und Erde, auch auf die Macht über den heiligen Geist, endlich auf das Wohnen im Licht"[333]. Die irdische Existenz des Menschgewordenen beginnt mit der "Nacht des Selbstbewußtseins"[334], die sich erst mit dem Reifen des Gottesbewußtseins Jesu verflüchtigt. Und auch die Möglichkeit des Sündigens muß für Jesus gelten, weil nur diese auch den ganzen Ernst des Gehorsams erhellen kann. Aber vor allem der Umstand, daß Jesus niemals als der Lebensspender erscheint, sondern nur der Vater, macht deutlich, daß sich der Sohn der Gottheit entäußert hat[335]. Von hier aus entfaltet GEß eine subordinatianische Christologie. Mit der "Entherrlichung" ist zugleich ein Verzicht auf das Sichselbstsetzen des Sohnes verbunden. "Er ist also aus dem Leben des Sichselbstsetzens in das Leben des Gesetztseins übergegangen"[336]. Erst dieser gänzliche Verlust der Sohnesstellung innerhalb der göttlichen Trinität hat die letzte Sinntiefe der Kenosis erreicht. Diese Wahrheit darf nicht durch die Vorstellung einer metaphysischen Notwendigkeit verdunkelt werden, wonach die Gottheit der trinitarischen Personen durch ihr jeweiliges Gegenüber bedingt ist[337]. Vielmehr hat der Vater allein aus sich selbst seine Gottheit[338], er ist als Gott auf den Sohn und den Geist nicht angewiesen. Ohne dabei den Sohn (und Geist) als Geschöpf zu bezeichnen, kontrastiert dieser hinsichtlich seines Gottseins nun doch sehr stark mit dem Vater. Mit der Kenosis des Sohnes ist deshalb auch eine Veränderung des trinitarischen Lebens anzunehmen[339].

2) I.A.DORNER: Selbstbestätigung statt Selbstaufgabe

Zur Kenosislehre nimmt I.A.DORNER[340] Stellung. Zunächst bescheinigt er dem überlieferten Gottesbegriff der Tradition eine gewisse Revisionsbedürftigkeit. Er fragt die traditionelle Theologie, "ob sie... nicht dem judaistischen Gottesbegriff, dem doch die Menschwerdung Gottes ein Greuel ist, zu nahe gekommen ist und die christliche Grundtatsache entleert hat"[341]. Im Maß der Fragwürdigkeit dieser Theologie mit ihrer einseitigen Ausbildung begreift er die Kenotik als notwendige Reaktion, "die immer ihr

Ufer noch nicht gefunden zu haben scheint"[342]. Zugleich gibt er aber auch zu bedenken, ob frühere Theologen Unrecht damit hatten, einem nicht mehr allmächtigen Logos die Gottgleichheit abzuerkennen und statt dessen diesen für einen Mythos zu halten. Der Menschgewordene ist für diese Kenotiker nur noch ein depotenzierter Gott, "ein creatürliches Individuum"[343]. "Es muß doch der e w i g e L o g o s, derselbe, der in der Trinität der Logos ist, Mensch geworden sein und kein anderer oder geringerer; sonst wäre eben die Menschwerdung nicht Menschwerdung Gottes, nicht seine absolute Selbstoffenbarung"[344].
Daß sich DORNER mit seiner Kritik an der Kenosistheologie nicht zugleich wieder auf die Seite der Schultheologie gestellt hat, macht gerade die besondere historische Bedeutung dieses Theologen aus. Denn er sieht in einer kritischen Distanz zu beiden Seiten den jeweiligen berechtigten Sinn und auch die Grenzen. Er unternimmt den theologiegeschichtlich recht bedeutsamen Versuch, die Anliegen der beiden theologischen Positionen miteinander zu vermitteln. "Wenn wir... manchen Ansichten entgegentreten müssen, welche der herkömmlichen Lehre über die göttliche Unveränderlichkeit bedenkliche Sätze entgegenstellen, so ist... die Meinung dabei keineswegs, daß jene herkömmliche Gotteslehre der Dogmatik unserer Kirche keiner reinigenden Fortbildung bedürfe; wohl aber, daß es auf solche Verbesserungen ankomme, die sich wirklich als solche ausweisen können"[345].
Den Rahmen für seine Behandlung der Unveränderlichkeitsproblematik steckt DORNER durch zwei Überlegungen ab. 1.Der Sinn der alten Unveränderlichkeitsaussage lag darin, die göttliche Identität des inkarnierten Logos zu sichern. Dieser Sinn ist gegen die Kenotik zu bewahren. 2.Die Gefahr der absolut gesetzten Unveränderlichkeit Gottes ist die Verdunkelung der "Innigkeit der Lebensgemeinschaft Gottes mit der Welt"[346]. Dies stellt einen Widerspruch gegen die Spitzenaussage des Christentums dar.

Der Versuch, Gottes "Unveränderlichkeit" und "Geschichtlichkeit" zu vermitteln, basiert bei DORNER im wesentlichen auf einer Ethisierung des hegelschen Gottesbegriffs. Dies sei im folgenden ausgeführt.
Die christliche Religion zeichnet sich gegenüber der Antike dadurch aus, daß sie das Personale und das Unveränderliche (im Wesen Gottes) vereinigt hat. Für die Griechen war beides auf das Schicksal und die Götter aufgeteilt. Den entscheidenden Hinweis

auf eine Vermittlung beider sieht er Ex 3,14. Darin wird deutlich gemacht, daß Gottes "Unveränderlichkeit" vor allem die "Unveränderlichkeit seines ethischen Wesens"[347] ist.
Die meisten Versuche der Tradition, Gottes "Unveränderlichkeit" und Weltüberlegenheit mit seiner Persönlichkeit und Lebendigkeit zu vermitteln, sind im Rahmen physisch-ontologischer Vorstellungen unternommen worden. Dabei kam es nach DORNER mit dem Deismus zur Vereinseitigung von Gottes rein physisch verstandener Unveränderlichkeit und anschließend mit dem Pantheismus zur Vereinseitigung zugunsten der physisch aufgefaßten Lebendigkeit Gottes. Beide theologische Positionen sind unhaltbar, weil im Horizont des Physisch-Ontologischen eine Vermittlung nicht gelingt. Während diese also unter wissenschaftlichem Gesichtspunkt noch zu erbringen ist, liegt eine Vermittlung von "Unveränderlichkeit" und Lebendigkeit auch im Interesse des religiösen Menschen, denn es "will auch die Frömmigkeit mit einem Gott zu thun haben, der erhaben über die Welt doch ihrem Wandel und Wechsel vorstehe und ihn zum guten Ziele leite"[348]. Die Lösung des Problems ist dabei durch die Menschwerdung Gottes bereits faktisch gegeben. Denn in Jesus Christus hat der Mensch Gottes Wirklichkeit schon wahrhaft erkannt. Diese Erkenntnis gilt es noch nachzuvollziehen. Weil der Gottmensch die höchste Offenbarungsautorität darstellt, legt es sich nahe, die "Erkenntniß von Christo für die Gotteslehre fruchtbar zu machen und zu erproben, ob nicht in Dem, der des Vaters Herz offenbart, auch das lösende Wort gefunden sei, jenen Zauberkreis des natürlichen Lebens, das sich in Deismus und Pantheismus umtreibt, zu durchbrechen"[349].
Wie schon erwähnt, sieht DORNER die Vermittlung von "Unveränderlichkeit" und Lebendigkeit in der ethischen Wesenhaftigkeit Gottes. Was ist das Proprium des Ethischen? Ist das Gute gut, weil Gott es will oder will es Gott, weil es das Gute ist? Diese klassische theologische Streitfrage des Mittelalters besteht aus einer Alternative. Im ersten Fall ist Gottes Wille und Macht das Kriterium des Guten, so daß auch das Gegenteilige das Gute wäre, wenn Gott es wollte. "Da wäre in keiner Weise Gott in sich ethisch oder durch das Ethische bestimmt, sondern im vermeintlichen Interesse der ungebundenen Machtvollkommenheit Gottes würde alles Gewicht auf Gottes freien Willen gelegt"[350]. Im zweiten Fall ist Gott zwar wesentlich ethisch bestimmt, aber er wird es gleichsam von außen. Das Gute ist eine Autorität, die über Gott

selbst noch steht. Dann wäre Gott nicht nur von einem ihm autonom Gegenüberstehenden abhängig, sondern auch noch Gott, ohne das Gute in seinem Wesen selbst einzuschließen. Hat Gott also im ersten Fall die Bestimmung seines Gutseins verloren, dafür seine Freiheit erhalten, so ist Gott im zweiten Fall nicht mehr frei, dafür aber (von außen) ethisch bestimmt. Wenn Gott als ethisches Wesen gefaßt werden soll, muß demnach sowohl das Gutsein in Gottes Wesen verankert sein als auch Gottes Freiheit erhalten bleiben. Das Entscheidende liegt gerade in der Vermittlung. Gott als das Gute nur aufgrund seiner Natur zu begreifen, hieße ethische Notwendigkeit. Gott wäre dann zwar unveränderlich, aber auch unfrei. Hingegen bedeutete Gottes Gutsein durch Willensentscheid nur willkürliche Zufälligkeit des Guten. "Gott ist die schlechthinige Realität des Ethischen nur dadurch, daß das Eine Ethische in ihm eine mehrfache und doch innig zusammengehörige Daseinsweise hat"[351].

Das erste Moment des ethischen Wesens Gottes ist die Notwendigkeit des Guten. Gott ist es selbst, der sich als das Gute schon immer bestimmt hat. Er trägt diese Wesenshaftigkeit in sich. Nicht ein außer ihm liegendes Gutes bestimmt ihn, noch bestimmt Gott das Gute allein als das bloß Gewollte seines Willens. Das Ethische in Gott sieht DORNER so zunächst in Gestalt des "Nichtnichtseynkönnenden, als die heilige und nothwendige Macht, die auf sich nicht verzichten kann noch will, sondern die muß sein und gelten wollen als die heilige Nothwendigkeit des Guten"[352]. Dies ist der Vater.

Zugleich ist das wahrhaft Ethische auf seinen Vollzug hin angelegt, dies aber nicht als blindes Überströmen, sondern in Freiheit. Erst im freien Vollzug ist das Wesen des Guten verwirklicht. "Das ethisch Nothwendige ist Liebhaber der Freiheit"[353]. Dieses Freie ist der Sohn.

Aus der Komplementarität ergibt sich sodann die Vermittlung. Das Ethische Gottes ist seine Liebe. Daher muß die Notwendigkeit des Guten ihren freiheitlichen Vollzug suchen, denn Gott liebt weder aus innerer noch aus äußerer Nötigung. Und die Freiheit in Gott bedarf noch einer inhaltlichen, werthaften Orientierung, denn sie ist niemals unethische Willkür. Gemäß dem Wesen der Freiheit findet sie in Freiheit ihren Gegenstand. Und gemäß der Eigenart der göttlichen Freiheit findet sie ihn im Gutsein des Notwendigen. Diese Vermittlung vollzieht sich durch den Geist

Gottes, "der in den Tiefen der Gottheit waltend das Einheitsband zwischen dem Ethisch Nothwendigen und Freien ist, in dem Einen nur die andere Seite des Andern zeigt und diese Gegensätze zur ewigen absoluten Wirklichkeit der ethischen göttlichen Persönlichkeit vermittelt"[354].
Somit ist Gottes Aseität gewahrt. Denn er hat seinen Bestand nicht von einem Anderen, sondern in und aus sich selbst, weil Gott als das Gute sein eigener Grund ist. Das ethische Wesen ist reiner Selbstzweck. Ebenso weist das theologische Ergebnis die Vorstellung einer Depotenzierung bzw. Selbstaufgabe Gottes zurück. Denn Gott ist als ewige Verwirklichung seines ethischen Wesens anzusehen. "Eine das Lieben aus Liebe, auch nur für einen Moment aufgebende Liebe wäre keine"[355].
Während die Immanenz Gottes als Vermittlung seiner ethischen Substanz mit seiner ethischen Subjektivität sich selbst genügt, enthält sie zugleich das Moment der sich nach außen mitteilenwollenden Liebe. Auf diese Weise entsteht die Schöpfung. Sie ist Objekt seiner Selbstmitteilung und liegt in Gottes Selbstliebe als Postulat begründet, "weil innerhalb der göttlichen Sphäre selbst und für sich die Selbstmittheilung der lauteren Liebe noch nicht im eigentlichen Sinn zur Bethätigung kommen kann"[356]. Die Welt wird zum Testfall der Unbedingtheit und Uneigennützigkeit der göttlichen Liebe dadurch, daß sie eine andere Antwort als die der Gegenliebe geben kann. Obgleich DORNER hier immer wieder auf Gottes bleibende Identität verweist[357], räumt er zugleich "eine Befriedigung für das göttliche Bewußtsein, die es zuvor nicht hatte, eine Freude, die er aus sich selbst und ohne die Welt nicht haben könnte"[358], ein. Diese Freude nimmt mit dem Maß der geschöpflich erwiderten Liebe zu. Hier ist ein reales Wechselverhältnis[359] eingeschlossen.
Mit der Sünde der Welt ist Gottes Freude beeinträchtigt. Es bedarf deshalb der Versöhnung. Diese geschieht in der Menschwerdung. Vorher weiß Gott die Welt nur als zu versöhnende[360]. Mit der Inkarnation entsteht eine neue Verbundenheit Gottes mit der Welt, die es vorher nur gedanklich, nicht tatsächlich gab. Und diese Konkretion wird gerade vom Wesen der Liebe gefordert: "daß sie sich lebendig betheilige an der zeitgeschichtlichen Menschheit, theilnehmend an ihr, um Theil zu geben an sich selber"[361]. Aber wie in der Inkarnation so wird auch in der Passion des Sohnes das göttliche Leben der Liebe nicht eingeschränkt. Vielmehr

findet am Kreuz die eigentliche Bewährung der Liebe statt. Die Vermittlung zwischen dem Vater und dem menschgewordenen Sohn hat damit ihr eigentliches Ziel erreicht, weil sie sich in der Gefahr eines realen Verschließens bewährt hat. Das Freiheitliche in Gott hat so das ethisch Notwendige Gottes aus dem Zustand bloßer natürlicher Vorhandenheit auf die Höhe seiner immer schon intendierten, im Gang der Geschichte nun verwirklichten Wesenhaftigkeit geführt, so daß darin Gottes Selbstbestätigung liegt.

3) Zusammenfassung

Im Hinblick auf die traditionelle Unveränderlichkeitsaussage nehmen die Kenotiker und DORNER eine klare, aber unterschiedliche Position ein. Nach Auffassung der Kenotiker, denen es vornehmlich um ein christologisches Problem geht, stellt dieses klassische Axiom für den Gedanken der Selbstentäußerung des Sohnes Gottes ein unüberwindliches Hindernis dar. Insofern der Menschwerdende (in unterschiedlichem Ausmaß) auf seine Gottheit verzichtet, kann er nicht mehr der Unveränderliche sein. Das Axiom ist deshalb insgesamt abzulehnen. - Demgegenüber hat sich DORNER um eine differenzierte Beurteilung der traditionellen Unveränderlichkeitsaussage bemüht. So teilt er im wesentlichen die Kritik der Kenotiker, indem er die Unzulänglichkeit des alten Axioms einräumt, hält aber zugleich an dessen Aussageintention fest, die für ihn darin besteht, die Unwandelbarkeit der ethischen Wesenhaftigkeit Gottes auszusagen. Demnach lehnt auch er das physisch-ontologische Verständnis der Unveränderlichkeit Gottes ab.

VI. Verschiedene Strömungen angelsächsischer Theologie

Ein letzter Aspekt theologiegeschichtlicher Kritik am Unveränderlichkeitsaxiom beschäftigt sich mit einigen Strömungen im Raum angelsächsischer Theologie. In historischer Reihenfolge ist zunächst die anglikanische Theologie vom Selbstopfer Gottes zu nennen, die dem Kenosis-Gedanken der russischen Kenotiker (BULGAKOW) nahesteht; sodann die amerikanische Prozeßtheologie, die aus einem philosophisch-kosmologischen Ansatz entstanden ist; schließlich die Gott-ist-tot-Theologie oder radikale Theologie.

1) Anglikanische Theologie des Selbstopfers Gottes

Als ein weiteres Indiz für die verstärkte Beschäftigung der Theologie des 19.Jahrhunderts mit der Thematik des sich entäußern-

den Gottes kann jene theologische Strömung[362] gelten, die sich in England gegen Ende des 19.Jahrhunderts gebildet hat und bis in die Nachkriegszeit des ersten Weltkriegs reicht. Im Mittelpunkt dieser Theologie steht das Leiden Gottes an der sündigen Ablehnung durch den Menschen. Ihm liefert er sich aus, so daß das Leiden Gottes als eine Selbstopferung (self-sacrifice) verstanden werden kann.
Eine Voraussetzung dieser Theologie oder zumindest eine "atmosphärische Begünstigung" liegt in der Zunahme der Sakramentsfrömmigkeit in England um die Mitte des Jahrhunderts, in deren Zentrum vor allem das eucharistische Opfer steht. Daneben spielen philosophische Impulse eine Rolle, so etwa die Kritik an der Absolutheit Gottes zugunsten einer Begrenzung und Endlichkeit Gottes (W.JAMES) oder die Auffassung von Gott als einer (unendlichen) Persönlichkeit (H.LOTZE). Mit der Evolutionstheorie kommen auch Anregungen von Seiten der Naturwissenschaft[363]. Und schließlich dürfte die Leidenschaftlichkeit dieser Theologie ihren Grund in jenen düsteren Erfahrungen haben, die auf den Schlachtfeldern des ersten Weltkriegs gemacht wurden.

Der Ausgangspunkt der Theologie vom Selbstopfer Gottes ist die Kritik an einer theistischen Überzeichnung des Gottesgedankens. Die starke Betonung der Allmacht und Leidensunfähigkeit Gottes wird als Verzerrung des durch Jesus Christus geoffenbarten Gottesbildes empfunden[364]. In seinen Gedichten hat G.A.STUDDERT-KENNEDY mit leidenschaftlicher Emphase gegen diesen unberührbaren und übermächtigen Gott protestiert:

"Are there no tears in the heart of the Eternal?
Is there no pain to pierce the soul of God?
Then must He be a fiend of Hell infernal,
Beating the earth to pieces with His rod"[365].

Dem apathischen Allmachtsgott wird der Gott der Liebe entgegengestellt. Auf diesem Hintergrund wird das Schöpfer-Geschöpf-Verhältnis im Sinne eines personalen Gegenübers verstanden. Gott schafft Bedingungen, denen er sich in Freiheit selbst unterwirft. "Er tut etwas, worauf wir von unserem menschlichen Standpunkt aus kein Anrecht haben, sondern nur beschreiben können als das Eingehen eines Risikos, da er das Wagnis auf sich nimmt, daß Menschen jene Liebe, nach der er verlangt, verweigern können"[366]. Da dieses Verlangen nach menschlicher Erwiderung tief im Innersten Gottes verwurzelt ist, kann die Konsequenz menschlicher

Verweigerung nicht anders denn als Schmerz bezeichnet werden[367].

Gott unterstellt sich den Bedingungen eines gott-menschlichen Gegenübers. Darin liegt schon ein erster Hinweis auf das zentrale theologische Motiv: Gott gibt sich selbst hin. Die Bedeutung dieser Erkenntnis liegt darin, daß sie nicht auf eine heilsökonomisch-funktionale Dimension beschränkt wird, sondern als die entscheidende theologische Aussage über Gottes Wesen zu gelten hat.

Mit diesem theologalen Charakter versehen, offenbart das, was sich am Kreuz als Sühnopfer zur Vergebung der Sünden vollzieht, im letzten die Gestalt des Gottseins Gottes[368]. Sich zu opfern ist sein Wesen[369]. Und da es aufgrund der Absolutheit Gottes keinen Empfänger dieses Opfers außerhalb seiner geben kann, vollzieht Gott es als trinitarische Selbstopferung, bei der er selbst Opfer, Opfernder und Opferung ist[370]. Er steht damit im Gegensatz zum selbstischen Existenzmodus alles Welthaften, das nur dadurch glaubt sein zu können, daß es sich ängstlich an sich selbst klammert. So ist zu sagen, "daß Gottes umfassende Selbstbehauptung in Selbstpreisgabe (annihilation) besteht und daß die absolute Liebe, mit der er sich selber liebt, nichts anderes ist als die reinste und vollständigste Aufgabe seiner selbst"[371].

Diese Wesenserkenntnis von der Selbstopferung Gottes hat ihr Fundament im Christusgeschehen. Das Leiden Jesu gilt als "sakramentales Zeichen"[372] für die Leidenswirklichkeit in Gott selbst[373]. Obwohl damit die unbedingte Autorität des Apathieaxioms grundsätzlich bestritten wird, gibt es doch auch Stimmen[374], die das Leiden Gottes zwar behaupten, aber dennoch die Leidensunfähigkeit der göttlichen Natur weiterhin vertreten.

Die entscheidende Frage ist jedoch in diesem Zusammenhang eine andere. Geht man vom Verweischarakter des Kreuzes Christi aus, dann gelangt man zu der Erkenntnis eines vorzeitlichen Kreuzes in der ewigen Gottheit Gottes[375]. Dabei entsteht die Frage, wie sich das ewige und das geschichtliche Kreuz zueinander verhalten. Ist das letztere die grundsätzliche oder zeitliche Verwirklichung des ersteren oder besteht zwischen ihnen nur ein demonstrativer (nicht konstitutiver) Offenbarungszusammenhang?

Die Meinungen hierüber gehen auseinander. Einerseits wird die Auffassung vertreten, daß die sich selbst opfernde Liebe Gottes in seiner ewigen Passion nur vorgezeichnet ist und erst am Kreuz Christi zu ihrer vollen Verwirklichung und Wahrheit kommt[376]. "Liebe muß dasjenige erleiden, was ihrem Wesen entgegengesetzt ist und nur insofern als sie dies tut, ist sie wahrhaft sie selbst"[377]. Im weiteren theologischen Umfeld dieser Position liegt dann nicht nur die für die Wahrheit und Vollkommenheit der Liebe Gottes anzunehmende Notwendigkeit des Bösen[378], sondern auch die Bedingung des Selbstbewußtseins Gottes durch seine irdische Leidensexistenz[379]. Deshalb wird in inkarnationstheologischer Sicht die Menschwerdung zu einer wesenhaften Notwendigkeit: Gott muß Mensch werden, um wahrhaft Gott zu sein[380].

Dem steht die andere Auffassung entgegen, daß das geschichtliche Kreuz von Golgatha auf eine ewige Wahrheit im Leben Gottes hinweist[381]. "Das Kreuz Christi war kein nachträglicher Einfall Gottes, sondern zu einem bestimmten Zeitpunkt der Geschichte Ausdruck für etwas, was innerhalb des göttlichen Lebens eine ewige Wirklichkeit darstellt"[382]. Diese vor-zeitliche Passion im Herzen Gottes und nicht erst das historische Kreuz von Golgatha ist nach C.G.MORGAN der eigentliche Grund dafür, daß die Weltgeschichte schon von Anfang an unter dem Vorzeichen der Versöhnung steht. Das Kreuz Christi ist deshalb nicht Setzung, sondern Offenbarung dessen in der Geschichte[383].
Zwischen einer konstitutiven und einer demonstrativen Interpretation des geschichtlichen Kreuzes sucht schließlich eine dritte Meinung zu vermitteln. Demnach geschieht Erlösung und Vollendung der Welt durch einen ewigen Akt Gottes, der im Tod Christi sowohl seine zeichenhafte Vergegenwärtigung findet als auch wesenhaft mitvollzogen wird[384]. In ähnlicher Weise nimmt auch W.TEMPLE eine Verhältnisbestimmung vor. Er geht von einer grundsätzlich anzunehmenden Vollkommenheit des Wesens und der Liebe Gottes aus. Deshalb kann gesagt werden, daß das geschichtliche Ereignis des Kreuzesopfers zunächst zeitlicher Ausdruck des ewigen, vollkommenen Seins Gottes ist[385]. (Darin unterscheidet er sich von der ersten Position.) Aber "unter einem zeitlichen Aspekt betrachtet, müssen wir sagen, daß die Liebe, die Gott in umfassender Vollkommenheit selber ist, ihren zeitlichen Gipfel (erst) erreicht hat, als Christus am Kreuz starb"[386]. Und dieser zeitliche Vollzug des Opfers wird nun nicht rein demonstrativ verstanden, sondern als Vertiefung und Bereicherung der ewigen Liebe Gottes[387]. (Darin unterscheidet sich TEMPLE von der zweiten Position.) Das Kreuzesereignis auf Golgatha hat demnach für Gott nicht wesenskonstitutive, sondern wesensrelevante Bedeutung im Sinne eines zeitlichen Mitvollzugs.

Diese kreuzestheologischen Unterschiede spielen aber da keine große Rolle mehr, wo das grundsätzliche Schöpfungsverhältnis Gottes bedacht wird. Die ewige Passion im Herzen Gottes -ob sie nur vorgezeichnet oder immer schon real verwirklicht ist- wird in jedem Fall als Ausdruck einer Liebe verstanden, die in Selbstlosigkeit bis an ihre äußerste Grenze geht. Herausgefordert und gleichsam auf die Zerreißprobe gestellt wird diese Liebe weniger durch menschliches Leiden, das Gott gewillt ist mitzutragen[388], sondern in erster Linie durch die Sünde des Menschen, der damit sein Gottesverhältnis und die Schöpfungsordnung nachhaltig gestört hat. Im Mittelpunkt der Soteriologie, die im wesentlichen identisch ist mit Theo-logie, steht demnach nicht Gottes Solidarität mit dem leidenden Menschen, sondern die stellvertretende Sühne.

Die Passion im Herzen Gottes ist also ein Leiden an der Sünde. Anders als das sym-pathische Leiden Gottes, das nichts anderes bedeutet als daß Gott sich menschliches Leiden zu eigen macht, indem er daran teilnimmt, resultiert das Leiden Gottes im Sinne der anglikanischen Tradition aus einem Getroffenwerden Gottes von der Sünde. Diese Passion Gottes hat deshalb auschließlich theologalen Charakter, weil sie zutiefst seine eigene und nur die seinige ist.

Das Leiden Gottes an der Sünde manifestiert sich in unüberbietbarer Deutlichkeit im Kreuz Christi. Es sind nicht die physischen Schmerzen, die den Wesensgehalt des Kreuzes ausmachen. Am tiefsten leidet Gott an der ablehnenden Mißachtung seines Willens[389]. "Vom Kreuz hören wir den Schrei, der nichts Geringeres ausdrückt als das qualvolle Entsetzen, daß Gott versagt hat, Gott zu sein"[390]. Die Sünde bestreitet Gottes Gottsein. Und keine historisierende Betrachtungsweise darf diese Agonie Gottes auf das punktuelle Ereignis des historischen Kreuzes einengen. Gott verharrt so lange in diesem Leiden, wie die Geschichte des Menschen von seiner Sünde gegen Gott bestimmt wird[391].

Es gehört aber zum Wesen der anglikanischen Theologie vom Selbstopfer Gottes, an diesem Punkt nicht stehen zu bleiben. Denn die Rede vom leidenden Gott will nicht nur eine eindrucksvolle Aussage über Gottes Wesen sein, sondern verfolgt auch eine soteriologische Absicht: die ewige Passion im Herzen Gottes ist die Rettung des Sünders. Allerdings fehlen diesem Retter alle triumphalistischen Züge. Er rettet nur, indem er leidet. Dieser Auffassung liegt der Gedanke zugrunde, daß die handelnde Passivität Gottes, d.h. sein bereitwilliges Ertragen des Widerspruchs gegen seine Liebe bereits die Überwindung des Bösen einschließt.

Von hier aus ergibt sich eine charakteristische Bestimmung der Allmacht Gottes. Sie hat nichts zu tun mit der Anwendung einer alles bezwingenden Gewalt, mit der Mächtige ihre Gegner überwältigen. Gott "erringt seine Siege nicht durch irgendeinen Gewaltakt, sondern allein durch die unveränderliche Festigkeit seiner Liebe, die sich in Ewigkeit selbst hingibt"[392]. Darin besteht Gottes Selbstopfer, daß er sich selber dem Bösen ausliefert. Er nimmt es auf sich und erträgt es. Und in diesem schweigenden und geduldigen Ertragen überwindet er es[393]. Deshalb ist dieses Durchleiden und nicht eine machtvolle Beseitigung des Bösen der Inhalt der Allmacht Gottes[394].

Bedenkt man schließlich die Leidenschaft und den tiefen Ernst, mit denen von der ewigen Passion im Herzen Gottes gesprochen wird, so erscheint die theologische Tradition von der ewigen Glückseligkeit Gottes als eine unvereinbare Gegensätzlichkeit. Tatsächlich zeigt sich aber, daß diese als ein unverzichtbares Gottesprädikat eingeschätzt wird, dem man unter allen Umständen eine gebührende Stellung einräumt[395]. Die Vermittlung geschieht nicht durch eine Zweiteilung des Seins Gottes in ein ewig glückseliges Innen und ein leidvolles, seiner Schöpfung zugewandtes Außen[396]. Sie wird vielmehr dadurch erzielt, daß die Seligkeit Gottes engstens mit seinem Leiden selbst in Verbindung gebracht wird. "Wir müssen uns die große Wahrheit vergegenwärtigen oder eben lernen, daß das Ertragen eines erlösenden Leidens die höchste Glückseligkeit bedeutet"[397]. Das enthält keineswegs eine Zurücknahme: die Passion im Herzen Gottes ist höchst real. Sie verträgt keine beschwichtigende Relativierung. Aber gerade im leidvollen Ertragen der Sünde wird das Böse gleichsam von innen her überwunden. Und dieser Heilscharakter des göttlichen Leidens, also die Überwindung[398] des Bösen ist der tiefste Grund für die ungeminderte Freude und Glückseligkeit[399] Gottes.

Mit der ihr eigenen Emphase widerspricht damit diese Strömung anglikanischer Theologie dem schultheologischen Unveränderlichkeits- und Apathieaxiom. Der Gottheit, die in seliger Unberührbarkeit dem geschichtlichen Leiden unendlich entfernt ist, wird im Anhalt an den gekreuzigten Christus derjenige Gott entgegengehalten, der das Elend der Geschichte mit seiner "ewigen Passion" begleitet.

2) Amerikanische Prozeßtheologie

Einer der führenden Prozeßtheologen stellt programmatisch fest: "Gott ist völlig unabhängig von der Welt: die Gott-Welt-Beziehung ist für Gott eine rein äußerliche. Diese drei Termini -unwandelbar, leidenschaftslos, absolut- sagen im Grunde dasselbe, nämlich daß die Welt nichts zu Gott beiträgt und daß Gottes Einfluß auf die Welt in keiner Weise bedingt wird durch göttliches Reagieren auf unvorhergesehenes, selbstbestimmtes Handeln der Wesen in der Welt. Die Prozeßtheologie verneint die Existenz eines solchen Gottes"[400]. Mit Hilfe der Organismusphilosophie WHITEHEADs versucht sie eine kritische Revision des traditionellen theistischen Gottesbegriffs.

A.N.WHITEHEAD (1861-1947) hatte im Anschluß an den Empirismus und den Evolutionsgedanken des 19.Jahrhunderts eine Kosmologie entworfen, die von der Überzeugung ausgeht, "daß die Kategorie des Werdens der Realität angemessener ist als die Kategorie des Seins, und daß Beziehung grundlegender ist als Substanz und Absolutheit"[401]. Diese Einsicht, die WHITEHEAD auch auf Gott als Teil der Realität anwendet, wird von der Prozeßtheologie übernommen und theologisch vertieft[402].

Zur Sprache kommen sollen hier jene Vertreter der Prozeßtheologie, die sich hauptsächlich mit der Herausarbeitung eines systematischen Gottesbegriffs beschäftigt haben. Neben WHITEHEAD sind dies vor allem sein erster und theologisch bedeutsamer Interpret Ch.HARTSHORNE sowie B.LOOMER, J.B.COBB Jr. und S.M.OGDEN. Die Besonderheit ihrer jeweiligen Position ergibt sich aus einer unschiedlichen Akzentuierung, Interpretation und Fortführung des prozeßphilosophischen Grundgedankens.

a) Der Gottesbegriff bei A.N.WHITEHEAD

aa) Gott als Funktionsträger

Für das Verständnis des WHITEHEADschen Denkens ist es entscheidend zu sehen, daß es ihm letztlich immer um einen kosmologischen Entwurf geht und also nicht eigentlich um eine Theo-logie. Nun redet er aber dennoch von Gott. Tut er dies, so deshalb, weil die innere Gedankenlogik seiner Argumentation[403] ihn dazu zwingt: Die vom Menschen gemachten Erfahrungen müssen interpretiert werden. Dabei bedarf diese Interpretation einer sinnvollen Begründung. WHITEHEAD findet sie in seinen "abgeleiteten Begriffen" (derivative notions), zu denen auch "Gott" gehört. Er ist eine systemimmanente Denknotwendigkeit bzw. als ein real existierendes Wesen ein entscheidender Funktionsträger im Prozeß des Universums.

"Wie Aristoteles seine Bewegungslehre in Gott als dem e r s t e n B e w e g e r begründet sein ließ, so fordert die Organismusphilosophie Gott als das P r i n z i p d e r K o n k r e t i o n, um den Prozeß der 'aktualen Wesenheiten' erklären zu können"[404].

Dieser Gedanke erfährt bei WHITEHEAD im Laufe seiner Arbeiten eine gewisse Entwicklung.

Zunächst nimmt WHITEHEAD in "Science and the modern world"[405] (1925) einen den gesamten Kosmos durchwaltenden, alles tragenden Akt an (substantial activity). Er ist das innere Movens der Bewegung der Welt und zeigt sich im Erscheinen und Voranschreiten der Dinge. Jedes Ding ist von diesem alles tragenden Akt abhängig und als ein Kontingenzereignis (actul occasion)[406] von einem ewigen, d.h. zeitlosen Gegenstand (eternal object) näher bestimmt. Da es eine unendliche Fülle zeitloser Gegenstände gibt, die als bloß begriffliche, ideale Möglichkeiten ihren Konkretionen gegenüber selbst indifferent sind, muß es ein Prinzip der Aussonderung (principle of limitation) geben, das die zeitlosen Gegenstände auf die zeitliche Welt hinordnet. Dieses Prinzip wird dem alles tragenden Akt zugeordnet und schließlich Gott genannt[407].

In "Religion in the making" (1926) wird aus der Tatsache, daß Gott Prinzip der Konkretion ist, der Schluß gezogen, daß dieser als ein Handelnder nicht nur Prinzip sein kann, sondern selbst als aktuale Wesenheit (actul entity) zu denken ist. Später formuliert WHITEHEAD: "Nach dem ontologischen Prinzip gibt es nichts, was aus dem Nirgendwo in die Welt treibt. Alles in der wirklichen Welt läßt sich auf irgendein Einzelwesen beziehen"[408].

bb) Gottes Urnatur (primordial nature)

Die Tatsache, daß Gott als Prinzip der Konkretion zugleich eine aktuale Wesenheit ist, die den Realgrund für die noch unverwirklichten Möglichkeiten darstellt, führt WHITEHEAD zu der Annahme einer (abstrakten) Urnatur Gottes.

Gottes Urnatur stellt den begrifflich-abstrakten Pol der Gesamtwirklichkeit und die erste Phase des universalen Prozesses dar, in dem die Welt zu ihrer Vollendung gelangt. Hier ist die "unbedingte begriffliche Wertung der ganzen Vielheit von zeitlosen Gegenständen"[409] gegeben. In seiner Urnatur realisiert Gott den absoluten Reichtum an Möglichkeiten mittels Begriffen und erstellt damit zugleich eine Ordnung dieser zeitlosen Möglichkeiten. In Gottes Urnatur als der Summe aller Potentialitäten liegt in begrifflich-abstrakter Form das vor, was durch eine Verschmelzung mit physischen Empfindungen zum Konkreten wird. Dieses "Zusammenwachsen" im Horizont der raum-zeitlichen Welt geschieht dadurch, daß die Werte und Möglichkeiten aus Gottes Urnatur an die Welt vermittelt werden. Für jedes Kontingenzereignis in der Welt hält Gott auf diese Weise eine anstoßende Zielgebung (initial aim) bereit. Aber "jeder an die Welt gerichtete schöpferische Anstoß Gottes ist waghalsig (adventurous), da Gott nicht weiß, was sich daraus ergeben wird"[410]. Denn Gottes Einfluß ist überredend und nicht zwingend, so daß sich das zeitliche Subjekt für oder gegen die Verwirklichung des Impulses entscheiden kann. Im Fall seiner Annahme entsteht in der Welt etwas Neues und damit ein kreativer Fortschritt.

Die Realität des Begrifflichen in Gottes Urnatur kann selbst nicht mehr weiter begründet werden. Unter dieser Rücksicht ist Gott uranfänglich. Zugleich wird Gottes Urnatur aber auch innerhalb des universalen Prozesses lokalisiert, so daß er nicht vor, sondern mit aller Schöpfung ist. "Gott ist das uranfängliche Geschöpf"[411].

Der abstrakte Charakter der Urnatur Gottes deutet darauf hin, daß diese als solche von der physischen Welt unableitbar, unabhängig (wenn auch nicht beziehungslos) und im Hinblick auf ihren Reichtum an Möglichkeiten vollkommen, ewig und unveränderlich[412] ist. Auf diese Weise nimmt WHITEHEAD die traditionellen Gottesprädikate der klassischen Gotteslehre auf.

Zugleich weist die rein begriffliche Qualität der Urnatur auch auf einen Mangel hin. Es ist dies ein Mangel an "Wirklichkeit". "'Wirklichkeit' bedeutet nichts anderes als dieses grundlegende Eingehen ins Konkrete, von dem man nicht abstrahieren kann, ohne auf das bloße Nichts zu stoßen"[413]. Demnach hängt die Wirklichkeit einer Sache von deren Konkretion ab. Und Konkretion meint das Zusammenwachsen begrifflicher und physischer Empfindung. Physisch wird dann eine Empfindung genannt, wenn sie von einem anderen wirklichen Einzelwesen aufgenommen wird. Gottes urnatürliche "Empfindungen sind nur begrifflich, so daß es ihnen an der Fülle der Wirklichkeit fehlt"[414]. Und zusätzlich kommt es auch nur da, wo "eine komplexe Integration mit physischen Empfindungen stattfindet"[415], zu Bewußtsein. Damit kann der Urnatur

Gottes weder die Fülle der Wirklichkeit noch Bewußtsein zugeschrieben werden.
So enthalten die begrifflichen Empfindungen in ihrer urnatürlichen Ordnung bei Gott ein natürliches Gefälle zur eigenen Aktualisierung. Gottes Urnatur ist eine "Sehnsucht nach konkreten Tatsachen"[416] eigen. Damit wird die Angewiesenheit Gottes auf ein Gegenüber und somit ein mehrschichtiger Sachverhalt zum Ausdruck gebracht, insofern neben der Vollkommenheit der Urnatur auch ihre Unvollkommenheit und Bedürftigkeit behauptet wird.
cc) Gottes Folgenatur (consequent nature)
Nach dem Grundsatz der allgemeinen Relationalität steht jedes wirkliche Einzelwesen mit anderen in einer doppelten Beziehung: es gibt eine bestimmte Information oder Empfindung weiter und ist selbst zugleich auch von dem ihm vorausgehenden Einzelwesen geprägt. Da auch Gott als wirkliches Einzelwesen verstanden wird, wäre die urnatürliche Konzeption des Gottesbegriffs allein nur eine halbe Wahrheit. In Gott gibt es neben seiner Urnatur, die im Hinblick auf die Welt als anstoßende Zielgebung fungiert, auch eine Folgenatur. Sie ist der Bereich, innerhalb dessen sich aufgrund der universalen Relativität eine Reaktion der Welt auf Gott abspielt.
"Bei der Behandlung der Folgenatur... wird deutlich, daß bei Whiteheads Darstellung philosophische und religiöse Belange verbunden werden"[417]. Daß gerade im Zusammenhang mit der Erörterung der Folgenatur Gottes verstärkt religiöse Aspekte und Interessen auftauchen, läßt bereits der veränderte Tonfall auf den letzten Seiten von "Prozeß und Realität" erkennen. Zugleich findet die Kritik an einem klassischen Theismus hier ihre deutlichste Akzentuierung.
Der von WHITEHEAD gebrauchte Begriff der Folgenatur wird ähnlich wie der der Urnatur keinesfalls im Sinne einer Zuständlichkeit verstanden, sondern bezeichnet ein höchst dynamisches Geschehen. Es ist jenes Geschehen, auf welches die Einseitigkeit der abstrakten Urnatur Gottes als ihr ergänzendes Gegenüber bereits hingewiesen hat und wodurch nun Gott "die Mangelhaftigkeit seiner bloß begrifflichen Wirklichkeit ausgleicht"[418].
Die in Form der anstoßenden Zielsetzung von Gottes Urnatur mitgeteilten begrifflichen Impulse finden in der zeitlichen Welt ihre Konkretion, indem sie von wirklichen Einzelwesen aufgenommen werden. Gottes begriffliche Empfindungen werden so zu phy-

sischen Empfindungen. Die "Folgenatur ist das Verweben von Gottes physischen Empfindungen auf der Grundlage seiner uranfänglichen Begriffe"[419]. Die volle Wirklichkeit der begrifflich-physischen Empfindungen trägt für Gottes eigene Wirklichkeit einen Zuwachs aus. Die Verschmelzung der beiden Ebenen läßt so die Konkretisierung Gottes sich ereignen. In Gestalt seiner Folgenatur hat Gott teil "an der wirklichen Welt jeder neuen Schöpfung"[420] und trägt damit zur Vervollständigung seiner eigenen Wirklichkeitsfülle sowie seines Bewußtseins[421] bei.
Die Folgenatur Gottes ist gleichsam der Einschlagstrichter der Geschichte. Doch Gottes Öffnung und Empfänglichkeit bedeutet kein blindes Annehmen der weltlichen Ereignisse. Dies geschieht vielmehr durch "die Transformation seiner Weisheit"[422]. Da die Verwirklichung des göttlichen Impulses auch entweder trivial (d.h. ohne die ihm gemäße Intensität) oder disharmonisch verlaufen kann, entsteht die Möglichkeit, daß diese Ereignisse als inadäquat für Gott selbst keinen Wert haben, "denn Gott prehendiert die Kreatur gemäß seiner 'Urnatur' und damit gemäß ihrem 'subjektiven Ziel', und das heißt: als das, was sie ihrem Ideal nach zu sein vermag"[423]. So werden beispielsweise die "Revolten des zerstörerischen Übels, die immer eigennützig sind"[424], in ihrer Trivialität erkannt und von Gott abgewiesen.
Der Gedanke einer Folgenatur, die im Begriff steht, Gott die Fülle der Wirklichkeit und des Bewußtseins zu vermitteln, ist von anderen Autoren im Sinne einer Zeitlichkeit Gottes interpretiert worden. "Die Folgenatur Gottes ist Gottes Leiblichkeit, seine Aufnahme der Kontingenzereignisse, die die zeitliche Welt konstituieren. Indem diese Kontingenzereignisse eine Aufeinanderfolge hervorbringen, gibt es auch eine Aufeinanderfolge innerhalb der göttlichen Natur, was auf Zeitlichkeit schließen läßt"[425]. Wie noch zu zeigen sein wird, besteht hier eine eindeutige Abhängigkeit Gottes vom Verlauf der zeitlichen Welt. "Der Inhalt der göttlichen Erfahrung ändert sich mit den Ereignissen in der Welt"[426]. Gottes Zuwachs an Wirklichkeit und Bewußtsein ist vom Verlauf der Geschichte so abhängig, daß damit Geschichtlichkeit im Sinne von Kontingenz und Veränderlichkeit in Gottes Wesen hineingetragen wird. Hinsichtlich des göttlichen Wissens bedeutet diese Zeitlichkeit, daß Gott die Zukunft nur in ihren Strukturen abstrakter Möglichkeiten kennt. "Die konkrete Zukunft, die bestimmt ist durch die Wechselwirkung zwi-

schen Gottes Freiheit und der begrenzten geschöpflichen Freiheit, ist vor ihrem aktuellen Eintritt sogar Gott unbekannt"[427].

Diese Abhängigkeit Gottes von der Welt gemäß dem Grundsatz universaler Relationalität und Relativität erscheint aber zugleich als Heilsbedeutsamkeit für die Welt. Hier liegt WHITEHEADs theologisch-religiöse Emphase. Der Preis folgenatürlicher Gebundenheit Gottes wird letztlich für das Heil der Welt bezahlt. "Der Grundmangel unseres Zeitdaseins liegt tiefer als jede spezifische Form des Bösen. Er liegt im ständigen Entgleiten der Wirklichkeit selbst, in ihrem 'ewigen Vergehen'"[428]. Heil geschieht dadurch, daß sich die Ereignisse der zeitlichen Welt nach dem göttlichen Maßstab der "Transformation seiner Weisheit" in Gott objektivieren. Gott "rettet die Welt, so wie sie in die Unmittelbarkeit seines eigenen Lebens übergeht. Es ist das Urteil von einer Zartheit, die nichts verliert, was gerettet werden kann"[429]. Da es in Gottes Folgenatur kein Vergehen gibt, sondern nur Ewigkeit im Sinne fortwährender Dauer der objektivierten Ereignisse, gelangt hier alles zu "objektiver Unsterblichkeit" (objective immortality). Das Angenommene verliert seinen Zeitlichkeitscharakter, der es als vom Vergehen Bedrohtes ausweist, und stellt fortan eine "lebendige, allgegenwärtige Tatsache"[430] dar. Die Vielheit der wirklichen Bestandteile im Schöpfungsprozeß charakterisiert Gottes Folgenatur. "Das ist Gott in seiner Funktion als das Königreich des Himmels"[431].

Neben diesem soteriologischen Motiv der objektiven Unsterblichkeit, wobei Gott die Welt in sich aufnimmt, erscheint Gott im Zusammenhang der Konzeption der Folgenatur schließlich noch als der "große Begleiter - der Mitleidende, der versteht"[432].

dd) Verschränkung von Gott und Welt

Die bisherige Darstellung der theologischen Überlegungen hat gezeigt, daß für WHITEHEAD Gott kein isoliertes Thema darstellt. Vielmehr besteht eine faktische und grundsätzliche Abhängigkeit Gottes von der Welt wie auch umgekehrt. Theologie und Kosmologie eröffnen nur unterschiedliche Perspektiven auf die eine Wirklichkeit. Die Frage nach dieser Wirklichkeit ist zugleich die Frage nach der Verschränkung von Gott und Welt.

Der Vorstellung einer Komplementarität[433] ist im Abendland durch eine strikte Trennung von Gott und Welt gewehrt worden. Dies war aber für WHITEHEAD nur die Konsequenz einer in der Philosophie fälschlich vollzogenen Scheidung von Sein und Werden. "Die unheilvolle Ablösung des Flusses von der Dauer führt zu dem Begriff eines völlig statischen Gottes von höchster Realität, im Verhältnis zu einer ganz und gar fließenden Welt von mangelhafter Realität"[434]. Für WHITEHEAD verläuft die Grenze zwischen Wirklichkeitsfülle und Wirklichkeitsmangel nicht zwischen Gott und Welt, sondern quer durch beide. Daß weder die Welt noch Gott die volle Wirklichkeit besitzen, liegt daran, daß beide nur Momente des universalen Prozesses sind, in dessen Fortlauf sich die Wirklichkeit selbst konstituiert. Wirklichkeit ist demnach nicht einfach immer schon vorhanden, sondern geschieht prozeßhaft. Ihr Geschehenscharakter verbietet aber nicht nur einen rein statischen Begriff von Wirklichkeit, sondern zugleich auch eine einseitige Orientierung an einer Werde-Metaphysik. Denn so sehr auch die Organismusphilosophie die Wirklichkeit als Prozeß auffaßt, wird diese doch nicht in einen reinen Fluß der Dinge aufgelöst. Vielmehr stehen das Statisch-Beharrende und das Dynamisch-Fließende in einem sich ergänzenden Verhältnis. Es gibt "Wirklichkeit mit Dauer, die das Fließen zu ihrer Vervollständigung braucht; und Wirklichkeit mit Fließen, das zu seiner Vervollständigung auf Dauer angewiesen ist"[435]. Das komplementäre Verhältnis der beiden Konstituentien gestattet demnach nur eine perspektivische Scheidung.

So findet Gott in seinem urnatürlichen Zustand seine Vervollständigung durch die Ableitung seiner Folgenatur aus der zeitlichen Welt: seine urnatürliche Abstraktheit, seine "strebende Einsicht"[436] und die Einheit der begrifflichen Fülle haben ihr ergänzendes Gegenüber in der folgenatürlichen Konkretheit, im "physischen Erleben"[437] und in der Vielheit der wirklichen Ereignisse innerhalb der zeitlichen Welt. Und umgekehrt gelangen die zeitlichen Ereignisse in ihrer Vergänglichkeit und Vielheit zu Dauerhaftigkeit und Integrität, indem sie von Gott aufgenommen und "zur Übereinstimmung mit der zeitlosen Ordnung geläutert"[438] werden. Für Gott und Welt gibt es so keine Rangfolge. Beide besitzen "Anspruch auf Priorität in der Schöpfung"[439]. Sie bilden für einander "das Instrument des Neuen"[440]. Die gegenseitige Abhängigkeit von Gott und Welt oder von Dauer und Fließen zeigt somit, daß "die alten Gegensatzpaare: Sein und Werden, Einheit und Vielheit, Aktualität und Potentialität, Immanenz und Transzendenz, Schöpfer und Geschöpf nicht einfach auf Gott und die Welt aufgeteilt werden"[441] können.

Am Ende des Prozesses, in dem sich Gott und Welt wechselseitig ergänzen, hat "die Kreativität ihre höchste Aufgabe erfüllt"[442]. Die funktionale Verschränkung von Gott und Welt wird zu einer qualitativen Verschmelzung. Es kommt zur "Vergottung der Welt"[443]. Aus der polaren Spannung des Begrifflich-Göttlichen und des Physisch-Weltlichen hat sich am Ende die eine volle Wirklichkeit gebildet, in der beide aufgegangen sind. Sie sind angesichts des Prozeßendes zu austauschbaren Größen geworden, die als erfüllte Funktionen um das Neue kreisen:

"Es ist genauso wahr zu sagen, daß Gott im Vergleich mit der Welt höchst wirklich ist, wie zu behaupten, daß die Welt im Vergleich mit Gott höchst wirklich ist.
Es ist genauso wahr zu sagen, daß die Welt Gott immanent ist, wie zu behaupten, daß Gott der Welt immanent ist.
Es ist genauso wahr zu sagen, daß Gott die Welt transzendiert, wie zu behaupten, daß die Welt Gott transzendiert.
Es ist genauso wahr zu sagen, daß Gott die Welt erschafft, wie zu behaupten, daß die Welt Gott erschafft"[444].

b) Der Gottesbegriff innerhalb der prozeßtheologischen Entfaltung

aa) Ch.HARTSHORNE

Die theologischen Implikationen, die WHITEHEAD selbst nur teilweise entfaltet hatte, wurden bald von Ch.HARTSHORNE, seinem Mitarbeiter und Hauptinterpreten, durch einen eigenen Ansatz weiterentwickelt.

So ist auch für ihn die theistische Grundentscheidung einer unbedingten Trennung von Gott und Welt die hauptsächliche Verfehlung abendländischer Theologie. Das Verhältnis von Gott und Welt wird bei ihm panentheistisch bestimmt. In philosophischer Hinsicht teilt er die Ansichten der Organismusphilosophie: Werden als die eigentliche Seinsform, die mindere Qualität des Möglichen und Allgemeinen gegenüber der höheren Qualität des Aktualen und Konkreten, die Vorstellung einer im letzten sozial strukturierten Wirklichkeit, die Dipolarität des göttlichen Wesens und schließlich von ihm besonders betont die Unmöglichkeit, Vollkommenheit im Sinne eines statischen Ist-Zustandes zu begreifen.

So spielen vor allem die beiden zuletzt genannten Annahmen für sein theologisches Denken eine wichtige Rolle. Der systematische Zusammenschluß läßt Gott panentheistisch als ein ewiges Sozialwesen erscheinen. Mit Hilfe pantheistischer Gedanken soll die klassische Tradition des Theismus einer konstruktiven Kritik

unterzogen werden, um daraus einen neoklassischen (dipolaren) Theismus zu gewinnen. Die Haltbarkeit dieser Position hängt dabei auch entscheidend von der Möglichkeit religiöser Verehrung dieses so gedachten Gottes ab.
So lautet seine Ausgangsfrage: Wie muß Gott beschrieben werden, damit Gott verehrungswürdig bleibt? "Unter Gott verstehen bzw. im Zusammenhang mit Religion erwarten wir nicht bloß ein höchstes oder vortrefflichstes Wesen, sondern ein vollkommenes"[445]. Diese Vollkommenheit darf nicht statisch als abgeschlossener Ist-Zustand verstanden werden, in dem alle Möglichkeiten bereits ihre Aktuierung gefunden hätten. Denn die Verwirklichung aller Möglichkeiten ist unmöglich, weil "Verwirklichung die Hinnahme einer Begrenzung bedeutet; sie erfordert eine Wahl zwischen unvereinbaren Werten, dies und deshalb nicht das oder das und deshalb nicht dies"[446]. Aktualität ist immer eine bestimmte Größe und quantitativ weniger als die Unendlichkeit aller Möglichkeiten. Vollkommenheit, auch diejenige Gottes, bedeutet deshalb grundsätzlich ein nicht abschließbares Geschehen. Gottes Potentialität und Aktualität sind nicht identisch. Er ist zwar unendlich darin, was er sein könnte, aber nicht darin, was er tatsächlich ist. Dies kennzeichnet seine Dipolarität als bleibende Wesensstruktur und ständiges Ereignis zugleich. Das Mögliche ist unendlich, allgemein, unbestimmt, indifferent, diffus, während das Verwirklichte eine bestimmte Gestalt gewonnen hat und so eine qualitative Steigerung bedeutet. Es wäre Idolatrie, Gott nur als den Unendlichen und Absoluten zu verehren.
Wenn Gottes Vollkommenheit nicht absolut, sondern als ein Werde-Prozeß zu begreifen ist, er aber andererseits als Vollkommener Gegenstand menschlicher Verehrung ist, muß zwischen ihm und dem ebenfalls nach Vollkommenheit strebenden Menschen ein prinzipieller Unterschied bestehen, denn Verehrung schließt die Möglichkeit von Gleichrangigkeit zwischen Verehrendem und Verehrtem aus. "'Gott' ist der Name für den einen, der von keinem denkbaren Wesen übertroffen werden kann außer von sich selbst"[447]. Demgegenüber kann der Mensch in seinem sozialen Umfeld von anderen übertroffen werden. Diese Möglichkeit muß bei Gott ausgeschlossen werden, weil Gott sonst einem anderen Wesen an Vollkommenheit unterlegen nicht mehr Gegenstand religiöser Verehrung sein könnte. Wenn also Gott von keinem anderen Wesen übertroffen werden kann, seine Vollkommenheit aber keinen absoluten, fixier-

ten Ist-Zustand darstellt, (weil es niemals die Verwirklichung aller Möglichkeiten, sondern nur durch Auswahl bestimmter Möglichkeiten geben kann,) dann ist es Gott selbst, der sich in einem ständigen Überstieg immer weiter vervollkommnet. "Wir wollen Vollkommenheit als eine solche Vortrefflichkeit verstehen, daß eine Gegnerschaft oder Überordnung anderer Individuen unmöglich ist, aber eine Selbstüberbietung (self-superiority) nicht unmöglich ist"[448]. Der Vollkommene "is the 'self-surpassing surpasser of all'"[449].

Nun geschieht diese Vervollkommnung nur in Verbindung mit der Welt. Gott soll nicht losgelöst von der Welt gedacht werden (gegen einen Theismus), aber auch nicht in einfacher Identität mit ihr (gegen einen Pantheismus). Um Gottes individuelle Selbstidentität bei gleichzeitig wesenhaftem Weltbezug zu bewahren, entwickelt HARTSHORNE die Lehre vom dipolaren Wesen Gottes. Er unterscheidet zwischen Gottes individuellem Wesen, seiner Personalität, und Gottes Aktualität, seiner konkreten Erfahrung[450]. "Da Gott aus der Sicht des neoklassischen Theismus jeder einzelnen Kreatur gegenüber unendlich verantwortlich ist, ist 'mein Gott' weit davon entfernt, mit dem Gott der Geschöpfe im allgemeinen oder gar mit dem Gott Abrahams identisch zu sein. Es ist dasselbe göttliche Individuum, aber nicht das Individuum im selben Zustand"[451].

Mit dem Begriff der individuellen Wesenheit Gottes soll die Weltverschiedenheit und -überlegenheit (und damit die bleibende Verehrbarkeit) Gottes gewahrt werden. "Die individuelle Wesenheit der Gottheit (was Gott zu Gott macht oder das Göttliche göttlich) ist von diesem All völlig unabhängig, da irgendein anderes mögliches All (...) mit dieser Wesenheit ebenso vereinbar wäre. In dieser Hinsicht transzendiert die göttlich-personale Wesenheit die faktische Wirklichkeit"[452].

Zugleich zeichnet sich Gottes Individualität analog zu der des Menschen durch die Fähigkeit zu Interaktion aus. Sein Wesen hat grundlegend die Gestalt eines Partners[453]. Er kann nur als ein Gegenüber gedacht werden. Sein Wesen ist Personalität. Doch um die Göttlichkeit der Individualität zu wahren, wird die Interaktion Gottes als raum-zeitlich entgrenzt und ohne Anfang und Ende gedacht. Die göttliche Relativität ist in Umfang und Reichweite von jeglicher Einschränkung völlig unabhängig[454]. Diese abstrakte Disposition Gottes, mit einer Welt in einen Dialog zu treten und dies auf eine allumfassende und ewig-dauernde Weise, zeigt Gottes urnatürliche Selbstidentität. Unter diesem (formalen) Gesichtspunkt der Personalität ist Gott unverursacht, ewig, absolut und unveränderlich[455].

Gottes unbedingte wesenhafte Zuwendung impliziert den Gedanken einer Beziehung Gottes zu einem notwendigen Gegenüber. Dieser Partner ist die Schöpfung im allgemeinen, d.h. nicht eine bestimmte. "In diesem Fall ist Gott wesenhaft 'Schöpfer' und unfähig nicht zu schaffen, obgleich er völlig frei ist, dieses oder jenes Geschöpf nicht zu schaffen"[456]. Diese Angewiesenheit Gottes auf eine Schöpfung findet im Bezug Gottes zu dieser konkreten Schöpfung ihre Erfüllung. Sonst bliebe Gott eine zeitlose Abstraktion.

Damit kommt der andere Aspekt der Dipolarität Gottes in den Blick: Gottes Aktualität. Sie bedeutet die Verkörperung der abstrakten Individualität Gottes in der Welt und damit die Erfahrung Gottes. Dabei ist es entscheidend, daß Gott nicht nur eingleisig an der Welt handelt, sondern im Sinne der Folgenatur WHITEHEADs in einer uneingeschränkten, gegenseitigen Handlungsbeziehung mit der Welt steht. Gottes Empfänglichkeit für die Welt ist unbegrenzt. "Alle Geschehnisse sind Geschehnisse in Gott, sie sind Bestandteile seiner Aktualität, und alle möglichen Geschehnisse sind als Möglichkeiten seine Bestandteile"[457]. Die Grundlage hierfür bietet die göttliche Selbstentscheidung, die einen grundsätzlich sozialen Charakter besitzt. Ihrzufolge gewinnt die Schöpfung das Privileg, mit ihren Entscheidungen Gott zu bewegen und dessen göttliches Leben in seinem aktualen Stadium zu prägen. Gott bindet sich an die Schöpfung, er begibt sich in eine "sympathetic dependence"[458].

Schließlich führt auch die Allwissenheit Gottes zur konkreten Interaktion mit der Welt, d.h. vor allem auch zur Teilnahme am Leiden. "Ich persönlich betrachte eine solche Teilnahme als eine aus jedem vernünftigen Begriff der Allwissenheit sich ergebende logische Forderung, da konkretes Wissen um das Leiden anderer... nur in konkreter Teilnahme an diesem Leiden bestehen kann"[459].

Als diese konkrete Wirklichkeit hat Gott eine Geschichte[460]. Er ist zutiefst veränderlich. "Es gibt jedoch verschiedene Arten von Veränderlichkeit. Gewöhnliche Individuen ändern sich durch Wachstum oder Rückgang oder verbleiben in ihrem Zustand; für Gott gibt es nur Wachstum[461]. Indem nun der Zuwachs an Wert und Wirklichkeit für die Aktualität sowie die konstitutive Erfahrung Gottes vom Lauf der Geschichte abhängen, bekommt die Welt den Rang eines unaufgebbaren Partners. "We are not simply co-creators, with God, of the world, but in last analysis co-creators, with him, of himself"[462].

Der Zielsinn der Lehre von der Dipolarität Gottes besteht darin, für den Lauf der Welt ein letztes Subjekt zu besitzen. Dieses Subjekt muß in einer Hinsicht mit sich identisch, in anderer Hinsicht aber zur Wandlung fähig sein. Gott ist aufgrund seiner Individualität als allbezüglicher Partner eines jeden möglichen Gegenübers von einem bestimmten Gegenüber unabhängig (Existentialität). Sein grundsätzlich soziales Wesen ist Gottes bleibende Selbstidentität. Unter dieser abstrakt-formalen Rücksicht ist Gott unveränderlich und bleibend mit sich identisch und kann so letztes Subjekt des kosmischen Werdens sein. Als ein solches Subjekt ist Gott dann zugleich auch ein Werdender. Denn seine personale Disposition drängt in eine konkrete Belebung durch den Dialog mit der Welt, so daß seine Aktualität eine wachsende Integration aller positiven Momente darstellt[463].

Nun stehen diese Aussagen von Gott als dem Subjekt des universalen Prozesses zu HARTSHORNEs Ausführungen über die Kreativität in einer gewissen Spannung, die nicht eindeutig zu lösen ist. Kreativität ist zunächst als eine universale Kategorie Merkmal jedes wirklichen Einzelwesens[464]. Aber sie hat auch eine zweite Bedeutung: "Ein gewöhnliches Geschöpf ist lediglich Teil der Kreativität (Creature)"[465]. Demnach bezeichnet "Creature" eine eigenständige Wirklichkeit, die sich gleichsam subjekthaft selbst vervollständigt. So übt die "Unsurpassable Creativity"[466] einen universalen Einfluß aus (der nach dem ontologischen Prinzip nur im Zusammenhang mit einem wirklichen Einzelwesen gedacht werden kann), der auf eine letzte Vollkommenheit ("Good") zielt, "welche sich im T i m a i o s nicht als bloße ewige Struktur oder Form darstellt, sondern als konkretes Leben eines beseelten Wesens, als Seele, die... den kosmischen Leib umfängt"[467]. Offen bleibt hier nun, ob Kreativität letztlich nur ein Synonym für Gott ist oder aber eine eigenständige, subjekthafte und sich vervollkommnende Wirklichkeit, der Gott untergeordnet wird.

bb) B.M.LOOMER

Dieser Vertreter der Prozeßtheologie unternimmt mit seiner Interpretation den Versuch, auf die Forderung einzugehen, daß Gott nicht außerhalb der Welt zu suchen sein müsse, sondern in den Erfahrungen innerhalb der Welt. Seine Gedanken werden von ihm selbst als neonaturalistisch bezeichnet.

Grundlage ist ein alles umspannender Naturbegriff. Geschichte steht Natur nicht gegenüber, sondern ist in ihr enthalten. Natur meint die erfahrene und die erfahrbare Welt. Außerhalb dieser Wirklichkeit gibt es keine noch zu realisierende Welt von Möglichkeiten, ebenso keine transzendenten Prinzipien. Damit kann auch Gott nicht grundsätzlich außerhalb dieses Horizonts angesiedelt werden. Vielmehr umfängt "Natur" auch ihn. "Sie enthält die ganze natürliche Ordnung und deren Kräfte, den Menschen zu erschaffen, zu erneuern und zu erlösen"[468].

Gott tritt in zweifacher Hinsicht in Erscheinung. Als die dem universalen Prozeß wesenseigene, inhärente Struktur ist er zunächst kein metaphysisch-subjekthaftes Wesen, sondern immanente Ordnung alles Werdens. Diese ist dann ethisch und religiös qualifiziert als Gottes Heilswille und selbstlose Liebe. In ihrer Gegebenheit ist diese Ordnung autonom, unveränderlich und unzweideutig.

Dieser Gedanke hat Konsequenzen für den christlichen Inkarnationsbegriff. Nach B.M.LOOMER gibt es keinen Zeitpunkt, an dem Gott nicht inkarniert gewesen wäre. "Aus der Sicht der Prozeß-Philosophie 'wurde' das Wort niemals Fleisch... Vielmehr trägt die Welt diese göttliche Ordnung und den schöpferischen Prozeß immer schon in sich"[469]. In diesem Sinn ist die christliche Inkarnationsaussage nur metaphorisch zu verstehen. Anstatt in der Lebensgeschichte eines Einzelnen inkarniert sich Gott in der Weltgeschichte, so daß Inkarnation letztlich Inkarnationsgeschichte meint. Diese so verstandene Inkarnation Gottes, die identisch ist mit dem Sich-Durchsetzen der "natürlichen" Ordnung, zeigt sich in der Christusoffenbarung in ihrer qualitativen Beschaffenheit. Es ist der Weg selbstloser Liebe, die sich hier als grundlegendes "Gesetz des Lebens"[470] zu erkennen gibt.

Der naturalistische Charakter von LOOMERs Konzeption liegt also darin, daß Gott überhaupt nur als existent gedacht wird, insofern er ein der Welt inhärentes Lebensprinzip verkörpert. Deshalb können die konkrete Weltwirklichkeit und deren immanente Ordnung höchstens begrifflich von einander getrennt, nicht aber als in ontischer Hinsicht geschieden betrachtet werden. Demzufolge kann Gott nicht nur als eine vom konkreten Prozeß der Welt untrennbare Grundstruktur begriffen werden, sondern als eine ebenso konkret erfahrbare Wirklichkeit. "Gott ist innerhalb der natürlichen Ordnung zu finden. Wie alles, was existiert, so ist auch Gott ein stoffliches Wesen, ein Prozeß mit einer sich durchhaltenden Gestalt, die seinen Charakter von dem anderer Prozesse unterscheidet"[471]. Gott ist unmittelbar, d.h. geradezu körperlich erfahrbar[472].

In diesem weltimmanenten Prozeß kommt die göttliche Wesenhaftigkeit der Liebe und des Erbarmens zu ihrer Verwirklichung, kommt Gott erst selbst zu sich. Dies geschieht ausschließlich in und mit der Welt, aber auch für die Welt, denn Gottes Liebe läßt eine isolierte Selbstverwirklichung Gottes nicht zu. "Gott kann sich nicht außerhalb der Vollendung seiner Geschöpfe verwirklichen. Gott und Welt sind wechselseitig von einander abhängig"[473].

Eine Transzendenz Gottes wird in diesem naturalistischen Konzept LOOMERs nicht völlig negiert. So gibt es wohl keine metaphysische, wohl aber eine religiös und ethisch begründete. Sie besteht in Gottes schöpferischer und aufopfernder Liebe. Aber sie wird anthropologisch bemessen. Gottes Transzendenz besteht darin, daß die göttliche Liebe vom Menschen weder erreicht noch gemindert werden kann. Ebenso wird auch Gottes Verborgenheit anthropologisch bemessen. Sie ist kein Wesensmoment Gottes, sondern ein faktisches Nichtsehen aufgrund der von der Sünde verursachten Blindheit des Menschen. "Gottes unerschöpflicher Reichtum an schöpferischer Macht und Güte ist derartig, daß das erkennende Bewußtsein des Menschen unvermögend ist gegenüber jener schöpferischen und gewaltigen Tiefe, mit der es konfrontiert ist"[474].

cc) J.B.COBB

J.B.COBB hat den Versuch unternommen, die Konzeption WHITEHEADs präzisierend zu interpretieren. Im Hinblick auf die Gestaltung des Gottesbegriffs votiert er dafür, die beiden Naturen Gottes zu einer mehr organischen Einheit zusammenzubinden, anstatt Gott nur als die Summe seiner beiden Naturen zu begreifen. Vor allem muß die Folgenatur für die Urnatur an funktionaler Bedeutung gewinnen. Beide Naturen dürfen nicht voneinander getrennt werden, sondern müssen als unterschiedliche Dimensionen eines gemeinsamen und entwicklungsfähigen Subjekts betrachtet werden. Statt des Begriffs von Gott als wirkliches Einzelwesen, der besonders im Zusammenhang mit der Urnatur Gottes disparate Abgeschlossenheit vermuten lassen könnte, bezeichnet COBB ihn als lebendige Person. "Eine lebendige Person ist eine Folge von Erfahrungsmomenten mit einer besonderen Kontinuität"[475]. Im folgenden sollen die Gründe für seine Annahme vor allem deshalb vorgestellt werden, weil sie den Werdecharakter Gottes noch einmal verdeutlichen.

Zum einen ergibt sich die Personalität Gottes aus dem einheitlichen Zusammenwirken der beiden Naturen Gottes. In seiner Urnatur ist Gott Träger der anstoßenden Zielgebungen einer Welt gegenüber, die sich in einem Prozeß ständiger Veränderung befindet. Die Frage, wie eine in sich unveränderliche Urnatur den wechselhaften Ereignissen in der Welt als Impulsgeber noch zu entsprechen vermag, löst COBB mit dem Hinweis auf Gottes Folgenatur. Diese bedeutet Gottes Fähigkeit, die Veränderungen in der Welt in sich aufzunehmen, und als solche stellt sie in der Einheit mit Gottes Urnatur gleichsam das Organ der Rückmeldung dar[476]. In diesem organischen Zusammenwirken der beiden Naturen agiert und re-agiert der eine Gott mit der Welt. Insofern ist er Person.

Zum zweiten führt auch die Annahme eines innergöttlichen Prozesses zum Personbegriff. Gott ist vor dem Erfassen eines Geschehnisses ein anderer als nachher. Zeit und Geschichte sind für Gott ebenso real wie für die zeitliche Welt. Somit kann er als eine unendliche Folge von Erfahrungen und Handlungen bei gleichzeitig bleibender Selbstidentität besser als Person denn als in sich abgeschlossenes Einzelwesen verstanden werden.

Zum dritten impliziert auch der Gedanke der Erfüllung (satisfaction) Gottes dessen Personalität. Für COBB besteht Erfüllung in der Vervollkommnung der Wesenheit[477]. Gibt es eine Erfüllung Gottes, dann wird damit ein Weg eingeräumt, auf dem sich Gott selbst bewegt und auf dem er seine Vervollkommnung vollzieht. In diesem Werden wird Gott als Person begriffen.

Daneben geht COBB auch der Frage nach, ob der Gott WHITEHEADs der den Kosmos kennzeichnenden Kreativität subordiniert wird. Eine letzte und eindeutige Zuordnung der beiden war bei diesem nicht zu finden. "Von Gott wird wie von einem Geschehen oder Geschöpf der Kreativität gesprochen. Das scheint zu bedeuten, daß Gott selbst, obwohl er einzelne Geschehnisse hervorbringt, von der Kreativität geschaffen sei"[478]. Eine Klärung der Frage im

Sinne WHITEHEADs versucht COBB dadurch, daß er der Bedeutung des ontologischen Prinzips nachgeht. Demnach kann ein aktuales Einzelwesen ursächlich nur in einem anderen Einzelwesen gründen, so daß beide den gleichen ontologischen Status teilen. Die Kreativität besitzt diesen ontologischen Status des wirklichen Einzelwesen nicht. COBB bezeichnet sie als ens rationis. "Kreativität ist die Aktualität jedes aktualen Einzelwesens"[479]. Sie ist selbst weder konkret noch aktual. So kann ihr auch die Funktion der aristotelischen Materialursache nicht zukommen. "Wenn im Sinne Whiteheads die Frage gestellt wird, warum Dinge überhaupt sind, dann muß die Antwort zugunsten der aktualen Wesenheiten gegeben werden"[480]. Jede neue Aktualität verdankt sich einer mitgeteilten Impulsgebung. Da WHITEHEAD diese Funktion Gott zuordnet, muß Gott -mehr als es der Autor selbst tut- als die Ursache dafür angesehen werden, daß überhaupt etwas ist[481]. Das führt COBB schließlich zu der Erkenntnis, daß es ein Mißverständnis ist, wenn Gott der Kreativität (als einem vermeintlichen Prinzip) untergeordnet wird. Statt dessen stellt Gott selbst eine schöpferisch wirksame Einheit dar, so daß er nicht Funktion, sondern Verkörperung[482] der Kreativität ist.
Schließlich muß noch auf den Gedanken der kreativen Transformation hingewiesen werden, weil er die Inkarnationsaussage WHITEHEADs erweitert. Prozeßtheologisch wird allgemein angenommen, daß Gott in Form seiner anstoßenden Zielgebung immer schon in der Welt anwesend und inkarniert ist. COBB identifiziert die so in der Welt anwesende Urnatur Gottes mit dem Logos. Dieser ist als inkarnierter der Christus. Er bewirkt durch neue Impulse nicht nur einen blind nach vorne gerichteten Steigerungs- und Expansionsprozeß, sondern vermittelt auch ein integratives Potential. Dieses trägt dem Umstand Rechnung, daß mit der Entstehung eines neuen Ereignisses zwar Komplexität und Intensität, aber damit auch die Gefahr der Dissonanz zunimmt. So ergänzt COBB den Fortschrittsgedanken durch den der Integration. Dissonante Elemente bilden einen miteinander unverträglichen Gegensatz, der Harmonie als Voraussetzung von Glück und Vollkommenheit zunichte macht. An diese disharmonische Aktualität vermittelt der Logos ein umgreifendes "pattern", in welches die dissonanten Elemente eingefügt werden können "und zwar in einer solchen Weise, daß der Gegensatz zwischen ihnen zur größeren Intensität des Ganzen"[483] beiträgt. Der von der Welt unableit-

bare neue Kontext gestaltet die Destruktivität der sich ausschließenden Elemente zu "wirkungsvollen Gegensätzen"[484] um. Auf welche Weise das geschieht, wird nur negativ beschrieben. Das von der kreativen Transformation gewährte "Wachstum ändert Natur und Bedeutung der Elemente, ohne sie zu unterdrücken oder zu zerstören"[485]. Wenngleich auch diese Umgestaltung in ihrer konkret gewordenen Gestalt in der Welt als Christus (-ereignis) bezeichnet wird, muß die Frage, ob COBB ihre Wirkungsweise positiv etwa im Sinne einer Kreuzestheologie denkt, völlig offen bleiben.

dd) S.M.ODGEN

Der prozeßtheologische Beitrag S.M.ODGENs ist durch den Versuch entstanden, die existentiale Interpretation der christlichen Tradition durch R.BULTMANN (von HEIDEGGER herkommend) mit der theistischen Position Ch.HARTSHORNEs zu verbinden[486].

Als Ergänzung zu dem bisher Gesagten werden ODGENs Gedanken über Gottes Verhältnis zur Geschichte vorgetragen. Denn sie stellen eine Präzisierung jenes Gemeinten dar, das bei den meisten Prozeßtheologen -mit Ausnahme der neonaturalistischen Interpretation- implizit enthalten ist: daß Gottes Aktualität nicht pantheistisch als mit dem geschichtlichen Lauf der Welt identisch gedacht werden darf.

Gott steht zur Welt im gleichen Verhältnis wie das menschliche Selbst zu seinem Leib. In beiden Fällen besteht eine Wechselwirkung. Das eminente Selbst Gottes konstituiert sich in seinem welthaften Handeln, indem es sich mitteilt und bereichern läßt. Hier stellt ODGEN die Frage, welchen Sinn die Aussage "Gott handelt in der Geschichte" habe. Unter konsequenter Beachtung seiner Analogie kommt er zu dem Ergebnis, "daß Gottes Handeln in seinem fundamentalen Sinne überhaupt kein Handeln in der Geschichte ist"[487]. Denn so wenig, wie das menschliche Selbst mit seinen körperlichen Aktionen und Zuständen gleichgesetzt werden kann, so "kann auch Gottes des Erlösers Handeln nicht einfach mit einem besonderen geschichtlichen Ereignis oder mit Ereignissen identifiziert werden"[488]. Überdies zeichnet sich der Akt Gottes, wodurch er seine essentielle Struktur verwirklicht, indem er allen Geschöpfen liebend antwortet, dadurch aus, daß dieser "die Welt als letzte Folgerung der Welt transzendiert"[489].

Die Konsequenz davon, daß Gott in diesem Sinn nicht in der Geschichte handelt, ist aber keine Geschichtslosigkeit Gottes,

sondern seine "eminente Geschichtlichkeit"[490], die mit der gewöhnlichen Geschichtlichkeit des Menschen nicht verwechselt werden darf.
Unter zwei Rücksichten kann dann dennoch von einem Geschichtshandeln Gottes gesprochen werden. Zum einen stellen die Geschöpfe und deren Akte gemäß der Beziehung von Selbst und Leib "in gewissem Grade"[491] doch auch Gottes Akte dar. Zum anderen ist Gott in der Geschichte gegenwärtig, indem er vom Menschen re-präsentiert wird. Denn als das geschöpfliche Wesen, das seine Existenz verstehen und ihren Sinn in Wort und Tat symbolisch ausdrücken kann, vergegenwärtigt er das Göttliche. Wo in menschlichen Akten zum Ausdruck kommt, "daß wir durch Gottes Liebe erschaffen und erlöst sind, und daß wir unser wahres Leben verwirklichen, wenn wir uns ihm grundsätzlich anheimgeben"[492], handelt Gott in der Geschichte. Man kann sogar sagen, "das Handeln des Menschen i s t Gottes Handeln"[493], weil sich Gott darin konstituiert.

c) Zusammenfassung

Die Prozeßtheologie[494] ist ihrem Wesen nach eine philosophische Gotteslehre. Ihr Ansatzpunkt liegt nicht in der geschichtlichen Selbstoffenbarung Gottes, sondern in der analysierenden Erkenntnis diesseitiger Wirklichkeit, sei es in der Anlehnung an eine Evolutionstheorie organismusphilosophisch (WHITEHEAD) bzw. naturalistisch (LOOMER) oder personologisch-existentialphilosophisch (HARTSHORNE, COBB, ODGEN). Diese Weltwirklichkeit wird nach dem Analogieprinzip auf Gott übertragen. Die Organismusphilosophie ist eine Theorie der Welt, die Gott als notwendiges Prinzip der Konkretion braucht, um den Fortgang des universalen Prozesses zu begründen. Eine Funktionalität Gottes als solche findet sich auch in der Prozeßtheologie. Für sie existiert kein Gott "an sich". "Die Prozeßtheologie ist... einer der am weitesten verbreiteten Versuche..., die Bedeutsamkeit der Wirklichkeit Gottes für das menschliche Dasein festzuhalten"[495]. Gott "ist" nur als der an der Welt Handelnde. In der aktualen Handlungsbeziehung mit der Welt konkretisiert Gott sein abstraktes Wesen. Die metaphysischen Wesensaussagen der Tradition (Absolutheit, Ewigkeit, Unveränderlichkeit, Aseität) werden einerseits formalisierend auf Gottes Urnatur (WHITEHEAD), seine urnatürliche Personalität (HARTSHORNE) bzw. seine Existentialität (ODGEN), andererseits auf die Art und Weise seines aktualen Handelns bezogen.

Der Weltbezug Gottes kann im wesentlichen unter zwei Gesichtspunkten betrachtet werden, dem der Schöpfung und der Inkarnation.

Schöpfung führt eine Koexistenz mit Gott. Als Gottes Gegenüber besteht sie mit Notwendigkeit, was eine prinzipielle Nebenordnung[496] bedeutet. Insofern stellt Schöpfung für den ausgefallenen trinitarischen Selbstbezug Gottes einen Ersatz dar. Sie ist Möglichkeitsbedingung, Ort und Mittel der göttlichen Selbstverwirklichung. Daneben hat Schöpfung noch einen zweiten Sinn. Demzufolge wird sie als alle Wirklichkeit umgreifender Prozeß verstanden, in dem Gott und Welt nur funktionale Teile sind. Gegenüber dieser Auffassung wird man M.WELKER zustimmen müssen, wenn er Gott in unzulässiger Weise in die Welt hineingenommen sieht und eine Verwechslung von Gott und Himmel feststellt[497]. Diese Tendenzen einer Einordnung Gottes in die "Schöpfung" müssen zu der kritischen Anfrage führen, ob nicht besser dieser universale Schöpfungsprozeß dann Gott genannt wird als jenes Subjekt, das zwar gottähnliche Züge trägt, aber letztlich den Gesetzen eben jenes Schöpfungsprozesses unterworfen ist[498].
In diesem grundsätzlichen Zusammenhang verliert auch der christliche Inkarnationsgedanke seine theologische Schärfe. Der Begriff der Menschwerdung Gottes hat vor allem metaphorischen Charakter, denn er besagt, daß Gott als anstoßende Zielgebung, Lebens- und Strukturgesetz bzw. als Logos schon immer in der Welt inkarniert ist. In allen Fällen ist die Art der Anwesenheit Gottes in der Geschichte nur identisch mit der der Anwesenheit einer Ursache in ihrer Wirkung. Dort, wo Inkarnation christologisch verstanden wird, verbleibt sie entweder als kreative Transformation im "Sog einer alle Bestimmtheit auflösenden Wachstumsideologie"[499] oder auf der Ebene prophetischen Bewußtseins. Es lassen sich damit sowohl eine Universalisierung als auch eine gleichzeitige Verflachung des Inkarnationsgedankens beobachten. Denn zum einen wird die Einmaligkeit und zum anderen die qualitative Andersartigkeit der göttlichen Anwesenheit in der Geschichte Jesu Christi außer acht gelassen. Die göttliche Identität des Menschgewordenen und der kenotische Aspekt bleiben als letzte und alles entscheidende Sinntiefe des Inkarnationsgedanken unerreicht.

Für unsere Fragestellung kann festgehalten werden: Die Prozeßtheologie spricht von Gottes "Unveränderlichkeit" nur hinsichtlich seiner abstrakt-formalen Wesenheit. Im übrigen betont sie, daß Gott in Relation mit der Welt in einem ständigen Prozeß der Konkretion und Aktualisierung steht. Gott "hat" nicht eine Geschichte, er "ist" Geschichte.

3) Gott-ist-tot-Theologie

Die Gott-ist-tot-Theologie[500] oder radikale Theologie ist eine Strömung, die unterschiedliche gedankliche Akzentuierungen vereint. Ihnen allen gemeinsam ist die Bemühung, der Aufforderung D.BONHOEFFERs nachzukommen, die Kluft zwischen Profanität und Sakralität wieder zu schließen. Da eine Glaubensneugestaltung im Rahmen einer orthodoxen Tradition allgemein für aussichtslos angesehen wird, beschreitet sie einen Weg, der angesichts der profanen, diesseitig orientierten Haltung des modernen Menschen von einer Kritik an der traditionellen Sprache der Verkündigung (P.v.BUREN) bis zum Gedanken der völligen Abwesenheit und des Todes Gottes führt[501]. Die hier zum Ausdruck kommende und allen traditionskritischen Äußerungen explizit oder implizit zugrunde liegende theologische Wesensspekulation wurde im Anschluß an W.BLAKE, F.NIETZSCHE und G.W.F.HEGEL vor allem von Th.J.J.ALTIZER[502] und W.HAMILTON[503] entwickelt.

a) Die Weltsituation

Geschichte und Welt sind im Urteil der Gott-ist-tot-Theologie heute schon längst zu dem geworden, was im vergangenen Jahrhundert NIETZSCHEs "toller Mensch" lauthals verkündet hatte. Die Welt hat sich von einer theonomen Herrschaft befreit und ist zu einer profanen Weltlichkeit geworden. Doch nicht nur die allerletzte Konsequenz aufklärerischer Subjektivität hat profane Gottlosigkeit hervorgebracht, sondern auch individuelle und kollektive Leiderfahrungen, wie sie in einem unüberschaubaren Maß in den beiden Weltkriegen unseres Jahrhunderts gemacht worden sind, haben den Glauben an einen liebenden Gott zum Erliegen gebracht.

Die Gestalt dieses kurzen Zeitraums der Geschichte bringt nach ALTIZER in grundsätzlicher Weise die Gestalt von Geschichte überhaupt zum Ausdruck. Geschichte ist sündige Geschichte, denn sie ist Folge des Sündenfalls und setzt mit der Vertreibung Adams aus dem Paradies ein. "In dem Moment, wo die Geschichte in ihrer völlig profanen Gestalt wahrhaft offenbar geworden ist, sind ein urspüngliches Paradies und ein uranfängliches Heiliges für immer verloren"[504]. Im Zeitalter der Entmythologisierung verbietet sich so für den Christen jeder gnostisch-religiöse, weltflüchtige Rückzug aus der Geschichte. Die hinter uns liegenden

Paradiese sind für immer verloren. Heil kann nicht in einer Kehrtwende der Geschichte liegen. Was bleibt, ist eine Realität, die nicht als Gegenwart Gottes verstanden werden kann und eine Welt, die nicht länger mehr Gottes Schöpfung ist[505].
Das ist die Weltsituation. Hier entscheiden sich Möglichkeit und Gestalt theologischer Rede. Innerhalb der christlichen Tradition, so wird argumentiert, bilden Welt und Gott entweder einen unversöhnlichen Gegensatz, so daß Gottes Heiligkeit und Transzendenz der profanen und sündigen Welthaftigkeit gegenüberstehen. Dann kann Gott mit der Geschichte keinerlei Verbindung haben. Oder aber der Glaube bekennt ein Handeln Gottes an und in der Geschichte, wobei der Vorbehalt gegen eine letzte Fleischwerdung mit Hilfe der Aussage einer unverletzten Transzendenz Gottes aufrecht erhalten wird. In jedem Fall denkt eine solche Theologie undialektisch. Entsprechend dieser ihrer eigenen Logik haben undialektische Prägungen des Christentums "auf diese oder jene Weise stets eine Kluft errichtet zwischen der wesentlichen oder vollkommenen Wirklichkeit Gottes und seinen Heilstaten"[506].

Die Ungenügsamkeit der traditionellen Theologie bedeutet aber noch keine Hinfälligkeit des christlichen Glaubens. Wenn der Glaube aufhört, religiös und undialektisch zu sein, d.h. die nach rückwärts gerichtete Verehrung des teilnahmslos Transzendent-Heiligen aufgibt und zum eschatologischen Glauben wird, der sich in der gottlosen Gegenwart für das kommende Gottesreich einsetzt, dann ist Gott plötzlich mitten in unserer Geschichte. Dieser Gott ist kein transzendenter Gott mehr. Die radikale Theologie bringt hier ihre entscheidende Korrektur am traditionellen Gottesbild an. Sie versucht damit, einer geschichtlichen Situation des Glaubens Rechnung zu tragen. "Die Erfahrungen vieler Menschen unserer Zeit haben gezeigt, daß der absolute und allmächtige Gott der Tradition ein Gott ist, der nicht recht erfahrbar ist und kaum eine Begegnung zuläßt"[507].
Deshalb wird diesem Gott der Tradition der Abschied gegeben. Was die radikale Theologie diesem Gott entgegenzusetzen hat, ist nichts Geringeres als die Ungeheuerlichkeit des Todes Gottes. Dieser ist es, der innerhalb der Geschichte dem Menschen eine Begegnung mit Gott erschließt[508].

b) Das entsprechende Gottesbild

Um dem Dilemma einer unüberwindbaren Kluft zwischen Gottes Heiligkeit und Transzendenz und der Profanität der Welt zu entgehen, konzentriert sich die Gott-ist-tot-Theologie auf den Inkarnationsgedanken und radikalisiert ihn im Sinne der Kenosis. Gott geht tatsächlich in die Geschichte ein. Damit dies möglich wird ohne eine Aufspaltung in Gottes wesenhafte und vollkommene Wirklichkeit (Transzendenz) einerseits und Gottes Heilshandeln (Immanenz) andererseits, wird die Kenosis als bedingungslose Selbstverneinung des transzendenten, uranfänglichen Gottes verstanden. Alles, was Gott noch ist, ist er nicht mehr außerhalb seiner geschichtlichen Immanenz, sondern in der Gestalt des Fleischgewordenen. So ist durch Gott selbst der unendlich qualitative Unterschied zwischen Gott und Mensch überwunden, der dort aufbrach, wo Gott als allmächtiger Souverän in Erscheinung trat und aufhörte, der Heiland des Menschen zu sein. Dieser Gott, "dessen eigentliche Wirklichkeit und Macht den Menschengeist zermalmt, ist ein von seinem eigenen Erlösersein entfremdeter Gott"[509].

Der Tod Gottes ist in seiner eigentlichen Bedeutung nicht erfaßt, wenn er als bloße Gottesfinsternis oder als Rückzug aus der Geschichte verharmlost wird. "Der radikale Christ verkündet, daß Gott tatsächlich in Christus gestorben ist und daß das sowohl ein geschichtliches wie auch kosmisches Ereignis und als solches endgültig und unwiderruflich ist"[510]. Hiermit schließt sich der Kreis. Auf die Erfahrung der Gottlosigkeit in der Welt reagiert diese Theologie, indem sie das erhellt, was der Grund aller Gottlosigkeit ist: "Weit davon entfernt, die leere und haltlose Existenz des modernen Menschen als das Produkt des Unglaubens zu betrachten, erkennt der radikale Christ die geistige Leere unserer Zeit als die geschichtliche Verwirklichung von Gottes Selbstvernichtung"[511]. In einer Zeit des Todes Gottes seinen Namen auszusprechen, wird von dieser Theologie geradezu für Blasphemie gehalten. "Wir lassen Gott nicht Gott sein, wenn wir seinen Namen in seiner Abwesenheit aussprechen"[512].

Fleischwerdung als radikale Selbstentleerung bringt zahlreiche theologische Konsequenzen mit sich. So kann Inkarnation nicht länger mehr undialektisch als gradlinige Ausdehnung eines transzendenten Gottes in den Bereich der Geschichte und der nachösterliche Jesus nicht als erhöhter Herr, Sohn Gottes oder kosmischer Logos verstanden werden. Denn damit bliebe die Fleischwerdung des Wortes nur eine Episode. Jesus bleibt die geschichtliche Selbstverneinung Gottes. Und so korrigiert er auch den menschlichen Gottesbegriff, weil er selbst eine Wesenskorrektur darstellt. Seitdem ist der verneinte Gott im Anschluß an W.BLAKE als Satan[513] entlarvt. Dieser ist der lebensfeindliche Gott, "der unendlich menschenfern ist, in seiner transzendenten Majestät dem Menschen gegenübersteht und vor dem der Mensch zu einer elenden Existenz von Schuld und Grauen degradiert ist"[514].

Die Vorstellung vom Tode Gottes ist der Schnittpunkt einer heilsökonomischen und einer theologischen Wesensaussage[515]. Er bildet die wiederhergestellte Einheit von Gottes Heilshandeln und seinem Selbstsein. Gott ist überhaupt nur er selbst, wenn er als der Heiland existiert, d.h. als der sich in der Fleischwerdung ganz und gar Verneinende.

c) Spekulative Entfaltung

Angesichts des Todes Gottes als Selbstverneinung des Heiligen und Transzendenten ist Theologie nur noch dort möglich, wo sie den ins Auge faßt, der diesen selbstverneinenden Vollzug verkörpert. Radikale Theologie orientiert sich einzig und allein an Jesus. "Wenn es neben Jesus eine Gottheit gibt, so ist es eine Gestalt der Gottheit, die Jesus als der leidende Herr korrigiert, zerstört, umgestaltet. In Jesus dem Herrn erkennen wir erstmalig, was im christlichen Sinn unter 'Gottheit' zu verstehen ist: es ist Gott, der sich allen Forderungen nach Macht, Autorität und Herrschaft entzieht und sich darauf einläßt, selbst das Opfer und der Leidtragende all dessen zu werden, was die Welt zu begehen vermag"[516].

Mit der irdischen Existenz Jesu ereignet sich der Beginn des Todes Gottes. Er ist somit nicht ein bereits im Rahmen der Geschichte abgeschlossenes Ereignis, sondern ein Prozeß, der nur innerhalb der Geschichte seinen Anfang findet. In diesem Christusgeschehen kommt es zu einer Metamorphose[517] Gottes. "Der in Welt und Geschichte handelnde Gott ist ein Gott, der sich verneint und allmählich, aber endgültig seine eigene ursprüngliche Totalität vernichtet"[518]. Weil er seine Heiligkeit und Transzendenz aufgibt, hat er aufgehört, der unveränderliche und teilnahmslose Gott zu sein. Dieses ursprüngliche Sein bleibt als "Leichnam"[519] Gottes "in einer leeren und leblosen Form"[520] zurück.

Gottes Selbstverneinung ist ein autonomes Geschehen. Gott veranlaßt sich selbst dazu. "Denn der allmächtige Schöpfer, der Christus wurde, ist bereits in seinem ursprünglichen Handeln und seiner ursprünglichen Epiphanie der Gott, der einer Entäußerung seiner Herrschermacht fähig ist"[521]. Ohne den immanenten Vollzug dieser göttlichen Möglichkeit könnte sich Inkarnation gar nicht vollziehen[522].

Damit die geschichtliche Existenz Jesu als die Kenosis Gottes tatsächlich in diesem radikalen, "tödlichen" Sinn verstanden werden kann, macht die Gott-ist-tot-Theologie eine entscheidende Voraussetzung. Sie führt zwischen Jesus von Nazareth und dem sich seiner ursprünglichen Gottheit entleerenden Gott eine völlige Realidentität ein. "Gott i s t Jesus"[523]. Das bedeutet unleich mehr als bloße Offenbarungseinheit, bei der sich im Geschichtlichen der abbildet, der doch immer der Übergeschichtliche bleibt. Jesus ist daher im strengen Sinn kein Offenbarer, weil damit eine ontische Differenz gegenüber dem Geoffenbarten suggeriert wird. Radikale Theologie setzt Offenbarung und Selbstentleerung Gottes gleich. Deshalb definiert Jesus nicht nur Gottes Gestalt, sondern ist diese Gestalt selbst. Außerhalb dieser gibt es keinen Gott. Der transzendente Schöpfergott, den frühere Epochen der Geschichte verehrt haben, ist heute nur durch das dialektische Erkenntnisvermögen noch erkennbar. Seit Jesus ist dieser Gott tot.

Dieser Tod hat mit dem Tod auf Golgatha seinen Ort in der Geschichte. Doch ist mit diesem Tod weit mehr als die bloße Negation göttlicher Urfülle geschehen. Er ist auch mehr als die letzte Stufe jenes Prozesses, in dem das Wort nun völlig und restlos Fleisch geworden ist. Weil Jesus für den Nächsten und für den Gegner seine eigene Existenz aufs Spiel gesetzt hat, hat er damit recht eigentlich den Tod Gottes dialektisch als Wandlung Gottes begründet. Denn wie bereits oben erwähnt, löst sich Gott im Kreuz von seiner transzendenten Heiligkeit, die als Selbstentfremdung und Unterdrückung begriffen wird. Das Kreuz ist die Negation aller Negation. Es muß "als ein negativer, jedes fremde Gegenüber umkehrender und alle Negationen negierender Prozeß verstanden werden"[524]. Mit der Beseitigung der selbstentfremdenden Teilnahmslosigkeit Gottes ist auch die Grundlage für das Heil der Welt gelegt. Denn durch die Realidentität von Jesus und Gott ist Gottes Nähe zur Welt auf unüberbietbare Weise verwirklicht.

Wenn die konkrete geschichtliche Gestalt Jesus von Nazareth das Sein und den Ort Gottes darstellt, dann ist mit dieser ausschließlichen Lozierung in der Geschichte auch der Bezug Gottes zum Leiden radikalisiert. Denn mit der kenotischen Existenz Jesu hat sich Gott dem Leid völlig ausgeliefert. Der Verzicht auf Transzendenz und Allmacht läßt Gott dem Leiden völlig unterlegen sein. Dann aber liegt die Frage auf der Hand, ob derjenige, der auf diese Weise ein Opfer menschlicher Tötung wird, tatsächlich auch noch Gott genannt werden kann[525]. Eine Abschwächung der Leidensaussage kann das Problem nicht lösen. "Wenn von Jesus gesagt wird, daß er uns mit Gott konfrontiere, muß ein Leiden Gottes angenommen werden"[526]. Ebenso wird die Lösung einer Aufteilung in einen leidenden Sohn und einen über allem Leid erhabenen Vater verworfen. Statt dessen bietet sich eine Lösung der Schwierigkeiten nur in einem eschatologischen Zusammenhang an. "In dieser Welt... erkennen wir das Leiden Gottes in Jesus dem Herrn. Jesu Herrschaft ist jetzt eine Herrschaft des Kreuzes. In der kommenden Welt wird die Leidensherrschaft zu Ende sein, wird Gottes Leiden aufhören und wir werden ihn als Sieger erkennen"[527]. Radikale Theologie kennt eine Unterscheidung zwischen der Leidensherrschaft des Gekreuzigten und der Siegerherrschaft des endzeitlichen Christus. Beide stehen in einem deutlichen Verhältnis des zeitlichen Nacheinanders[528]. Und wenn der endgültige Sieg Gottes über die lebensfeindlichen Mächte einer Endzeit vorbehalten sind, dann hat auch die Auferstehungsaussage ihren alten, traditionellen Sinn verloren. Hierzu führt HAMILTON in einer Fußnote aus, daß Jesu Auferstehung die Anwesenheit des Gekreuzigten in der Geschichte zum Ausdruck bringen soll[529].

Damit ist ein weiteres Element der Gottesvorstellung berührt. Der Gedanke der Erhöhung und Himmelfahrt wird in seiner klassischen Bedeutung abgelehnt und geradezu umgekehrt. Wie bereits oben erwähnt, verneint die Gott-ist-tot-Theologie die Vorstellung, daß die kenotische Bewegung Gottes durch eine Rückkehr des fleischgewordenen Wortes in die Transzendenz Gottes beendet sein könnte. Statt dessen "könnten wir sagen, radikaler Glaube transponiere die herkömmliche Vision der Auferstehung in eine zeitgenössische Vision der Höllenfahrt: der gekreuzigte Christus fährt nicht gen Himmel, sondern steigt immer tiefer ins Dunkel und ins Fleisch hinab"[530]. So findet nun die Identifizierung Gottes mit der Existenz Jesu von Nazareth in der Identifizierung Gottes mit dem geschichtsimmanent werdenden Christus ihre Fortsetzung. Was sich damit anschließt, ist der "Gang Gottes in der Geschichte"[531].

Wie oben schon erwähnt, stellt die Kreuzigung als Höhepunkt kenotischer Existenz die Umkehrung aller lebensfeindlicher Mächte dar, weil sie deren transzendenten Urgrund -Gottes Urheiligkeit- vernichtet. Dieser Prozeß hat in Christus triumphiert und ist "in seiner letztgültigen Form durch Fleischwerdung und Kreuzigung in die Wege geleitet"[532]. Aber er ist noch nicht abgeschlossen. Gottes Selbstverneinung bedarf noch der Auszeugung in der Geschichte. "Satan muß vollkommen und umfassend in seiner apokalyptischen Form als lebloser Überrest von Gottes Selbstvernichtung zutage treten"[533] und so in die Totalität aller Erfahrungen der Geschichte eingehen. Erst dann ist auch das Heil der Welt vollendet.

Geschichte wird so zum "fleischgewordenen Gottesleib"[534]. Als fortgeführte kenotische Existenz nimmt die Selbstverneinung Gottes ihren Fortgang in der Geschichte bis zu ihrem Ende. Gott entfaltet sich, indem er in einer bereits bestehenden Äußerung zu handeln und zu existieren aufhört. Er darf nicht undialektisch mit einer seiner geschichtlichen Manifestationen identifiziert werden[535]. So lassen sich auch die widersprüchlichen Gottesvorstellungen der Bibel verstehen. In einer fortgesetzten Selbstverneinung entfernt sich Gott zusehends von seinem ursprünglichen, heiligen und transzendenten Sein. Offenbarung ist somit eine geschichtliche Bewegung von einem Anfang zu einem Ende, "eine wirkliche Vorwärtsbewegung vom Ursein Gottes zu dem Gott, der zuletzt alles in allem wird"[536]. Gottes allmählicher "Zerfall" und das Kommen des Gottesreiches Christi wachsen in gleichem Maß. Denn sie sind nur die beiden unterschiedlichen Perspektiven ein und desselben Prozesses. Geschichte als der fleischgewordene Gottesleib steht dabei der Aussage von der Welthaftigkeit und Gottlosigkeit der Schöpfung nicht entgegen, sondern entspricht ihr vielmehr. Denn Profanität ist in ihrer radikalsten Gestalt Vollendung der Abstiegsbewegung des Heiligen. Sie ist gleichsam das Medium göttlicher Selbstverneinung. In diesem Zusammenhang wird sogar von einer "dämmernden Macht der profanen Wirklichkeit"[537] gesprochen.

Ihre Vollendung findet die geschichtliche Vorwärtsbewegung, bei der der Mensch eine mittragende Funktion erfüllt[538], in einer eschatologischen coincidentia oppositorum[539]. Damit ist eine Realität gemeint, in der das Wort völlig Fleisch und das Fleisch völlig Wort geworden ist. Beide haben zu einer neuen, gemeinsa-

men Identität gefunden. Der Gegensatz Gott-Welt ist verschwunden. Die Unableitbarkeit und unfaßbare Neuheit lassen das Ende als "ontological scandal"[540] erscheinen.
Für Gott bedeutet dieser eschatologische Prozeß zunehmende Selbstverwirklichung. Im Sinne HEGELs, wonach das Selbst sich nur in seiner eigentlichen Andersheit erkennt, ist Gott nur Gott als eine zum Ende gekommene Bewegung. "Gott verwirklicht sich, indem er seine ursprünglichen oder gegebenen Äußerungsweisen verneint"[541]. Trinitarisch bedeutet erst die Beseitigung des Gegensatzes von Vater und Sohn volle göttliche Identität. Dies alles zeigt an, daß Gott kein existierendes Wesen im Sinne unveränderlicher Substanz oder Wesenheit ist, sondern ein dialektischer Prozeß ist. Damit stellt sich am Ende die entscheidende Frage nach Gottes bleibender Identität. Oder hat sich mit dem Gedanken der Selbstentleerung Gottes diese Frage schon selbst beantwortet? Bevor hier eine Antwort gegeben werden kann, muß der Begriff der Identität abgeklärt werden. Er meint zunächst nicht einfach inhaltliche Selbigkeit. Gerade dies ist ja die Grundaussage radikaler Theologie, daß Gott seinem ursprünglichen Sein nach nicht der bleibt, der er als Schöpfergott war. Die Kenosis Gottes ist Verneinung der göttlichen Wesenszüge, die inhaltlich durch Heiligkeit, Teilnahmslosigkeit und Transzendenz bestimmt sind. Es wurde schon mehrfach darauf hingewiesen, daß diese Wesenhaftigkeit zugleich eine Entfremdung Gottes von sich selber darstellt. Demnach muß Gott auch in diesem Zustand noch ein Moment umfassen, das einerseits diesen Zustand überhaupt erst einmal als Selbstentfremdung markiert und das dafür sorgt, daß der kenotische Prozeß in Gang kommt. Denn ohne dieses Moment müßten Urheiligkeit und Transzendenz mit Gottes Wesen völlig identisch sein. Dann wäre Gott im Sinne radikaler Theologie niemals Fleisch geworden, sondern in Ewigkeit der Unveränderliche geblieben. Aber Gott ist Mensch geworden. Damit wird erneut auf jenes Moment hingewiesen. Denn es setzt jene Bewegung in die Geschichte frei, die das Gefälle in Gott als seine Kenosis zum konkreten Vollzug bringt. Wenngleich dieses Moment inhaltlich nicht näher bestimmt ist, so läßt es sich doch in unmittelbaren Zusammenhang stellen mit der oben angesprochenen ursprünglichen Fähigkeit Gottes, sich seiner Herrschermacht zu entäußern[542]. Die Behauptung, "Gott ist ein sich vorwärts bewegender Prozeß kenotischer Metamorphose, der auch im Durchgang durch die abso-

lute Selbstverneinung er selbst bleibt"[543], könnte dann in dem Sinne verstanden werden, daß das Selbstbleiben Gottes in der Kontinuität jenes gottimmanenten Moments begründet ist, welches sich als die Fähigkeit zur Selbstverneinung zeigt. Das Ende der kenotischen Bewegung bringt für Gott die volle Realisierung dessen, was jenes immanente Moment in einer unrealisierten Form immer schon beinhaltet hat. Wird Gottes Identität aber im Sinne inhaltlicher Wesenszüge verstanden, dann steht Kenosis für den Prozeß, in dem Gott seine Identität in Gestalt der Herrschaft Christi erst noch findet.

d) Zusammenfassung

Radikale Theologie ist ganz und gar Kenosistheologie. Die Selbstentäußerung trifft den allmächtigen Schöpfergott und entkleidet ihn all seiner Hoheit und Heiligkeit. Sie ist ein ständiger Geschichtsprozeß, der seinen Ausgang in der Existenz Jesu genommen hat. Jede geschichtliche Äußerung seiner Entäußerung findet in der nächst folgenden ihre dialektische Überholung.

Dieser Prozeß hat für Gott wesenskonstitutive und für die Welt heilskonstitutive Bedeutung. Die Gedanken, Geschichte als verlängerten Sündenfall und Kenosis Gottes als völlige Selbstaufgabe zu begreifen, entsprechen und bedingen sich gegenseitig. Eine gänzlich gefallene Schöpfung kann nur noch erreicht werden, wenn sich Gott auch gänzlich seiner Erhabenheit entäußert. Und wenn umgekehrt Gott angesichts der Verlorenheit und Hilflosigkeit der Welt bleiben und kein lebensfernes, transzendentes Monstrum werden soll, muß er sich so radikal entäußern.

Bezüglich der Frage nach der "Unveränderlichkeit" Gottes nimmt die radikale Theologie eine klare Stellung ein. Dabei stimmt sie keineswegs dem von der liberalen Theologie vorgetragenen Hellenisierungsvorwurf gegenüber der klassischen Theologie zu[544]. Aber in einer Zeit der Profanität und des Transzendenzverlustes[545] muß von Gott in seiner Erniedrigung und Ohnmacht gesprochen werden. Den biblischen Anhalt bietet Phil 2,6-11. Die Frage ist, welcher Preis für die Interpretation der Kenosis Gottes als Tod Gottes bezahlt werden muß.

Zunächst macht die radikale Theologie mit der Vorstellung vom Tode Gottes eine höchst problematische Voraussetzung, denn sie geht von einem kreatürlichen Existenzverständnis aus. Nur wenn Gott wie der Mensch seine Existenz empfängt, kann er auch sterben, d.h. aufhören zu sein. Biblische Theologie spricht in diesem Sinne nie von Gottes Existenz. Gott "existiert" nicht, sondern er gibt Existenz[546]. Insofern kann Tod Gottes nicht durch den menschlichen Begriff des kreatürlichen Todes bestimmt werden[547]. Es ist gerade HEGEL, den die radikale Theologie als ihren Kronzeugen anführt, der zu der entscheidenden Einsicht gelangt, daß der Tod Gottes nicht die Verneinung des ewigen Wesens Gottes bedeute[548].

"Tod Gottes" bleibt letztlich ein unklarer Begriff. Auch bei denen, die ihn nicht nur als Ausdruck theistischer Begriffskritik verstehen, sondern ihm den Charakter theologischer Wesensspekulation verleihen, zeugt er niemals von einer letzten Eindeutigkeit. Die Radikalität der Forderung, den Tod des transzendenten Gottes wirklich als geschichtliches Ereignis zu verstehen, wird überall da wieder aufgehoben, wo der Mensch in einer Erwartungshaltung gegenüber dem Neuen, Unableitbaren verharrt. Damit versteht der radikale Theologe den Tod Gottes eben doch wieder nur als Abwesenheit, so daß "der scheinbare 'Tod Gottes' nicht so ganz das radikale und endgültige Ereignis ist, als das er es verkündet"[549].

Eine weitere Unklarheit taucht dann auf, wenn nach dem gefragt wird, der diesen Tod erleidet. Der sich selbst verneinende Gott besitzt auch nach seiner Selbstverneinung immer noch soviel Subjektivität, daß der kenotische Prozeß fortgeführt werden kann. Damit erscheint aber das Verneinte (Gottes Heiligkeit und Transzendenz) als ein akzidenteller Zusatz, so daß der Tod als Metamorphose und "Häutung" Gottes erscheinen muß. Diese Oberflächlichkeit des Todes Gottes läßt sich mit der aufgestellten Forderung, den Tod radikal zu verstehen, d.h. Gott mit dem transzendenten und heiligen Gott zu identifizieren, nicht ohne weiteres vereinbaren.

Gibt es aber eine systemnotwendige Kontinuität Gottes und kann deren Subjekt mit den sich in der Geschichte verneinenden Gestalten Gottes nicht identifiziert werden, dann bleibt damit auch die letzte Sinntiefe der christlichen Inkarnationsaussage unerreicht. Dies erscheint paradox, weil gerade die radikale Theologie den Anspruch erhebt, die Menschwerdung Gottes im kenotischen Sinne verschärfen zu wollen. Aber die Kontinuität Gottes verläuft dann außerhalb der Geschichte und der Gestalt des Menschgewordenen fehlt eine echte, d.h. bleibende, göttliche Identität. Der kenotische Prozeß hinterläßt nur eine "Haut"

Gottes. Hierin ist ein gewisser Doketismus enthalten.
Würde man aber die Gott-ist-tot-Theologie so interpretieren, daß man auch die kontinuierliche Subjektivität Gottes mit in die Geschichte einbezöge, so ist mit einer doppelten Konsequenz zu rechnen. Zunächst bedeutet dieser Transzendenzverlust den Verlust eines Geheimnisses[550]. Ohne dabei auf die Frage einzugehen, ob Mensch und Welt tatsächlich in der Lage sind, das Göttliche restlos in sich aufzunehmen, kann vor allem eine gewisse positivistische Haltung kaum übersehen werden. Läßt sich denn angesichts der Begrenztheit menschlicher Wahrnehmung ein radikales Jenseits gänzlich ausschließen? Oder "bleibt da nicht doch eine qualitative Differenz zwischen einem geschichtlichen Weltall und einer zeit- und raumlosen Ewigkeit 'vor' der Entstehung, 'während' seiner Entwicklung und 'nach' dem Vergehen des Kosmos"[551]? Grundsätzlich müßte die Möglichkeit offenbleiben, daß Transzendenz noch etwas anderes sein kann als apathische Weltferne. Daneben könnte mit einer Verschmelzung von Gott und Welt der Eindruck einer mythischen Gottheit kaum mehr verhindert werden. Die Vorstellung eines ewigen, weltimmanenten Gottes hat die Spannung der christlichen Inkarnationsaussage zwischen Geschichtlichkeit und Geschichtsmächtigkeit Gottes und somit auch ihren Geheimnischarakter abgebaut zugunsten einer vermeintlich größeren Heilsnähe. Und zugleich erhält auch die Geschichte mythologischen Charakter. Sie ist eben nicht nur die Arena für den sich selbst verneinenden Gott, sondern ist zugleich auch sein Medium. "Gott stirbt, doch er stirbt einen mythischen Tod. Sein Tod ereignet sich in einem historischen Zyklus"[552]. Gott entäußert sich nicht in Freiheit, sondern unliegt einem "periodisch strukturierten Geschick"[553]. Die vormals radikale Trennung zwischen heilig und profan, transzendent und immanent erlebt durch eine "hemmungslose Inkarnation"[554] ihre unverzügliche und vollständige Beseitigung. Der Dualismus[555] schlägt um in einen Monismus, der dabei ist, "Gott mit der Welt, den Schöpfer mit der Schöpfung zu verwechseln"[556]. Die jeweilige Identität von Gott und Welt hat sich in einem Mythos, der nach dem alles umfassenden Gesetz der dialektischen Verneinung gestaltet ist, aufgelöst.
Es lassen sich somit innerhalb der radikalen Theologie zwei unverbunden nebeneinander herlaufende Linien, eine doketistische und eine mythologische verfolgen. Die eine, etwas weniger expli-

zit, legt die Annahme einer kontinuierlichen Subjektivität Gottes nahe, die durch die immer schon besessene Fähigkeit zur Kenosis charakterisiert werden kann, inhaltlich nicht näher bestimmt wird und als letzter Träger des kenotischen Prozesses in die Verneinung selbst nicht hineingezogen wird. Diese Subjektivität ist geschichtsenthoben, unveränderlich und beziehungslos. Die Gottesgestalt der Geschichte ist dann nur ein überholbares Abbild. Gott selbst kommt in der Geschichte nicht eigentlich an. Die andere Linie zeigt Gott realidentisch mit einem geschichtlichen Prozeß, der von Jesus ausgeht. Hier hat Gott mit dem Verlust seiner Transzendenz auch seine Geschichtsmächtigkeit eingebüßt. Im Zusammenspiel mit dem Lauf der Welt und im Horizont der Geschichte ist Gott auf dem Weg zu dem, was er noch nicht ist, aber am Ende dieses Weges einmal sein wird.
In jedem Fall unterzieht die Gott-ist-tot-Theologie das theistische Gottesbild als religiös unzeitgemäß und theologisch fragwürdig einer radikalen Kritik. Dieser Kritik fällt auch das schultheologische Axiom von der Unveränderlichkeit Gottes zum Opfer, weil es mit dazu beiträgt, den theologischen Hiatus zwischen Gott und Geschichte zu vertiefen.

VII. Gegenwärtige Auseinandersetzung mit dem deutschen Idealismus

Die im Laufe der Theologiegeschichte gegen das Unveränderlichkeitsaxiom direkt oder indirekt erhobenen Einwände, wie sie im einzelnen von der Patristik ausgehend bis in unser Jahrhundert hinein kurz skizziert wurden, sind im wesentlichen folgenlos geblieben, d.h. daß sie das dogmatische Denken kaum nachhaltig geprägt haben. Davon auszunehmen ist neben LUTHERs Kreuzestheologie, die zu einem wesentlichen Element evangelisch-lutherischer Dogmatik wurde (vgl. die Beiträge von KITAMORI und MOLTMANN), vor allem auch das Systemdenken des deutschen Idealismus. Dieser hat auf das theologische Denken des 19. und 20.Jahrhunderts eine beständige Faszinationskraft ausgeübt, so daß er bei allen Versuchen, Herkunft und Gestalt der Gegenwartstheologie zu bestimmen, nicht übergangen werden kann.
Als vor über 100 Jahren das 1.Vatikanische Konzil den Pantheismus lehramtlich verurteilte, hatte es vor allem HEGEL und SCHELLING im Auge. Die vergangenen Jahrzehnte und besonders die Gegenwart zeigen aber, daß mit dieser Konzilsentscheidung ein

letztes Wort über das Verhältnis der Theologie zum deutschen Idealismus noch nicht gesprochen ist. Vielmehr kann in der heutigen Diskussion die vereinfachende Etikettierung als Pantheismus schlechthin für überwunden angesehen werden[557]. Es ist eine Bereitschaft festzustellen, "eben nicht nur von oben herab und von ferne aufs Ganze zu schauen, sondern von innen den Wendungen und Windungen des Gedankens zu folgen"[558].
Diese Bereitschaft zum offenen Dialog hat heute nicht nur zu einer verbesserten Textkenntnis geführt, sondern auch zu einer theologischen Wertschätzung. So konnte J.SPLETT vor nahezu 20 Jahren in Bezug auf HEGEL zu dem Schluß kommen, daß "ihm die Einsicht des Glaubens mehr als bloße Formulierungen"[559] verdankt. MAAS spricht von einer "maieutischen Funktion"[560] HEGELs für die Theologie, und KASPER meint, auch "Schellings Philosophie dürfte einer der bedeutendsten Beiträge sein, diesen lebendigen Gott theologisch ins Denken zu heben"[561]. Daß die Faszinationskraft idealistischen Denkens aber ebenso zu theologischer Blindheit führen kann, zeigen euphorische Äußerungen wie "Die Dialektik Hegels schenkt der Philosophie und der Theologie die vernünftige Erkenntnis des größten Mysteriums Gottes"[562] oder "Vor allem aber müßte die Theologie Hegel dankbar sein, daß er ihr eine widerspruchslose Trinitätslehre geschenkt hat"[563].

In den vergangenen Jahren hat sich besonders die theologische Auseinandersetzung mit HEGEL um eine wachsende Differenzierung bemüht. Neben einer positiven Bewertung durch WAGNER[564], mit Einschränkungen JÜNGEL[565], PANNENBERG[566], MOLTMANN[567] u.a. haben sich vor allem die beiden letzteren um eine kritische Rezeption[568] bemüht. HEGEL wird vor allem im Sinn eines Impulsgebers für die Theologie verstanden. Es wird in diesem Zusammenhang darauf hingewiesen, daß eine theologische Rezeption nicht darin bestehen kann, aus dem Gesamtduktus des HEGELschen Denkens einzelne Elemente herauszubrechen[569].
Auch im Hinblick auf die Neugestaltung der Gotteslehre unter einer stärker heilsgeschichtlichen Rücksicht ist die Auseinandersetzung mit HEGEL von Bedeutung. Unter seinem Einfluß mußte besonders die Vorstellung von Gottes Unendlichkeit und Absolutheit als eine strikte Ausgrenzung des Endlichen fragwürdig erscheinen. Sein Begriff des Absoluten als Einheit von Endlichem und Unendlichem könnte für die Theologie "Modellcharakter"[570] haben. Von größter Bedeutung wird dabei sein, genau die Rücksicht zu

bestimmen, unter welcher hier von Einheit gesprochen werden kann und welche Rücksicht eine Einheit zu denken verbietet.
Die Gefahr, Gott und Welt, Heils- und Weltgeschichte, Absolutes und Endliches miteinander zu vermischen, wird von der Theologie grundsätzlich gesehen. So lautet PANNENBERGs Kritik, "daß Hegel mit dem Gedanken eines Prozesses der Selbstoffenbarung des absoluten Subjekts die E n d l i c h k e i t menschlicher Denkbestimmungen in die absolute Wirklichkeit Gottes eingetragen hat"[571], und JÜNGEL stellt fest: "Daß Gott in Jesus Christus Mensch wurde, um Gott und Mensch für immer definitiv zu unterscheiden - dieser fundamentale soteriologische Aspekt wird von Hegel gerade nicht zur Geltung gebracht, sondern in sein Gegenteil verkehrt. Hegels Gott braucht den Menschen, der eben dadurch selber göttlich wird"[572].
HEGELs Philosophie spielt aber nicht nur für Gottes Weltverhältnis eine Rolle, sondern auch für sein trinitarisches Selbstverhältnis. "Die zentrale Bedeutung der Trinitätslehre für den christlichen Glauben und die spekulative Philosophie aufgezeigt und damit eine Rückbesinnung... auf die Trinität als Zentrum des christlichen Glaubens eingeleitet zu haben"[573], gilt heute als besonderes Verdienst HEGELs. Vor allem ist unter systematischem Gesichtspunkt auch die Verbindung von Kreuzestheologie und Trinitätslehre als eine anregende Weiterführung lutherischer Theologie zu verstehen[574]. Im einzelnen müssen jedoch auch Einwände erhoben werden. Nachdem MOLTMANN in früheren Arbeiten HEGEL als den "Philosophen der Trinität"[575] bezeichnet hatte, weil er Trinität als trinitarische Geschichte Gottes deutet, richtet sich seine Kritik heute gegen die damit verbundene Wesensbestimmung Gottes als reine Subjektivität, denn diese schaltet eine trinitarische Selbstunterscheidung aus und setzt die Personen zu (dem einen göttlichen Wesen subordinierte) Seinsweisen herab[576]. Nach PANNENBERG muß man die "Auffassung des einen göttlichen Wesens als Person im Sinne von Selbstbewußtsein als die Häresie des christlichen Theismus beurteilen"[577]. Für MOLTMANN ergibt sich daraus die Forderung, eine "soziale Trinitätslehre" zu entfalten[578].
Erheblich größer noch scheinen die Schwierigkeiten, die sich aus HEGELs Konzeption der immanenten Trinität als einer abstrakten Idee ergeben. Denn "die immanente Trinität ist christlich gesehen entweder die a b s o l u t e Idee als Identität von Re-

alität und Begriff oder die absolute Idee ist nicht Gott"[579]. Analoges gilt vom ewigen Verhältnis der trinitarischen Personen. Ihre Gemeinschaft ist eine Einheit in der Dreiheit von Ewigkeit und nicht werdende Identität von Einheit und Verschiedenheit. Unter offenbarungstheologischer Perspektive muß gegen HEGEL vorgebracht werden, daß seine begriffliche Fassung der immanenten Trinität zu einer "dialektisch-trinitarischen Onto-Logik"[580] führt, aus der nicht nur eine Notwendigkeit der Entäußerung Gottes in den verschiedenen Stufungen resultiert, sondern sich auch eine Berechenbarkeit ergibt. Reden von Gott wird dann zum Bescheidwissen über Gott. "Wenn ein Zweifel an Hegels Lösung erlaubt ist, dann doch wohl eher der, daß er zu viel, als daß er zu wenig bewiesen habe"[581].

Diese wenigen Hinweise auf einige Gesichtspunkte theologischer HEGEL-Rezeption können zeigen, daß die Auseinandersetzung im Grunde immer wieder um das eine Hauptproblem der geschichtlichen Selbstvermittlung kreist. Es könnte deshalb von theologischem Nutzen sein, sich mit KASPER[582] auf einen intensiveren Dialog mit SCHELLING als einem Kritiker HEGELs einzulassen. Die Frage, die sich stellt, ist, inwieweit der von SCHELLING erhobene Anspruch, Gott nicht als Resultat, sondern als Herrn der Geschichte zu denken, tatsächlich erfüllt wird. KASPER sieht in der Vermittlung von Seinkönnen und Seinmüssen zum Können-Sein (NIKOLAUS v.KUES) SCHELLINGs Ziel erreicht, Gott als "Herr des Seins" zu begreifen. "Schellings Leistung besteht darin, das Sein radikal aus der Freiheit zu denken"[583]. Ließe sich eine Geschichtsmächtigkeit Gottes in seinen Schriften theologisch erhärten, dann könnte der deutsche Idealismus aufgrund seiner selbstkritischen Korrekturversuche für die theologische Reflexion an Anziehungskraft nur gewinnen.

Inwiefern nun gerade die heutige Diskussion zum Thema "Unveränderlichkeit" Gottes unter dem Einfluß HEGELs auch weiterhin belebt werden kann, hat KERN aufgezeigt[584]. Es geht ihm dabei nicht um eine Theologie, die sich HEGEL wirkungsgeschichtlich ausliefert, sondern um reflektierte und verantwortete Rezeption. Unter dem Stichwort "Geschichte Gottes" läßt sich ein theologisches Programm entfalten, das im Hinblick auf die Geschichte G o t t e s dessen trinitarische Fülle, Transzendenz und Geschichtsmächtigkeit, im Hinblick auf die G e s c h i c h t e Gottes dessen Hinwendung zur Welt bis hin zur Inkarnation und zur Selbstoffenbarung im Gekreuzigten, schließlich aber die Konvergenz beider Aspekte in der Identität des sich in Jesus Christus geoffenbarten Gottes aufweist. HEGELs "Ohne Welt ist Gott nicht Gott" (Vorlesung über die Philosophie der Religion I, XVI,192) darf dann unter dem Primat der Freiheit Gottes als souveräne, ewige Selbstbestimmung, die darum nur aposteriorisch erkannt werden kann, auch christlich vertreten werden als die Wahrheit des "Gott mit uns"[585]. Die grundsätzliche Unvorhersehbarkeit und Unableitbarkeit göttlichen Handelns in und an der Geschichte bedeutet erkenntnistheoretisch eine Absage an den Primat der Logik und inhaltlich, daß Gott weder einer Bestimmung durch sein defizientes Wesen noch durch das Andere seiner selbst unterliegt. Gott wird nicht bestimmt - er bestimmt sich selbst! Dies ist der aufrechtzuerhaltende Sinn der Unveränderlichkeitsaussage. Programmatisch stellt KERN deshalb fest: "Es kann nicht damit sein Bewenden haben, den einen Bezugspol der -zugegeben: ungeheuren- Spannung wegzustreichen; in diesem Falle: das angeblich nur von der griechischen Metaphysik vererbte Axiom der Unveränderlichkeit Gottes, um unbehindert Raum zu haben für ein Sich-Verändern und Werden Gottes in seiner Menschwerdung, die der christliche Glaube bekennt und der Theologe zu bedenken versucht. Die dialektische Spannung von beidem -Unveränderlichkeit Gottes in sich und sein Werden in Geschichte- ist festzuhalten: das eben ist das Spannende an theologischen Unternehmen"[586]. Die nachfolgende Diskussion mag zeigen, inwieweit diese dialektische Spannung gewahrt wird.

C. GEGENWÄRTIGE DISKUSSION

0. Kleine Chronologie der Diskussion

Die Vermittlung zwischen Gottes "Unveränderlichkeit" und seinem Heilshandeln in und an der Geschichte ist seit etwa 40 Jahren ein Thema theologischen Denkens, sieht man einmal von den Arbeiten DORNERs und CREMERs im letzten Jahrhundert ab. Mutiger als die katholischen haben sich zunächst protestantische Autoren dieses Themas angenommen. So hat K.BARTH in der Gotteslehre seiner groß angelegten "Kirchlichen Dogmatik" (Band II/1-2, 1940-42) wohl als erster den christologisch fundierten Gottesgedanken als Spannung zwischen Gottes "Unveränderlichkeit" und seiner Bundesgemeinschaft mit dem Menschen ausgelegt. In kurzem Abstand dazu folgte 1946 der japanische Beitrag von K.KITAMORI "Kami no Itami no Shingaku", der bereits während des Zweiten Weltkriegs entstanden war, aber erst 1965 in einer englischen Übersetzung als "Theology of the pain of God" (dt. "Theologie des Schmerzes Gottes", 1972) erschien. Darin betont der Autor, daß angesichts der Sünde der bleibende Schöpfungsbezug Gottes nur noch auf dem Hintergrund des "Schmerzes Gottes" -gegen eine Apathie Gottes- gedacht werden kann. Ende der 50er Jahre hat W.PANNENBERG erstmalig in zwei Aufsätzen ("Die Aufnahme des philosophischen Gottesbegriffs als dogmatisches Problem der frühchristlichen Theologie" und "Heilsgeschehen und Geschichte", beide 1959) sowie in einer Programmschrift ("Offenbarung als Geschichte", 1961, zusammen mit R. und T.RENDTORFF und U.WILCKENS) und seiner Christologie ("Grundzüge der Christologie", 1964) die Geschichte Gottes mit dem Menschen zum alleinigen Horizont theologischen Denkens erklärt und damit den griechisch-philosophischen Gottesbegriff einer deutlichen -wenn auch nicht pauschalen- Kritik unterzogen. Auf katholischer Seite hat in dieser früher Phase der Auseinandersetzung als erster (und einziger) K.RAHNER das Wort ergriffen. In Aufsätzen von 1954 ("Probleme der Christologie von heute") und 1958 ("Zur Theologie der Menschwerdung") problematisiert er den klassischen Unveränderlichkeitsbegriff, indem er ihm die inkarnationstheologische Sinnspitze von Joh 1,14 entgegenhält und damit auf eine Revision der Aussage von der Unveränderlichkeit Gottes drängt. Das Verhältnis der konfessionellen Anteile an der Diskussion hat sich durch die Neubelebung der T Theologie seitens des 2.Vatikanischen Konzils fast schlagartig geändert. E.SCHILLEBEECKX betont in seinem Beitrag von 1964 ("Die Heiligung des Namens Gottes durch die Menschenliebe Jesu des Christus") die personale Gemeinschaft Gottes mit dem Menschen, in deren Konsequenz es liegt, Gott nicht länger mehr als leblose, starre und unveränderliche Gottheit zu denken. Die aber für die katholische Theologie auch in dieser Frage grundlegende Perspektive wird mit dem groß angelegten dogmatischen Handbuch "Mysterium Salutis" (Band I-IV, 1965-1976, Erg.bd. 1981) erstellt. Trinitätstheologisch und christologisch wird durch die hier veröffentlichten Arbeiten von K.RAHNER ("Der dreifaltige Gott als transzendenter Urgrund der Heilsgeschichte", II, 1967) sowie D.WIEDERKEHR ("Entwurf einer systematischen Christologie", III/1, 1969) und H.U.v.BALTHASAR ("Mysterium Paschale", III/2, 1970) der Versuch unternommen, Gottes "Unveränderlichkeit" mit seinem heilsökonomischen Handeln in und an der Geschichte zu vermitteln.

Auf protestantischer Seite hat E.JÜNGEL die Diskussion weitergeführt. Mit seiner BARTH-Paraphrase "Gottes Sein ist im Werden" von 1966 hat er versucht, die Kategorie des Werdens ihres seinsdefizienten Charakters zu entkleiden und sie theo-logisch als Ausdruck der Beziehungsmächtigkeit und Lebendigkeit Gottes zu gebrauchen. Gegen die theologische Verwendung der platonischen Dualität von Idee und Erscheinung ist G.KOCHs "Die Zukunft des toten Gottes" (1968) gerichtet. Ähnlich wie PANNENBERG betont auch er Gottes "regimentliches Tun" i m Horizont der Geschichte (vgl. auch die wenig beachtete Arbeit KOCHs "Die Auferstehung Jesu Christi", 1959).

Besondere Beachtung verdient ein Aufsatz von J.MARITAIN aus dem Jahr 1969 ("Quelques réflexions sur le savoir théologique"). Der Thomist hat darin kurz vor seinem Tod von einer verjüngten scholastischen Position aus die Auffassung vertreten, daß -wenn auch stets nur in analoger Weise- durchaus von einem "Leiden" Gottes gesprochen werden könne. Diese beachtliche Äußerung hat sich besonders innerhalb der französischen Theologie belebend ausgewirkt. Etwa zur selben Zeit erschien in Deutschland H.MÜHLENs christologische Programmschrift "Die Veränderlichkeit Gottes als Horizont einer zukünftigen Christologie". Darin geht es um die Überwindung einer starren Unveränderlichkeits-Metaphysik zugunsten einer neuen, dialogisch-personologischen Sagensgestalt der Theologie, die es ermöglichen soll, den trinitarischen Gott in seinem personalen Beziehungsgefüge mit seinem geschichtlichen

Heilshandeln -besonders dem Kreuzesereignis- zusammenzudenken.

In den 70er Jahren ist eine deutliche Intensivierung der Auseinandersetzung festzustellen. In seinem HEGEL-Buch "Menschwerdung Gottes" von 1970 reflektiert H.KÜNG in zwei Exkursen die dogmatische Problematik der klassischen Unveränderlichkeitsaussage sowie die damaligen Lösungsversuche. Zwei Jahre später erschien 1972 J.MOLTMANNs "Der gekreuzigte Gott", der in einer staurologischen Konzentration des Gottesgedankens die schultheologische Tradition von Gottes Unveränderlichkeit und Apathie einer radikalen Kritik unterzieht. Von W.MAAS wurde 1974 eine Untersuchung über die philosophische Herkunft und theologische Rezeption des Unveränderlichkeitsbegriffs erstellt, die dessen axiomatischen Charakter in der christlichen Gotteslehre nachweist ("Unveränderlichkeit Gottes. Zum Verhältnis von griechisch-philosophischer und christlicher Gotteslehre"). In christologischer Perspektive haben F.VARILLON ("La souffrance de Dieu", 1975) und J.GALOT ("Dieu souffre-t-il?", 1976) den Gedanken des leidenden Gottes entwickelt. Im Jahr 1977 hat E.JÜNGEL sein zweites größeres Werk zum Thema veröffentlicht ("Gott als Geheimnis der Welt"), in dem er den Grundgedanken von "Gottes Sein ist im Werden" staurologisch radikalisiert, d.h. Gottes Welt- und trinitarischen Selbstbezug ganz vom Kreuz her versteht. Eine radikale Zuspitzung dieser Perspektive bietet schließlich J.MOLTMANNs "Trinität und Reich Gottes" von 1980, indem der trinitarische Selbstbezug als ein offener eschatologischer Prozeß verstanden wird, der erst über die Wegstrecke der Heilsgeschichte zu seinem Ende kommt. Von einer ganz anderen Seite hat H.SCHALLER das Problem der "Unveränderlichkeit" Gottes beleuchtet. In seinem Beitrag "Das Bittgebet" (1979) geht er der Frage nach, inwieweit das Bittgebet es zuläßt, in systematischer Hinsicht von einem unveränderlichen Gott zu sprechen. Einen recht umfangreichen Beitrag hat H.U.v.BALTHASAR geleistet. In seiner "Theodramatik" (Band I-IV, 1973-1983) beleuchtet er das dramatische Miteinander von endlicher und göttlicher Freiheit, um gerade darin Gottes "Unveränderlichkeit" zu erweisen. Ein vorläufig letzter Beitrag zur Diskussion ist H.RIEDLINGERs "Vom Schmerz Gottes" (1983). Darin verfolgt der Autor die biblische Rede vom "Schmerz Gottes" und vermittelt ihn schließlich mit Gottes "seliger Liebe".

Die Darstellung der Diskussion[1], die sich nun anschließt, folgt nicht chronologischen, sondern systematischen Gesichtspunkten. Die einzelnen Autoren werden einem jeweiligen theologisch-systematischen Ansatz zugeordnet, der einen übergreifenden Zusammenhang des einzelnen Beitrags erkennen läßt. Es handelt sich dabei gelegentlich um Idealtypisierungen, so daß bei einzelnen Beiträgen auch eine andere Zuordnung denkbar erscheint.

I. Bundestheologischer Ansatz

1) G.GRESHAKE/H.SCHALLER: Gottes Geschichte mit der Welt und seine Ansprechbarkeit

a) Gottes Geschichte mit der Welt

Als eine folgenreiche Verdunkelung des biblischen Gottesbildes hat nach GRESHAKE der Deismus der frühen Neuzeit eine Entwicklung gekrönt, die das Verhältnis von Gott und Mensch in Unbezüglichkeit aufgelöst hat. Geschichte wurde zum Werkraum des Menschen. Für Gott blieb nur noch die Funktion des ontologischen oder moralischen Grundes übrig. Ganz anders dagegen das Gottesbild der Bibel! Hier ist wohl auch die Rede von der Transzendenz Gottes, von einem unzugänglichen Jenseits, aber niemals im Sinne von Weltferne und Beziehungslosigkeit. Der Gott Israels ist in erster Linie der Gott des Bundes, der Weg-Gott, "der mit den Menschen gemeinsam Geschichte macht"[2]. Von Gott sprechen heißt deshalb immer auch von seinem Verhältnis zur Geschichte sprechen. In ihm gibt sich Gott als der Geschichtsmächtige und treu Handelnde zu erkennen. Biblische Gotteserkenntnis setzt die unbedingte Wirklichkeit einer echten Gott-Welt-Beziehung voraus. Deshalb darf diese Beziehung Gottes nicht im naiven Sinn einer relatio rationis verstanden werden, sondern so, daß sich Gott im Bundesverhältnis "vom Menschen ansprechen und von menschlicher Freiheit 'tangieren'"[3] läßt und sich auf diese Weise "verändert"[4].
Welche Gestalt hat dieses dialogische Verhältnis? Nach dem bisher über den Deismus Ausgeführten ist deutlich, daß sich Gott nach der Erschaffung des Menschen nicht nur nicht in eine weltentlegene Transzendenz gleichsam zurückgezogen hat, sondern sich so dem Geschöpf bleibend zuwendet, daß von einem "unablässig werbenden 'Freien' Gottes"[5] gesprochen werden kann. Mit dieser Hinkehr zum Menschen geht Gott in einem Akt unbedingter Freiheit eine "Bindung" an die Geschichte ein. Für den Menschen bedeutet dies eine unvordenkliche Qualifizierung seines Seins. Indem Gott ihm Aufmerksamkeit schenkt, erhält er einen Status, dessen Digni-

tät so geartet ist, daß menschliches Handeln nicht ohne Einwirkung auf Gott bleibt. "Das freie Verhalten des Menschen hat offenbar auch für Gott Bedeutung"[6]. Wenn GRESHAKE deshalb Geschichte als "Ergebnis des Wechselspiels... zwischen Gott und Mensch"[7] begreift, dann drängt alles zu der Frage, was dieses Gegenüber für Gott an Bedeutendem und Neuem auszutragen vermag, was Gott nicht schon immer in der Fülle seiner trinitarischen Existenz enthält. Denn feststeht, daß es zum unverwechselbaren Profil des biblischen Gottesbildes gehört, an Gottes Geschichtsmächtigkeit und Weltüberlegenheit festzuhalten. D.h. Gott verfügt auch im Bund mit dem Menschen in souveräner Weise sowohl über die Geschichte als auch über sich selbst. Geschichte als Dialog zu interpretieren stößt da an eine Grenze, wo das idealistische Mißverständnis Gottes Freiheit verdunkelt: "Nicht der Mensch bringt Gott zur Freiheit, sondern Gott ist immer schon der Freie, der nicht der Befreiung bedarf"[8]. Drängt sich damit nun nicht andererseits der Verdacht auf, der Mensch könnte zum Spielball des souveränen Gottes werden, so daß seine Freiheit nur eine Scheinwirklichkeit, nur eine "psychologische" Größe ist? Die Antwort hierauf besteht in einem Verweis auf den Ausgangspunkt der Überlegungen. Dort wurde von einem "Freien" Gottes in dem Sinn gesprochen, daß Gott um eine kreatürliche Antwort seiner liebenden Zuwendung zum Menschen wirbt. Einen Wert kann diese Antwort als Gegenliebe aber gerade nur dann besitzen, wenn sie in Freiheit gegeben wird. Wiewohl der Mensch diese Freiheit ebenso wie seine Existenz nicht aus sich selbst hat, sondern -auch seine Freiheit, Gott in Liebe zu antworten, nochmals- von Gott empfängt[9] -worin sich erneut die Unzulänglichkeit der rein phänomenologischen Kategorie des Dialogs erweist, denn menschliches Gegenüber ist für den Einen jeweils durch die Freiheit des Anderen begrenzt- muß menschliche Freiheit wohl als endliche, aber doch auch als reale[10] verstanden werden.

Darf also mit Recht von der realen Freiheit des Menschen und seiner Partnerschaft im Dialog mit Gott ausgegangen werden, dann kann man annehmen, daß das Neue, das aus diesem Dialog erwächst, auch für Gott ein wirklich Neues ist, selbst für den Fall, daß es nicht als Seinszuwachs interpretiert werden darf. Dieser "Ertrag" ist die Verherrlichung Gottes, die "ohne den freien Akt des Geschöpfes ungetan bliebe"[11]. Ihr entspricht die allumfassende Durchsetzung des Reiches Gottes. Der anfanghafte, grundsätzliche Durchbruch in der irdischen Existenz Jesu Christi ist auf seinen zeitlichen Vollzug in der Geschichte hin angelegt und wird im gott-menschlichen Dialog zu einer Wirklichkeit geführt, die nicht schon immer da ist. Erst dann wird Gott "alles in allem" (1 Kor 15,28) sein, wodurch offenbar wird, "daß etwas geschichtlich Gewordenes in Gott hineingeborgen wird"[12]. In diesem Sinn -und nur in diesem- darf von einem "Werden", von einem Unterwegssein[13] Gottes mit der Schöpfung gesprochen werden. Gott wird in der Fülle noch etwas zuteil, was nur durch ein Geschöpf und in Freiheit hervorgebracht werden kann. Er liefert gleichsam seine Heiligkeit der endlichen Freiheit des Menschen aus. In diesem Miteinander muß Gott "auf die Antwort des Geschöpfes warten"[14].

Muß also ein für beide Partner wirksamer Dialog angenommen, andererseits aber doch ein Seinszuwachs Gottes ausgeschlossen werden, so stellt sich die Frage nach dem Horizont, in dem beides vereinbar ist. Das einzige Analogon, das dieses Beieinander sinnvoll integrieren kann, ist Liebe. Zu ihrem Wesen gehört es, daß sie unter immer neuer Gestalt wachsen kann. Es gibt angesichts der Unbedingtheit göttlicher Liebe keinen "Sättigungsgrad". Vielmehr ist das Zunehmen der Liebe gerade ein Zeichen der Fülle.

Es widerspricht aber dem Wesen der Liebe, wenn aus dem Wachsenkönnen der Schluß gezogen wird, daß ein Noch-nicht einen Mangel darstelle. Die Logik der Liebe ist nur positiv-progressiv im Sinne der Zunahme möglich. Ihre logische Umkehrung ist unzulässig. Der trinitarische Gott lebt in der Fülle seiner Liebe. Das Versagen der kreatürlichen Antwort ist daher kein Mangel. "Aber weil Gott L i e b e ist, kann er gewinnen, bedeutet auch der Ertrag der Geschichte mit den Menschen für ihn ein 'Mehr'"[15].

Die für den bisherigen Gang der Überlegung entscheidende Voraussetzung ist die kreatürliche Freiheit des Menschen gewesen. Diese liefert für den Gedanken einer gemeinsamen Geschichte von Gott und Welt noch einen weiteren wesentlichen Gesichtspunkt. Endliche Freiheit ermöglicht nicht nur ein freies Antworten des Menschen auf Gottes vorgängige Anrede, sondern steht auch mit geschöplichem Leiden in Zusammenhang[16]. "Wenn Gott geschöpfliche Freiheit will, dann ist damit die M ö g l i c h k e i t von Leid n o t w e n d i g mitgegeben"[17].

Das hat zunächst eine anthropologische Dimension. Wenn menschliche Existenz darin ihren Sinn verwirklicht, in Freiheit sich der

Liebe Gottes zu überantworten und darin identisch ist mit einem je neu zu gestaltenden Vollzug einer lebensgeschichtlichen Aufgabe, dann besteht ebenso die Möglichkeit, dieser Liebe Gottes sich zu verweigern. Diese negative Freiheitsentscheidung als Sinnverfehlung hat unweigerlich Leid zur Folge. Obgleich unter der Voraussetzung geschöpflicher Freiheit Leiden in diesem Sinn nur eine Möglichkeit -wenn auch eine notwendige- darstellt, ist diese in der konkreten Geschichte der Menschheit auch immer schon als eine faktisch realisierte gegeben. Ihre Folge erstreckt sich auf die gesamte Schöpfungsordnung als nachhaltige Störung ursprünglicher Harmonie.

Darüber hinaus rechnet GRESHAKE auch mit einem kosmologischen Leidensaspekt. Er soll das Leiden beleuchten, das nicht Folge menschlicher Freiheitsentscheidung ist, "sondern dessen Grund offenbar in der Schöpfung selbst steckt"[18]. Hierbei geht er vom Verweis-Zusammenhang zwischen Mensch und Schöpfung aus. Schon die biblische Anthropologie beschreibt den Menschen als Spitze der Schöpfung. Ein evolutives Weltbild nimmt diesen Gedanken auf, indem es den Menschen als Ergebnis evolutiver Prozesse versteht. "Die ganze vormenschliche Entwicklung muß also gedeutet werden als Vorentwurf, als Vorgeschichte des Menschen, als Anheben dessen, was im Menschen dann zur eigentlichen Entfaltung, zur vollendeten Sinngestaltung, zur Erfüllung kommt"[19]. Deswegen ist es statthaft, analog zur menschlichen Freiheit auch für die Schöpfung des Vor- und Untermenschlichen ein "Spiel" von Freiheit und Notwendigkeit anzunehmen. Der Kosmos vollzieht sich damit als evolutiver Prozeß, der Möglichkeit von Verzerrungen und Fehlformen und damit von Leid in sich trägt.

Nimmt man beide Aspekte zusammen, dann kann gesagt werden, daß menschliche Freiheit -in vormenschlicher Gestalt des Ungeistigen und in Vollgestalt menschlicher Existenz- in der Welt leidvolle Abirrungen und Verzerrungen hervorruft. Ist diese Freiheit aber wesentliche Voraussetzung für die freie Gegenliebe des Menschen gegenüber Gott, dann erscheint Leid als "der Preis der Liebe"[20].

Wenn nun die Geschichte Gottes mit der Welt eine gemeinsame ist, so kann das Leid der Welt für Gott nicht gleichgültig sein: "Gott will das Leid absolut nicht"[21]. Dem freiheitlichen Charakter dieser Gemeinschaft entsprechend vollzieht sich Gottes Gegnerschaft gegen das Leid jedoch nicht in einem Gewaltakt, der es als pure Gegebenheit (und nicht als Folge menschlicher Frei-

heitstat) einfach auslöschen und so zugleich auch die relative Freiheit der Schöpfung zurücknehmen würde. Sie vollzieht sich vielmehr in Respektierung dieser endlichen Freiheit als Eintritt Gottes in die Unheilszusammenhänge der Welt[22]. In ihm geschieht die Überwindung des in der Sünde wurzelnden Leidens durch Gottes freiwilliges Tragen der Sünde. "An Jesus Christus wird deutlich, daß Gott in unsere Leidensgeschichte wirklich eingeht, daß er buchstäblich mit uns mitleidet, um Leid von innen her zu überwinden. Gottes Geschichte wird zur Leidensgeschichte, nicht, um das Leiden dadurch zu bejahen und zu verewigen, sondern weil... in einer von der Sünde bestimmten Welt der Kampf gegen das Leiden selbst zum Leiden aus Liebe führt"[23].
In der Auferstehung des Sohnes offenbart sich, daß einzig Liebe die sinnzerstörende Kraft der Sünde zu überwinden vermag. Gott geht im Leiden nicht unter, sondern besiegt es. Aber es zeigt sich in der Auferstehung des Gekreuzigten, der die Wundmale noch trägt, auch, daß "das Leiden wahrhaft in alle Ewigkeit in Gott Eingang findet, und seine grenzenlose Negativität nicht der letzten Versöhnung des 'Gott alles in allem' entgegensteht"[24]. Dadurch erscheint auch die Theodizee-Frage in einem neuen Licht, denn "der 'gar zu hohe Preis' für das Leiden um der Liebe willen wurde... von Gott selbst bezahlt"[25]. Die geführte Anklage gegen einen Gott, der Leiden in der Welt teilnahmslos zuläßt, fällt in sich zusammen, weil Gott sich selbst dem Leiden aussetzt und es in dieser Freiwilligkeit von innen heraus verwandelt. In der Liebe Gottes eröffnet sich damit ein Raum, in dem sich der leidende Mensch einbergen kann und die Kraft des mitleidenden Gottes empfängt.
So kann im Sinne GRESHAKEs gesagt werden: Soll die Geschichte zwischen Gott und Welt als eine gemeinsame begriffen werden, in der auch dem Menschen eine aktive Rolle zukommt, dann bedeutet dies die unbedingte Anerkennung geschöpflicher Freiheit[26]. Allein sie ermöglicht es, daß der Mensch in personaler Liebe dem "Freien" Gottes antwortet und so zu dessen "Bereicherung" beiträgt. In der Folge endlicher Freiheit als Bedingung menschlichen Liebens liegt faktisch aber auch das Leiden als Abirrung endlicher Freiheit, das die Gemeinschaft Gottes mit dem Menschen zerstört. Deshalb wendet Gott der Welt nicht nur Liebe zu, sondern auch seine Gnade, indem er -sich in die Unheilszusammenhänge der Geschichte einlassend- das Leiden der Schöpfung freiwillig

auf sich nimmt und damit verwandelt. So teilt er dem Menschen jene Kraft mit, die diesen instandsetzt, seinen geschichtlichen Beitrag zur Verherrlichung Gottes zu leisten.

b) Gottes Ansprechbarkeit

Innerhalb der lebendigen Beziehung zwischen Gott und seiner Schöpfung kann das Bittgebet nach H.SCHALLER als "Testfall" betrachtet werden. Angesichts des Umstands, daß Gott sowohl der geschichtsmächtige und in seiner Freiheit transzendente als auch derjenige ist, der mit seiner Schöpfung einen wirklichen Bund eingeht, stellt sich die Frage, wie der unveränderliche Gott erhört[27]. Das "daß" der Erhörung kann nach dem bisher Gesagten nicht mehr ernsthaft in Frage stehen[28]. Es wird aber sofort deutlich, daß -wie BALTHASAR zeigt- eine mythische Denkweise hier ebenso zu kurz greift wie eine philosophische[29]. Denn die mythische Gottheit wird so gedacht, daß sie über das Drängen menschlicher Anliegen stets nur auf anthropomorphe Weise entscheidet. Und die philosophische Reflexion führt letztlich unter dem Primat des unveränderlichen Gottes zur "subjektiven Selbsteinstimmung"[30] des Bittenden oder zur Verinnerlichung des Göttlichen und damit zum Wegfall des Gebets.

Ein erster Antwortversuch SCHALLERs orientiert sich an der schöpfungstheologischen Unterscheidung von Erst- und Zweitursache. Dies ist die Differenzierung eines Verhältnisses zu Gott, das als Schöpfungsbeziehung bereits deutlich wurde. In ihr wird Gott im Gebet als "personaler Schöpfer angesprochen, der nicht zeitlich 'einmal' geschaffen hat, sondern seinsmäßig fortwährend schafft"[31]. Mit dem Gedanken der creatio continua ist die Vorstellung einer "fertigen Welt" vermieden, der Gott durch Bittgebete nur noch "nachträglich" etwas hinzufügen könnte. Er meint positiv das fortwährende Gestalten von Welt, bei dem sich Gott der konkreten geschichtlichen Wirklichkeiten "als Bedingung seines Schaffens und seiner Lenkung zum Wohl des Menschen"[32] bedient. Unmöglich ist es daher auch, Gott funktionalistisch als einen Teil geschöpflicher Ursächlichkeit zu begreifen, der punktuell und lokalisierbar in den geschichtlichen Prozeß eingreift. Die notwendige Unterscheidung von Erst- und Zweitursache weist auf eine Verschiedenheit, aber nicht auf eine Geschiedenheit zwischen Gott als Schöpfer und den schöpfungsimmanenten Gesetzlichkeiten hin. Gottes fortwährendes Wirken umfaßt als Erstursache "das Gesamtgeflecht aller Ursachenverhältnisse, die Totali-

tät der Bedingungen"[33].
Somit sind zwei Momente zusammenzunehmen: Gottes Erhalten und Gestalten der Welt im Gefüge von Erst- und Zweitursache und sein dem Menschen im Bundesverhältnis bezeugtes Personsein, dessen Charakteristikum in diesem Zusammenhang seine Ansprechbarkeit bildet und das Bittgebet als sinnvolle, reale Möglichkeit und nicht als ohnmächtige Gebärde vor einem apathischen, rein transzendenten Gott erscheinen läßt. Unter diesen beiden entscheidenden Voraussetzungen muß nun die Frage beantwortet werden, wie eine reale Einwirkung des menschlichen Bittgebets auf den geschichtsmächtigen, unabhängigen Gott zu denken ist.
Auszuscheiden ist sowohl eine Wesensänderung als auch ein Gesinnungswandel Gottes. Hilfreich ist hier die Unterscheidung von allgemeinem Heils-"plan" und seiner geschichtlichen Verwirklichung. Auf das menschliche Bittgebet hin vollzieht sich eine "von der umfassenden Ursache gewollte und bejahte Veränderung im Gefüge der Zweitursachen"[34]. Sie deutet auf eine für die geschichtliche Situation neue Weise der zeitlichen Realisierung des göttlichen Heilsplanes hin, an der der Mensch mitbeteiligt ist. Es hat sich jene Gestalt geändert, in der Gott seine Menschenfreundlichkeit zeigt[35]. Wie sehr aber gerade diese "Veränderung" des handelnden Geschichtsgottes von diesem selbst noch einmal umgriffen ist, zeigt das Gebet Jesu im trinitarischen Horizont[36].
Diese trinitätstheologische Betrachtung stellt gleichsam die Möglichkeitsbedingung des menschlichen Bittgebets dar. Dieses Beten Jesu "ist die seinsmäßige Garantie, der personale Ort,... wo 'sämtliche Verheißungen ihr Ja gefunden haben' (2 Kor 1,18-20)"[37].
Zunächst macht Jesu Verhältnis zum Vater das grundsätzliche Gegenüber des Beters zu seinem Gott transparent. Es ist die "väterliche Sorge seines Gottes, der auf ihn hört"[38], die dem Betenden auch bei aller Nicht-Identität mit dem Sohn die Ansprechbarkeit des Vaters erkennen läßt. Bedeutender aber ist für das Gebet des Menschen vor Gott die unbedingte Erhörungsgewißheit Jesu. Sie erscheint insofern zunächst problematisch, als der im Gebet enthaltene eigene Wille des Sohnes mit dessen radikaler Verfügbarkeit für den väterlichen Willen unvereinbar zu sein scheint. Doch was sich am Ölberg zu einer Entgegensetzung aufzuschaukeln droht, kommt gerade hier zu einer letzten, dramatischen Deckung: Jesu Wille und Jesu Gehorsam. "Jesus will nichts anderes, als was der

Vater will"[39]. Diese Identität ist Ausdruck des innertrinitarischen Verhältnisses, in dem der ewige Sohn ganz aus dem Gehorsam gegenüber dem Vater lebt und darin zugleich seinen eigenen Willen vollzieht. Der Wille des Sohnes, der zugleich sein Gehorsam ist, stellt das theo-logische Apriori der Menschwerdung dar. In ihn ist die ganze Dramatik der Selbstentäußerung bereits eingezeichnet. Und in diesem bedingungslosen Gehorsam durchstößt der Menschgewordene die geschichtliche Unheilssituation des Todes und erfährt zugleich in der Auferweckung die Gemeinschaft mit seinem Vater als Erhörung seiner Bitte. Hatte der Karfreitag die Übereinstimmung des sohnhaften Willens mit dem des Vaters als Gehorsam deutlich werden lassen, so gibt Ostern umgekehrt die unbedingte Bindung des Vaters an den Willen des Sohnes zu erkennen. "Gott hat sich in der Erhörung der Sohnesbitte als derjenige erwiesen, der aus seinem Wesen heraus im Hl.Geist auf seinen Sohn hört"[40].

Mit diesem Sich-abhängig-Machen Gottes von seinem Sohn ist der letzte und unterscheidend christliche Grund für das Bittgebet gefunden. Die Bitte Jesu ist die "bleibend offene Stelle, wo Gott, in der Liebesgemeinschaft, sich abhängig und verwundbar zeigt"[41]. Christliches Bitten geschieht daher immer "im Namen Jesu", d.h. in jenem bedingungslosen Gehorsam, der Gott -mit BALTHASAR gesprochen- um das zu bitten wagt, "was in der Tiefe, der vielleicht noch unsichtbaren Verlängerung seines Willens liegt"[42]. Die Erhörungsgewißheit gründet darin, daß der Betende "seinsmäßig in den Gebetsdialog Jesu eingelassen"[43] ist. Alles Bitten des Christen meint ein Mitsprechen mit Christus, dessen Autorität dem menschlichen Bitten neue Bedeutung und Dignität verleiht. Die Realität der Einwirkung des Bittgebets auf Gott ist dadurch gegeben, daß es an jener dialogischen Verbundenheit zwischen dem ewigen Vater und dem menschgewordenen Sohn teilhat.

Bemerkungen

Die Beiträge von GRESHAKE und SCHALLER kreisen beide um eine gemeinsame Mitte. Es ist der Dialog zwischen Gott und Welt bzw. Mensch. In ihrer jeweiligen Akzentsetzung stellen beide je unterschiedliche Aspekte heraus, die -wenn das dialogische Verhältnis Gottes mit dem Menschen als eine Gemeinschaft wirklich ernstgenommen wird- unverzichtbare Momente an diesem "Bund" enthalten. Zentral ist dabei die Frage, welches die Konsequenzen für Gott selbst sind, die sich aus dem gemeinschaftlichen Gegenüber Got-

tes zum Menschen ergeben. Eine erste Erkenntnis besteht in der Gegenseitigkeit[44] des Dialogverhältnisses. "Gegenseitigkeit" bedeutet hier nicht gegenseitige ontologische Abhängigkeit, so daß von Gott und Mensch nur in ihrem Gegenüber gesprochen werden könnte, weil beide einander bedürftig wären. "Gegenseitigkeit" meint, es gibt einen ernstzunehmenden Gesichtspunkt, der theologisch dazu zwingt, ungeachtet aller Wesensunterschiede zwischen Gott und Mensch von einem realen (im Unterschied zu einem rein äußerlichen) Beteiligtsein der beiden Partner an einer gemeinsamen Geschichte zu sprechen.
Entgegen der traditionellen schultheologischen Unterscheidung von relatio realis und relatio rationis, die nach heutigem Empfinden nicht nur eine Ungleichwertigkeit der Beziehung zwischen Gott und Welt, sondern auch ein Unbeteiligtsein[45] Gottes an dieser Beziehung zu suggerieren scheint, gilt es, den Ernst und den Realitätsgehalt dieser Beziehung Gottes zur Welt wieder sicherzustellen. Für GRESHAKE besteht dieser Ernst darin, daß mit dem Weiterbau des Menschen an der Gottesherrschaft, d.h. mit der Verherrlichung Gottes "etwas geschichtlich Gewordenes in Gott eingeborgen wird". Und SCHALLER sieht den Realitätsgehalt vor allem darin, daß Gott für den Menschen ansprechbar ist. Kann Gott im Gebet erreicht werden, dann ist diese Relation vom Menschen aus ebenso real wie Gottes Geöffnetsein zum Menschen hin.

Zugleich sind sich die beiden Autoren darin einig, daß die reale Erreichbarkeit Gottes für den Menschen nicht eine geschöpfliche Leistung ist. Dieser geht vielmehr ein Gewähren Gottes voraus. Indem der Mensch -mit Freiheit ausgestattet- der Liebe Gottes antworten k a n n, nimmt er Bezug auf eine immer schon vorgängige Anrede durch Gott, die insofern noch einmal mehr Gnadencharakter besitzt, als Gottes Überwindung von Sünde und Leid die gestörte menschliche Gottesbeziehung wieder instandsetzt. Ebenso ist die Ansprechbarkeit Gottes im Gebet christologisch eröffnet, insofern alles Beten des Menschen ein Mit-Sprechen mit dem menschgewordenen Sohn Gottes ist.
In diesem gegenseitigen Verhältnis geschieht die Veränderung der menschlichen Existenz dadurch, daß sich darin ihr Sinn verwirklicht bzw. daß ihr das "Erbetene" zukommt. Doch worin besteht die "Veränderlichkeit" Gottes?
GRESHAKE denkt stark in personalen Kategorien. Dem Gott, der in seinem Gegenüber zum Menschen für diesen da ist, wird man theo-

logisch nicht ausschließlich mit metaphysischen Vorstellungen gerecht. Der adäquate Verstehenshorizont ist nicht das zu Neutralität und Selbstbeharrung neigende Sein, sondern Liebe.
Nun kann es eine ontologische Veränderung Gottes aufgrund seiner Seinsvollkommenheit nicht geben. Der Ertrag der Geschichte stellt vielmehr eine Bereicherung seiner Liebe dar, deren Nicht oder Noch-Nicht nach der ausschließlich positiv-progressiven Logik einer immer nur zunehmenden Liebe keinen Mangel bedeutet. Wird Gott selbst und nicht nur sein Handeln als Liebe verstanden, dann muß die liebende Antwort der Schöpfung den Wert eines Neuen erhalten - und dies in einem unbestreitbaren Sinn eben für Gott selbst. An seinem göttlichen Ich erfährt er etwas, das er nicht schon immer erfährt. Soll dabei aber ein Seinszuwachs ausgeschlossen sein, weil dessen Noch-Nicht in der Tat auf einen Mangel schließen lassen müßte, so daß der Weltbezug für Gott konstitutiven Wert hätte, dann wird man sagen können, daß GRESHAKE hier den theologisch bedeutsamen Versuch unternimmt, die eschatologische Verherrlichung, das "Gott alles in allem" nicht nur in kosmologischer, anthropologischer oder universalgeschichtlicher Dimension zu sehen, sondern auch in theo-logischer. Der Gott "im Anfang" ist nicht in jeder Hinsicht identisch mit dem Gott "alles in allem". Den Unterschied, der durch die Aufrichtung der Gottesherrschaft in der Geschichte gesetzt wird, bestimmt GRESHAKE als eine Bereicherung Gottes[46], deren Qualität substanzontologisch weder akzidentellen noch substantiellen Charakter besitzt. Ist sie aber nicht ein nur Noetisches, dann muß sie ontische Qualität haben. Als solche darf die Bereicherung aber nicht seinskonstitutiv sein, so daß sie nur akzidentellen Charakter tragen müßte, was aber wiederum auszuschließen ist. Man sieht, daß eine Substanz-Ontologie hier in eine aporetische Situation gerät. GRESHAKEs Verzicht auf derlei und die Anwendung einer Logik der Liebe scheint der einzige Ausweg aus dem theologisch sich stellenden Problem zu sein.
SCHALLER denkt mehr schöpfungstheologisch. Für ihn liegt die "Veränderung" Gottes darin, daß Gott durch das Bittgebet bewegt jene Gestalt ändert, unter der er die Verwirklichung seines Heilsplans ("durch das Gesamtgeflecht aller Ursachenverhältnisse") durchsetzt. Die "Veränderung" betrifft hier eigentlich nicht das Wesen Gottes, sondern nur eine Modalität seines Handelns als des Schöpfers der creatio continua.

Die beiden Autoren gehen in ihren Überlegungen von der gemeinsamen Voraussetzung der Personalität Gottes aus, denn von Dialog und Ansprechbarkeit zu reden hat nur einen Sinn, wenn das göttliche Gegenüber du-haften Charakter besitzt. Daß aber Gott Person ist, kann spätestens seit der Diskussion um den theologischen Gebrauch des Personbegriffs im 19.Jahrhundert nicht mehr unbefangen ausgesagt werden. Nimmt man hinzu, daß es über diese theologiegeschichtliche Hypothek hinaus geradezu modisch geworden ist, von Gott als Person zu reden, dann scheint -auch im Blick auf die Diskussion um die "Unveränderlichkeit" Gottes-eine kurze theologische Besinnung auf die Personalität Gottes notwendig.
Es kann keine Frage sein, daß im Horizont einer vorwiegend substanzontologisch orientierten Theologie dem personalen Denken eine klare Korrekturfunktion zukommt[47]. Diese erfüllt es nicht durch personalistische[48] Entgegnung auf die Neutralität eines bloß "vorhandenen" Gottes, sondern nur durch Rückbesinnung auf seine biblische Wurzel.
Personalität ist an sich kein biblischer Terminus. Das damit Gemeinte kommt jedoch in zwei theologisch gefüllten Begriffen unverkennbar zum Ausdruck: Gottes "Angesicht" und sein "Herz"[49]. Die Zuwendung des "Angesichts" Gottes eröffnet den Weg in sein "Herz" und damit zu innigster personaler Gemeinschaft mit Gott.

Diese Personalität Gottes nimmt mannigfache Gestalt an. Sie wird zuerst im Angesprochenwerden durch Gott erfahren[50], in dem sich das Volk "Israel" konstituiert. Dieser Gott tritt mit ihm in eine Bundesbeziehung, in der sich sein Personsein als Nähe, Zugänglichkeit und Anrufbarkeit manifestiert. Er läßt sich fortan bei seinem Namen nennen bis hin zur Abba-Anrede Jesu.
Konkrete Gestalt gewinnt Gottes Personalität in seinem heilsgeschichtlichen Handeln. "Er erweist seine Lebendigkeit und Persönlichkeit am klarsten darin, daß er das Volk Israel immer wieder auf Wege führt, die es selber nicht gehen will, gegen die es sich mit allen Instinkten wehrt, hartnäckig, halsstarrig, mit gesträubtem Fell"[51]. In dieser Führung und gleichsam quer zum Verlauf menschlich geplanter Geschichte muß Israel stets aufs neue den überraschenden Treueerweis seines Gottes erkennen, der sich darin als "der sich bewährende Gott"[52] offenbart. Angesichts dieser Treue, die Gott dem Menschen durch alle Unruhen der Geschichte hindurch hält, hat G.HASENHÜTTL vorgeschlagen, statt

von Person "von Gott als der absoluten Bejahung des Menschen"[53] zu sprechen. Diese Bejahung ist eine solche, daß darin allererst die antwortende Haltung des Menschen erwirkt wird. Es kann deshalb niemals von einer ursprünglichen Gegenseitigkeit zwischen Gott und Mensch gesprochen werden, sondern nur von einer Gnadenmitteilung, die das geschöpfliche Gegenüber zum Partner Gottes erhebt.

Höhepunkt des biblischen Personalismus und damit zugleich letzter und alles entscheidender Anhaltspunkt für die Rede von der Personalität Gottes ist schließlich die Selbstmitteilung Gottes in der personalen Existenz Jesu Christi. "Das bedeutet, daß Gott so sehr Person ist, daß wir nur in einem personhaften Leben erkennen können, was er ist"[54]. Und in diesem Leben offenbart sich in letzter Radikalität auch die Glaubhaftigkeit seines Personseins, indem er dem Leiden nicht mit Worten begegnet, sondern indem er das Kreuz auf sich nimmt.

Bei näherem Zusehen zeigt sich für die Personalität Gottes eine merkwürdige Doppelstruktur. So gehört es zwar zur entscheidenden Lebensgrundlage Israels sowie der Christen, sich in einem bleibenden Gegenüber zu Gott zu wissen. Gleichwohl kann Gott nicht auf dieses Gegenüber fixiert werden. "Seiner Kondeszendenz geht seine Immanenz voraus"[55], d.h. der Gott, der im Gegenüber dem Menschen begegnet, steht nicht ausschließlich innerhalb dieser Beziehung als eine der beiden Bezugsgrößen, sondern hat diesen Gegenüberstand schon immer in der Weise übergriffen, indem er das antwortende Du des Menschen gnadenhaft erwirkt. Darin zeigt sich einmal eine Nähe Gottes zum Menschen, die bis in dessen Personzentrum vordringt. AUGUSTINUS hat in seinen "Confessiones" dies damit zum Ausdruck gebracht, daß Gott dem Menschen innerlicher ist als dieser sich selbst. Zugleich besteht jedoch keinerlei Verfügungsgewalt über Gott, denn er bleibt dem Menschen auch in dieser Nähe entzogen, so daß sein gegenwärtiges In-sein im selben Augenblick stets eine Überlegenheit und Freiheit im Bund mit einschließt[56]. Diese Doppelstruktur der Personalität Gottes wird konkret in einem als Beanspruchung und Undurchschaubarkeit erfahren[57].

Ein weiteres Moment an dieser Gezweiung besteht darin, "daß unsere Begegnung mit Gott, der Person ist, zugleich eine Begegnung ist mit dem Gott, der der Grund alles Personhaften und als solcher k e i n e Person ist"[58]. Von hier aus zeigt sich vielleicht am deutlichsten die vielfältige Brechung, die der anthropologische Personbegriff bei seinem theologischen Gebrauch erfahren muß. Indem Gott personale Existenz ermöglicht, kann von seiner Personalität niemals nur im Sinne eben dieser gesetzten personalen Existenz gesprochen werden. Daraus resultiert, daß Gottes Personalität immer auch seine Impersonalität einschließt, wobei die Identität des Subjekts jede einseitige Unterordnung ausschließt, denn "Gott ist nicht persönlich auf einer niederen Stufe und unpersönlich auf einer höheren"[59]. Sachlich wird diese Erkenntnis auch trinitätstheologisch bestätigt. R.CANTALAMESSA[60] hat nachgewiesen, daß die unterschiedlichen Trinitätsauffassungen im griechischen (Gott ist "unus in Trinitate") und lateinischen (Gott ist "unum in Trinitate") Denken nicht Alternativen sind, sondern daß der Unterschied selbst ein fundamentum in re besitzt. Die Impersonalität seiner göttlichen Natur als das den Personen Gemeinsame (und darin gerade Nicht-Personale) und die (trinitarische) Personalität Gottes stehen als absolute Größen des göttlichen Seins gleichberechtigt nebeneinander, so daß auch von hier aus gesagt werden kann, daß die Hinwendung zum Menschen die eines Gottes ist, der aufgrund seiner ungeschaffenen göttlichen Natur doch immer auch der transzendente bleibt.

Die Doppelstruktur der Personalität Gottes kann in einem Wort als Verschränkung von Immanenz und Transzendenz, von Du-Gestalt und Unbedingtheit[61] bezeichnet werden. Konkret zeigt sie sich in heilsgeschichtlicher Perspektive als das Beieinander von Gutsein und Macht Gottes. H.SPAEMANN hat diesen Zusammenhang der atl. Klage verdeutlicht. "Wäre er (sc. Gott) nur gut, aber ohnmächtig, dann könnten widrige Tatsachen gegen ihn nicht ins Feld geführt werden, denn er könnte nichts daran ändern. Wäre er nur mächtig, aber nicht gut, dann wäre die Klage sinnlos, weil sie gar kein Ohr fände"[62]. In dieser Einheit von Sinn und Sein[63], in der Gott nicht nur als das sinnstifende Woraufhin geschichtlicher Existenz erscheint, sondern auch der seinsmächtige Urheber der Schöpfung ist, liegt die Personalität Gottes. Wird er als die Liebe bezeichnet, dann nicht im Sinn eines ohnmächtigen Prinzips, sondern entscheidend auf dem Hintergrund des atl. Wissens um Gott als den Mächtigen[64]. Als ein solchermaßen seinsmächtiger, geschichts- und weltüberlegener Gott ist er die Liebe.

Diese Doppelstruktur des Personseins Gottes läßt sich nicht zugunsten eines einzigen Moments vereinfachen. Gott als Person ist

wesentlich beides: Macht und Gutsein.
Der Begriff der Personalität Gottes kann sich demnach weder allein auf eine substanzontologische[65] noch auf eine personalistische oder existentialistische[66] Fassung stützen. Soll für Gott nicht ein anthropologischer Personbegriff Anwendung finden, so daß Gottes Personsein wirklich ein göttliches ist und nicht die divinisierte Gestalt menschlichen Personseins, dann ist darauf zu achten, daß die skizzierte Doppelstruktur des In-Über, von Gutsein und Macht unangerührt bleibt. Dies muß sinnvoller Weise auf dem Weg gegenseitiger Vermittlung von substanzontologischem und personalem Denken geschehen, d.h. nicht im Sinne bloßer Addition, sondern als ontologische Neuorientierung[67].

In Bezug auf die Beiträge von GRESHAKE und SCHALLER stellt sich im Anschluß daran nun die Frage, inwieweit sie dem spezifischen Postulat des theologischen Personbegriffs gerecht werden. Beide nehmen zwischen Gott und Welt eine echte Dialogsituation an, in der Gott dem Menschen als Person in der Weise begegnet, daß er die freie Antwort seines menschlichen Gegenübers erwartet und sich darin für den Menschen überhaupt ansprechbar macht. Aber zugleich wird Gott nicht auf seine Du-haftigkeit reduziert. GRESHAKE bringt sowohl Gottes Freiheit und Transzendenz als auch seine Macht, den leidvollen Unheilszusammenhang der Geschichte zu überwinden, zum Ausdruck, und auch SCHALLER bewahrt die Transzendenz und Freiheit Gottes, insofern Gott einmal als Schöpfer der creatio continua transzendenter Seinsgrund bleibt und nicht zur bestimmbaren Variablen menschlichen Gebets degeneriert und zum andern den dialogischen Gegenüberstand übersteigt, indem er in Jesus Christus dem Menschen allererst diese seine Ansprechbarkeit eröffnet. Aufs ganze gesehen wird man deshalb sagen können, daß beide Autoren die dem Begriff der Personalität eigene innere Spannung im wesentlichen aufrechterhalten.

Im Zusammenhang der Personalität Gottes steht bei GRESHAKE auch die Vorstellung der "Bereicherung" Gottes. Es wird betont, daß diese für Gott reale, aber nicht seinskonstitutive Bedeutung hat. Diese wichtige Einschränkung ergibt sich überdies grundsätzlich auch aus zwei schöpfungstheologischen Überlegungen. Sie zeigen, daß Gott als der Schöpfer, auch wenn er eine endzeitliche "Bereicherung" erfährt, immer der souveräne und freie Gott bleibt.
Eine erste Überlegung betrifft die Frage nach dem Zustandekommen

der Schöpfungsbeziehung Gottes. So hat BARTH noch vor jedem geschichtlichen Vollzug des Bundes in der freien Erwählung des Menschen den Grund für die Schöpfung und damit einer Schöpfungsbeziehung Gottes gesehen. Die Freiheit Gottes im Gegenüber zum Menschen ist die Freiheit, ihn überhaupt zu schaffen. "Das Denken an Gott als den Schöpfer aller Dinge impliziert bereits die Negation einer vollständigen Wechselbeziehung zwischen der Gottheit Gottes und dem Sein der Welt"[68]. Die kirchliche Tradition hat mit dem Begriff der creatio ex nihilo auch zum Ausdruck gebracht, daß Gott seine Wahrheit noch vor jeder Schöpfungsbeziehung ganz in sich selbst hat und die Beziehung zum Geschaffenen weder von Gott noch von der Welt her als gefordert zu denken ist.

Dieser Gedanke der Schöpfung aus dem Nichts besagt des weiteren im Blick auf die Kreatur, daß es keine "Arbeitsteiligkeit" des Schöpfungswerkes geben kann. Der Mensch hat nicht darin seinen Wert und seine Würde, für Gott nützlich zu sein. Denn dies führte "unvermeidlich zur Auseinandersetzung zwischen 'Herr und Knecht'; und die Frage ist nur, ob am Ende die Menschengeschichte und deren Ertrag die 'Erinnerung und die Schädelstätte' des zu sich gekommenen Absoluten sein werden (...), wie Hegel auf der letzten Seite seiner 'Phänomenologie des Geistes' schreibt - oder ob umgekehrt die Geschichte der Religionen und ihrer Bilder des Göttlichen die Schutthalde abgestreifter Illusionen des zu sich gekommenen Menschen sein wird"[69]. Der Wert, der dem Menschen im Sinne GRESHAKEs zukommt, und wie er auch im Begriff der creatio ex nihilo enthalten ist, besteht darin, für Gott "nutzlos" zu sein. Gibt es Schöpfung, dann führt jeder Erklärungsversuch in die Irre, der Welt in einen funktionalen Zusammenhang mit Gott bringt. Erschafft Gott, dann einzig um des so Geschaffenen willen. "Wir sind in diesem Gott, obwohl oder weil zu nichts nütze, von unendlichem, wörtlich: göttlichem Wert"[70]. Daraus resultiert, daß im Sinn der creatio ex nihilo Grund der Schöpfung allein die Grund- und Zweck-Losigkeit der Liebe Gottes ist und diese dann auch Ursache für das geschichtliche Verhältnis des Bundes Gottes mit dem Menschen wird. Aber diese Liebe, die zweckfrei das Andere anerkennt, setzt selbst eine Freiheit gegenüber dem Anderen voraus. Es ist die Seins- und Lebensfülle des in sich selbst gründenden und lebendigen Gottes, der "zwanglos" das Andere sein lassen kann. Der Gott der Schöpfung aus dem Nichts ist als der liebende Gott auch der allmächtige und freie.

Die Beiträge von GRESHAKE und SCHALLER sind auch auf Kritik gestoßen. Nach H.PFEIL[71] gehören sie zur "neuen Hypothese" von der "Veränderlichkeit und Geschichtlichkeit Gottes". Gegen SCHILLEBEECKX, dessen Ausgangsgedanke zum Thema Bittgebet und Erhörung in der Ansprechbarkeit Gottes durch den Menschen liegt und sachlich mit dem Ansatz SCHALLERs identisch ist, weist PFEIL auf die Allwissenheit Gottes hin. "Obschon sie (sc. die Bittgebete) Gott nicht umzustimmen und seine Pläne nicht zu durchkreuzen vermögen, hat Gott sie vor aller Zeit gekannt und aus Güte in seine Entscheidungen einbezogen. Es bedarf keines jeweiligen Hörens und Reagierens Gottes auf unsere Bittgebete"[72].
Diese Argumentation PFEILs setzt sich im Einwand gegen GRESHAKEs Annahme eines geschichtlichen Dialogs zwischen Gott und Mensch fort. "Mit nach außen sich offenbarender Liebe liebt er die Geschöpfe nach dem Maß ihrer je verschiedenen Liebenswürdigkeit, jedoch nicht um ihretwillen, da er von ihnen nicht angeregt und bestimmt wird, sondern um seinetwillen, sofern sie Produkte und Nachahmungen seiner eigenen Vollkommenheit und Güte sind. Dabei ist seine Liebe völlig selbstlos; wie er der Geschöpfe nicht zu seiner Ergänzung bedarf, so erwartet er von ihnen keinen Nutzen, sondern bereichert sie mit seinen Gütern"[73]. Die Gegenseitigkeit personaler Beziehungen wird strikt abgelehnt. Auf dem Hintergrund der schultheologischen Unterscheidung von relatio realis und relatio rationis bestimmt PFEIL das Verhältnis zwischen Gott und Mensch als ein einseitiges Agieren Gottes gegenüber dem Menschen, der zum rein passiven Empfänger geworden ist. Aber vielleicht noch entscheidender als die theologische Sachaussage von der "Einbahn-Kommunikation" ist der Tenor der Kritik. "Gott... unterliegt von seiten der Geschöpfe nicht dem geringsten Einfluß, und schon gar nicht wird er durch sie verändert. Zum Vergleich sei an einen Spiegel gedacht, vor dem ein Mensch steht und erst lacht und dann weint; der Mensch ändert sich; der Spiegel, der die Veränderung anzeigt, verändert sich nicht... Alle Verherrlichung und alle Beleidigung, die Gott von seinen Geschöpfen entgegengebracht werden, bewirken nicht die geringste Steigerung oder Minderung der ewig gleichen unendlichen Herrlichkeit und Glückseligkeit Gottes"[74].
Dem intersubjektiven "Gott-Welt-Verhältnis" bei GRESHAKE und SCHALLER steht hier die Agitation einer absoluten Subjektivität gegenüber. Fast ist man geneigt zu fragen, ob hier noch von ein

und demselben Gott gesprochen wird. Gewiß teilen beide Autoren die Auffassung von der ontologischen Vollkommenheit Gottes. Aber ist damit von Gott schon alles gesagt? Ist PFEILs Gott noch der biblische Gott des Bundes oder nicht eher eine Gott-Monas hellenischer Abstammung, so daß aus lauter Angst und theologischer Übergenauigkeit das Kind mit dem Bad ausgeschüttet worden ist? Wie ganz anders dagegen die Theologie eines K.BARTH, dessen theologisches Vermächtnis die Einsicht ist, daß Gottes Göttlichkeit gerade in seiner Menschlichkeit und Menschenfreundlichkeit liegt. "Wenn es einen kümmerlichen Anthropomorphismus gibt, dann die Zwangsvorstellung von der Unveränderlichkeit Gottes, die es ausschließe, daß er sich durch sein Geschöpf so oder so bestimmen lassen könnte! Gott ist wohl unveränderlich, aber unveränderlich in seiner Lebendigkeit, in der Barmherzigkeit, in der er sich seines Geschöpfes annimmt! ... Jedes Schwanken, alles Problematisieren wäre ja hier die beleidigende Verwechslung Gottes mit jenem unbewegten Götzen"[75].

Ein gewichtigerer Einwand gegen GRESHAKEs Überlegungen scheint darin zu bestehen, daß es dem Autor nicht gelingt, Gottes Sein und Gottes Liebe stärker miteinander zu verbinden als nur dadurch ihre Einheit herzustellen, daß beides von ein und demselben Subjekt ausgesagt wird. So sehr die Unterschiedlichkeit der Kategorien einleuchtet und von da aus eine Vermittlung ausgeschlossen scheint, bleibt die faktische Konsequenz doch negativ. Denn sie provoziert die Spaltung in einen "seienden" und einen "liebenden" Gott, in ein Innen und ein Außen, in einen ewig-vollkommenen und einen "geschichtlich-wachsenden" Gott[76]. Es kann nicht Sinn sein, den Gordischen Knoten zu durchtrennen, indem jeweils der eine Aspekt beiseite gelassen wird. Der Gott "im Anfang" ist nicht der Gott "alles in allem" und dennoch sind beide ein und derselbe Gott. Ihre Identität muß theologisch sichergestellt sein. Es fragt sich, ob dabei ein substanzontologischer Seinsbegriff -wie er wohl unterschwellig auch bei GRESHAKE vorhanden ist und, wie es scheint, die Ursache für den klaffenden Spalt im Gottesbegriff darstellt- noch ausreicht, um dieses Problem zu lösen.

Abschließend sind noch jene Gesichtspunkte zusammenzufassen, die für die Diskussion von besonderem Belang sind.

1. Die starke Betonung menschlicher Freiheit garantiert, daß der volle Ernst der Geschichte universal und individuell im höchsten Maß gewahrt bleibt. Dadurch wird erreicht, daß Welt nicht als

Moment eines Systems begriffen wird, in dem sie auf eine Funktion reduziert und damit einem Höheren unterstellt wird. Die Freiheit der Geschichte sorgt vielmehr dafür, daß die Thematik nicht ihre innere Spannung verliert. Die gedankliche Substanz des Unveränderlichkeits-Begriffs muß so geartet sein, daß sie die Schwere endlicher Freiheitsentscheidungen zu denken Raum läßt und überhaupt erst von hier aus und im Gegenüber zu dieser Freiheit bestimmt wird. Gottes "Unveränderlichkeit" darf nicht auf Kosten dieser Freiheit gehen.

2. Die eschatologische Perspektive beinhaltet auch eine theo-logische. Obgleich Gottes seinsmäßige Vollkommenheit (als Grund aller Relationen "nach außen") zu keinem Zeitpunkt in Frage stehen darf, erscheint es legitim und sinnvoll, in der endzeitlichen Verherrlichung des Gott "alles in allem" auch einen realen Ertrag für Gott selbst in der Weise anzunehmen, daß der Begriff der "Unveränderlichkeit" Gottes nicht am Realitätsgehalt des göttlichen Weltbezugs vorbei konzipiert werden darf. Der Versuch einer Vermittlung zwischen Gottes ontologischer Vollkommenheit und einer "Bereicherung" Gottes durch die Geschichte hat in jedem Fall theologisch höheren Stellenwert als die bloße Feststellung der substanzontologischen Vollkommenheit Gottes, die als Aussage nicht falsch ist, aber angesichts des Offenbarungszeugnisses theologisch ungenügend bleiben muß.

3. Jedes menschliche Gebet setzt sinnvoller Weise die personale Ansprechbarkeit Gottes voraus. Soll die Identität des ewigen, "unveränderlichen" Gottes mit diesem ansprechbaren Gott nicht preisgegeben werden, dann verlangt -analog dem vorherigen Punkt- auch eine theo-logische Reflexion des Gebets ein Gottesverständnis, das die einseitige Orientierung an einem reinen Substanzdenken beispielsweise in der angedeuteten trinitarischen Richtung aufbricht.

4. Die Ermöglichung dialogischen "Einwirkens" auf Gott ist eine durch Gott selbst dem Menschen eröffnete Möglichkeit. Die Verherrlichung Gottes durch den geschichtlichen Menschen bleibt als Möglichkeit nur in der die Unheilszusammenhänge überwindenden Liebe Gottes gegeben. Ebenso ist die Ansprechbarkeit Gottes christologisch im Mit-Beten des menschgewordenen Sohnes eröffnet.

5. Eine Theologie, die verantwortlich von einem mit der Schöpfung mitleidenden Gott sprechen kann, hat entscheidende Bedeutung für das Theodizeeproblem. Denn Gott steht nicht länger mehr anklagbar

dem Leiden gegenüber, sondern er begegnet jetzt selbst im Leiden. Was daraus folgt, wäre eher die perspektivische Umkehrung in eine Kosmo- und Anthropodizee.

2) J.GALOT: Des liebenden Gottes Leiden

Die Frage nach einem Leiden Gottes kann nach J.GALOT[77] nur im Horizont der Gott-Welt-Beziehung berechtigterweise gestellt werden, da Gott in sich als reine, vollkommene Freude zu bestimmen ist. Die Antwort auf die gestellte Frage wird sich nicht an philosophischen Erörterungen über die transzendentale Möglichkeitsbedingung des göttlichen Leidens orientieren, sondern an der in Christus geschehenen Offenbarung. Sie liefert die Erkenntnis einer unbedingten Liebe Gottes zur Welt, die in der Passion des Gottessohnes ihren Höhepunkt erreicht hat, so daß folglich eine "Veränderlichkeit" Gottes als Leiden nur im Horizont der Liebe zu suchen ist.

a) Das Bild des leidenden Gottes in den Offenbarungszeugnissen

Die theologische Methode im allgemeinen und besonders angesichts der vorliegenden Frage kann nicht darin bestehen, ein vorgefertigtes Gottesbild zum Maßstab der biblischen Aussagen zu erheben. Statt dessen hat die Erkenntnis von der theologischen Autorität der Offenbarung auszugehen, die "alle unsere Begriffe übersteigt und auf den Kopf stellt"[78].

Die ntl. Schriften geben Zeugnis von der letzten und endgültigen Offenbarung des Bundesgottes. In ihrer Mitte steht der Sohn Gottes selbst. Für die Frage nach dem Leiden Gottes kommt ihm dabei vor allem deshalb theo l o g i s c h e Autorität zu, weil er selbst zum Leidenssubjekt wird. Der Lebensweg Christi ist ein Leidensweg. Er verläuft zwischen Inkarnation und Kreuz. Er beginnt bereits mit der Menschwerdung, die Phil 2,6f. als Kenosis[79] mit einem Leidensaspekt verbindet. Ihren Abschluß findet die Menschwerdung erst im "Ecce homo" des Pilatus (Joh 19,5), weil das volle Menschsein an die unverdünnte Erfahrung des Leidens gebunden ist[80]. Der Leidensweg endet am Kreuz. Hier ist das volle Maß erreicht. Wenn die Tradition häufig geneigt war, das Leiden auf die menschliche Natur zu begrenzen, so muß gerade hiergegen mit Hilfe des Gedankens der hypostatischen Union auch von einem Leiden des inkarnierten L o g o s gesprochen werden[81]. Doch macht das Kreuzesleiden noch auf einen weiteren Aspekt aufmerksam. Neben dem physischen Schmerz empfindet der Gekreuzigte vor allem eine unüberwindliche Gottverlassenheit. Der Sohn vermag das Antlitz des Vaters nicht mehr zu sehen. Was sich hier zeigt, ist nicht nur Geschehen zwischen Gott und Mensch, sondern göttliches Drama zwischen Vater und Sohn. Die theologische Leidensaussage wird deshalb dahingehend zu präzisieren sein, daß als der letzte Grund des Leidens die personale Beziehung des Sohnes zum Vater anzusehen ist[82].

Damit ist praktisch die Frage nach der Beteiligung des Vaters an der Passion gestellt. Eine Übertragung des Leidens aufgrund der Gemeinsamkeit der göttlichen Natur bleibt auszuschließen, weil der inkarnierte Sohn nicht in seiner göttlichen Natur leidet[83]. GALOT greift vielmehr auf das 11.Konzil von Toledo und das 4.Laterankonzil zurück, wo unter Aufnahme patristischer Aussagen von einem gemeinsamen Handeln der trinitarischen Personen ad extra gesprochen wird. Für die Frage nach dieser Gemeinsamkeit im Leiden des Sohnes wird das Gleichnis von den bösen Winzern (Mk 12,1-12) herangezogen. Es kennzeichnet den Sohn als "geliebten" (V. 6). Die Vertrautheit dieser Beziehung drückt sich nicht nur in einer gegenseitigen Zugehörigkeit (Joh 10,38; 17,10) aus, sondern vor allem in der Nähe des Vaters zu seinem leidenden (Joh 16,32) und gekreuzigten Sohn, wenn dieser seinen Geist in die Hände des Vaters zurückgibt (Lk 23,46). Das Winzergleichnis beschreibt den Sohn aber auch noch als den gesandten. Indem der Vater ihn als den einzigen sendet, kann nicht nur nicht von einer Gleichgültigkeit des Sendenden gesprochen werden, sondern von einer Trennung, die sich der Vater selbst auferlegt. Nimmt man beide Momente -Liebe und Senden- zusammen, dann muß in diesem Hingeben noch vor dem Leiden des Sohnes ein Leiden des Vaters angenommen werden[84]. Wie sehr die Hingabe des Sohnes, sein Nicht-schonen, ein Opfer des Vaters ist, zeigt die Isaak-Typologie Röm 8,32 sowie die Anschaulichkeit und Dramatik Mk 12,1-12. "Auf zurückhaltende Weise gibt Jesus einen deutlichen Hinweis auf die leidvolle Entscheidung des Vaters"[85]. So geht der Vater dem Sohn auf dem Leidensweg voran[86].

Das Leiden des Vaters aufgrund seiner personalen Beziehung zum Sohn resultiert aber nicht allein aus der Dahingabe des Sohnes, sondern auch aus der bleibenden Gegenwart des Vaters in der geschichtlichen Existenz des Sohnes. Dieses Leiden ist dann vor allem als Mitleiden zu bestimmen und dies aus verschiedenen Gründen. Zunächst entspricht es der Logik der väterlichen Liebe, daß sich der Schmerz bei der Dahingabe im Schmerz angesichts der geschichtlichen Verwirklichung des Opfers fortsetzt. Ohne dieses Mitleiden des Vaters könnte das Kreuz des Sohnes nicht mehr als Gottes Liebe zum Menschen verstanden werden, zu dessen Heil sich dieses Opfer vollzieht und wäre statt dessen Ausdruck höchster Grausamkeit. Die Liebe zum Menschen und die unbedingte Heilsabsicht führen schließlich dazu, daß der Vater es unterläßt, dem Leiden des Sohnes ein vorzeitiges Ende zu bereiten. Indem der Vater das Leiden des Sohnes zum Gipfel kommen läßt, erfüllt sich auch das Maß seines Leidens. "Er begleitet den Sohn unsichtbar auf dem Weg des Leidens" (dans l'aventure de la souffrance)[87]. So läuft alles wieder auf die Verlassenheitsklage des Gekreuzigten hinaus. Während der Sohn das Verlassensein erleidet, kann es für den Vater keinen größeren Schmerz geben, als selbst diesen Abstand zwischen sich und dem geliebten Sohn zu setzen[88]. Eine Interpretation im Sinne väterlicher Rache oder Feindseligkeit gegenüber dem Sohn ist daher abzulehnen. Dem Sich-Hingeben des Sohnes entspricht also in jedem Augenblick die geopferte und sich opfernde Liebe des Vaters. Insofern ist mit dem Höhepunkt der Passion am Kreuz auch der Höhepunkt der Gottesoffenbarung[89] erreicht: Wer mich gesehen hat, hat den Vater gesehen (Joh 14,9).

Die christologische Feststellung des Leidens und seine binitarische Auslegung machen die innere Dramatik des von Gott verrichteten Heilswerkes deutlich. Sein tragender Grund ist die väterliche Liebe zu dem Menschen, "und diese Liebe ist eine leidende Liebe"[90]. Im Gekreuzigten zeigt sich, daß Gott wirklich und auf schmerzliche Weise von der Sünde getroffen wird. Als Fazit hält GALOT an einer "gewissen Veränderlichkeit"[91] Gottes fest.

b) Spekulative Durchdringung

Aus dem biblischen Befund ergibt sich der Schluß, daß die Rede vom leidenden Gott nicht metaphorisch verstanden werden darf, da sonst der Ernst und damit auch der (Heils-) Wert des Leidens verlorenginge. Theologie ist hier Analogie, weil der Wesensgehalt des Leidens Gottes sich durchaus mit dem berührt, was der Mensch im Leiden erfährt[92].

Das analoge Sprechen wirft aber umso dringlicher die Frage auf, in welchem Sinn nun vom Leiden G o t t e s die Rede sein kann. Worin besteht die immer noch größere Unähnlichkeit gegenüber menschlichem Leiden? GALOT nimmt hier zunächst eine Unterscheidung des DOMINGO a SANTA TERESIA auf. Dieser hatte auf die Frage nach dem Realitätsgehalt der Beleidigung Gottes durch die Sünde geantwortet, daß es eine affektive, aber keine effektive Beleidigung Gottes gebe[93]. Diesen Sinn entfaltet GALOT mit Hilfe der Unterscheidung von Natur bzw. Sein einerseits und Liebe Gottes andererseits. Die Frage, was durch die Sünde in Gott getroffen wird, ist dann im Sinn dieser Unterscheidung zu beantworten: "Das Leiden Gottes... ist genau genommen kein Leiden des göttlichen Seins, sondern ein Leiden der göttlichen Liebe"[94]. Mit dieser Differenzierung ist auf Anhieb klar, daß die Ähnlichkeit göttlichen Leidens mit dem des Menschen von einer größeren Unähnlichkeit[95] umgriffen ist. Diese Unterschiedenheit zeigt sich in dreifacher Hinsicht. Der Schmerz Gottes ist zunächst in der reinen Liebe Gottes begründet. Er kann niemals Ausdruck einer verletzten Eigenliebe sein[96]. Im Gleichnis vom verlorenen Sohn entsteht das Leiden des Vaters da, wo dieser das Unglück des Sohnes sieht (Lk 15,20). Zweitens ist jeder Gedanke einer Notwendigkeit auszuschalten. Wenn Gott leidet, dann heißt das, "daß er selbst beschlossen hat, sich auf diesen Weg einzulassen und daß er dies in völliger, transzendenter Freiheit, die ihm eigen ist, entschieden hat"[97]. Drittens bedeutet das Leiden Gottes keine Erschütterung oder Beeinträchtigung seines inneren Wesens. Vor allem die beiden letzten Argumente können die Unterscheidung verdeutlichen, wonach Gott in seiner Liebe und nicht in seiner Natur leidet. Zur Wahrung der Freiheit Gottes, des inneren Wertes seiner Liebe sowie seiner göttlichen Vollkommenheit siedelt GALOT das Leiden nicht auf der Ebene der göttlichen Natur an, was sonst zur Notwendigkeit des Leidens führen müßte, sondern auf der Ebene des freien Willens und des Handelns. Mit aller Entschiedenheit wird deshalb an einer ontologischen Unveränderlichkeit[98] Gottes festgehalten. Gott ist dem Sein nach der deus impassibilis. Ein nur moralisches Verständnis der Unveränderlichkeit im Sinne einer fortgesetzten Bundestreue Gottes würde zu kurz greifen, weil es deren tragenden Grund -Gottes seinsmäßige Vollkommenheit- aus dem Auge verlieren müßte. Allerdings sieht GALOT sofort die Gefahr, die von einer ontologischen Fassung der Unveränderlichkeit Gottes ausgeht. Gott darf dadurch nicht in eine absolute Transzendenz verbannt werden, die ihm die Selbstbestimmung verwehrt, mit dem Menschen zusammen eine Geschichte zu haben und sich dem Leiden der Liebe auszusetzen[99]. Eine derart verstandene Unveränderlichkeit im Sinne völliger Leidensunfähigkeit könnte Gottes Freiheit und Souveränität gerade nicht wahren, weil sie ihn auf die reine Zuständlichkeit seiner Natur reduzieren müßte.

Daß Gott in seiner Liebe leidet, davon aber in seinem Sein nicht berührt wird, führt unweigerlich zur Frage nach der Möglichkeit einer solchen Trennung. Wie soll der Verdacht einer nur "oberflächlichen" Liebe vermieden werden? GALOT sieht diese paradoxe Struktur. "Wir können durch unsere menschliche Erfahrung nicht begreifen, wie es für Gott möglich ist, sich auf seine Liebe zu den Menschen in Freiheit einzulassen ohne durch diese Liebe in seinem Sein berührt zu werden"[100]. Deshalb unternimmt er keinen Versuch einer transzendentalen Vermittlung, sondern macht die Unterscheidung als Konsequenz einer soteriologischen Betrachtung des Leidens plausibel. "Wenn es nicht Leiden eines leidensunfähigen Gottes wäre, hätte es seinen ihm eigenen Wert verloren"[101]. Das Leiden des in sich leidensunfähigen Gottes wird auf diese Weise zum Ausdruck unbedingter Liebe. Der sich in der Leidensunfähigkeit der göttlichen Natur manifestierende Abstand zwischen Gott und Welt wird von Gott selbst überwunden, um dem Menschen nahe zu sein. "Derjenige, der sich auf seine ihm eigene Leidensunfähigkeit hätte zurückziehen können, hat den Schmerz erfahren wollen"[102].

Dennoch bleibt die Provokation eines leidenden Leidensunfähigen. Sie führt schließlich doch zu einem vorsichtigen Vermittlungsversuch, der die Identität des in sich leidlosen Gottes mit dem in und an seiner Liebe zum Menschen leidenden Gott aufrechterhalten soll. Die ontologische Unveränderlichkeit Gottes, d.h. die Leidensunfähigkeit der göttlichen Natur hat in der Tradition oft zur Konsequenz eines statischen Gottesbegriffs geführt und damit den Blick auf die innertrinitarische Lebensfülle verstellt. Diese ist ihrem Wesen nach reine Liebesbeziehung, von der alles Leiden auszuschließen ist[103]. Jedoch liefert sie einen gewissen Anhalt für die leidende Liebe zum Menschen. GALOT bezeichnet sie als ekstatische Liebe (amour extatique)[104], durch die der Vater und der Sohn in der Person des Geistes miteinander verbunden sind. Die liebende Person verliert sich dabei ganz an die geliebte Person, sie existiert in reiner Selbsthingabe. Der wechselseitige Selbstverlust ("perte de soi")[105] enthält aber kein Leiden, sondern macht die radikale Gewalt dieser Liebe (puissance d'amour)[106] deutlich. Entscheidend ist nun, daß diese ekstatische Liebe sich als jene bedingungslose Hingabe der trinitarischen Personen gestaltet, "die die der Menschheit entgegengebrachte Liebe einschließt und einen Leidensaspekt zuläßt"[107]. Auf diese Weise ist zwischen dem Sein Gottes in sich und dem Handeln Gottes ad extra zumindest eine gewisse Kohärenz[108] hergestellt.

Bemerkungen

Die Zuordnung GALOTs zu einem bundestheologischen Ansatz ist nicht in jedem Fall zwingend. Breiten Raum nehmen seine christologischen Erörterungen (11-62) über das Leiden des menschgewordenen Sohnes ein sowie die Weitung in eine trinitarische Fragestellung, inwieweit auch der Vater an dem Leiden des Sohnes beteiligt ist (63-118). Es scheint daher grundsätzlich auch denkbar, GALOTs Beitrag als christologischen, trinitarischen oder staurologischen zu bezeichnen. Wird er dennoch in jenen bundestheologischen Horizont gestellt, so deshalb, weil das christologisch festgestellte Leiden des trinitarisch gedachten Gottes zurückgeführt wird auf seine grundlegende Ursache, die nach GALOT in der Liebe Gottes zum Menschen liegt - eine Liebe, die angesichts der menschlichen Sünde eine leidende ist. Denn Gott leidet an der Sünde[109], weil der Mensch darin seine eigene Existenz zerstört[110]. Die Offenbarung dieses göttlichen Leidens geschieht in Jesus Christus. In seiner Existenz kommt zum Ausdruck, was das gemeinschaftliche Gegenüber Gottes zum Menschen für Gott selbst bedeutet. Die bundestheologische Zuordnung erscheint damit sinnvoll.
Der theologische Beitrag des Autors hat durch A.GANOCZY -sicher stellvertretend für viele- eine positive Einschätzung erfahren. "Das Buch zeigt sich insgesamt als ein Musterbeispiel dafür, was eine verjüngte scholastische Theologie leisten kann"[111]. Die Bemerkung von der verjüngten scholastischen Theologie kann auf das entscheidende Strukturprinzip in GALOTs Denken aufmerksam machen. Dieses vollzieht sich im Spannungsfeld zweier Schwerpunkte. Den einen bildet die Fülle der biblischen Aussagen zum Leiden Gottes. Schon die atl. Offenbarungszeugnisse wissen um das Leiden des Bundesgottes und weisen damit bereits über sich hinaus auf den endgültigen Offenbarer in der Leidensgestalt des Gekreuzigten. Sein bezeugtes Erscheinen in der Geschichte verpflichtet alle Theologie auf die Erkenntnis Gottes im leidenden Christus und entlarvt diejenige, die an dieser fundamentalen Erkenntnis vorbei den Gottesgedanken ohne den Blick auf das

Kreuz entfaltet. Diesem Anspruch der Schrift ist nach GALOT die bisherige Tradition nur in mäßigem Umfang gerecht geworden[112]. Gegen eine latente Wirksamkeit des Apathieaxioms in der Theologie beabsichtigt der Autor deshalb die biblische Erkenntnis vom leidenden Gott durchzusetzen.
Zugleich weiß sich GALOT auch der scholastischen Tradition verpflichtet. Das ist die zweite Orientierung seines Denkens. Theologisches Sprechen ist analoges Sprechen, d.h. die Ähnlichkeit des Ausgesagten mit dem geschöpflichen Anhalt ist vorhanden und doch zugleich von einer je größeren Unähnlichkeit überboten. Wird von Gott ein Leiden ausgesagt, dann nur im analogen Sinn. Menschliches Leiden kann durchaus etwas von dem enthalten, was göttliches Leiden einschließt. Dessen größere Unähnlichkeit liegt jedoch darin, Leiden der r e i n e n Liebe zu sein. Scholastischer Einsicht entspringt auch die Feststellung von der Leidensunfähigkeit und Unveränderlichkeit der göttlichen Natur bzw. des Seins Gottes, denn ein Leiden in der göttlichen Natur müßte, weil sie nichts Akzidentelles an sich trägt, ein notwendiges Leiden, müßte Gottes Wesen Leiden sein - eine Position KITAMORIs, die GALOT strikt ablehnt.
Gerade angesichts dieses scholastischen Erbes kann es verblüffen, daß zugleich gegen die Vorherrschaft des schultheologischen Apathieaxioms mit aller Entschlossenheit vorgegangen wird. Theologiegeschichtlich läßt sich erkennen, daß eine scholastische Theologie auch immer schon um die leidenstheologischen Schriftaussagen gewußt hat, deswegen aber doch niemals mit einer solchen Deutlichkeit und Intensität von einem leidenden Gott gesprochen hat. Tut dies nun GALOT, dann "nicht ohne sich hinter einem Schild zu decken: J.Maritains bekannt gewordenen Aufsatz von 1969, in dem er, der Thomist, gegen Thomas und die besagte Tradition Stellung nimmt"[113]. Schon in seiner Einleitung[114] verweist GALOT auf MARITAIN, der sich an seinem Lebensabend zur Frage nach einem Leiden Gottes geäußert hat und dessen Überlegungen hierzu den Charakter eines theologischen Vermächtnisses angenommen haben. Worum geht es ihm?
In seinem Aufsatz[115] spricht er von einem großen Problem, das die Theologen lieber verdrängen als es sorgfältig untersuchen[116]. "Wohl ist es wahr, daß Trauer und Kummer von Gott nicht ausgesagt werden können, weil sie Abhängigkeit und Unvollkommenheit einschließen. Und doch läßt dies den Geist unbefriedigt, vor

allem wenn man an das Gleichnis vom verirrten Schaf (Mt 18,12-14) und an das Gleichnis vom verlorenen Sohn (Lk 15,11-32) denkt"[117]. MARITAIN empfindet ein Ungenügen der traditionellen Theologie angesichts biblischer Aussagen, die vom Erbarmen und Mitleid Gottes sprechen. Sind sie Offenbarung, dann muß es in Gott selbst, d.h. in Bezug auf sein Wesen und nicht nur auf sein Handeln, Erbarmen geben[118]. Anlaß des Erbarmens ist die Sünde. "Die Sünde tut Gott etwas an, was seine göttlichen Tiefen erreicht, nicht dadurch, daß sie ihn etwas von der Kreatur Verursachtes erleiden ließe, sondern indem sie diese in ihrer Gottbeziehung auf die Seite jener ungenannten Vollkommenheit Gottes, des ewigen Urbilds dessen in ihm übergehen läßt, was in uns der Schmerz ist"[119]. MARITAIN geht sogar soweit zu sagen, daß diese urbildhafte Leidenswirklichkeit wesentlich zur göttlichen Seligkeit hinzugehört[120].

Damit hat er aber nicht einfach die kreatürliche Leidenswirklichkeit in das Wesen Gottes eingetragen, sondern im Grunde den Leidensbegriff theologisch problematisiert. Leiden steht nicht für die Konsequenz, die sich aus den geschichtlichen Unheilszusammenhängen ergibt, sondern enthält etwas Wertvolles, das den Adel des Schmerzes (nobless de la douleur)[121] erkennen läßt. Dieses zweite Moment des Leidens, das unter kreatürlichen Bedingungen nur unzureichend wahrnehmbar ist, hat seine Urwirklichkeit in Gott selbst. Deshalb ist es zulässig, vom Leiden oder Schmerz Gottes zu reden. Gleichzeitig muß aber gesehen werden, daß die geschöpfliche Leidenswirklichkeit diesen Wesensgehalt nur noch in einer durch das Übel des Leidens verzerrten Gestalt in sich birgt. Die theologische Rede vom Schmerz Gottes kann aufgrund dieser Depravierung deshalb nur eine metaphorische Rede[122] sein.

In dieser urbildhaften Wirklichkeit des Schmerzes (die als das Kenotische auch in der Theologie BALTHASARs eine große Rolle spielt) ereignet sich auch die Auseinandersetzung Gottes mit der Sünde. Dies beeinträchtigt nicht sein Sein, sondern ausschließlich die Relation des Geschöpfs zu Gott. "Indem er sich nun eine solche Beeinträchtigung (privation) gefallen läßt (...), nimmt er sie in die Hand und trägt sie als ein Siegeszeichen, das die unbedingte göttliche Überlegenheit (grandeur) dieses siegreichen Annehmens bekundet"[123]. Die Überwindung der Sünde ist schon im voraus in jener Urwirklichkeit göttlichen Leidens enthalten, die Wesensbestandteil der unnennbaren göttlichen Vollkommenheit

und Seligkeit ist[124].
GALOT hat diesen Anstoß MARITAINs aufgenommen. Ein kurzer Vergleich soll nun zeigen, wo GALOTs doppelläufiges Denken hinter jenem zurückbleibt.
Beide gehen von den gleichen Voraussetzungen aus. Gottes Sein ist absolut vollkommen und seine Natur unveränderlich und leidensunfähig. Muß ein Leiden von Gott ausgesagt werden, dann nicht im Sinne einer Beeinträchtigung oder Veränderung seines Seins, sondern als ein Leiden der Liebe, d.h. aber als ein Leiden Gottes, insofern er die Liebe i s t. Genau hier liegt das Problem. Denn unzweifelhaft handelt es sich hierbei um eine ontologische Aussage, die Gottes Sein als Liebe definiert, die leidet. Damit steht sie in Spannung zu der ersten Aussage, wonach Gott gerade nicht in seinem Sein leidet.
GALOT hat diese Spannung nur ansatzweise und zögernd zu lösen versucht. Demnach enthält die innertrinitarische ekstatische Liebe Gottes in der Selbsthingabe als Selbstverlust einen gewissen Anhalt für das Leiden Gottes im Horizont seines Heilshandelns. Aber über einen Vermittlungsansatz kommt der Autor dabei nicht hinaus, weil Gott in seiner Natur, d.h. in dem, was ihm eigen und wesentlich ist, eben leidensunfähig ist. Diese bleibende Differenz findet ihren Niederschlag nochmals in der Unterscheidung von innertrinitarischer Liebe und heilsökonomischer.
Demgegenüber macht MARITAIN keinen Unterschied zwischen dem inneren Wesen und Sein Gottes einerseits und seinem Weltbezug andererseits. Das göttliche Sein wird nicht ausschließlich substanzontologisch verstanden, sondern in einem umfassenderen Sinn als geheimnishafte, unsagbare göttliche Vollkommenheit. Damit öffnet er das göttliche Sein als göttliches Mysterium auf Liebe hin, die dann Gott selbst i s t und nicht nur heilshandelnd verströmt. Darin kann er Leiden, verstanden als urbildhafte Wirklichkeit menschlichen Leidens, die etwas Wertvolles und Schöpferisches enthält, als Teil dieses göttlichen Mysteriums ansiedeln. Das Leiden der Liebe und die Vollkommenheit des Seins Gottes werden damit stärker einander zugeordnet als bei GALOT, weil das Leiden einen seinsrelevanten, d.h. schöpferischen Charakter bekommt. Dieser ontologische Status des Leidens in Gott (eine präzise "Ontologie des Leidens" soll und kann dabei nicht geliefert werden, denn schon die immer nur aposteriorisch und staunend

feststellbare Wirkung, die manches Leiden an Menschen hinterlassen kann, entzieht sich doch in ein Geheimnis und bleibt dem Zugriff menschlicher Erkenntnis letztlich verborgen), den GALOT meint, wenn er von der wahren Bedeutung des Leidens spricht, die nur in der Passion Christi als des ersten unschuldig Leidenden ganz zu erkennen und dessen Auswirkung eine erlösende, Heil schaffende ist[125], verweist die Erkenntnis in ein Geheimnis, das Gott über jede substanzontologische Bestimmung erhebt.
Es kann nicht übersehen werden, daß GALOT vor diesem letzten Schritt MARITAINs zurückschreckt. Die doppelläufige Grundstruktur seines Denkens führt -aufs Ganze gesehen- bei ihm zu einer offenen, unvermittelten Dialektik[126]. Denn zurückbleibt der Eindruck, daß es in Gott die Geschiedenheit und Entzweiung eines Innen und eines Außen gibt, daß, wie H.MARTENSEN schrieb, "Gott ein zweifaches Leben lebt, ein Leben in sich selber in unverdunkeltem Frieden und in Selbstgenügsamkeit, und ein Leben in und mit Seiner Schöpfung, in welchem er Sich den Bedingungen der Endlichkeit unterwirft, ja seine Macht durch den sündigen Willen des Menschen beschränken läßt"[127].
Diese Geschiedenheit -trinitätstheologisch die Diastase zwischen immanenter und ökonomischer Trinität- muß die Frage nach der Identität des in der Geschichte handelnden Gottes laut werden lassen. Wer ist dieser Bundesgott, der Gott Jesu und der Gott, den ich anbeten kann? Hält er der Geschichte nur seine Abbildung entgegen? Wer ist dann der geoffenbarte Gott Jesu Christi und vor allem wer ist dieser Offenbarer? Die atl. Andeutungen und Ansätze und der ntl. Vollzug der Offenbarung Gottes als einer Selbstoffenbarung lassen eine solche Spaltung jedenfalls nicht zu. "Gott gibt seiner Kreatur nicht nur 'an sich' Anteil (vermittelt), i n d e m er durch seine allmächtige W i r k ursächlichkeit geschöpfliche und endliche Wirklichkeiten schafft und schenkt, sondern er gibt in einer q u a s i f o r m a l e n Kausalität wirklich und im strengsten Sinn des Wortes s i c h s e l b s t"[128]. Mit anderen Worten: Begegnet der Mensch in der Lebensgeschichte Jesu wirklich Gott selber, antwortet menschliches Gebet wirklich dem Du Gottes und nicht einem "Außenvertreter" und meint die eucharistische Gegenwart tatsächlich die Nähe Gottes in seinem Geist, dann muß auch theologisch der Gottesbegriff diesen unabdingbaren Erfordernissen genügen.
Fragt man nun nach dem positiven Ertrag von GALOTs Überlegungen

für die Diskussion, dann muß zunächst die Aufgabenstellung genannt werden. Denn noch vor dem theologischen Vermittlungsversuch zwischen Leiden und Vollkommenheit Gottes liegt die klare Erkenntnis der beiden Einzelmomente. Angesichts einer schultheologischen Vergangenheit, die hier nicht immer klar und deutlich gesehen hat, setzt GALOTs Ausgangspunkt eine Grenze, hinter die es kein Zurück mehr geben kann. Theologie darf -gerade auch in der vorliegenden Frage- das Heilshandeln Gottes in der Geschichte nicht nach vorgängiger Maßgabe eines rein philosophischen Seinsverständnisses bedenken, sondern muß -wie innerhalb der altkirchlichen Auseinandersetzung mit dem griechischen Geist- bei aller Anwendungsbereitschaft philosophischer Mittel immer eine kritische Distanz dazu bewahren. Umgekehrt -und auch das gilt besonders für das gestellte Problem- wird die personale Heilserfahrung des Menschen theologisch auch in die ontologische Reflexion drängen als die Frage nach dem Sein dieses Gottes, der als Gott pro nobis doch niemals in einer (Heils-) Bedeutsamkeit aufgeht, sondern auch als ein solcher ein "An-sich" hat. GALOT hat von diesem Ansatz her G.SÖHNGEN entsprochen, wenn dieser formuliert: "Gut christliche Theologie... bewegt sich in der Zweiheit und Gegensätzlichkeit von heilsgeschichtlichen und von ontologischen Aussagen, kurz von Geschichts- und Wesensaussagen"[129].

GALOTs Überlegungen haben darüber hinaus vier für die Diskussion bedeutsame oder weiterführende Momente zum Ausdruck gebracht.

1. Die Schultheologie, insbesondere die scholastische Tradition muß die Autorität der Bibel vor allem in Fragen eines Leidens Gottes in größerem Maß zum Ausdruck bringen. Lehrsätze dürfen nicht aus Verlegenheit zu einer Spaltung in einen ewigen vollkommenen und einen geschichtlichen leidenden Gott führen.

2. Gottes "Unveränderlichkeit" darf nicht auf die m o r a l i s c h e Kategorie der Treue verkürzt werden. Denn die Treue Jahwes besagt keine bloß sittliche Absichtserklärung, sondern Heilszusage aufgrund von Ex 3,14, d.h. aufgrund von Gottes Mit-S e i n. Gottes "Unveränderlichkeit" als seine Treue enthält dann den Hinweis darauf, daß sie zugleich eine ontologische Dimension in sich trägt.

3. Von einem Schmerz bzw. Leiden Gottes ist nur in einem analogen Sinn zu sprechen. Menschliches Leiden darf nicht unmittelbar mit dem Leiden Gottes identifiziert werden. Dessen theologaler

Charakter zeigt sich darin, daß es als ein Leiden der reinen Liebe menschliches Leiden schöpferisch umgreift.

4. Am vielleicht bedeutungsvollsten scheint GALOTs Weiterleitung der Vermittlungsproblematik an die Trinitätslehre zu sein[130] Wenn auch der eigene Versuch nicht befriedigen kann, so ist doch für das Thema derjenige Horizont angedeutet, der wohl am besten dazu geeignet scheint, Gottes "Unveränderlichkeit" mit seinem geschichtlichen Heilshandeln zu vermitteln. Gottes Sein ist letztlich nicht nur substanzontologisch zu bestimmen, sondern noch umfassender trinitarisch.

3) F.VARILLON/J.-B.BRANTSCHEN/H.RIEDLINGER: Des liebenden Gottes Leiden

a) Gottes Leiden als Übermaß seiner Liebe

Der Gottesbegriff, den F.VARILLON[131] entfaltet, wird ganz vom Grundgedanken der Liebe bestimmt. Er richtet sich dabei gegen eine rein metaphysisch-abstrakte Fassung des Gottesbegriffs ebenso wie gegen eine personalistische. Die Unbestimmtheit der Absolutheit Gottes ist durch die Selbstbestimmung zur Liebe beseitigt[132]. Diese Selbstbestimmung Gottes ist in der metaphysisch orientierten Tradition weitgehend ausgeblendet und Liebe nur als Prädikat göttlichen Heilshandelns verstanden. Demgegenüber ist 1Joh 4,8.16 als Aussage über das Wesen und Sein Gottes zu verstehen. "Gott ist nicht einfach das, was er ist, sondern er ist, was er sein will"[133]. Ohne auf den Naturbegriff theologisch zu verzichten, der die "unumschränkte Unabhängigkeit Gottes"[134] von der Welt zum Ausdruck bringt und die Grenze allen Analogiedenkens aufzeigt, kann Gott doch niemals auf seine Natur reduziert werden. Er ist kein Gefangener seiner Natur. Darin läge die Unvollkommenheit seines Wesens, jeden Bezug auszuschließen. Die Offenbarung des Schöpferseins hingegen bezeugt im Wollen der Schöpfung eine Freiheit, in der er sich selbst übersteigt. Gott i s t nicht bestimmt, Gott h a t sich bestimmt. Grund, Vollzug und Gestalt dieser Selbstbestimmung ist Liebe.

Im Zuge der Auslegung dessen, was Liebe hier konkret heißt, spielt das Leiden Gottes eine zentrale Rolle. So lautet VARILLONs Kernthese: "In der Seinsordnung ist Leiden eine Unvollkommenheit. In der Ordnung der Liebe ist es das Siegel der Vollkommenheit"[135].

Gottes Leiden liegt im Übermaß seines Liebens[136]. Er hat sich durch die Schöpfung in ein Verhältnis gesetzt, an welches er

einen Teil seiner Selbstbestimmung abgetreten hat. Gott bestimmt sich nicht nur für sich als Liebe, sondern er bestimmt sich auch gegenüber der Schöpfung als Liebe. Der Bundesgott des Alten Testaments geht mit seinem erwählten Volk eine enge Verbindung ein (une chaude intimité)[137]. Es ist aber ein Irrtum zu glauben, daß Gott aufgrund der Vollkommenheit seiner Liebe keine liebende Antwort erwarte[138]. Vielmehr gibt es einen Eros[139] göttlicher Liebe gegenüber der menschlichen Erwiderung. Insofern begibt sich Gott durch seine Liebe in Abhängigkeit vom Menschen[140]. Dies wird dadurch noch betont, daß das Werk der Schöpfung ein Abenteuer ist[141], ein "jeu dramatique"[142], dessen Verlauf und Ausgang völlig offen sind. Deshalb muß Gott ein Zurückweisen seiner Liebe fürchten[143]. Diese Verweigerung ist die Sünde. Sie trifft Gottes Inneres (un contrecoup dans son coeur)[144]. Sein Leiden liegt aber darin begründet, daß die Wirklichkeit der Sünde menschliches Dasein gefährdet[145]. Es ist deshalb vor allem Mitleiden.
Die bisher gewonnene Erkenntnis muß sich durch den bewahrheiten, der die Autorität der entscheidenden Offenbarung besitzt (Joh 14,9). "Eine genaue Kenntnis des Leidens Jesu muß folglich der theologischen Reflexion über das Leiden Gottes vorausgehen"[146]. Jesu Lebensweg ist ein Leidensweg, dessen Gestalt von der Krippe bis zum Kreuz ganz vom Mitleiden mit dem Menschen geprägt ist. Die Konfrontation mit dem toten Jüngling zu Nain (Lk 7,11-15) ist deshalb auch schon als eine erste Konfrontation mit dem eigenen Tod zu interpretieren[147]. Mit dem Sterben Jesu in völliger Gottverlassenheit findet das irdische Leben des Offenbarers ein Ende, das als solches nicht ohne Bedeutung für die Offenbarung sein kann. Das Gottesbild der Schrift ist durch den gekreuzigten Jesus endgültig definiert: es ist das Bild eines leidenden Gottes[148].
Das bedeutet für VARILLON, daß die Rede vom leidenden Gott nicht metaphorisch gemeint sein kann. Denn damit wäre der Ernst der Aussage "Gott ist Liebe" unzulässig verkürzt. Gottes Liebe ist vielmehr gerade eine solche, die sich nicht vor dem Leiden bewahrt, sondern es auf sich nimmt. Soll das gesichert werden, dann ist vor allem in inkarnationstheologischer Hinsicht festzuhalten, daß die Menschwerdung als Ereignis nicht auf die menschliche Seite zu begrenzen ist. Die Radikalität der Liebe Gottes verlangt, daß die Inkarnation in Jesus Christus nicht nur

als Veränderung des Menschen, sondern als Veränderung Gottes im Menschen begriffen wird[149]. Erst wenn der Gedanke zugelassen ist, daß unsere Geschichte mit all ihren Tiefen tatsächlich Gott erreicht, dann steht der Ernst dieser Liebe nicht mehr in Frage[150].
Das Leiden Gottes in seiner christologischen Feststellung führt nun zu einer trinitarischen Entfaltung. Jesu Leiden steht nicht beziehungslos zum Vater, sondern ist als ein Hingeben zum Heil der Welt durch den Vater zu verstehen. Den, den der Vater liebt, schont er nicht zur Rettung des Menschen. Dieses der-Welt-Überantworten des Sohnes ist "wie ein plötzlicher Aufschrei im Herzen der Trinität"[151]. Seinen härtesten Ausdruck findet es im Kreuz. Die Einsamkeit des gekreuzigten Sohnes wird zum Grund eines noch tieferen Leidens, das der Vater trägt[152]. Denn dieser weiß, daß jener um das väterliche Mitleiden nicht weiß. Dem Leiden des Sohnes in und an der Verlassenheit entspricht die Verborgenheit der Nähe des Vaters. Indem der Vater nicht eingreift, erreicht die Spannung ihrer Liebe ihren Höhepunkt[153].
Die trinitarische Darstellung des Leidens kann nun wieder auf den "einfachen" Gottesbegriff zurückgeführt werden. Sie verdeutlicht die Transzendentalität göttlichen Leidens und Liebens. Im Gegensatz zu menschlicher Liebe, der immer ein subtiler Egoismus eigen ist, ist Gottes Liebe reines Geben. Leidet der Mensch aus Liebe, so mag immer auch ein enttäuschter Egoismus Grund dafür sein. Gottes Leiden hingegen ist ganz Leiden um des Anderen willen (une souffrance pure)[154]. Es entspringt seiner reinen Liebe.

Wird Gott als Liebe begriffen, wobei er selbst definiert, was Liebe heißt, dann wird man nicht nur eine "Verwundbarkeit"[155] Gottes annehmen, sondern auch ein wirkliches Leiden an dem Übel und der Sünde der Welt. Da dieses Leiden nicht ein zufälliges sein kann, das ebensogut auch fehlen könnte[156], besitzt für VARILLON das Leiden Gottes grundsätzlich die gleiche ontologische Qualität wie das Sein Gottes selbst. Es ist unendlich.

Die Konzeption des Gottesbegriffs auf der Grundlage von 1 Joh 4,8 hat dazu geführt, daß die elementare Bedeutung der Leidenswirklichkeit das traditionelle Bild eines glückseligen Gottes in Frage stellt. Die beatitudo wurde in der Tradition negativ begründet durch die Leidlosigkeit, die wiederum in Gottes Geistigkeit wurzelte. Die Voraussetzung dieser Argumentation bildet ein bestimmtes Seinsdenken, dessen Logik nach VARILLON nicht der Theo-logik zu entsprechen vermag. So stellt er der Logik des Verstandes, für die ein leidensfähiger Gott ein Unding ist, die Logik des Herzens entgegen[157]. Gleichwohl setzt er sich auch gegen KITAMORI[158] ab, dessen Gleichsetzung von Wesen und Leiden Gottes er für eine Übertreibung hält. Nicht das Leiden ist Grund des Liebens, sondern das Lieben ist Grund des Leidens[159].

Wie sieht nun die Vereinbarung von Leiden und Glückseligkeit positiv aus? So wie das Leiden Gottes christologisch und trinitätstheologisch festgestellt wurde, so erfährt es auch seine "Aufhebung". Bereits das Verständnis von Jesu Gottverlassenheit als die Verborgenheit der Nähe des Vaters zeigt, daß es niemals einen "Riß" durch die Trinität gibt. Der Nähe des Vaters entspricht von Seiten des Sohnes ein nicht mehr ableitbares Vertrauen auf dem Grund seiner Kenosis[160]. "Zeigt nicht die Menschwerdung, daß die Liebe... mächtig genug ist, um auch noch in der Verlassenheit wahr zu sein"[161]? Ostern und Pfingsten weisen dann auf das Umgriffensein des Leidens durch die Liebe hin. Sie sind Ausdruck einer ewigen Freude[162]. Das Zusammengehören von Leid und Liebe bestimmt damit die Transzendentalität ihrer Einheit als Gottes Glückseligkeit. Der Mensch hingegen ist bestrebt, die Leidenswirklichkeit aus seinen Glücksvorstellungen auszuschließen. So kann VARILLON abschließend formulieren: "Die Einheit von Leiden und Glückseligkeit - das ist das Geheimnis Gottes"[163].

b) Macht und Ohnmacht der Liebe Gottes

In einem Aufsatz geht es J.-B.BRANTSCHEN[164] vordringlich darum, das Anliegen der traditionellen Unveränderlichkeitsaussage -Gottes Vollkommenheit und Treue- mit der biblisch bezeugten Lebendigkeit Gottes zu vermitteln und damit die beiden vereinseitigenden Alternativen von Deismus und Pantheismus zu überwinden. Die schultheologische Tradition hat nach BRANTSCHEN diese Vermittlung dadurch gefährdet, daß "der Metaphysik treibende Theologe v o n s i c h a u s Gottes Vollkommenheit (die ja mit der Rede von Gottes Unveränderlichkeit ausgesagt wird) näherhin präzisieren will. Der theologische Metaphysiker meint von sich aus zu wissen, was Gott angemessen ist (...) und was nicht, was Gottes Vollkommenheit geziemt und was nicht"[165]. So ist heute vor allem jene daraus entstandene Konsequenz zu überwinden, die darin liegt, den Wirklichkeitsgehalt der Beziehung Gottes zur Welt weitgehend aufgelöst zu haben, wenn nicht eine "für die Verkün-

digung und die Frömmigkeit tödliche Einbahnstraße"[166] betreten werden soll.
Zur Durchführung seines Vorhabens, Gottes teilnehmende Lebendigkeit mit seiner "Unveränderlichkeit" zu vermitteln, stellt BRANTSCHEN ebenso wie VARILLON die Schriftaussage 1 Joh 4,8.16 in den Mittelpunkt seiner Überlegungen. "Nur wenn wir Gott als Liebe denken, erscheinen die wahre Unveränderlichkeit und die wirkliche Lebendigkeit Gottes in ihrer herrlichen Einheit"[167].

Gott hat sich in der Vollkommenheit seiner trinitarischen Fülle entschieden, nicht ohne den Menschen Gott zu sein[168]. Dies führt ihn in eine "Abhängigkeit", die schließlich als "die Ohnmacht der Liebe"[169] erscheint. Unter Hinweis auf Lk 15,11-32 begegnet Gott als Vater, dessen Liebe vom Menschen nicht verstanden und beantwortet wird. "Gott, wie er in diesem Gleichnis erscheint, ist kein beleidigter Vater, wohl aber ein ohnmächtiger, w e i l er liebt, und ein leidender, solange seine Söhne nicht freiwillig auf seine Liebe antworten"[170].
Gott geht aber nach BRANTSCHEN in dieser seiner ohnmächtigen Liebe nicht auf bzw. unter. Denn zugleich ist er auch die Macht der Liebe. Diese besteht darin, die Bedingungslosigkeit seiner Liebesgemeinschaft mit dem Menschen durchzusetzen, die durch den Tod eingeschränkt zu werden droht. Denn wenn der Mensch nicht mehr ist, bleibt die Liebe Gottes im letzten unbeantwortet. "Gott, die Macht der Liebe, duldet diese Aporie nicht. Er selber wird dafür sorgen, daß wir dasein werden -auch wenn wir gestorben sind-, um die Liebe definitiv zu beantworten, um ewig für sie zu danken"[171]. Die Macht der Liebe Gottes ist die am Ostermorgen offenbar gewordene Macht, Tote zum neuen Leben zu erwecken und darin die Unbedingtheit seiner Liebesgemeinschaft mit dem Menschen zu erweisen.
Der Ohnmacht der Liebe Gottes, in der Gott sich der Freiheit des Geliebten ausliefert, wird die Macht seiner Liebe zugeordnet, nicht im Sinne einer antinomischen Entgegensetzung, sondern in der Weise, daß die Ohnmacht durch die Macht seiner Liebe aufgefangen wird.

c) Einschluß geschöpflichen Leidens im Schmerz Gottes

Schließlich hat auch H.RIEDLINGER[172] die Frage nach dem leidenden Gott gestellt. Sie ist für ihn insofern von Bedeutung, als menschliches Dasein zu allen Zeiten durch Leiderfahrung unterschiedlichster Art immer wieder in eine Krisis geführt wird, in

der Leid und Schmerz entweder durch eine Sinngebung überwunden werden können oder aber als das Umfassende und Letzte erscheinen, so daß menschliches Dasein als sinn-los erfahren wird. Angesichts dieser existentiellen Bedrängnis stellt RIEDLINGER fest, daß es "uns ja auf die Dauer nicht gleichgültig sein (kann), wie Gott sich zum Schmerz verhält. Ist er in seiner Freude fähig und bereit, sich auch den Schmerz anzueignen? Oder muß er ihn, um Gott zu sein, von sich stoßen"[173]?
Der Autor geht dieser Frage mit Hilfe der biblischen Aussagen über den Schmerz Gottes nach. Zunächst werden in einer überraschenden Vielfalt atl. und ntl. Schriftbelege in einer geschichtlichen Auslegung gesichtet und zusammengetragen[174]. Als Fazit kann gelten: Gott ist als der Liebende zugleich auch der Leidende[175].
Nun gehört es aber nach RIEDLINGER zum Wesen der geschichtlichen Schriftexegese, immer im Horizont der Geschichte zu verbleiben. "Die Geschichte wird irgendwo als Geflecht von Geschehensabläufen verstanden, die durch sinngebende menschliche Rede gedeutet und miteinander verbunden werden"[176]. Die Rede vom Schmerz Gottes erscheint als Interpretament, so daß es von hier aus fraglich ist, ob aufgrund der Aussageabsicht einer geschichtlichen Bibelauslegung das Eigentliche und der Ernst der biblischen Rede vom Schmerz Gottes sichtbar wird. Deshalb geht der Autor zu einer geistlichen Auslegung der Offenbarungszeugnisse über. "Was in den biblischen Reden vom Schmerz Gottes verborgen ist, offenbart Gott nur dort, wo sein Geist weht. Nur in der Freiheit dieses Geistes (vgl. 2 Kor 3,17) geht die geschichtliche Auslegung der Bibel in die geistliche Auslegung der Offenbarung über"[177]. Die letzte Sinntiefe der Rede vom Schmerz Gottes ist deshalb nicht mit Mitteln metaphysisch-spekulativer Logik, sondern nur in gläubiger Existenz zu erschließen.
Der Horizont, in dem sich die geistliche Schriftauslegung bewegt und auf den sie sich bezieht, ist das "Ganze"[178]. Dieses unterscheidet sich sowohl von einer allumfassenden Universalgeschichte als auch von der Ganzheit eines weltjenseitigen Gottes als auch von einer Summierung der additiv zusammengefügten Größen von Gott und Geschichte. Das Ganze als Bezugsrahmen spiritueller Schriftauslegung ist mit keiner endlichen Ganzheit vergleichbar. Positiv muß das Ganze als Geheimnis gefaßt werden. "Gott offenbart, daß er als die dreipersönliche Liebe ganz er selbst ist

und doch von Ewigkeit zu Ewigkeit die Geschichte der Welt in sich einbeziehen, sich von ihr angehen lassen und in sie eingehen will"[179]. Anhand dieser Verhältnisbestimmung von Gott und Welt kann ein Zweifaches gesagt werden. Zunächst gewährleistet die Lebensfülle des innertrinitarischen Gegenübers die Unabhängigkeit von und die Freiheit gegenüber einem Anderen Gottes. D.h. in einem Gegenüber Gottes zur Geschichte erfährt sein Gottsein weder Bereicherung noch Minderung. Darüber hinaus läßt diese Verhältnisbestimmung eine von Gott eingeräumte Nähe und Einflußmöglichkeit der Geschichte Gott gegenüber erkennen. Diese wird zwar nicht selber göttlich, erhält aber Raum und Gewicht im innertrinitarischen Leben Gottes.
Auf diesem Hintergrund sieht RIEDLINGER die Möglichkeit, anders und ernsthafter vom Schmerz Gottes zu reden. Der Einschluß der gesamten Geschichte in das Leben des trinitarischen Gottes besagt im geistlichen Verständnis, daß das Leiden der Welt auch ein Leiden im Leben Gottes hervorruft. "Der Gott, der die Liebe ist, erleidet in seiner Seligkeit auch seinen Schmerz"[180]. Dabei ist einmal darauf zu achten, daß der Schmerz Gottes nicht mit dem Schmerz des Geschöpfs identifiziert wird[181]. Das darf aber nicht dazu führen, den Schmerz grundsätzlich wieder aus Gottes Leben zu verbannen. So stellt sich die Frage nach dem Wesen des Schmerzes G o t t e s.
Der Schmerz Gottes ist nicht die Passivität und das Ausgeliefertsein des Leidenden an das Leid. Er gehört in paradoxer Weise vielmehr zur Seligkeit der Liebe Gottes hinzu. "Der Gott, der die ewige, unbedingte, unendliche Liebe ist, wäre gewiß nicht selig, wenn er sich dem Schmerz seiner Welt entziehen und in sich selbst verschließen müßte"[182]. Gott ist nicht selig, weil er den Schmerz ausschließt, sondern weil er ihn aufgrund seiner Liebe und in Liebe auf sich nimmt. Darin wird der Schmerz der Welt umfassend zu seinem eigenen Schmerz. Dabei unterwirft Gott die Einigung seines Schmerzes mit dem Schmerz der Welt keinerlei Bedingungen[183]. Und indem Gott sich auf so bedingungslose Weise in die Unheilszusammenhänge der Welt "bis in die äußersten Abgründe des Schmerzes"[184] einläßt, geschieht die Überwindung des Unheils[185]. Gottes Seligkeit besteht demnach in einem liebenden Ertragen des Schmerzes der Welt, das diesen überwindet. Und nur als dieser so Leidende ist er auch der Selige.

Bemerkungen

Die drei Autoren sehen in dem dialogischen Gegenüber von Gott und Welt den Grund für ein Leiden Gottes. Diese Grundeinsicht wird von VARILLON teilweise trinitätstheologisch entfaltet, was bei den beiden anderen Autoren höchstens ansatzweise geschieht. Unterschiedlich wird auch das Leiden Gottes in seinem Grund verstanden. BRANTSCHEN läßt Gottes Leiden darin gründen, daß Gott in Respektierung geschöpflicher Freiheit die Antwort des Menschen auf seine Liebe erwartet und im Fall der Verweigerung die Ohnmacht seiner Liebe erfährt. Gott leidet vor allem a m Menschen. VARILLON und RIEDLINGER legen den Akzent dagegen auf das Mit-leiden Gottes mit und um des Menschen willen.

Die Unterschiede fallen jedoch angesichts der Gemeinsamkeit der drei Autoren nicht ins Gewicht. Diese liegt grundsätzlich in der Überzeugung, daß die Erörterungen des Leidens Gottes dann für unzureichend und halbherzig anzusehen sind, wenn die Aussage in einer unvermittelten Dialektik zwischen der Unveränderlichkeit Gottes "an sich" und seiner Geschichtlichkeit stekken bleibt. Was sich daraus positiv ergibt, hat VARILLON stellvertretend so formuliert: "Es muß doch möglich sein, wenn schon nicht zu begreifen so doch wenigstens zu erahnen..., daß in Gott das Werden eine Vollkommenheit des Seins ist, die Bewegung eine Vollkommenheit der Unbeweglichkeit, die Veränderlichkeit eine Vollkommenheit der Unveränderlichkeit"[186]. Damit wird vor allem gegen GALOT und (wie im christologischen Horizont noch zu zeigen sein wird) RAHNER Position bezogen. Diese sehen sich einerseits durch die Erkenntnis des dialogischen Verhältnisses Gottes zur Welt (bzw. der Menschwerdung des Logos Gottes) zur Aussage eines Leidens Gottes (bzw. eines Werdens Gottes) gezwungen, wissen sich andererseits aber auch dem schultheologischen Grundsatz von der "Unveränderlichkeit" Gottes verpflichtet. Aufgrund dieser wechselnden Erkenntnishaltung kommt es zu einem "sowohl... als auch", dessen Gezweiung anscheinend nicht mehr in eine höhere Aussage aufgehoben werden kann.

Demgegenüber suchen die drei genannten Autoren die offene Dialektik zu überwinden. Deshalb wählen sie andere Mittel als jene der metaphysisch-spekulativen Theologie. Ihr Ausgangspunkt ist die Orientierung an 1 Joh 4,8.16: Gott ist Liebe. Ihnen geht es nicht zuerst um eine Reflexion dieser johanneischen Aussage im Sinne einer ontologischen Wesensaussage. Statt dessen wird sie als Ausdruck für die Empfänglichkeit, Berührbarkeit und Verwundbarkeit Gottes in seinem Weltverhältnis verstanden. Indem Gott liebt, ja die Liebe selbst ist, leidet er auch. Das Korsett einer unveränderlichen, leidensunfähigen göttlichen Natur entfällt.

Nun ist das Leiden Gottes (RIEDLINGER spricht lieber vom Schmerz Gottes) nicht ein idealistisches Entfaltungsmoment des zu sich kommenden Geistes, sondern ein Leiden der Liebe. Aus und an Liebe leiden wird immer ein wirkliches Leiden sein. Das hat VARILLON trinitarisch andeutend festgestellt, aber vor allem RIEDLINGER bibeltheologisch nachgewiesen. Denn es kann nicht angehen, die reiche Fülle der Reden vom Schmerz Gottes insgesamt als anthropomorphes Sprechen zu minimalisieren. Gehören sie zur Offenbarung Gottes hinzu, dann offenbaren sie etwas vom Selbst Gottes, so daß sie einen größeren Ernst erhalten als es jene anthropomorphe Interpretation unter der heimlichen Herrschaft eines Apathieaxioms zulassen will.

Der Ernst der Aussage liegt in der frei gewählten "Ohnmacht der Liebe" (BRANTSCHEN), die die Freiheit des Menschen achtet und unangetastet läßt. Sie liefert sich an die Unwägbarkeit und Launenhaftigkeit des Geliebten aus. Sie läßt sich aber ebenso vom Leid des Menschen, der sich in den Unheilszusammenhängen der Geschichte verstrickt, tief erschüttern (RIEDLINGER, VARILLON).

In dem Maß, in dem Gottes Liebe real und ernst zu nehmen ist (und kein bloßes Wohlwollen in Distanz ist), ist auch sein Leiden mit und an dem Menschen real und ernst zu nehmen. Je größer die Liebe, um so größer das Leiden.

Zugleich bedeutet das Leiden Gottes nicht ein Unterlegensein des Schwächeren gegenüber einem Stärkeren. Indem es nicht Ausdruck eines Ungenügens seines Wesens ist[187], sondern allein in der Liebe Gottes gründet, bleibt es von einem Größeren immer umgriffen. Die Bedingtheit und Abhängigkeit des Leidens von der Liebe Gottes nimmt ihm den Charakter primärer Passivität als eines E r leidens. Nicht ein vorfindliches Weltverhältnis liefert Gott an das Leiden aus, sondern Gott liefert s i c h s e l b s t in Liebe an sein Gegenüber und damit auch an das Leiden aus. Deshalb bleibt Gott bei aller Ernsthaftigkeit seines Leidens der Souveräne über seinem Leid. Die Liebe Gottes ist immer noch größer als sein Leiden.

Daher gehen die Autoren auch darin einig, daß es statthaft sei,

des liebenden Gottes Leiden seiner Macht bzw. seiner Seligkeit zu unterstellen. Vor allem bei RIEDLINGER und BRANTSCHEN handelt es sich dabei primär weniger um die Frage, wie Leiden und Gottsein im Wesen Gottes zu vermitteln sind (während gerade dieses das Anliegen GALOTs und RAHNERs ist!), sondern vielmehr um die soteriologische Wirkung[188], die von dem überwundenen Leiden Gottes ausgehend auf eine von Unheil durchwobene Geschichte ausgerichtet ist. Man wird in dieser soteriologischen Akzentuierung ein Argument für die Geschichtsmächtigkeit Gottes sehen dürfen: Der alle Leidenstiefen der Gemeinschaft mit dem Menschen auslotende Gott vermag gerade darin Heil zu gewähren, so daß er auch immer noch als der über den Unheilszusammenhängen der Geschichte stehende Gott zu begreifen ist.
Das weitgehend personale Gottesverständnis im Anschluß an 1 Joh 4,8.16 und der Verzicht auf eine reflexiv-metaphysische Theologie lassen die Aussage der drei Autoren als eine spirituelle erkennen. Verifizierbar bleibt sie nur für den Gläubigen. Doch ist nicht eine jede theologische Aussage auf den Glauben angewiesen, so daß sie (im Unterschied zur beschreibenden Religionswissenschaft) immer auch eine gewisse "spirituelle Substanz" in sich trägt. Es stellt sich deshalb gerade auch angesichts des spirituellen Beitrags zu der in Frage stehenden Thematik das Problem, wie sich Theologie und Spiritualität zueinander verhalten[189].
Es dürfte außer Frage stehen, daß Theologie -wie immer sie auch verstanden werden mag- formal und material zu keinem Zeitpunkt mit Glauben identisch ist. Eine Gleichsetzung müßte für beide unheilvolle Konsequenzen haben. Theologie stünde letztlich unter einem Frageverbot und wäre aus der Verantwortung einer kritischen Glaubenshaltung entlassen in eine Gläubigkeit, die nur noch als Irrationalität erscheinen könnte. Man wird deshalb zugunsten beider an einer Unterscheidung aufgrund ihrer unterschiedlichen formalen Gestalt festhalten müssen.
Daß aus der U n t e r schiedenheit auch G e schiedenheit werden kann, zeigt ein Blick in die Theologie- und Glaubensgeschichte. "Irgendeinmal geschah die Wendung von der knienden Theologie zur sitzenden Theologie... Die 'wissenschaftliche' Theologie wird gebetsfremder und damit unerfahrener im Ton, mit dem man über das Heilige reden soll, während die 'erbauliche' Theologie durch zunehmende Inhaltslosigkeit nicht selten falscher Salbung ver-

fällt"[190]. Von hier aus drängt sich der Schluß auf, daß Theologie auf Spiritualität (wie auch umgekehrt) verwiesen bleibt. Spiritualität meint dabei ein Wissen des Glaubens und "darf nicht mit problemloser Theologie verwechselt werden"[191]. H.U.v.BALTHASAR hat zu diesem Problem der Verwiesenheit der Theologie an die Spiritualität grundlegende Überlegungen angestellt. Demnach ist die Öffnung hin zum Spirituellen nicht nur eine für die Theologie hilfreiche Maßnahme, sondern entspricht damit zutiefst ihrem eigenen Wesen. Alles theologische Sprechen ist Rede eines Angeredeten[192]. Die Einsicht in dieses Angeredetsein führt hin zur Antwort gebenden Haltung des Gebets. Dieses steht so noch außerhalb jeglichen theologischen Systems "als seine unausgedrückte, stillschweigende Voraussetzung, es ist die Luft, die es durchweht, die Atmosphäre, in der es badet, die Denkform, aus der es geboren wird und in der es sich entwickelt"[193]. Die Spiritualität sorgt für die rechte Erkenntnishaltung, in welcher der im Glaubensgehorsam Denkende in "Voraussetzungslosigkeit" sich sagen läßt und nicht eigenmächtig konstruiert[194]. Und sie enthält zugleich ein ahnendes, Richtung weisendes "Wissen" um den Gesuchten, der für alle Theologie "auch als der Gefundene immer noch und erst recht der Gesuchte"[195] ist. Eine Theologie, die sich dem Spirituellen öffnet, wird deshalb eine ihrem Erkenntnisgegenstand sachgerechte sein.
Nachdem so die Notwendigkeit einer spirituellen Dimension in der Theologie nachgewiesen werden konnte, ist nun nach der spezifischen Bedeutung der oben skizzierten Überlegungen für das Thema zu fragen. Zunächst ist es bedeutsam, daß in der Frage nach dem Heilshandeln des "unveränderlichen" Gottes die Theologie nicht an eine Logik der reinen Vernunft ausgeliefert ist. VARILLON hat ihr provokativ die Logik des Herzens[196] entgegengehalten. Diese erschließt dem Gläubigen mit einer gewissen Leichtigkeit und Mühelosigkeit eine Dimension des göttlichen Geheimnisses (was mit der argumentativen Kraft des Narrativen starke Ähnlichkeit hat), weil sie als spirituelle Theologie immer schon ein ahnendes "Wissen" von diesem leidenden Gott besitzt. Daß Gott auf seine Weise leidend dieses Leiden immer noch einmal umfängt, bleibt ihr ein Geheimnis, das sie im Glauben ergreift und solches wahrend in der Betrachtung umkreist.
Darüber hinaus weisen besonders VARILLON und RIEDLINGER auf die theologale Qualität des Leidens Gottes hin. Diese besteht darin,

daß dieses Leiden kreativen Charakter besitzt. Denn es schafft Heil für den Menschen, indem es Unheil in sich einschließt und überwindet. Mit diesem ausdrücklich soteriologischen Akzent wird deutlich, daß dieses Leiden Gottes keinesfalls als idealistisches Entfaltungsmoment des zu sich kommenden Gottes mißverstanden werden darf.

Die erwähnte Absicht der Autoren ist die theologische Überwindung einer unvermittelten dialektischen Aussage von Gottes "Unveränderlichkeit" und seinem Leiden, wie sie sich zumindest in weiten Teilen bei GALOT abzuzeichnen scheint. Diese Vermittlung geschieht bei den genannten Autoren im gläubigen Vertrauen darauf, daß bei Gott selbst sein Leiden noch eine unbegreifliche Form seiner Glückseligkeit ist und beide gleichermaßen in seiner Liebe gründen. Will man diese Vermittlung des "unveränderlichen" Gottes mit seinem Leiden nun dem Vermittlungsversuch GALOTs gegenüberstellen, dann wird man nicht nur auf das jeweilige Ergebnis zu achten haben, sondern auch auf die jeweilige Fragerücksicht. Und hier liegen unübersehbare Unterschiede. Denn während die spirituelle Theologie die Frage ganz im Horizont der Liebe Gottes stellt, wird die Fragestellung von GALOT ontologisch erweitert. So stellt er dem Leiden des liebenden Gottes die "Unveränderlichkeit" seiner göttlichen Natur bzw. Seins gegenüber, so daß hier eine ungleich kompliziertere Fragestellung anzutreffen ist. Dennoch wird man sagen müssen, daß gerade auch im Hinblick auf die Besonderheit der literarischen Gattung jener Texte der Beitrag der spirituellen Theologie für die Diskussion einen unbezweifelbaren und bleibenden Wert besitzt, insofern sie gerade den Geheimnischarakter sowie die theologale Qualität des Leidens Gottes betont.

Neben dem Wert einer spirituellen Theologie zeichnen sich damit aber auch ihre Grenzen ab. Denn ihre Nähe zur subjektiven Frömmigkeit bringt die Gefahr mit sich, daß die fides quae nur noch in ihrer Bedeutsamkeit für den Einzelnen, die Kirche oder die Universalgeschichte betrachtet und damit funktionalisiert werden. Was sich in der Geschichte der Spiritualität am Ausgang des Mittelalters nachteilig für Theologie und Frömmigkeit ereignet hat -das Abtriften "objektiver" Heilswahrheiten in die Subjektivität des Gemüts- droht einer spirituellen Theologie immer dann, wenn sie nicht bereit ist, auch dogmatisch zu denken[197].

Demnach gibt es auch eine Verwiesenheit der Spiritualität an die reflexiv-metaphysische Theologie. Diese wird dann deutlich, wenn sich innerhalb einer spirituellen Theologie das personale Denken in den Gebrauch personalistischer Kategorien verwandelt. Das hat vor allem ontologische Konsequenzen. Wird die Du-haftigkeit Gottes so absolut verstanden, daß Gott nur noch als Du eines menschlichen Ich erscheint, dann ist die Dialogsituation Gott-Mensch für den Gottesbegriff schlechthin, d.h. allein bestimmend geworden. In seiner Bezüglichkeit müßte Gott dann restlos aufgehen. Gegen diesen "konsequenten" oder "reinen" theologischen Personalismus[198] einer metaphysikfeindlichen Spiritualität ist in der Theologie deshalb immer wieder auch die Frage nach dem Sein Gottes (des Menschen, der Geschichte, des Kosmos, etc.) zu stellen, wenn auch nicht unter dem Primat eines rein philosophischen Seinsverständnisses[199]. "Würde die Frage nach dem 'Sein' von Wahrheit zugunsten des Wahrheitsgeschehens, nach den Bezugsgrößen (relata) zugunsten der Bezüglichkeit, der Allgemeingültigkeit der Aussagen zugunsten der reinen Subjektivität für theologisch unzulässig erklärt, - so wäre damit die Dogmatik als wissenschaftliches Bemühen erledigt"[200]. Im Endeffekt würde dies einen Verzicht auf Verbindlichkeit und Gültigkeit der bezeugten Wahrheit bedeuten.

G.GLOEGE sieht ontologisches und personales Denken in einem gegenseitigen Abhängigkeitsverhältnis[201]. Beide haben ein gemeinsames Materialobjekt, aber ein unterschiedliches Formalobjekt. Einerseits muß ontologisches Denken, insofern es sich selbstgenügsam zu verabsolutieren droht, durch das personale korrigiert werden. Umgekehrt ist die personale Heilserfahrung in eine "transpersonale", d.h. ontologische Aussage zu erweitern.

Daraus resultiert im Blick auf den Beitrag der spirituellen Theologie im Rahmen der vorliegenden Fragestellung, daß es zwischen dieser und einer reflexiv-metaphysischen Theologie grundsätzlich kein alternatives Verhältnis geben kann. So lebendig und ausdrucksstark das Personsein Gottes in einer spirituellen Darstellung bis hin zum Leiden des liebenden Gottes auch vermittelt werden kann, so notwendig drängt diese theologische Aussage doch auch in die ontologische Reflexion als ein Fragen nach dem Sein dieses so beschriebenen Gottes. Dabei wird Plastizität und Lebendigkeit teilweise verlorengehen. An ihre Stelle tritt die Mühe und Beschwerlichkeit des Begriffs. Aber es besteht dann doch die Möglichkeit, dem Sog bloßer Erbaulichkeit zu entgehen. In diesem Sinn haben dann auch diejenigen Seinsaussagen in der theologischen Diskussion ihren Wert, die dialektisch in einem unvermittelten Gegenüber verharren und paradoxen Charakter tragen.

4) K.BARTH: Die Selbstbestimmung des erwählenden Gottes

a) Grundaussage und hermeneutische Beobachtung

Die Ausführungen K.BARTHs zum vorliegenden Thema gehören im Gesamtzusammenhang seiner theologischen Überlegungen zweifellos zu ihrer gedanklichen Mitte. Fast könnte man sagen, daß seine Kirchliche Dogmatik[202] eine vielfach entfaltete Antwort auf die Frage ist, wie Gott als der dem Menschen unwiderruflich verbundene wirklich und ernsthaft gedacht werden kann, ohne die Gottheit seines Gottseins damit preiszugeben.
BARTH versteht das Schöpfungsverhältnis Gottes grundlegend als Bundesverhältnis, dies aber nicht in dem Sinn, daß Gottes Schöpfungsbeziehung einmal zu einem Bund g e w o r d e n sei, sondern so, daß Gottes Verhältnis zur Schöpfung in jeglicher Hinsicht und unter allen Umständen immer schon ein Bundesverhältnis g e w e s e n ist. Bevor Gott die Welt erschuf, war er bereits Bundesgott des Menschen. BARTH stützt sich hierfür vor allem auf Eph 1,4f. Von hier aus entfaltet er seine Erwählungslehre (KD II/2) und läßt in ihrem Licht weitere Schriftbelege (Kol 1,15-17; Joh 1,1-14; Hebr 1,2f.; 1 Petr 1,20; Apk 13,8) erscheinen.
Als Grundaussage BARTHs gilt: Gott hat sich in Jesus Christus selbst dazu bestimmt, auf unbedingte Weise des Menschen Gott zu sein. Dieser Gedanke ist nun in zweifacher Hinsicht zu entwikkeln. Zunächst ist mit dem Autor nach den theologischen Implikationen im Blick auf Gottes Wirklichkeit in seinem vorzeitlich-ewigen Sein zu fragen und dann nach dem Vollzug des Heilsgeschehens in der Zeit.
Zuvor muß noch ein Hinweis auf die Gestalt der BARTHschen Theologie gegeben werden. Dies erscheint umso notwendiger, als nur eine wache Aufmerksamkeit für die theologische Form des Gedankens den Leser davor bewahren kann, den Inhalt des Gedankens zu mißdeuten. Für die Interpretation gilt deshalb, daß die Form den Inhalt bestimmt. Daß dem so ist, liegt jedoch allein daran, daß noch vor allem theologischen Reden bereits der Inhalt die Form bestimmt hat. Denn wenn sich Gott ganz durch den Akt der Erwählung selbst definiert, dann hat nicht nur materialiter die Er-

wählungslehre für die Gotteslehre größte Bedeutung, sondern dann hat alles Sprechen von diesem Gott auch formaliter zu berücksichtigen, daß dieser ein den Menschen anredender Gott ist. Diese Dialogsituation läßt Theologie gerade eingedenk ihres Gegenstandes zur Anrede an den Menschen werden[203]. Dies, Verkündigung zu sein, ist für BARTH die Form theologischen Sprechens. "Wer und was Jesus Christus ist, das kann eben nur erzählt, nicht aber als ein System angeschaut und beschrieben werden"[204].
Aus dieser Erkenntnis, daß BARTHs Theologie nicht primär mit objektivierenden Ist-Aussagen operiert, sondern in höchstem Grad performativen Charakter besitzt, hat J.-L.LEUBA den Schluß gezogen, daß nur eine "prophetische Interpretation"[205] dem Denken BARTHs gerecht werden kann. Damit ist im wesentlichen der Verzicht auf ein definierendes und systematisierendes Begreifen sowie die Bereitschaft gemeint, sich der Dynamik des BARTHschen Denkens anzuschließen.

b) Die Wirklichkeit des vorzeitlich-ewigen Gottes

Im Verhältnis zur oben angeführten Grundaussage sind die folgenden Überlegungen die vom Offenbarungsgeschehen gleichsam "nach rückwärts" ausgezogenen Linien. So ergeben sich z.B. "unsere sämtlichen Sätze über die sogenannte immanente Trinität... als die unentbehrlichen Vordersätze über die ökonomische Trinität"[206]. Nicht Spekulationen über den vorzeitlich-ewigen Gott, gar im Sinne einer transzendentaltheologischen Frage nach der Möglichkeitsbedingung für ein Sich-Offenbaren Gottes, der "auch in sich selber kein Anderer als eben der [ist], der er in seinen Werken ist"[207]. Und um hier jedem funktionalistischen Mißverständnis vorzubeugen, wonach Gott in seinen Werken aufgeht, fügt BARTH hinzu, daß Gott "derselbe auch in sich selber [ist], auch vor und nach und über seinen Werken, auch ohne sie"[208].
Zunächst ist der Umstand der Selbstbestimmung Gottes zu betrachten. Unter einem formalen Gesichtspunkt ergibt sich daraus, daß Gott das, was er ist, nicht zufällig ist und daß er es weder durch Bestimmung eines Anderen noch durch die Un-Bestimmtheit eines bloßen Vorhandenseins ist. Bestimmt Gott sich wirklich selbst, dann kann nichts an der Wirklichkeit Gottes eine naturhafte Gegebenheit sein, weil sie als bloße Gegebenheit außerhalb der Selbstbestimmung Gottes läge. Eine solche Gegebenheit -und sei es auch die bloße Existenz Gottes- wird von BARTH grundlegend abgelehnt. Ist Gott ein Bestimmter und nicht ein unbestimm-

tes Numinosum, was zu glauben die Offenbarung in Jesus Christus fordert, dann ist festzuhalten, daß Gott "sich selbst von Ewigkeit her in freier unbedingter Selbstbestimmung zum Träger dieses Namens bestimmt"[209] und es folglich kein Moment der Wirklichkeit Gottes gibt, das außerhalb dieser Bestimmung liegt[210]. Gott ist der, der er ist, allein in der Tat seiner Entscheidung. Doch so sehr diese gerade in einer absoluten Unbedingtheit vollzogen wird, ist ihr innerer Gehalt die Festlegung auf eine bestimmte, konkrete Gestalt. Gott hat "sich für sich selber, d.h. sich für diese seine Bedingtheit, sich für dieses sein Sein ... in Jesus Christus entschieden"[211]. Und in der gradliniegen Konsequenz dieser Entscheidung liegt es, ja es ist geradezu der Inhalt dieser Entscheidung, daß Gottes Selbstbestimmung als Grund, Vollzug und Gestalt seiner eigenen Wirklichkeit bereits Gemeinschaft mit dem Menschen impliziert[212]. Festzuhalten ist hierbei zunächst soviel, daß auch Gottes Weltverhältnis nicht den Charakter einer naturhaft gegebenen Bezogenheit besitzt.

Ein weiterer Gesichtspunkt ergibt sich aus dem Aktcharakter der göttlichen Selbstbestimmung. BARTH erkennt in der Tat der göttlichen Offenbarung, daß "Gottes Sein in der Tat"[213] ist, daß es Entscheidung[214], Ereignis[215], Akt[216], Leben[217] ist. "Wir können, indem wir Gott in seiner Offenbarung suchen und finden, über Gottes Handeln nicht hinauskommen zu einem nichthandelnden Gott. Nicht darum, weil wir es nicht könnten, sondern darum, weil es ein Oberhalb und Außerhalb des göttlichen Handelns überhaupt nicht gibt, weil eine Transzendenz seines Handelns Nonsens ist"[218]. Damit ist dann nichts anderes gesagt als dies, daß Gott "der von Ewigkeit her in sich selbst Lebendige"[219] ist und nicht erst durch sein Handeln ad extra zu einem Lebendigen wird.

Mit dem bloßen Aktcharakter ist nach BARTH die Lebendigkeit Gottes allerdings noch nicht ausreichend beschrieben. Die Besonderheit der Ereignishaftigkeit der göttlichen Wirklichkeit liegt nicht darin, Prinzip jedes gewöhnlichen Ereignisses zu sein (womit in Entsprechung der Unterscheidung von Idee und Erscheinung Gottes Immanenz und Transzendenz gegenüber der Welt doch auch "ein Stück weit" beschrieben werden könnte[220]), sondern im Freiheitscharakter seiner Lebendigkeit. Diese Freiheit, die jede Veränderung, Nicht-Identität und Nicht-Kontinuität ausscheidet[221], hat BARTH ontologisch als "durch sich selbst und in sich selbst begründet, durch sich selbst bestimmt und bewegt sein"[222] verstanden. Er nimmt damit die Tradition der Aseität Gottes auf.

BARTH unterscheidet methodisch zwischen Begründendem und Begründetem. Er tut es aber, um diesen Unterschied theologisch zu beseitigen. Denn es ist nicht so, daß Gott sich selbst schafft, verursacht, sich von seiner Nicht-Existenz zur Existenz erhebt. Gott hat keine Begründung, sondern Gott ist, indem er ist, seine eigene Begründung[223]. Indem Gottes eigener Seinsgrund mit der Vollgestalt seines eigenen Seins in einer ewigen Identität gedacht wird, d.h. ewige, vollständige Identität Gottes mit sich selbst, kann es keinen Raum mehr für eine Selbstverwirklichung Gottes geben. Gott ist in sich schon alles, was als sein Sein Gegenstand einer Selbstverwirklichung sein könnte[224]. Gottes Wirklichkeit besteht gleichsam darin, "sich selbst zu sein"[225]. Aus dieser Intentionalität des göttlichen Selbst-Seins ergibt sich ein Zweifaches. Zunächst begründet sie Gottes Beständigkeit, weil "er sich nie und nimmer gegen sich selbst kehren, nie und nimmer aus sich selbst herausfallen will, kann und wird"[226]. Gott ist also nicht deshalb unveränderlich, weil er Einwirkungen eines Gegenübers entzogen wäre, sondern weil er sein Sein ganz in und durch sich selbst besitzt. Daraus resultiert im Blick auf Gottes Leben, daß es für ihn keinen Zwang zur Existenz geben kann, so als müßte er existieren, um zu sein, der er ist. Existiert Gott, dann ist diese Existenz uneigennützig, nur faktische und nicht notwendige Bestätigung seiner eigenen Seinsfülle[227]. Und in Übertragung dieses Grundgedankens der Selbstmächtigkeit auf den Aktcharakter des göttlichen Seins läßt sich sagen, daß Gottes Lebendigkeit reine Selbstbewegung[228] ist.

Mit dieser Fassung der göttlichen Aseität -BARTH nennt sie auch primäre oder positive Freiheit[229]- ist ein Anderes Gottes weder ontisch noch noetisch bedeutsam. Denn Gott hat seine Freiheit gerade nicht als Unabhängigkeit vom Andern, sondern als Besitz der ihm eigenen Seinsfülle. Dennoch ist der Gedanke der independentia nicht belanglos: Konstituiert diese auch nicht die Freiheit Gottes, so ist sie doch als Folge jener positiven Freiheit uneingeschränkt wahr. Als der Freie ist Gott dann auch von der Existenz eines von ihm Verschiedenen gänzlich unabhängig. Seine Absolutheit kann nicht durch das Vorhandensein eines Gegenübers gefährdet werden[230]. BARTH kann deshalb diese ontologische

Freiheit im Blick auf ein mögliches Weltverhältnis Gottes provokativ als Selbstgenügsamkeit beschreiben. "Gott bedarf nicht des Menschen"[231]. Er könnte sich an sich selbst und an seiner unangerührten Herrlichkeit seines inneren Lebens genügen lassen[232]. Denn Gott ist sich selbst Gegenstand[233], auch als Gegenstand seiner Liebe. Dieser Liebe eignet kein "natürliches" Gefälle zum Anderen seiner selbst, um erst so überhaupt Liebe zu sein. Gott braucht die Welt nicht als Möglichkeitsbedingung seiner Liebe, er ist als der trinitarische sich selbst diese Bedingung. Deshalb würde er "nicht weniger der Liebende sein, wenn er keinen von ihm unterschiedenen Gegenstand lieben würde"[234].

Die Freiheit Gottes, die jeden Gedanken einer Konkurrenz, Gefährdung oder Veränderung durch das Andere ausscheidet, ist aber faktisch eine Freiheit für die Welt. In dieser neuen Perspektive beschreibt BARTH Gottes Aseität noch einmal anders als Subjektivität bzw. Personalität. Wird Gott als Ich oder Person bezeichnet, besagt dies, daß Gott ganz er selbst seiend und bleibend einem Anderen als Du frei gegenübertreten kann[235]. Gott ist "gemeinschaftsfähig auf Grund seiner e i g e n e n Kraft und Tat"[236]. Diese besteht darin, in sich selbst Gemeinschaft und damit gegenüber dem von ihm Verschiedenen in eminenter Weise Person zu sein. So ist ein Weltverhältnis Gottes für ihn gerade nicht mehr personkonstitutiv. Gott ist Ich auch ohne die Existenz der Welt, obwohl er es faktisch nicht gegen sie ist. Dem Weltverhalten Gottes geht demnach ein Selbstverhalten Gottes voraus. Die Legitimität der Rede von der Personalität Gottes muß deshalb die Trinitätslehre[237] aufzeigen.

Grundlegend gilt für BARTH, daß Gott überhaupt nur in der Weise des Vaters, Sohnes und Geistes Gott ist. Sie sind die ewigen Seinsweisen Gottes[238]. Ihre dreimalige Andersheit ist unaufhebbar[239]. Die Zuordnung der Personen (oder Seinsweisen) zur trinitarischen Gemeinschaft begründet dabei auch Gottes Personalität. In der Relation von Vater und Sohn zeigt sich, daß Gott noch vor jedem Weltverhältnis den Gegenüberstand als einen Teil seiner trinitarischen Wirklichkeit in sich selbst hat. "Er braucht sich also nicht aufzuspalten in zwei Götter von ungleicher Gottheit. ... Nein, der eine Gott selber ist... Einer und a u c h ein Anderer, a u c h sein eigenes Gegenüber, a u c h koexistent"[240]. Er selbst ist die "Fülle des Andersseins"[241]. Diese Gemeinschaft im Gegenüber von Vater und Sohn wird im Geist bejaht und bekräf-

tigt. Er vollzieht die Einheit des Einen mit dem Anderen so, daß in jeder der beiden Seinsweisen ohne Einschränkung der ganze Gott ist sowie nun noch einmal in der Seinsweise eben dieser Bestätigung durch den Geist. Ist die Einheit stiftende Seinsweise des Geistes aber selber Gott, dann hat keine der drei Seinsweisen ihre Gottheit isoliert von der anderen und für sich, sondern allein "in ihrer B e z i e h u n g zu der andern und also faktisch in der Totalität, im Zusammenhang, im Spiel, in der G e s c h i c h t e dieser Beziehung"[242].
Mit diesem Hinweis ist nicht nur eine trinitätstheologische Entfaltung göttlicher Aktualität angedeutet, sondern vor allem dies: daß Gott, indem er ist, immer schon und wesentlich Gemeinschaft und das heißt für BARTH auch Person[243] ist. "In sich selber will er ja nicht für sich, nicht einsam sein, ist er vielmehr der Vater, der Sohn und der Heilige Geist und also lebendig in seinem eigensten Miteinander und Füreinander und Ineinander"[244].
Im Hinblick auf Gottes Weltverhältnis bedeutet seine Personalität nun insofern dessen Grund, als seine Koexistenz in sich selbst eine Koexistenz mit einem Anderen außerhalb seiner selbst als Möglichkeit einschließt[245]. Der die Koexistenz konstituierende Vater kann sich auch "zu einem von ihm selbst Unterschiedenen in Beziehung setzen"[246], während der Sohn als der Koexistente "geradezu d i e natürliche Betätigung des Wesens Gottes nach außen"[247] ist. Als der trinitarische Gott unterscheidet er sich daher radikal von der Vorstellung jenes absoluten Gottes, dessen Gottsein allein von der Nicht-Existenz eines Anderen abhängt bzw. von einem wirklichen oder nur möglichen Gegenüber gefährdet ist. Weil er sein Sein in der Selbstbezogenheit von Vater, Sohn und Geist hat, kann die Welt als Gegenüber Gottes niemals zu einer Gefährdung seines Seins werden. Trinitarische Gemeinschaft bedeutet, daß Gott nicht nur in sich selber, "sondern als Vater und Sohn immer auch i n e i n e m A n d e r e n mächtig ist"[248], so daß auf Grund der trinitarischen Fundierung das Sich-Verhalten Gottes zum Anderen schließlich sogar als -wohl freie und ungeschuldete- Entsprechung zu seinem eigenen Wesen verstanden werden kann.
Wie bereits mehrfach deutlich geworden ist, zielen alle bisherigen Ausführungen über Selbstbestimmung, Freiheit und Personalität auf die eine Tat, in der Gott zuerst sich selbst bestimmend sich für sein Sein als Bundesgott entschieden hat: auf die Er-

wählung des Menschen. Wird dieses göttliche Wählen im Zusammenhang der Frage nach Gottes vorzeitlich-ewigem Sein behandelt, dann nicht im Sinn einer transzendentaltheologischen Reflexion der Möglichkeitsbedingung für ein solches Wählen, sondern mit der Absicht zu zeigen, daß der vorzeitlich-ewige Gott tatsächlich kein anderer als eben dieser die Gemeinschaft mit dem Menschen wählende Gott ist[249]. Es handelt sich um ein unwiderruflich eingenommenes Verhalten Gottes, "ohne das er, nachdem er es einnehmen wollte und eingenommen hat, nicht mehr Gott wäre"[250].
Doch die Erwählung des Menschen besagt grundlegend und mit aller Klarheit dann auch ein Zweites: daß der Begriff der Freiheit Gottes eine neue Kontur hinzugewonnen hat. Gott ist nicht nur in der Weise frei, daß seine Aseität die Gestalt der Unabhängigkeit von dem von ihm Unterschiedenen annehmen kann, sondern nun noch einmal anders auch so, daß er auch dieser Freiheit gegenüber der Freie ist[251].
Die Erwählung des Menschen durch Gott ist die umfassende Definition des Weltverhältnisses Gottes. Sie geht ausschließlich auf sein freies Wollen und Tun[252] zurück, in dem er sich, sein Für-sich-Sein aufgebend, zum Bundespartner bestimmt und damit die Wirklichkeit des von ihm Verschiedenen als sein erwähltes Gegenüber setzt noch vor jedem schöpferischen Vollzug. Das Schöpfungsverhältnis gründet deshalb immer schon in einem Bundesverhältnis. In dieser Relation erscheint Gott auf Grund seiner Freiheit auch als "Herr der Schöpfung"[253]. Seine Herrschaft ist aber ganz von seinem Erwählen her zu begreifen und nicht als Verlängerung eines weltlichen Machtbegriffs ins Unendliche.
Dieses Erwählungsverhältnis beschreibt BARTH als ein Überströmen des göttlichen Seins. "Gott wählt in seiner Liebe ein Anderes zur Gemeinschaft mit sich selbst. Das bedeutet zuerst und vor allem: Gott wählt sich selbst zugunsten dieses Anderen. Gott gibt sich selbst die Bestimmung, sich nicht genügen zu lassen an sich selbst, obwohl er sich selbst genügen könnte. Er gibt sich selbst die Bestimmung jenes Überströmens, jener Zuwendung und Herablassung"[254]. Darin zeigt sich grundlegend, daß das erwählende Handeln Gottes nicht als Funktion oder Verhalten von seinem Sein getrennt werden darf, sondern daß es freier Vollzug seines eigenen Seins nach außen ist. Es ist Mitteilung seines Ureigenen. In ihr liegt alle Unmittelbarkeit und Innigkeit des Bundes begründet. Zudem macht die Vorstellung vom Überströmen

deutlich, daß der Grund der Selbstmitteilung ganz bei Gott selbst liegt, denn es ist Mitteilung überfließender Seinsfülle, so daß das Überströmen gerade nicht als Bedingung oder Veränderung des Seins betrachtet werden darf[255]. Und schließlich kommt zum Ausdruck, daß die Erwählung als Überströmen der göttlichen Liebe freie Gnadenwahl ist[256]. Es kann seitens des Anderen schlechterdings keinen Anspruch geben, der die Erwählung bedingen könnte[257]. "Liebt er uns, hat er also unser Sein unserem Nichtsein, unser Geliebtwerden unserem Nichtgeliebtwerden vorgezogen, dann ist das... die für uns ewig wunderbare Dynamik seiner Liebe"[258].

Die Lehre von der Prädestination ist nach BARTH ausschließlich christologisch zu begründen. Dies geschieht im Anschluß an Eph 1,4f. In Jesus Christus ist der Mensch schon vor Grundlegung der Welt der Erwählte. Das heißt für BARTH zunächst: Jesus Christus ist Subjekt dieser Wahl, der erwählende Gott. In der Trinität erscheint der Sohn als der innergöttlich Andere und schließt damit auch die Wahrheit des geschöpflich Anderen in sich[259]. BARTH bezeichnet den Sohn auch als "die göttliche Freiheit selber, sofern diese nach 'außen' in Kraft tritt"[260]. Ist Jesus Christus aber das Subjekt dieser Wahl, dann steht er in einem vollkommenen Gegensatz zu jenem wählenden Gott eines decretum absolutum. Denn die Wahl Jesu Christi ist weder abstrakt noch zufällig. Sie ist konkret, d.h. sie ist bereits in dem einen Menschen Jesus verwirklicht und umgreift auch alle damit verbundenen Konsequenzen; und sie ist bedingt durch die Selbstbestimmung Gottes. Daher gibt es kein decretum absolutum, sondern nur ein decretum concretum. Jesus Christus als der erwählende Gott vermittelt die Erkenntnis von der "Moralität" Gottes, denn die Prädestination ist "zweifellos auch eine Bindung und Verpflichtung, die Gott sich selber gegenüber auf sich genommen und an die in voller Freiheit (die doch die Freiheit seiner Liebe ist) zu halten er sich entschieden hat... Es muß schon dabei bleiben, daß wir in der Praedestination nicht eine das geschöpfliche Leben beherrschende göttliche Willkürmacht, sondern das göttliche G e s e t z zu erkennen haben"[261]. Dieses decretum concretum steht schließlich auch für die Beständigkeit und Treue Gottes, für die Zuverlässigkeit und Endgültigkeit seiner freien Liebe, in der er am Anfang alles bestimmt hat[262].

Die Erwählung des Menschen in Jesus Christus bedeutet zweitens

aber auch, daß Jesus Christus das Objekt dieser Wahl ist. Er ist der vor Grundlegung der Welt erwählte Mensch. Nach dem Zeugnis von Kol 1,15 wird er als der Erstgeborene vor aller Schöpfung bezeichnet. Das sagt mehr als nur erstes Glied einer Kette zu sein. Als der erwählte Mensch ist er Geschöpf und zugleich qualitativ mehr als eben nur dies. Gott macht sich in Gestalt seines Sohnes das Sein dieses Geschöpfes "zu seinem e i g e n e n Sein"[263]. So gehört er als Mensch bereits ganz in die Wirklichkeit Gottes. Als der Erwählte verkörpert er den "Plan und das Dekret Gottes, die inhaltlich bestimmte göttliche Entscheidung hinsichtlich aller Kreatur und ihrer ganzen Geschichte"[264].
BARTH unterscheidet damit streng zwischen dem in Einheit mit dem Gottessohn existenten Menschensohn und der um dieser Einheit willen geschaffenen Welt mit ihrer Geschichte, deren Verlauf auf die von Ewigkeit her beschlossene Gemeinschaft mit Gott zielt[265]. Das vorzeitlich-ewige Gegenüber Gottes ist deshalb nicht der Mensch als solcher, sondern dieser eine, präexistente Mensch Jesus und erst "dann, um seinetwillen, der 'Mensch' und die 'Menschheit' und der ganze übrige Kosmos"[266].
Mit dieser Unterscheidung soll aber keineswegs eine eschatologische Konditionierung des vorzeitlichen Bundes in Jesus Christus angedeutet werden. Die Erwählung des Menschen Jesus ist durch den Geschichtsverlauf nicht bedingt oder in ihrer Wahrheit von diesem abhängig, vielmehr ist sie ja dessen Grund, Inhalt und Ziel. Am Anfang aller Geschichte steht ein reales und konkretes Geschehen, das in der Mitte der Zeit offenbar geworden ist: das "freie Hervorbrechen der göttlichen Gnade, Barmherzigkeit und Geduld"[267] in Jesus Christus. Indem der erwählte Mensch Jesus Empfänger dieser Zuwendung geworden ist, wäre es eine Verkürzung, diesen nur als Chiffre für die der Welt zugewandte Haltung Gottes zu verstehen, der ein heilsgeschichtlicher Vollzug des Bundes noch zu folgen hätte. Statt dessen ist mit der Erwählung bereits die Errichtung und der Vollzug des göttlichen Bundes mit allen Menschen in Gottes Vorzeitlichkeit noch vor aller Weltwirklichkeit gesetzt[268]. Gott ist in sich selbst "die Geschichte, Begegnung und Entscheidung zwischen Gott und Mensch"[269].
BARTH gebraucht hierfür auch den Begriff der Übergeschichte[270], denn die Erwählung liegt außerhalb der Geschichte, ist aber als ihr Sinn verborgen in ihr anwesend, so daß sich hier unter geschichtlichen Bedingungen ereignet, was dort beschlossen liegt.

Die Erwählung des Menschen in Jesus Christus führt Gott und Mensch schließlich in eine echte Gemeinschaft. An ihr darf der Mensch erkennen, daß Gott nicht ohne uns Gott sein will[271]. Und so sehr die Wahrheit des göttlichen Selbstgenügens bestehen bleibt, kann BARTH doch formulieren: "Sein Leben... drängt nach diesem Zusammensein mit unserem Leben"[272].

c) Das Heilsgeschehen in der Zeit

Grundlegend gilt für Gottes Heilshandeln in der Geschichte, daß es in Freiheit geschieht. Doch ebenso ist es wahr, daß Gott sich eine Verpflichtung auferlegt hat und an die sich zu binden seine Beständigkeit mitausmacht. BARTH kann sogar sagen, daß hier der einzig vertretbare theologische Sinn von "Notwendigkeit" liegt: daß alles weitere Handeln Gottes notwendige Folge der vorzeitlich-ewigen Entscheidung ist[273]. Aber "seine 'Unveränderlichkeit' fällt nicht zusammen mit irgend einer unserer Stetigkeiten. Seine Treue ist... nicht die metaphysische Entsprechung irgend einer der regelmäßigen Bestimmtheiten kreatürlichen Daseins"[274]. Er ist kein Gefangener seiner Entscheidung. Für die Fleischwerdung gibt es weder eine innere noch eine äußere Nötigung[275]. "Immer bleibt Gott der Herr seines Handelns und seines Weges"[276]. BARTH versucht mit der Gegenläufigkeit der beiden Gedanken von Freiheit und Notwendigkeit die Treue Gottes einerseits gegen Zufälligkeit und andererseits gegen eine Ableitbarkeit von einem ewig wirksamen Prinzip oder gar einem menschlichen Anspruch als eine f r e i e und immer wieder neu bejahte B i n d u n g an seine Urentscheidung zu bestimmen. Daß und auf welche Weise Gott treu ist, läßt sich nur aposteriorisch erkennen.

Die Inkarnation darf dahin verstanden werden, daß sie Gottes Willen zum Ausdruck bringt, auch unter der Bedingung der Sünde "kein einsamer Gott zu sein"[277]. Sie bedeutet gegenüber dem Schöpfungsverhältnis eine Steigerung der Gemeinschaft, weil Gott in Jesus Christus "mit dem Geschöpf Einer wird"[278]. Es ereignet sich das Zeitwerden des Ewigen. Der unendliche Gott unterwirft sich der Zeit, indem er die "geschaffene Zeit die Form seiner Ewigkeit werden und sein läßt"[279]. Daß dabei das Werden und der göttliche Logos als Subjekt dieses Werdens zusammenzudenken sind, darf dem theologischen Denken nicht als Absurdität erscheinen[280]. Nicht eine begriffliche Logik definiert den Logos und sein Gottsein, sondern Jesus Christus bestimmt den theologischen Begriff[281]. BARTH geht noch einen Schritt weiter. Das Menschwerden des Logos ist nicht ein einzelnes theologisches Erkenntnismoment im Rahmen einer umfassenden Gotteslehre, sondern der ausgezeichnete Ort christlicher Gotteserkenntnis schlechthin[282]. Gott will gerade in seiner "Existenz im F l e i s c h e"[283] als Gott erkannt werden.

Dafür muß die Fleischwerdung als ein göttlicher Herrschaftsakt verstanden werden, dessen handelndes Subjekt der Logos ist[284]. Sie ist weder eine der Schöpfung immanente Möglichkeit noch ein Widerfahrnis Gottes. Als ausschließliches Handeln Gottes hat sie ihre Wahrheit in der trinitarischen Selbstunterscheidung. Diese enthält die ganze Spanne, "in sich selbst und verborgen G o t t zu sein und nun zugleich ganz anders, nämlich offenbar, das heißt aber in Gestalt dessen, was nicht er selbst ist, n o c h e i n m a l G o t t zu sein"[285]. Im Sohn ist Gott sich so ungleich geworden, daß die Annahme endlicher Gestalt eine ihm eigene Seinsmöglichkeit darstellt[286]. Daher muß die Inkarnation schließlich keine Verwandlung in ein kratürliches Wesen oder gar in ein Drittes bedeuten[287]. Der Sohn wird Mensch "ohne aufzuhören, Gott zu sein"[288].

Im Zusammenhang mit dem Begriff der Existenz im Fleisch stehen auch BARTHs Erörterungen der Geschichtlichkeit der Offenbarung. In seiner Frühzeit[289] hat er das Verhältnis von Logos ("die andere Welt"[290]) und Geschichte im Sinne der bekannten tangentialen Berührung[291] bestimmt. Das Offenbarungsgeschehen in Jesus Christus wird als "Punkt der Schnittlinie"[292] verstanden, die senkrecht von oben die geschichtliche Horizontale schneidet. Es ist der "Einschlagstrichter"[293] des Göttlichen. Das bedeutet, daß die Offenbarung selbst keine geschichtliche Kontinuität hat[294]. Dort aber, wo "unsere Welt in Jesus von der anderen Welt berührt wird, hört sie auf, historisch, zeitlich, dinglich direkt anschaulich zu sein"[295]. Die Geschichtlichkeit der Offenbarung liegt für BARTH bei all dem nur darin, daß Gott in Jesus Christus den Menschen in seiner geschichtlichen Situiertheit anredet, daß er als Person sein Wort an ihn richtet und von ihm gehört wird[296]. - Diese Vorstellung einer tangentialen Berührung hat BARTH einige Jahre später im 1.Band der Kirchlichen Dogmatik ausdrücklich widerrufen[297]. Der Logos tangiert nicht nur die Zeit, sondern geht in sie ein. "Die Offenbarung hat ihre Zeit und nur in ihr und mit ihrer Zeit ist sie Offenbarung"[298]. Was er jedoch für seine Überzeugung von der Zeitlichkeit der Offenbarung vorträgt, hat große Ähnlichkeit mit der alten Argumentation. Das Eintreten des Logos in die geschichtliche Wirklichkeit hat weniger Konsequenzen für ihn selbst als für die Geschichte, denn das Wort "hebt die Zeit, in die es hineingesprochen ist (ohne sie als Zeit auszulöschen), als nunmehr s e i n e Zeit hinauf in seine eigene Ewigkeit, gibt ihr Anteil an dem... sich selbst genügenden Sein Gottes"[299]. Im Vordergrund bleibt die Neuqualifizierung der Geschichte durch die Inkarnation.

Wenn mit diesen Aussagen die Menschwerdung als Ort der Aufnahme kreatürlicher Wirklichkeit in das Sein Gottes interpretiert wird, so steht damit für BARTH das soteriologische Interesse im Vordergrund. Die Menschwerdung des Sohnes ist Heilsgeschehen, Beginn der neuen Schöpfung. Es wäre aber falsch, das Assumptio-Motiv doketisch zu deuten, wonach der Logos selbst von seiner irdischen Geschichte unberührt bliebe. Es ist gerade BARTHs soteriologisches Anliegen zu zeigen, daß Heil nur durch Selbstauslieferung Gottes an die Geschichte erreicht wird. Darin liegt eine antidoketische Spitze. Dies zeigt das kenotische Inkarnationsverständnis.

BARTH hat die Geschichte zwischen Gott und Mensch als "Passionsgeschichte"[300] bezeichnet. Der zeitliche Vollzug des Bundes hat in der Sünde eine schwere Erschütterung erfahren, so daß Geschichte nunmehr unter dem Vorzeichen des Unheils und des Gerichtes steht. Wird der Logos "Fleisch", dann handelt es sich hierbei nicht bloß um die Annahme der allgemein kreatürlichen, d.h. endlichen Bedingungen des Menschseins, sondern um die Konfrontation mit der sündigen Weltwirklichkeit und also um das Stehen unter dem Zorngericht Gottes. "Fleisch sein ist ein Sein im Vergehen gerade vor diesem Gott"[301]. Die Inkarnation führt die Existenz des Sohnes unter die Belastung der Weltgeschichte[302] und deutet damit auf ihren kenotischen Charakter. Gott "geht, indem er dem Menschen in Jesus Christus gnädig ist, auch in die Fremde: in die schlechte Gesellschaft dieses ganz anderen, nichtgöttlichen, ja widergöttlichen Wesens"[303]. Die Kenosis besteht in der Herablassung des Sohnes unter die Bedingungen der gottfeindlichen Wirklichkeit und somit in Demütigung[304]. Seine Gottheit ist bis zur Unkenntlichkeit hinter seiner Fleischesgestalt verborgen. Und dennoch beschließt die Selbstentäußerung keine Selbstaufgabe. Denn die Kenosis steht zur göttlichen Natur nicht im Widerspruch. Nur ein menschlich konstruierter Gottesbegriff wird hier eine Unvereinbarkeit erkennen. Wenn Gott in Jesus Christus sich als der Erniedrigte offenbart, "dann kann es nicht an uns sein, weiser sein zu wollen als er und zu behaupten, daß Solches mit dem göttlichen Wesen in Widerspruch stehe"[305]. Es besteht in Gott eine Freiheit zur Kenosis, die er in der Kraft seiner Gottheit, nicht aber unter deren Verlust oder Minderung betätigt[306]. Diese Freiheit, die darauf hinweist, daß die Selbsterniedrigung kein Widerfahrnis -etwa als Konsequenz der Inkarnation- darstellt, sondern ein göttliches Handeln ist[307], hat ihre Wahrheit wiederum in der trinitarischen Gestalt Gottes. Es ist der Gehorsam des Sohnes gegenüber dem Willen des Vaters jene Grundhaltung, die die Fähigkeit zur Kenosis einschließt, weil sie selbst frei vollzogene, ewige Demut und Kondeszendenz ist[308]. Der Gehorsam des Erniedrigten gibt "die andere, die innere Seite des Geheimnisses der göttlichen Natur Christi und also der Natur des einen wahren G o t t e s zu erkennen: daß er selbst auch dessen fähig, auch dazu frei ist, G e h o r s a m zu leisten"[309]. Gehorsam kann nach BARTH geradezu als Schlüsselbegriff zum Verständnis des göttlichen Wesens gelten[310], ohne daß damit der gehorchende Sohn eine Inferiorität darstellt. Er ist "vielmehr ein besonderes Sein in der Herrlichkeit der einen gleichen Gottheit, i n deren innerer Ordnung... auch diese Dimension, die Richtung nach unten wahr und wirklich ist und ihre höchste Würde hat"[311]. Hat aber die Kenosis Jesu Christi ihren inneren Grund in der ewigen Kondeszendenz des Sohnes, dann muß die Erniedrigung des Menschgewordenen nicht auf Kosten seiner göttlichen Identität gehen, sondern darf als Fortsetzung der Geschichte nach außen gelten, die Gott in sich selbst ist[312].

Der kenotische Charakter der "Existenz im Fleisch" erhält seine Vollgestalt im kreuzestheologischen Zusammenhang. Ausgangspunkt des göttlichen Weltverhältnisses war die Urentscheidung Gottes, in der er die Schöpfungsbeziehung als Bund definiert hat. Das Kreuzesgeschehen macht nun deutlich, daß die Erwählung des Menschen für Gott nicht folgenlos geblieben ist, sondern von Anbeginn eine doppelte Prädestination war. In ihr "hat Gott d e m M e n s c h e n das E r s t e, d i e E r w ä h l u n g, die Seligkeit und das Leben, s i c h s e l b e r a b e r d a s Z w e i t e, d i e V e r w e r f u n g, die Verdammnis und den Tod z u g e d a c h t"[313]. Die Bedingungslosigkeit der Selbstbestimmung Gottes zum Bundesgott des Menschen enthält angesichts

der kreatürlichen Verweigerung auch die Bestimmung zum stellvertretenden Leiden Gottes.
BARTH erkennt im Verhalten zum Menschen "eine heilige V e r ä n d e r l i c h k e i t Gottes"[314], die seine Beteiligung am wechselvollen Geschehen der Geschichte ausdrückt. Wegen dieser Empfänglichkeit ist es nicht unstatthaft anzunehmen, daß die Sünde Gott "als das Vergehen und als das Unheil seines Geschöpfs unmittelbar z u H e r z e n geht, daß sie ihm als dem Schöpfer seines Geschöpfs u n e r t r ä g l i c h ist"[315]. Als Gegenstand des göttlichen Zornes ruft sie Gottes richtende Gerechtigkeit, sein göttliches Nein gegen die Sünde auf den Plan[316], das die ganze tödliche Vernichtungskraft seines Strafgerichts enthält. In diesem Zürnen liegt keine Verzerrung seines Gottseins. Der Widerspruch gegen die Sünde ist vielmehr die Gestalt seines Herrseins gegenüber einer sündigen Welt. Gott vollzieht sein Nein, indem er ist, der er ist. Eine jede Konzession an die Welt müßte den Anspruch des Bundes, reine, uneingeschränkte Gemeinschaft zwischen Gott und Mensch zu sein (und damit letztlich auch die Selbstbestimmung des erwählenden Gottes) relativieren. Indem Gott der Sünde widerspricht, entspricht er sich[317].
So wie der Erwählte und der Erwählende des Bundes christologisch wahr sind, hat auch der zeitliche Vollzug des Bundes unter der Belastung der Sünde christologische Gestalt. Hier zeigt es sich, wie das Zorngericht Gottes nicht nur keine Aufhebung der Gemeinschaft mit dem Menschen, sondern in unerwartbarer Weise Durchführung und Bestätigung des Bundes darstellt. Die richtende Gerechtigkeit verwirft den Menschen. Das vollzieht sich -und ist allein darin wahr und wirklich- in der Verwerfung des einen erwählten Menschen Jesus. Ihn trifft das Zorngericht und in ihm den Sohn Gottes selbst. Daher ist Gottes richtende Gerechtigkeit zugleich und mehr noch eine barmherzige, weil diesen Gott "die Sünde dieser Ungehorsamen nicht nur beleidigt, sondern als ihre Not zum Mitleiden bewegt"[318]. Dieses Mitleiden, das ein wirkliches Leiden Gottes um den Menschen ist, stellt den Nerv aller Kreuzestheologie dar. Es hat seine Wurzel in der Urentscheidung Gottes, mit der Erwählung des Menschen auch dessen Gefährdung zur eigenen werden zu lassen. So zielt die Urgeschichte bereits auf die Konfrontation Gottes mit dem Tod. Die Barmherzigkeit Gottes läßt die Sünde, die sich gegen diesen richtet und den Tod nach sich zieht, zu dessen eigener Sache werden[319]. Er erklärt

sich des Widerspruchs, in den sich der Mensch verwickelt hat, selber für schuldig und wird damit selbst Gegenstand seines Zorngerichts[320]. Daraus resultiert schließlich, "daß Gott sich selbst, seine Gottheit, seine Macht und seinen Besitz als Gott in Frage stellt"[321].

Die Verwerfung, die Gott sich selbst zugedacht hat, vollzieht sich im Kreuz des Sohnes. Er ist es, der sich in Einheit mit dem Menschen Jesus der strafenden Gerechtigkeit ausliefert und den Zorn Gottes erleidet. Darin zeigt sich zunächst eine letzte Solidarität mit allen Menschen, indem er die grenzenlose Not der menschlichen Situation unter dem Strafgericht Gottes teilt (Mk 15,34)[322]. Doch geht das Kreuzesgeschehen für BARTH gerade nicht in einem bloßen Akt der Solidarität auf. Denn was der Gekreuzigte leidet, leidet er stellvertretend für den Menschen. Diese Stellvertretung, die das alte Gegenüber von Zorn Gottes und Elend des Menschen aufhebt, indem Gott selbst die kreatürliche Not auf sich nimmt[323], bedeutet, daß den Menschen die tödliche Folge seines Widerspruchs gegen Gott gerade nicht trifft, sondern daß ein Anderer dafür einsteht. Dieser -und nur dieser- steht aber ganz unter dem Gerichtsakt. Der Sohn, der "selber die V e r d a m m n i s, den T o d und die H ö l l e schmeckt"[324], lotet damit eine letzte Leidenstiefe aus, die zu erreichen das endgültige Verlöschen menschlicher Existenz zur Folge haben müßte. Um dieses Leiden zu ertragen, ohne dabei zu vergehen, bedurfte es der göttlichen Kraft seines Trägers[325].

Die Verwerfung des Sohnes kann dabei den Eindruck erwecken, als sei das Verhältnis zwischen Vater und Sohn nun doch als Widerspruch zu verstehen, so daß Mk 15,34 trinitarisch zu deuten sei. BARTH lehnt diese Deutung aber ab, weil sie zu wenig bedenkt, daß die Unterwerfung unter das Zorngericht ein aktives Handeln des Sohnes ist. Die Selbstbestimmung, die am Anfang des Weltverhältnisses Gottes steht und die in keinem Augenblick ein Bestimmtwerden Gottes zuläßt, behält auch noch angesichts des Kreuzes ihre Wahrheit. Die Kenosis bis hin zum Kreuzestod ist aktiver Vollzug des Sohnes in der Weise, daß er sie im Gehorsam wählt und bejaht. "Er selbst gibt dem Vater Recht in seinem Wollen und Handeln, das ihn, den Sohn, ans Kreuz führt"[326]. Seine Freiwilligkeit und Bereitschaft zu leiden eröffnet dem Vater allererst die Möglichkeit, so zu handeln. Das Strafgericht als Geschehen zwischen Vater und Sohn bleibt deshalb grundsätzlich von seiner ermöglichenden Voraussetzung durch den Sohn umgriffen. Doch nicht nur das aktive Geschehenlassen des Sohnes verhindert den innertrinitarischen Widerspruch, sondern auch der Vater, denn dieser ist selbst nicht vom Todesleiden des Sohnes ausgeschlossen. "In Jesus Christus hat Gott selbst (...) -mit dem Sohn in der Einheit des Geistes a u c h d e r V a t e r - miterlitten, was dieser Mensch bis zum bitteren Ende zu leiden bekam"[327]. In einer trinitarischen Präzisierung des einfachen Gottesbegriffs und im Anschluß an Aussagen des ORIGENES ist es das "väterliche Mitleiden Gottes"[328] mit der sündigen Kreatur, das die Hingabe des Sohnes begründet und im Kreuz seinen geschichtlichen Ausdruck findet[329]. Aus diesen beiden Gründen bleibt Gott Herr über den Widerspruch. Der Konflikt, der im Raum des trinitarischen Gottes selbst stattfindet, bleibt auch dort der Konflikt des Menschen mit Gott und wird nicht zu einem trinitarischen. Gott "macht sich das Sein des Menschen im Widerspruch gegen ihn zu eigen; er macht ihn aber nicht mit"[330]. Schließlich wird auch der Heilswert der Versöhnung hierdurch bedingt, denn "jeder mit sich selbst streitende Gott kann nur ein falscher Gott sein"[331].

Bei all dem besteht dennoch kein Zweifel daran, daß das Kreuzesleiden des Sohnes auch Ergebung und Passivität ist. Diese Erkenntnis ist nach BARTH nicht nur für den Kreuzestod bedeutsam, sondern auch für die Auferstehung. Diese ergibt sich nicht als Konsequenz aus dem Tod, sondern folgt unableitbar auf den Tod. Als Handeln des Vaters an seinem Sohn ist die Auferstehung "freie, reine G n a d e n t a t Gottes"[332], so daß die Passivität des Sohnes noch einmal eine überraschende, letzte Gestalt annimmt. Der Sohnesgehorsam, dessen geschichtliches Ziel die Selbsterniedrigung bis zum Kreuz ist, läßt den Sohn in der Auferstehung zum reinen Gegenstand und Empfänger der väterlichen Gnade werden. Die Auferstehung schließt jedes Mitwirken des Sohnes aus. Im Sinne BARTHs resultiert daraus, daß das Weltverhältnis Gottes bis in seine letzte Zuspitzung am Kreuz in der Person des Sohnes unter völligem Machtverzicht und in Selbstlosigkeit ausgelotet und angenommen wird. "Darum ist der g e k r e u z i g t e Jesus das 'Ebenbild des unsichtbaren Gottes'"[333]. Es heißt aber auch, daß im Blick auf den Vater dieses Verhältnis bis in seine letzte Zuspitzung ganz von Gott selbst, d.h. konkret von seiner Gnadenmitteilung bestimmt wird.

Von hier aus ergibt sich die Überwindung einer einseitigen

Staurologie. Das Kreuz verliert durch die Auferstehung nicht seinen Ernst. Aber es ist im Gehorsam des ewigen Sohnes passiv und in der Barmherzigkeit des ewigen Vaters aktiv umgriffen und damit überwunden, so daß der Gekreuzigte keine abstrakte Größe bleibt, die allein und als solche eine Aussage über die Wirklichkeit Gottes zu machen vermöchte. Vom Kreuz des Sohnes kann nur konkret als bleibende Gestalt seines Lebens gesprochen werden[334]. Es darf nicht als geschichtliche Konkretion eines ewigen Kreuzes des Sohnes erscheinen, sondern ist ein geschichtliches Ereignis und hat ein für alle Mal als überwunden zu gelten.

Gerade von Tod und Auferstehung als den beiden Grundereignissen "der e i n e n G e s c h i c h t e G o t t e s mit der sündigen und verkehrten Welt"[335] her fällt Licht auf den erwählenden Gott des Anfangs. Die heilsgeschichtliche Versöhnungstat erschließt die Wirklichkeit, die dem Schöpfergott bereits im Anfang eigen ist. Gott kann auch noch des sündigen Menschen Gott sein. Ihm eignet ein Leben, "dem auch die Sünde nichts Neues, nichts Fremdes, nichts Überlegenes gegenüberstellen kann, Leben, das auch der Tatsache der Sünde zum vornherein so gewachsen ist, daß sie in ihm schon überholt und überwunden ist"[336]. Die Erwählung des Menschen durch Gott ist deshalb durch nichts, auch nicht durch die Sünde einer Bedingung unterworfen. Gott hat sich auf unbedingte Weise zum Bundesgott des Menschen bestimmt.

d) Gottes Beständigkeit

Das Weltverhältnis Gottes vollzieht sich bereits grundlegend im urgeschichtlichen Ereignis der Erwählung Jesu Christi[337]. Seine ganze Dramatik ist von der ewigen Vater-Sohn-Relation einbegriffen. Der Sohn, in der Einheit mit dem erwählten Menschen Jesus, eröffnet in seiner ewigen Kondeszendenz selbst noch für eine gottfeindliche Andersheit einen Raum, den der Vater in seiner Gnadenmitteilung an den Sohn in eben demselben Maß schon immer ausgefüllt hat. Ohne daß sich in diesem ewigen Gegenüber tatsächlich Sünde oder ein ewiges Strafgericht ereignen, so sind doch Tod und Gottverlassenheit des Sünders in der Lebensbeziehung des Vaters und des Sohnes bereits umfangen und überwunden.

Deshalb entspricht die Freiheit des Bundesgottes auch jener des sich selbst genügenden Gottes außerhalb jeder Weltbeziehung. So wie Gott dadurch frei ist, daß er sein Sein ganz in und durch sich selbst hat, so ist er es als Bundesgott deshalb, weil er -in Vorbildung der ewigen, innertrinitarischen Gemeinschaft- auch

sein Sein im urgeschichtlichen Bund mit dem Menschen ausschließlich in und durch sich selbst hat, so daß es schlechterdings keine Rücksicht mehr gibt, unter der er in dieser Gemeinschaft von außen bedingt oder eingeschränkt werden könnte. Gottes ursprüngliche, positive Freiheit, die auch eine Freiheit von der Welt ist, gipfelt in einer Freiheit zugunsten der Welt. Deshalb kann die theologische Entfaltung der Heilsgeschichte bei BARTH immer zuerst und zuletzt den Heilscharakter dieser Geschichte, das pro nobis, im Auge behalten, ohne damit eine Wesensspekulation zu verfolgen. Denn der raum-zeitliche Vollzug des Bundes in der Geschichte verwirklicht nicht ein Ideales, das ohne diese Verwirklichung einen minderen Grad an Wahrheit besäße oder trägt in anderer Weise zu einer Bereicherung oder Minderung der göttlichen Wirklichkeit bei, sondern ist in erster Linie heilskonstitutiv, indem er die Situation des Menschen in der "verlorenen Zeit"[338] (d.h. in dessen Gottesferne) in die Zeit der neuen Gottesgemeinschaft verwandelt.
Die so verstandene Freiheit Gottes für die Welt begründet zugleich auch die Beständigkeit seines Handelns an der Welt, die als Treue Gottes zu seinem Volk Inhalt des biblischen Zeugnisses ist. Sie ist auf Grund der BARTHschen Identifikation von Sein und Handeln Gottes nicht auf eine ethische Haltung oder moralische Absicht zu reduzieren, sondern gemäß dem bisher Gesagten als physische Fähigkeit zu verstehen. Gott steht in Treue zu seinem Bund, weil die Lebendigkeit des akthaften, trinitarischen Seins jede mögliche Gestalt des Bundes und damit auch jede mögliche "Fremdbestimmung" immer schon eingeborgen hat. Die Treue Gottes ist identisch mit seiner Beständigkeit, der zu sein, der er ist[339].
In einer formalen Hinsicht kann deshalb die Beständigkeit Gottes "-dieses Wort ist besser als das verdächtig negative Wort 'Unveränderlichkeit'-"[340] im Horizont seiner Offenbarung als Selbstwiederholung[341] ausgelegt werden. Das Sein des sich selbst zur Gemeinschaft mit dem Menschen bestimmenden Gottes, sein vorzeitlich-ewiges Sein, wird in der Tat seiner Offenbarung unter den kreatürlichen Bedingungen der Geschichte erneut Ereignis. Die Existenz des menschgewordenen Sohnes, Gottes Geschichte mit der Welt in ihrer letzten Zuspitzung, hat keine andere Bedeutung als diese: Bewährung und Bestätigung Gottes[342] zu sein.
In materialer Hinsicht ergibt sich aus diesem Entsprechungsver-

hältnis für das Gottesverständnis, daß sich seine Gottheit, d.h. sein Gottsein in sich selber, gerade in seiner Menschlichkeit zeigt (nicht konstituiert!). Diese Erkenntnis dürfte in hohem Maß zum Ertrag der gesamten BARTHschen Theologie gehören[343]. Es "bedeutet, daß es dem Wesen Gottes... gerade wesentlich ist, jene Freiheit zu haben, jener Selbsthingabe und Verborgenheit fähig zu sein und... also jene Selbsthingabe wirklich zu vollziehen"[344]. In der Selbsterniedrigung zeigt sich also noch über Gottes Freiheit hinaus geradezu sein Gottsein[345]. Die forma Dei ist die forma servi anzunehmen[346]. "Daß ist die Herrlichkeit seiner Gottheit, daß er auch 'selbstlos' sein kann... daß sie sich auch gänzlich verbergen kann in ihr völliges Gegenteil, in die tiefste Verwerfung und das größte Elend des Geschöpfs"[347]. Seine Allmacht besteht in seiner Ohnmacht, seine Gerechtigkeit in der Selbstanklage[348]. Und wieder anders zeigt sich sein Gottsein in der "Bestimmung Gottes durch das Gebet des Glaubens"[349], indem er dem Geschöpf Raum in seinem Willen gibt. Kurz: Die bedingungslose, lebendige Gemeinschaft mit dem Menschen ist die bleibende Gestalt seiner Gottheit[350].
Mit der Eintragung geschöpflicher Wirklichkeit in das Leben Gottes durch die Erwählung des Menschen erweist sich schließlich auch die theologische Unbrauchbarkeit des Gegensatzpaares von endlich-unendlich[351]. Gott ist dann gerade nicht so unendlich, daß er der Logik des Gegensatzes von Zeitlichkeit und Ewigkeit, Endlichkeit und Unendlichkeit unterstellt bliebe, d.h. daß seine Unendlichkeit und Ewigkeit ihn zwängen, ihr jeweiliges Gegenteil auszuschließen. Gottes Weise seiner Unendlichkeit schließt ein - ja hat gerade darin ihr Wesen, auf die Bestimmungen des Endlichen und Zeitlichen hingeordnet zu sein und schließlich darin einzugehen.

Bemerkungen

Die Zuordnung BARTHs in den bundestheologischen Horizont hat bei ihm eine besondere theologische Berechtigung. Hier geht es nicht nur um das dialogische Weltverhältnis Gottes in seiner geschichtlichen Erstreckung, das in dieser Untersuchung etwas verallgemeinernd als "Bund" bezeichnet wird, sondern um Bund im atl. Sinn von Erwählung. Die Erwählungslehre BARTHs bildet das eigentliche Zentrum seiner Theologie, wobei sie Soteriologie und Theo-logie (die Erwählung und den Erwählenden) zu einer einzigen, sich gegenseitig befruchtenden und erhellenden Aussage verknüpft. Christologie und Trinitätslehre stehen in ihrem Dienst als Erkenntnisgrundlage und Mittel theologischer Entfaltung.

Eingangs der Erörterung wurde auf das hermeneutische Problem bei BARTH hingewiesen. Demnach geht es diesem nicht in erster Linie um objektivierende Ist-Aussagen, sondern um die Weitergabe der Anrede Gottes an den Menschen. Theologie trägt deshalb in hohem Maß Verkündigungscharakter. Verliert sie sich in Ontologie, dann steht sie in der Gefahr, nicht nur einen Gott zu konstruieren, sondern veruntreut damit ihren Auftrag, das Heilshandeln Gottes dem Menschen anzusagen. Eine Theologie, die nicht zuerst und zuletzt von der Rettung der Welt in Jesus Christus spricht, ist wertlos.

Nun kann bei all dem nicht übersehen werden, daß es in seiner Theologie ontologische Aussagen zuhauf gibt. Führt BARTH damit seinen eigenen Anspruch ad absurdum? Gewiß nicht. Überall dort, wo Sein oder Wesen Gottes zum theologischen Gegenstand werden, bleiben diese Aussagen immer im Dienst der Soteriologie. Das kann sogar soweit führen, daß der Eindruck eines Offenbarungspositivismus entsteht, wonach der Mensch nicht danach zu fragen hätte, ob Gott wirklich zu dem fähig sei, was er in der Geschichte handelnd vollbringt, sondern sich nur gläubig an das "Daß" des Geschehens zu halten hätte. Dieser Vorwurf erscheint jedoch nicht gerechtfertigt. Denn die einzelnen Bände seiner Kirchlichen Dogmatik enthalten nicht Seite für Seite die Wiederholung dieses Frageverbots, sondern in der Tat das Fragen nach Verstehensmöglichkeiten. Allerdings ist das kein Fragen nach begrifflichen, transzendentalen Verstehensmöglichkeiten, die das Gesuchte immer nur als das Hergeleitete finden. Dem widerspricht BARTHs christozentrisches Denken.

Wenn also nach theologischen Verstehensmöglichkeiten gesucht wird, dann "piscatorie non aristotelice". Hierfür werden ontologische Aussagen benutzt. Ein thematisch relevantes Beispiel mag das verdeutlichen. Im Zusammenhang mit der Kenosis des Sohnes entsteht die Frage nach der Vereinbarkeit des Gedankens der Entäußerung mit dem Begriff der göttlichen Natur. Ist die Natur Gottes im substanzontologischen Sinn unveränderlich, dann wird von der Person, der eine solche Natur eigen ist, eine Entäußerung entweder nicht aussagbar sein oder ins Paradox führen. Da beides nicht befriedigt, muß die Voraussetzung geändert werden. Diese Änderung kann nun sinnvoller Weise nicht darin bestehen,

die Berechtigung der Kenosisaussage zu bezweifeln, sondern nur darin, den ausgeliehenen und vorausgesetzten Naturbegriff zurückzugeben, denn angesichts der Kenosis "kann es nicht an uns sein, weiser sein zu wollen als er und zu behaupten, daß Solches mit dem göttlichen Wesen in Widerspruch stehe"[352]. Dem folgt kein genereller Verzicht auf einen theologischen Natur- oder Wesensbegriff, sondern die Besinnung auf das göttliche Sein als trinitarisch gefaßter Akt. In ihm bleibt Raum für die Kenosis.
Was hier gezeigt werden soll, ist die Verbindung von Heilsaussage und einer der Theologie unterstellten Ontologie[353]. Im Blick auf MARITAINs Forderung, das Geheimnis Gottes mit den Mitteln einer gläubigen Vernunft zu bedenken, kann gesagt werden, daß BARTH dieser Versuch besser gelungen ist als etwa GALOT.
Kritisches zum Inhalt wurde bereits in den Fußnoten erwähnt. Im folgenden werden die hauptsächlichsten Einwände nochmals zusammengefaßt und mit der Fragestellung in Verbindung gebracht.
1. Mit dem Vorwurf einer "christologischen Engführung" hat BALTHASAR darauf aufmerksam gemacht, daß durch die enge Verknüpfung von Schöpfung und Bund der Mensch -noch vor der Erschaffung bereits erwählt in Jesus Christus- seine endliche Freiheit und kreatürliche Eigenwirklichkeit, die eine philosophische Anthropologie und Kosmologie zu erheben vermag, eingebüßt hat. Eine Anthropologie gibt es nur in einer christozentrischen Einfärbung. Zum anderen enthält die Kritik, daß mit dem Bundesschluß in Christus bereits vorzeitlich auch die Sünde überwunden ist, so daß die heilsgeschichtliche Dramatik schon in der von Ewigkeit beschlossenen Entäußerung vorweggenommen ist und Heilsgeschichte dann apriorisch einsehbar wird.
Angesichts dieses Einwands wäre es denkbar, daß Gottes "Unveränderlichkeit" oder Beständigkeit von BARTH auf Kosten der kreatürlichen Freiheit behauptet wird. Denn Gott im Sohn geht dann in der Inkarnation nicht eigentlich in die Fremde und trägt ebenso wenig die Sündenlast geschöpflicher Freiheitsentscheidung. Diese Konsequenz scheint sich aber am Textbestand nicht verifizieren zu lassen. Die Äußerungen BARTHs über Menschwerdung und Kreuz des Sohnes lassen keinen Zweifel daran, daß es ein Weg in die Fremde des Gottfeindlichen ist und in der es die Last kreatürlicher Freiheitsentscheidung ist, die den Sohn ans Kreuz bringt. Der Kritiker selbst sieht die Absorbierung des geschöpflich Eigenständigen auch mehr in einer Tendenz als in einer durchgeform-

ten Lehre. - Im zweiten Fall könnte Gottes "Unveränderlichkeit" dadurch begründet sein, daß sich die eigentliche Dramatik zwischen Vater und Sohn nicht in der geschichtlichen Existenz des Sohnes ereignet, sondern in einer vorzeitlich-himmlischen Geschichte. Gott wäre dann zumindest gegenüber den leidvollen Konsequenzen seines geschichtlichen Handelns unveränderlich, weil Heilsgeschichte dann nur Auszeugung und zeitlicher Nachvollzug dessen ist, was in Gottes Ewigkeit immer schon trinitarische Wahrheit ist. Diesen Schlußfolgerungen wird man sich nicht ohne weiteres verschließen können, zumal BARTH selber häufig vom heilsgeschichtlichen Handeln als Bewährung und Bestätigung Gottes spricht. Darauf wird unten noch einmal einzugehen sein.
2. Eng mit dem ersten Einwand verbunden ist KRECKs Befürchtung eines Ausfalls des Eschatologischen. Das Ereignis des protologischen Bundesschlusses Gottes mit dem Menschen läßt Geschichte als bloßen Anhang oder Nachklang dessen erscheinen, was schon aller Geschichte vorausgehend in Jesus Christus als das Immer-schon-Angekommensein von Mensch und Geschichte bei Gott beschrieben werden kann. Die Einsetzung Jesu Christi zum Herrn der Geschichte ist dann ein "immer schon bestehender Sachverhalt"[354]. In diesem Fall wird dem "Gott alles in allem" (1 Kor 15,28) Entscheidendes von seinem Gewicht genommen. Denn es stellt das Verhältnis von Gottesherrschaft und Universalgeschichte als ein spannungsvolles Gegenüber dar, dessen Vermittlung gerade des geschichtlichen Weges Christi und seines Geistes bedarf. Anbruch und Vollendung der Gottesherrschaft Christi liegen nicht immer schon in protologischer Einheit beisammen, sondern markieren einen Weg, auf dem Gott alles in allem w i r d. - Daß BARTH das Geschichtliche nicht in vollem Umfang zu seinem Recht kommen läßt, zeigt auch die relativ blasse Gestalt seiner Ekklesiologie, in der es sich doch auch zeigen müßte, daß Kirche als sacramentum mundi einen konstruktiven Auftrag zur "Auferbauung des Leibes Christi" (Eph 4,12) in die Geschichte h i n e i n erhalten hat, womit diese eine neue theologische Dignität gewinnt. Mit dem Ausfall der eschatologischen Dimension verliert das Geschichtliche nicht nur den Charakter eines Weges, auf dem das "Gott alles in allem" zustande kommt, sondern zugleich auch seine universal-ekklesiologische Gestalt, die Beteiligung am Werden der Gottesherrschaft einschließt. Diese Erkenntnis wirft ein Licht auf den Gottesgedanken BARTHs. Im Anschluß an GRESHAKEs

Beitrag wird man nämlich sagen können, daß Gott in seiner vorzeitlich-ewigen Gestalt von jenem eschatologischen "Gott alles in allem" durchaus zu unterscheiden ist. Nicht in der Hinsicht, daß der Verlauf der Geschichte für das Sein Gottes einen Beitrag liefert, aber doch so, daß er nach der Logik der Liebe eine Bereicherung seiner Liebe erfährt. Auch BARTH schließt den Gedanken eines Seinszuwachses Gottes durch die Geschichte aus, denn das trinitarische Sein ist sein eigener Grund und besteht in "positiver Freiheit", so daß jedes Andere seiner selbst für ihn ontologisch keine konstruktive Bedeutung hat. Was aber GRESHAKE als den der Geschichte -und nur der Geschichte- ureigenen Beitrag versteht, nämlich die Verherrlichung Gottes, rückt bei BARTH völlig in den Hintergrund. Das mag seine Ursache darin haben, daß er das geschichtlich sich (nach-) vollziehende Bundesverhältnis vor allem soteriologisch faßt, so daß nicht die Blickrichtung Geschichte-Gott, sondern umgekehrt Gott-Geschichte dominiert. Geschichte ist vorwiegend das Empfangende. (Hier setzt MOLTMANNs Kritik an.) Das ändert sich grundsätzlich auch dann nicht, wenn er von einer "heiligen Veränderlichkeit" Gottes gegenüber dem Menschen spricht. Gott hört auf den Menschen im Gebet. Aber er ist ansprechbar, um seinerseits wieder zu geben. Eine Mehrung seiner Herrlichkeit, wie sie GRESHAKE versteht, gibt es bei BARTH nicht.

Die Vorstellung eines spezifischen Beitrags der Geschichte, die Verherrlichung Gottes als des "Gottes alles in allem", gehört nicht nur zum Grundbestand der Eschatologie, sondern auch zum Gottesbegriff im engeren Sinn. Wenn bei BARTH, wie es KRECK annimmt, diese Dimension aber weitgehend ausfällt, dann fällt auch die Frage nach dem theologischen Unterschied zwischen dem Gott des Anfangs und dem Gott der Endzeit weg. Ein zu verantwortender Unveränderlichkeitsbegriff muß sich aber -wie GRESHAKE gezeigt hat- diesem Gesichtspunkt stellen. Man könnte deshalb sagen, daß bei BARTH die "Unveränderlichkeit" Gottes wenigstens zu einem gewissen Teil auf Kosten des Eschatologischen in seiner theologischen Bedeutsamkeit geht.

3. Gottes "Selbstwiederholung" in der Geschichte hat vor allem bei PANNENBERG und MOLTMANN den Eindruck einer trinitarischen Entfaltungsgeschichte Gottes erweckt. Demnach kommt das zu seiner endgültigen Wahrheit und Gestalt, was in Gottes vorzeitlicher Ewigkeit bereits keimhaft enthalten ist. Weil der Entfaltungs-

prozeß aber immer schon ein Trägersubjekt voraussetzt, das trinitarisch gesprochen der Vater ist, werden die beiden anderen Personen zu Entfaltungsmomenten an diesem ursprünglichen Subjekt, was Sohn und Geist depotenziert. **Angesichts des Textbestandes fragt sich aber, ob nicht der eigene Hegelianismus der Kritiker** den eigentlichen Grund für diesen Befund liefert. Denn BARTHs trinitätstheologische Äußerungen lassen weder den Entfaltungsgedanken (Gott i s t sein eigener Grund, d.h. er trägt ihn in sich als einen ewig verwirklichten) noch eine angenommene Depotenzierung von Sohn und Geist (Gott i s t nur im trinitarischen Gegenüber) zu. - Ein entgegengesetzte Kritik vertritt KOCH. Das Erscheinen Gottes in der Geschichte ist die "fatale Wiederholung" eines vorzeitlich-trinitarischen Geschehens auf dem Hintergrund des Urbild-Abbild-Schemas. Gott geht in die Geschichte ein, um sein Programm zu absolvieren und wieder zu verschwinden. Denn eigentlich ist alles bereits vorzeitlich geschehen. Hier wird eine sachliche Nähe zu BALTHASARs Einwand deutlich.
Trifft der Vorwurf von der reinen Vorzeitlichkeit des Heilsgeschehens zu, das geschichtlich nur zu einer "Wiederholungsaufführung" kommt, dann hat BARTH die Beständigkeit Gottes um den Preis eines in die Ewigkeit Gottes eingetragenen Kreuzes bezahlt, so daß es in Gott auch ein ewiges Leiden geben muß. Golgatha bedeutet somit nicht die Konfrontation Gottes mit einem Neuen, sondern geschichtlicher Nachvollzug eines ewigen Kreuzes. Diese Konsequenz der Kritik scheint jedoch abwegig. Nirgends findet sich bei BARTH ein Hinweis auf ein ewiges Kreuz in der Trinität (wie es etwa die anglikanische Theologie um die Jahrhundertwende annahm). Der Tod Jesu Christi ist vielmehr "ein Prozeßmoment der Gottesgeschichte zwischen ihren Stadien Kreuz und Auferwekkung"[355]. BARTH kennt in der Tat nur ein geschichtliches Kreuz auf Golgatha. Es ist ein einmaliges Handeln Gottes, dem nicht ein ewiges Leiden entspricht, sondern der ewige Gehorsam des Sohnes, der passiv zusammen mit der ewigen Gnadenmitteilung des Vaters an den Sohn das Kreuzesleiden umfängt. Er eröffnet in einer ewigen Kondeszendenz gegenüber dem Vater jenen Raum, in dem heilsgeschichtlich das Kreuz seinen Ort finden wird; er nimmt es aber nicht vorweg.
Insofern kann der Einwand KOCHs nicht ganz überzeugen. Denn trinitarisch vorweggenommen ist nicht das Kreuz selbst, sondern nur die Voraussetzung. Daraus resultiert, daß die "Unveränderlich-

keit" Gottes nicht darin liegt, unberührt von aller Geschichte seine Idealität zur Erscheinung zu bringen. Im Kreuz erfährt der Sohn den Tod als geschichtliche Wirklichkeit, nicht als eine ewige. Gottes "Unveränderlichkeit" besteht dann eher darin, nicht das Kreuz in einer Ewigkeit vorwegzunehmen, sondern den Raum trinitarisch zu eröffnen, der auch das Kreuz noch zu bergen vermag.

Die Kritik BALTHASARs hingegen zielt weniger auf die Konsequenz eines vorzeitlich-ewigen Leidens in Gott als vielmehr auf die Rede von der von Ewigkeit beschlossenen Rettung des Menschen in Christus, die zu einem Systemdenken führt, welches Geschichte und ihren Ausgang aus dem Gottesbegriff ableitet. Das "Wissen" BARTHs um die Erlösung (auch hier nur "eine Tendenz"[356]) ist nach BALTHASAR nicht ein "Wissen" um ein ewiges Kreuz, sondern nur um eine "von Ewigkeit beschlossene Selbstentäußerung"[357]. Das entspricht in der Sache aber genau dem, was bei BARTH unter der "Unveränderlichkeit" Gottes verstanden werden kann.

4. Die Feststellung MOLTMANNs, BARTHs theologischer Freiheitsbegriff trage einen "nominalistischen Rand", bezieht sich auf die Frage nach dem Grund für Gottes Selbstbestimmung zur liebenden Erwählung des Menschen. Die starke Betonung der Freiheit Gottes -so wird befürchtet- macht aus der Liebe ein willkürliches Zufallsprodukt. Diese Vermutung findet zunächst noch Nahrung in der provokativen Rede von der Selbstgenügsamkeit Gottes bei BARTH. Letztlich ist diese Aussage aber eine nur t h e o r e t i s c h e Konsequenz, die entsteht, wenn Gottes "positive Freiheit" in Bezug auf ein m ö g l i c h e s Gegenüber bedacht wird. Sie hat also nur den Rang einer sekundären, durch menschliches Denken abgeleiteten theoretischen Gottesaussage. MOLTMANN übersieht hier den Unterschied, der zwischen dem Status der theoretischen Aussage und dem der konkreten Aussage über die Erwählung des Menschen in Jesus Christus liegt. Indem beide als gleichwertig aufgefaßt werden, ist es logisch, den Grund für die Erwählung mit Argwohn zu betrachten. Nur wird eben dadurch gerade der Umstand verkannt, daß BARTHs Rede von der Selbstgenügsamkeit Gottes am allerwenigsten als theologische Ist-Aussage verstanden werden will, so daß sich besonders hier eine "prophetische Interpretation", wie sie J.-L.LEUBA vorschlägt, nahegelegt.

Doch auch wenn diese Fehleinschätzung nicht begangen wird, so daß also Gottes Erwählung nicht n e b e n seine Selbstgenügsamkeit rückt, bleibt immer noch die Frage nach dem Grund der Erwählung. BARTH macht dabei deutlich, daß ein anderer Grund über Christus hinaus theologisch unverantwortbar ist. Theologisches Denken bleibt hier stets nachvollziehendes, aposteriorisches Denken, d.h. der Grund ist prinzipiell nicht apriorisch einsehbar. Doch eben dies scheint MOLTMANN zu fordern. Denn nur da, wo das Faktische der Erwählung auf seinen letzten Grund hin transparent gemacht werden kann, fällt auch der letzte Rest eines Willkür-Gottes in sich zusammen. (In diese Richtung geht MOLTMANNs Beitrag, indem er Gott als Liebe in einem gewissen substanzhaften Sinn versteht.) BARTH hält dem entgegen, daß damit zwar der Grund der Erwählung einsichtig ist, zugleich aber Gott diesem Grund selbst unterstellt wird und folglich nicht mehr in Freiheit entscheidet.

Die Frage nach der Selbstbestimmung Gottes als Negation einer möglichen Fremdbestimmung tangiert auch das Problem der Unveränderlichkeit. Denn es gehört zur Aussageabsicht des Unveränderlichkeitsbegriffs, eine Bestimmung Gottes von außen durch ein Nichtgöttliches auszuschließen. Hierzu sind vielleicht einige Gedanken von H.KRINGS[358] hilfreich.

Zunächst muß Selbstbestimmung jede Willkür ausschließen, d.h. sie darf nicht Zufallsprodukt eines Bestimmenden sein, und andererseits darf die Gestalt des Bestimmten nicht einem fremden Einfluß unterliegen. Demnach besteht nach KRINGS Selbstbestimmung darin, daß ein Wille sich selbst einen Inhalt gibt, der ihn zum bestimmten Willen macht[359]. "Das aber bedeutet, daß der Inhalt nicht als das Objekt des Willens, sondern als das Materiale eines Wollens und daß das Sichselbstgeben nicht als objektives Eingeben oder Hervorbringen, sondern als ein ursprüngliches Sichöffnen für Gehalt, als primärer Entschluß des Willens zur eigenen Materialität verstanden werden"[360]. Das Wollen bestätigt sich als ein materiales Wollen. In einem zweiten Schritt fragt KRINGS dann nach dem diesem Wollen -auch transzendentale Freiheit genannt- angemessenen Inhalt. "Der erfüllende Inhalt der Freiheit kann, sofern er ihr der Form und Dignität nach nicht nachstehen soll, kein anderer sein als Freiheit"[361]. Der Selbstvollzug der transzendentalen Freiheit ereignet sich demnach darin, die Freiheit eines Anderen zu bejahen. Daraus resultiert, daß der Begriff der Selbstbestimmung als die Selbstaffirmation eines materialen Wollens sowohl immer schon inhaltlich gefüllt (Setzung anderer Freiheit) als auch ein intersubjektiver Begriff ist (der Andere

als Empfänger der gesetzten Freiheit)[362].
Von theologischer Seite ist zu dem letzten Schritt folgendes zu bemerken. Die Intersubjektivität des Freiheitsbegriffs darf theologisch nicht dazu führen, daß der sich in Freiheit selbstbestimmende Gott zu dem e n d l i c h e n Anderen immer schon in einem notwendigen Gegenüber steht. "Die thematische Einheit von Gott und Mensch ist keine Selbstverständlichkeit... Es liegt absolut nicht auf der Linie der biblischen Tradition, jene Einheit als eine ewige Tatsache aufzufassen, darin Gott und Mensch als ihre beiden Elemente urtümlich verbunden wären"[363]. Die Intersubjektivität göttlicher Freiheit muß deshalb -theologisch präzisiert-trinitarisch "als vollkommene Kommunikation göttlicher Personen"[364] verstanden werden.
Göttliche Freiheit ist demnach reiner trinitarischer Selbstvollzug und geschieht in Ungebundenheit an ein endliches Gegenüber. Teilt Gott diesem aber endliche Freiheit mit, was nach dem Schriftzeugnis der Fall ist, dann geschieht dies nicht in einem transzendentallogischen Sinn von Freiheit als apriorisch einsichtige Notwendigkeit, sondern als Ungeschuldetheit. Daß Gott endliche Freiheit setzt, ist von seinem Gottsein nicht ableitbar, sondern nur aposteriorisch feststellbar. Damit taucht erneut die Ausgangsfrage auf: Was ist Gottes Grund für die Erschaffung des Anderen?
Die Antwort der Transzendentallogik lautet: Gottes eigene Freiheit. Eine an der Schriftoffenbarung orientierte Theologie wird antworten: Gottes Liebe. "In der Tat folgt im christlichen Verständnis Gottes Entschluß für den Menschen vorzüglich nicht aus Freiheit, sondern aus Liebe"[365]. Wäre Freiheit und nicht Liebe Grund für die Schöpfung, dann verlangt die Anerkennung menschlicher Freiheit durch Gott strenge Gerechtigkeit und nicht Gnade. Bleibt aber menschliche Freiheit von Gottes freier Gnade umgriffen, ist also Liebe Grund der Schöpfung, dann besteht die Inhaltlichkeit der Selbstbestimmung nicht primär darin, Freiheit zu setzen, sondern zu lieben.
Daraus resultiert: Eine transzendentallogische Besinnung auf Gottes Freiheit muß die Behauptung, die Materialität der Selbstbestimmung sei Liebe, für grundlos halten. Denn nicht Liebe, sondern das Setzen von Freiheit erscheint als der adäquate Inhalt transzendentaler Freiheit.
Für das anstehende theologische Problem der Selbstbestimmung Got-

tes ergeben sich aus dem bisher Gesagten zwei Erkenntnismomente. Zunächst ist zu sagen, daß der erste Teil der Überlegungen von KRINGS auch theologisch bedeutsam erscheint. Demnach kann Gottes Selbstbestimmung als eine sich selbst bejahende, inhaltliche Freiheit verstanden werden. Gottes Freiheit ist nicht inhaltsleer, ist kein formalistischer Begriff. Sie trägt vielmehr eine Inhaltlichkeit selbst an sich. Allerdings besitzt diese Materialität des Wollens nicht soviel Eigengewicht, daß dem Wollen kein Spielraum mehr für das Sichöffnen auf den Inhalt hin bleibt, wobei aber ein "objektives" Verständnis auszuschließen ist, denn Wille und Inhalt bilden kein Gegenüber im Sinne eines wählenden Subjekts und eines ergriffenen Objekts. Der Inhalt ist dem Wollen vielmehr eigen, jedoch nicht in einem naiven Sinn platter Selbigkeit, sondern so, daß er ergriffen wird, indem der sich dem Inhalt erschlossene Wille s e l b s t bejaht[366].
Ein zweites Erkenntnismoment besteht darin, daß die Inhaltlichkeit der Selbstbestimmung des biblischen Gottes sich einer apriorischen Erfassung entzieht. Die Selbstbestimmung zur Liebe kann nur aposteriorisch erkannt, nicht aber aus dem Begriff der Freiheit Gottes deduziert werden. Theologisch läßt sich auf die Frage nach dem Grund der göttlichen Selbstbestimmung zur Liebe (unter Voraussetzung seiner trinitarischen Lebensfülle) nur wiederum mit "Liebe" antworten. Mit BALTHASAR wird man die Möglichkeit ausschließen, "die Sphäre der translogischen Grundlosigkeit der personalen Liebeszuwendung"[367] mit spekulativen Mitteln zu durchdringen und einem System einzugliedern. "Wenn die Liebe, die die Wahrheit ist, immer unabsehbar zu leisten bleibt, aber nicht als inexistente Idee, sondern als die (...) volle Wirklichkeit, von der her wir allererst zu streben vermögen: dann ist unsere Glaubenshingabe an eine je größere Liebe notwendig zugleich eine Glaubenshingabe an deren je größere Wahrheit, die wir gerade darum nicht aus eigenen Vernunftquellen 'gnostisch' einsehen können, weil sie die pure Liebe ist, deren Begegnung und Geschenk für uns das pure unfaßliche Wunder bleibt"[368].
Der Umstand, daß der Grund für Gottes Handeln ad extra -seine Liebe- mit den Mitteln der transzendentalen Logik uneinsichtig bleibt, bedeutet im Blick auf Gott selbst, daß er sich zu eben diesem Grund, den er in sich selbst trägt, noch einmal frei verhalten kann, wenn auch nicht in einem willkürlichen Sinn. Durch die Unmöglichkeit einer apriorischen Berechenbarkeit wird ausge-

schlossen, daß Gott als bloße Funktion dieses Grundes erscheint. Wird Gott nun als der "Unveränderliche" bezeichnet, dann kann dies nicht eine "Unveränderlichkeit" sein im Sinne eines Zusammenfallens von Sein und Handeln zu einer naturhaften Identität, sondern Gott ist darin "unveränderlich", daß er sich in seiner göttlichen Freiheit zum Grund seines Handelns immer wieder neu bejahend verhält. Seine "Unveränderlichkeit" -auch ganz im Sinne BARTHs- bedeutet so negativ den völligen Ausschluß eines naturhaften Bestimmtseins oder äußerlichen Bestimmtwerdens und positiv ein tätiges Sich-selbst-Bestimmen Gottes. Sie ist damit nicht statische Befindlichkeit, sondern dynamischer Akt.

Abschließend soll nun noch auf die Gesichtspunkte hingewiesen werden, die für die Diskussion wertvoll erscheinen.

1. Das Verhältnis Gottes zum Menschen ist keine Selbstverständlichkeit. Noch bevor das "Und" zwischen der "Unveränderlichkeit" Gottes und seinem Heilshandeln in der Geschichte zu thematisieren ist, muß das "Und" zwischen Gott und Mensch bedacht werden. Es ist weder ein "invariantes Universalprinzip"[369] der Theologie mit dem Inhalt eines ewigen Gegenübers von Gott und Mensch noch eine Setzung des Menschen. Es ist das freie Handeln Gottes, das BARTH mit dem Erwählungsgedanken ausdrückt. In diesem von Gott gesetzten "Und" ist das "Und" des vorliegenden Themas bereits grundsätzlich aufgehoben. Der Gott, der endliche Freiheit entläßt, besitzt selbst mehr als nur endliche Freiheit.

2. Was im Anschluß an GALOT nur als Postulat erschien - die ontologische Fassung des Treuebegriffs, hat BARTH (wie JÜNGEL nachweist[370]) in Angriff genommen. Gottes Treue ist weder nur moralisch verstanden, noch als "die metaphysische Entsprechung irgend einer der regelmäßigen Bestimmtheiten kreatürlichen Daseins"[371], sondern ist Vollzug seines in Freiheit dazu bestimmten Seins im Blick auf den Menschen. Im Bundesgegenüber entspricht sich Gott selbst. Seine Treue ist seine ontische Wahrhaftigkeit. Damit ist zumindest grundsätzlich das entfaltet, was der biblische Treuebegriff einschließt.

3. Die Besinnung auf dieses Sein Gottes wird vor allem trinitätstheologisch durchgeführt. Um das Sein des "unveränderlichen" Gottes so zu bestimmen, daß es den biblischen Erfordernissen gerecht wird, erweist sich die Trinitätslehre als die bessere theologische Möglichkeit gegenüber der eher mißverständlichen als hilfreichen Kategorie des Werdens, die höchstens als trinitäts-

theologische Abstraktion in Frage kommt.

4. Im Anschluß an die primär soteriologische Absicht der BARTHschen Theologie kann festgehalten werden, daß jede Überlegung zum vorliegenden Diskussionsthema von Anfang an und grundlegend den Heilscharakter des Verhältnisses Gottes zur Geschichte im Auge behalten muß. Nach dem biblischen Zeugnis verwirklicht Gott in seinem Weltbezug nicht eigene Belange, sondern handelt ausschließlich zum Heil des Menschen.

II. Christologischer Ansatz

1) K.RAHNER: Mensch-Werdung des Logos

Der in Frage stehenden Problematik ist K.RAHNER[372] aus verschiedenen Richtungen nachgegangen. In kosmologischer, schöpfungstheologischer, heilsgeschichtlicher und anthropologischer Sicht bedenkt er -gleichsam "von unten"- Gestalt und Beschaffenheit des Endlichen, das bei der Inkarnation des Logos als Empfänger der göttlichen Selbstmitteilung erkannt wird. Dem Ansatz "von unten" entspricht sodann die Blickrichtung "von oben", in der die Menschwerdung des Sohnes in ihren trinitarischen Voraussetzungen betrachtet wird. Die beiden grundlegenden Perspektiven weisen auf die Christologie als gemeinsame Mitte. Hier teilt sich Gott als das unendliche Geheimnis so mit, daß das Endliche auch zu seiner Wahrheit gelangt. "Christologie ist Ende und Anfang der Anthropologie, und diese Anthropologie in ihrer radikalsten Verwirklichung, nämlich der Christologie, ist in Ewigkeit Theologie"[373]. Daraus resultiert, daß die Vielperspektivität nicht Ergebnis einer zufälligen Aneinanderreihung ist, sondern sachlich bedingt wird durch den inneren Zusammenhang, den Gott und Mensch in der Inkarnation des Logos bilden.

a) Verwiesenheit von Kosmos und Mensch

In einem ersten, kosmologischen Zugang betrachtet RAHNER das Verhältnis von Geist und Materie. Unter der Voraussetzung eines biblischen Schöpfungsverständnisses gehen beide nicht nur auf eine gemeinsame Schöpfungsursache zurück, sondern stehen auch in einem positiven Verhältnis zueinander. Sie bilden zusammen und in ihrer gegenseitigen Zuordnung den einen Kosmos, der als geistig-materielle Verflechtung mehr ist als das Nebeneinander disparater Wirklichkeiten. Im Hinblick auf die erforschten Dimensionen des Kosmos kann festgestellt werden, daß das Verhältnis gegenseitiger Bezogenheit von Geist und Materie nicht sta-

tisch ist, sondern selber eine Geschichte hat. "Von dieser inneren Bezogenheit der beiden Größen her darf, wenn die z e i t l i c h e Erstreckung dieses Verhältnisses dieser beiden Größen ins Auge gefaßt wird, unbefangen gesagt werden, daß die Materie sich aus ihrem inneren Wesen auf den Geist hin entwickelt"[374]. Diese Entwicklung beinhaltet nicht nur ein Anderswerden, sondern ein Mehrwerden, d.h. es ereignet sich in diesem Werden ein Zuwachs an Wirklichkeit. Natur- und Geistesgeschichte bilden eine gestufte Einheit, in der der Geist die Materie in sich aufnimmt und diese darin zu ihrem Ziel bringt[375]. Diese im Kosmos wirksame Dynamik bezeichnet RAHNER als Selbsttranszendenz: Der dem Werden eigene Seinszuwachs ist keine Hinzufügung eines Mehr durch ein Äußeres, sondern das vom Bisherigen selbst Gewirkte. Werden kann als Selbstüberbietung, als "aktive Einholung seiner Fülle durch das Leere"[376] begriffen werden. Eigendynamik und Seinszuwachs weisen dann darauf hin, daß die umfassende Bewegung der Geschichte des Kosmos ganz von ihrem Ankommen an ihr Ziel lebt und darin eine "geheime Entelechie"[377] erkennbar wird.
Der Begriff der Selbsttranszendenz ist jedoch zu Mißverständnissen geeignet. Wiewohl das Werden ein aktives Transzendieren des Eigenen durch das Eigene ist, bedeutet es nicht selbstmächtigen Vollzug dieses Werdens. RAHNER weist darauf hin, daß nach dem metaphysischen Prinzip der Kausalität der Grund des Werdens nicht die Defizienz, das Noch-nicht des Werdens sein kann, sondern daß das Werden nur begründet sein kann "in der Kraft der absoluten Seinsfülle"[378]. Diese ist dem Werden zwar immanent, aber nur als ursprünglich mitgeteilte, so daß sie nicht als natürliches Wesenskonstitutiv des Endlichen verstanden werden darf. Die Seinsfülle ist der Selbstbewegung des Kosmos innerlich und doch zugleich das Fremdeste.
Unter dieser Rücksicht, daß der Grund des Werdeprozesses nicht als Wesensimmanenz verstanden wird, sondern nur so wirksam ist, daß er dem Wesen als sein Eigenes eingestiftet wird, kommt die Bewegung allein dort an ihr Ziel, wo der Kosmos "die unmittelbare Selbstmitteilung seines Grundes selbst empfängt"[379]. Christliche Theologie versteht diese Mitteilung des Seinsgrundes als gnadenhafte Selbstmitteilung Gottes. Sie ist die Aufgipfelung jenes göttlichen Handelns, das im Anfang die Schöpfung aus ihrem Grund entläßt und das nun dieser Schöpfung die sie tragende Wirklichkeit -Gott selbst- einstiften will. Insofern kann RAHNER

von einer "fortschreitenden geschichtlichen Inbesitznahme der Welt durch Gott"[380] sprechen, so daß diese Geschichte letztlich, d.h. in ihrer tiefsten Verwurzelung, das Ereignis der Transzendenz selber ist[381]. Die Geschichte der Welt erscheint jetzt in ihrer Gerichtetheit "immer schon als Anfang und Anlauf auf diese Selbstmitteilung"[382]. In dieser kosmologischen Sicht wird die Inkarnation des Logos ontologisch zum eindeutigen Ziel der Schöpfungsbewegung[383], d.h. Christus erscheint als "prospektive Entelechie in der ganzen Geschichte"[384].
Die christozentrische Orientierung des Kosmos wird schließlich in einer letzten Zuspitzung in eine christozentrische Begründung des Kosmos verwandelt: die geschichtliche Welt ist überhaupt nur, weil es für sie eine göttliche Selbstmitteilung geben soll[385]. Diese inkarnatorische Absicht Gottes gegenüber der Welt ist so umfassend und grundlegend, daß auch die im Raum geschöpflicher Freiheit entstandene Sünde jene Absicht nicht zu bedingen vermag, weil sie von vornherein von einem je größeren Vergebungswillen umfangen ist[386]. Heilsgeschichtlich läuft die Sündentilgung nicht als separates Geschehen voraus, sondern "sie geschieht in der ontologischen Wirklichkeit der Selbstmitteilung Gottes, sie ist also auf jeden Fall die Fortsetzung und Durchführung jenes seinshaften Prozesses, der in der übernatürlichen Begnadigung und Vergöttlichung der Menschheit von Anfang an bestand"[387]. In einer letzten Wendung wird die Sünde sogar als Möglichkeit der Radikalisierung des göttlichen Weltverhältnisses gewertet, in dem sich Gott schon immer der Welt in Liebe mitgeteilt hat[388].

Diese kosmologisch-universalgeschichtliche Erkenntnis findet bei RAHNER eine anthropologische Entsprechung. Den Ausgangspunkt bildet die Erkenntnis: "Das Wesen des Menschen... ist absolute Offenheit für Sein überhaupt, oder, um dies mit einem Wort zu sagen, der Mensch ist Geist"[389]. Damit ist keine der menschlichen Existenz auch noch zukommende allgemeine Bezüglichkeit und Intersubjektivität gemeint, sondern eine grundsätzliche, wesenhafte, im Menschen zu sich gekommene Verwiesenheit auf ein Anderes als den Seinsgrund seiner selbst. Insofern diese Aussage eine ontologische ist, kann daraus weiter gefolgert werden, daß der Mensch mit sich nie so in Übereinstimmung lebt, daß er seine Wirklichkeit als Selbstbesitz in sich versammelt, sondern seiner existentiellen Verwiesenheit folgend sich an das Andere übergibt und erst darin bei sich ankommt[390].

Diese paradoxe Verschränkung von Sich-selbst-Haben und Sich-genommen-Sein holt RAHNER schöpfungstheologisch durch Reflexion der Schöpfermacht ein. Gott hat die Möglichkeit, "durch sich selbst und durch den e i g e n e n Akt als s o l c h e n etwas zu konstituieren, das in einem damit, daß es radikal abhängig (weil t o t a l konstituiert) ist, auch eine wirkliche Selbständigkeit, Eigenwirklichkeit und Wahrheit gewinnt (weil eben gerade von dem einen, einmaligen G o t t konstituiert), und zwar auch eben dem es konstituierenden Gott gegenüber"[391]. Demnach läßt sich der Selbstand des Menschen nicht gegen seine kreatürliche Abhängigkeit verwirklichen, sondern nur mit und durch diese. Verfügtheit und Eigenstand wachsen nicht im umgekehrten, sondern im selben Maß[392]. Die Konstituierung des Menschen durch Gott bedeutet aber noch mehr und Entscheidenderes, insofern sie von RAHNER als Selbstaussage Gottes verstanden wird. "Wenn Gott s i c h selber losläßt, erscheint der Mensch, der darum eben vom Rande des Nichts (des Materiellen) her die reine Offenheit für Gott ist. Wenn Gott sich selbst aus sich heraussagt in das Leere des Nichtgöttlichen, Theologie außer sich treibt, dann ist das, 'was herauskommt', genau nichts anderes als... Anthropologie"[393]. Dies ist die entscheidende anthropologische Aussage. Von hier aus fällt noch einmal ein Licht auf die oben angesprochene Offenheit und Verwiesenheit des Menschen. Wenn der Mensch als das ausgesagte Geheimnis Gottes zu begreifen ist, dann bedeutet Menschsein Teilhabe am Geheimnis des eigenen Grundes. Diese Beziehung zwischen Existenz und Grund ist kein zuständliches Verhältnis, sondern nach RAHNER ein "substantieller Vollzug"[394]. Noch vor jeder geistig-personalen Gestaltung der Existenz befindet sich der Mensch bereits in einer realontologischen Verwiesenheit auf seinen transzendenten Seinsgrund, d.h. in einer Selbstweggabe, die "der Schöpfer bewirkt, indem er die menschliche Natur schafft"[395]. Diese als "übernatürliches Existential" bezeichnete Transzendentalität hat der Mensch in geschichtlicher Zeitigung durch einen geistig-personalen Nachvollzug einzuholen, indem er sich bedingungslos Gott überantwortet. Die existentielle Verwirklichung menschlicher Verwiesenheit ist demnach die Aktuierung einer obödientialen Potenz, die "kein einzelnes Vermögen n e b e n anderen Möglichkeiten im menschlichen Seinsbestand sein kann, sondern sachlich mit dem Wesen des Menschen identisch ist"[396]. Die Offenheit des Menschen auf den ihn aussagenden

Grund hat darüber hinaus nicht nur anthropologische Bedeutung, sondern auch offenbarungstheologische. In einem mit seiner den Menschen konstituierenden Selbstaussage ins Nichtgöttliche setzt sich Gott in diesem auch das Vernehmenkönnen seines eigenen Wortes mit voraus. Gott schafft sich für eine mögliche Selbstmitteilung selber die Voraussetzungen, indem er dasjenige ins Dasein ruft, was ihn zu empfangen vermag - dies auch dann, "wenn er sich verschwiege, weil auch dieses Selbstverschweigen immer noch einmal Ohren voraussetzt, die die Stummheit Gottes hören"[397].

Nimmt man jetzt zusammen, daß die menschliche Natur einmal als das ausgesagte Geheimnis Gottes Anteil hat an ihrem eigenen Grund und darin auch in ihrer Geschöpflichkeit gerade nicht das Gott Fremde oder Feindliche ist und zum andern die wesensmäßige Verwiesenheit und Offenheit ist, die "allein (im Unterschied zum transzendenzlosen Definierten) in der vollen Übereignetheit existieren kann und darin gerade zur Vollendung ihres eigenen unbegreiflichen Sinnes gelangt"[398], dann erscheint im Menschen "die Möglichkeit des Angenommenwerdenkönnens, des Materialseins für eine mögliche Geschichte Gottes angelegt"[399].
Aus dieser anthropologischen Perspektive ist jetzt nahezu von selbst die inkarnatorische Selbstmitteilung in den Blick gekommen. Dabei weist RAHNER ähnlich wie im kosmologisch-universalgeschichtlichen Zusammenhang darauf hin, daß der Vollzug der hypostatischen Union keine Möglichkeit der menschlichen Natur ist. Wenn der Mensch dasjenige Wesen ist, das in seinem Grundakt über sich hinausgeht auf ein bleibend unverfügbares freies Geheimnis, dann kann menschlicher Existenzvollzug nur in einem Sich-bereithalten und Über-sich-verfügen-Lassen bestehen und nicht darin, die Offenheit seines Wesens in selbstmächtigem Ausgriff auf das ihm Transzendente zu beschließen. Ist demnach der Vollzug der hypostatischen Union aus grundsätzlichen anthropologischen Überlegungen eine menschliche Unmöglichkeit, so zeigt schließlich auch "die Tatsache unserer einfachen Kreatürlichkeit und unserer Sündigkeit, unserer radikalen Gefährdetheit... unter der Erhellung unserer Situation im Wort Gottes, daß sie in uns tatsächlich als verwirklichte nicht gegeben ist"[400].
In Bestätigung dieser Verhältnisbestimmung von Anthropologie und Christologie kann positiv gesagt werden, daß die inkarnatorische Selbstmitteilung Gottes ein ausschließlich aktives Handeln Gottes ist, das einerseits an geschaffene anthropologische

Bedingungen anknüpft und das andererseits nun für die menschliche Existenz auch Konsequenzen hat. Denn in Jesus Christus ereignet sich die Wesensvollendung des Menschen. Einmal läßt sich die Hingabe an seinen göttlichen Vater als die uneingeschränkte Verwirklichung der obödientialen Potenz des Menschen verstehen, die Jesus Christus in einem radikalen Sinn zum menschlichsten Menschen macht[401]. Zum anderen besteht die Erfüllung in der hypostatischen Union, denn die menschliche Natur "ist, wenn von Gott als s e i n e Wirklichkeit angenommen, dort schlechthin angekommen, wohin sie kraft ihres Wesens immer unterwegs ist"[402]. Aus dieser anthropologischen Sicht des Christusgeschehens kann deshalb auch der Schluß gezogen werden, daß in Jesus Christus das Schöpfer-Geschöpf-Verhältnis auf seinen einmaligen Höhepunkt gekommen ist.

Die christologische Interpretation der Anthropologie wird von RAHNER schließlich zu einer christozentrischen Begründung gesteigert. Weil Gott sich nicht nur als Gott, sondern auch im Andern seines göttlichen Selbst begegnen, d.h. sich auch als Mensch bejahen will, deshalb existiert der Mensch[403]. Zwischen dem Logos, in dem Gott sich ewig selbst begegnet, und dem Menschen, in dem er sich auch geschichtlich begegnen will, besteht deshalb eine tiefe Analogie. Insofern Jesus Christus dieser eine Mensch ist, in dem diese Begegnung zustande kommt, kann gesagt werden, daß der Mensch nicht mehr bloß das Annehmbare ist, das sich gegen die hypostatische Union nicht versperrt, sondern daß er -in dieser Inanspruchnahme seine letzte Würde empfangend- "vom Ursprung her das konstitutive Realsymbol des Logos selbst"[404] ist.

In kosmologischer wie anthropologischer Perspektive ergibt sich aus dem bisher Gesagten, daß die Inkarnation des Logos nicht ein senkrecht von oben einbrechendes Ereignis ist, sondern an geschöpflichen Voraussetzungen anknüpfen kann und insofern mit dem Endlichen eine von Gott beabsichtigte und gestiftete Einheit bildet.

b) Innertrinitarische Vermittlung

Wird die Menschwerdung des Logos trinitätstheologisch behandelt, dann soll damit nach denjenigen Voraussetzungen gefragt werden, die von Seiten Gottes als des Dreieinigen dafür gegeben sind. RAHNER versteht diese Frage nicht als apriorische Deduktion aus dem Begriff der Menschwerdung, glaubt aber doch über das rein aposteriorische Aufsammeln von Einzelerkenntnissen hinauszukom-

men. "Es gibt eben eine seltsame Verschränkung von aposteriorischer Erfahrung und Einsicht in transzendentale Notwendigkeit; auch was nur durch faktische Erfahrung gewußt wird, kann unter Umständen dann doch als notwendig erkannt werden"[405].
Beherrschend für RAHNERs Trinitätstheologie ist der Grundsatz: "Die 'ökonomische' Trinität i s t die immanente Trinität und umgekehrt"[406]. Damit wendet er sich einmal gegen eine Lockerung oder gar Trennung von Heilsgeschichte und Trinität, wie sie faktisch durch eine nicht geleistete Vermittlung innerhalb der klassischen Schultheologie zustande gekommen war. "Die Trinität ist ein H e i l s mysterium. Sonst wäre sie nicht geoffenbart"[407]. Heilsökonomie und trinitarisches Leben Gottes stehen nicht in einem begrifflich konstruierten Zusammenhang, der dann unter bestimmten Rücksichten die "immanente" Trinität zur "ökonomischen" erklärt. In einem ganz anderen, "radikalen" Sinn muß dieser Zusammenhang von Trinität und Heilsgeschichte gesehen werden: "Je weniger eine Trinitätslehre sich scheut, heilsökonomisch zu sein, um so mehr hat sie Aussicht, von der immanenten Trinität das Eigentliche zu sagen"[408]. Das geschichtliche Heilshandeln gehört zum Wesen des trinitarischen Gottes, so daß der Gott "in se" kein anderer ist als der Gott "pro nobis".
Der trinitätstheologische Grundsatz besagt darüber hinaus "umgekehrt" auch, daß der sich offenbarende dreifaltige Gott "uns sein Innerstes zuwendet"[409]. Die geschichtliche Mitteilung in ihrer christologischen Spitze hat weder eine geschaffene Wirklichkeit zu ihrem Inhalt, noch darf sie auf ein bloß gedankliches Verhältnis Gottes zur Geschichte reduziert werden. Gott gibt vielmehr sein eigenes Selbst, jene Wirklichkeit also, die er ganz in sich und für sich besitzt[410]. Diese Selbstmitteilung Gottes läßt nach dem Schriftzeugnis drei wesentliche Momente erkennen: den unumgreifbaren Ursprung der Selbstmitteilung, den geschichtlichen Offenbarer, in dem die Selbstmitteilung geschichtlich anwesend ist und das gewirkte Angenommensein der Selbstmitteilung. In dieser realen Unterschiedenheit, die den trinitarischen Gott[411] als Vater, Sohn und Geist offenbart, ist eine zweifache Vermittlung durch den Sohn und den Geist enthalten. Wenn es sich dabei weder um modalistische Vermittlungsweisen des absolut einfachen Gottes noch um geschöpfliche Mittlerwesen handelt, weil damit eine Selbstmitteilung im strengen Sinn nicht mehr möglich wäre[412], "dann muß diese reale Vermitteltheit göttlicher Art in

der Dimension der Ökonomie auch eine reale Vermitteltheit in Gottes eigenem inneren Leben s e i n"[413]. Der dreifaltige Gott verhält sich im Heilswerk Christi ebenso, wie er sich in seiner Immanenz zu sich selbst verhält.

Das aposteriorisch erkannte innertrinitarische Vermitteltsein Gottes erhält im Blick auf das Problem der Menschwerdung des Logos nun dadurch Gewicht, daß dieses als die in Gott ewig vorhandene Voraussetzung der Selbstmitteilung in Jesus Christus verstanden wird. "In Gott an sich existiert die reale Differenz zwischen dem einen und selben Gott, insofern er in einem und notwendig der ursprunglose, zu sich selbst sich vermittelnde (Vater), der in Wahrheit für sich Ausgesagte (Sohn) und der in Liebe für sich selbst Empfangene und Angenommene (Geist) ist, und d a d u r c h derjenige ist, der in Freiheit sich 'nach außen' selbstmitteilen kann"[414].

Die immanente Trinität enthält aber nicht nur den die Inkarnation ermöglichenden Grund, sondern gewährleistet auch die Identität des Mitgeteilten als des göttlichen Selbst, denn nur das innergöttlich Mitgeteilte kann Inhalt für die Selbstmitteilung Gottes ad extra sein[415].

Im Sinne RAHNERs beinhaltet der Grundsatz von der Identität der immanenten und ökonomischen Trinität aber nicht nur die reine Möglichkeitsbegründung für die inkarnatorische Selbstmitteilung Gottes, sondern -unter Wahrung ihres freiheitlichen, gnadenhaften Vollzugs- auch die Erkenntnis der dem Heilsereignis ewig vorausgehenden Disposition des verbum incarnandum. Die Menschwerdung des Logos erscheint durch die innertrinitarische Selbstvermittlung Gottes mehr als nur ermöglicht. Denn wenn es zutrifft, "daß der Logos der ist, als der er in der Offenbarung erscheint, als d e r (...) Offenbarer des Dreifaltigen Gottes auf Grund seines nur ihm eigentümlichen persönlichen Seins, des Logos des Vaters"[416], dann kann angenommen werden, daß in der Gestalt des Logos das Wesen Gottes eine freie, durch keinen inneren oder äußeren Zwang begründete Bestimmung zur Selbstmitteilung[417] an das Andere seiner selbst enthält.

c) Menschwerdung des göttlichen Logos

Nachdem in schöpfungstheologischer Sicht Christus als "geheime Entelechie" des Kosmos erkannt wurde sowie die trinitarischen Voraussetzungen der inkarnatorischen Selbstmitteilung Gottes, ist nun das positiv zu entfalten, was aus den entgegengesetzten

Perspektiven als gemeinsame Mitte aufgetaucht ist. Im Anschluß an den trinitätstheologischen Aspekt läßt sich nach RAHNER die Menschwerdung des Sohnes als Fortsetzung der immanenten Selbstaussage in den Raum des Nichtgöttlichen verstehen[418]. Sie erreicht damit eine Geschichte, die aufgrund der ihr inhärenten Selbsttranszendenz dieser göttlichen Selbstaussage (als Selbstmitteilung) entgegenläuft. Die Menschwerdung ereignet sich aber nicht universal kosmologisch und stammesgeschichtlich als die Inkarnation einer Christusidee, sondern in dem einen konkreten Menschen Jesus von Nazareth.

Zunächst ist einmal der volle Ernst von Joh 1,14 zu erfassen. Demnach hat Gott im Logos die Werdegeschichte eines Menschen zu seiner eigenen Geschichte gemacht[419], so daß "Gott s e l b s t am anderen der Welt Geschichte, Veränderung und also Zeit erfährt, die Zeit der Welt seine eigene Geschichte ist"[420]. Menschwerdung besagt somit einmal, daß Gott wirklich in der Geschichte ankommt[421] und zum andern, daß der Logos etwas geworden ist, was er nicht schon immer gewesen ist und also sich die Veränderung nicht nur auf Seiten der geschöpflichen Wirklichkeit ereignet. Joh 1,14 muß inkarnationstheologisch bis in seine letzte Sinntiefe ausgelotet und ernstgenommen werden - dies auch gegen das Axiom der Unveränderlichkeit Gottes, das als heimliches Kriterium der Christologie diese zentrale christliche Glaubenswahrheit zu verdunkeln vermag, indem es von sich aus festlegt, was Inkarnation sein dürfe[422].

Zum anderen enthält Joh 1,14 nicht, daß der Menschgewordene seine göttliche Identität verliert, heißt nicht: "er hat aufgehört, Gott in der unbeschränkten Fülle seiner göttlichen Herrlichkeit zu sein"[423]. Der Logos bleibt auch als der inkarnierte der Logos des Vaters. (Das ergibt sich schon offenbarungstheologisch daraus, daß die Offenbarung des Neuen Bundes als eschatologisch unüberbietbare Selbstmitteilung Gottes verstanden wird.) In d i e s e m Sinn und aus soteriologischen Überlegungen[424] kann auf eine Unveränderlichkeitsaussage nicht verzichtet werden. Daraus resultiert, daß unter diesen Verstehensvoraussetzungen **die eine Aussage (von der Menschwerdung des Logos) nicht ohne die andere** Aussage (von einer Unveränderlichkeit Gottes) gemacht werden darf, Menschwerdung und Unveränderlichkeit also in einem dialektischen Zusammenhang stehen.

Der Vollzug der Erkenntnis der Menschwerdung orientiert sich nun

an der Frage nach der christologischen Einheit von Logos und menschlicher Natur Jesu. Diese Einheit kommt nicht durch eine Annahme zustande, "die das Anzunehmende schon als selbstverständlich voraussetzt und es nun nur noch dem Annehmenden zudenkt, wobei es dann nie eigentlich recht ankommt, da es von seiner undialektisch, erstarrt und isoliert für sich allein verstandenen Unveränderlichkeit abgestoßen wird und ihn als den Unveränderlichen nie berühren darf"[425]. Die Frage nach der christologischen Einheit ist für RAHNER deshalb eine Frage nach der menschlichen Natur Jesu. Entsprechend den allgemeinen anthropologischen Aussagen entsteht auch sie als Selbstaussage Gottes in das Nichtgöttliche. Insofern eignet ihr menschliche Identität. Weil sich aber das Problem der christologischen Einheit an diesem Punkt entscheidet und die Vorstellung einer Annahme vermieden werden soll, muß das Spezifikum der menschlichen Natur -die transzendentale Verwiesenheit, die nur die grundsätzliche Empfänglichkeit für die Transzendenz beinhaltet- noch qualitativ gesteigert werden. Diese Steigerung besteht in einer verdichteten, radikalisierten Selbstaussage Gottes. Der Mensch Jesus "ist genau als Mensch die Selbstäußerung Gottes in ihrer Selbst e n t-äußerung, weil Gott gerade s i c h äußert, wenn er sich e n t-äußert, s i c h selbst als die Liebe kundmacht, wenn er die Majestät dieser Liebe verbirgt und sich zeigt als die Gewöhnlichkeit des Menschen"[426], so daß er das Andere als seine eigene Wirklichkeit setzt. In diesem Menschen erscheint die Endgültigkeit und Unüberholbarkeit der Selbstaussage Gottes[427].
Der kenotische Charakter und die Unüberbietbarkeit der göttlichen Selbstaussage kennzeichnen somit die Besonderheit der menschlichen Natur Jesu gegenüber den anderen Menschen. Gleichzeitig kann gesagt werden, daß sich bereits mit dem Erscheinen dieses Menschen im Raum der Geschichte die Menschwerdung des Logos vollzieht. "Der Logos Gottes selbst setzt wirklich diese Leiblichkeit als Stück der Welt schöpferisch und annehmend in einem a l s s e i n e eigene Wirklichkeit, er setzt sie also als das andere von sich so, daß eben diese Materialität i h n, den Logos selbst, ausdrückt und gegenwärtig sein läßt in seiner Welt"[428]. Diese Identität des Logos mit dem Menschen Jesus vermeidet so vor allem die Vorstellung, Gott habe "zum Zwecke seines Heilshandelns an den Menschen eine Art Livrée angezogen, sich gewissermaßen vermummt,... um sich innerweltlich verlautbaren zu können"[429]. Da-

mit wäre zweifellos der Ernst der Inkarnationsaussage Joh 1,14 abgeschwächt bis hin zur Konsequenz eines Doketismus. Hat der Logos wirklich Fleisch angenommen, so daß dieses Fleisch ihn selbst in der Geschichte vergegenwärtigt, dann besteht zwischen beiden eine derartige Identität, daß auch der Tod des Gekreuzigten den Logos und damit Gott betreffen muß. "Wenn man sagt, der fleischgewordene Logos sei 'bloß' in seiner m e n s c h l i c h e n Wirklichkeit gestorben, und dies stillschweigend dahin versteht, daß dieser Tod also Gott nicht berühre, dann hat man nur die halbe Wahrheit gesagt und die eigentlich christliche Wahrheit ausgelassen. Der 'unwandelbare Gott' hat zwar 'an sich selbst' kein Schicksal und so keinen Tod, aber er s e l b s t (und nicht nur das andere) hat a m a n d e r e n d u r c h d i e I n k a r n a t i o n e i n S c h i c k s a l (...). So sagt eben dieser Tod (wie die Menschheit Christi) Gott aus, wie er ist und uns gegenüber sein wollte in einem freien Entschluß, der ewig gültig bleibt"[430].

Das Problem der christologischen Einheit muß aber noch vertieft werden. Bisher wurde gesagt, daß die Einheit nicht durch Annahme der menschlichen Natur durch den Logos im Sinne bloßer Addition zu verstehen sei. Die menschliche Natur ist nicht ein dem Logos Vorgegebenes, sondern dasjenige, was entsteht, wenn der Logos selbst sich ins Nichts liebend aussagt. Dabei kann es keine Frage sein, daß die so verstandene Menschheit Jesu nicht in einem naiven, realidentischen Sinn der Logos selber ist. Zwischen beiden besteht nicht eine "Selbigkeit toter Identität"[431], vielmehr sind der Logos und die Menschheit Jesu real verschieden voneinander. Aber nach RAHNER darf die konkrete Menschheit Jesu "nur gedacht werden als verschieden vom Logos, i n d e m sie ihm geeint ist"[432]. Demnach gibt es das vom Logos Verschiedene nur im Hinblick auf die mit diesem einzugehnde Einheit. Dieser in Jesus Christus geeinten Einheit geht Gott als die einende Einheit und zugleich als der Grund der Verschiedenheit voraus. Denn insofern der Logos das Prius der Schöpfung ist[433], gibt es in Gott selbst die Verschiedenheit, die als solche schon immer eine geeinte ist. Als der transzendente Grund der Verschiedenheit schlechthin umgreift Gott das Verschiedene und bildet mit diesem, ohne dessen Verschiedenartigkeit aufzulösen, eine Einheit, die durch Vermittlung und Integration zustande kommt und das Gegenteil tautologischer Identität ist. Insofern der menschgewordene Logos diesen

Gott offenbart, weil er selbst göttlich ist, kann die Differenz zwischen göttlicher und menschlicher Natur "als innere Modalität der Einheit"[434] Jesu Christi verstanden werden. Das den Unterschied wahrende "unvermischt" von Chalkedon ist nicht Gefährdung, sondern inneres Moment der Einheit[435].
Der oben angestellte Vergleich zwischen dem Menschen als solchem und dem einen Menschen Jesus läßt sich zur Frage nach dem Verhältnis von Inkarnation und Schöpfung erweitern. Beide stehen nach RAHNER in einem engen Zusammenhang. Die Schöpfung ist ein erstes Teilmoment im Prozeß der Weltwerdung Gottes, bei dem er das "innerliche Vernehmen"[436] seiner Selbstaussage schafft und in der Inkarnation des Logos diese Selbstmitteilung dann vollzieht. Die Menschwerdung ist "der geschichtliche Höhepunkt eines transzendentalen, wenn auch freien Verhältnisses Gottes zum Nichtgöttlichen"[437]. So sind Schöpfung und Inkarnation zwei Phasen eines in sich differenzierten Vorgangs der Selbst(ent)äußerung Gottes in das Andere seiner selbst. Zwischen beiden besteht nicht nur ein Zusammenhang, sondern eine eindeutige Zuordnung: Die Schöpfung steht in Diensten der Menschwerdung. Und indem gesagt werden kann, daß Gott den Menschen schafft, um selbst im Logos Mensch zu werden, sieht RAHNER auch den Hinweis darauf, daß die Fähigkeit zur Schöpfung in jener anderen Fähigkeit, selber geschichtlich werden zu können, eingeschlossen ist. "Weil das Selbst-Geschichtlich-werden-können seine freie Urmöglichkeit (nicht Urmüssen!) ist, derentwegen er in der Schrift als die Liebe definiert wird (...), darum ist sein Schöpferseinkönnen, das Vermögen, das bloß andere an sich, ohne sich selbst abzugeben, zu setzen, aus seinem eigenen Nichts entstehen zu lassen, nur die abgeleitete, eingeschränkte, sekundäre Möglichkeit, die im letzten in dieser Urmöglichkeit gründet, obzwar jene ohne diese verwirklicht werden könnte"[438].
Die Erkenntnis, daß Gott sich entäußernd das Andere zu seiner eigenen Wirklichkeit macht, ohne sich dabei an das Andere zu verlieren, was letztlich darin gründet, daß Gott als der Grund der Verschiedenheit auch die immer schon vorgängige Einheit der Verschiedenheit ist, hat RAHNER auf die Formel gebracht, daß Gott "selbst, obzwar 'in sich' unveränderlich, 'am andern' etwas werden kann"[439]. Man kann darin die konkrete Bemühung erkennen, die Dialektik zwischen der "Unveränderlichkeit" Gottes und seiner Menschwerdung im Logos zu bewahren[440]. Einerseits ist Gott

"in sich" unveränderlich, d.h. daß er "in absoluter, unbewegter, heiterer Fülle immer schon besitzt, was er ist, ohne erst zu werden, ohne erst einholen zu müssen, was er ist"[441]. Andererseits darf die Aussage, daß sich Gott "selber am andern"[442] ändert, nicht auf eine "Veränderung d e s Andern" verkürzt werden[443]. Das "am andern" wird dann als das heilsgeschichtliche Gegenüber Gottes zur Geschichte aufzufassen sein, indem er sein Inneres dem Anderen zukehrt und mit diesem selbst eine Geschichte hat[444]. "Zwar kann diesen Satz im Ernst niemand leugnen, der an die Inkarnation des göttlichen Logos glaubt, aber dieser Satz wird doch oft durch eine ängstliche scholastische Philosophie verdunkelt, die durch ihn das Dogma der Unveränderlichkeit Gottes bedroht sieht"[445]. Gott nimmt im Horizont seines heilsgeschichtlichen Handelns ad extra jeweils eine neue Gestalt an, ohne dadurch seinen Seinsbestand einer Veränderung zu unterwerfen. In dieser dialogischen Perspektive gibt es ein wirkliches Werden Gottes, dessen Gipfelpunkt die "Selbstentfremdung des radikal bei sich bleibenden und darum unveränderten Gottes"[446] ist. Gott vermag dabei die von ihm gesetzte Wirklichkeit des Anderen selbst zu werden, ohne sein eigenes Inneres einem Werden aussetzen zu müssen[447].

Diese beiden, für eine Inkarnationstheologie elementaren Erkenntnismomente bilden eine "ontologische Letztheit"[448], die nicht mehr zur einfachen Einheit einer einzigen Aussage integriert werden können. Die sprachliche Gestalt der dialektischen Formel RAHNERs deutet auf ein bleibendes Geheimnis.

Bemerkungen

Die christologisch entfaltete Antwort RAHNERs[449] auf die Frage nach dem Verständnis der "Unveränderlichkeit" desjenigen Gottes, der in seinem Logos Mensch geworden ist, hat zunächst ihren Wert darin, daß sie das Ereignis der Inkarnation nicht aus den verschiedenen Zusammenhängen herauslöst, in denen diese tatsächlich steht. Entsprechend einer Forderung SCHILLEBEECKXs, wonach "das Christusmysterium in seiner Konkretheit (...) die Frucht eines Dialogs zwischen Gott und der Geschichte machenden Menschheit ist"[450], erscheint die Menschwerdung als Geschehen im Raum der Geschichte und als eine Handlung des Logos im Raum des trinitarischen Gottes. Inkarnation ist darum gleichsam der Schnittpunkt einer Senkrechten und einer Waagrechten. In ihm zeigt sich brennpunktartig verdichtet das Gott-Welt-Verhältnis in einer letzten

Radikalisierung. Für RAHNER deutet die Inkarnation des Logos damit auf ihre eigenen Voraussetzungen. Diese liegen theologisch in einem bestimmten Schöpfungs- und Gottesbegriff.
Anthropologie und Kosmologie sind christozentrisch orientiert. Ihre entscheidende Aussage ist, daß das Endliche in einer ontologischen Verwiesenheit auf seinen transzendenten Seinsgrund existiert und daß dieser Seinsgrund dem Begründeten auch als Ziel entgegenstrebt. Auf diese Weise denkt RAHNER gleichsam "von unten" auf die Menschwerdung des Logos zu[451]. Die Sünde wird dabei zwar nicht als Wirklichkeit übergangen, hat aber selbst nicht so viel Eigengewicht, daß das Zusammenspiel von Gott und Welt dadurch ernstlich gefährdet wird. Die entscheidenden Wesensbestimmungen des Endlichen sind die Entelechie des Kosmos und das übernatürliche Existential des Menschen. Damit ist mehr ausgedrückt als nur dies, daß es zwischen Gott und Welt keine unüberwindliche Diastase gibt oder daß das Endliche sich nicht gegen eine Berührung mit dem Transzendenten verschließt. RAHNER geht weit darüber hinaus. Die Welt bringt in ihrer Eigenwirklichkeit das Vermögen mit, den Abstand zu Gott von ihrer eigenen Seite aus durch die Kraft der Selbsttranszendenz zu verringern. Wenn dieses Vermögen auch ein gnadenhaft eingestiftetes ist, so gehört es doch von Anfang an faktisch zum Seinsbestand der Schöpfung hinzu. Dadurch verharrt die Geschichte nicht nur in einer passiven Haltung der Bereitschaft und der Erwartung, sondern arbeitet "aus eigener Kraft" dem Eintreten Gottes in die Geschichte entgegen. Inkarnation kann als eine Art Grenzwert beschrieben werden, den die Schöpfung zwar nicht direkt zu erreichen vermag, weil jene nicht durch die Geschichte selbst hervorgebracht werden kann, sondern freies Handeln Gottes bleibt, den sie aber anstrebt und auf diese Weise schon vor der Menschwerdung des Logos diesen in vor-läufiger Gestalt in der Geschichte anwesend sein läßt.
RAHNER hat durch die christozentrische Ausrichtung von Anthropologie und Kosmologie eine grundsätzliche Positivität des Endlichen herausgestellt. Damit fallen im Blick auf die Inkarnation des Logos jene belastenden Voraussetzungen weg, die dann gegeben sind, wenn Gott und Welt einen "unendlichen qualitativen Unterschied" bilden. Denn in diesem Fall gibt es doch immer die Tendenz, den vollen Ernst der Inkarnationsaussage zu minimalisieren, so daß das Eintreten Gottes in die Geschichte seine lebensgeschichtliche Gestalt in der Existenz Jesu zugunsten eines unge-

schichtlichen weil punktuellen "Einschlagstrichters" (BARTH) verliert. Der Logos berührt die Geschichte, ohne wirklich in sie einzugehen. Demgegenüber bietet die seinsmäßige Ausgerichtetheit des Endlichen von sich aus die Möglichkeit, die Geschichtlichkeit des menschgewordenen Logos unverkürzt zu denken, denn die Geschichte hat in vor-läufiger Weise immer schon Anteil an ihm, so daß er das ihr (wenn auch eingestiftete) Eigene ist. Die andere Konsequenz wäre, daß der "unendliche qualitative Unterschied" unter Berufung auf Phil 2,7f. inkarnationstheologisch durch eine kenotische Fassung der Menschwerdung aufgefangen wird. Hierbei bedarf es dann zumindest einer sorgfältigen Klärung des Begriffs der Selbsterniedrigung.
Eine andere Frage ist im schöpfungstheologischen Zusammenhang, ob nicht schon das Setzen endlicher Freiheit und relativer Eigenständigkeit für Gott eine Veränderung bedeuten muß. RAHNER verweist hier bekanntlich auf die Inkarnation des Logos, die als Möglichkeit des Eingehens in das Andere seiner selbst bereits auch die Möglichkeit einschließt, dieses Andere zu setzen. So kann auch hier gesagt werden, daß Gott "sich nicht in sich selbst an sich ändert, wenn er selbst an der Welt als dem andern von ihm und aus ihm sich ändert"[452]. Auf das Sich-ändern "am andern" wird im Zusammenhang mit der dialektischen Formel noch eigens einzugehen sein. Festzuhalten ist hier nur dies, daß RAHNER für den Schöpfergott eine "Veränderlichkeit"[453] annimmt und damit die Geltung des Unveränderlichkeitsaxioms in dieser Frage einschränkt.
Die andere inkarnationstheologische Voraussetzung ist das trinitarische Gottesverständnis. "Die Betrachtung der Menschwerdung im Horizont des trinitarischen Mysteriums als Selbstaussage Gottes ist eine besondere Bereicherung und Erfüllung einer Theologie der Menschwerdung"[454]. So wie unter kosmologischem und universalgeschichtlichem Aspekt die Inkarnation kein isoliertes, plötzlich hereinbrechendes (obgleich weltimmanent nicht ableitbares) Ereignis ist, kann aposteriorisch gesagt werden, daß sie auch aus theo-logischer Sicht nicht als unmotiviertes Geschehen erscheint. Die Menschwerdung des Logos hat gleichsam eine trinitarische Vor-"Geschichte". In ihr vollzieht sich die immanente Selbstaussage Gottes in seinem Logos, die sich in inkarnatorischer Gestalt frei in den Raum der Geschichte fortsetzt.
Damit sind für die anstehende Thematik mindestens zwei wesentli-

che Erkenntnismomente gegeben. Zunächst ist einsichtig gemacht, daß es sich bei dem in der Geschichte Ankommenden um die Fülle des sich mitteilenden göttlichen Selbst handelt. Ist der immanente Logos, in dem sich Gott selber für sich aussagt und mitteilt, mit dem inkarnierten Logos real identisch, dann hält Gott in seiner Selbstmitteilung an die Welt nichts von sich selbst zurück, macht keinen Vorbehalt, sondern liefert sein eigenes Selbst an seine Schöpfung aus. Menschwerdung ist in einem unüberholbaren Sinn dann wirklich Selbst-Mitteilung.
Des weiteren kommt zum Ausdruck, daß in Gott selbst eine allem Heilshandeln Gottes in der Geschichte vorausliegende Disposition dafür anzunehmen ist. RAHNER faßt diese Disposition nicht als transzendental(theo)logische Bedingung der Möglichkeit für die Inkarnation, wonach eine begriffliche Analyse der inkarnatorischen Selbstmitteilung Gottes eine gottimmanente Selbstmitteilung notwendig voraussetzt, so daß sich umgekehrt die immanente Selbstaussage wesensnotwendig im Eintritt des menschgewordenen Logos in die Geschichte fortsetzt. Die Disposition des Logos ist eine freie, ungeschuldete. Abgesehen von dieser nicht unbedeutsamen Modalität enthält der Gedanke der sich frei vollziehenden Kontinuität göttlicher Selbstaussage darüber hinaus die Einsicht in die Kohärenz zwischen Gottes trinitarischem Leben und dem Kontinuum der Geschichte. Indem der Logos zum verbum incarnandum wird, kann gesagt werden, daß Gott sein immanentes Leben nicht in selbstischer Unberührtheit führt, sondern immer auch die Geschichte seiner Schöpfung im Auge behält. Gott und Welt laufen nicht parallel nebeneinander, um sich im Unendlichen auf unvorstellbare Weise in einem gemeinsamen Schnittpunkt zu treffen, sondern vielmehr ereignet sich diese Begegnung schon im Horizont der Geschichte, weil sich der freie Gott in seinem Logos schon "im Anfang" auf die Geschichte ausgerichtet hat. Geschichte ist auch deshalb (d.h. nicht nur als Gottes Schöpfung) schon vor jeder (Selbst-)Mitteilung Gottes Heils-Geschichte, die in der Menschwerdung des Logos zu ihrem geschichtlichen Höhepunkt kommt.
RAHNER hat den Gedanken der göttlichen Authentizität des mitgeteilten Selbst und der freien inkarnatorischen Disposition in seinem trinitätstheologischen Leitsatz von der Identität der immanenten und der ökonomischen Trinität zum Ausdruck gebracht. Neben grundsätzlicher Anerkennung[455] ist RAHNER damit

auch auf Kritik gestoßen. Zunächst sieht L.SCHEFFCZYK darin die drohende Gefahr, "daß man den Heils- und Weltprozeß als im Wesen des dreifaltigen Gottes notwendig begründet betrachtet und nahelegt, daß sich das Leben Gottes allein in Offenbarung und Erlösung vollzieht"[456]. Dem sich anschließend befürchtet F.X.BANTLE einen Transzendenzverlust der Trinität, indem diese in den Raum der Geschichte verlagert wird[457]. Und Z.TRTIK gibt allgemein zu bedenken, daß "die eschatologische Aussicht des Neuen Testaments in die Endoffenbarung"[458] die These RAHNERs problematisch erscheinen lassen muß. "Diese Enderwartung gebietet der Theologie kritische Vorsicht gegenüber einer unbedingten Identifizierung der immanenten Trinität mit der ökonomischen"[459]. Schließlich weist W.SIMONIS darauf hin, daß durch RAHNERs Grundsatz der ewige Gott, in dessen Freiheit es steht, sich eben auch nicht zu offenbaren, auf den sich faktisch offenbarenden Gott der Heilsgeschichte festgelegt wird. "Wenn wir... bei der Redeweise von einem auch für Gott Neuen der ökonomischen Trinität bleiben..., so gilt dies... nicht einem Sichveränderthaben Gottes 'im Laufe der Zeit', sondern dem, daß Gott als sich Offenbarender anders ist und anders sein will, als wenn er sich nicht geoffenbart hätte"[460].

Gegenüber dem letzten Einwand wäre zu sagen, daß es zum Hauptanliegen RAHNERs gehört, den sich offenbarenden Gott der Heilsgeschichte in vollkommener Identität mit dem ewigen "an sich seienden" Gott zu begreifen und damit den Begriff der Selbstmitteilung bedingungslos zu ratifizieren. Die Konsequenz, die SIMONIS dabei auf sich zukommen sieht -die Festlegung Gottes auf das bestimmte Sosein der ökonomischen Trinität und dadurch die Einschreibung einer transzendentalen Notwendigkeit in das Wesen Gottes- wird von RAHNER so nicht beurteilt. Wie zugegeben eine transzendental(theo)logische Begriffsanalyse nicht im Sinn theologischen Denkens sein kann, so auch nicht ein rein positivistisches Aufsammeln geoffenbarter Einzelerkenntnisse. Theologische Erkenntnis vollzieht sich nicht in dieser ausschließlichen Alternative, sondern als ein Mittleres: sie ist "Erkenntnis des aposteriorisch Erfahrenen als transzendental Notwendigen, weil es notwendig sein muß und nicht bloße Faktizität sein kann, aus welchen Gründen immer diese Notwendigkeit erkannt werden mag"[461].

Die beiden anderen Einwände von SCHEFFCZYK und BANTLE können überdies auch nicht grundsätzlich überzeugen. Denn sie übersehen

den einfachen Umstand, daß RAHNER an zahlreichen Stellen[462] immer wieder die Freiheit des heilsgeschichtlich handelnden Gottes betont, daß Schöpfung und Menschwerdung eine "Urmöglichkeit" und nicht ein "Urmüssen" bedeuten.
Dem Einwand, die ökonomische Trinität sei notwendige Vollendung des trinitarischen Selbstvollzugs im Raum der Geschichte, wird darüber hinaus noch in ganz anderer Weise widersprochen. Gemeint ist jenes Anliegen, das RAHNERs Theologie vielleicht am stärksten überformt hat und das sich auch inkarnationstheologisch äußert. So steht die gesamte Thematik bei ihm zwar unter dem Vorzeichen, daß es sich dabei allein um die Mitteilung des göttlichen Selbst handelt, daß es aber während dieses ganzen Geschehens doch in keinem Augenblick um Gottes eigene Belange geht. Auch wenn der Logos etwas geworden ist, was er nicht schon immer gewesen ist, so erbringt dieses Ereignis doch für Gott selbst in keiner Hinsicht einen Zuwachs an Wirklichkeit. Nicht eine Defizienz göttlicher Lebensfülle ist das eigentliche Movens der Geschichte und insbesondere der Inkarnation, so daß es bei allem letztlich immer nur um Gott selbst ginge. Explizit gibt der Autor darauf nur selten einen Hinweis. Aber der gesamte Tenor seiner Inkarnationstheologie kann diese Vermutung sachlich bestätigen. Dieser Tenor ist die soteriologische Durchdringung der Menschwerdung. Denn in ihr geht es primär um den Menschen und nur insofern es um das Heil des Menschen geht, geht es dann auch um Gott. Die Belange der Schöpfung stehen im Vordergrund, wenn etwa erklärt wird, daß das Endliche eine Öffnung auf das Unendliche erhalten hat[463] oder daß die hypostatische Union Begnadigung der geistigen Welt bedeutet[464]. Mit dieser soteriologischen Orientierung, die das eigentliche Motiv der RAHNERschen Inkarnationstheologie zu sein scheint und der dann alle weiteren christologischen Überlegungen unterzuordnen sind[465], hat er auch die eigentliche und primäre Intention der Schriftaussage zu diesem Thema zum Ausdruck gebracht, denn auch die Schrift ist nur insofern an transzendentaltheologischen Voraussetzungen der Menschwerdung des Logos interessiert, als sie deren Heilswert sichern.
Die soteriologische Orientierung der Menschwerdung gibt schließlich auch eine gewisse Antwort auf die Frage nach Gottes "Unveränderlichkeit". Denn indem das Heil der Schöpfung (und nicht die Verwirklichung göttlichen Seins) im Vordergrund steht, wird Gott als derjenige erkannt, der Heil zu schaffen in der Lage ist. Ein

solcher Gott muß bei aller Nähe seines fleischgewordenen Wortes zum Menschen doch auch über den geschichtlichen Unheilszusammenhängen stehen. Der Gott, der des Menschen Heiland ist, muß auch der geschichtsmächtige, weltüberlegene sein. RAHNER führt diesen Gedanken direkt nicht weiter aus. Aber es wird doch bereits deutlich, daß die Theologie, wenn sie die Heilsbedeutsamkeit der Inkarnation bewahren will, auf das Prädikat der Geschichtsmächtigkeit und insofern auf die unveränderliche Identität dieses Gottes nicht verzichten kann.

RAHNER hat an dieser Unveränderlichkeit aus soteriologischen Gründen als einer nahezu unausgesprochenen Voraussetzung festgehalten. Zugleich treibt ihn jedoch Joh 1,14 zu der Erkenntnis eines wirklichen Werdens Gottes. Der Logos kann etwas werden, was er nicht schon immer gewesen ist. Beide Aussagen müssen von ein und demselben Subjekt gemacht werden und sind nicht als Widerspruch aufzufassen. Beachtlich ist, daß der volle Ernst der Inkarnationsaussage bewußt auch gegen die Autorität des schultheologischen Axioms von der Unveränderlichkeit Gottes behauptet wird (die entsprechenden Aufsätze stammen aus den Jahren 1954 und 1958!), womit eindringlich auf die Gefahr einer Theologie hingewiesen wird, die unter der Vorherrschaft eines schultheologischen Leitsatzes den Anforderungen des biblischen Zeugnisses nicht mehr gerecht zu werden vermag.

Die gegenläufigen Erkenntnismomente des unveränderten und dennoch menschgewordenen Logos hat RAHNER in seiner dialektischen Formel[466] von der Unveränderlichkeit Gottes "in/an sich" und seiner Veränderlichkeit "im/am andern" zum Ausdruck gebracht. Dagegen ist aber nach H.PFEIL jede Vorstellung eines Werdens oder einer Veränderung grundsätzlich von Gott auszuschließen. Auch ein nur analog verstandenes Werden deutet immer noch das Anstreben eines Noch-Nicht an, so daß Gott nicht zugleich der Vollkommene sein kann[467]. "Dieser Konsequenz sucht man durch die Unterscheidung und Ergänzung zu entgehen, Gott sei zwar an sich unveränderlich, aber an anderm veränderlich... Auch diese Unterscheidung impliziert Widersprüche"[468]. Wird Gott in der Menschwerdung ein Anderer, dann schließt dies einen Seinszuwachs ein, der dem unendlich vollkommenen Gott widerspricht. Außerdem setzt die Formel eine Zweiheit in Gott und also eine Zusammensetzung voraus, die aber durch die absolute Einfachheit Gottes ausgeschlossen ist[469].

Inwieweit der Kritiker RAHNERs Anliegen einer Vermittlung von theologischer Tradition mit biblischen Grundaussagen aufgenommen hat, ist mehr als fragwürdig. Die Einwände machen in jedem Fall aber klar, daß auf dem Boden einer reinen Substanz-Metaphysik, von der PFEIL ausgeht, die Probleme nicht mehr zu lösen sind. Von ihr aus betrachtet muß Werden immer ein Defizitäres bleiben.

Im folgenden soll nun der theologische Wert der dialektischen Formel untersucht werden. Dieser besteht zunächst darin, die beiden Rücksichten zusammenzudenken, unter denen die Frage nach der "Unveränderlichkeit" Gottes zu behandeln ist. Die Wahrung dieser Spannung zwischen einer unveränderlichen göttlichen Identität und dem inkarnationstheologischen Ernst von Joh 1,14 bleibt eine unaufgebbare Bedingung für die theologische Bestimmung dessen, was immer unter der "Unveränderlichkeit" des biblischen Gottes verstanden werden mag. Die Mitte dieser Spannung ist nicht statisch festlegbar, sondern drängt, wobei die Patt-Situation einer statischen Dialektik überwunden wird (obgleich die Rätselhaftigkeit der Formel zunächst vielleicht diesen Eindruck entstehen lassen kann), in die "Haltung einer beständigen Bewegung zwischen zwei Polen des Gedankens"[470]. Die Abschwächung einer Seite kann das Problem vielleicht denkbarer machen - gewiß ist dabei, daß nicht mehr der biblische Gott gedacht wird.

RAHNERs Drängen darauf, jede der beiden Aussagen unverkürzt zu bewahren, läßt auch hier wieder sein soteriologisches Motiv erkennen: Gott darf sein Gottsein im Gegenüber mit der Welt nicht aufgeben, weil jede Einschränkung in dieser Hinsicht entweder in den Mythos eines depotenzierten Gottes oder aber in die Vermenschlichung des "Heilands" und damit in die menschliche Selbsterlösung führen müßte. Und ebenso darf die Nähe Gottes zu seiner Schöpfung bis hin zur "Realpräsenz" in Jesus Christus nicht wieder in die reine Übergeschichtlichkeit des absoluten, transzendenten Gottes zurückfallen, weil jeder Hauch eines Doketismus es fraglich macht, ob Christus wirklich die Last kreatürlicher Sünde auf sich genommen hat. Es scheint damit, daß die Wahrung der dialektischen Spannung unabänderlich der Soteriologie verpflichtet bleibt. Anders ausgedrückt: ein Lösungsversuch, der den umgekehrten Weg zu gehen sucht, indem er das spekulative Interesse dem soteriologischen Motiv überordnet, "logisiert" das Problem der "Unveränderlichkeit" Gottes. D.h. die Ungeheuerlichkeit der Spannung im biblischen Gottesgedanken zwischen "Unver-

änderlichkeit" und (Mensch-)Werden Gottes wird in rationale Einsehbarkeit aufgelöst. Dadurch ist nicht nur das eigentliche theologische Movens beseitigt, sondern zugleich auch jene Position eingenommen, von der aus das von Gott kommende Heil einsehbar und sogar bestimmbar wird. Ein apriorisch deduziertes Heil hat aber sein entscheidendes Charakteristikum -gnadenhafte Ungeschuldetheit und überraschende Neuheit- verloren.
Man wird deshalb dem hermeneutischen Fingerzeig KERNs folgen dürfen, der die dialektische Spannung der Formel RAHNERs auslegt als die Unbegreiflichkeit der Liebe Gottes. "Die beiden Teilaussagen -Gott ändert-sich-selber nicht-in-sich- können für uns nicht in eine begreifliche (und das hieße: Hegelsche) Synthese einschwingen. Die eigentliche Lösung dieses Problems der Erkenntnis ist für uns, da wir die innere Möglichkeit von Menschwerdung und Schöpfung nicht begreifen können, nur möglich durch seine Einholung in das Mysterium der Liebe Gottes, der die Liebe des Menschen, kraft seines Geliebtwerdens (1 Joh 4,10), antwortet"[471].
Die dialektische Formel RAHNERs bringt neben dem soteriologisch motivierten Aushalten und Austragen dieser theologischen Spannung des weiteren zum Ausdruck, daß "Unveränderlichkeit" und "Werden" von ein und demselben Subjekt auszusagen sind. Der an bzw. in "sich" unveränderliche ändert "sich" am bzw. im Andern. Das "sich" deutet auf die Identität des gemeinten Subjekts hin und verursacht damit eigentlich erst das Problem.
Deshalb ist es theologisch irrig, den logischen Gesetzen der Erkenntnis-Metaphysik folgend hier mit PFEIL eine Unterschiedenheit im Sinne einer naiven Zusammensetzung des Göttlichen zu konstatieren. Damit ist um den Preis einer zurecht kritisierten substanzontologischen Zusammensetzung genau am Problem vorbeigesehen. Indem RAHNER auf der Identität des Subjekts beharrt, d.h. daß der eine und selbe Gott einmal unveränderlich und einmal veränderlich sein soll, stellt er den traditionellen Gottesbegriff -auf dem Hintergrund soteriologischer Veranlassung- selbst in Frage. Es ist deswegen noch keine erschöpfende Interpretation, wenn HEIJDEN die Identität des Subjekts durch eine perspektivische Unterscheidung Gottes als "Wesen" und "Person" zu halten sucht. Vielmehr scheint RAHNER hier eine Tür für ein erneuertes Gottesverständnis aufzustoßen, indem er bewußt jene paradoxe Konsequenz zu Tage fördert, die entsteht, wenn im Fall des

vorliegenden Themas immer wieder nur die Frage im Hintergrund steht: Was verändert sich in Gott und was bleibt unverändert? "Die traditionelle Theologie bewegt sich in den Kategorien von Natur und Substanz; sie denkt Gott als ens perfectissimum, actus purus... Sie steht damit in der Gefahr,... Gott in seiner Unveränderlichkeit zum Gefangenen seines eigenen Seins zu machen"[472]. Man könnte deshalb im Anschluß daran sagen, daß die dialektische Formel einen Bewußtseinsschub erzeugt, der die engen Grenzen einer reinen Substanz-Ontologie in Richtung auf ein geeigneteres theologisches Seinsverständnis aufzubrechen vermag[473].
Damit wird RAHNERs Formel in neuer Weise interpretationsbedürftig und -fähig. Ihr positiver Impuls treibt auf einen Seinsbegriff, der sie selbst nicht mehr als Widerspruch, sondern als pointierte Aussagegestalt göttlichen Seins erscheinen läßt. Sie bekommt Sinn nicht dadurch, daß das Subjekt in ein veränderliches und ein unveränderliches gespalten[474] wird, sondern dadurch, daß die Kopula: Gott "ist" (un-)veränderlich problematisiert wird. Das Sein muß demnach "Werden" und "Sein", die unendliche Bewegtheit und die Unveränderlichkeit des Lebens[475] in sich vereinen.
Abschließend ist deshalb noch zu fragen, inwieweit RAHNER mit seinem Trinitätsverständnis hier selbst Ansätze für einen erneuerten Seinsbegriff liefert. Die Überlegungen werden in der gebotenen Kürze dabei über eine grobe Skizzierung nicht hinauskommen.

Das trinitarische Sein Gottes vollzieht sich als Ereignis, in dem zunächst der Vater sich an das Andere seiner selbst mitteilt und dadurch den Sohn zeugt. In diesem selben Ereignis konstituiert die Herkünftigkeit des Sohnes vom Vater zugleich auch dessen Vaterschaft, insofern der Ursprung des Sohnes die Ursprungslosigkeit des Vaters und damit die Vaterschaft zum Inhalt hat. In diesem gegenläufigen Vollzug von Vaterschaft und Sohnschaft ereignet sich als gemeinsame Handlung zugleich die aktive Hauchung des Geistes durch Vater und Sohn, der wiederum als gegenläufige Ursprungsrelation die aktive Herkünftigkeit des Geistes gegenüber Vater und Sohn entspricht. Zwischen den Personen herrscht das Verhältnis absoluter Gegenseitigkeit[476], d.h. Gottes Sein vollzieht sich nur als austauschende, gegenläufige Bewegung zwischen den Personen. Da diese nicht wieder als "Bestandteile" des Seins Gottes ausgrenzbar sind, sondern gerade in ihrer gegenseitigen Bezüglichkeit (Inexistenz der drei Personen)

a l s Vater, Sohn und Geist dieses Sein Gottes selbst sind -und es so sind, daß jede Person das ganze Sein in sich (d.h. gerade nicht für sich!) trägt- kann RAHNER sie "distinkte Subsistenzweisen" nennen. Sie sind "Weisen" dieses Seins, insofern sie sich darin unterscheiden, in welcher Gestalt sie das ganze Sein in sich tragen und zudem nur als in einem gemeinsamen Seinsakt aufeinander ausgerichtet zu fassen sind, indem sie voneinander unterschieden sind. Sie sind aber auch nur "Weisen" dieses Seins, insofern sich dieses Sein gerade in der Dynamik hin- und herflutender Bewegung zwischen den drei gleichewigen Ursprüngen selbst vollzieht. Nicht "tote Selbigkeit absolut unvermittelter Art"[477] kennzeichnet das Sein Gottes, sondern die gegenläufige Dynamik des Sich-gegeben-werdens im Sich-selber-geben.
Dieses theologische Seinsverständnis, wonach das Sein seinen Be-"Stand" hat im Sich-geben, enthält als wesentliches Konstitutivum das ontologische Moment des Anderen. Das Andere ist Setzung durch das eigene Selbst und zugleich setzende Ursache für das eigene Selbst. Ohne dieses Andere wäre die relationale Gliederung des Seins ebenso unmöglich wie sein dialogischer Vollzugscharakter. Indem RAHNER den Logos als das ontologische Prius der Schöpfung versteht, kommen das innergöttlich Andere (Sohn/Logos) und das nicht-göttlich Andere (Welt) in einer gemeinsamen Fluchtlinie zu liegen. Wird nun gesagt, daß Gott sich bei der Menschwerdung dieses Logos in sich nicht verändert, am Andern aber etwas werden kann, dann könnte Gottes Veränderlichkeit am Andern als Einbeziehung der Schöpfung in den Rhythmus des göttlichen Seins verstanden werden. Insofern die Welt im göttlichen Logos (als dem Prius der Schöpfung) schon immer vorgebildet ist, nimmt sie ihre Stelle nun als konkrete, reale ein, indem der Logos selbst sich inkarnatorisch mit ihr verbindet. Sie wird so entsprechend ihrer kreatürlichen Logos-Gestalt in den ewigen Logos Gottes so eingeborgen, daß ihr kraft dessen, d.h. in gnädigem Gewähren und niemals kraft eigenen Vermögens, Teilhabe am göttlichen Dialog erschlossen wird. Die "Veränderlichkeit" Gottes besteht dann in dem Vermögen, das geschöpflich Andere ohne Beeinträchtigung der Seinsrhythmik von Geben und Empfangen in die immanente Andersheit seines Seins zu integrieren. Unter Voraussetzung dieses nicht substanzhaft gedachten Seinsbegriffs kann der skizzierte Gedanke arglos als panentheistisch bezeichnet werden, denn die Andersheit der Welt behält gerade ihren krea-

türlichen Charakter. Am göttlichen Sein ist sie nur beteiligt, insofern sie ihre geschöpfliche Gestalt als die realontologische Verwiesenheit auf den Logos Gottes in eben der Wortgestalt dieses Logos auslegt bzw. auslegen darf, aber niemals als das Hörenkönnen mit dem Gehörten identisch werden kann. Die "Unveränderlichkeit" Gottes in bzw. an sich ergibt sich nun von selbst als die innere Stabilität des Ineinanderschlagens von Geben und Empfangen in einem ewigen, gegenläufigen Beziehungsgeschehen[478].

Es ist gewiß, daß mit diesen Überlegungen nun neue Fragen auftauchen, z.B. nach der Wirklichkeit der Sünde, nach der Freiheit der Geschichte oder nach dem Verbleib des eschatologischen Charakters der kosmischen Vollendung. Um sie soll es nun nicht weiter gehen. Was hier allein zu zeigen war, ist die gedankliche Nähe zwischen RAHNERs Trinitätstheologie und einem neuen Gottesverständnis, wie es durch seine dialektische Formel provoziert wird.

Im folgenden sind jetzt noch kurz diejenigen Gedanken zusammenzufassen, die für die Gesamtdiskussion bedeutsam erscheinen.

1. Eine inhaltliche Neubesinnung auf Gottes "Unveränderlichkeit" kann davon ausgehen, daß es zwischen Gott und Geschichte ein gnadenhaft gewährtes Zueinanderhin gibt. Der "unendliche qualitative Unterschied" ist durch die realontologische Verwiesenheit der Schöpfung auf Transzendenz immer schon ein Stück weit "von unten" überwunden. Der Weg des Logos führt diesen nicht "in die Fremde" (BARTH), sondern in sein Eigenes. Dadurch wird es dem Gottesbegriff erspart, entweder ein Gegensatzverhältnis zwischen Gott und Geschichte durch eine extrem kenotische Fassung ausgleichen zu müssen oder inkarnationstheologisch eine bloß "tangentiale Berührung" zu konstatieren. Im ersten Fall würde sich der Dualismus schließlich in Gott selbst wiederfinden, was den Begriff der "Unveränderlichkeit" Gottes zusätzlich belasten müßte; im zweiten Fall wäre der inkarnationstheologische Ernst aufgehoben, so daß Gottes "Unveränderlichkeit" ohne das Gewicht seiner "Geschichtlichkeit" gedacht würde.

2. Die zweite wesentliche Voraussetzung ist die inkarnatorische Disposition des Logos. In ihm hat sich die Trinität immer schon in Freiheit auf Geschichte ausgerichtet, so daß diese Hinordnung Gottes selbst zu seinem trinitarischen Sein mit hinzugehört. Aufgrund ihres ontologischen Charakters geht diese Disposition über eine rein moralische Absicht hinaus.

3. Die Konzeption eines tragfähigen Begriffs der "Unveränderlichkeit" Gottes muß stets der Soteriologie verpflichtet bleiben, dies auch gegebenenfalls gegen eine Schultheologie. Die Heilswirksamkeit des Geschehens ist sowohl atl. wie ntl. an das theologale Ineinander von Nähe und geschichtsmächtiger Transzendenz Gottes gebunden. Diese dialektische Spannung ist bis hin zu ihrem inkarnatorischen Höhepunkt der Selbst-Mitteilung unbedingt auszuhalten. Als solche spiegelt sie die notwendige, innere Spannung im Unveränderlichkeitsbegriff wider: Menschwerdend ohne werdende Gottheit zu sein ist Gott "unveränderlich".
4. Die begriffliche Wahrung und Austragung der soteriologisch motivierten Spannung im Unveränderlichkeitsbegriff ist mit den Mitteln einer reinen Substanz-Ontologie nicht mehr zu leisten. Auf der Suche nach einem erneuerten theologischen Seinsverständnis zeigt sich immer wieder die Verwiesenheit auf die Trinitätslehre. Ein von hier aus entwickelter Seinsbegriff könnte -wie angedeutet- die Scheinlösung des Problems überwinden, die darin besteht, Gottes "Geschichtlichkeit" und "Unveränderlichkeit" nur in perspektivischer Unterscheidung von Gott (d.h. nur im Zusammenhang verschiedener Formalobjekte) auszusagen. RAHNERs dialektische Formel hat mit ihrem provokativen Charakter katalysatorische Funktion, indem sie auf ein theologisches Seinsverständnis drängt, das sie als pointierte Aussagegestalt für Gottes "Unveränderlichkeit" bzw. für sein "Werden", nicht aber länger als Widerspruch erscheinen läßt.
5. Die Interpretation der Inkarnation als Heilsereignis für die Welt erschwert zumindest mit dieser Akzentuierung die Vorstellung, daß es in Jesus Christus um Gottes eigene Belange ginge. Das pro nobis widerstreitet einem Verständnis der Menschwerdung, demzufolge darin Gott zu seiner Selbstverwirklichung oder Selbstentfaltung kommt. Nicht Gott gewinnt etwas hinzu, sondern der Mensch.

2) D.WIEDERKEHR: Das Christusereignis als endgültige Gottesvermittlung an die Welt

Auch die Antwort, die D.WIEDERKEHR[479] in sachlicher Nähe zu RAHNER auf die Frage gibt, wie Gottes Heilshandeln in und an der Welt mit seiner "Unveränderlichkeit" vermittelt werden kann, ist eine christologische. Die Erörterung dieser Frage ergibt sich aus der Intention, das Christusgeschehen als authentische und endgültige Gestalt des göttlichen Weltverhältnisses zu begreifen. Ist es so, daß Gott sich in der geschichtlichen Existenz eines Menschen an die Welt vermittelt, dann führt dies zu Konsequenzen hinsichtlich des Gottesbegriffs und weist zugleich auf die Frage nach den anthropologischen "Möglichkeitsbedingungen" hin. Es stellt sich aber vor allem das Problem, wie angesichts der göttlichen Identität des menschgewordenen Sohnes gegenüber der kreatürlich, nur geschichtlich sich vollziehenden Existenz des Menschen Jesus die Menschwerdung des Sohnes als geschichtliche Existenz eines göttlichen Subjekts gedacht werden kann, ohne mythologisch oder doketisch zu reden.

a) Jesus Christus als das eschatologische Selbstereignis Gottes

Zur Verwirklichung seines Anliegens, in Jesus Christus das Weltverhalten Gottes unüberbietbar vermittelt zu sehen, benötigt WIEDERKEHR ein christologisches Gestaltungsprinzip, das über die verengte Perspektive der Zweinaturenlehre hinausgeht. Es wird eingeräumt, daß diese die Bandbreite christologischer Reflexion nach zwei Seiten hin eingrenzt und damit unverzichtbaren Wert behält: Gegen eine Bewußtseinschristologie ist an der göttlichen Natur festzuhalten und gegen eine naive Realidentifizierung Jesu mit Gott an dessen menschlicher Natur. Die von ihr jedoch angezielte Sinnmitte, "daß der Mensch Jesus selber, in relationalem Sinn, an der göttlichen Hoheit des sich in ihm ereignenden Gottes teilhabe"[480], vermag sie aufgrund der ihr eigenen Statik nicht positiv zu entfalten. "Wo das NT dynamisch und den Hörer betreffend von Gottes Herrschaft, Offenbarung, Gnade... spricht, steht jetzt neutral und objektivierend die g ö t t l i c h e N a t u r Christi"[481]. Ebenso scheinen sich die lebensgeschichtlichen Konkretionen der göttlichen Zuwendung in der Neutralität der menschlichen Natur aufzulösen. In beiden Fällen findet eine isolierende Betrachtungsweise der Person Christi als Einheit zweier Naturen statt. Soll darüber hinaus Jesus Christus Vermittlung des eschatologischen Selbstereignisses Gottes sein, dann muß jede einseitige Betonung der selbständigen Gottheit Christi durch Beachtung seines "patrogenetischen Rückbezug(s)"[482] korrigiert werden. Jesus Christus steht zu Gott in einem "Handlungs- und Existenzgegenüber"[483], so daß sich daraus Relationalität als christologisches Gestaltungsprinzip ableiten läßt.

Im Rahmen dieser relationalen Christologie glaubt der Autor, auch der ntl. Christologie besser gerecht werden zu können. In ihrer Mitte steht das einhellige Schriftzeugnis, daß sich in

Jesus Christus das Handeln Gottes an der Welt in unüberbietbarer Dichte ereignet hat. "Das Christusereignis ist nicht etwa bloß Erkenntnisgrund für Gottes Herrschafts- und Herrlichkeitsoffenbarung,... sondern das gleiche Ereignis ist auch der Realgrund und die konkrete Gestalt, in welcher und als welche Gott sich ereignet"[484]. Wird die lebensgeschichtliche Dramatik der Existenz Jesu nicht nur als Horizont oder Rahmen verstanden, in dem sich das göttliche Handeln konkretisiert, sondern als diese Konkretion selbst, dann wird Jesus Christus in den eschatologischen Rang schlechthin erhoben. Neben der Unüberbietbarkeit des Offenbarenden enthält der eschatologische Charakter des Christusgeschehens auch den Hinweis auf Gottes Geschichtsverhältnis. Die sich vormals zwischen Gericht und Versöhnung bewegende offene Geschichte kommt im Verlauf der Lebensgeschichte Jesu zur Entscheidung, so daß sich die universalheilsgeschichtliche Situation in die Lebenssituation der Existenz Jesu hineingedrängt hat und von deren Ende nun ihre eschatologische Endgültigkeit und Bestimmung empfängt[485].

b) Selbstvermitteltheit Gottes und Christozentrik des Menschen

Kommt es nun in der christologischen Konzentration zu einer echten und endgültigen Vermittlung Gottes an die Welt, dann muß es theologisch sichergestellt sein, daß die Authentizität und eschatologische Unmittelbarkeit Gottes durch den vermittelnden Vorgang des Christusgeschehens selbst nicht verzerrt, sondern verwirklicht wird. Daraus ergibt sich für WIEDERKEHR zunächst eine theo-logische Konsequenz. Wenn sich durch die christologische Vermittlung das eschatologische Offenbarungsgeschehen schlechthin ereignet, "dann gehört die Vermittlung nicht nur zu einem vorübergehenden Weltverhältnis, sondern zum ewigen Selbstverhältnis Gottes, dann muß für Gott selber und in ihm selber die gleiche Spannungseinheit angenommen werden"[486]. Der Vermittelnde ist zur eschatologischen Vermittlung fähig, weil er zum Selbstereignis Gottes wesentlich hinzugehört. Trinitarisch gesprochen: Es ist der Sohn, an den der Vater sein eigenes Leben vermittelt und darin auch zum eschatologischen Vermittler Gottes an die Welt werden kann. Die Unüberbietbarkeit des göttlichen Weltverhaltens im Christusereignis ist dann dadurch begründet, "daß Gott sich zur Welt ins gleiche Verhältnis bringt, in welchem er zu sich selber schon immer existiert, daß er 'quad nos' derselbe sein will, wie er 'in se' ist, daß Gott in seinem 'Gegenüber zu uns'

hinter seinem 'Selbst' nicht zurücksteht"[487]. WIEDERKEHR geht noch einen Schritt weiter. Die innergeschichtliche eschatologische Vermittlung durch den menschgewordenen Sohn läßt nicht nur eine ewige, innergöttliche Vermittlung erkennen, sondern dieser Erkenntnisweg läßt sich jetzt auch in umgekehrter Richtung beschreiten. Demnach erscheint die trinitarische Selbstvermittlung immer schon auf eine geschichtliche Selbstmitteilung ausgerichtet. Zwar muß diese freie, ungeschuldete Mitteilung bleiben und darf nicht als naturhaft notwendige Ausweitung in die Geschichte mißverstanden werden[488]. "Es ist aber keine Beeinträchtigung dieser Freiheit, wenn wir nach einer Entsprechung zwischen der innergöttlichen und der heilsökonomischen Trinität, hier vor allem der Sohnschaft, fragen"[489]. Diese besteht darin, daß der Träger der geschichtlichen Gottesvermittlung mit dem ewigen Sohn identisch ist sowie in der Herkunftsbewegung vom Vater. "Das innergöttliche Geschehen strebt so auf einen universalen eschatologischen Horizont hin"[490].
Die bisherigen theo-logischen Überlegungen zum Gedanken der biblisch bezeugten eschatologischen Selbstvermittlung in Jesus Christus haben dieses Ereignis ausschließlich als eine Tat Gottes begriffen, die bestimmte, Gott selbst betreffende Voraussetzungen erkennen ließ. Obgleich sich das Offenbarungsgeschehen als geschichtliche Gestalt ereignet hat, kann dieses selbst nicht als ursprüngliche und spontane Möglichkeit der Geschichte angesprochen werden. Dennoch bleibt, "daß es nicht völlig arbiträr sein kann, wenn Gottes Selbstoffenbarung in Jesus Christus sich die Gestalt menschlicher Geschichte gibt, als ob dafür ebensogut irgendeine andere Gestalt stehen könnte"[491]. Wenn aufgrund der göttlichen Initiative und Freiheit auch nicht nach einer anthropologischen Möglichkeitsbedingung für die Menschwerdung des Sohnes in einem apriorischen Sinn gefragt werden darf, so ist doch die aposteriorische Frage nach den menschlichen Voraussetzungen für die Inkarnation post factum legitim[492].
Die anthropologische Annäherung an die Menschwerdung des Sohnes muß sich nach zwei Seiten hin negativ abgrenzen. Zum einen ist jene Auffassung abzulehnen, als sei die Menschwerdung die direkt vollzogene Verwirklichung einer natürlichen, unverstellten Transzendentalität des Menschen. Christologie wäre dann eine Funktion der Anthropologie. Zum anderen ist, etwa in einer Gegenbewegung zu dieser Vereinseitigung, zu beachten, daß menschliche

Existenz aufgrund ihrer Kreatürlichkeit oder gar der sündhaften Bestreitung derselben nicht jede Tauglichkeit verliert, geschichtliche Auslegung göttlicher Selbstvermittlung zu werden. Zwischen kreatürlicher bzw. sündiger Unmöglichkeit und selbstmächtigem Vollzug des Menschen steht in der Mitte und gegen beide Auffassungen gerichtet die ntl. Verkündigung von der Menschwerdung des Sohnes. Göttliches Handeln macht sich menschliche Existenz als Offenbarungsgestalt zu eigen und impliziert damit die Tauglichkeit der Kreatur für Gottes Selbstaussage. Die Inanspruchnahme nimmt aber aufgrund der sündigen Wirklichkeit der Geschichte paradoxe Gestalt an, d.h. sie vollzieht sich nicht als geradlinige Erfüllung menschlicher Bedürfnisse, sondern liegt quer dazu. Aus dieser Brechung resultiert, daß die Möglichkeit menschlicher Geschichte, Gestalt von Gottes Selbstoffenbarung zu werden, keine ihr schlechthin inhärente Möglichkeit ist, sondern Ergebnis göttlicher Initiative. WIEDERKEHR lehnt jedoch die Vorstellung einer punktuell vollzogenen, subjektiven Begnadung des Menschen Jesus ab. Die Indienstnahme des Menschen ist als Möglichkeit Gottes bereits schöpfungstheologisch anzulegen. Demnach ist und bleibt der Mensch auch noch als Sünder Geschöpf Gottes, d.h. in Wesen und Existenz von ihm abhängig. "Gott stößt dann in seiner eigenen Menschwerdung nicht auf eine fremde Grenze, sondern verbleibt im Bereich seiner eigenen Macht und Freiheit"[493]. Der Autor führt diesen schöpfungstheologischen Ansatz christologisch in der Weise fort, daß er in der Schöpfung des Menschen nicht nur eine abstrakte Verfügungsmöglichkeit sieht, sondern die Wirksamkeit realer Verfügungsabsicht. Dasein des Menschen und Menschwerdung des Sohnes stehen in einer inneren Zuordnung zueinander. "Menschliche Existenz und Geschichte... ist selber das Ergebnis und die entstehende Gestalt, wenn Gott sich welthaft und geschichtlich offenbaren und mitteilen will"[494]. So ist die Wirklichkeit des Menschen Jesus Christus als die eschatologische Offenbarungsgestalt Gottes der innere Grund des Menschseins, während das Menschsein die äußere Ermöglichung der Wirklichkeit Christi ist[495]. Auf dem Hintergrund dieser christozentrischen Angelegtheit bedeutet Menschwerdung des Sohnes Verwirklichung der Möglichkeit, die der Mensch in seiner Existenz selber ist, die er jedoch auch nicht eigenmächtig vollziehen kann.

Die christozentrische Bereitung des Menschen ist schließlich auch durch die formale Gestalt des menschlichen Existenzvollzugs sichtbar zu machen. Der Mensch erscheint als das Wesen, das in subjekthafter Weise der Welt als solcher gegenübertreten und sich gestaltend zu ihr verhalten kann. Diese Herstellung und Gestaltung einer Beziehung zum welthaften Gegenüber ist der unverkennbare Charakter menschlicher Existenz und Geschichte. "Wenn... Gott sein eigenes Weltverhältnis i n kreatürlicher Existenz und Geschichte vermitteln und verwirklichen will,... dann ist darin der Wille zu m e n s c h l i c h e r Existenz und Geschichte impliziert"[496]. Der Mensch wird so nochmals zu der von Gott für sein eigenes Weltverhältnis vorausgesetzten Möglichkeit.

c) Kreatürliche Auslegung der ewigen Sohnschaft

Die bisherigen Überlegungen sind von der ntl. bezeugten christologischen Vermittlung des göttlichen Weltverhältnisses ausgegangen und haben dabei einerseits Vermittlung als Moment des trinitarischen Selbstverhältnisses und andererseits die Möglichkeit einer (in dialektischer Brechung vollzogenen) Inanspruchnahme menschlicher Existenz für Gottes geschichtliche Selbstoffenbarung erkannt. Damit sind von theologischer wie anthropologischer Seite die aposteriorisch erkannten Voraussetzungen für Gottes christologische Selbstvermittlung gegeben, so daß nun noch der vermittelnde Vollzug selber zu bedenken ist. Hierfür geht WIEDERKEHR der Frage nach, wie die ewige präexistente Sohnschaft Christi mit der Geschichtlichkeit der kreatürlichen Existenz Jesu zu vereinbaren ist. Eine Aufteilung göttlicher und menschlicher Identität auf eine göttliche und eine menschliche Natur, bei der die Einheit der handelnden Person fragwürdig wird, löst das Problem nicht, denn es ist "immer der g a n z e und ungeteilte Christus, in dem sich alles Geschehen konkretisiert"[497]. Wie es oben schon angedeutet wurde, stellt die Lebensgeschichte Jesu nicht eine geschöpfliche Hülle für den ewigen göttlichen Kern dar, sondern ist selber das Ereignis der Selbstoffenbarung Gottes. Deshalb gilt es mit allen Mitteln zu verhindern, daß die Göttlichkeit des Vermittlers aufgrund vermeintlicher Unvereinbarkeit aus der Geschichtlichkeit und Dramatik des Lebens Jesu herausgehalten wird. "Leitend darf hier nicht ein unkritisch übernommener und im Fremdverständnis der jeweiligen Philosophie belassener Begriff von Gottes unveränderlicher Natur sein, sondern die vom NT durchgehend festgehaltene Aussage, daß der Weg Jesu in einem wahren Sinn der Weg des Sohnes Gottes ist, muß konse-

quent weitergedacht werden"[498].
Der Begriff der göttlichen Natur widersetzt sich einer Verbindung mit allem Geschichtlichen. Die zur Durchführung anstehende Frage wird deshalb nicht mit diesem Begriff zu lösen sein, sondern nur in Form einer Vermittlung des in Naturkategorien als Gegensätzlichkeit Erscheinenden. Eine solche Vermittlung zwischen dem Gottsein des Sohnes und der Kreatürlichkeit des Menschen Jesu sieht WIEDERKEHR in der Entsprechung der Herkünftigkeit. Sowohl der trinitarische Sohn als auch das Geschöpf haben sich nicht aus sich selbst, sind sich nicht selber Ursprung, sondern verdanken ihr Sein einem Anderen. Die Göttlichkeit des Mittlers ist deshalb jetzt nicht mit Hilfe der Naturkategorie auszusagen, sondern mit dem Begriff der Sohnschaft. Wie noch zu zeigen sein wird, sperrt sich dadurch die als Sohnschaft verstandene Göttlichkeit nicht mehr gegen die Geschichtlichkeit menschlicher Existenz. Denn nun "steht die g a n z e Wirklichkeit Christi, seine menschliche Existenz und Geschichte, aber auch seine Lebensgemeinschaft und -einheit mit Gott, d.h. seine göttliche Natur, unter dem Vorzeichen der Herkunft und Sendung, der Mitteilung und des Empfangs"[499]. Die göttliche Existenz des Sohnes kann mit der menschlichen Geschichte Jesu aufgrund der Gemeinsamkeit ihrer Existenzstruktur vermittelt werden. Dadurch wird die Selbstmitteilung Gottes a l s Lebensgeschichte Jesu Christi denkbar.
Die oben erwähnte Zuordnung zwischen dem erschaffenen Menschen und dem menschwerdenden Sohn kommt jetzt mit Hilfe dieser Analogie christologisch zur Durchführung. Menschliches Dasein besteht nicht aus sich selbst, sondern empfängt sich. Wie sehr hierfür auch gegensätzliche Interpretationen (als Fremdherkunft und Selbstentzug oder als überwältigendes Beschenktwerden) möglich sind, so bleibt doch die Herkunftsgestalt menschlicher Exixtenz eine anthropologische Grundbefindlichkeit. Existieren bedeutet so kreatürlicher Seinsempfang von einem transzendenten Seinsgrund, bedeutet "Mit- und Nachvollzug der schöpferischen Seinsmitteilung"[500]. Analoges gilt von der Sohnschaft Christi. Hier kann wohl nicht von einem kreatürlichen Seinsempfang die Rede sein, aber auch der Sohn hat nach dem ntl. Zeugnis sein Leben ganz vom Vater her, ist seine Macht Bevollmächtigung und sein Kommen Sendung. "Daß es Jesus an seiner eigenen Person überhaupt nicht gelegen war, daß er einzig G o t t e s eschatologisches

Handeln in seiner Herrschaft und Gnade bezeugen und effektiv inaugurieren wollte, stellt damit um so deutlicher die Verwiesenheit und Herkunft Jesu in seiner ganzen Existenz heraus"[501]. Werden jetzt die menschliche Existenz Jesu als kreatürlicher Seinsempfang und die Gottessohnschaft Christi als trinitarischer Lebensempfang nebeneinandergehalten, dann zeigt sich jene innere Entsprechung, aus der im Blick auf die geschichtliche Existenz des Sohnes die Möglichkeit einer lebensgeschichtlichen Verschränkung der geschöpflichen mit der trinitarischen Herkunftsrelation resultiert. WIEDERKEHR faßt diese Verschränkung als "Aktuierung des menschlichen Rückbezugs und der menschlichen Seinsherkunft aus dem transzendenten Seinsgrund durch den Akt des göttlichen Rückbezugs und der göttlichen Seinsherkunft aus dem Ursprung des Vaters"[502]. In der Person Christi ereignet sich der Vollzug der geschöpflichen Seinsmitteilung unter Mitwirkung der ewigen trinitarischen Lebensmitteilung an den Sohn. Durch diese Verschränkung wird es möglich, die "Einheit nicht nur als einende, sondern auch als geeinte Einheit"[503] zu verstehen. Überdies wird sowohl die göttliche als auch die menschliche Identität Jesu Christi unverkürzt erhalten, weil das entscheidende Spezifikum der jeweiligen Identität, die Herkunftsrelation, in vollem Umfang gewahrt bleibt[504].
Doch bei aller Ähnlichkeit darf nicht der Blick für den Unterschied zwischen Sohnsein und Menschsein verlorengehen. Während die trinitarische Lebensmitteilung an den Sohn eine uranfängliche Vermittlung der Fülle und Totalität göttlichen Seins bedeutet und so ein unzeitlicher Vollzug ist, wird das geschöpfliche Sein nur "in gestundeter Mitteilung gewährt"[505]. Menschliche Existenz als das Empfangen mitgeteilten Seins vollzieht sich deshalb notwendig in einer zeitlichen Erstreckung. Die Vollgestalt des Menschseins ist nicht eine am Anfang schon keimhaft vorgegebene Wirklichkeit, die dann der geschichtlichen Entfaltung bedürfte, sondern ist nur als Entwurf der Existenz vorhanden, der erst im Laufe der menschlichen Lebensgeschichte durch Seinsempfang verwirklicht und eingeholt wird. Menschlicher Seinsempfang trägt den Charakter der Geschichtlichkeit[506]. In diesem Zusammenhang weist WIEDERKEHR darauf hin, daß trotz Endlichkeit die Gestalt menschlicher Existenz als ein Empfangen angesichts der trinitarischen Analogie nicht als Unvollkommenheit zu werten ist. "Es muß dem Eindruck widersprochen werden, als ob Zeitlich-

keit, Werden, Geschichtlichkeit vorwiegend Negativität, Potentialität, Defizienz und Unvollkommenheit wären, wo sie doch die zwar endliche, aber positive Aktuierung der kreatürlichen Gottesrelation darstellen"[507].

Angesichts der Unähnlichkeit zwischen menschlicher Existenz und der göttlichen Sohnesexistenz ergibt sich für WIEDERKEHR ein weiterer Gesichtspunkt der christologischen Zuordnung. Während oben das Verhältnis der beiden Relationen im Blick auf die das Menschsein Jesu mitaktuierende Sohnschaft konstitutiven Charakter hatte, erhält es nun im Blick auf die geschichtliche Existenz Jesu offenbarenden Charakter. "Die innergöttliche Sohnschaft, als Mitteilung und Empfang göttlichen Lebens, legt sich aus in der Relation menschlicher Seinsmitteilung und menschlichen Seinsempfangs, und diese wird die Artikulation der innergöttlichen Relation"[508]. Die menschliche Geschichte wird zur Auslegungsgestalt der ewigen Sohnschaft.

Mit dem letzten Gedanken stellt sich jedoch ein Problem. Die Auslegungsgestalt der konkreten Lebensgeschichte Jesu weist nicht nur unterschiedliche, sondern sogar gegensätzliche Gestaltungsformen auf. Dieser Gegensatz bricht da am stärksten hervor, wo nicht die Auferstehung Jesu, sondern die düstere Gestalt der Gottverlassenheit am Kreuz die unmißverständliche Auslegungsgestalt der Teilhabe des Sohnes am Leben und an der Herrlichkeit des Vaters ist. Wie sollte der Tod auslegende Gestalt für die Lebendigkeit des Sohnes sein? Damit ist der oben erwähnte Gedanke einer gebrochenen Inanspruchnahme kreatürlicher Existenz durch Gott wieder aufgenommen. Gottes Weisheit erscheint als Torheit des Kreuzes, seine Macht als Ohnmacht. Daß es dabei nicht zu einer Verzerrung der göttlichen Offenbarung kommt, daß christologisch gesprochen die Gottverlassenheit des Gekreuzigten nicht den Bruch der Vater-Sohn-Gemeinschaft herbeiführt, liegt selbst noch im Wesen der Seins- und Lebensmitteilung. Diese hat nicht nur pleromatischen Charakter (als aufstrahlender Mitbesitz der Herrlichkeitsfülle des Vaters z.B. in der Auferstehung Jesu), sondern auch kenotischen. In kenotischer Gestalt bringt sie die Selbstentzogenheit und Fremdherkunft des sich Empfangenden zum Ausdruck und vermag damit "die größte Unähnlichkeit zwischen menschlicher Erniedrigung und göttlicher Herrlichkeit"[509] noch auszuhalten. So läßt der Gekreuzigte erkennen, "daß Jesus weder als kreatürlicher Mensch noch als ewiger Sohn einfach aus sich,

ursprungslos, existiert, sondern sich in seiner ganzen Wirklichkeit empfängt, bis zur Grenzerfahrung des Todes und der Gottverlassenheit"[510]. Weil die trinitarische Lebensmitteilung die kenotische Gestalt der Gottverlassenheit anzunehmen vermag, ist es möglich, von einer echten Anwesenheit des ewigen Sohnes im Kreuzestod Jesu zu sprechen. Die kreatürliche Auslegungsgestalt der christologischen Gottesvermittlung kann deshalb noch in ihrer dunkelsten Tiefe Gott offenbaren.
Nachdem Möglichkeit und Vollzug der christologischen Gottesvermittlung erörtert sind, geht WIEDERKEHR noch auf die soteriologische Folge ein. Die Mitaktuierung der kreatürlichen Gottesrelation durch die trinitarische Sohnesrelation führt die lebensgeschichtliche Existenz Jesu in zunehmendem Maß in die Gestalt des ewigen Sohnes ein. "So frei und ohne jede Nötigung es zur heilsgeschichtlichen Ausweitung des innergöttlichen Lebens kommt..., so trägt sich jetzt doch zwischen dem Menschen Jesus und Gott die gleiche trinitarische Lebensmitteilung und die gleiche Kommunikation der sich selbst mitteilenden Liebe zu"[511]. Die trinitarische Gemeinschaft bleibt nicht länger nur ein weltjenseitiges Ereignis, sondern überwindet die Entfernung zwischen Mensch und Gott, indem in Jesus eine kreatürlich-geschichtliche Existenz in diese innergöttliche Lebensgemeinschaft einbezogen wird. Für das Menschsein Jesu resultiert daraus eine Erfüllung seiner kreatürlichen Existenz. Denn die Anlagen menschlichen Daseins werden "zu einer Verwirklichung erhoben, auf die hin sie zwar in einer schon immer christozentrischen Anthropologie finalisiert sind, die aber doch völlig jenseits der Aktuierungsmacht des Menschen liegt"[512]. Für Jesus gilt dabei einmalig, daß sich der kreatürliche Seinsempfang "in der gleichen und selben Gestalt"[513] der trinitarischen Kommunikation vollzieht.

Das Christusereignis darf jedoch nicht zu einem "privaten Gnaden- oder Machterweis"[514] verkürzt werden. In ihm kommt vielmehr das endgültige Verhalten Gottes zur Welt zum Ausdruck. Anhand der Lebensgeschichte Jesu, die die heilsgeschichtliche Offenheit des atl. Bundesverhältnisses in sich aufgenommen und in ihrem eigenen Ende auch dessen eschatologische Endgültigkeit und Entschiedenheit mit herbeigeführt hat, gibt sich Gott in Tod und Auferstehung als der Gnädige und Versöhnende zu erkennen[515]. Aus dieser Perspektive erfolgt eine anthropologische Weitung der Heilsbedeutung des Christusgeschehens. Durch die trinitarische

Lebensmitteilung an den Menschgewordenen sind "die Vollzugsbahnen zwischen menschlicher Existenz und Transzendenz freigelegt"[516], die durch die sündige Verschlossenheit verschüttet waren und die als abgebrochene Kommunikation das existentielle Unheil des Menschen darstellten. Die christologische Neuaktuierung dieser Relation bewirkt eine Öffnung zu Gott hin, der eine bereits eingeleitete universale und eschatologische Selbstmitteilung Gottes entspricht, in der er sich "allen andern Menschen als der Horizont ihres menschlichen Transzendenzverhältnisses genähert und zugewandt"[517] hat.

Bemerkungen

WIEDERKEHRs Beitrag kann in gewisser Weise als christologische Ergänzung zu RAHNERs Überlegungen gelten. Er teilt mit ihm weitgehend die trinitarischen und schöpfungstheologischen bzw. anthropologischen Voraussetzungen. Aufgrund seiner zentralen Kategorie der Sohnschaft spricht er nicht wie RAHNER vom Logos, sondern vom trinitarischen Sohn des Vaters. Die Ergänzung zu RAHNER liegt vor allem darin, daß er eine Rücksicht entwickelt, unter der die Menschwerdung des Sohnes in ihrer lebensgeschichtlichen Ausgestaltung zu denken ist. Denn eine Inkarnationstheologie darf sich nicht darauf beschränken, nur die grundsätzliche "Annehmbarkeit" menschlichen Seins für Gott aufzuzeigen. So sehr die transzendentale Verwiesenheit des Menschen als anthropologische Grundbefindlichkeit den Inkarnationsgedanken auch erleichtert, so wenig ist damit doch schon alles über den Menschen und die Menschwerdung des Sohnes gesagt. Die transzendentale Verwiesenheit vollzieht sich doch immer nur in Gestalt der Zeitlichkeit und Geschichtlichkeit menschlicher Existenz. Wird Gott im Sohn Mensch, dann hat eine Inkarnationstheologie Menschwerdung nicht als bloßes Initialgeschehen zu verstehen, sondern auch diesen Charakter der Geschichtlichkeit des Menschen mit einzubeziehen. Das christologische Problem lautet deshalb: Wie kann angesichts der Menschwerdung des Sohnes die Göttlichkeit Gottes mit der Geschichtlichkeit des Menschgewordenen vereinbart werden? Gelingt hier eine wirkliche Vermittlung, d.h. wird einmal Gottes Transzendenz auch in seiner Immanenz bewahrt und zum andern die mythologische Konsequenz einer bloßen "Verkleidung" Gottes in der irdischen Gestalt Jesu vermieden, dann kommt nicht nur Joh 1,14 zu seinem Recht, sondern dann ist damit auch für den Begriff der "Unveränderlichkeit" Gottes ein positives inhaltli-

ches Moment gefunden.
Das Mittel für die lebensgeschichtliche Interpretation der Menschwerdung des Sohnes ist die anthropologisch vermittelte Herkünftigkeit des Menschen. Diese Ursprungsbeziehung zu Gott ist ein im zeitlichen Kontinuum menschlichen Daseins sich vollziehendes existentielles Ereignis. Menschsein bedeutet demnach die (gnadenhaft bewirkte) Aktuierung der geschöpflichen Sohnesrelation im Verlauf menschlicher Lebensgeschichte. Mit diesem lebensgeschichtlichen Verständnis von Herkunft als einer zu vollziehenden Relation zu einem Woher hat WIEDERKEHR eine Struktur gefunden, die der trinitarischen Relation der Sohnschaft so analog ist, daß die lebensgeschichtliche Einheit des menschgewordenen Sohnes einerseits als die Aktuierung der kreatürlichen Herkunftsbeziehung durch die trinitarische Sohnesrelation und andererseits die kreatürliche Herkunftsbeziehung als geschichtliche Auslegung der trinitarischen Sohnesrelation verstanden werden kann.
WIEDERKEHR hat damit ein Grundanliegen der gegenwärtigen Christologie aufgenommen, mit dem sich auch besonders W.PANNENBERG auseinandergesetzt hat. "Daß die beiden unterschiedenen Momente, die Ewigkeit der Sohnschaft und die irdische, menschliche Daseinsweise Jesu, ein einziger konkreter Lebensvollzug sind, darauf muß alle Christologie ihr Augenmerk richten"[518]. Diese Einheit kann nicht dadurch erreicht werden, daß man in Gestalt der einen Person Christi der göttlichen Natur die menschliche hinzudenkt und dabei ständig der Gefahr einer Vermischung oder in Abwehr dessen einer Trennung der beiden Naturen ausgeliefert ist. Die Vorstellung eines Annehmens der menschlichen durch die göttliche Natur zu einer wirklichen Einheit bleibt hier wohl immer hinter ihrem eigenen Anspruch zurück. Letzter Grund dafür dürfte der Gebrauch der Naturkategorie selbst sein. Denn "Natur" in diesem Zusammenhang impliziert ein Selbstbeharrungsvermögen und eine Abgeschlossenheit nach außen, daß bereits der Gedanke einer Relation zu anderem - geschweige einer Einheit mit anderem - nicht so recht ins Bild passen will. Aufs Ganze gesehen hat dieser Naturbegriff faktisch eine unvermeidliche Statik[519] in die Christologie hineingetragen, die für eine weitgehend ungeschichtliche Betrachtung des Christus-"ereignisses" verantwortlich ist.

Zur Bewältigung der christologischen Aufgabe einer lebensgeschichtlichen Interpretation der Inkarnation wird im Unterschied

zur Einheit durch Hinzufügen der Begriff einer dynamischen, mehr "organischen" Einheit erforderlich. Der Sohn offenbart sich nicht i n der geschichtlichen Existenz als ein perspektivisch ausgrenzbarer Bestandteil, sondern er offenbart sich a l s diese eine geschichtliche Existenz. Der geschichtliche Lebensweg Jesu in allen Phasen und Bewegungen ist der geschichtliche Lebensweg des Sohnes, denn nur als solcher vermag er wirklich und im ganzen Offenbarung Gottes zu sein. Wenn Joh 1,14 zu seinem Recht kommen soll, dann darf die geschichtliche Existenz Jesu dem ewigen Sohn nicht äußerlich bleiben. Die gott-menschliche Einheit in Jesus Christus kann deshalb nur (in einer hypothetischen Unterscheidung!!) als der jeweils gemeinsame Vollzug einer geschichtlichen Situation durch den irdischen Jesus und den göttlichen Sohn verstanden werden und insofern ist diese Einheit nicht unabhängig von der Geschichte einfach im voraus schon vorhanden, sondern als Einheit jeweils Ereignis in der Geschichte. "Jesus Christus" meint diese Einheit a l s Geschichte. Das hat mit einer werdenden Einheit nichts zu tun. Es meint positiv die Modalität der christologischen Einheit als Geschehenseinheit, in der der Sohn a l s dieser geschichtliche Mensch selbst handelt.
Dieses dynamische Einheitsverständnis verlangt nach einer entsprechenden Sagensgestalt. Für PANNENBERG wie für WIEDERKEHR besteht Konsens darüber, daß diese Kategorie in der Relationalität besteht, so daß "durch die besondere Beziehung zum Vater im menschlich-historischen Aspekt des Daseins Jesu seine Identität mit dem andern Aspekt, der ewige Sohn des ewigen Vaters zu sein, gegeben"[520] ist. Für PANNENBERG kommt diese Relation zum Vater im Gehorsam und -mit G.EBELING gesprochen- in einer "willige(n) Bejahung"[521] zum Ausdruck. Der irdische Gehorsam ist die Auslegungsgestalt für den Gehorsam des trinitarischen Sohnes. In ihrer Deckungsgleichheit liegt die Identität von beiden. Die Geschehenseinheit zeigt sich als Handlungseinheit. Daraus resultiert, daß PANNENBERG die göttlich-menschliche Einheit immer nur im Vollzug eines geschichtlichen Ereignisses und vornehmlich in dessen Ausgang erkennen kann, weil er gerade die Vorstellung einer allem Geschehen schon vorausgehenden christologischen Einheit als mythologisch ablehnt. Die endgültige Erkenntnis dieser Einheit ist deshalb grundsätzlich erst am Ende des gesamten Lebensweges Jesu möglich. In der Auferstehung erhält die gottmenschliche Identität Jesu ihre endgültige Bestätigung, die die

lebensgeschichtliche Einheit des menschgewordenen Sohnes retroaktiv in Geltung setzt. Auf diese Weise versucht PANNENBERG, das Problem eines Werdens zur Einheit zu verhindern, ohne gleichzeitig all den geschichtlichen Lebensereignissen eine je immer schon gegebene Einheit vorzuordnen, die der Geschichte Jesu gegenüber dann einen merkwürdig neutralen Charakter hätte.
Die Sinnhaftigkeit dieses Versuchs ist offenkundig. In der Tat erweckt die Vorstellung einer statischen Präsens des göttlichen Logos in der Lebensgeschichte Jesu den Eindruck eines Abpuffens alles Geschichtlichen oder mindestens einer Indifferenz demgegenüber. Zu ihrer Überwindung greift PANNENBERG zu der rechtstheoretischen Vorstellung der rückwirkenden Inkraftsetzung eines Gesetzes, um von einem späteren Zeitpunkt aus das zeitlich Vorausgehende neu, d.h. im Sinne des Endgültigen zu qualifizieren. Der Versuch ist als solcher zu würdigen und ernstzunehmen, weil er zwischen den beiden Alternativen (apriorisch statische Einheit und Werden zur Einheit) einen Ausweg sucht. Doch kann nicht übersehen werden, daß ihm eine gewisse rationale Künstlichkeit eigen ist.
Es scheint, daß WIEDERKEHR hier eine bessere Lösung vorschlägt. Auch für ihn gilt, die gott-menschliche Identität nicht naturhaft vorgegeben zu begreifen, sondern als lebensgeschichtliche Geschehenseinheit. Der entscheidende Unterschied zu PANNENBERG ist aber das Verständnis der Kategorie der Relation zwischen Sohn und Vater als einer aktuierbaren ontologischen Beziehung. Diese ontologisch verstandene göttliche Sohnschaft enthält im Gegensatz zur Statik einer substanzhaft gedachten göttlichen Natur die innere Weite eines Raumes, der sie auch als ein geschichtliches Ereignis denken läßt; sie bleibt aber der irdischen Existenz Jesu immer vorgegeben. Während bei PANNENBERG die geschichtliche Situation Jesu die Einheit letztlich erst herstellen muß, indem der Menschgewordene h a n d e l t, ist hier die Handlung des Menschgewordenen die Auslegung eines ontisch Vorgeordneten. Dies wird dadurch bekräftigt, daß die kreatürliche Ursprungsrelation des Menschen Jesus von der göttlichen Sohnschaft (als einer logisch vorauszusetzenden) aktuiert wird. So bleibt der Eindruck aus, als sei die gott-menschliche Einheit in ihrem Entstehen davon abhängig, daß die Gegenwart des Göttlichen in der irdischen Existenz Jesu nur in strenger Entsprechung zu dessen gehorsamen Lebensvollzug gegeben ist. Die Geschicht-

lichkeit der irdischen Existenz ist nicht das Richtmaß für die göttliche Identität Jesu, sondern die geschichtliche Auslegungsgestalt des akthaften Seins des Sohnes.

Die Bemühungen WIEDERKEHRs um ein Einheitsverständnis für eine lebensgeschichtliche Interpretation der Menschwerdung werden dogmatisch unterschiedlich bewertet. Während GERVAIS zustimmend betont, daß die Inkarnationstheologie nicht nur den Abstand zwischen Schöpfer und Geschöpf zu beachten hat, sondern zuerst und vor allem ihre unfaßbare Einheit[522], gibt es seitens der traditionellen Christologie auch Einwände. Diese bestehen inhaltlich im wesentlichen in der Wiederholung der klassischen Zweinaturenlehre. Demnach hat beispielsweise "Christus zwar nicht ohne Mitwirkung der menschlichen Natur, aber doch nicht als Mensch, sondern als Gott das Wunder der Brotvermehrung gewirkt"[523]. Wie groß ist hier noch der Unterschied zur Vorstellung einer "Livree Gottes" (RAHNER)?

Die konkrete christologische Durchführung der Inkarnation in der lebensgeschichtlichen Existenz Jesu kann als eine Ergänzung zu RAHNERs Christologie gelten, insofern bei ihm der geschichtliche Wegcharakter des Lebens Jesu keine zentrale Rolle spielt. Sie kann aber auch als Interpretation verstanden werden. Damit ist die Beziehung zwischen kreatürlicher und göttlicher Sohnesrelation einerseits und dem bei RAHNER gefundenen Verhältnis zwischen Logos und Schöpfung andererseits gemeint.

RAHNERs Vorstellung des Logos als des ontologischen Prius der Schöpfung hat im Zusammenhang mit seiner Trinitätstheologie die Möglichkeit eröffnet, das kreatürlich Andere Gottes als in das innergöttlich Andere des Logos aufgenommen zu denken. Diesem Gedanken entspricht WIEDERKEHRs Überlegung, wonach sich die trinitarische Sohnesrelation in der geschöpflichen Herkunftsbeziehung des Menschen auslegt. Das Einbergen von Welt in den göttlichen Logos durch die Inkarnation wird hier in umgekehrter Richtung als die unter geschichtlich-welthaften Bedingungen sich vollziehende Offenbarung des Sohnes durch ein Geschöpfliches verstanden. In beiden Fällen wird in unterschiedlicher Perspektive ihre gemeinsame Mitte von der inneren Kongruenz von Sohn bzw. Logos und Geschöpf beleuchtet. Was bei RAHNER in göttlich-geschöpflicher Abstufung als das Andere erscheint, ist bei WIEDERKEHR die trinitarisch-geschöpfliche Seinsmitteilung der Sohnschaft. Überdies besteht Konsens in der Wirksamkeit des Göttlichen auf das Menschsein Jesu: Dieses erfährt keine Verfremdung, sondern die Vollendung seiner kreatürlichen Eigenständigkeit.

Im übrigen hat der Autor auch die Konsequenz seines Grundgedankens der Sohnschaft bedacht. Denn wenn der ewige Sohn sich in der irdischen Gestalt des Lebens Jesu auslegt, dann muß dieses trinitarische Sohnsein nicht nur an sich mit Zeitlichkeit und Geschichtlichkeit vereinbar sein, sondern auch mit dieser einen konkreten Geschichte Jesu, die sich zwischen Macht und Ohnmacht bewegt. Das Sohnsein hat deshalb kenotischen und pleromatischen Charakter. Die Kondeszendenz des Sohnes als Ausdruck gegenüber dem Vater dafür, daß er sich nicht aus sich selbst hat, schließt die Selbsterniedrigung auch des Kreuzes noch ein; dieser entspricht als pleromatisches Pendant die Verherrlichung durch den Vater. WIEDERKEHR stimmt darin auch mit BARTH überein, der die trinitarische Vater-Sohn-Relation als Ineinander von Sohnesgehorsam und Gnadenmitteilung durch den Vater versteht.

Das oben angedeutete ontologische Verständnis der göttlichen Sohnschaft baut auf einem in sich differenzierten Seinsbegriff auf. Das vom Vater an den Sohn mitgeteilte Sein, d.h. was beiden gemeinsam ist[524] und als göttliche Natur bezeichnet wird, ist so geartet, daß in ihm Beziehung und Geschehen bis hin zu Erniedrigung und Ohnmacht Raum haben. Dadurch wird die Statik einer Christologie beseitigt, die durch die substanzhaft gedachte göttliche Natur des Sohnes entsteht. Gleichzeitig -dies hat der Vergleich mit PANNENBERG ergeben- hält WIEDERKEHR doch an der Funktion des Naturbegriffs fest. Die Gottheit Christi ist nicht auf ein Verhalten o.ä. gegründet, sondern ist eine ontologische. Sie ist die Vorgegebenheit und der Horizont der menschlichen Existenz Jesu, ohne diese doch in ihrer geschichtlichen Beweglichkeit einzuschränken.

Für die Vorstellung von der göttlichen "Unveränderlichkeit" ergibt sich nun, daß diese nur dann theologisch vertretbar ist, wenn sie Gott nicht aus der konkreten Geschichte Jesu Christi heraushält. Die irdisch-geschichtliche Existenz des Offenbarers beinhaltet angesichts ihrer äußersten Konsequenz des Kreuzes die theologisch entscheidende Forderung, die kein christologisches Verständnis der "Unveränderlichkeit" Gottes außer acht lassen darf. Wenn die Geschichtlichkeit Jesu zugleich die Geschichtlichkeit des trinitarischen Sohnes ist, dann muß der Unveränderlichkeitsbegriff in der Lage sein, diese theologisch zu integrieren. Eine solche Integration besteht darin, daß nicht undifferenziert von der Menschwerdung "Gottes" gesprochen wird, sondern trinitarisch von einer solchen des Sohnes. Diese Sohnesexistenz gewährleistet in ihrer bleibenden Verwiesenheit auf ihre geschichtstranszendente Herkunft vom Vater ein bleibendes Ineinander von geschichtlicher Immanenz und Transzendenz. Nur wo diese Verschränkung aufgegeben ist (z.B. in der Gott-ist-tot-Theologie, die auf dem Hintergrund eines substanzontologischen Gottesbegriffs und der Unfähigkeit zu einer trinitätstheologischen Korrektur Gottes Transzendenz in Diesseitigkeit auflöst), wird der Ausdruck "Geschichtlichkeit" Gottes schief. Der Beitrag des Autors macht dieses Ineinander von Transzendenz und geschichtlicher Immanenz durch die geschichtliche Auslegungsgestalt der trinitarischen Sohnschaft im Leben Jesu deutlich. Sein Seinsverständnis ist hierfür -die substanzontologische Statik durch eine trinitarische Orientierung überwindend- dynamisch gefaßt.

III. Hamartiologischer Ansatz

K.KITAMORI: Integration der Sünde im Schmerz Gottes

In seinem Beitrag[525], der bereits während des 2.Weltkriegs in Japan entstanden ist und erstmalig 1946 veröffentlicht wurde, nimmt K.KITAMORI den Ausgang seiner Reflexion bei der in der hl. Schrift bezeugten Faktizität der Schöpfungsbeziehung Gottes. Als Lutheraner ist für ihn die Frage nach einem an-sich-seiendem Gott ohne theologische Bedeutung.

Vielmehr gilt der Grundsatz, daß jede Aussage über Gott nur dann legitim und sinnvoll ist, wenn sie im Horizont jenes heilsgeschichtlichen Gegenübers von Gott und Welt gefunden werden kann. Hinzukommt zweitens eine starke Betonung der Gefallenheit der Schöpfung. Sie wird zum entscheidenden Kennzeichen der Welt und erhält maßgeblichen Anteil daran, wie das Verhältnis Gottes zur Schöpfung näherhin zu bestimmen ist. Die Brisanz der theologischen Argumentation liegt darin, daß in einer Verbindung der erkenntnistheoretischen mit der dogmatischen Voraussetzung nicht nur Aussagen über das göttliche Heilshandeln gefunden werden, sondern ausdrücklich auch das Wesen Gottes bestimmt wird.

a) Mittelbarkeit der Liebe Gottes zur gefallenen Schöpfung

Unter Berufung auf Jer 31,20 und 1 Kor 1,18 erkennt KITAMORI den Schmerz Gottes als das "Herz des Evangeliums"[526]. Er kennzeichnet auf fundamentale Weise die Beziehung Gottes zur Welt. Dieser

Schmerz Gottes ist der allumfassende Horizont, innerhalb dessen Grenzen jedes weitere Beziehungsmoment eingeordnet ist und folglich auch die Liebe Gottes zu dieser Schöpfung eine Ableitung hiervon darstellt. KITAMORI hat so die Größenordnung GALOTs, VARILLONs u.a. genau umgekehrt: nicht der Schmerz Gottes resultiert aus der Liebe, sondern die Liebe gründet im Schmerz Gottes. Der Grund für diese Reihenfolge liegt in der Sündhaftigkeit der gefallenen Schöpfung. Sie läßt die Vorstellung einer Unmittelbarkeit der Liebe Gottes, die es seitdem nur noch zwischen den trinitarischen Personen gibt, nicht zu. Dies ist besonders von der liberalen Theologie des 19.Jahrhunderts verkannt worden[527]. Gottes Antwort auf die Sünde als Abkehr von der unmittelbaren Liebe Gottes ist nach biblischem Zeugnis zunächst Zorn und Gericht. Doch wäre es eine Vereinseitigung, im Zorn Gottes die grundlegende Kategorie der Beziehung Gottes zur Schöpfung zu sehen. Denn das AT spricht ebenso oft von der "Reue" Gottes, von seiner Vergebungsbereitschaft und läßt damit neben dem Zorn auch immer die Liebe Gottes erkennen. Im Schnittpunkt der beiden liegt zugleich ihre Vermittlung: "Der Schmerz Gottes ist der Wille Gottes, der den, der nicht geliebt werden kann, dennoch liebt"[528]. Innerhalb der Tradition lutherischer Kreuzestheologie formuliert er noch schärfer: "Der Gott, der den Sünder dem Tod überantworten muß, streitet mit dem Gott, der den Sünder liebt. Die Tatsache, daß es beide Male derselbe Gott ist, ist eben der Schmerz Gottes"[529]. Diejenige Liebe Gottes, die den Menschen erreicht, kann demzufolge nicht eine unmittelbare sein, sondern nur eine vermittelte, eben "die im Schmerz begründete Liebe Gottes"[530]. Die heilsgeschichtliche Entwicklung läßt so einen "ordo amoris"[531] erkennen, der die unmittelbare, innertrinitarische, aber für den Menschen verlorene Liebe Gottes, seinen Schmerz als Vermittlung von Zorn und Liebe zum Sünder einschließt.
Der Schmerz Gottes als die sich in Gott vollziehende Vermittlung von Zorn und Liebe stellt nur den ersten Aspekt dar. Ein zweiter muß wesentlich noch mitbedacht werden, der gewissermaßen die christologische Wahrheit des Begriffs enthält: "Der Schmerz Gottes ist der Wille Gottes, der seinen einzigen geliebten Sohn in den Tod gehen läßt"[532]. Die Verbindung der beiden Inhalte wird mehrfach und unterschiedlich begründet. Der entscheidende Grund liegt im Begriff des Schmerzes Gottes selbst. Diesem eignet ein natürliches Gefälle zu seiner geschichtlichen Einholung. Ohne

die Geschichtlichkeit Jesu ist der Begriff des Schmerzes Gottes unmöglich[533]. Im Sinne seiner ersten Bestimmung meint er gerade jene Liebe Gottes, die sich gegen den Zorn Gottes durchgesetzt hat und dem Sünder zum Heil dient. Der Zorn kann aber nur überwunden werden, wenn er wirklich getragen und erlitten wird, d.h. wenn sich der Erlöser an das ausliefert, was den Zorn Gottes erfährt. Von hier aus ergibt sich die Notwendigkeit der Menschwerdung. "Um die Verantwortung für die wahre Sünde auf sich zu nehmen, mußte Gott selber in die Welt der wahren Sünde hereinkommen"[534]. Dieses Eingehen in die Geschichte, die unter dem Zorn Gottes über die Sünde steht, ist die geschichtliche Ereignung des Schmerzes Gottes als die Liebe zu dem, der nicht geliebt werden kann.

Die Anbindung des Schmerzes Gottes an seinen geschichtlichen Vollzug bedeutet darüber hinaus nicht nur erkenntniskonstitutiv das Kreuz als "Ort der Erkennbarkeit"[535] des Schmerzes Gottes, wie auch dieser umgekehrt "der tiefste Hintergrund des geschichtlichen Jesus"[536] ist, sondern sie bewahrt vor der mißverständlichen Interpretation als eines Gefühlszustandes. "Der 'Schmerz Gottes' bezeichnet eine Relation, er ist keinesfalls ein psychologisch zu verstehender Begriff"[537]. Er steht gleichsam für eine komplexe Beziehungsstruktur des Gott-Welt-Verhältnisses, deren Kennzeichen eine von Gott aktiv gestaltete, wiederhergestellte Liebe ist.

Den geistesgeschichtlichen Hintergrund für die Theologie des Schmerzes Gottes liefert die japanische Vorstellung von der "tsurasa"[538]. Sie besagt, daß ein Mensch sich selbst oder einem geliebten anderen Leid oder gar den Tod zufügt, um dadurch einen Dritten aus Liebe zu retten. Theologisch vermag sie den Schmerzcharakter zu verdeutlichen, der in der Selbsthingabe des Sohnes bzw. im Gehenlassen durch den Vater liegt. Der Umstand, daß der Schmerz Gottes als Liebe noch dem sündigen, unwerten Menschen gilt, deutet hingegen auf die Göttlichkeit dieses Schmerzes und übersteigt darin die Vorstellung von der "tsurasa".

b) Der Schmerz als Wesen Gottes

Sein entscheidendes Gewicht erhält der Gedanke des Schmerzes Gottes dort, wo er nicht nur im Sinne heilsgeschichtlichen Handelns verstanden wird, sondern den Rang einer theologischen Wesensaussage erhält. "Der Schmerz gehört zum innersten Wesen Gottes"[539]. Den biblischen Anhalt findet KITAMORI in einer Aussage des Hebräerbriefes (Hebr 2,10). Hierdurch zeigt sich die Ungenügsamkeit des klassischen Wesensbegriffs. Denn "gerade das Fehlende ist das wahre W e s e n und das wahre H e r z Gottes"[540]. Die Korrektur des traditionellen Gottesbegriffs bedeutet so konkret die Revision der bisherigen Trinitätstheologie. KITAMORI sieht in der "generatio" des Sohnes durch den Vater eine vorläufige Aussage, die für die Hauptaussage nur die Voraussetung schafft: "Der Gott des Evangeliums ist d e r G o t t, d e r a l s V a t e r s e i n e n S o h n s t e r b e n l ä ß t und i n s o l c h e m H a n d e l n S c h m e r z e r l e i d e t"[541]. Mit dieser staurozentrischen Orientierung wird jener Schmerz in das ewige Wesen Gottes eingetragen oder genauer mit dem ewigen Wesen Gottes identifiziert[542]. "Eine Theologie, die sich schämt zu sagen: 'Der Schmerz Gottes ist das Wesen Gottes', gehört immer noch zur theologia gloriae"[543].

KITAMORI geht hiermit zweifelsfrei über LUTHERs Kreuzestheologie hinaus. Das zeigt sich aber nicht nur an der Identifizierung des Schmerzes Gottes mit Gottes Wesen, sondern auch daran, wie Gottes "Unveränderlichkeit" im Kreuzestod des Sohnes gewahrt wird. Angesichts der Unerbittlichkeit des Zornes Gottes, der den Sohn in den Tod führt[544], also der "Tod Gottes des Sohnes ein w i r k l i c h e r Tod"[545] ist, stellt sich die Frage, ob der geschichtliche Vollzug des Schmerzes Gottes nicht eigentlich zum Auseinanderbrechen der Trinität führen müßte. LUTHER sah an dieser Stelle die Klammer in der gegenseitigen Liebe zwischen Vater und Sohn. KITAMORI sieht die Lösung hingegen darin, daß er die Personen hier mehr als Seinsweisen Gottes begreift, die zu der einen komplexen, ineinander verzahnten Wirklichkeit Gottes sich zusammenfügen. "Indem Gott in der persona des Sohnes stirbt, in der p e r s o n a d e s V a t e r s aber immer noch lebt"[546], gelangt Gott nicht an eine Grenze seines Wesens (das ja der Schmerz ist!), sondern zu seinem höchsten Wesensvollzug. Der Schmerz Gottes muß folglich eine Reichweite besitzen, die auch die extreme Gottesferne des Sohnes als Folge des göttlichen Zornes noch erreicht.

c) Überlegenheit des Schmerzes Gottes

Die theologische Aussage von der "Unveränderlichkeit" Gottes steht bei KITAMORI im Dienst einer soteriologischen Aussage. Denn theologisch relevant ist überhaupt nur der Gott "pro nobis". Die theo-logische "Unveränderlichkeit" muß sich deshalb als soteriologische Wahrheit darstellen. So kann Gottes "Unveränderlichkeit" im Horizont seiner Beziehung zur gefallenen Schöpfung als die Überlegenheit seines Schmerzes verstanden werden. Sie meint eine "Produktivität"[547] im Gegensatz zur Hilflosigkeit menschlichen Schmerzes. Es handelt sich um "'die höchste und heiligste' Wirklichkeit"[548] des Geheimnisses der Stellvertretung.

Gottes "Unveränderlichkeit" im Sinne der Überlegenheit seines Schmerzes zeigt sich in zweifacher Hinsicht. Zuerst ist der Schmerz Gottes keine Reaktion auf die Sünde. Er wird nicht durch die Welt veranlaßt, d.h. Gott erleidet nichts. KITAMORI lehnt die Vorstellung eines Leidens an der Sünde -wie es etwa VARILLON im Sinne von Mitleiden meint- als einen "sentimentalen Ausdruck"[549] ab. Gottes Antwort auf die Sünde ist sein Zorn und der Schmerz Gottes ein Ergebnis souveräner Selbstbestimmung, den er sich dadurch selbst auferlegt, indem er sich entschließt, den Sünder als Gegenstand seines Zornes dennoch zu lieben. Gottes "Unveränderlichkeit" zeigt sich darüber hinaus vor allem als Geschichtsmächtigkeit. Im Schmerz Gottes ist eine Weite angelegt, die alle Unruhe der Geschichte als einer Abkehr von Gott immer noch einmal umgreift. Gott hat den Widerspruch gegen sich, dem er sich im Sohn selbst ausgesetzt hat, in seinen Schmerz verwandelt. Insofern ist in diesem auch immer das Scheitern der göttlichen Liebe enthalten. Aber "wegen seines 'Schmerzes' kann Gott auch im Scheitern seiner 'Liebe' Sieger bleiben"[550].

Bemerkungen

Die Überlegungen KITAMORIs[551] ließen sich ohne weiteres sowohl in den bundestheologischen Horizont als auch in den kreuzestheologischen einreihen. Zu beiden gibt es deutliche Bezüge.
Im ersten Fall teilt KITAMORI die grundsätzliche Voraussetzung, daß theologische Aussagen nicht von einem an-sich-seienden Gott, sondern allein von dem Gott "pro nobis" zu machen sind. Zwischen ihm und der Schöpfung besteht ein wirkliches Dialogverhältnis, in dem Gott sein Heil verheißt und der Mensch darauf antwortet. In diesem Bund ist die Leidenswirklichkeit ein wesentlicher Bestandteil. Während diese Leidenswirklichkeit von den meisten Autoren aber im Sinne einer strukturalen Faktizität als Gegebenheit zunächst einmal hingenommen wird, versteht sie KITAMORI ausdrücklich hamartiologisch. Die belastete Geschichte des Bundes Gottes mit dem Menschen ist demnach nicht nur zu beschreiben als ein Geschehen, das einer Reihe von unheil-

vollen Bedingungen unterworfen ist, sondern als jene Geschichte des Menschen, die er in tätigem Ungehorsam seinem Bundesgott gegenüber in der realen Freiheit seines Personseins gestaltet. Dieser tätige Bundesbruch in der Geschichte spielt bei jenen Autoren des bundestheologischen Ansatzes nur insofern eine Rolle, als das in seiner Folge liegende Leiden in der Geschichte bzw. seine vorzeitliche Überwindung theologisch bedacht werden.

In diesem Fall kann aber nicht bestritten werden, daß der Aggressionscharakter der Sünde doch etwas aus dem Blick gerät. Denn da, wo nur noch die leidvolle Folge der Sünde betrachtet wird, erscheint der Sünder mehr als Opfer denn als Täter, und wo von einer vorzeitlichen Überwindung der Sünde in der doppelten Erwählung die Rede ist, verliert die Sünde in der Geschichte ihren zerstörerischen Ernst. Demgegenüber ist es sinnvoll, mit KITAMORI ausdrücklich auf die Sünde als Störung des Dialogs zwischen Gott und Welt und als Angriff auf den Bundesgott in aller Deutlichkeit hinzuweisen. Von BARTH einmal abgesehen kann deshalb gesagt werden, daß bei jenen Autoren ein gewisser Konsens darüber besteht, daß Gott vor allem m i t der Welt leidet, aber kaum auch a n ihr. Fällt aber diese hamartiologische Einsicht aus, dann fehlt nicht nur ein wichtiges Moment in der Bundesgeschichte, sondern auch am biblischen Gottesverständnis. KITAMORI macht hier klar, daß der Dialog zwischen Gott und Welt nicht auf ein harmloses, letztlich doch störungsfreies Verhältnis reduziert werden darf, sondern stellt korrigierend die den Zorn Gottes erregende Sünde vor Augen. Dadurch wird auch der Gottesgedanke anspruchsvoller, denn der treue Bundesgott bleibt ein solcher nicht nur im Leiden m i t seinem Volk, sondern auch im Leiden a n seinem Volk.

Damit ist gegenüber dem bundestheologischen Ansatz ein mehrfaches erreicht. Zunächst kann durch eine hamartiologische Akzentuierung des Bundesgedankens Gottes Treue zu seinem Volk nicht länger mehr nur als bloße Solidargemeinschaft im Leiden aufgefaßt werden. So sehr es bestehen bleibt, daß Gott der Weg-Gott Israels ist, der seinem Volk in jeder geschichtlichen Situation und damit auch im Unheil nahe ist, so muß doch auch gesehen werden, daß Israel sich häufig von seinem Gott getrennt hat und eigene Wege gegangen ist. KITAMORI richtet seine Aufmerksamkeit auf diesen Gott, der d a n n noch die Treue hält, wenn sich sein

Volk gegen ihn gestellt hat. Damit wird der Gottesgedanke dramatisiert, denn während der Gott bloßer Leidenssolidarität sich das Leiden seines Volkes aneignen muß, d.h. erst zu seinem eigenen Leiden macht und er auf den Gebetsruf des Menschen sein Gottsein für sein Volk erweisen kann, wird Gott im Bundesbruch ignoriert, bleibt sein Gottsein unerfleht. Er wird für den Menschen bedeutungslos. Gottes Gottsein erfährt darin einen größeren Widerspruch als durch jeden (vermeintlich Gott unwürdigen) Einschluß in kreatürliches Leiden. Die innere Dramatik dieses Gottesgedankens besteht nun darin, daß Gott diesen Angriff der Sünde in seiner im Schmerz begründeten Liebe auffängt und dadurch auch noch des Sünders Gott bleibt. Trinitarisch gesprochen erträgt der Sohn stellvertretend[552] den vernichtenden Zorn der väterlichen Gerechtigkeit und läßt dadurch als Ausgleich zwischen Zorn und Liebe den Schmerz Gottes entstehen, der fortan die Gestalt göttlicher Liebe zum Sünder ist und in dem dieser sich geborgen fühlen darf.
Zweitens problematisiert KITAMORI den in allgemeinem theologischen Gebrauch stehenden Begriff des Leidens Gottes. Während GRESHAKE, GALOT, VARILLON, BRANTSCHEN, RIEDLINGER, aber auch KOCH, MOLTMANN, RAHNER und JÜNGEL die geschichtliche Leidenswirklichkeit vornehmlich als ein Objektives Gott gegenüberstellen, das auf dem Hintergrund einer realen Schöpfungsbeziehung zur unmittelbaren Ursache des göttlichen (Mit-)Leidens wird, lehnt KITAMORI eine solche Vorstellung ab. Wenn Gott leidet, dann weder an der Sünde, noch an deren unheilvollen Konsequenzen. Mit anderen Worten: Gottes Leiden ist kein Mit-Leiden. Wurde oben gesagt, daß bei KITAMORI Gott an seinem Volk leidet, dann muß jetzt präzisierend hinzugefügt werden, daß die Sünde nur der konkrete Anlaß des göttlichen Leidens ist. Die eigentliche Ursache liegt in der Zornesreaktion auf die menschliche Sünde, die mit Gottes Liebeswillen zusammenstößt und so Gottes Schmerz erzeugt. Daraus resultiert, daß die Sünde als Ursache göttlichen Leidens ihren Charakter eines "Gegen"-stands gegenüber Gott verliert und damit einerseits die Bestimmbarkeit Gottes durch die Schöpfung eingeschränkt wird (ohne aber ganz aufgehoben zu sein, denn Gott leidet immer noch mittelbar an der Sünde) und andererseits das Leiden Gottes in größerem Maß in seine eigene Verfügung gestellt wird. Die Ursache des Schmerzes Gottes liegt so weder bei der Schöpfung, noch bei seiner Schöp-

fungsbeziehung, sondern vornehmlich bei ihm selbst. In des Wortes ursprünglicher Bedeutung ist Gott dann a-pathisch.
Mit der hamartiologischen Verschärfung des Bundesgedankens und einer stärker theozentrischen Fassung der Leidensursache hat KITAMORI schließlich die Einsicht vermittelt, daß dieser Gott nicht nur Gott einer leidvollen Schöpfung, sondern auch einer gefallenen, in Sünde lebenden Schöpfung sein kann. In seinem Schmerz umfängt Gott noch die letzte, äußerste Möglichkeit geschöpflicher Freiheit, in der der Mensch seinen Widerstand gegen Gott errichten kann. Damit ist grundsätzlich ausgeschlossen, daß die kreatürliche Autonomie einen Punkt zu erreichen vermag, der außerhalb der Reichweite der Liebe Gottes liegt. Darin, so könnte man sagen, liegt dann Gottes Freiheit gegenüber der Welt, daß er die geschöpfliche Freiheit auch in ihrer gottfeindlichen Gestalt noch zulassen kann, weil er auch diese noch einmal in seinem Schmerz umgreift. KITAMORI befindet sich in diesem für das Verständnis der "Unveränderlichkeit" Gottes bedeutsamen Gesichtspunkt in Übereinstimmung mit GRESHAKE, BARTH und vor allem mit BALTHASAR.
Im bundestheologischen Zusammenhang bleibt abschließend noch die Frage zu erörtern, ob mit der Unterscheidung zwischen der im Schmerz begründeten Liebe Gottes und seiner innertrinitarischen, unmittelbaren Liebe eine Geschiedenheit beider verbunden ist. Eine ähnliche Unterscheidung wurde bereits bei GALOT festgestellt, der die leidende Liebe Gottes zur Schöpfung von der leidlosen Liebe Gottes in sich absetzt. Bei ihm entsteht jedoch leicht der Eindruck einer rein äußerlichen Liebe zur Welt, die von der Liebe in seinem Inneren geschieden ist. Diese empfundene Ausgrenzung hat ihren letzten Grund in der Verhältnisbestimmung von Liebe Gottes und Sünde. Indem bei GALOT Gottes Liebe zur Schöpfung bereits durch die Konfrontation mit Sünde und Leid unmittelbar getroffen und darin passiv zur leidenden Liebe wird, kann die leidlose innertrinitarische Liebe nur dadurch gewahrt werden, daß Gott etwas von seiner Liebe diesem Zugriff der Sünde entzieht. Auf diese Weise entsteht der Eindruck einer quantitativen Aufteilung.
Demgegenüber unterscheidet zwar auch KITAMORI zwischen einer immanenten und einer heilsökonomischen Liebe Gottes, aber dennoch bleibt eine gewisse Kontinuität sichtbar. Ursprünglich hat Gott die Schöpfung ebenso unmittelbar geliebt wie sich selbst. Diese

Liebe hat durch die Sünde eine Absage erfahren. Sie wird aber dadurch noch nicht zur leidenden Liebe, sondern gerät in Konflikt mit Gottes Zorn über die Sünde. Der daraus resultierende Schmerz Gottes ist die neue, gebrochene Gestalt der Liebe Gottes zu dem, der als der Liebensunwürdige dennoch weiter geliebt wird. Unter der Bedingung der Sünde verwandelt Gott selbst die Unmittelbarkeit seiner Liebe in die in seinem Schmerz begründete Liebe, so daß dessen Inhalt -die Überwindung seines Zornes zugunsten des Sünders- nun Gottes Liebe zu eben diesem wird. Insofern kann man sagen, daß gerade der Schmerz Gottes als die Brechung seiner ursprünglichen Liebe eine Kontinuität der Liebe auch unter den Bedingungen der Sünde zum Ausdruck bringt. Allerdings wird diese Kontinuität durch KITAMORIs trinitätstheologische Überlegungen nicht bestätigt. Darauf wird unten noch eigens einzugehen sein.

Neben dem bundestheologischen Bezug enthält der Beitrag KITAMORIs auch kreuzestheologische Züge. In Übereinstimmung mit anderen Vertretern protestantischer Theologie wie KOCH, JÜNGEL oder MOLTMANN gründet er seine Gotteserkenntnis auf das Kreuz Christi. Es ist d e r Ort der Gotteserkenntnis schlechthin, an dem Gott sein eigenes Wesen vollzieht. Der Autor nimmt hier das kreuzestheologische Wort LUTHERs "da streydet Got mit Gott"[553] auf und interpretiert es als den Schmerz Gottes. Dabei bleibt aber das alles bestimmende Motiv die Heilswirksamkeit dieses Schmerzes. In ihm wird der Sünder vor dem vernichtenden Zorn Gottes bewahrt. Insofern hat er schöpferischen Charakter, als er Grundlage der "neuen Schöpfung" ist (so ähnlich auch im Anschluß an BARTH die Kreuzestheologie JÜNGELs). Im Gegensatz zu MOLTMANNs Kreuzestheologie geht es hier also in keinem Augenblick um Gottes eigenes Wesen, das im Kreuzesereignis erst noch seine trinitarische Lebenswirklichkeit in ihrer letzten Radikalität vollziehen müßte, sondern allein um das Heil des Menschen. KITAMORI hat damit den biblisch bezeugten und geforderten Richtungssinn aller Staurologie aufgewiesen und auf diese Weise eine "spekulative" Isolierung des Kreuzesgeschehens vermieden.

Den Gedanken, daß Gottes Leiden letztlich nicht in der Schöpfung oder in Gottes Schöpfungsbeziehung, sondern in Gott selbst gründet, hat H.BIESEL[554] dahingehend radikalisiert, daß "das innerste und unzerbrechliche Lebens- und Liebesgesetz Gottes"[555] immer schon Leiden und Tod als göttliche Urwahrheit in sich trägt. Denn insofern Gott die Liebe ist, besteht sein Wesen darin, sich radikal zu entäußern und darin das Andere seiner selbst zu setzen. Er gibt seine ursprüngliche Einfachheit und Ungeschiedenheit auf und legt sich im "Sohn" auseinander. "Eine Zweiheit in Gott, in dem einen Gott, bei gleicher Substanz, das bedeutet den Unterschied in Gott, eine Verschiedenheit in ihm, eine Auseinandersetzung in ein Anderes und gewissermaßen Fremdes - und dieser Unterschied ist auch ein Scheiden und Verscheiden, ein Sterben. Sterben Gottes"[556]. Das im "Sterben Gottes" entstehende sohnhafte Gegenüber Gottes wird von BIESEL bewußt nicht als Göttliches und Geschöpfliches unterschieden, sondern als eine gottgeschöpfliche Einheit verstanden, so daß Zeugung des Sohnes, Schöpfung und Inkarnation nur perspektivische Unterscheidungen ein und desselben Ereignisses sind. In der radikalen Selbstentäußerung Gottes entsteht der "Sohn", der nicht in eine schon fertige Welt absteigt, sondern vielmehr ist diese Welt Gottes eigener substantieller Abstieg in der Person des "Sohnes"[557]. Mit dieser radikalen Selbstentleerung vollzieht Gott sein Wesen, insofern er die Liebe ist, denn "die Liebe... wird zur Liebe erst dadurch, daß sie hinabsteigt, sich verwirft, hinunterwirft"[558]. Gott m u ß so handeln. Sein Leben ereignet sich mit Notwendigkeit als der "ewige Übergang, Untergang, Abstieg vom Alles ins Nichts, vom Heilen ins Todkranke, vom Sinn in den Un-Sinn, vom Guten ins 'Böse' (...), vom Sein ins Nichtsein"[559]. Deshalb kann BIESEL abschließend sagen: "Es ist Gottes Wesen, zu leiden und leiden zu machen, sich selbst, schaffend, zu verlassen und in Todesnot sein 'Warum hast Du Mich verlassen?!' zu schreien"[560].

Demgegenüber hat auch KITAMORI Gottes Wesen als Schmerz bezeichnet. Während BIESEL jedoch die Meinung vertritt, daß Gottes Leiden sich nicht am Gegenüber zu einer unheilvollen Welt entzündet, sondern im ewigen, vorzeitlichen Liebeswesen selbst begründet liegt, bleibt der Schmerz Gottes bei KITAMORI doch immer an Gottes Weltverhältnis gebunden, wenn auch niemals in ursächlicher Weise. Hinzukommt, daß BIESEL das Leiden Gottes aus der Prädikation "Gott ist Liebe" begriffslogisch deduziert und Heilsgeschichte damit von einer ewigen göttlichen Wahrheit als deren Manifestation hergeleitet wird. KITAMORI hingegen bleibt erkenntnistheoretisch den Offenbarungszeugnissen verpflichtet, indem nicht ein Begriff von Gott, sondern das Kreuz Jesu Christi der Ort der Erkennbarkeit Gottes ist. Daraus resultiert, daß KITA-

MORIs zentrale Aussage vom Schmerz als dem Wesen Gottes doch niemals von der heilsgeschichtlichen Offenbarung isoliert wird. Sie hat damit einen höheren Stellenwert als die gleichlautende Aussage BIESELs.

Ein weiterer Vergleich drängt sich auf mit den an der angelsächsischen Theologie orientierten Überlegungen von J.Y.LEE[561], dessen Hauptanliegen zu zeigen ist, daß mit dem Axiom der Leidensunfähigkeit Gottes wesentliche Inhalte des christlichen Gottesgedankens verdeckt werden. Wenn Gott die Liebe ist, dann kann er nicht leidensunfähig sein, sondern muß leiden können. Zur Durchführung des Gedankens gebraucht LEE als zentrale Kategorie die Vorstellung von der Einfühlung (empathy) Gottes. Diese Einfühlung stellt den Kontakt zur Schöpfung her und bedeutet (ähnlich wie innerhalb der Prozeßtheologie) ein reales Teilnehmen[562] Gottes an der Geschichte. In der Sünde des Menschen erfährt Gott eine Ablehnung seiner liebenden Teilnahme. Dadurch entsteht in Gott ein Konflikt zwischen seiner Heiligkeit, die sich vom Sünder abkehren will, und seiner liebenden Hinkehr zum Sünder. In Übereinstimmung mit KITAMORI versteht auch LEE diese zum Ausbruch kommende dialektische Spannung als das Leiden Gottes[563]. "In der Einfühlung Gottes wird durch die Sünde, die die Macht der Disharmonie und Entfremdung in sich trägt, die (ursprüngliche) Harmonie Gottes gestört. Diese Störung ruft eine schwerwiegende Spannung im Leben der göttlichen Liebe hervor"[564]. Gottes Leiden ist somit auch bei LEE nicht ein unmittelbares Leiden an der Sünde, sondern die Aktuierung einer Leidensfähigkeit, die in der Struktur der Liebe Gottes als einer dialektischen Vermittlung von Heiligkeit und Liebe als Möglichkeit enthalten ist. Ursache des Leidens ist demnach die Einfühlung[565] Gottes, die in einer sündigen Welt den inneren Konflikt zwischen Heiligkeit und Liebe und damit das Leiden Gottes auslöst.

Gegenüber KITAMORI macht LEE jedoch auch drei wichtige Unterschiede. Zunächst gibt er die staurologische Konzentrierung des Leidens Gottes zugunsten einer universalgeschichtlichen Fassung auf. Nicht erst am Kreuz entzündet sich der gottimmanente Konflikt, sondern bereits bei der Schöpfung. Gott als der Schöpfer steht im Kampf mit der Macht des Bösen, die das Gutsein seiner Schöpfung bedroht[566]. Dieses Leiden setzt sich fort in der Inkarnation als der Vollgestalt seiner Einfühlung in eine sündige Welt. Es ereignet sich nun als raum-zeitliches Geschehen in der

Geschichte[567]. Seinen Höhepunkt findet dieses Leiden im Kreuz Jesu Christi[568]. Und es bleibt schließlich, durch die Gegenwart des Geistes in der Geschichte vermittelt, bestehen, solange die Sünde in der Schöpfung noch nicht völlig überwunden ist[569].

Neben diesem Aufbrechen einer staurozentrischen Eingrenzung göttlichen Leidens besteht ein weiterer Unterschied in der Verhältnisbestimmung von Kreuzesleiden und Gottes Wesen als Leiden. KITAMORI geht von der Leidensgestalt des Gekreuzigten aus und bestimmt im Anschluß daran Gottes Wesen als Schmerz. Die damit verbundene Konsequenz, das Leiden in Gott auf diese Weise zu verewigen, wird von ihm nicht weiter bedacht. Demgegenüber hat LEE -wohl unter dem Einfluß der angelsächsischen theologischen Tradition- den Ewigkeitsaspekt des Kreuzes transzendentaltheologisch aufgenommen. Das Kreuz "bedeutet mehr als das bloße Ereignis auf Calvaria. Es ist das ewige Kreuz im Herzen Gottes"[570]. Das geschichtliche Kreuz reflektiert ein ewiges. Insofern hat LEE die Perspektive umgekehrt: nicht das Kreuz Christi konstituiert die Gotteserkenntnis, sondern ein Wissen um die ewige Gottheit konstituiert die Kreuzeserkenntnis. LEE geht von einer "Urgestalt göttlichen Leidens in Gott"[571] aus, das sich in der Geschichte nur widerspiegelt. Allerdings besteht in Bezug auf dieses ewige Leiden Gottes keine ausreichende Klarheit. Einmal wird gesagt, daß Gott vor Schöpfung und Sünde nur die Möglichkeit[572] des Leidens an sich erfährt. Es scheint aber, daß LEE diese Möglichkeitserfahrung selbst schon als Leiden begreift, denn wenig später heißt es: "Die Bedeutung des innertrinitarischen Lebens Gottes als Urgestalt göttlicher Einfühlung liegt darin, daß sämtliche Erfahrungen der Tragödie und des Leidens zwischen Gott und dem Menschen in der Welt in der innertrinitarischen Gemeinschaft von Vater, Sohn und Heiligem Geist vorweggenommen sein müssen"[573]. Insofern hat LEE die staurologische Erkenntnis KITAMORIs transzendentaltheologisch ausgezogen und damit (ähnlich wie BIESEL) die Gefahr heraufbeschworen, von einem apriorischen Gottesbegriff die Heilsgeschichte nur noch zu deduzieren.

Ein letzter Unterschied liegt in der trinitarischen Interpretation des Leidens Gottes. Während KITAMORI den Schmerz Gottes als Aufeinandertreffen von Gottes Zorn und Liebe trinitarisch deutet als das Tragen des väterlichen Zornes durch den Sohn, also die Spannung zwischen den Personen ausgetragen wird, legt LEE diese Spannung nicht zwischen die trinitarischen Personen, sondern immer nur zwischen den einen Gott und die Schöpfung. Aufgrund der gegenseitigen Einfühlung der trinitarischen Personen untereinander ergibt sich eine letzte Gleichschaltung der drei Personen, so daß das Leiden des Vaters in der dem Sohn adäquaten Weise auch zum Leiden des Sohnes wird etc. "Das Leiden einer Person der Trinität führt schließlich zum Leiden der ganzen Gemeinschaft des inneren göttlichen Lebens"[574]. Daraus resultiert ein gewisser leidenstheologischer Modalismus, insofern im Gegenüber zur sündigen Schöpfung letztlich immer nur der eine (wenn auch trinitarische) Gott leidet und die trinitarischen Personen darauf reduziert werden, der Sünde gegenüber nur die je unterschiedlichen "Angriffsflächen" für das Leiden des einen Gottes abzugeben.

Dieser kurze Vergleich mit LEE läßt erkennen, daß KITAMORI seinen Gedanken des Schmerzes Gottes nicht im Gefolge einer nachidealistischen Theologie entfaltet, sondern in erster Linie der lutherischen Tradition verpflichtet bleibt. Darauf deutet die trinitarische Interpretation des Kreuzesgeschehens als Ereignis zwischen Vater und Sohn, der Verzicht auf eine transzendentaltheologische Reflexion des Schmerzes Gottes und schließlich die staurologische Eingrenzung der leidenstheologischen Aussage.

KITAMORI hat mit seiner Veröffentlichung auch in Europa allgemeine Beachtung gefunden. Darauf weisen vor allem die zahlreichen Rezensionen hin, die die unterschiedlichsten Reaktionen beinhalten. Positiv wird besonders die Originalität des Beitrags gewertet, die das theologische Denken auf ganz neue Weise befruchten könnte[575]. Hierzu gehört eine von KITAMORI angeregte "Revision des Prozesses abendländischer Theologie vom biblischen Denken zur dogmatischen Begriffsbildung"[576]. Für die Diskussion der Frage nach der "Unveränderlichkeit" Gottes hat der Autor insofern einen Beitrag geleistet, als der schultheologische Grundsatz "von der Unveränderlichkeit und Leidensunfähigkeit Gottes aufgebrochen wird auf eine neue und ursprünglichere Dimension hin"[577].

Demgegenüber ist KITAMORI aber auch auf Kritik gestoßen. So wird beispielsweise unter pastoraler Rücksicht Skepsis darüber geäußert, inwieweit der Autor mit seiner Theologie des Schmerzes Gottes einen hilfreichen Beitrag zur Verarbeitung menschlichen Leidens leistet[578]. Entscheidender sind jedoch zunächst die bibeltheologischen Einwände. Der erste geht dahin, daß schon rein phililogisch gesehen die Textgrundlage (Jer 31,20 und Jes 63,15) für die Herausarbeitung der zentralen Aussage vom Schmerz Gottes äußerst schmal ist. "Ein Wort herzunehmen, das nur zweimal im gesamten Alten Testament gebraucht wird und dabei ein breites Spektrum von Bedeutungsmöglichkeiten hat und dann zu beanspruchen, daß nur eine einzige dieser Bedeutungen das richtige und grundlegende Verständnis ergebe -und das ungeachtet der neueren Übersetzungen- ist ein ziemlich willkürliches Umgehen mit der Schrift"[579]. Darüber hinaus hat JEREMIAS nachgewiesen, daß Gottes Selbstbeherrschung als die Zügelung seines Zornes über die Sünde seines Volkes, die insofern in etwa das meint, was KITAMORI als den Schmerz Gottes bezeichnet, in keinem Fall eine ständige Eigenschaft oder gar Gottes Wesen ist, sondern "stets eine Kraft in actu, die nur dann auf den Plan tritt, wenn Jahwes Zorn sein Volk zu vernichten droht"[680].

Ebenso erheben sich auch dogmatische Bedenken. So stellt sich einmal die Frage, ob die Vater-Sohn-Relation auch am Kreuz noch ausreichend als Liebe gedacht wird. "Wird hier die liebende Beziehung abgebrochen, dann gibt der Vater mit dem Sohn auch sich selber auf und wird zum beziehungslosen Unwesen"[581]. KITAMORI läßt hier zumindest eine letzte Klarheit im Vergleich zu LUTHER vermissen, der in der Kreuzesdramatik den väterlichen Zorn in einer umfassenderen Liebe[582] zwischen Vater und Sohn eingeschlossen sieht.

Der vielleicht schwerste dogmatische Einwand bezieht sich auf die ausdrückliche Identifikation von Wesen und Schmerz Gottes[583]. Nach OGURO-OPITZ ist KITAMORI damit zwar die Überwindung der traditionellen Trennung von Wesens- und Offenbarungstrinität gelungen, indem esse und operari Gottes zu einer Einheit zusammengeschlossen werden[584]. Tatsächlich bleibt aber mit dieser Identifikation das Gegenteil zu befürchten. Denn KITAMORI betont in trinitarischer Hinsicht ausdrücklich, daß das Verhältnis von Vater und Sohn ganz im Sinne der Liebe erster Ordnung zu bestimmen ist, d.h. als unmittelbare, ungebrochene und natürliche Liebe[585]. Dem steht aber unvermittelt die andere Aussage gegenüber: "Der Gott des Evangeliums ist d e r G o t t, d e r a l s V a t e r s e i n e n S o h n s t e r b e n l ä ß t und i n s o l c h e m H a n d e l n S c h m e r z e r l e i d e t"[586]. Aus dieser heilsökonomischen Sicht muß die Vater-Sohn-Relation als Schmerz bezeichnet werden, in der -wie eben gezeigt- die

liebende Beziehung zwischen beiden nicht mehr ausreichend sichtbar wird, so daß sich von hier aus auf dem Hintergrund der ersten Aussage von der unmittelbaren Liebe zwischen Vater und Sohn die unweigerliche Konsequenz einer Trennung zwischen einem "Innen" und einem "Außen" Gottes ergibt. Der Gott der Heilsgeschichte, der sein Wesen im Schmerz hat, ist von dem vorzeitlichen, "für-sich-seienden" Gott als der unmittelbaren Liebe zu unterscheiden, und dies nicht nur begrifflich oder perspektivisch, sondern real. Eine Vermittlung könnte darin bestehen, die Relation zwischen Vater und Sohn im Schmerz Gottes in eine je größere Liebe zwischen beiden einzutragen. Dafür bietet sich bei KITAMORI jedoch kein Anhalt, so daß festzuhalten bleibt: Wie sich bisher im Verlauf der Diskussion schon mehrfach gezeigt hat (z.B. bei GRESHAKE und GALOT), gibt es auch bei KITAMORI die Tendenz, das innere Wesen Gottes theologisch unvermittelt neben dem heilsgeschichtlichen Handeln Gottes bestehen zu lassen.
Die Identifikation von Wesen und Schmerz Gottes bedeutet letztlich die Eintragung eines heilsgeschichtlichen Moments in das ewige Wesen Gottes und dies in der Weise, daß dieses ewige Wesen ganz von diesem einen Moment bestimmt wird. Hier zeigt sich eine gewisse theologische Enge[587], die den weiten Umfang dogmatischer Reflexion einzufangen sucht und darin nur scheitern kann. Denn wenn Gottes Wesen tatsächlich sein Schmerz ist, dann läßt sich zwar die Kenosis Gottes bis hin zum Kreuz verständlich machen. Aber wie kann dann noch Raum bleiben für die Freiheit Gottes zu Schöpfung und Erlösung[588]. Wird mit dem Schmerz und so mit dem (überwundenen) Zorn nicht schon notwendig auch eine sündige Schöpfung mitgedacht, die dem ewigen Wesen Gottes als ewige Schöpfung dann gegenübersteht? Und wie kann dann noch ein ewiger Ratschluß zur Erlösung der Welt angenommen werden, wenn Gott in sich schon immer die leidvolle Konsequenz dieses Ratschlusses selbst ist?
Die wenigen Anfragen zeigen, daß eine konsequente Staurozentrik Gefahr läuft, das Gottesbild kreuzestheologisch zu überzeichnen. KITAMORI ist dieser Gefahr erlegen, weil er die aposteriorische Kreuzeserkenntnis nicht in der Weise transzendentaltheologisch ausgeweitet hat, daß er nach einem größeren theologischen Verstehenshorizont gesucht hat, der eine Integration des Kreuzes Christi als *e i n M o m e n t* erlaubt. Hierfür wird auch ein ontologisches Denken erforderlich. Daß der Autor darauf verzich-

tet hat, dürfte hauptsächlich auf den spirituellen Charakter[589] seiner theologischen Überlegungen zurückzuführen sein. Ihnen haftet eher etwas Bekenntnishaftes, Intuitives an, das einen höheren Stellenwert zu haben scheint als der argumentative Diskurs theologischen Reflektierens.

Abschließend ist nun noch die Frage nach dem theologischen Ertrag für die Diskussion zu stellen.

1. Das Heilshandeln des "unveränderlichen" Gottes ist an eine Schöpfung gerichtet, die nicht nur als eine unvollständige auf ihre Vollendung durch Gott wartet, sondern die in der Sünde auch einen Kurs gegen diesen Gott steuert. Das Dialogverhältnis zwischen Gott und Welt wird nicht nur durch die Kontingenz des Geschöpflichen und Geschichtlichen bedingt, sondern ebenso sehr durch die sündige Abkehr des Menschen von Gott. Insofern muß alles Reden von einem mit der Schöpfung leidenden Gott durch das hamartiologische Moment des Leidens an der Schöpfung ergänzt werden.

2. Ist der durch die Sünde beleidigte Gott auch d a n n noch der treue Bundesgott, so erhält der Gottesgedanke hierdurch eine unvergleichliche Tiefe. Die Liebe, mit der Gott dem Sünder begegnet, bleibt nicht bloße Absichtserklärung, die in der Konfrontation mit der Sünde dann hinter sich zurückfällt, sondern ist Gottes reale Mächtigkeit, den Angriff der Sünde zu ertragen und darin dennoch die Liebe zum Menschen zu bewahren. Diese Mächtigkeit, die Sünde auszuhalten und sie umgreifend zu überwinden, hat KITAMORI im Anschluß an LUTHERs Kreuzestheologie als den Schmerz Gottes bezeichnet. Dieser Schmerz begründet Gottes "Unveränderlichkeit" gegenüber einer sündigen Schöpfung.

3. Durch die stark soteriologisch geprägte Struktur des Beitrags wird besonders für die kreuzestheologische Reflexion deutlich, daß der Richtungssinn aller Staurologie letztlich in der Heilsbedeutsamkeit dieses Ereignisses liegen muß. Wo das "pro nobis" des Kreuzes aus dem Blick gerät, verliert die Kreuzestheologie ihr vielleicht entscheidendes hermeneutisches Instrument, weil das Kreuzesgeschehen dann auf seine theologale Bedeutsamkeit reduziert wird. In diesem Fall läge auch die Finalursache, also das Worum-willen des Kreuzes bei Gott, was nicht nur unbiblisch wäre, sondern auch die Möglichkeit enthielt, daß ein geschichtliches Ereignis für Gott konstitutiven Charakter bekäme.

IV. Universalgeschichtlicher Ansatz

W.PANNENBERG: Eschatologische Bewahrheitung Gottes

a) Einheit von Sein und Geschichtshandeln Gottes

Mit zu den zentralen Anliegen in W.PANNENBERGs theologischem Denken gehört eine Vermittlung von Gott und Geschichte. In einer Reihe von einzelnen Veröffentlichungen[590] hat er die Thematik aus unterschiedlichen Perspektiven behandelt. Mit gewissen Überschneidungen lassen sich drei Reflexionsbereiche erkennen: der universalgeschichtliche, der christologische und der trinitätstheologische. Ihre gemeinsame Mitte formuliert der Autor so: "Obwohl die Existenz einer Welt überhaupt nicht Bedingung seiner Gottheit ist, so beruht doch, wenn einmal eine Welt besteht, die Gottheit Gottes auf seiner Immanenz in den Phänomenen der Welt"[591]. Mit diesem Standpunkt kritisiert der Autor nicht nur eine bestimmte Betrachtungsweise innerhalb der Gotteslehre, wonach Gottes ewiges Leben und sein heilsgeschichtliches Handeln nur additiv miteinander in Beziehung gesetzt werden, sondern er widerspricht damit auch einem theologisch problematischen Grundentscheid: daß das Sein Gottes von dessen Handeln an der Welt weitgehend unabhängig zu denken ist. Um hier zu einem positiven Ergebnis zu kommen, sollte die Herausforderung einer gegenwärtigen Kreuzestheologie angenommen werden. Weil dort mit dem offenbarenden Heilshandeln Gottes in seiner letzten Konsequenz am Kreuz auch sein Gottsein auf dem Spiele steht, könnte diese Theologie zum Anlaß werden, "das Verständnis der Einheit Gottes selber mit seiner geschichtlichen Offenbarung, die in der Ausbildung der Trinitätslehre ihren Ausdruck gefunden hat, aber bis heute nicht radikal in ihrer Tragweite für den Gottesgedanken überhaupt bedacht wurde, weiter voranzutreiben"[592]. Der eigentliche Gegner der Theologie ist demnach ein latenter Platonismus, der Gottes In-der-Welt-Sein im Sinne bloßer Abbildlichkeit von einer urbildlichen ewigen Wesenheit Gottes ontologisch trennt. Gott ist dann auch ohne jeglichen Geschichtsbezug Gott und bringt sich innerhalb der Geschichte nur zur Erscheinung. Gegenüber einem Urbild-Abbild-Schema muß zunächst daran festgehalten werden, daß der Begriff der Selbstoffenbarung Gottes jede Differenz zwischen dem göttlichen Selbst und dem geschichtlichen Offenbarer ausschließt. Wichtiger noch ist für PANNENBERG die Überlegung, daß dieses göttliche Selbst nicht nur tatsächlich in der Geschichte ankommt, sondern als ein solches selber eine geschichtliche Gestalt annimmt. Das Sein Gottes muß sich mit dem geschichtlichen Handeln Gottes zu einer mehr "organischen" Einheit verbinden. Offenbarung als Selbsterschließung Gottes "ist nur denkbar, wenn das besondere Medium, durch das Gott manifest wird, die besondere Tat, durch die er sich erweist, von seinem eigenen Wesen nicht zu scheiden ist"[593].

Damit zeigt sich auch der hohe Stellenwert, den der Autor der Geschichte für die theologische Erkenntnis einräumt. "Alle theologischen Fragen und Antworten haben ihren Sinn nur innerhalb des Rahmens der Geschichte, die Gott mit der Menschheit und durch sie mit seiner ganzen Schöpfung hat"[594]. Hinter dieser Vorstellung verbirgt sich ein semitisches Geschichtsverständnis. Israel hat Geschichte verstanden als gottgewirkte Wirklichkeit, indem Gott in unvorhersehbarer Weise in den Gang der Schöpfung eingreift und Neues in ihr bewirkt. Mit dieser Qualifizierung von Geschichte ist ein grundsätzliches Gutsein der Schöpfung ausgedrückt, denn diese ist dann "das zwischen Verheißung und Erfüllung hineingespannte Geschehen"[595]. Somit wird der Vorstellung widersprochen, zwischen Heilsgeschehen und Geschichte herrsche ein Gegensatz, wie es etwa K.LÖWITH annimmt: "Für den Gläubigen ist die Geschichte nicht ein autonomes Reich menschlicher Bemühungen und Fortschritte, sondern ein Reich der Sünde und des Todes, das der Erlösung bedarf"[596]. In ähnlicher Weise wird auch durch die Anthropozentrik des aufgeklärten Geschichtsverständnisses diese geschichtstheologische Perspektive belastet. Jedenfalls könnte dann "von einem Geschichtshandeln Gottes freilich nur noch in Differenz oder Gegensatz zur menschlichen Geschichte gesprochen werden. Aber eine solche dualistische Betrachtungsweise tritt der Gottheit Gottes selber zu nahe. Sie verletzt die Macht Gottes über seine Schöpfung, die darin in Erscheinung tritt, daß jede Begebenheit, jedes Ereignis, zugleich eine Tat Gottes ist"[597].

Dieser streng theologisch orientierte Geschichtsbegriff ist aber einer gewissen Gefahr ausgesetzt. Wenn der Geschichtsprozeß als eine Ganzheit verstanden wird, deren Planmäßigkeit und Sinnhaftigkeit betont werden, besteht die Möglichkeit, daß Geschichte zunehmend ihren Kontingenzcharakter verliert. Deshalb wird sich die Frage stellen, wie Gott als der geschichtsmächtig handelnde gedacht werden kann, ohne zugleich die geschichtliche Freiheit zu gefährden.

b) Universalgeschichtliche Perspektive

Die Freiheit göttlichen Handelns ist eine der zentralen biblischen Aussagen über Gott. Zu einer Verdunkelung kam es nach PANNENBERG durch die Übernahme des in der griechischen Philosophie gebräuchlichen Rückschlußverfahrens[598]. Die Leistungsfähigkeit dieser Methode ist daran gebunden, daß die Gottheit mit Notwendigkeit schafft. Damit ist Gott die für die Entstehung der Welt notwendige Funktion, in welcher dieser Gott zugleich auch aufgehen muß, wenn das Rückschlußverfahren seine Erkenntniskraft nicht verlieren soll. Denn sobald die Wirkung auf eine nicht wesensnotwendig wirkende Ursache zurückgeht, eröffnet sich eine Freiheit der Ursache, deren Erkenntnis die rückschließende Methode nicht mehr zu leisten vermag. Mit der Anwendung des Rückschlußverfahrens durch die christliche Theologie wurde die Gotteserkenntnis von der geschichtlichen Offenbarung mehr oder minder unabhängig. Damit war innerhalb der altkirchlichen Tradition der Konflikt grundgelegt, weil "in der Konsequenz der philosophischen Fragestellung eine Verengung des biblischen Gottesgedankens, eine Verkürzung seiner transzendenten Freiheit und Allmacht liegen mußte"[599].

Demgegenüber ist darauf zu achten, daß der biblische Gott weder in seinem Ursprungsein im Sinne des griechischen Arche-Gedankens noch überhaupt in seinem bloßen Schöpfersein aufgeht. "Gott ist als Ursprung nie bloß der unanschauliche Grund des Vorhandenen, sondern freier, schöpferischer Ursprung von immer Neuem, Unvorhergesehenem"[600]. Dieser bleibende Bezug zur Geschichte verhindert damit auch, daß Gott in "einer für seine Unendlichkeit ruinösen abstrakten Transzendenz"[601] verharrt.

Der Annahme, daß Gott selbst in der Geschichte handelt und dadurch auch für sich eine eigene Geschichte konstituiert, scheinen sowohl die Ewigkeit des göttlichen Seins als auch der Freiheits- und Kontingenzcharakter der Geschichte grundsätzlich zu widersprechen. Die erste Schwierigkeit räumt PANNENBERG durch eine Neubesinnung auf den Begriff des Ewigen im Anschluß an eine Bemerkung von M.HEIDEGGER aus. Das Ewige ist nicht das der Zeit Entgegengesetzte im Sinne einer Zeit-losigkeit[602]. Zeit und Ewigkeit enthalten prinzipiell den gleichen Inhalt, nur in unterschiedlicher Form. In der Ewigkeit gibt es einen Zusammenklang alles Geschehens, und darin liegt ihr Wahrheitscharakter, der in der Zeit durch das Nacheinander der zeitlichen Ereignisse

verborgen bleibt. "Ewigkeit ist die Einheit aller Zeit"[603]. Wird Gott als der Ewige bezeichnet, dann ergibt sich demnach ein sofortiger Zeitbezug Gottes und nicht etwa eine unendliche Distanz zur zeitlichen Welt im Sinne von Zeitlosigkeit. Gott ist jedem Ereignis in der Geschichte sowohl gegenwärtig als immer auch schon voraus. Man kann von einem Geschichtsbezug im Sinne "allmächtiger Gleichzeitigkeit zu aller Zeit"[604] sprechen.
Die andere Einwendung -die Gefährdung geschichtlicher Freiheit durch ein Handeln Gottes in und an der Geschichte- kann so verstanden werden, daß mit dem Kontingenzcharakter auch die Offenheit und Unabgeschlossenheit der Geschichte in Frage steht. Hierzu stellt der Autor fest: "Der Gott, der durch die Transzendenz seiner Freiheit Ursprung des Kontingenten in der Welt ist, begründet... die Einheit des Kontingenten als Geschichte so, daß die Kontingenz der in ihr verbundenen Ereignisse nicht ausgeschlossen wird"[605]. **Soll also die Offenheit und Unabgeschlossenheit der Geschichte ohne die Konsequenz eines geschichtlichen Relativismus gewahrt werden, muß die Kontinuität des Geschichtlichen als rückbezügliche Vermittlung des geschichtlich Neuen mit dem Gewesenen begriffen werden. "Nur in dieser Weise,** als rückgreifende Eingliederung des kontingent Neuen in das Gewesene, nicht aber umgekehrt als vorgreifende Lenkung und Wirkung kann der primäre Zusammenhang der Geschichte gedacht werden, ohne, daß ihre Kontingenz verloren geht"[606]. Gottes Geschichtshandeln ist keine Determinierung im Sinne ursächlicher Lenkung, sondern heißt, daß er sich auf bereits vollzogene Ereignisse in der Geschichte des Menschen "einstellt". In diesem Zusammenhang wird darauf hingewiesen, daß göttliches und menschliches Handeln sich nicht auf einer gemeinsamen Ebene gegenüberstehen[607]. Die Freiheit menschlicher Geschichte wird von einer immer größeren Treue Gottes zur eigenen Verheißung umgriffen. Diese, Gottes eigentliche Unveränderlichkeit[608], ist auch der entscheidende Verstehenshorizont für das Kreuz des Sohnes als der letzten Konsequenz göttlicher Treue. Es ist Folge seines Weltverhältnisses, indem er selbst dafür sorgt, daß die Geschichte angesichts ihrer dissoziierenden Kräfte an ihr Ziel gelangt und so ihre Einheit bewahrt.
Die bisherigen Ausführungen über das Handeln Gottes in der Geschichte haben dessen integrativen Charakter dargelegt. Das geschichtlich Kontingente bleibt so im Rahmen kreatürlicher Eigen-

gesetzlichkeit Leistung eines geschichtlich-endlichen Subjekts. Indem Gott geschichtliche Kontinuität und nicht Geschichte als solche schafft, bewahrt er nicht nur die Freiheit und Offenheit der Geschichte, sondern er nimmt das geschichtlich Kontingente auch als ein ihm "Vorgegebenes" an[609]. Er läßt Geschichte sich frei ereignen. Dadurch, daß seine Herrschaft also kein Dirigieren von einem Standpunkt weltjenseitiger Ewigkeit ist, sondern ein Integrieren der Ereignisse post factum, hat seine Herrschaft zugleich selbst geschichtlichen Charakter. Wird hier nun PANNENBERGs Grundgedanke angeschlossen, daß "das Sein Gottes... nicht ohne seine Herrschaft gedacht werden"[610] kann, dann ist der Schluß nicht zu umgehen, daß das Gottsein Gottes im Verlauf der Geschichte selber noch auf dem Spiel steht[611], ja, "daß in gewissem Sinne Gott noch nicht ist"[612].
Die in der Zukunft der Geschichte verwirklichte universale Gottesherrschaft hat nach PANNENBERG für den in der Geschichte handelnden Gott seinsrelevante Bedeutung. Dies meint nicht ein naives Werden Gottes im Sinne pantheistischer Identität von göttlichem Sein und geschöpflicher Wirklichkeit. "Die Unabhängigkeit von der Existenz endlicher Wesen gehört sicherlich zur Gottheit Gottes"[613]. Andererseits kann die Durchsetzung der Gottesherrschaft nicht nur die Verwandlung und Integration geschichtlicher Zusammenhänge bedeuten, wenn die Annahme einer seinshaften Verbindung von Gottes Wesen und Gottes Werk Geltung beanspruchen will. "Das Wesen Gottes, obwohl von Ewigkeit zu Ewigkeit dasselbe, hat in der Zeit eine Geschichte"[614].
Zur Verdeutlichung dieser "Geschichte Gottes" gebraucht der Autor den Gedanken der "Selbstverwirklichung". Dieser wird aber insofern durch eine Aporie belastet, als das Selbst erst am Ende des Prozesses zu seiner Wirklichkeit kommt, es dann aber fraglich ist, welche Wirklichkeit überhaupt den Prozeß der Selbstverwirklichung vorantreibt. Diese Aporie wird mit dem Hinweis auf die ewige "Identität vom Ausgangspunkt und Resultat"[615] ausgeräumt. Selbstverwirklichung kann daher nicht von einem an die Stukturen zeitlichen Nacheinanders gebundenen endlichen Subjekts ausgesagt werden. Die Rücksicht, unter der von einer geschichtlichen Selbstverwirklichung Gottes gesprochen wird, betrifft sein Verhältnis zur Welt und bedeutet Gottes Selbstdurchsetzung in der Geschichte. Soll die geschichtliche Kontingenz dabei gewahrt bleiben, dann kann Gottes Selbstverwirklichung wiederum nur im

Zusammenklang mit der geschichtlichen Entwicklung verstanden werden. Diese Konvergenz sieht der Autor in der Suche des Menschen nach seinem Selbst, in der letztlich auch immer die Suche nach Gott enthalten ist. Mit der "Auffindung des göttlichen Selbst durch den Menschen in der Religionsgeschichte vollzieht sich zugleich die Verwirklichung Gottes als der alles bestimmenden Wirklichkeit"[616]. Menschliches Suchen verschränkt sich mit dem Wirken Gottes in der Welt, das sich in der "leisen und geräuschlosen Form"[617] der Liebe vollzieht. Gott steht dann auf Seiten derer, "die -meist gegen den Strom ihrer Zeit und darum in Leiden, Schwachheit und Verfolgung,- reinen Herzens Gerechtigkeit, Frieden und barmherzige Liebe suchen"[618].
Diese geschichtliche Selbstdurchsetzung läßt ein kenotisches Verständnis des göttlichen Geschichtsbezuges nicht zu. Denn mit der Selbstentäußerung Gottes wird eine allem geschichtlichen Handeln vorgängige Allmacht angenommen, die, da auf sie zeitweise verzichtet werden muß, um Gottes gewaltlose, ohnmächtige Liebe zur Welt zu ermöglichen, zu eben dieser Liebe einen Gegensatz bildet. Die Aussage Phil 2,6ff sowie die anschließend gebildete Tradition der Kenosis Gottes muß deshalb eher als geistesgeschichtlich bedingte Konzession verstanden werden, bei der "die christlichen Motive noch keine vollständige und konsequente Durchbildung gefunden haben"[619]. Grundsätzlich kann Kenosis nur als "Beraubung von anderer Seite"[620] und um den Preis der Selbigkeit Gottes[621] gedacht werden.
Am Ende dieses Abschnitts läßt sich zusammenfassend sagen: Das universalgeschichtliche Handeln Gottes meint ein integratives Verbinden des geschichtlich Kontingenten zu einem Sinn-Ganzen und insofern also gerade nicht die Durchsetzung eines ewigen Planes durch eine allmächtige Subjektivität. Dieses geschichtliche Handeln ist Gott so wesentlich, daß im Anschluß daran von einer noch näher zu bestimmenden "Geschichtlichkeit" Gottes gesprochen werden kann. Gott hat in der Zeit eine Geschichte, in der er -die Freiheit der Geschichte achtend- sein göttliches Selbst durchsetzt. Die Frage, die sich nun anschließt, lautet: Wie läßt sich Gottes Selbstdurchsetzung in der Geschichte denken, ohne für das Sein Gottes eine Entwicklung annehmen zu müssen? Die Fragestellung berührt sich hier mit den Überlegungen GRESHAKEs, in welchem Sinn von einer "Bereicherung" Gottes durch die eschatologische Vollendung der Geschichte gesprochen werden

kann. Auf die Unterschiedlichkeit der Antworten wird noch eigens einzugehen sein.

c) Christologische Perspektive

Die bisherigen Erörterungen über das Verhältnis Gottes zur Geschichte können nun christologisch verdichtet werden. Im Mittelpunkt steht die geschichtliche Selbstoffenbarung in Jesus Christus, die im Hinblick sowohl auf die theologische Bedeutung ihres inneren Gehalts als auch auf die christologische Einigung von Gott und Mensch hin zu entfalten ist.

Selbstoffenbarung in Jesus Christus heißt Gottes Selbsterschließung durch und in Jesus. Wenn es sich tatsächlich um das Selbst Gottes handelt und nicht um einen Teilaspekt, ergibt sich daraus eine analogielose Einheit zwischen Gott und Jesus. In ihr ist nicht nur der Gedanke enthalten, "daß der Gott in Menschengestalt e r s c h i e n e n sei, sondern daß er i d e n t i s c h geworden sei mit einem geschichtlichen Menschen, einer historischen Person, bis in ihr Leiden und ihren Tod hinein"[622]. Eine solche Bindung des zu offenbarenden Gottes an den Offenbarer und dessen Geschick widerspricht daher auch der Vorstellung, "als ob Gott schon außer Jesus Christus und ohne diesen geschichtlichen Menschen im Vollsinne Gott wäre, als ob es für sein Gottsein sekundär wäre, daß er sich zur Inkarnation in diesem Menschen entschließt"[623]. Im Gefolge derartiger Vorstellungen sieht PANNENBERG immer auch eine Nivellierung der theologischen Sinntiefe von Kreuz und Auferstehung[624].

Wenn nun, wie es der Autor entwickelt, die geschichtliche Existenz Jesu der eigentliche christologische Nerv ist, an den nicht gerührt werden darf, so muß ein Einheitsbegriff gefunden werden, der die Tragik und Härte der Geschichte in sich aufnimmt, ohne aber ihre Denkbarkeit mit einer teilweisen oder völligen Abwesenheit Gottes aus dieser Geschichte bezahlen zu müssen. Dieser kann letztlich nur dann gefunden werden, wenn die Einheit zwischen Gott und dem geschichtlichen Jesus selber als ein geschichtlicher Prozeß gedacht wird und nicht als punktueller Akt einer Zusammenfügung verschiedener Naturen. Dann rückt die Einheit als Ergebnis einer prozeßhaften Einung an das Ende des Weges Jesu. Damit wird die Auferstehung nun zu dem Ort, von dem aus dieser Forderung in ausgezeichneter Weise entsprochen werden kann.

Der Schwierigkeit, die mit dem Gedanken einer prozeßhaften Einigung entsteht und die darin liegt, daß eine werdende Einheit mit dem abschließenden Ziel der Vollendung in der Auferstehung zu einer gewissen Ausblendung der ganzen gelebten Geschichte Jesu führt, kann nicht durch die Vorstellung einer apriorischen Einheit von Gott und Jesus zu Beginn seines irdischen Lebens begegnet werden, weil hier wiederum die Gefahr einer Nivellierung des geschichtlichen Jesus entsteht. Die Aussage, "daß die Einheit mit Gott, die erst im konkreten Wege Jesu Gestalt gewinnt, und zwar erst am Ende dieses Weges, doch als Einheit mit dem ewigen Gott dem irdischen Beginn des Lebens Jesu schon vorausgeht"[625], erreicht PANNENBERG durch den Begriff der Auferstehung als ein im ontologischen Sinn rückwirkendes Ereignis. Das Ostergeschehen "als Bestätigung hat... rückwirkende Kraft für das vorösterliche Auftreten Jesu, das für sich genommen noch nicht als göttlich autorisiert e r k e n n b a r und über dessen Autorisierung auch noch nicht definitiv e n t s c h i e d e n war, das aber im Lichte der Auferstehung Jesu in seiner göttlichen Legitimation offenbar ist"[626]. Durch diesen retroaktiven und integrativen Vorgang der Einigung am Lebensende Jesu wird das dramatische Geschehensgefüge in die christologische Einheit aufgenommen. Damit ist das Leben und Geschick Jesu in das Sein Gottes eingebunden und erhält so wesenskonstitutive Bedeutung.

Nimmt man eine solche Einheitsvorstellung an, wonach die Geschichte Jesu ganz und gar zum Wesen Gottes hinzugehört und von daher d i e Offenbarung Gottes schlechthin ist, dann lassen sich für den Gottesbegriff daraus verschiedene Konsequenzen ziehen. Eine erste betrifft Gottes Verhältnis zum Leiden. Entgegen allen Formen einer göttlichen Apathie muß das Kreuz des Offenbarers seine das Wesen Gottes offenbarende Bedeutung in der Weise finden, daß Gott so am Leiden Jesu beteiligt gedacht wird, "daß die Teilnahme an diesem Geschehen nicht etwas nachträglich zu seiner Gottheit Hinzukommendes ist, sondern gerade die Eigenart seines Gottseins offenbart"[627]. Der Autor versteht dieses christologisch festgestellte Leiden indes nicht patripassianisch als Leiden des Vaters, "als ob in Jesus Gott der Vater selbst... am Kreuze gelitten hätte"[628].

Eine zweite Konsequenz bezieht sich auf jene grundlegende Haltung, die Gott der Welt gegenüber einnimmt. Im unmittelbaren Anhalt an die Gestalt der irdischen Existenz Jesu erkennt PANNENBERG als deren Spezifikum Jesu Selbstunterscheidung vom Vater. Diese sich als Gehorsam und Dahingabe zeigende Haltung wird durch den Bestätigungssinn der Auferstehung nicht nur zum Ausweis der Gottheit Jesu[629], sondern zum entscheidenden Gottesprädikat überhaupt. Denn wenn Jesus gerade in seiner unbedingten Hingabe an Gott und an die Welt an Ostern als Gott selber identifiziert werden kann, dann muß Hingabe die Gestalt sein, in der Gott Gott ist.

Wichtiger noch als diese Konsequenzen sind jene Überlegungen PANNENBERGs, die nach demjenigen Gottesbegriff fragen, der der beschriebenen Einheit Jesu mit Gott und also dem "Menschwerden" Gottes zu entsprechen vermag. Grundlegend muß hierfür zunächst die Möglichkeit eines "Werdens" Gottes angenommen werden bei gleichzeitiger Wahrung seiner göttlichen "Selbigkeit"[630]. Gegen RAHNER wendet PANNENBERG aber ein, daß es kaum genügen kann, "nur von einem Werden 'am andern' zu sprechen, als ob davon ein inneres Wesen Gottes zu unterscheiden wäre, das von solchem Werden ganz unberührt bliebe"[631]. Durch das Hervorbringen des Anderen ändert sich auch der Hervorbringende selbst. Diese "Veränderung kann vom inneren Sein Gottes nicht ferngehalten werden. Aber das braucht seine Selbigkeit nicht anzutasten"[632]. Hierfür ist Voraussetzung, daß Ewigkeit und Zeit nicht als Entgegensetzung verstanden wird. Wenn wie schon erwähnt, Ewigkeit als immerwährender Zusammenschluß des im zeitlichen Nacheinander Getrennten begriffen wird, dann könnte Inkarnation wirklich als ein Werden Gottes zugelassen werden, ohne daß dabei seine bleibende Ewigkeit gefährdet ist. Gott wird etwas, was er auch vorher schon "in gewisser Weise" gewesen ist. Diese Einschränkung "in gewisser Weise" ist zu machen, weil Gottes Ewigkeit die Menschwerdung nur als "Weg zur Inkarnation"[633] enthält. Daraus resultiert, daß die volle Wahrheit der Menschwerdung nicht schon vorgängig zu ihrem geschichtlichen Vollzug gegeben sein kann, sondern nur zusammen mit diesem. Andernfalls wäre die irdische Existenz des Menschgewordenen nur noch etwas für Gott Sekundäres, wäre bloßes Abbild einer urbildlichen Wirklichkeit mit nur noch demonstrativem statt konstitutivem Charakter. In diesem Zusammenhang kommt PANNENBERG dann zu einer Aussage, die auch im Hinblick auf unsere Frage von großer Bedeutung ist. "Erst von dem her, was zeitlich mit dem Gewicht des Endgültigen geschieht, ist mit rückwirkender Gültigkeit entschieden, was in Gottes Ewigkeit wahr ist"[634].

d) Trinitätstheologische Perspektive

Die theologische Aufgabenstellung des ersten Abschnitts (Wie kann Gott selbst eine Geschichte haben, ohne damit eine werdende Gottheit zu sein?) kann nun mit Hilfe der christologisch entworfenen Denkfigur der retroaktiven Wirksamkeit eines Endgeschehens trinitätstheologisch durchgeführt werden.

PANNENBERG kritisiert auch hier den platonischen Einfluß auf die Lehre von der immanenten Trinität. "Weil die immanente Trinität allen geschichtlichen Bezügen Gottes zur Welt vorausgedacht wurde, erscheinen sie nun alle und sogar die Inkarnation als etwas nachträglich und äußerlich zum ewigen Leben des trinitarischen Gottes Hinzukommendes. Der Gott der klassischen Trinitätslehre ist nur noch sekundär der Gott der Geschichte und der geschichtlichen Offenbarung"[635]. Um zu einer Vermittlung zwischen Geschichte und Trinität zu gelangen, müssen immanente und ökonomische Trinität zu einer "substantiellen" Einheit miteinander verschmolzen werden.

In einem ersten Schritt fragt der Autor nach der inneren Gestalt des ewigen Lebens Gottes. Dieses wird seit der Christusoffenbarung nicht im "Sinn einer unterschiedslosen Identität"[636] zu verstehen sein, sondern als relational strukturierte Wirklichkeit. Die göttlichen Personen sind nicht als ursprünglich außerhalb dieser Relationalität stehend zu denken, sondern so, daß sie ihr Personsein und ihre Gottheit nur in eben dieser Beziehungswirklichkeit besitzen: "Der Sohn hat seine Gottheit nur durch sein Verhältnis zum Vater, ebenso wie der Vater nur Gott ist in der Zeugung des Sohnes, so daß beide, Vater und Sohn, ihr göttliches Wesen nur haben durch die Gemeinschaft des Geistes. Keine der trinitarischen Personen hat ihr Wesen aus und durch sich selbst"[637]. Die Selbstunterscheidung, die sich in der Gestalt von Gehorsam und Hingabe als das Wesen der irdischen Existenz Jesu gezeigt hat, wird damit auch zum bestimmenden Merkmal der immanenten Trinität. Eine solche Verwiesenheit einer trinitarischen Person an die anderen beiden steht mit der Vorstellung einer Selbstsetzung des göttlichen Subjekts in einem unüberwindlichen Gegensatz. Die Trinität wäre dann nur Selbstentfaltung des göttlichen Subjekts mit einer die beiden anderen Personen subordinierenden Konsequenz[638].

Diese Struktur der seinskonstitutiven Angewiesenheit auf ein Gegenüber wird vom modernen Personbegriff bestätigt. Wenn es zutrifft, "daß es das Wesen der Person selbst ist, in Hingabe zu existieren"[639], dann sind Vater, Sohn und Geist in ausgezeichneter Weise als Personen anzusehen. Bedeutsam ist aber der Unterschied zur menschlichen Person. Wenn Personsein das Überwinden der Differenz zwischen suchendem Ich und zu findendem Selbst ausmacht[640], dann wird das Personsein im trinitarischen Sinn die immer schon erreichte Identität von Ich und Selbst der göttlichen Person sein[641]. In diesem Sinn gibt es kein Werden zur Person.

Mit dieser Überlegung ist nun keineswegs schon die angestrebte Verknüpfung von Selbstsein und Geschichtshandeln Gottes erreicht. Im Gegenteil - die trinitätsimmanente Gestalt der Göttlichkeit der Personen könnte die Vermutung nahelegen, daß Gott Gott ist zuerst in, durch und für sich. Und genau das müßte die Einheit von Gott und Geschichte in höchstem Maß gefährden. Deshalb hat PANNENBERG die Geschichte als Ort der Selbstdurchsetzung Gottes zugleich auch als Ort der Bewährung Gottes begriffen. Solange Geschichte in ihrer je vorläufigen, unabgeschlossenen Gestalt andauert, bleibt die Gottheit Gottes bzw. der trinitarischen Personen in Frage gestellt.

Dieser Gedanke einer Bewahrheitung Gottes durch die sukzessiv sich zeitigende Geschichte ist tatsächlich aber nur Ausdruck der gegenseitigen trinitarischen Verwiesenheit der in der Heilsökonomie handelnden Personen von Vater, Sohn und Geist. D.h. daß der Vater Gott ist, hängt an der Durchsetzung der Gottesherrschaft in der geschichtlichen Existenz des Sohnes und an der endzeitlichen Verherrlichung durch den Geist. Der Sohn hat seine Gottheit nur in der Selbstunterscheidung vom Vater, indem er sich dessen Willen unterwirft und durch den Geist mit dem Vater verbunden bleibt. Schließlich besitzt auch der Geist sein Gottsein nur in der Gemeinschaft von Vater und Sohn[642].

Im Hinblick auf das Problem einer Verknüpfung von göttlichem Sein und geschichtlichem Handeln Gottes muß das heilsgeschichtlich sich noch erweisende Gottsein Gottes mit seinem ewigen Sein nun keinen Gegensatz mehr bilden. Vielmehr ist ihre Vereinbarkeit dadurch ermöglicht, daß sich in beiden Bereichen ein Strukturgleichheit zeigt, wie Gott sein Gottsein hat. Demnach ist das Gottsein der trinitarischen Personen kein Selbstbesitz, sondern nur als Selbstunterscheidung vom göttlichen Gegenüber denkbar. Indem die Personen der immanenten und der ökonomischen Trinität identifiziert werden, entsteht eine heilsgeschichtliche Konditionierung ihrer Gottheit. "In dieser ganzen trinitarisch vermittelten Geschichte Gottes mit der Welt steht die Gottheit Gottes auf dem Spiel bis mit der Vollendung seines Reiches auch seine Gottheit erwiesen sein wird. Denn ohne das Kommen seines Reiches wäre Gott nicht. Darum ist die Zukunft seines Reiches der Ort der Wirklichkeit Gottes"[643].

Von hier aus ergibt sich zusammenfassend folgendes Bild. Die Selbstdurchsetzung Gottes in der Geschichte (d.h. seine "Geschichtlichkeit") vollzieht sich als die Durchsetzung seines Reiches. Weil dieses Reich "der Ort der Wirklichkeit Gottes" ist, zugleich aber ein geschichtliches Werden von Gott ausgeschlossen werden soll, hat PANNENBERG die christologisch entworfene Denkfigur der retroaktiven Wirksamkeit eines end-gültigen Geschehens hier zur Anwendung gebracht. Demnach bedeutet die universalgeschichtliche eschatologische Gottesherrschaft eine Bewährung und Bestätigung der Gottheit Gottes. Denn auch hier gilt: "Erst von dem her, was zeitlich mit dem Gewicht des Endgültigen geschieht, ist mit rückwirkender Gültigkeit entschieden, was in Gottes Ewigkeit wahr ist"[644]. Auf diese Weise hat der Autor einen Mittelweg zwischen einem an die universalgeschichtliche Entwicklung gebundenen "Werden" Gottes und einem für Gott selbst belang- und folgenlosen Geschichtshandeln versucht.

Das Gesagte muß sich trinitätstheologisch bestätigen lassen, denn die Durchsetzung der Gottesherrschaft wird nicht von einer einzigen göttlichen Person getragen, sondern von Vater, Sohn und Geist. Hängt die Gottheit Gottes von der Vollendung seines Reiches ab, dann auch die Gottheit jeder trinitarischen Person. Eine solche Abhängigkeit bedeutet aber keine Bedingtheit durch ein Geschichtliches in dem Sinn, daß der universalgeschichtliche Prozeß eine für die Trinität neue Wirklichkeit austrägt. Die Abhängigkeit der Gottheit der trinitarischen Personen muß vielmehr selbst trinitarisch verstanden werden. Was sich innertrinitarisch als gegenseitige Verwiesenheit der Personen gezeigt hat, legt sich in der Heilsökonomie als die Angewiesenheit einer Person auf das Mithandeln der beiden anderen Personen aus. Die relational strukturierte Gottheit Gottes zeigt sich konkret als das notwendige Zusammenwirken der heilsgeschichtlich handelnden Personen. Sie bringen die eschatologische Gottesherrschaft zur Durchsetzung und "konstituieren" im spezifischen Sinn einer Ontologie der retroaktiven Wirksamkeit eines end-gültigen Geschehens darin die Gottheit Gottes. Von hier aus kann gesagt werden: "Der trinitarische Gott ist in sich selbst ein geschichtlicher Prozeß"[645].

Bemerkungen

PANNENBERGs Orientierung am biblischen Zeugnis, Gott als Bundesgott und in apokalyptischer Weitung als Herrn der Geschichte zu begreifen, rückt ihn in deutliche Nähe zu den bundestheologischen Überlegungen GRESHAKEs. Auch diesem geht es um die Verhältnisbestimmung zwischen Gottes Gottsein und seiner endzeitlichen Gottesherrschaft. Bei gleicher Fragestellung werden jedoch verschiedene Antworten gegeben. GRESHAKE läßt sich auf eine ontologische Reflexion im Grunde nicht ein. Der Gott "alles in allem" unterscheidet sich von jenem Gott "im Anfang" nicht hinsichtlich seines Seins, sondern durch sein Verherrlichtsein durch die neue Schöpfung. Die "Bereicherung" Gottes liegt in der Antwort der Schöpfung auf seine Liebe. Demgegenüber hat PANNENBERG der Geschichte als Raum der in der Zukunft vollendeten Gottesherrschaft insofern ontologische Bedeutung beigemessen, als sich darin Gottes Gottsein bewährt. Das sich bewährende göttliche Selbst muß schon als vorausgesetzt gedacht werden. Es entsteht also dabei nicht eigentlich ein Neues. Und dennoch hat die Geschichte insofern auch für Gott Bedeutung, als mit deren Endgültigkeit auch die Endgültigkeit der Wahrheit Gottes feststeht. Die von PANNENBERG an dieser Stelle immer wieder betonte Logik der retroaktiven Wirksamkeit eines Endgeschehens verhindert dabei die Vorstellung einer unter den Gesetzen zeitlicher Geschichte stehenden Aktualisierung einer göttlichen Potenz. Damit zeigt dieser Vergleich mit GRESHAKE, daß PANNENBERG die Frage verschärft hat, indem er sie ontologisch versteht[646].

In deutlichem Gegensatz steht der Autor zu BARTH. Der Gedanke einer vorzeitlichen (Erwählungs-)Geschichte im innertrinitarischen Leben Gottes, die sich im raum-zeitlichen Horizont der Schöpfung dann nachvollzieht, ist genau das theologische Muster, das PANNENBERG für unbrauchbar hält, weil Geschichte und Heilsökonomie Gottes dann auch fehlen könnten, ohne daß dadurch für Gottes Gottsein ein Unterschied bestehen müßte.

Mit RAHNER verbindet den Autor die Annahme der Identität von immanenter und ökonomischer Trinität. Während RAHNER diese Iden-

tität als Disposition der immanenten Trinität zur Heilsökonomie versteht, geht es PANNENBERG darum, daß sich im heilsgeschichtlichen Handeln der Trinität Gott in seiner immanenten Trinität "bewahrheitet".
In christologischer Hinsicht teilt der Autor WIEDERKEHRs Anliegen, die irdische Existenz Jesu gerade in ihrer Geschichtlichkeit und Ganzheit als Offenbarung Gottes zu verstehen. Die Vereinbarkeit von geschichtlicher Existenz und göttlichem Sein wird indessen verschieden gedacht. WIEDERKEHR faßt die geschichtliche Existenz Jesu als geschöpfliche Auslegungsgestalt der Sohnschaft des Menschgewordenen, so daß die Geschichte Jesu von Anfang an die Geschichte des Sohnes ist. PANNENBERG dagegen lehnt diese Inkarnationstheologie als mythisch ab. Seine Argumentation fällt ungleich komplizierter aus, weil er die Inkarnationstheologie nicht als Anfang, sondern nur als Zielaussage theologischen Denkens akzeptiert. Die göttliche Identität Jesu Christi darf weder apriorisch noch als bloßes Resultat der Geschichte Jesu verstanden werden. Sein Lösungsvorschlag ist der retroaktive Bestätigungssinn der Auferstehung als die rückwirkende Setzung der göttlichen Identität Jesu Christi von Anbeginn seiner menschlichen Existenz.
PANNENBERGs enge Verknüpfung von Gott und Geschichte kann nach J.WIRSCHING zu einer "Überwindung des in der Theologie herrschend gewordenen Zwei-Reiche-Denkens"[647] führen. Ebenso hat sie wesentlich Anteil daran, daß Geschichte innerhalb des theologischen Denkens nicht unbedingt mehr auf eine existentialistische Geschichtlichkeit reduziert oder in eine Über- oder Urgeschichte aufgelöst wird. Als Adressat und Medium göttlicher Offenbarung erhält die Geschichte wieder den Charakter eines theologischen Datums[648]. Von entscheidender Bedeutung dürfte aber eine Neubesinnung auf das Verhältnis Gottes zur geschichtlichen Offenbarung in seiner konkreten christologischen Durchführung sein. Muß die Inkarnationstheologie als eine Spitzenaussage für die unüberbietbare Nähe Gottes zur Geschichte verstanden werden, dann werden gerade im Sinne PANNENBERGs all jene Überlegungen fragwürdig, die in der Menschwerdung nur eine tangentiale Berührung der Geschichte durch Gott sehen. Eine Revision dieses Standpunktes hätte für Soteriologie, Ekklesiologie bis hin zur Sakramententheologie weitreichende Folgen, dies nicht zuletzt auch in ökumenischer Hinsicht.

Noch charakteristischer für PANNENBERGs biblische Orientierung ist die Betonung der eschatologischen Gottesherrschaft. Die gezielte Verwendung des Endzeitlichen für die Konstituierung des Gottesbegriffs bringt ihn dabei in eine grundsätzliche Nähe zu jenen theologischen Überlegungen, wie sie vor allem von MOLTMANN vertreten werden. So wie PANNENBERG Gott als den Zukünftigen denkt, sichert er ihm nach E.F.TUPPER Freiheit und Transzendenz gegenüber der Welt, ohne ihn damit von der Welt zu isolieren[649].

Die beiden Wesensmerkmale der theologischen Bemühungen PANNENBERGs, Radikalisierung der Nähe Gottes zur Geschichte und die Betonung der Endzeitlichkeit Gottes, haben vielerorts auch Anlaß zu Kritik geboten. Ein erster Vorwurf lautet, der Autor habe grundsätzlich eine Identifizierung von Gott und Geschichte vorgenommen. M.BUSS erkennt hier eine Verendlichung des Unendlichen, weil Gott naiv in der raum-zeitlichen Wirklichkeit angesiedelt wird[650]. Ebenso urteilt W.HAMILTON: "Gott i s t in gewissem Sinne die Geschichte; oder wenigstens ist er per definitionem i n der Geschichte, wo historische Methode ihn also finden kann"[651]. Ist Gott aber zu einem historisch konstatierbaren Moment gemacht, dann wird man auch nicht mehr von einer Offenbarung G o t t e s reden können[652]. In einer letzten Konsequenz führt eine Einschmelzung Gottes in den Verlauf der Geschichte nicht nur zur Verendlichung Gottes, sondern weist der Geschichte durch Umkehrung des eigentlichen Gott-Welt-Verhältnisses schließlich eine gottkonstitutive Funktion zu. Nach W.KLEIN handelt es sich um einen "Fetischismus der Geschichte, der einen religionsgeschichtlichen Prozeß zum Gott in der Zeit erhebt"[653]. Demgegenüber hat PANNENBERG den Vorwurf einer Identifizierung Gottes mit der Geschichte zurückgewiesen. "Gerade die Geschichtlichkeit alles Wirklichen bedeutet vielmehr, daß die im Geschehen wirkende Macht das Vorhandene (als das Endliche) in jedem Augenblick von sich unterscheidet, es gleichsam von sich abstößt, indem sie übergeht zur Hervorbringung neuen, bislang noch nicht dagewesenen Geschehens"[654]. Ist eine Gleichsetzung von Gott als der geschichtlich wirksamen Macht und dem Endlichen als geschichtlich Gegebenem demnach nicht möglich, so bleibt hier doch die Frage offen, ob die Kennzeichnung Gottes als "Ferment" der Geschichte (d.h. im Sinne des Autors als zielursächliche Zukünftigkeit zu jeder Zeit) seine Geschichtsmächtigkeit in vollem Umfang sichert. Oder verbirgt sich hinter einer solchen geschichtsgestaltenden

Beziehung Gottes gar eine Wesensnotwendigkeit im Sinne der Prozeßtheologie? Für WHITEHEAD und seine Nachfolger ist die Idealität Gottes als impulsgebende Zielorientierung für den geschichtlichen Prozeß ihrem Wesen nach immer auch auf eine raum-zeitliche Konkretisierung angewiesen. Nur zusammen mit seiner so entstehenden Folgenatur hat Gott seine volle Existenz. H.NEIE bemerkt hierzu, daß der Begriff der Ewigkeit Gottes bei PANNENBERG in einer gewissen Nähe zu Gottes Ur- und Folgenatur bei WHITEHEAD steht: Gott geht als der Zukünftige jeder Zeit voraus und enthält zugleich in der Selbstdurchsetzung der Gottesherrschaft eine zeitliche Dimension[655]. Den entscheidenden Unterschied sieht NEIE jedoch darin, daß die Empfänglichkeit gegenüber dem geschichtlich Kontingenten für Gottes Sein ohne ontologische Konsequenz bleibt[656]. Dem wird man nicht gänzlich zustimmen können. Denn obwohl Gottes Selbstdurchsetzung im Verlauf der Geschichte bei PANNENBERG nicht jene ontologische Folge nach sich zieht wie innerhalb der Prozeßtheologie -die um das Moment des Endlich-Konkreten b e r e i c h e r t e urnatürliche Existenz Gottes- kann doch kaum die Bewahrheitung Gottes durch sein Geschichtshandeln als ontologische Folgenlosigkeit bezeichnet werden. In dem Maß, in dem hier eine Konsequenz für das Sein Gottes anzunehmen ist, wird dann jedenfalls im Verhältnis zu Gott auch der Geschichte eine besondere Bedeutung beigelegt werden müssen. Auf die Frage nach der wesenskonstitutiven Bedeutung der Geschichte für Gott wird unten nochmals einzugehen sein.
Die bedenkliche Vermengung von Gott und Geschichte entsteht nicht nur durch eine Mißachtung der kreatürlichen Differenz zwischen Schöpfer und Geschöpf, sondern auch durch eine problematische Bestimmung des Subjekts göttlicher Geschichtsoffenbarung. Dieses ist gemäß der Schrift der Logos bzw. der Sohn als Selbst-Aussage und Selbst-Mitteilung des göttlichen Selbst, so daß das Ausgesagte und Mitgeteilte nicht einfach dasselbe ist wie der Sich-Aussagende und Sich-Mitteilende. PANNENBERGs Überzeugung, eine Offenbarungstheologie beschäftige sich solange bloß mit einem "Etwas" von Gott, nicht aber mit ihm selbst, solange sie nicht das göttliche Selbst als Offenbarungssubjekt annehme, hat L.STEIGER dazu veranlaßt ihm vorzuwerfen, er habe aus der Offenbarungsgeschichte eine Inkarnationsgeschichte gemacht. "Erstens ist diese Unmittelbarkeit theologisch falsch und widerspricht überall im Alten und Neuen Testament der wörtlichen Kundgabe von

Gottes Willen und Wesen. Und zweitens muß man über diesen halben Hegel den Spott des ganzen gießen, nämlich den Spott über die unvermittelte Unmittelbarkeit der Romantik"[657]. PANNENBERG hat diese "unvermittelte Unmittelbarkeit" zurückgewiesen und STEIGER den Vorwurf gemacht, den Sinn der "Forderung nach einer unbefangenen Wahrnehmung der Gott offenbarenden Ereignisse"[658] nicht zu sehen.

Auf eine Vermischung von göttlichem und geschöpflichem Sein innerhalb der Christologie hat A.ZIEGENAUS hingewiesen. "Pannenberg versteht... (den hegelschen Gedanken zufolge, daß das Absolute erst Resultat ist) die zum Abschluß gelangte, verklärte, pneumatische Existenzweise als Gott und den noch vertrauenden, nicht den vollen Sinn erfassenden 'Gott' als Mensch. Eine prozessuale Entwicklung kann jedoch nicht den Unterschied zwischen Gott (Schöpfer) und Mensch (Geschöpf) aufheben"[659]. Problematisch bei dieser Kritik scheint weniger die behauptete Vermengung von göttlichem und kreatürlichem Sein als vielmehr ihre christologische Begründung. Für den Autor ist es gerade keine "prozessuale Entwicklung", in der Jesus zum Gottessohn wird. Es gibt kein Werden der Gottessohnschaft, weil damit die Wahrheit der Inkarnationsaussage verloren ginge. Der retroaktive Sinn der Auferstehung bedeutet, daß Jesus mit rückwirkender Geltung schon seit Geburt der Sohn Gottes gewesen ist. Das ist etwas anderes als eine werdende Sohnschaft. Wiewohl diesem Versuch eine gewisse Künstlichkeit anhaftet, gelingt es ihm doch, unter Ausschaltung des adoptianistischen Prozeßgedankens eine ins Mythologische gehende Vermischung von göttlichem und menschlichem Sein weitgehend zu verhindern.

Während in diesem ersten grundsätzlichen Einwand Gott als mit dem geschichtlichen Prozeß teilweise oder ganz identifiziert erkannt wurde, richtet sich ein zweiter grundsätzlicher Einwand gegen eine Unterordnung Gottes unter die Gesetzmäßigkeiten einer historischen Logik, indem er als ein Postulat geschichtstheoretischen Denkens erscheint. Den Anhaltspunkt für diese Kritik liefert PANNENBERGs Bemühung um eine Vermittlung von theologischer und historischer Hermeneutik, die den Gedanken des biblischen Geschichtsgottes als leistungsfähige Antwort auf die Frage des Historikers nach geschichtlicher Einheit ausweist[660]. P.HENKE hält diese Vermittlung jedoch für gescheitert, weil sich PANNENBERGs ursprüngliche Intention einer geschichtsphilosophischen

Applikation eines originär theologischen Gedankens unter der Hand in das Gegenteil geschichtsphilosophischer Konstruktion gekehrt hat. Dieser "'Konstruktions'-Charakter des Entwurfs dürfte darauf zurückgehen, daß Pannenberg die biblische Geschichtskonzeption, wie er sie der Schrift entnimmt, zu einem Entwurf im Sinne Collingwoods formt und so meint, unter den Bedingungen der historisch-kritischen Methode das biblische Geschichtsverständnis zur Sprache zu bringen"[661]. Der Vorstellung, Gottes integrierendes Geschichtshandeln schaffe Kontinuität der Geschichte und auf diese Weise eine letzte, transzendental begründete Einheit, ist ein "zunehmendes Gefälle zu logischer und ontologischer Selbständigkeit gegenüber dem biblischen Befund"[662] eigen. Denn wenn entgegen jedem historischen Verständnis an einer universalgeschichtlichen Einheit festgehalten werden soll, und diese nicht geschichtsimmanent begründet werden kann, dann erscheint im Rahmen der historischen Vernunft der metahistorische, integrativ handelnde Geschichtsgott zur Begründung eben dieser Einheit als eine Denk- und Seinsnotwendigkeit. WIRSCHING sieht PANNENBERGs Geschichtsentwurf deshalb zur "handhabbaren Strukturlogik eines apokalyptisch-universalhistorischen Schemas"[663] verkommen, in dem einmal der biblische Gott nun seinerseits nur noch bestätigende Funktion hat und in eben dieser Funktion aufgeht, und zum anderen die Kontingenz der biblischen Geschichte durch eine "ästhetisierende 'Struktur'"[664] beseitigt ist. Während aber diese Kritik nur die besondere Identität des biblischen Gottes vermißt, begegnet H.-G.GEYER dem Bemühen, Geschichtsphilosophie und Theologie zu vermitteln, mit grundsätzlicher Skepsis. "Der Gottesidee der historischen Vernunft scheint eine gewisse Überflüssigkeit anzuhaften, sofern das geschichtliche Denken diese Idee nur zu finden scheint, indem es reflektierend aus der historischen Forschung heraustritt, und ihrer nicht zu bedürfen scheint, wenn es aus der Abstraktion zurückgeht in den konkreten Vollzug historischer Forschung"[665].

Die geschichtstheoretische Funktionalisierung Gottes hat auch an diesem Punkt immer wieder zum Vergleich mit dem prozeßtheologischen Gottesbegriff geführt. Hier ist aber zumindest ein Unterschied im Maß der Evidenz zu sehen. Während es bei PANNENBERG nur Ansätze gibt, Gott als Postulat der historischen Vernunft zu interpretieren, sind bei WHITEHEAD die Hinweise eindeutig, wonach eine den Kosmos durchwaltende "creativity" von Gott zu

unterscheiden ist und dies in dem Sinn, daß er als ausführendes Organ jenes schöpferischen Prinzips fungiert. NEIE hat aus diesem Vergleich den Schluß gezogen, daß PANNENBERGs Begriff der Zukünftigkeit Gottes auch jenes schöpferische Prinzip einschließt, das WHITEHEAD Gott stellenweise überordnet[666]. Mit dem Einschluß dieses schöpferischen Prinzips in das Wesen Gottes wird man aber weder die Souveränität Gottes noch die Überwindung der Funktionalisierung des Gottesbegriffs behaupten können, weil "creativity" im prozeßtheologischen Sinn keine schöpfungsmächtige Freiheit gegenüber dem Geschaffenen schlechthin beinhaltet, sondern nur eine dem Kosmos immanente Dynamik meint.
Wird Gott auf eine geschichtstheoretische Funktion reduziert, so ergibt sich daraus nicht nur die erwähnte Konstatierbarkeit Gottes im Lauf der Geschichte, sondern auch seine vernünftige Erkennbarkeit. Nach MOLTMANN hat der Autor keineswegs die von ihm selbst kritisierte Rückschlußlogik überwunden, sondern sie nur eschatologisch verwendet. "Wie in der griechischen Kosmostheologie das ewige Sein Gottes im Seienden indirekt erscheint und aus ihm erschlossen werden kann, so würde hier Gottes Wesenheit in den Ge-wesenheiten der Geschichte wiedererkannt"[667]. Und WIRSCHING kommt im Anschluß an seine Analyse einer Funktionalisierung Gottes unter einem geschichtstheoretischen Primat zu der Erkenntnis: "Im Grunde 'weiß' P. den ganzen Offenbarungsplan schon im voraus"[668]. Eine derartige Plausibilität läßt den Glauben als bloße Aneignung verstandesmäßiger Einsichten erscheinen, dem jeder Gnadencharakter abgeht[669]. Das bedeutet eine völlige Ausblendung der Kreuzestheologie[670] und so eine Beseitigung der Differenz von philosophischer und theologischer Wahrheitsfrage. "Das Wort vom Kreuz hört auf, eine Torheit vor der Welt zu sein"[671]. Der Autor hat diesen für protestantische Ohren besonders schweren Vorwurf mit dem Hinweis zurückgewiesen, daß gerade "ein von der Ebene der Welt und der in ihr geltenden Wahrheit sich zurückziehendes Kerygma"[672] seine Anstößigkeit verliert.

Abschließend wird man zu diesem zweiten Kritikpunkt sagen können, daß die Behauptung, Gott sei auf eine Funktion der historischen Vernunft reduziert, nicht in vollem Umfang haltbar ist[673]. Gewiß aber gibt es partielle Deckungen zwischen Gottes integrativem Geschichtshandeln und einer bestimmten geschichtsphilosophischen Logik, so daß eine funktionalistische Verzerrung des Gottesbegriffs nicht völlig ausgeschlossen werden kann.

Andererseits finden sich auch Gedanken, die umgekehrt die Gesamtheit des geschichtlichen Verlaufs als dem Gottesbegriff funktional untergeordnet erscheinen lassen. Darauf wird nun im Zusammenhang mit einem letzten Einwand ausführlich einzugehen sein.

Dieser letzte Einwand richtet sich gegen PANNENBERGs Verhältnisbestimmung von ursprünglicher Wesensfülle Gottes und seiner eschatologischen Gottesherrschaft. Die akzentuiert theologale Bedeutung der Gottesherrschaft in ihrer universalen Ausdehnung am Ende der Geschichte -wenn Gott alles in allem sein wird- hat zu einer gewissen Eschatologisierung des Gottesbegriffs geführt. Nach MOLTMANN ist die trinitarische Differenz der göttlichen Personen allein eschatologisch begründet, "die sich im Eschaton dann selbst auflöst"[674]. Demgegenüber ist darauf hinzuweisen, daß MOLTMANNs Konzeption, wonach das eschatologische Heilshandeln der trinitarischen Personen in der Geschichte gerade deren unterscheidende göttliche Identität voll konstituiert, auch von PANNENBERG grundsätzlich angenommen wird, aber so, daß nicht von einer Auflösung der trinitarischen Differenz, sondern von deren Bestätigung zu sprechen sein wird.
Die völlige Eschatologisierung des Gottesbegriffs sieht J.B.COBB in einer Identifizierung Gottes mit seiner Herrschaft am Ende der Geschichte[675]. Und TUPPER konstatiert in Entsprechung hierzu, daß dem Ewigkeitsbegriff unter jenem eschatologischen Vorbehalt stehend eine unübersehbare Entwicklungsbedürftigkeit (embryonic development[676]) eigen ist. Beide Anmerkungen zielen darauf ab, das Sein Gottes als Resultat eines geschichtlichen Entwicklungsprozesses auszuweisen. Die das Sein Gottes bestätigende Funktion des Geschichtsendes hat deshalb auch hier den Vorwurf des Hegelianismus[677] provoziert.
Hierzu ist zu bemerken: Zunächst besteht im Blick auf die ontologische Funktion dessen, was einen geschichtlichen Prozeß beendet und als Resultat erscheint, eine gewisse Nähe zu HEGEL. Dennoch ist ein entscheidender Unterschied nicht zu übersehen. Während bei HEGEL das Sich-Zeigen (nach einem eigenen Wortspiel) immer auch ein Zeugen darstellt, so daß durch die dialektische Bewegung des Geistes eine ontologische Höherentwicklung angenommen werden kann, hat bei PANNENBERG das Offenbarwerden des Göttlichen im Horizont der Geschichte nicht eigentlich eine qualitative Bereicherung göttlicher Seinsfülle zur Folge. Von hier aus zeigt es sich vielmehr, was in Gottes Ewigkeit immer schon -nun

aber mit Entschiedenheit und End-gültigkeit- wahr gewesen ist. Der Unterschied von Anfang und Ende ist nicht der von Potentialität und Aktualität, von Substanzialität und Subjektivität. Die Entschiedenheit und Endgültigkeit der göttlichen Wahrheit ist nicht dasselbe wie der zu sich gelangte absolute Geist. Deutlicher ist der Unterschied gegenüber WHITEHEAD, der nicht umhin kann, durch die Bereicherung der folgenatürlichen Existenz Gottes eine innere Entwicklung anzunehmen. Hiervon setzt PANNENBERG sich selbst ab: "Die Zukünftigkeit Gottes als der Macht der Zukunft impliziert nicht den Gedanken einer Entwicklung"[678].

Wenn also nicht von einem Werden Gottes die Rede sein kann[679] und noch weniger von einem Trinitarisch-Werden, wie SCHOONENBERG[680] es annimmt, andererseits aber die Gottesherrschaft nicht bloßes Akzidenz Gottes sein soll und die Offenbarung in der Geschichte eine bewahrheitende Funktion hat, dann ist die Frage nach dem Verhältnis von Gottes ewiger Seinsfülle und der vollendeten Gottesherrschaft noch nicht erledigt. Hat die (Heils-) Geschichte für Gott dann noch konstitutiven Charakter? Wie ist die ursprüngliche Seinsfülle Gottes ontologisch zu bestimmen?

Dazu ist der Gedanke der retroaktiven Bestätigung abschließend zu bedenken. Gewiß kann die eschatologische Wirklichkeit Gottes in ihrer Verzahnung mit dem geschichtlich Gewordenen in ontologischer Hinsicht nicht einfach dasselbe sein wie die ewige Wesenheit Gottes vor allem Anfang. Hier am Ende der Geschichte und unter Voraussetzung ihres ganzen Verlaufs gelangt Gottes Wahrheit zu Endgültigkeit, so daß diese Endgültigkeit der Wirklichkeit Gottes die neue Form göttlicher Wahrheit ist. Diese im Sinne PANNENBERGs eindeutige und unaufgebbare "Höherentwicklung" muß aber als standortgebundene Erkenntnis des geschichtlich-endlichen Menschen verstanden werden. Und hierin liegt auch der subtile Unterschied gegenüber dem hegelschen Gedanken der Geistwerdung, der in der Diskussion nicht immer ausreichend beachtet wird. Die retroaktive Bewahrheitung identifiziert das Sein des Gottes der Endzeit mit dessen ursprünglicher seinshaften Wesenheit in der Weise, daß in ontologischer Hinsicht kein Unterschied besteht. Bewahrheitung zeigt das als wahr an, was wahr ist und immer schon wahr gewesen ist. Sie meint in keinem Fall, daß das Wahre nun erst wahr geworden sei. Der Anfang ist im realidentischen Sinn das Ende. Zwischen beiden liegt nicht ein Gewordensein. So ist die Wahrheit Gottes auch seine Ewigkeit,

indem der geschichtliche Prozeß der Bewahrheitung für Gott auf einen Punkt zusammenfällt.
Der Denkfigur einer rückwirkenden Bewahrheitung ist eine gewisse Künstlichkeit eigen. Die die Bewahrheitung göttlicher Wahrheit konstituierende Wirkung der Geschichte wird zugegeben, aber durch den retroaktiven Charakter der Wirksamkeit des Geschichtsendes als ein ontologisches Konstitutivum im gleichen Augenblick wieder zurückgenommen. Die Forderung, Identität von Anfang und Ende gegen einen Prozeß göttlichen Werdens zu denken, erscheint theologisch ebenso sinnvoll, wie der Gottesherrschaft in der Geschichte für das Wesen Gottes eine Relevanz einzuräumen. Beidem versucht der Autor gerecht zu werden, ohne den schmalen Grat des Dialektischen zu verlassen. Als redlicher Versuch, zwischen einer werdenden und einer statischen, rein jenseitigen und unveränderlichen Gottheit die Mitte zu bestimmen und damit eine Geschichte Gottes nicht als aktualisierende Verwirklichung, Bewußtwerdung eines An-Sich oder prozeßtheologische Konkretisierung zu verstehen, verdient PANNENBERGs Beitrag ernstgenommen zu werden.
Allerdings bleibt hier ein letzter Einwand bestehen. Nach dem Zeugnis der Schrift wird die eschatologische Vollendung der Geschichte durch Gott stets als Vollendung der Gottes *herrschaft*[681] verstanden. Wenn sich das Selbst Gottes heilsgeschichtlich bewährt, dann immer in dem Sinn, daß dieses Selbst doch *über* der Geschichte steht. Das NT spricht deshalb von der eschatologischen Christusherrschaft (Röm 9,4; Eph 1,21; Kol 1,16) oder der Herrschaft des Vaters (Eph 4,6; 1 Kor 15,24). Es hat sich gezeigt, daß dieser Aspekt in PANNENBERGs universalgeschichtlich orientiertem Gottesverständnis etwas zu kurz kommt. Obwohl der Gedanke eines integrativen Heilshandelns die Vorstellung von der Geschichtsmächtigkeit implizieren könnte, hat der Bestätigungssinn des Geschichtlichen in theologaler Hinsicht so viel Gewicht, daß für den Herrschaftsaspekt nicht genügend Raum bleibt.
Aufs Ganze gesehen ergeben sich für die Diskussion zwei wesentliche Gesichtspunkte.
1. Das Heilshandeln Gottes in der Geschichte darf unter keinen Umständen als vom Wesen Gottes getrennt vorgestellt werden. Um die Gefahr einer theologalen Scheidung in ein "Innen" und ein "Außen" Gottes zu vermeiden (Vgl. dazu GALOT, aber auch GRESHAKE

und KITAMORI), muß das Geschichtshandeln Gottes den Charakter einer ontologischen Befindlichkeit erhalten. Auf diese Weise wird der Anschein einer Zufälligkeit der Heilsökonomie vermieden.
2. Im Rahmen der Frage nach dem Verhältnis von Heilshandeln Gottes und seiner "Unveränderlichkeit" ist es legitim danach zu fragen, welche Bedeutung die universale Gottesherrschaft für Gott selbst hat. Eine Antwort hierauf muß ein Zweifaches bedenken. Einmal darf das "Gott alles in allem" (1 Kor 15,28) nicht seines theologalen Inhalts entleert werden. Zum anderen bedeutet die eschatologische Vollendung doch niemals die "Vollendung" Gottes. Als eine positive Antwortmöglichkeit ist hier grundsätzlich der Gedanke der Bewährung Gottes zu erwägen. Die Interpretation PANNENBERGs kann dabei eine Herausforderung sein.

V. Staurologischer Ansatz

1) G.KOCH: Gottes bedingungslose Nähe zur Welt

a) Identität von Sein und Werk Gottes

Im Mittelpunkt des Interesses steht bei G.KOCH der Gedanke des seiner Schöpfung nahen Gottes, den er in verschiedenen Veröffentlichungen[682] entfaltet hat. Diese Nähe Gottes zur Welt ergibt sich für ihn grundlegend aus dessen Schöpfersein. Er verfolgt damit das Ziel, den defizitären Schöpfergott-Gedanken von seiner perspektivischen Einengung auf die Frage nach dem Ursprung der Welt zu befreien. Im Rückgriff auf LUTHERs Schöpfungstheologie gilt es, das "regimentliche Tun Gottes"[683], d.h. die Erhaltung der Welt zu bedenken. Wird dies getan, dann stellt sich heute unweigerlich die Frage, "wie Präsenz Gottes und das geschichtliche, die Wirklichkeit ständig umgestaltende Werden, an welchem obendrein der Mensch der Neuzeit erheblichen Anteil hat, miteinander verbunden werden können"[684]. Auf diese Weise gelangt man zu einem Gottesverständnis, das nicht mehr Ergebnis einer die Welt ständig übersteigenden Abstraktion ist, sondern das Gott als den in der Geschichte handelnden, als den mitgehenden Weggott erkennt. "Christlicher Glaube bezeugt und redet von Gott in der Welt; allein dieser Relation gilt seine ganze Bemühung"[685].
Diese Position enthält Einwände gegen eine Anzahl traditioneller Gottesvorstellungen. Im Bannkreis des religiösen Subjektivismus wird Gott wohl als der nahe geglaubt und erfahren, aber dabei

wird der Weltbezug Gottes privatisiert und so seiner umgreifenden, Geschichte durchformenden Gestalt beraubt. "Theologie kann nicht die Toten ihre Toten begraben lassen und selbst siegesgewiß am göttlich vermeinten Wesen des Menschen arbeiten, indem sie von Transzendenz und Existenz spricht und in diesem Sinn das vor-Gott-Sein versteht"[686]. Aber mehr noch als der religiöse Subjektivismus muß eine Theologie den Weggott verfehlen, die Gott als "Prinzip des Denkens"[687] begreift. Dessen Abstraktheit deutet auf ein gänzlich geschichtsenthobenes, weltfernes An-sich. Die lebendige Wirklichkeit Gottes verkäme zu einer "Idee" Gottes[688], die aus allem Werden herauszuhalten wäre. Die christliche Inkarnationsaussage würde dann zu einer Theophanievorstellung verkürzt, die Offenbarung nur als eine Erscheinung begreift, hinter der das absolute Sein Gottes verborgen bleibt[689]. Und schließlich verbietet die Theologie des Weggottes alle religiösen Überhöhungsversuche, die Gottes Schöpfungsbezug als Herrschaft eines Souveräns über die Welt verstehen. Denn es bleibt am Ende fraglich, ob "die Weltüberlegenheit Gottes nicht letztlich doch Ausdruck seiner Weltlosigkeit ist"[690].
Die Kritik an diesen Gottesvorstellungen, für die nach KOCH weniger der griechische Gottesgedanke als "die leere Allmacht Gottes seit dem Nominalismus"[691] verantwortlich ist, bezieht ihre Kraft aus den geschichtlichen Erfahrungen mit der beunruhigenden Wirklichkeit des sich in der Welt geoffenbarten dreieinigen Gottes. Dessen Wirklichkeit liegt wohl nicht im Bereich menschlichen Denkens, sondern begegnet dem Menschen extra nos. Aber Gott wird doch nur so erfahren, daß Geschichte keine bloße Szenerie bleibt, aus der Gottes Wirklichkeit als weltlos herausgelöst werden könnte. Gottesbegegnung ist kein überwältigender Einbruch eines transzendenten Jenseits, sondern die Erfahrung in der Welt an der Welt. "Dem Glauben gehören die Wirklichkeit Gottes und die Weltwirklichkeit unlösbar und unauflösbar zusammen"[692].

So macht diese zentrale These KOCHs auf einen doppelten Umstand aufmerksam. Für die Gotteserkenntnis gilt, daß sie keinen anderen Anhalt als einzig an den weltlichen Werken Gottes besitzt. Zum anderen darf das Wesen Gottes selbst nicht noch einmal von seiner Offenbarung so abgelöst werden, daß wahre Gotteserkenntnis erst noch bis in eine hinter den Werken liegende Sphäre vordringen müßte. Darin, daß Gott in seiner Offenbarung ganz er selbst ist, es keine relative Authentizität noch eine zusätzliche Identität gibt, daß also "zwischen dem Sein und dem Wirken nicht unterschieden werden kann, sie vielmehr in eins sind"[693], besteht KOCHs Grundüberzeugung. Besitzen die heilsgeschichtlichen Werke aber diese theologische Qualität, so trägt Gott "das Odium der Relativität"[694] an sich. Eine Entgegensetzung von Gott und Welt ist dann untheologisch. Vielmehr ist mit der "Weltlichkeit Gottes"[695] ernstzumachen.

b) Unermeßlichkeit der Welt

Die erkenntnisbildende Beschaffenheit der "Erfahrungen an den Weltdingen"[696] in Bezug auf den christlichen Gottesbegriff und das Verbot, "sich spekulativ von dem Endlichen und Begrenzten auf ein Unendliches zu beziehen"[697], weisen bei KOCH auf die göttliche Dignität der Welt. Deshalb kann es nicht statthaft sein, gering von der Welt zu denken[698]. Gott ist "bei seiner Schöpfung und mit ihr, von ihr nicht mehr abzuheben"[699]. Der "Verlust an Welt"[700] muß deshalb als besondere Hypothek vergangener Traditionen empfunden werden. Es gilt, statt Kontingenz und Defizienz die "Unausmeßbarkeit der Welt"[701] zu erkennen.

Diese Qualtität bedeutet Unberechenbarkeit (und eröffnet demnach gerade nicht die Möglichkeit einer natürlichen Theologie im klassischen Verständnis). Welt ist das in Dualität, Spannung und Ambivalenz Bestehende. Geschichte kann grundsätzlich nicht kalkuliert werden, sie ist ein einziges Ereignis "ungebändigter Wirklichkeit"[702]. Ihre Unberechenbarkeit hat jeden Herrschaftsanspruch und Machbarkeitswahn des Menschen desavouiert. Die Unaufhaltsamkeit weltlichen Geschehens hinterläßt das Geschehene als das Gewordene und gibt damit Werden und Vergehen und so auch den Tod als Grundbefindlichkeiten des Welthaften zu erkennen.

Dieses Vergehen meint nun keinesfalls ein Auflösen alles Welthaften in eitle Nichtigkeit. Dennoch verdient die geschöpfliche Todeswirklichkeit so ernstgenommen zu werden, daß die Frage auftauchen muß, ob die Rede von Gottes Anwesenheit in seiner Schöpfung tatsächlich in jedem Fall ernst gemeint ist. Diese Frage ist das innere Movens von KOCHs Überlegungen. Unter Berufung auf LUTHER weist er den skeptischen Unterton dieser Frage als menschliche Hybris zurück, "denn nie kann die Wahrheit zu uns kommen, wenn sie nicht anders kommt, als wir sie uns vorstellen"[703]. Die Aufgabe der Theologie ist es deshalb, nicht darüber zu reflektieren, ob Gott und Welt in eine unüberbietbare Nähe zueinander gebracht werden dürfen, sondern Überlegungen anzustellen, wie "die Unwandelbarkeit der Wirklichkeit Gottes und die geschichtliche Verwandlung"[704] denkerisch aufeinander bezogen werden können, damit Gottes Nähe zu seiner Schöpfung nicht ihren Ernst einbüßt. Denn schließlich ist es gerade die Gegenwart Gottes, die Gerechtmachung des Sünders garantiert[705].

c) Gottes Nähe im Tod

KOCH nimmt zur Bildung seines Gottesbegriffs die Herausforderung des neuzeitlichen Atheismus an. Die von diesem gestellte Theodizeefrage ist in der Tradition nur mit der Sünde und der Schwachheit des Menschen beantwortet und niemals mit Gott selbst in Verbindung gebracht worden. Über dieses Bild des im Hintergrund stehenden Gottes, des transzendenten, absoluten göttlichen Souveräns hat der Atheismus das Gericht verhängt[706], indem er "die durch die Neuzeit geheim mitlaufenden Dualismen hat beseitigen helfen"[707]. Die Theologie muß seine Wahrheit anerkennen, will sie nicht "ihr Partikulärgewordensein bestätigen, zugleich aber das Privatgewordensein des Glaubens eingestehen"[708]. So gilt es nach KOCH, die Negativität der Wahrheit vom Tod des absoluten Gottes als Antwort auf die Theodizeefrage christlich zu verantworten.

Dreh- und Angelpunkt hierfür ist das Kreuz. Der Tod des Gekreuzigten wird für KOCH zu einer zentralen Kategorie, dessen trinitarische Interpretation die Gegenwart Gottes in seiner Schöpfung neu zu begründen vermag. So kann es nicht statthaft sein, den Tod theologisch auszublenden. Selbst HEGEL hat in der bloßen Momenthaftigkeit des Todes dessen vollen Ernst verkannt[709]. Gott und Tod dürfen nicht länger als unvereinbar gelten. Diese These ist zunächst wieder soteriologisch gefordert: "Nur wenn Gott im Tode ist, wenn dies Widersinnige geglaubt werden kann, dann ist Rettung für den Menschen gegeben, dann die tödliche Zertrennung aufgehoben"[710]. Sie ist auch theologisch gefordert. Denn eine Entgegensetzung von Gott und Tod müßte Gottes Präsenz da ausschließen, wo der Tod regiert.

Die These von der engen Verbindung Gottes mit dem Tod ist in der Person Jesu begründet. Das Geschick Jesu Christi bringt das Geschick Gottes zur Sprache. Der Sohn ist in einen geschichtlichen Prozeß hineingestellt, den er selbst nicht verursacht hat. Letztlich ohnmächtig ist er ihm ein "Verhängnis". Denn Christus vermag das in der Welt Herrschende und Wirkende nicht zum Stillstand zu bringen. "Er kann die Zeit nicht aufheben, den Tod nicht beseitigen"[711]. Durch die Ankündigung der Gegenwart des alttestamentlichen Weggottes[712], auf den sich Jesus beruft, wird der Majestät Gottes damit Armut, Erniedrigung und schließlich das Kreuz zugemutet. Aber der Gott Jesu hat sich hier dem Tod Jesu nicht entzogen, wie es die Vertreter des Majestätsgedankens glaubten. Vielmehr ist Gott mit in den Tod gegangen. Den Hinweis hierfür liefert das Vertrauen Jesu auf die Treue und bleibende Gegenwart Gottes. Wäre Jesus in wirklicher Gottverlassenheit gestorben, "dann wäre der Gott, dessen Erscheinen er proklamiert hat, verlassender Gott"[713]. Gegen Gott hätte sich die Todeswirklichkeit behauptet und erwiese sich mächtiger als der Verkündigte. "Gottes Macht wäre dann Macht jenseits des Todes, jenseits der Wirklichkeit"[714]. Gottes Betroffensein vom Tod seines Zeugen weist so auf ein Sein im Tode, das mehr ist als göttliches Mitleid mit dem Menschen, dem in einem Jenseits des Todes eine Ewigkeit erschlossen würde.

Gott ist im Tode. Gegenüber der christlichen Tradition vertritt nun KOCH eine Art Patripassianismus. Denn die Aussage ist nicht nur christologisch gemeint, wonach Gott im Sohn den Tod erleidet, sondern der Vater selbst ist im Tod des Sohnes präsent. Hier vollzieht KOCH eine trinitarische Entgrenzung der in Jesus Christus geoffenbarten Nähe Gottes zu seiner Schöpfung. "Der Sohn erleidet ein Geschick, das sich der Vater als Schöpfer seiner Welt selbst auferlegt hat"[715].

Trinitarischer Schöpfergott und Schöpfung stehen in einem kreuzestheologischen Zusammenhang. Dieser Zusammenhang ist kein nachträglicher, der durch den Sündenfall notwendig geworden wäre, sondern bestimmt in ganz ursprünglicher Weise das Verhältnis von Schöpfer und Geschöpf. "Der Karfreitag ist Erfahrung des Schöpfers und damit Preisgabe einer Schöpfungslehre, die, auf fremdem Boden entstanden, dem Bestehenden von einem Hintergrund her Würde verleiht"[716]. Wenn es das Kreuz Christi ist, das zur veranschaulichenden Interpretation des weltschaffenden Gottes wird, dann erhält diese Schöpfung ihre Würde durch die bedingungslose Nähe des Schöpfers zu ihr. Sie ist bedingungslos deshalb, weil auch der Tod den Schöpfer von seiner Schöpfung nicht trennen kann.

KOCH entfaltet hier seinen Grundgedanken. Die Nähe Gottes zu seiner geschaffenen Welt läßt sich nur dann als eine unbedingte denken, wenn jener Schöpfungsbegriff verabschiedet wird, wonach

alles Geschaffene nur das objekthafte Produkt eines transzendenten Schöpfer-Subjekts ist. Die Schöpfungsbeziehung bedeutet keinen Gegenüberstand von Gott und Welt, durch die Grenzlinie von Immanenz und Transzendenz voneinander geschieden. Schöpfung ist vielmehr noch immer geschehende, noch nicht abgeschlossene und darin jener Raum, in dem sich der Schöpfer -den Fortgang der Schöpfung betreibend- selbst bewegt. "So ist diese bewegte Schöpfung zugleich Selbstbewegung des Schöpfers"[717].
Auf diesem Hintergrund wird das Kreuz Christi Offenbarung des Schöpfergottes. Dazu muß es enthistorisiert werden, d.h. es darf nicht auf einen einzelnen Zeitpunkt in der Geschichte festgelegt werden, der es einer historischen Vergangenheit überantwortet. Die Wirklichkeit des Kreuzes gibt vielmehr zu erkennen, daß der Tod, den der Schöpfer über Phasen und Epochen verhängt hat, diesen im Gang der Geschichte stehenden selber trifft. Deshalb sind Werden und Vergehen der Welt "Erscheinungen des unsagbar gewordenen Gehens und Vergehens Gottes, seines Untergehens"[718]. Werden und Vergehen markieren den Weg des Schöpfers[719]. Sie bedeuten unabweisbar die "Versenkung Gottes in diesen unaufrechenbaren, den Tod einbeziehenden Weg"[720]. Für die Vorstellung von der unbedingten Nähe Gottes zu seiner Schöpfung ist damit das Entscheidende ratifiziert.
Damit, daß Gott nun der ist, der sein Wesen in seinem Schöpfungswerk hat, entsteht die Frage, ob auf diese Weise noch der gebührende Abstand zwischen Schöpfer und Geschöpf gewahrt bleibt. Wird aus dem Werden der Schöpfung nicht unversehens ein werdender Gott? Die Rede von dem von seiner Schöpfung nicht mehr abhebbaren Schöpfergott verlangt hier eine Präzisierung. KOCH hat darauf mit dem Hinweis auf die bleibende "Nichtidentität von Gott und Welt"[721] geantwortet. "Der Gott des Weges ist nicht ein vorläufiger Gott, der erst in der Zukunft zu sich selbst gelangte"[722]. Daß Gott im Gang der Schöpfung in seiner Gottheit doch keiner Einschränkung unterlegen ist, zeigt wiederum das Kreuz Christi. Denn indem Gott sich auf den Tod einläßt und sich nicht von ihm abgrenzt, erweist er sein Sein im Tod gerade hier als ein lebendiges. Er ist der Gott, der sich im Tod als derselbe bewahrt. Was sich darin als die Weltüberlegenheit zeigt, ist "der Segensweg Gottes durch alle Bereiche seiner Welt"[723]. Im Tod Gottes ist Gott des Todes so mächtig, daß deutlich wird, daß der Weltgang nicht der Vergeblichkeit übergeben ist, "daß viel-

mehr in dessen Gestalten sich etwas vollbringt, das nicht in den Gestalten und mit ihnen verendet"[724]. Es gibt eine Kontinuität alles Geschichtlichen auf ein Ziel hin, die gerade durch alle Brechungen und Niedergänge hindurch die lebendige Schöpfermacht des in der Welt wirkenden Gottes verdeutlicht[725]. Der "gekreuzigte Gott" ist alles andere als ein gestorbener, toter Gott[726].

Das Gesagte drängt auf eine grundlegende Revision des Gottesbegriffs. Da Gott seine Macht über den Tod gerade i m Tod erweist, "kann er nicht mehr der Unveränderliche sein"[727]. Wird er als der Lebendige bezeichnet, dann läßt sich diese Prädikation nicht von einem menschlichen Begriff von Leben herleiten. Was "Leben Gottes" heißt, kann nur im Tod Gottes gefunden werden. Es ist ein Leben, "dem das Sterben nicht fremd ist"[728]. Damit hat KOCH jede Gottes-"idee" zerschlagen, die als solche das Gottsein Gottes gerade darin zu wahren sucht, daß sie es aus dem Gang der Geschichte heraushält und in einer absoluten Transzendenz aufbewahrt. Gott ist nicht der einsame, absolute Souverän über der Welt, sondern der in der Geschichte wirkende, den Menschen begleitende Weggott. "Gott ist Werden"[729] heißt dann: Gott überläßt die Geschichte nicht sich selbst, sondern lebt in ihrem Werden und Vergehen, nicht als urbildliche Idee, sondern als der "konkrete" Gott.

Diese Konkretheit Gottes kennzeichnet gleichsam seinen Standort. Sie ist Vermittlung zwischen der reinen Transzendenz eines weltjenseitigen Gottes und einer naturalistischen Immanenz im Sein der Welt. "Im Weltgang des dreieinigen Gottes"[730] zeigt sich das je Größersein Gottes gegenüber den verhängnisvollen Mächten der Schöpfung. Im Tod Gottes offenbart sich gleichsam seine "immanente Transzendenz".

d) Verborgenheit Gottes

Aus dem bisher Gesagten eine Gnosis abzuleiten, wäre gleichwohl verfehlt. So wenig Gottes Offenbarung in Jesus Christus den Zugang zu einem aus seiner Weltjenseitigkeit die Geschicke der Schöpfung lenkenden Gott eröffnet, in dessen Erkenntnis sich zugleich der universalgeschichtliche Gang der Schöpfung erschlösse, so wenig will sie ein der Schöpfung inhärentes Lebensprinzip enthüllen. Die geschichtliche Offenbarung Gottes verweist von der Welt zurück in die Welt als dem Ort, an dem das Geheimnis Gottes am Werk ist. "Der Tod Gottes reißt in die Rätselhaftigkeit von Welt und Geschichte hinein"[731]. Diese Rätselhaftigkeit

ist die Undurchschaubarkeit von Werden und Vergehen. Es bleibt bei einer fortdauernden Unerlöstheit und Unversöhntheit der Welt. Nur ein positivistischer Christusglaube wird im Kreuz den die Differenz in der Welt begründenden Tod als bereits grundsätzlich überwunden hinweginterpretieren[732].
Diese bleibende Gefährdetheit der Welt muß angesichts desjenigen Gottes, "der in der Welt sein Wesen hat"[733], zur Frage nach der theologalen Bedeutung dieser fortdauernden Differenz führen.
Nach KOCH manifestiert sich hierin die Spannung zwischen den Werken des trinitarischen Gottes. Eine ausschließlich christologische Interpretation des Kreuzes, in dem sich diese Spannung bekundet, versperrt den Blick auf die Eingebundenheit des Kreuzes in das umfassend trinitarische Schöpfungswerk; sie löst es aus dem Gang der Geschichte heraus und kann es dem Glauben dadurch nur noch als "Stärkung der Subjektivität"[734] anbieten, der sich als ein solcher der reinen Innerlichkeit dann unweigerlich "im esoterischen Bereich aufzehrt"[735].
Die Spannung der trinitarischen Werke verlangt nach einer trinitarischen Interpretation der Christusoffenbarung und vor allem des Kreuzes. Demnach läßt der Vater den Sohn die Differenz tragen, die seit der Verhängung des Todes durch den Schöpfer die Welt durchzieht. Das Sterben des Sohnes am Kreuz muß als unzweifelbare Bestätigung der Wirksamkeit dieser unheilvollen Spannung betrachtet werden. Doch zeigt sich darin ungleich mehr. Denn hier steht Gott gegen Gott. "Gott tötet Gott"[736]. Der uns bekannte Gott verschwindet hinter dem unbekannten, verborgenen. Das macht auf den "unendlichen Unterschied von Vater und Sohn"[737] aufmerksam. Es ist das Geschick des Sohnes, im Tragen der welthaften Differenz das Größersein des Vaters zu offenbaren. Eine endgültige Versöhnung des in der Schöpfung Gegensätzlichen bleibt deshalb an den je größeren Vater gebunden.
Menschliche Erkenntnis ist hier darauf angewiesen, "daß der Heilige Geist, also Gott selber, Gottes eigene Tat in dieser undurchdringlichen Selbstverhüllung auf Golgatha erschließt"[738].
Dennoch kann die trinitarische Spannung zwischen dem Werk des Vaters und des Sohnes nicht auf der Ebene einer geschichtstranszendenten Trinität in die Idee des einen Gottes aufgelöst werden[739]. Wenn zwischen Wesen und Wirken Gottes nicht mehr geschieden werden darf, dann verbietet sich gerade dieser Fluchtweg.
Denn damit erschiene der Tod Gottes lediglich als ein "mitleidi-

ges Methodikum des göttlichen Seins, eine bloße Erscheinung von Gestalt aus der Abundanz göttlicher Fülle, hinter der das göttliche Sein frei und unbekümmert in göttlicher Heiterkeit ruht"[740].

Liegt zwischen den Werken der trinitarischen Personen, d.h. zwischen dem Kreuz des Sohnes und der endgültigen Versöhnung durch den Vater, eine ungelöste Spannung, so daß von hier aus dem altkirchlichen Grundsatz von der Ungeteiltheit und Unteilbarkeit der Werke der Trinität ad extra zu widersprechen ist[741], dann wird man fragen müssen, ob das Scheitern des Sohnes nicht letztlich das Zerbrechen der Trinität bedeutet. Muß im Größersein des Vaters und in der fortdauernden Unerlöstheit der Welt nicht zumindest eine Relativierung der Gestalt des trinitarischen Sohnes liegen, die Menschwerdung schließlich zu einer bloßen Episode der Geschichte werden läßt? Wie kann der Gescheiterte, am Kreuz Umgekommene, d.h. der Gott des Gewordenseins den je größeren Gott, den Gott des Werdens offenbaren? "Der Sohn muß es erleiden, daß der Vater in dem geschichtlichen Werden die Stufen der Glaubensgestalten, die im Bekenntnis zum Sohn eingenommen worden sind, überschreitet"[742]. Diese Spannung zwischen dem Gott des Werdens und dem Gott des Gewordenseins läßt sich, wie mehrfach betont, weder durch einen übergeordneten Gottesbegriff ausgleichen, der Gott von der Geschichte wieder abheben müßte, noch durch die Vorstellung eines werdenden Gottes, "der von Phase zu Phase sich verändernd erst ganz sein wird an jenem Tage, so daß auch er erst dann ein Gewordener sein wird"[743]. Denn damit wäre nicht nur Gott an das Ende der Geschichte gerückt, so daß er gerade nicht mehr der Weggott sein könnte, sondern auch alles Geschehen der Geschichte würde gegenüber ihrem Ende auf eine bloße Vor-läufigkeit reduziert, so daß Geschichte das Gewordene im Überschreiten in das Gewordensein als Entwicklungsstufe hinter sich ließe.

KOCH löst das Problem der Spannung zwischen dem Gott des Werdens und dem Gott des Gewordenseins mit dem Hinweis auf die geschichtliche Verfaßtheit der Schöpfung. In ihr stellt sich nicht eine einfache Verlaufslinie von der Vergangenheit über die Gegenwart in die Zukunft dar, sondern es besteht eine komplexe Vermittlung der Zeitmodi. Vergangenheit ist nicht das Tote, sondern das, was im Heute präsent ist und Gegenwart bestimmt. Und Zukunft meint nicht futuristische Neuigkeit, sondern das auf den Menschen Zu-

kommende als das "hindurchgehende Gehen des Gewesenen in seine Zukunft"[744]. Diese Verwobenheit der Momente, die unter sich gleichwertig sind, verhindert so einmal, daß geschichtliches Werden naiv als ein ständiges Entstehen und Vergehen vorgestellt wird. Sie bedeutet aber auch, insofern die geschichtsbildenden Momente gerade nicht außerhalb der Geschichte liegen, sondern das Wesen des Geschichtlichen selbst sind, daß Geschichte nicht im Sinne der abbildhaften Repräsentation eines urbildlichen Weltjenseitigen verstanden werden kann.
Aufgrund dieses In- und Miteinander alles Geschichtlichen stehen sich deshalb der Gott des Werdens und der Gott des Gewordenseins nicht unversöhnt gegenüber. Wohl bleibt es dabei, daß die Offenbarung im Sohn das Wesen des Vaters nicht aufdecken kann, denn der Vater ist größer als der Sohn. Aber sie kann "den Vater im Werdenden proklamieren, seine Nähe verkündigen. So kann Offenbarung des Gewordenseins Jesu Christi den Prozeß des Werdens keinesfalls überholen, aber in diesem will sie gewiß machen, daß keine geschichtliche Wandlung, kein Zwischenfall das assertorische Bekennen der Nähe Gottes fraglich machen"[745].
Diese Vermittlung zwischen Werden und Gewordensein Gottes läßt aber die Spannung zwischen den Werken bestehen. Das bedeutet, daß Gott im Werden seiner Schöpfung immer noch auf dem Spiel steht[746]. Seine trinitarische Einheit bleibt wesentlich eine verborgene. Sie bleibt es nicht deshalb, weil Gott sich aus der Geschichte zurückgezogen hätte, sondern weil er bleibend in den unheilvollen und undurchdringlichen Weltgang hineinverwoben ist und von dem er nicht herausgelöst werden kann. Die Verborgenheit Gottes in der Verborgenheit seiner Einheit ist demnach wesentlich an die fortdauernde Unerlöstheit der Welt gebunden. Das widersprüchliche Widerfahrnis von Sohnschaft und Todesverhängnis bleibt weiterhin bestehen. Auch die Auferstehung löst die Spannung nicht. Weder annulliert sie den Tod noch trägt sie den Gekreuzigten in ein Jenseits. "So wie der Auferstandene ihn (sc. den Tod) nicht beseitigt, sondern aus ihm heraus sich bezeugt hat, so bleibt dort, wo Auferstehung verkündigt wird, der Ernst des Todes bestehen"[747]. Kreuz und Auferstehung gewähren deshalb gerade keinen Einblick in die Trinität, sondern bestätigen vielmehr jene "geschichtliche Absconditāt, die das Christusgeschehen nicht nur nicht aufhebt, sondern als... Kreuz und Auferstehung zur Gestalt bringt"[748].

Die Einheit des trinitarischen Gottes bleibt im Horizont der der Wechselfälle der Geschichte verborgen, "und allein die erfüllte Zukunft wird die verborgene Einheit zur Erscheinung bringen"[749]. Aber der Glaube an den "toten Gott" eröffnet die Zukunft, die von einer -wenn auch verborgenen- Gegenwart im Heute lebt.

Bemerkungen

KOCHs Überlegungen sind hier dem staurologischen Ansatz zugeordnet. Obwohl es für diese Zuordnung gute Gründe gibt, erscheint sie dennoch nicht zwingend. Es wäre beispielsweise eine trinitätstheologische Einordnung denkbar, insofern das Verhältnis der göttlichen Personen in ihren heilsgeschichtlichen Werken ein zentrales Thema darstellt. Aber ebenso rückt ihn die Verzahnung von Gott und Geschichte in die Nähe des universalgeschichtlichen Ansatzes. Wird KOCH hier staurologisch zugeordnet, so deshalb, weil die Reflexion über den Tod Gottes zum entscheidenden Baustein wird, der dafür sorgt, daß das Denkgebäude KOCHs nicht in sich zusammenfällt.

Es ist die grundlegende Absicht des Autors, unter den heutigen geistigen Bedingungen eine umfassende Schöpfungslehre zu entwerfen. Das läßt aufhorchen. Denn in den letzten Jahren ist es um eine Theologie des Schöpfers und der Schöpfung verhältnismäßig ruhig geworden. Im wesentlichen beschränkt man sich darauf, den klassischen Schöpfungstraktat mit seiner protologischen und kosmologischen Akzentuierung zu wiederholen. Die Auseinandersetzung mit der modernen Evolutionstheorie hat hier gezeigt, daß Schöpfungstheologie auch einen heilsgeschichtlichen Aspekt enthält, wie er bereits in der Frühzeit besonders durch IRENÄUS ("oikonomia"[750]) artikuliert wurde.

Um eben diese heilsgeschichtliche Perspektive der Schöpfung geht es KOCH. Schöpfer und Geschöpf stehen in einem Verhältnis, das sich nicht auf eine bloße Ursprungsrelation reduzieren läßt. Im Heilsplan Gottes läuft Schöpfung einem Ziel entgegen -und dies wesentlich m i t Gott. Zur Entfaltung dieses Gedankens des der Schöpfung nahen Gottes greift KOCH auf LUTHERs Theologie zurück, der vom "Weltregiment" Gottes, von der "erschienenen Gerechtigkeit" und dem "Gott im Fleische" sprach. Die gegenüber dem frühen 16.Jahrhundert heute erheblich veränderte geistesgeschichtliche Situation macht jedoch eine unmittelbare Rezeption unmög-

lich. So gilt es, den seiner Schöpfung nahen Gott unter den heutigen Bedingungen seiner Fragwürdigkeit und einer massiven Anthropozentrik zu denken. Beides steht im Zusammenhang. Gott wurde fragwürdig, weil er durch den Nominalismus in eine teilnahmslose Ferne gerückt war. Menschliche Vernunft hat aber seinen Platz nie ganz ausfüllen können. "Die Autonomie scheitert immer wieder an der Wirklichkeit, weil diese als bewegte nicht endgültig der Vernunft unterworfen werden kann"[751].
So ist Gott heute wieder frag-würdig geworden. Nach KOCH liegt nun aber alles daran, jene theologische Überhöhung im Gottesbegriff zu vermeiden, von der auch LUTHERs Theologie nicht ganz frei gewesen zu sein scheint[752] und die den neuzeitlichen Glauben an die aufgeklärte Subjektivität mit ermöglicht hat. "So taucht für Luthers These von der erschienenen Gerechtigkeit, die gerecht macht,... eine große Verlegenheit auf, wie sie sich zu verhalten gedenkt zu dem allmächtigen Gott, jener unbedingten und weltüberlegenen Allmacht, die als gewaltiges Erbe auf ihn gekommen ist"[753]. Kommt es erst einmal zu dieser Gegenüberstellung, dann kann nichts mehr verhindern, daß der allmächtige Gott den anderen verschlingt. Zugunsten des "Gott im Fleische" muß deshalb auf jeden theologischen Begriff von Allmacht und Herrschaft verzichtet werden. Hiermit erklärt sich KOCHs tiefe Skepsis und anhaltender Argwohn gegenüber einer Theologie, die auch nur im entferntesten Anlaß zu einem nominalistischen Verständnis gibt. Darin ist sich der Autor mit anderen protestantischen Vertretern wie MOLTMANN, PANNENBERG oder JÜNGEL einig.
Mit diesem radikalisierten Verständnis des "Gott im Fleische" hat KOCH Gottes Wesen umfassend in die Geschichte einbezogen. Darin wird eine Theologie überwunden, die den religiösen Menschen zu fragwürdigen Überhöhungen und einem Ausstieg aus der Geschichte zwingt. Der Mensch kann sich ganz auf diese seine Geschichte einlassen, er muß sie nicht mehr auf einen Gott hin transzendieren, denn Gott -er ganz und er selbst- ist in eben dieser Geschichte auffindbar.
In schöpfungstheologischer Hinsicht resultiert daraus, daß Gottes "Weltregiment" nicht von einem Standpunkt über, sondern in der Welt geführt wird. Indem Gott seine Schöpfung erhält, ist er selbst mit ihr auf dem Weg. Schöpfergott und Weggott sind identisch. Ist Gott aber ausschließlich der mitgehende, seine Schöpfung begleitende, dann läuft alles auf den einen Punkt zu,

an dem sich Gott und der die geschaffene Wirklichkeit vernichtende Tod gegenüberstehen. Die Rede von der Anwesenheit des Schöpfers in seiner Schöpfung gerät hier in ihre entscheidende Krise. Weder darf KOCH sich die Hintertür eines transzendenten Fluchtortes Gottes offenhalten, noch den Untergang Gottes im Tod eingestehen. In beiden Fällen käme dies einem Verrat an jener Nähe Gottes zur Geschichte gleich, die für den Autor doch d a s entscheidende theologische Datum ist. So hängt denn alles davon ab, in einer staurologischen Verbindung von Schöpfungslehre und Christologie Gottes Sein und Lebendigkeit i m Tod zu erweisen[754]. Nur so kann Gottes Nähe eine bedingungslose sein. KOCHs Gottesverständnis ist deshalb zutiefst ein staurologisches. Die Übereinstimmung mit JÜNGEL, der ebenfalls an entscheidender Stelle vom Sein Gottes im Tod spricht, ist, wie noch zu zeigen sein wird, hierbei nur vordergründig.
Der "Gott im Fleische" legt sich aus als der Gott im Tod. Diese beiden Daten stellen eine Linie dar, in deren Verlauf auch der Sinn der Auferstehung zu suchen ist. Diese bedeutet nicht eigentlich ein Hintersichlassen des Todes durch den Sohn. Sie bringt statt dessen zum Ausdruck, daß Gott dem todverfallenen Menschen nahe ist, daß der Tod von Gott nicht trennen kann. Sie bezeugt, daß der Gott im Tod der "Gott im Fleische" bleibt. So gesehen ist die Auferstehung kein neues Heilshandeln am Gekreuzigten, sondern nach streng staurologischem Verständnis nur Hinweis auf die Lebendigkeit Gottes im Tod. Würde Gott den Tod hinter sich lassen, so damit auch ein Stück seiner Schöpfung.
KOCH hat mit seiner Konzeption des Weggottes -darin ein allgemeines Anliegen heutiger Theologie aufnehmend- das überkommene Subjekt-Objekt-Denken überholt. Gottes Weltjenseitigkeit als Abstand des Schöpfers zu seinem Geschöpf hat sich im räumlichen Sinn in eine restlose Weltimmanenz verwandelt. Gegen ein pantheistisches Verständnis, bei dem Gott und Welt naturalistisch bzw. materialistisch zusammenfallen müßten, hat KOCH den prinzipiellen Unterschied zwischen Schöpfer und Geschöpf gewahrt, indem Welt sich nicht selbst verdankt oder vollzieht, sondern immer noch das Werk des Schöpfers bleibt. So besteht weder eine gottweltliche Einerleiheit noch der räumliche Gegenüberstand des Subjekts zu seinem Objekt. Diesen schmalen Mittelweg beschreitet der Autor mit Hilfe der Vorstellung, wonach Gott sein Wesen in seinem Werk hat. Er kann von seinem Werk nicht als ein An-sich-

Seiender abgehoben werden. Insofern bilden Gott und die geschichtliche Welt zwar eine in sich differenzierte, aufs Ganze gesehen aber geschlossene, diesseitige Einheit.
Mit dieser Radikalisierung des lutherischen "Gott im Fleische" ergeben sich indessen auch einige Fragen. Führt KOCHs Ablehnung eines An-sich-Seins Gottes nicht dazu, daß Gott Sein und Existenz nur noch insofern zugesprochen werden, als er der handelnde, Schöpfung ins Werk setzende ist? Wird Gott nicht auf sein Wirken reduziert, so daß sich am Ende die totale Funktionalisierung des Gottesgedankens ergibt? Es scheint doch so, daß KOCH mit der Radikalität seiner Nominalismuskritik das Kind mit dem Bad ausgeschüttet hat. Denn wenn erklärt wird, daß Gott in einem realidentischen Sinn sein Wesen in seinen Werken hat, um damit jede Vorstellung eines nicht-handelnden, transzendenten Gottes auszuschalten, dann gibt es auch keine Möglichkeit mehr, die Freiheit der Schöpfung zu denken. Der handelnde Gott kann demnach grundsätzlich und von vornherein niemals auch der nicht-handelnde sein. Gott handelt mit Notwendigkeit. Dagegen hat der von KOCH immer wieder kritisierte BARTH die göttliche Freiheit betont, in dem ihm JÜNGEL gefolgt ist. Gottes Heilshandeln gründet in seiner freien Selbstbestimmung und ist nicht ein naturaler Vollzug seiner Wesenheit. So wird der handelnde Gott nur als aposteriorisch konstatierbare Faktizität und nicht als apriorisch einsehbare Wesensnotwendigkeit erkannt. Für KOCH und mit ihm besonders MOLTMANN reicht diese Faktitität nicht aus, um damit den Willkürgott zu bannen.
Der Eindruck einer Funktionalisierung des Gottesbegriffs findet bei KOCH vollends seine Bestätigung, wo er von der geschichtlichen Verfaßtheit der Schöpfung spricht. Die geschichtsphilosophische Erkenntnis von der Verwobenheit der geschichtsbildenden Momente untereinander wird unter der Hand zu jenem Gestaltungsprinzip, nach dem Gott in der Geschichte handelt. Die Vermittlung zwischen dem Gott des Werdens und dem Gott des Gewordenseins erfolgt nach Maßgabe der geschichtstheoretischen Vermittlung von Vergangenheit, Gegenwart und Zukunft zu der einen Geschichte. Der trinitarische Gott KOCHs ist damit zu einer Funktion der geschichtsphilosophischen Vernunft[755] geworden. Was aber, so fragt man sich, zwingt dann überhaupt noch, von Gott zu reden, wenn sein Name zu einem Etikett verkommen ist? Diese funktionalistische Einfärbung läßt vor allem Parallelen zur

neonaturalistischen Linie der Prozeßtheologie erkennen.
Diesem ersten Einwand eng verwandt ist ein zweiter. Mit dem Einbinden Gottes in die Schöpfung geht ein nahezu völliger Transzendenzverlust einher. KOCHs Gründe hierfür sind bereits mehrfach genannt: Es ist der Verdacht, daß Gottes Transzendenz einmal den Menschen dazu veranlaßt, Geschichte als nichtige Diesseitigkeit abzutun und andererseits Gott in eine Weltferne rückt. Diese Argumentation mag angesichts des nominalistischen Gegners schlüssig sein. Aber fraglich bleibt es, ob sie auch biblisch vertretbar ist. Nirgendwo kann aus der Erhabenheit und Transzendenz Gottes die Hinfälligkeit und Nichtigkeit der Welt abgeleitet werden (selbst das Vanitas-Motiv in Koh wird man eher mit der Verborgenheit[756] Jahwes als mit einer weltjenseitigen Abwesenheit in Verbindung bringen müssen!). Und viel weniger noch ist Gottes Transzendenz als Weltferne zu interpretieren. Ist nicht gerade der transzendente Gott der Weggott Israels?
Obgleich Gottes Versenkung in die Geschichte weder inkarnatorischen noch kenotischen Charakter trägt, ist KOCH mit seinem transzendenzlosen Gottesbegriff doch in eine gewisse Nähe zur Gott-ist-tot-Theologie geraten. Er teilt mit ihr das Unbehagen am traditionellen Theismus. Gott muß in der weltlichen Existenz auffindbar sein. Seine Weltlosigkeit darf theologisch nicht länger mehr hingenommen werden. Auch hier richtet sich KOCHs Kritik wieder gegen BARTH[757]. Die starke Betonung der vorzeitlichen Ewigkeit und Transzendenz, in der Gott sein Leben vollzieht, das ja nach den Offenbarungszeugnissen ein Leben "für uns" ist, hebe Gott strukturell in ungebührlicher Weise so von der Geschichte ab, daß damit nicht nur der Ernst der Menschwerdung in ein fragwürdiges Licht gerät, sondern das ganze Gott-Welt-Verhältnis heilsgeschichtlich die Gestalt des Urbild-Abbild-Schemas annimmt. Der Gang der Schöpfung wird zu einer "fatalen Wiederholung"[758] einer im voraus schon geschehenen Geschichte. Denselben Vorwurf "von der Verdoppelung der Welten"[759] wiederholt KOCH auch gegenüber JÜNGEL.
Die weitgehende Bestreitung der Transzendenz Gottes setzt bei KOCH deren räumliches Verständnis voraus. Dem Autor ist alles daran gelegen, den Ort Gottes als in der Welt liegend zu bestimmen. Das theologische Transzendenzverständnis kann aber auf den räumlichen Sinn nicht beschränkt werden. Wird von Gottes Transzendenz gesprochen, dann kommen darin u.a. auch Gottes Freiheit,

Weltüberlegenheit und Geschichtsmächtigkeit zum Ausdruck. Es bleibt deshalb die Frage, welche Konsequenz KOCHs Umgang mit dem Transzendenzbegriff für diese weiteren Bedeutungen hat. Wie bereits gezeigt, ist die Integration Gottes in den Gang der Geschichte mit einer Funktionalisierung des Gottesbegriffs verbunden, so daß die Freiheit seines Selbstseins dadurch erheblich eingeschränkt wird. Eine ähnliche Konsequenz zeigt sich auch im Fall der Weltüberlegenheit und Geschichtsmächtigkeit Gottes. Insofern Gott nicht mehr außerhalb der Geschichte steht, kann er auch nicht länger als ihr Herr über ihr stehen. Aber sein Eintauchen bedeutet keine Identifizierung. Das Größersein des Vaters, das den Sohn auferweckt hat, kann Hinweis darauf sein, daß auch der "transzendenzlose" Gott immer noch in gewisser Weise der weltüberlegene ist. Er ist es -i n der Welt stehend- allerdings nicht mehr absolut. Sein Wirken in der Welt hat Ähnlichkeit mit einem entelechialen Prinzip, das von einer Zielwirklichkeit her das Werden der Welt in Gang hält. Gott ist "ständig tätig, das Werk seiner Hände dem ihm zugemessenen Ziel entgegenzuführen"[760]. Diese Geschichtsmächtigkeit erscheint deshalb als eine nur noch relative, weil sie zwar einen "Vorsprung" gegenüber den Gottes Nähe gewährenden Glaubensgestalten der Geschichte markiert, die aber zu einem Herrsein über das Kontinuum der Universalgeschichte nicht mehr fähig ist. Die relative Geschichtsmächtigkeit des weltimmanenten Gottes weist diesen gleichsam nur noch als "Ferment" der Geschichte aus, so daß auch hier die Sinntiefe von Transzendenz erheblich verkürzt wurde. Der Gott KOCHs ist "zu einem immanenten Faktor der Entwicklung"[761] geworden.

Dieser konsequenten Einschränkung der Transzendenz Gottes wird auch der Auferstehungsbegriff unterzogen. Weil es keine weltjenseitige Transzendenz mehr gibt, kann die Auferstehung Christi nicht Entrückung bedeuten. "Seine Auferstehung... ist Auferstehung in die Geschichte"[762]. Diejenigen ntl. Texte, die von der Himmelfahrt Christi als einer Zäsur in der spezifischen Gegenwart des Auferstandenen in der Geschichte sprechen, können deshalb von KOCH nicht in vollem Umfang ernstgenommen werden. Nach PANNENBERG hat der Autor mit dieser geschichtlichen Entgrenzung der Auferstehung "den radikalen Sinn der Damaligkeit"[763] verfehlt. Demgegenüber muß "auf die Verborgenheit der Wirklichkeit des Auferstandenen seit dem Abschluß seiner Erscheinungen vor den Aposteln bis zu seiner Wiederkunft verwiesen werden"[764].

In letzter Konsequenz führt der weitgehende Transzendenzverlust zur Gefahr des Mythos. Hierzu stellt H.U.v.BALTHASAR kritisch fest: "Dieser 'lutherische Hegelianismus' steht auf Messers Schneide: er versenkt das Leben Gottes (mitsamt seinem Tode) in das Werden und Vergehen der Welt, um es i n n e r h a l b dieser Immanenz dennoch vom weltlichen Leben und Sterben abzuheben. Damit ist zwar material ein Abstand von Hegel gewonnen, aber formal seine 'Zweideutigkeit' beibehalten. Kurz gesagt: das Modell, woran Schmerz und Tod i n Gott abgelesen wird, bleibt Schmerz und Tod außer Gott in der Welt, womit die Gefahr des Mythos trotz gegenteiligen Bestrebens nicht abgewehrt ist"[765]. Gott wird in seiner ausschließlichen Weltimmanenz derart an das Leben der Schöpfung gebunden, daß er -seine göttliche Gestalt beibehaltend- zum schöpferischen Lebensprinzip der geschaffenen Welt wird.
Diese mangelnde Unterscheidung zwischen dem Leben der Schöpfung und dem Leben Gottes bestätigt sich auch im Blick auf den Schöpfungsbegriff selbst. Die Welt ist "unausmeßbar". Darin schwingt etwas mit, das mit Kontingenz, Endlichkeit, Vergänglichkeit, kurz: Kreatürlichkeit kaum vereinbar ist. In der "unausmeßbaren" Schöpfung vollzieht sich das schöpferische Tun Gottes so, daß es gerade nicht mehr von der Schöpfung abhebbar ist. Nach KOCH ist der Inhalt der Offenbarung "ein Geheimnis der Welt, ein Geheimnis, das in der Welt am Werk ist"[766]. Wenn damit auch keine Identifizierung von Welt und schöpferischem Tun Gottes ausgesprochen wird, so zwingt diese Verhältnisbestimmung doch dazu, das in der Welt waltende schöpferische Geheimnis mit dieser zu einer "organischen" Einheit zusammenzudenken. Trägt die Schöpfung ihren eigenen Schöpfer in sich, dann kann auch eine terminologische Unterscheidung nicht verhindern, daß die Grenze der Kreatürlichkeit ins Fließen gerät und sich darin bereits eine Divinisierung der Welt anzeigt. Die Schöpfung ist dann in der Tat "unausmeßbar".
Es scheint, daß hier eine Parallele zu JÜNGEL gegeben ist. Denn auch dieser spricht von "Gott als Geheimnis der Welt". Wie noch zu zeigen sein wird, handelt es sich aber ausschließlich um eine Identität der Formulierung. Denn JÜNGEL hält gerade an der unbedingten Transzendenz Gottes fest und beschreibt deren Überwindung als Liebeshandeln dieses transzendenten Gottes. Damit ist diese Überwindung ein von Gott getragenes Ereignis und keine je

schon vorhandene Strukturgegebenheit.
Mit der Radikalisierung der Immanenz Gottes in der Geschichte sind schließlich auch trinitätstheologische Konsequenzen verbunden. Es geht KOCH darum, "im trinitarischen Glauben eine neue Seite aufzuschlagen"[767]. Diese "neue Seite" besteht im wesentlichen darin, mit der weltjenseitigen Transzendenz Gottes auch dem Gedanken der "immanenten" Trinität den Abschied zu geben. Gerade die Orientierung der Trinitätslehre an dem Begriff der innertrinitarischen Relation führt nach KOCH dazu, hier eine selbstgenügsame ewige Trinität zu denken, deren Selbstbezogenheit jedem Weltbezug Gottes eine nominalistische Einfärbung verleiht. Was KOCH vorschlägt, ist die Bindung der Trinität an die in der Geschichte der Schöpfung herrschenden Bedingtheiten von Werden und Vergehen. In diesem "Weltspiel ohne Spieler"[768] gibt es nur eine "Kooperation"[769] der trinitarischen Werke, deren Einheit sich erst mit der Vollendung der Geschichte erweisen wird. In der Konsequenz dieser heilsgeschichtlich-eschatologischen Konditionierung des trinitarischen Gottes liegt der völlige Wegfall der "immanenten" Trinität. Man wird deshalb P.-P.JUNGE zustimmen müssen, wenn er vor einer idealistischen Interpretation KOCHs warnt, wonach die Spannungen und Widersprüche in der Geschichte auf Spannungen und Widersprüche der immanenten Trinität zurückzuführen seien[770]. Denn genau das sucht der Autor ja mit allen Mitteln zu vermeiden. Das heilsgeschichtliche Handeln der trinitarischen Personen ist kein Reflex einer vorzeitlichen Ewigkeit, so daß deren Verhältnis zur Geschichte ein solches von Idee und Erscheinung wäre. Vielmehr haben die trinitarischen Personen ihren Ort ausschließlich im Gang der Schöpfung, die sie an ihr Ziel tragen. Auf dem Hintergrund ihrer radikalen Immanenz sind sie aber als geschichtsbildende Momente auf bloße Funktionen eines schöpferischen Weltprozesses reduziert.
Es stellt sich nun abschließend die Frage nach KOCHs Unveränderlichkeitsaussage. Was ist der Grund dafür, daß Gott im Gehen und Vergehen seiner Schöpfung nicht untergeht? KOCH verweist hier auf das Größersein des Vaters. Er ist der Grund, daß Gott im Werden bleibt, daß der gekreuzigte Gott nicht der gestorbene ist. Das erweckt den Anschein einer trinitarischen Begründung für Gottes "Unveränderlichkeit". Wenn es aber zutreffend ist, daß die trinitarischen Personen auf geschichtsbildende Funktionen reduziert werden, dann können diese Personen im Gegenüber

zu einer Schöpfungswirklichkeit nicht mehr als subjekthaft handelnde vorgestellt werden. Die Rede vom Größersein des Vaters hat deshalb eher veranschaulichenden Charakter. Sie weist auf die Unüberwindbarkeit des Schöpfers hin. Dieser ist aber von seiner Schöpfung nicht mehr abhebbar. Werden und Vergehen der geschöpflichen Welt signalisieren ja das Werden und Vergehen Gottes. Angesichts dieser seiner restlosen Versenkung in die Geschichte muß man deshalb präzisierend hinzufügen, bedeutet das Größersein des Vaters die Unbezwingbarkeit eines in der Geschichte wirksamen Lebensprinzips, dem auch der Tod nicht fremd ist. Gottes "Unveränderlichkeit" zeigt sich als jene Kontinuität des Geschichtlichen, in der sich bei allem Werden und Vergehen ein Bleibendes durchhält; sie zeigt sich in der Unbeirrbarkeit und Unwandelbarkeit einer schöpferischen Lebendigkeit. Der "unveränderliche" Gott der Schöpfung ist damit zusehends in die Nähe einer unveränderlichen, neutrischen Mächtigkeit gerückt. Von einer "Unveränderlichkeit" G o t t e s kann demnach bei KOCH nur sehr bedingt die Rede sein. Funktionalisierung und Transzendenzverlust haben die Grenze der Kreatürlichkeit verwischt und damit der Welt göttlichen und Gott welthaften Charakter verliehen. Die mythologische Verschmelzung beider Größen hat zur Folge, daß die Unveränderlichkeitsaussage (wie beispielsweise auch die von der Unendlichkeit) gar nicht mehr nur von Gott allein gemacht werden kann, ohne sie zugleich auch auf die Schöpfung zu beziehen. Der die Schöpfung durchwaltende Gott hat seine "Unveränderlichkeit" darin, daß er als schöpferisches Lebensprinzip auch den kreatürlichen Tod noch einschließt.
KOCHs Beitrag zur Diskussion, der im übrigen wenig Resonanz ausgelöst hat, könnte in dem Hinweis darauf bestehen, daß Gott seine "Unveränderlichkeit" da erweist, wo er sich auf den Tod Jesu einläßt. Die Überlegenheit Gottes über die vernichtende Macht des Todes wäre eine fragwürdige, wenn sie durch Ausgrenzung des Todes zustande käme. Gottes Herrlichkeit zeigt sich gerade darin, den Tod in sein Leben aufgenommen und ihn auf diese Weise seines Stachels beraubt zu haben. Gottes Lebendigkeit ist eine solche im Tod und aus dem Tod heraus. Allerdings wird man anmerken müssen, daß der "Tod Gottes" nicht einfach ein geschöpfliches Sterben bedeutet, sondern Gottes stellvertretende Übernahme des Todes des Sünders ist. Insofern erträgt Gott am Kreuz einen Tod, den der sterbliche Mensch gerade nicht mehr erleiden muß - auch

wenn er stirbt. Der Kreuzestod hat deshalb einen stark theologalen Charakter. Die Rede vom "Tod Gottes" verlangt nach einer solchen Präzisierung, die zwischen geschöpflichem Sterben und dem Tod als Sold der Sünde unterscheidet. Sie verweist damit in die Trinitätslehre. Der folgende Beitrag von JÜNGEL kann dies verdeutlichen.

2) E.JÜNGEL: Gottes Lebendigkeit im Tod

Im Anschluß an BARTH hat auch E.JÜNGEL den Versuch unternommen, das Weltverhältnis Gottes aus seinem Selbstverhältnis zu verstehen[771]. Beide denken ausgesprochen trinitarisch. Während aber BARTH, wie gezeigt, das Motiv der vorzeitlich-ewigen Erwählung in den Mittelpunkt rückt, verlagert JÜNGEL seinen Schwerpunkt auf das Kreuz. Gottes Identität ist in seiner Identifizierung mit dem toten Jesus zu erkennen, so daß "der Gekreuzigte geradezu so etwas wie die Realdefinition dessen, was mit dem Wort 'Gott' gemeint ist"[772], wird. Deshalb sollen seine Überlegungen hier im staurologischen Horizont behandelt werden, obgleich diese Einordnung nicht zwingend erscheint.

a) Gottes Sein ist im Werden

Zu den wesentlichen Schwächen der theologischen Tradition gehört für JÜNGEL die Neigung zur Abstraktion. So hat die Erkenntnis, daß Gott unter keiner weltlichen Bedingung steht, zur "Unbedingtheit" Gottes und schließlich zu Gott als dem "Unbedingten" geführt. "Aber wer Gott so denkt, denkt ihn als ein durch nichts bestimmtes Wesen, denkt seine Unbedingtheit leicht als unmotivierte und unmotivierbare W i l l k ü r"[773]. Demgegenüber gebietet bereits die Reflexion der Aseität Gottes, d.h. des sich selbst begründenden Gottes ("Gott kommt von Gott"[774]) anzunehmen, daß Gott durch sich selbst bestimmt und motiviert ist. Dabei sind drei Momente wichtig: 1. Weder ein reales oder nur mögliches Andere, noch die Unbestimmtheit bloßer Vorhandenheit bestimmen Gottes Sein, sondern allein Gott selbst. 2. Gott verfügt in uneingeschränkter Macht über sich und dies so, daß sein Sein eine einmalige Identität erhält. 3. Gott ist sich selbst Gegenstand seiner Verfügung. - Sich selbst bestimmend schließt er alle Fremdbestimmung aus und ist darin der Freie. Diese Freiheit ist zugleich eine bestimmte, konkrete, weil Selbstbestimmung auch alle Beliebigkeit ausscheidet. Mit der inhaltlichen Füllung dieser Selbstbestimmung Gottes schließt JÜNGEL an BARTHs theologische Grundaussage an: Gott bestimmt sich zur Gemeinschaft mit dem Menschen. "Gott kommt von Gott; aber er will nicht ohne uns zu sich selbst kommen"[775]. Deshalb ist Gott theologisch verfehlt, wenn er ohne seine Mit-Menschlichkeit gedacht wird. Allerdings erhält menschliche Existenz dadurch keineswegs den Rang einer für Gott notwendigen Möglichkeitsbedingung seines Seins. Der Mensch ist für Gott nicht notwendig. Er wird nicht zum Vollender göttlicher Existenz werden dürfen, "denn Gott vollendet sich selbst"[776]. Aber in einer Fußnote hält JÜNGEL den Hinweis für dringend erforderlich, aus der Nicht-Notwendigkeit des Menschen für Gott nicht den Schluß zu ziehen, daß Gott nicht nur ohne den Menschen zu sich komme, sondern ohne diesen schon immer zu sich gekommen sei und gerade darin sein Gottsein besäße. Diese Argumentation ist "gottlos"[777], denn sie denkt Gottes Freiheit nur als bloßen Selbstbesitz und ordnet ihr die Hinkehr Gottes zum Menschen eindeutig unter. Die erforderliche Vermittlung der Nicht-Notwendigkeit des Menschen für Gott und seiner Existenz als wirklichen Partner Gottes ist dabei nicht durch abstrahierende Logik zu erreichen, sondern nur im Hinblick auf Gottes Entscheidung, die mit derjenigen eines liebenden Menschen vergleichbar ist, "der aufgrund der Entscheidung der Liebe nicht ohne den Geliebten zu sich selbst kommen können will und deshalb auch nicht ohne ihn zu sich selbst kommen wollen kann"[778]. Gottes Selbstbestimmung ist daher als eine solche zur Liebe zu erkennen. Und um hier jeden Nominalismusverdacht zu zerstreuen, den das der Selbstbestimmung Gottes noch unaufgeklärt Vorausliegende erzeugen könnte, fügt JÜNGEL noch hinzu "wobei diese Selbstbestimmung Gottes selber bereits zur Liebe gehört"[779]. Dadurch erscheint die Liebe Gottes nicht nur als Inhalt, sondern in gewisser Weise auch als vorausliegender Grund der göttlichen Selbstbestimmung.

Mit der Erkenntnis, daß Gott nicht ohne den Menschen zu sich kommt, hat JÜNGEL Gottes Sein grundsätzlich als ein Sein im Kommen oder (in seiner BARTH-Paraphrase) als Sein im Werden begriffen. Dieses bezeichnet im wesentlichen die trinitarische Lebendigkeit des Vaters, Sohnes und Geistes[780] und ist als ein Sein im Werden streng von einem werdenden Sein zu unterscheiden. Dieses theologisch zu verstehende Werden bedeutet weder Steigerung noch Minderung des Seins Gottes[781]. Es ist kein Mittleres zwischen Sein und Nichts[782]. Gottes Sein im Werden kennzeichnet den Modus, in dem Gott sein Sein immer schon besitzt, womit gerade das Mißverständnis ausgeschlossen wird, als würde Gott erst durch seine Beziehung zum Andern seiner selbst, was er ist[783].

Zur weiteren Klärung dieser Frage hat JÜNGEL später auch die Kategorie des Kommens gebraucht. "Der Satz G o t t e s S e i n i s t i m K o m m e n besagt zunächst, daß Gottes Sein das Ereignis seines Zu-sich-selbst-Kommens ist"[784]. Der Bewegungscharakter dieses Kommens deutet auf eine reale, gottimmanente Unterscheidung von Ziel und Ursprung hin. Im Vater ist sich Gott selber Ursprung: Gott kommt von Gott[785]. Als solcher ist Gott nicht mit dem Sein identifiziert, sondern als sein eigener Grund auch dem Sein noch übergeordnet. "Nur insofern sich Gott selber Ursprung ist, ist überhaupt Sein"[786]. Als Ursprung seiner selbst tritt Gott sich aber auch so gegenüber, daß er im Sohn sich selber Ziel ist: Gott kommt zu Gott[787]. Gottes Sein, das im Kommen ist, verbietet hier jede Vorstellung eines prozeßhaften Werdens oder einer Entwicklung, in der sich die Zielwirklichkeit immer erst noch vollenden müßte. "Ziel ist nicht gleich Ursprung. Aber das Ziel ist in Gott dem Ursprung gleichursprünglich"[788]. Und schließlich ist Gott als Geist seine eigene Vermittlung: Gott kommt als Gott[789]. In dieser Hinsicht ist Gott die Bewegung vom Ursprung zum Ziel, ohne den Ursprung in seinem Angekommensein zu erschöpfen oder das Ziel zu erledigen. Gott bleibt sich Ursprung und Ziel, indem das Sein im Kommen bleibt. Er ist sich Herkunft und Ankunft und darin Zukunft. "Als Ursprung seiner selbst und als Ziel seiner selbst geht Gott weiter, geht Gott voran"[790]. In diesem Ereignis des Kommens konstituiert Gott seine Ewigkeit im Sinne der drei ineinandergreifenden Zeitmodi.

Der für diesen Gottesbegriff konstitutive Relationbegriff, der die theologische Eigenheit des göttlichen Werdens begründet, macht es nach JÜNGEL erforderlich, die Beziehung als "reine Beziehung"[791] zu denken. Dies geschieht durch Annahme eines Beziehungsursprungs, "der als Ursprung der Beziehung i s t, indem er s i c h i n B e z i e h u n g s e t z t"[792]: Gott ist als Vater Ursprung des Sohnes und beide zusammen sind wieder Ursprung des Geistes[793].

Gottes Sein, das im Kommen ist, kann schließlich auch als Selbstbejahung verstanden werden[794]. Dies deutet auf den letzten und für JÜNGEL besonders wichtigen Verstehenshorizont der Liebe hin. Er bezieht sich hierfür auf die johanneische Identifikation "Gott ist Liebe" (1 Joh 4,8.16)[795]. Das Wesen dieser Liebe ist

ganz vom Wesen Gottes bestimmt. Insofern Gottes Sein als Liebe bedacht werden soll, muß es in einem ursprünglichen Sinn als Liebe bedacht werden. Dieses Lieben Gottes schließt die Vorstellung eines reaktiven Geschehens, in dem Gott auf ein Geliebtwerden antwortend sich erst zum Liebenden konstituiert, völlig aus. Denn damit wäre Gott nicht selbst die Liebe, sondern hätte nur Anteil an ihr. Gottes Lieben ist nicht mit Hilfe eines von ihm unterschiedenen Gegenübers zu denken, sondern nur als durch sich selbst bedingt. Liebt Gott, dann heißt dies zuerst, daß er selbst zu lieben anfangen kann. Ohne zuerst geliebt zu werden aus eigenem Vermögen den Anfang alles Liebens zu setzen, kennzeichnet Gott als Vater[796]. Und insofern Gott in dieser Weise der Liebende ist, hat er auch immer schon das Gegenüber seiner Liebe gesetzt. Gott ist im Sohn deshalb auch der Geliebte[797]. Der Geliebte wird aber in seinem Geliebtsein selber zum Liebenden und der Liebende dadurch auch zum Geliebten, so daß sich in dieser gleichursprünglichen, gegenläufigen Bewegung Gott im hl.Geist als vinculum caritatis immer auch schon zum Ereignis der Liebe konstituiert hat[798].
Der entscheidende, weiterführende Gedanke ergibt sich im Blick auf die Wirklichkeit des Geistes. Als das Ereignis der Liebe grenzt sich Gott nicht auf seine Immanenz als Liebender und Geliebter ein, sondern überstrahlt die Vater-Sohn-Relation. Gott geht im hl.Geist immer schon über sich hinaus[799]. In der Dynamik seiner Liebe bzw. seines Seins transzendiert Gott sich selbst. Und erst in diesem Über-sich-hinaus-Gehen vermag JÜNGEL die eigentliche Berechtigung der johanneischen Identifikation von Gott und Liebe zu erkennen. "Wäre Gott nur der ewig sich selber Liebende, so wäre die Unterscheidung von Gott und Gott müßig, und eigentlich würde Gott dann in seiner schlechthinnigen Identität überhaupt nicht lieben"[800]. Erst als das ausstrahlende Ereignis, als Überströmen ist Gott Liebe. Ontologisch: Gott ist, indem er ist, immer schon über sich hinaus[801]. Entgegen RAHNERs Auffassung[802] ist deshalb die Gestalt göttlichen Seins nicht in erster Linie als Selbstbesitz zu verstehen. "Gott ist vor aller 'Selbsthabe', vor allem 'Selbstbesitz' schon ursprünglichste Selbstmitteilung"[803]. Daraus resultiert, daß Gottes Weltverhältnis in seinem Selbstverhältnis, in der "Kraft des Werdens"[804], gründet.

Angesichts dieser Gestalt göttlichen Seins fordert die Denkbarkeit eines Verhältnisses Gottes zum Nicht-Göttlichen weder eine Vergöttlichung des Anderen noch eine Selbstentäußerung Gottes. Von Seiten Gottes gibt es eine ewige Hinkehr zum Menschen, so daß beide in einem von Gott selbst hergestellten Zusammenhang stehen. Noch vor der Schöpfung ist Gott der, der sich zur Gemeinschaft mit dem Menschen offenhält. Das trinitarische Selbstverhältnis -die Kraft göttlichen Werdens- schließt demnach den Bezug Gottes zum Andern so ein, daß er Grund der Schöpfung wird[805]. Der geliebte Sohn, der in der Zeit Mensch wird, ist in Ewigkeit das göttliche Urbild des von ihm unterschiedenen, von Gott geliebten Geschöpfs[806]. "Indem der ewige Sohn ewig vom Vater her ist, zielt Gott in ihm auch schon auf ein Werden, in dem Gott nicht nur von Gott kommt, sondern darüber hinaus der Mensch mit seiner Welt von Gott gemacht, gewirkt, geschaffen wird"[807]. Mit Nachdruck weist JÜNGEL dabei auf den Gnadencharakter der göttlichen Selbstmitteilung hin. Im direkten Anschluß an BARTH, der hier von einer Selbstgenügsamkeit Gottes gesprochen hat, betont er, daß Gott nicht erst durch den zu schaffenden Menschen zu sich kommt (s.o.). "Gott ist sich selber genug"[808]. Wohl ist es so, daß Gott, indem er sich selber Ziel ist, auch auf den Menschen zielt, aber entscheidend bleibt dabei der Modus dieser Verknüpfung. Es muß alles vermieden werden, was den Eindruck entstehen lassen könnte, als handle es sich bei der Schöpfung um eine logische Deduktion des Weltverhaltens aus dem Selbstverhalten Gottes. Grund der Verknüpfung ist, wie oben ausgeführt, die verströmende Liebe Gottes, in der er sich zur Gemeinschaft bestimmt hat, und nicht eine "Insuffizienz" seines Wesens.

Die staurologische Orientierung des Gottesbegriffs bringt auch ein entsprechendes Verständnis von Welt mit sich. Sie erscheint nicht nur als Partner Gottes, sondern auch als das vom Vergehen Bedrohte. Nach JÜNGELs Auffassung hatte die Tradition das Vergängliche im Rahmen ihrer Metaphysik durchweg negativ bewertet. Gegen diese "ontologische Diskreditierung des Vergänglichen"[809] wird Einspruch erhoben. Dem Vergänglichen ist zweifellos die "Tendenz in das Nichts"[810] eigen. Zugleich muß aber auch das Positive des Vergänglichen gesehen werden. Es liegt in den dem Vergänglichen inhärenten Möglichkeiten, "die das Wirkliche über die bloße Tautologie eines rein Faktischen hinausheben und zu einem bezugsreichen geschichtlichen Seienden machen"[811]. Mit dieser gegen die aristotelische Metaphysik gerichteten und an den deutschen Idealismus sich anlehnenden positiven Bestimmung

des Möglichen wird die Vergänglichkeit als Geschichte identifiziert, in der das historisch Vergangene, seine Möglichkeiten in die Gegenwart entlassend, anwesend bleibt[812]. Vergänglichkeit bedeutet angesichts dieser beiden Qualitäten demnach "Streit zwischen dem Vermögen des Möglichen und dem Sog in das Nichts"[813], zwischen Möglichkeit und Nichts.
Stehen Gott und das Vergängliche in Beziehung, dann auch Gott und das Nichts. Um im Nichts keinen Gegen-Gott aufzubauen, muß diese Differenz als von Gott selbst konstituiert gedacht werden. Indem Gottes Sein immer schon als ein Sein im Werden über sich hinaus ist, setzt er nicht nur Sein, sondern vollzieht darin auch die Unterscheidung des Nichts vom Sein als das von Gott Ausgeschlossene[814]. Das Nichts "ist"[815] nur als Negation, als das von Gott Nicht-Gewollte. Schöpfung bedeutet dann, daß sich Gott zum Nichts als dem Auszuschließenden in eine Beziehung setzt[816]. Als Bestandteil des staurologischen Gottesbegriffs versteht JÜNGEL das schöpferische Gottsein Gottes deshalb nicht nur als ein Über-sich-Hinausgehen, sondern genauer und radikaler als ein "a se in nihilum ek-sistere"[817].

b) Das Kreuz

Die bisherigen Ausführungen stehen alle im Dienst einer kreuzestheologischen Reflexion des Gottesbegriffs. Gottes Selbstbestimmung zur Gemeinschaft mit dem Menschen, die über sich hinausreichende Dynamik göttlichen Seins und schließlich eine erste Beziehung Gottes zum Nichts bilden einzelne Gedanken, die als eine Vorperspektive auf den Gekreuzigten die Voraussetzungen schaffen, diesen theologisch zu denken. Daß Theologie theologia crucifixi sein muß, ergibt sich für JÜNGEL aus der Identifizierung Gottes mit dem toten Jesus. Nur von hier aus kann erhoben werden, was göttliches Leben heißt, denn "dieser Todesfall ist... der Ernstfall des göttlichen Lebens selbst"[818]. Er ist deshalb ein "Gottesphänomen"[819].
Unter Rückbesinnung auf LUTHERs Kreuzestheologie[820], HEGELs Rede vom Tode Gottes[821] und BONHOEFFERs christologische Fassung der atheistischen Wahrheit von der Abwesenheit Gottes[822] begreift JÜNGEL die "Göttlichkeit Gottes aus der Einheit mit der Armut der Existenz des Gekreuzigten"[823]. Angesichts ähnlicher historischer Versuche (Patristik) handelt es sich dabei nicht um theologisches Neuland, sondern um die Heimkehr eines theologischen Themas in die Theologie. Die Rede vom Tod Gottes muß wie-

der einen theologischen Sinn erhalten, nachdem sie nach jahrhundertelangem Gebrauch eines theistischen Gottesbegriffs durch F. NIETZSCHE zu einer "pointierte(n) Metapher für die Selbstzersetzung des metaphysischen Gottesgedankens"[824] verkommen war. Unter Berufung auf HEIDEGGER kommt JÜNGEL zu dem Schluß, daß die Aufgabe, den Tod Gottes zu denken, nicht philosophisch zu bewältigen ist. Philosophie denkt nicht den Tod des metaphysischen Gottes, sondern den metaphysischen Gedanken des Todes Gottes[825]. Aber auch die Gott-ist-tot-Theologie hat diese Aufgabe nicht zu leisten vermocht. Denn in ihrer Kritik am theistischen Gottesbegriff bleibt sie diesem immer noch verhaftet. So bezahlt sie den Verzicht auf den Allmachts- und Absolutheitsgedanken mit der Verabschiedung Gottes selbst[826].

Sachlich gesehen hat die Rede vom Tod Gottes innerhalb der Tradition weniger die Existenz Gottes als vielmehr sein Wesen in Frage gestellt. Dahinter steht die Überzeugung von der Unverträglichkeit und Unvereinbarkeit des göttlichen Wesens mit der Vergänglichkeit[827]. Demgegenüber gebietet das Wort vom Kreuz nicht nur eine Beziehung Gottes zum Nichts zu denken, sondern auch den Paradox-Charakter vom "Tode Gottes" durch Überwindung der Alternative von Vergänglichkeit und Unvergänglichkeit zu beseitigen. Gott und Tod sind nicht länger mehr kontradiktorische Gegensätze, sondern der Tod ist als Moment des lebendigen Gottes zu verstehen. Daher kann auch die Unterscheidung von Existenz und Wesen als überholt gelten. Denn diese Sicht bringt es mit sich, daß die theologische Vereinbarkeit von Vergänglichkeit und Unvergänglichkeit Gottes Wesen zugleich als seine Existenz zu denken gibt. So spricht JÜNGEL nur noch vom Sein Gottes[828].

Die Identifizierung Gottes mit dem Gekreuzigten -der tragende Grund für eine Theologie des Gekreuzigten- geschieht ohne innere oder äußere Notwendigkeit. Diese Freiheit, die die Freiheit seiner Selbstbestimmung ist, hat ihren ontologischen Grund darin, daß Gottes Sein so im Werden ist, daß er schon immer über sich hinausgehend in das Nichts ek-sistiert. Deshalb kann Gott sich im Kreuzestod Jesu dem Nichts der Sünde aussetzen, "o h n e daß Gott dadurch in Widerspruch zu sich selbst gerät"[829]. Das Sein Gottes schließt diese Konfrontation als eine ihm eigene Möglichkeit ein.

Die Freiheit zu solchem Handeln darf aber in keiner Hinsicht den Ernst und die Härte dieser Konfrontation verdecken. "Indem Gott

sich mit dem toten Jesus identifizierte, setzte er sich der aggressiven Gottfremdheit des Todes wirklich aus, setzte er die eigene Gottheit der Macht der Negation aus"[830]. In dieser Verneinung ist das göttliche Wesen in Frage gestellt. Oder anders ausgedrückt: Gott gerät im Tod Jesu selber in den Streit der Vergänglichkeit zwischen Sein und Nichts[831]. Dadurch ist Gottes Sein im Werden ein vom Vergehen bedrohtes[832].
Wenn Gott aber selber im Streit zwischen Sein und Nichts steht, wie kann er dann noch als Schöpfer gedacht werden, der doch diesem Streit überlegen ist? JÜNGEL antwortet mit dem Hinweis, "daß das Sein Gottes im Streit mit der vernichtenden Nichtigkeit des Nichts sich allererst als ein schöpferisches Sein offenbart"[833]. Das schöpferische Vermögen Gottes, das ihn als den Schöpfer der Welt kennzeichnet, ist allein von einer Theologie des Gekreuzigten zu erheben: Indem sich Gott dem Zugriff des Nichts aussetzt, d.h. den Tod an sich erleidet, bezieht er ihn in seine Geschichte ein. Das Nichts wird in seiner "schlechthinnigen Unbestimmtheit und Leerheit als negativ virulente Leerstelle ohne einen angebbaren Stellenwert"[834] im Sein Gottes lokalisiert und eingegrenzt. Dadurch, daß Gott den Tod gerade nicht von sich ausschließt oder hinter sich läßt, sondern ihn leidend erträgt, wird ihm sein Wesensakt entzogen[835], verliert er seine nichtige Attraktion und damit seine vernichtende Wirkung[836]. Die Verhältnislosigkeit des Sünders, in die ihn der Tod gestellt hat, ist so von Gott zugunsten einer neuen Gemeinschaft überwunden[837]. Darin und nur darin, daß Gott aus dem Tod des Gekreuzigten neues Leben für den Menschen freisetzt, indem er den Tod einschließt und entmachtet, zeigt sich, in welcher Weise Gottes Sein schöpferisches Sein ist.
Der Gekreuzigte weist aber nicht nur auf die heilsame Konfrontation Gottes mit dem Tod hin, sondern stellt die "Realdefinition" Gottes dar. Nach JÜNGEL ist aus der Tatsache, daß die paulinische Verkündigung den Gekreuzigten in ihre Mitte stellt, der theologische Schluß zu ziehen, daß Gott "sich an einem T o t e n als Gott definiert"[838]. Der Tod hat für Gottes Sein selbst "ontologische Relevanz"[839]. Denn es ist nicht nur so, daß Gott sich in der Kraft seines Werdens auf den Tod einlassen kann, sondern auch so, daß er in dieser Einlassung sein Gottsein geradezu erweist[840]. Gott erleidet den Tod nicht als Selbstverlust.Vielmehr erträgt er ihn leidend und offenbart sich darin als Sieger und

nur "als Sieger über den Tod erschließt sich Gott allererst als Gott"[841]. Deshalb ist das göttliche Sein "als l e b e n d i g e Einheit von Leben und Tod"[842] zu begreifen. Von hieraus muß das "in" des Satzes "Das Nichts verliert in Gott seine nichtige Attraktion..."[843] als soteriologische u n d zugleich theo-logische[844] Aussage verstanden werden.
Die paulinische Verkündigung bezeichnet den Kreuzestod näherhin als ein Ereignis "für uns". Darin zeigt sich für alle Theologie grundlegend, daß Gottes Selbstdefinition eine solche zur Liebe ist. Für JÜNGEL ist hiermit der entscheidende theologische Verstehenshorizont gefunden, der es erlaubt, Sein und Nichtsein, Ohnmacht des Gekreuzigten und Macht des Siegers über den Tod widerspruchsfrei zusammenzudenken[845]. In der Liebe kann sich Macht als Ohnmacht vollenden[846]. Gott ist deshalb die Liebe zu nennen, "weil allein die Liebe sich auf die ganze Härte des Todes einzulassen"[847] und diesen erleidend sich gegen ihn durchzusetzen vermag. In seiner Liebe -das ist nun theologisch zu verantworten- kann Gott unendlich leiden[848]. Von diesem wirklichen, unendlichen Leiden Gottes her präzisiert und radikalisiert JÜNGEL die obengenannte Bedingung, unter der allein die Identifizierung von Gott und Liebe vorgenommen werden darf. "Die Liebe, die Gott ist, kann also nicht nur als in die Lieblosigkeit a u s s t r a h l e n d e Liebe verstanden werden. Sie g e h t in die Lieblosigkeit e i n"[849]. Trinitarisch gesprochen: der Vater gibt den geliebten Sohn in die Welt, d.h. in den sicheren Tod. Diese Liebe, die sich nicht schont und gerade in diesem Nicht-Schonen ihre Macht und Lebendigkeit erweist[850], wird als "befriedete Dialektik"[851] von Sein und Nichtsein oder als "Einheit von Leben und Tod zugunsten des Lebens"[852] bezeichnet. Wird nun noch hinzugenommen, daß gemäß der johanneischen Identifizierung eben diese Liebe das göttliche Sein selber ist, dann findet der Gedanke der Kreuzesliebe Gottes einen pointierten Abschluß: "Gott hat sich selbst so und nur so, daß er sich verschenkt"[853].
Gerade diese letzte Formulierung zeigt eindrücklich, daß JÜNGEL Weltverhältnis und Selbstverhältnis Gottes in kreuzestheologischer Perspektive ineinander verschränkt. Diese Verschränkung ist nun noch trinitätstheologisch zu entfalten. Zunächst muß sichergestellt werden, daß Gott sich am Kreuz nicht selbst verliert[854], d.h. trinitätstheologisch, daß die Beziehungen zwischen den Personen keine Einschränkungen erfahren. Insofern ist

die Identifikation Gottes mit dem Tod Jesu als ein solches Geschehen zu verstehen, in dem der sich zu sich selbst verhaltende Gott in der Einheit mit dem gekreuzigten Jesus sich als Vater und Sohn gegenübertritt und in diesem unüberbietbaren Gegensatz von göttlichem Leben und menschlichem Tod durch den Geist zugleich aufeinander bezogen bleibt[855]. Die Hingabe des Sohnes ans Kreuz muß deshalb entsprechend den Zeugnissen der hl.Schrift auch als Handlung des Sohnes selbst verstanden werden. Indem der Sohn die Hingabe durch den Vater als Selbsthingabe vollzieht, bleibt er im Gehorsam auf den Vater bezogen[856]. Umgekehrt bleibt aber inmitten der Trennung auch der liebende Vater im Sohnesgehorsam auf den Sohn bezogen[857]. Indem der Vater im Gekreuzigten den Sohn bejaht, ist sich Gott auch im Zugriff des Todes selber noch Ursprung. Und ebenso ist Gott, insofern er im Sohn der Bejahte ist, sich selber auch Ziel[858]. Beides hängt aber schließlich davon ab, daß Ursprung und Ziel auch angesichts der zwischen ihnen liegenden Diastase weiterhin miteinander vermittelt sind. Diese Vermittlung ist Gott als Geist. Dabei werden die Unterschiede zwischen Vater und Sohn, wie sie im Kreuzesereignis in einer letzten Verschärfung zutage treten, nicht verwischt. "Im Gegenteil: im Gegenüber erst von Gott und Gott, von Vater und Sohn, erweist sich Gott als der, der er ist. Es ist Gott der Geist, der Vater und Sohn im Tode Jesu in realer Unterschiedenheit, also im Gegenüber, eins sein läßt"[859]. In dieser durch den Geist konstituierten Einheit ist und bleibt Gott der Lebendige. Gottes Sein bleibt auch im Tode Jesu ein Sein im Kommen.

Die besondere Bedeutung des Geistes ist aber eine zweifache. Er stellt nicht nur die ewige Vermittlung zwischen Ursprung und Ziel dar, zwischen ewigem Vater und ewigem Sohn, die sich im Ereignis des Kreuzes betätigt und bestätigt, sondern bildet diese Vermittlung zwischen dem dahingebenden Vater und dem dahingegebenen Sohn auch in der Weise, daß sie zugleich den Menschen miteinschließt. Die Einheit der Unterschiedenen im Geist ist also überhaupt nur, indem sie keine exklusive Selbstbeziehung darstellt, sondern Offenheit für die Gemeinschaft mit dem Menschen impliziert. Der Geist überwindet die Trennung des Liebenden vom Geliebten allein so, daß er als Ereignis dieser Liebe dem Menschen daran teilgibt[860].

Die Feststellung, wonach Gott erst darin das Ereignis der Liebe selber ist, daß er in die Lieblosigkeit der Welt eingeht, kann

nun trinitarisch so gefaßt werden, daß die Hingabe des Sohnes durch den Vater und die Selbsthingabe des Sohnes im Gehorsam gegenüber dem Vater im Geist sowohl innertrinitarisch zur Einheit hin als auch zum Menschen hin vermittelt werden[861]. Im Geist ist Gott das Ereignis der Liebe selbst und darin gegenüber dem Menschen gemeinschaftsverwirklichend. Insofern gilt: "Als Heiliger Geist ist Gott das Geheimnis der Welt"[862].
Durch diese Einbeziehung des Menschen in die trinitarische Lebensgemeinschaft -das ist Motiv aller göttlichen Selbstunterscheidung[863]- kann schließlich auch von der ewig neuen[864] Beziehung zwischen Vater und Sohn gesprochen werden. Denn indem der trinitarische Gott das von ihm Unterschiedene in seiner ganzen Andersheit liebt, sind die trinitarischen Beziehungen nicht als Reproduktionen eines ewig Gleichen zu verstehen, sondern als ein ewig neues Leben zugunsten des Anderen.

c) Identität von immanenter und ökonomischer Trinität

JÜNGELs trinitarisch gefaßte Theologie des Gekreuzigten vereinigt im Schnittpunkt des Kreuzes zwei wesentliche Gedanken. 1. Gottes Sein ist so im Werden, daß es sich dem Nichts aussetzen kann und in der Kraft dieses Werdens die nichtende Wirkung des Todes in sein Sein einschließen und besiegen kann. Darin erweist sich die Lebendigkeit des trinitarischen Gottes. 2. Indem Gott über sich hinausgehend den Tod in sein Sein aufnimmt, konstituiert er aus der Verhältnislosigkeit des Todes eine neue Gottesgemeinschaft des Menschen. Beide Gedanken verbindet eine Theologie des Gekreuzigten zu der Erkenntnis, daß Gott das "Ereignis einer inmitten noch so großer und mit Recht noch so großer Selbstbezogenheit immer noch größeren Selbstlosigkeit"[865] ist. Als der sich zu sich selbst verhaltende Gott ist er zugleich der Gemeinschaft stiftende Gott. "Gott ist von Ewigkeit her so b e i s i c h s e l b s t, daß er für den Menschen ist"[866]. In einer kreuzestheologischen Verschärfung heißt das, daß Gott so zu sich selbst kommt, indem er sich dem Nichts aussetzt. "Sein Weg h i n a u s ist nichts anderes als das i n n e r l i c h s t e Werk seines Seins"[867]. Die Erkenntnis, daß Gott in der Selbstlosigkeit des Menschgewordenen sein eigenes Sein vollzieht, nötigt zu dem Schluß, daß Gottes Göttlichkeit gerade seine Menschlichkeit ist[868].
Die johanneische Identifikation "Gott ist Liebe" wird von JÜNGEL trinitarisch verstanden als "sich verströmendes und verschenken-

des Selbstverhältnis"[869]. Einer These RAHNERs zustimmend kann er dadurch die immanente und ökonomische Trinität miteinander identifizieren. Gott ist in seinem innertrinitarischen Sein eben die Liebe, die in seinem geschichtlichen Heilshandeln bis hin zum Kreuz zum Ausdruck kommt, denn "das innergöttliche Selbstverhältnis ereignet sich als Liebe in derjenigen Selbstbezogenheit Gottes, die bereits eine noch größere Selbstlosigkeit einschließt"[870]. Das das Sein Gottes konstituierende und trinitarisch vollzogene Ja zu sich selbst kommt in der göttlichen Selbstmitteilung zur Wiederholung[871], so daß die ökonomische Trinität der über das Sein Gottes zum Anderen hinausgehende Vollzug der immanenten Trinität ist. Umgekehrt kann dann die immanente Trinität als summarischer Begriff der die Geschichte Gottes mit dem Menschen bedenkenden ökonomischen Trinität gelten. Diese Geschichte ist im Sinne der immanenten Trinität als Geschichtlichkeit Gottes und sein Kommen zum Menschen als **ein** Sein im Kommen aufzufassen[872].

Angesichts dieser Zusammenschau, in der das trinitarische Selbstverhältnis das Weltverhältnis Gottes umfassend begründet, bedeutet Gottes Selbstmitteilung weder Selbstverlust noch Selbstverwirklichung[873]. Vater, Sohn und Geist bilden in der Weise eine Einheit, daß sie die Gemeinschaft des Menschen miteinschließen. Deshalb kann es keine Lehre von der immanenten Trinität geben, die Gott nicht zuerst und zuletzt als Gott des Menschen denkt. Aber solche Gemeinschaft eröffnend ist Gott doch der Eine und Lebendige, ist er sich selber Ursprung, Ziel und Vermittlung. Insofern bewirkt der Vollzug seines Seins nach außen weder eine Selbstfindung noch eine Beeinträchtigung Gottes. Gott ist in dieser Hinsicht sich selbst genug. Indem er aber als der "für uns" Gekreuzigte geglaubt wird, gibt er sich als die Liebe zu erkennen, die mit seiner "Selbstgenügsamkeit" in der Weise zu vereinbaren ist, daß er dem Menschen in Freiheit an seiner Liebe Anteil gibt. Eine Lehre von der ökonomischen Trinität hat deshalb diese mit allem Ernst, aber als G n a d e vollzogene Selbstmitteilung Gottes zu bedenken und unterscheidet sich gerade in diesem Formalobjekt vom Begriff der immanenten Trinität. Um der recht verstandenen Einheit beider willen ist ihre begriffliche Unterscheidung unverzichtbar. Diese Einheit ist weder eine tautologische noch eine evolutive im Sinne einer notwendigen, prozeßhaften Fortsetzung. Sie ist Geheimnis[874].

Bemerkungen

Für ein besseres Verständnis JÜNGELs scheint es sinnvoll, sein Verhältnis zu BARTH zu beleuchten. Von diesem übernimmt er die Grundgestalt seines Gottesgedankens: der trinitarische Gott bezieht die Welt in sein göttliches Leben mit ein. Grundlage ist die ontologisch verstandene Freiheit Gottes, die in sich Seinsfülle und Lebendigkeit und im Blick auf ein mögliches Gegenüber Unabhängigkeit bedeutet. JÜNGEL wiederholt hier -vielleicht mit etwas weniger Emphase als BARTH- den provozierenden Gedanken der "Selbstgenügsamkeit" Gottes. Dieser hat aber einen nur theoretischen Aussagewert, insofern er eine bloß logische Weiterführung des ontologischen Begriffs von Freiheit darstellt, welcher faktisch keine Realität zukommt. Denn konkret i s t Gott nicht der Selbstgenügsame, weil er sich -in dieser seiner ontologischen Freiheit- zur Gemeinschaft mit dem Menschen bestimmt hat. Wie BARTH wählt auch JÜNGEL hierfür das Bild des Überströmens. In seiner Liebe tritt Gott gleichsam über seine Ufer. Besteht damit nicht eine Nähe zu MOLTMANN, wenn dieser erklärt: "Wenn die Selbstbestimmung Gottes keine wesentliche Emanation der Güte Gottes ist, ist sie überhaupt keine Selbstbestimmung"[875]?

Das Bild vom Überfließen besagt nach JÜNGEL zunächst ein dreifaches. 1. Der Grund der Liebe Gottes zur Welt liegt ausschließlich in Gott selbst. 2. Liebt Gott, dann ist es ein Mitteilen der eigenen Liebesfülle. 3. Die liebende Beziehung Gottes zur Welt ist ganz Geschenk. Im Blick auf MOLTMANN bedeutet gerade der letzte Gedanke, daß aufgrund des Geschenkcharakters der Liebe zwischen dem Schenkenden und dem Beschenkten der ungeminderte Spielraum einer freien Entscheidung liegen muß. Dadurch wird deutlich, in welcher Weise der Grund des Überfließens in Gott selbst liegt: eben als der einer freien Entscheidung. Emanation und Selbstbestimmung fallen deshalb nicht wie bei MOLTMANN in eins. Ihr Zusammenhang besteht nicht schon immer, sondern wird hergestellt. So gesehen meint das Überfließen der Liebe Gottes nicht einen naturalen, sondern einen frei gesetzten Selbstvollzug des göttlichen Wesens.

Nicht nur darin ist JÜNGEL BARTH gefolgt, sondern auch in der Vermeidung eines Nominalismusverdachts. Denn das Überfließen der göttlichen Liebe geschieht nicht zufällig und unmotiviert. Die Liebe zur Welt ist nicht nur Resultat der Selbstbestimmung Gottes, sondern sie liegt dieser bereits auch immer schon vor-

aus, so daß damit die irreführende Betrachtungsweise einer isolierenden Aufteilung in ein Subjekt Gott und ein Objekt Liebe in Richtung auf eine deren Vermittlung vorstellende "Moralität" Gottes überwunden wird.
JÜNGELs Liebesbegriff ist indessen auch auf Kritik gestoßen. Sie besteht im wesentlichen darin, die johanneische Identifikation von Gott und Liebe im phänomenologischen Horizont von Liebe ausgelegt zu haben. Aber "transzendiert Gott nicht auch das, was wir Liebe nennen"[876]? Liebe Gottes ist nicht auf einer innerweltlich-ästhetischen Ebene, sondern auf einer religiösen auszuweisen. Auch OEING-HANOFF teilt diese Kritik an JÜNGEL, dem er überdies vorwirft, die ästhetisch-erotische Deutung der Liebe Gottes nicht konsequent durchgeführt zu haben. "Die religiöse Deutung und Erfahrung der erotischen Liebe fordert aber, Gott und das Göttliche... als sich uns in unserer Geschichte so mitteilend zu denken, daß wir vergöttlicht werden... Wenn sich das denken läßt, braucht man sich den schlechthin vollkommenen, ewigen Gott nicht von metaphysikkritischen Theologen ausreden zu lassen, die, wie auch Jüngel es tut (...), zugleich damit die Sehnsucht nach ewigem vergöttlichten Leben als Ausdruck des zwar alten, aber eben illusionären Menschheitstraumes nach einer Gottwerdung aufzugeben fordern"[877].
In Freiheit, jedoch nicht zufällig stellt Gott Gemeinschaft zwischen sich und der Welt her. Darin offenbart er sich als Gott. Sein Gottsein ist seine Menschlichkeit. Hinsichtlich der Frage nach dem Entstehungsort der gott-menschlichen Gemeinschaft geben nun JÜNGEL und BARTH unterschiedliche Antworten. Während BARTH eine ewige vorzeitliche Erwählung des Menschen in Jesus Christus annimmt, die den unverbrüchlichen Bund beinhaltet, hat JÜNGEL diesen Bundesschluß eindeutig in das Terrain der Geschichte verlegt. Zwar gibt es auch bei BARTH die Auffassung eines geschichtlichen Vollzugs des Bundes, ebenso wie JÜNGEL davon spricht, daß die innertrinitarische Hinkehr zum ewigen Sohn auch immer schon die Hinkehr zum geschöpflichen Anderen mit intendiert. Aber die jeweiligen Akzente sind doch deutlich anders. So kann man sagen, daß JÜNGEL dort eine Korrektur vornimmt, wo bei BARTH der Eindruck entsteht, als sei in Gottes vorzeitlich-trinitarischem Leben die Gemeinschaft mit dem Menschen bereits hergestellt und bedürfe nur noch einer die Geschichte durchlaufenden "Wiederholung".

Damit hat ohne Zweifel auch der Gottesbegriff selbst eine Neuakzentuierung erhalten. Denn Gott erweist sein Gottsein dadurch, daß er sich der menschlichen Geschichte aussetzt. Das In-der-Geschichte-Stehen Gottes muß zeigen, was es mit seiner Lebendigkeit und Menschlichkeit auf sich hat. In die Geschichte eingehen heißt bei JÜNGEL sich dem Streit zwischen Sein und Nichts aussetzen. Deshalb läuft Gottes Eintritt in die Geschichte auf die Begegnung Gottes mit dem Tod hinaus. Indem sich Gott mit dem gekreuzigten Jesus identifiziert, d.h. sein Sein mit dem Tod in letzter Radikalität konfrontiert, erweist er sein Gottsein. Bei BARTH hingegen verliert der Tod Jesu dadurch etwas von seinem Ernst, daß die ihn bedingende Sünde in Gottes vorzeitlicher Ewigkeit bereits grundsätzlich überwunden ist.
Der kreuzestheologische Unterschied zwischen den beiden Autoren wird aber da am deutlichsten, wo es um das bleibende Verhältnis zwischen Gott und Tod geht. Während BARTH zu der Auffassung kommt, daß durch die Auferstehung des Gekreuzigten der Tod überwunden und als solcher von Gottes Sein ausgeschlossen ist, nimmt JÜNGEL an, daß der Tod in der Auferstehung des Gekreuzigten überwunden ist, indem er in das göttliche Leben einbezogen wurde und da seine zerstörerische Macht verloren hat. In dieser "Einheit von Leben und Tod zugunsten des Lebens" liegt Gottes Menschlichkeit, so daß man sagen kann, daß JÜNGEL den Gottesbegriff BARTHs übernimmt, ihn aber entscheidend staurologisch radikalisiert. Nach GEYER hat JÜNGEL damit ein wesentliches Element des biblischen Gottesgedankens gegenüber der Gottheit der Metaphysik zum Ausdruck gebracht. "Ist die Geschichte Jesu Christi in Kreuzigung und Auferweckung die Geschichte der Offenbarung Gottes selbst, so ist sie zutiefst auch die Offenbarung dessen, daß das Gottsein Gottes den Tod nicht als eine Unmöglichkeit ausschließt; sondern es gehört ganz entscheidend in das Wesen Gottes, von dem die Bibel spricht, daß es den Tod als ihm eigene Möglichkeit inkludiert"[878].
Verantwortlich für diesen kreuzestheologischen Unterschied ist eine Differenz im Verständnis des Todes Jesu. BARTH versteht das Kreuzesereignis als ein Stehen des Sohnes unter dem Strafgericht des Vaters. In dieser lutherischen Tradition erhält das Todesgeschehen durch eine trinitarische Interpretation einen überwiegend theologalen Charakter. Das bedeutet, daß das Tödliche an diesem Tod von einem Handeln Gottes bestimmt wird: für den Sohn

bedeutet die Verwerfung durch den Vater Tod und Hölle. Von hier aus wird deutlich, daß dieser Tod als ein bleibendes, gleichsam konstitutives Moment im Leben des trinitarischen Gottes nicht in Frage kommen kann. Der Tod Jesu ist ein heilsgeschichtliches Handeln Gottes in actu, das sich gegen eine Verewigung sperrt. Demgegenüber versteht JÜNGEL den Tod Jesu primär als eine Konfrontation Gottes mit dem nichtenden Nichts der Schöpfung. Er ist eine Art Gegenwirklichkeit Gottes, die ihm als das Ausgeschlossene (und nur insofern "seiend") entgegensteht. Auf dieses tödliche Nichts, das den Menschen in die Verhältnislosigkeit stellt, läßt sich Gott im Sohn ein. Was hier den "Tod Gottes" innerlich bestimmt, ist kein Handeln Gottes, sondern das als Moment der geschaffenen Wirklichkeit gegebene Nichts des Vergehens und Untergehens.

In diesem Todesverständnis liegt ein deutlicher Unterschied zu BARTH. Bei diesem begegnet Gott einem Tod, der die Schöpfung zwar bedroht, der aber als die Verwerfung des Sünders gerade nicht Moment an der Schöpfung ist, sondern von Gott stellvertretend für den Menschen erlitten wird. Der ewige Tod des Sünders ist damit aus der Schöpfung Gottes entfernt. JÜNGEL dagegen versenkt den "Tod Gottes" in das Sterben der Geschöpfe, so daß Gott mit dem Menschen die kreatürliche Todessituation teilt. Dieses Verständnis des "Todes Gottes" rückt JÜNGEL in die Nähe der staurologischen Überlegungen KOCHs, mit dem sich damit ein Vergleich aufdrängt.

Das Kreuz Christi stellt in beiden Fällen eine Realdefination Gottes dar. Angesichts der eindeutigen Akzentuierung des "T o d e s Gottes" erscheint die Auferstehung eher blaß. Ist eine solche Gewichtung aber vertretbar? O.BAYER[879] hat nachgewiesen, daß die in den ältesten Bekenntnisformeln bisher exegetisch festgestellte Parallelisierung von Tod und Auferstehung durch die paulinische Herrenmahl-Tradition in Richtung auf eine zusammengehörige Einheit präzisiert wird. Damit ist eine isolierende Betrachtungsweise, d.h. entweder eine exklusive Staurozentrik oder ein Auferstehungstriumphalismus nicht mehr möglich. Es kann nicht länger mehr Sache des Interpreten sein, den Zusammenhang zwischen Tod und Auferstehung als solchen zum Gegenstand der Interpretation zu machen, ihn also gegebenenfalls auch auszublenden. Nach 1 Kor 11,26 "wird beim Mahl ein Zweifaches 'verkündigt', d.h. bekannt: erstens Unrecht, Scheitern, Not und Tod, die Jesus widerfuhren, also seine 'Klage', und zweitens die Wende dieser Klage: Erhörung, Errettung aus dem Tod. Denn eine 'Verkündigung des T o d e s' Jesu allein, also allein das Rezitieren, das 'Gedenken', der Klage, hätte keinen Sinn"[880].

Die sachliche Zuordnung von Tod und Auferstehung zu einer in sich differenzierten theologischen Einheit als einer Vorgegebenheit muß zu der Frage führen, wie diese Einheit bei JÜNGEL und KOCH gefaßt wird. JÜNGEL sieht in der Auferstehung des Gekreuzigten, daß der Tod, der Gott nicht unberührt läßt, in das ewige Leben Gottes eingeschlossen wird. Dies ist auch die Meinung BAYERs[881]. Demgegenüber vertritt KOCH die Auffassung, daß Auferstehung nicht die Integration des Todes in ein gesondertes göttliches Leben meint, sondern ein bleibendes Handeln Gottes aus dem Tod in den Raum der Geschichte bedeutet. Durch die "Auferstehung in die Geschichte" wird Geschichte zur Auferstehungsgeschichte. BAYER hat dagegen den Einwand erhoben, daß die Herrenmahl-Tradition ein solches Verständnis nicht zuläßt. 1. Der Auferstandene wird als der konkrete Mensch Jesus verkündigt. Im Blick auf die concreta der Geschichte Jesu Christi ist es deshalb ein Akt fragwürdigen Abstrahierens, wenn diese "unter der Hand zu Allgemeinbestimmungen der Menschheit und des Prozesses der Weltgeschichte werden"[882]. 2. Einer transzendenzlosen Einbindung Gottes in die Geschichte steht der Umstand entgegen, daß das Herrenmahl "Urmodell der Verkündigung"[883] ist. Verkündigung bedeutet vergegenwärtigendes Ansagen eines unverfügbar T r a n s z e n d e n t e n. Im Herrenmahl "tritt in besonderer Klarheit heraus, daß 'Christus' zu W o r t kommen will, also nicht zur Idee werden kann"[884]. Demnach ereignet sich die Gegenwart Gottes in der Geschichte im Medium des "berichtenden Lobs", d.h. in einer performativen Sprachhandlung[885], so daß der Auferstandene im "Wort" nahe ist, ohne seine Transzendenz zu verlieren. KOCH hat den bleibenden Abstand zwischen Auslegung und Inbegriff des Herrenmahls aufgehoben, indem der Auferstandene zum geschichtsimmanenten Wirkmoment geworden ist.

Obwohl also JÜNGEL und KOCH beide von Tod u n d Auferstehung sprechen, scheint es, daß doch nicht beide den in der paulinischen Herrenmahl-Tradition grundgelegten Anforderungen, wie sie BAYER herausgestellt hat, gerecht werden. Es ist vor allem der oben schon konstatierte Ausfall der Transzendenz Gottes, der KOCH hier deutlich von JÜNGEL abrückt. Ähnliches zeigt sich auch im Verständnis Gottes als des Geheimnisses der Welt. Während nach KOCH das Geheimnis der Welt im Gehen und Untergehen Gottes und darin im Weitergehen des Schöpfungsaktes liegt, bedeutet dies bei JÜNGEL ein Kommen Gottes z u r Welt[886] - kein Werden Gottes i n der Welt. Der kommende Gott überwindet den Transzendenz-Immanenz-Abstand, ohne ihn jedoch zu annullieren. Das Hinzugehören[887] Gottes zur Welt ist in diesem Sinn von anderer Art als jenes bei KOCH.

In formaler Hinsicht ist JÜNGEL daran gelegen, im Anschluß an die materialen Aussagen BARTHs einen für die Theologie brauchbaren Seinsbegriff zu entwickeln. In der ersten Einleitung zu "Gottes Sein ist im Werden" setzte sich der Autor in diesem Zusammenhang mit einer Veröffentlichung von H.GOLLWITZER[888] auseinander. Darin werden nach JÜNGELs Überzeugung zwei problematische Entscheidungen getroffen. 1. Aus Angst vor einer Vermischung von göttlichem und weltlichem Sein geraten der geschöpfliche und der theologale Seinsbegriff in die heillose Konfrontation gegenseitiger Ausschließlichkeit. JÜNGEL hält die aus der Menschwerdung sich ergebende Konsequenz der Geschichtlichkeit Gottes mit einem rein personalen Gottesbegriff für unzureichend gedacht. "Zwingt nicht ein christologisch verstandener Begriff von Offenbarung dazu, von Gottes Sein so zu reden, daß seine höchst reale, keineswegs dialektische Bedrohung durch das Nichts thematisiert wird? Ist es nicht geradezu ein Kriterium christlichen Verständnisses von Offenbarung, daß in dieser Gottes Sein dem N i c h t s ausgesetzt ist"[889]? 2. Das Heilshandeln Gottes wird nicht im Wesen, sondern im Willen Gottes verankert. Die Offenbarung gibt somit die Beschaffenheit des göttlichen Willens zu erkennen, nicht aber jenes Wesen, dem dieser Wille eigen ist. "Ist nicht gerade mit dieser Unterscheidung... ein metaphysischer Hintergrund im Sein Gottes ausgespart, der sich in seinem geschichtlichen Offenbarungshandeln gegenüber gleichgiltig verhält"[890]? Die beiden Einwände JÜNGELs zielen auf eine geschichtlich-dynamische Fassung des Seins Gottes, um darin die Konfrontation des göttlichen Selbst mit dem Tod denkbar zu machen.

Es kann nicht verwundern, daß für die Behandlung dieser Frage neben LUTHER, der den Hinweis auf den christologischen Rahmen gibt, besonders HEGEL zur Sprache kommt. Die zahlreichen Wertschätzungen[891], die JÜNGEL diesem entgegenbringt, haben darin ihren Grund, daß HEGEL die KANTsche Entgegensetzung von Endlichem und Unendlichem in einer neuen Ontologie "aufzuheben" versucht hat. Hier knüpft JÜNGEL an, aber nicht ohne kritischen Hinweis darauf, daß bei HEGEL die "Aufhebung" des gott-menschlichen Unterschieds undialektisch als bloße Beseitigung erfolgt, an deren Ende die Vergottung des Menschen steht[892].

Die Verendlichung des Todes und die Unendlichkeit des Seins Gottes werden weder (wie teilweise in der Prozeßtheologie und zumindest im Ansatz auch bei KOCH) zu einem Dritten der göttlichen Kreativität synthetisiert, noch einfach additiv zusammengefügt. Das Sein Gottes bildet vielmehr im Tod Jesu mit dem Nichts eine lebendige Einheit, eine "Einheit von Leben und Tod zugunsten des Lebens". Bloße Zusammenfügung oder Vermengung werden durch das geschichtliche Verständnis des Seins Gottes verhindert. Mit der Dynamik dieses Seins widerspricht JÜNGEL der Vorstellung einer reinen ontischen Zuständlichkeit. Gottes Sein fällt nicht zusammen mit der Statik des Habens. Ist Gottes Sein im Werden, dann ist es Ereignis, in dem sich Gott selbst vollzieht. Gottes Sein ist ein sich selbst vollbringendes Sein. Als ein solches sich selbst setzendes Sein scheidet es sein Nichtsein, d.h. das Nichts des Todes aus. Insofern kann man sagen, daß die Geschichtlichkeit des Seins Gottes als eine bleibende Konfrontation mit dem Nichts auf eine das Nichts selbst überwindende Begegnung angelegt erscheint. Eine derartige einmalige Konfrontation hat sich im Tod des Gekreuzigten ereignet. Die Überwindung geschieht in der Auferstehung nicht als Ausschluß, sondern als ein Einschließen des Todes in das Sein Gottes. Die Verendlichung des Nichts ist als das Auszuschließende in die Lebendigkeit des sich selbst vollziehenden Seins Gottes einbezogen.

Mit diesem theologischen Seinsbegriff hat JÜNGEL die innere Kohärenz zwischen Sein und Handeln Gottes, die für den biblischen Gottesgedanken bezeichnend ist, zu wahren versucht. Wer und was Gott ist, zeigt sich in seinem Offenbarungshandeln. So offenbart der in Jesus Christus kommende Gott sein Sein als ein Sein im Kommen. Und der Tod Jesu läßt Gottes Leben als Einheit von Leben und Tod zugunsten des Lebens erkennen. Eine solche theo-ontologische Umsetzung des Handeln Gottes sieht MAUSER durch seine Untersuchung des Hoseabuches gefordert. "Uns ist... kein Hinweis begegnet, der es nahelegen würde, dem Sein Gottes eine Stellung zu reservieren, die vom Verhalten Gottes nicht völlig ausgedrückt würde. Im Gegenteil: die Leidenschaft der göttlichen Monologe enthüllen eine Intensität des Verhaltens Gottes zum Menschen, die Gott in seinem Sein bestimmt. Wir entnehmen daraus die Weisung, daß das Sein Gottes... im Lichte seines Verhaltens zu uns beschrieben werden kann"[893]. JÜNGEL hat mit der Konzeption von Heilshandeln als Vollzug des Seins Gottes die in der Diskussion schon häufiger auftretende Gefahr einer Aufteilung in ein Innen und ein Außen Gottes beseitigt. Hinter dem handelnden Gott gibt es -so auch BARTH- keinen nicht-handelnden.

In ontologischer Hinsicht wird man sagen müssen, daß JÜNGELs Seinsverständnis eine Aufwertung der Kategorie des Werdens mit sich bringt. Werden ist kein defizienter Seinsmodus als ein Nichtmehr oder Nochnicht, sondern die Gestalt des seienden Gottes, der ist, indem er sich vollzieht. Werden deutet damit auf die Lebendigkeit und Bezüglichkeit des Seins Gottes, das sich ad extra als Beziehungsmächtigkeit[894] offenbart. Werden zeigt sich als Vermögen. Die geschichtliche Fassung des Seins Gottes kann schließlich auch zu einer Überwindung der für die Frage nach der "Unveränderlichkeit" Gottes problematisch gewordenen Substanzontologie führen.

Die ontologischen Überlegungen JÜNGELs, die die Denkbarkeit Gottes aufzeigen sollen, führen indessen auch zu Schwierigkeiten. Diese beginnen genau da, wo die Reflexion der sich frei verströmenden Liebe Gottes auf ihren ontologischen Begriff gebracht wird. Was die biblischen Offenbarungszeugnisse als das je unerwartbare und unableitbare, freie Handeln Gottes an seinem Volk zu bestimmten Zeitpunkten der Geschichte berichten, bekommt bei JÜNGEL die Gestalt eines neutralisierenden "a se in nihilum eksistere". Es wäre gewiß falsch, hier den Vorwurf einer fragwürdigen Systematisierung des Gottesgedankens zu erheben. Denn immer wieder wird betont, daß Gottes Heilshandeln ohne innere Notwendigkeit[895] geschieht, daß es vielmehr in freier Selbstbestimmung gründet und insofern Gnadencharakter besitzt. Diese Grundüberzeugung soll hier nicht grundsätzlich bezweifelt werden. Aber zu fragen bleibt doch, ob es nicht eine Tendenz dazu gibt, das aposteriorisch erkannte Heilshandeln Gottes in eine sich selbst entfaltende Onto-Logik zu überführen, wenn JÜNGEL etwa schreibt: "Gott läßt sich auf das Nichts ein, indem er aus sich selbst heraus seiend auch schon über sich hinaus geht und so aus den Tiefen seiner selbst in das Nichts ek-sistiert. Diese Eksistenz ist sein Wesen"[896]. Besteht hier nicht die Gefahr einer

Grenzüberschreitung, wonach die Konfrontation Gottes mit dem Tod aus dem Wesen des Seins Gottes begriffslogisch ableitbar geworden ist und nicht mehr in einer (wohl nicht unmotivierten, aber doch) freien Entscheidung Gottes zu suchen ist? Kann man, wenn das "a se in nihilum ek-sistere" tatsächlich Gottes Wesen ist, vom Kreuz Christi noch als von einer wirklichen Gnadentat Gottes sprechen? Ist angesichts eines solchen ontologischen Gottesbegriffs eine Offenbarung überhaupt noch erkenntnisnotwendig? Wird sie nicht zu einer nachträglichen Demonstration eines apriorisch Erkannten? Es scheint, daß JÜNGEL hier besonders mit seinen trinitätstheologischen Überlegungen in Konflikt gerät, denn dort betont er die Unverzichtbarkeit der begrifflichen Unterscheidung von immanenter und ökonomischer Trinität, gerade um zu zeigen, daß die immanente Trinität nicht wesensnotwendig in die ökonomische übergeht. Deshalb wäre eine Interpretation JÜNGELs etwa im Sinne einer HEGELschen Geschichtsphilosophie aufs Ganze gesehen ungerechtfertigt. Was bleibt, ist eine deutliche Tendenz zur ontologischen Systematisierung, die ein gelegentliches Mißverständnis provozieren kann.

Die Ontologie des Seins Gottes, das im Werden ist, hat ihre Grundlage in der Trinitätstheologie. Das Sein, das ist, indem es sich selbst vollzieht, zeigt sich als Verschränkung von Ursprung (Vater), Ziel (Sohn) und Vermittlung zwischen beiden (Geist). Als Vater kommt Gott von Gott, als Sohn kommt Gott zu Gott, als Geist kommt Gott als Gott. Dabei dominiert die vom Ursprung durch Vermittlung zum Ziel ausgehende Bewegung. Ebenso werden auch die Personen -mit Ausnahme des Vaters- als die einem Ursprung entspringenden gedacht. Der Sohn entspringt dem Vater und der Geist der Gemeinschaft von Vater und Sohn. Deshalb sind auch die Relationen zwischen den Personen Ursprungsrelationen. Diese einlinige Ausrichtung der Seinsbewegung vom Ursprung zum Ziel und das entsprechende Personen- und Relationverständnis lassen deutlich die Dominanz eines Ursprungsdenkens erkennen. Dabei taucht die Frage auf, ob diese Form der Zuordnung der trinitarischen Personen der materialen Bestimmung Gottes als die Liebe gerecht zu werden vermag. Denn ohne Zweifel widerspricht die Einlinigkeit der Ursprungsdynamik der für das Liebesgeschehen charakteristischen Gegenseitigkeit. Zwar gibt JÜNGEL einen gelegentlichen Hinweis auf die Gegenläufigkeit der Bewegung zwischen Ursprung und Ziel[897] oder auf die gegenseitige Bejahung von Vater und Sohn im Geist[898]. Aber diese Bemerkungen erscheinen eher beiläufig. Dies ändert sich erst, wenn der trinitarische Gott ausdrücklich als Liebe gedacht wird. Der Liebende wird zum Geliebten und umgekehrt[899]. Die Dominanz der Subjektivität des Vaters verwandelt sich hier in die Intersubjektivität der trinitarischen Personen. Sehr deutlich kommt das antwortende Moment im Kreuzesgehorsam des Sohnes gegenüber dem Vater zum Ausdruck. Doch finden sich im selben Zusammenhang auch jene anderen Vorstellungen, die das Aushalten der trinitarischen Spannung im Kreuzesereignis wieder ganz in der Perspektive der Vater-Subjektivität betrachten.

Aufs Ganze gesehen wird man sagen können, daß trinitätstheologisch der Ursprungsgedanke der Vorstellung der gegenläufigen Liebesrelationen zwar nicht beziehungslos gegenübersteht, aber ihre innere Kohärenz stärker zum Ausdruck gebracht werden müßte. Denn der Vater ist nicht nur Vater, indem er den Sohn zeugt, sondern indem der Sohn sein Sohnsein annimmt, erhält der Vater sein Vatersein auch aus der Hand des Sohnes. Ursprünglichkeit und Gegenläufigkeit der Intersubjektivität gehören trinitarisch zusammen. Wird die letztere vernachlässigt, dann kann die Dominanz der Vater-Subjektivität zur Depotenzierung von Sohn und Geist führen.

Das Sein Gottes, das im Werden ist, trägt die Beziehungsmächtigkeit ad extra in sich. Auch diese Erkenntnis ist die ontologische Fassung einer trinitätstheologischen Einsicht. Gottes Weltverhältnis gründet in seinem trinitarischen Selbstverhältnis. In seiner Liebe geht Gott schon immer über sich hinaus; sein Zu-sich-Kommen ist zugleich ein Kommen zum Menschen. Wie bereits erwähnt wurde, versteht JÜNGEL diese Ausdehnung der Trinität in den Raum der Geschichte nicht als wesensnotwendige Fortsetzung, sondern als eine von Gott in Freiheit hergestellte Kontinuität. Durch diese hergestellte Kontinuität gibt die Offenbarung in Jesus Christus dann tatsächlich Gottes Sein zu erkennen. Umgekehrt bedeutet sie aber, daß die Offenbarung nicht begriffslogisch aus dem Sein Gottes abgeleitet werden kann. Denn JÜNGEL faßt die Offenbarung nicht als De-finition, die Gottes Sein als ein Für-uns-Sein funktionalistisch festlegen würde, sondern als Interpretation[900], die das Verhältnis zwischen innertrinitarischem Sein und dem heilsökonomischen Für-uns-Sein Gottes wohl als Identität, nicht aber als Selbigkeit bestimmt. In diesem

Sinn wird dem trinitätstheologischen Axiom RAHNERs zugestimmt.

Indessen ist es JÜNGELs Staurologie, die eine inhaltliche Verschärfung am RAHNERschen Axiom anbringt. Gott hat durch seine Identifizierung mit dem gekreuzigten Jesus den Tod nicht nur "geschmeckt", sondern in sein ewiges Sein aufgenommen. Durch dieses heilsökonomische Handeln Gottes hat demnach etwas in seine Immanenz Eingang gefunden, was vordem gerade ausgeschlossen war. Das innertrinitarische Kommen des Vaters zum Sohn muß in der Auferstehung des G e k r e u z i g t e n als ein Kommen auch durch den Tod hindurch verstanden werden. Die trinitarischen Relationen haben damit an innerer Dramatik zugenommen. Für J.A.BRACKEN ist dies Anlaß, JÜNGELs Trinitätslehre prozeßtheologisch zu interpretieren. Demnach verändert die Heilsökonomie nicht nur das Verhältnis Gott-Mensch, sondern auch die Bezüge der trinitarischen Personen untereinander[901].

Die These von der inhaltlichen Verschärfung des trinitätstheologischen Grundsatzes RAHNERs verlangt hier nach einer Präzisierung. Mit der Einschreibung des Todes in das ewige Sein Gottes ist, so wird man wohl sagen dürfen, insofern eine Veränderung geschehen, als Gott den Tod in sich einschließt und nicht mehr ausschließt. Aber in welchem Sinn kann hier von einer "Veränderung" gesprochen werden? Zunächst nicht in dem Sinn, daß die Eintragung des Todes in das ewige Leben Gottes eine völlige formale oder materiale Neubestimmung des Gottesbegriffs notwendig erscheinen ließe. Denn das Sein Gottes als ein "a se in nihilum ek-sistere" vollzieht sich in einer ständigen Konfrontation mit dem Nichts. Das Nichts ist zwar das von Gott Ausgeschlossene, es ist aber nicht ein Gott Fremdes. Schließt Gott das Nichts in sich ein, dann bedeutet dies letztlich nur eine Radikalisierung des Bezugs zu diesem Nichts. Der Ausschluß des Nichts vom Sein Gottes wird gesteigert zum Ausschluß des Todes überhaupt, indem er von Gott eingeschlossen wird. Insofern liegen Gottes Sein im Werden und Gottes Sein im Tod auf einer Linie.

Diese "Veränderung" Gottes durch Eintragung des Todes in das Leben Gottes unterscheidet sich dann auch davon, wie SIMONIS[902] die Bedeutung des heilsökonomischen Handelns Gottes veranschlagt. "Der an sich schon dreifaltige Gott hat sich so in ein neues Verhältnis zur Welt gebracht, in dem er selbst durch seinen Sohn Jesus Christus Gemeinschaft mit uns verwirklicht. Damit hat er aber auch sein eigenes Dreifaltigsein auf eine neue, so nicht

vorgegebene Weise aktualisiert, sich gleichsam neu 'in Szene gesetzt'"[903]. Das geschichtliche Heilshandeln führt nach SIMONIS -in sachlicher Nähe zu ähnlichen Überlegungen SCHOONENBERGs[904]- zu einer Profilierung[905] der göttlichen Personen als Vater, Sohn und Geist. In diesem Sinn wird JÜNGEL von OEING-HANHOFF verstanden, wie oben schon hingewiesen wurde. Allerdings scheint diese Interpretation nicht zutreffend zu sein. Denn die immanente Trinität ist keine Potenz im Sinne einer noch zu verwirklichenden Möglichkeit, sondern die Vollgestalt, in der Gott sein Sein hat. Das Profil der göttlichen Personen bleibt auch angesichts der Integration des Todes unverändert.
Die "Veränderung" Gottes könnte eher darin bestehen, daß der Tod einen innergöttlichen Freiraum ausfüllt. Indem JÜNGEL Gottes Sein als das das Nichts ausschließende faßt und dieses Sein ein Sein im Kommen ist, kann man sagen, daß das trinitarische Kommen die Überwindung eines dadurch gesetzten Nichts beinhaltet. Denn indem Gott sich selber Ursprung, Ziel und Vermittlung ist, vollzieht er sein Sein gegen sein Nichtsein bzw. gegen das Nichts überhaupt. In diesem das Nichts überwindenden trinitarischen Selbstvollzug wird man deshalb schon die Gestalt des ausgegrenzten Todes vermuten dürfen, die dann zu jener Stelle im Sein Gottes wird, die Gott dem Tod anweist. Mit der Auferstehung des Gekreuzigten füllt der Tod einen Freiraum aus, der im Sein Gottes als solcher immer schon gegeben ist. Der Hineinnahme des Todes in das trinitarische Sein Gottes geht eine Disposition dafür voraus, die JÜNGEL bei RAHNERs Begriff der "immanenten" Trinität vermißt. Diese Disposition und deren Erfüllung stellen die staurologische Verschärfung des RAHNERschen Axioms dar.
Zugleich zeigt sich in der Konfrontation mit dem Tod nun auch Gottes "Unveränderlichkeit". Denn in der Kraft des Geistes bleibt Gottes Sein im Kommen. Gott hört nicht auf, sich Ursprung und Ziel zu sein: Er kommt auch im Tod des Sohnes von sich her und ist sich im Sohn auch weiterhin Ziel. Er entfremdet sich nicht. Die "Unveränderlichkeit" Gottes zeigt sich, wie bei einigen anderen Autoren auch, als Überwindung des Todes. Diese geschieht jedoch nicht in einer Kenosis oder im Schmerz Gottes, sondern in der Liebe Gottes: als vinculum caritatis stellt der Geist auch im Tod die Einheit von Vater und Sohn sicher. Denn auch im Tod bejahen sich beide so, daß Gott sein Sein im Kommen behält. Gottes "Unveränderlichkeit" ist damit mehr als die Konstanz eines

Heilswillens. Sie gibt vielmehr den ontologischen Grund dafür an, daß Gott im Kreuz Christi nicht untergeht, sondern neue Gemeinschaft stiftet zwischen sich und der Welt. Gott ist der unverändert treue, weil seine Liebe gerade in der Ohnmacht mächtig ist, oder ontologisch ausgedrückt: weil sich sein Sein in der "Kraft des Werdens" auf das Nichts einlassen kann, ohne zu vergehen. JÜNGEL hat damit zugleich "Kritik an einem undialektischen Verständnis der Unveränderlichkeit Gottes"[906] geübt. Denn Gott ist nicht so unveränderlich, daß er dem Geschichtlichen und dem Nichts des Todes unendlich gegenübersteht und seine "Unveränderlichkeit" dadurch erhält, daß er fortlaufend diesen Abstand wahrt. Vielmehr läßt sich Gott auf das Geschichtliche und darin Tödliche ein, nimmt es in sich auf und erweist gerade d a r i n seine "Unveränderlichkeit".

Für die Diskussion ergeben sich aus JÜNGELs Überlegungen folgende bedeutsame Gesichtspunkte.

1. Gott läßt sich mit seinem ganzen Sein auf den Tod ein. Damit wird zunächst der doketischen Vorstellung gewehrt, Heilsgeschichte sei ein bloßes "Schauspiel" Gottes, dem -durch einen fragwürdigen Allmachts- und Unveränderlichkeitsbegriff dahin gebracht- jede innere Teilnahme Gottes abgehe. Gottes Heilshandeln trifft vielmehr auch diesen selbst. Von hier aus ergibt sich dessen unzweideutiger Ernst. Darüber hinaus wird auch die Trennung in ein Innen und ein Außen Gottes überwunden. Denn indem Gott sich mit seinem Sein auf den Tod einläßt, kann es hinter dem heilsgeschichtlich handelnden Gott keinen an-sich-seienden mehr geben.

2. Das Heilshandeln Gottes an der Welt geschieht in Freiheit, d.h. es besitzt Gnadencharakter. Indem die begriffliche Unterscheidung von immanenter und ökonomischer Trinität beibehalten wird, soll darauf hingewiesen werden, daß deren Identität keine wesensnotwendige Kontinuität und damit keine Deduzierbarkeit der letzteren von der ersteren bedeutet.

3. Das Verhältnis von Gott und Welt ist eine Heilsbeziehung zugunsten der Welt. In der Verfolgung des soteriologischen Anliegens wird dem Grundcharakter der Schöpfungsbeziehung Gottes, wie ihn die Bibel zum Ausdruck bringt, entsprochen. Der Weltbezug hat für Gott keinen konstitutiven Wert. Daß Gott die Welt "braucht", gründet in seinem Liebesentscheid.

4. Um die innere Beteiligung Gottes an seinem Heilshandeln bis hin zur Konfrontation mit dem Tod denkbar zu machen, wird ein

Begriff des göttlichen Seins entworfen, der die Statik des an der Substanzontologie orientierten Gottesbegriffs überwindet. Indem Gottes Sein relational und geschichtlich gedacht wird, kann es eine wirkliche Begegnung mit dem Geschichtlichen geben.
5. Mit der trinitarischen Behandlung wird erneut eine Tendenz bestätigt, die sich in der Diskussion bereits mehrfach abgezeichnet hat. Die Dialektik, die das heilsökonomische Handeln in den Gottesbegriff einträgt (indem Gott Mensch wird, ohne aufzuhören, Gott zu sein; indem Gott in den Tod geht, ohne darin unterzugehen), kann nur trinitätstheologisch gedacht werden. Das dialektisch zu formulierende Verständnis der "Unveränderlichkeit" Gottes wird deshalb wesentlich ein trinitarisches sein. Die Heilsökonomie muß in der immanenten Trinität gründen, Gottes Weltverhältnis in seinem Selbstverhältnis.

VI. Trinitätstheologischer Ansatz

1) H.MÜHLEN: Nähe und Ferne im trinitarischen Akt

a) Personologische Bestimmung der Seiendheit Gottes

Die theologische Antwort, die H.MÜHLEN[907] auf das in Frage stehende Problem gibt, kann als eine personologische Skizze des Gottesbegriffs bezeichnet werden. Er setzt sich damit für eine grundsätzliche Neuorientierung theologischen Denkens ein. Dahinter steht die Überzeugung, daß das "all-kosmische"[908] Seinsverständnis, wie es lange Zeit in der Theologie Geltung hatte und "von den unterpersonalen Dingen her gewonnen"[909] wurde, durch die Ausrichtung auf das Sein als Person-Sein zu überwinden ist. "Die dulose Seinsfrage ist jedenfalls bis zu ihrer eigenen Konsequenz eines 'deistischen' Gottes zuendegedacht. I m H o r i z o n t d i e s e r S e i n s f r a g e i s t t h e o l o g i s c h k e i n e w e i t e r e E n t w i c k l u n g m e h r m ö g l i c h"[910]. Mit diesem personologischen Ansatz möchte MÜHLEN die Herausforderung der altkirchlichen Christologie annehmen, die sich aus dem Nebeneinander von substanzontologisch orientierter Christologie und dramatischer Kreuzestheologie ergeben hat. Dies wird mit einer Neuinterpretation des Homousie-Begriffs[911] versucht. Ist der theologische Zielsinn von der Gleichseiendlichkeit der göttlichen Personen bei gleichzeitiger Wahrung der unverkürzten Wirklichkeit der Menschwerdung des Sohnes aufrechtzuerhalten, dann muß die Einheit der Personen auch die Verschiedenheit in sich enthalten. Ob eine substanzontologische Fassung diese besondere Einheit von Vater und Sohn auszudrücken vermag, ohne einem latenten Doketismus zu erliegen, wird von MÜHLEN angesichts der bis zur Gottverlassenheit gespannten Unterschiedenheit der Personen im Kreuzesereignis bezweifelt. Das Gegenüber von Homousie und Kreuz zielt so auf die Frage nach der Seiendheit Gottes überhaupt.

Die Antwort hierauf findet die christliche Theologie in den Offenbarungszeugnissen. Nach Ex 3,14 hat sich Jahwe als der seinem Volk nahe Gott zu erkennen gegeben. Sein Sein ist vor allem anderen ein Mit-Sein. Die klassische Aussage von der Unveränderlichkeit Gottes, die sich auf das Sein Gottes bezieht, muß auf dem Hintergrund eines personologischen Seinsverständnisses als die Unveränderlichkeit seines Mit-Seins, d.h. seiner Bundestreue verstanden werden[912]. Während aber im Alten Bund die personal begriffene Seiendheit nur im Gegenüber zu einem geschöpflichen Bundespartner und von einer einfachen Subjektivität ausgesagt wird, wird sie erst durch die Sohnesoffenbarung in ihrer immanenten Struktur erkennbar. Von entscheidender Bedeutung sind die neutestamentlichen Aussagen über die Einheit von Vater und Sohn. Diese meinen "nicht die Einheit einer unteilbaren und einfachen Substanz, sondern die personale Einheit im 'Wir'. Die Seiendheit von Vater und Sohn ist also Wir-sein in einem exklusiven Sinne"[913]. Das personale Verhältnis zwischen Jahwe und Israel hat in der Ich-Du-Relation zwischen Vater und Sohn seine Wahrheit. Von hier aus kommt MÜHLEN zu einer personologischen Interpretation der immanenten Trinität: "Der Vater entläßt als das trinitarische Ich das ihm gemäße Gegenüber aus sich als die duhafte Existenzweise der einen göttlichen Seiendheit und der Geist selbst geht dann als der wirhafte Existenzmodus der einen göttlichen Seiendheit aus dem Vater und dem Sohn hervor"[914]. Das Personologische besteht darin, daß das trinitarische Ich und Du im Verhältnis größter Unterschiedenheit zueinander stehen, während sie zugleich auch eine Einheit im Sinne unbedingter Hinordnung aufeinander bilden[915]. Daß es sich dabei zwar um ein dynamisches Trinitätsverständnis, jedoch nicht um einen angenommenen Werdeprozeß zur trinitarischen Einheit handelt, hat MÜHLEN zunächst mit der Akzentuierung der dritten trinitarischen Person gezeigt. Diese ist keine Funktion der Vater-Sohn-Beziehung, so daß eigentlich nur von einer Binität gesprochen werden könnte, sondern als vollzogene Vermittlung personaler Unterschiedenheit

die göttliche Seiendheit selbst in Person. Der Geist hat sich "schon immer auf den Gegensatz der Beziehung zwischen Ich und Du hin selbst entworfen und vermittelt sich zu sich selbst hin im Vorgang und Hervorgang des Pneuma"[916]. MÜHLEN bezeichnet deshalb das Pneuma auch als das Wesen des Wesens Gottes[917]. Bei näherem Zusehen fällt jedoch auf, daß zwischen dem Selbstentwurf des Geistes und seiner Selbstvermittlung eine Differenz zu entstehen scheint, die in gewisser Weise doch ein Werden des Geistes suggeriert. Dieses Problem läßt sich nicht in einer ausschließlich pneumatologischen Perspektive bewältigen, sondern nur in einem nochmaligen Blick auf die Beziehungswirklichkeit des Vaters und Sohnes, die der Geist personalisiert. Die Einheit der beiden Personen ist als "ein inneres Moment an ihrer Unterschiedenheit"[918] zu begreifen, so daß diese Einheit im Sinne eines ewigen und unbedingten Zueinanderhin "nicht primär als Folge, sondern in unvorstellbarer Weise als Grund dieser Unterschiedenheit gedacht werden"[919] muß. Der Geist ist deshalb in gleicher Weise ewig und vollkommen wie die beiden anderen Personen.
Mit diesen knappen Ausführungen wird angedeutet, daß das innertrinitarische Leben Gottes die Gestalt spannungsvoller Relationen besitzt, wobei Unterschiedenheit und Nähe sich so gegenseitig bedingen, daß für die Einheit die personale Verschiedenheit und für diese gerade Einheit als (noch zu beschreibende) Gemeinsamkeit Voraussetzung ist. Mit einer derartigen Verschränkung von Unterschiedenheit und Einheit der Personen wird der Trinität wohl ein Ereignischarakter zugewiesen, aber im Sinne "ewiger Zeitlichkeit" und gerade nicht geschöpflicher Geschichtlichkeit.

b) Trinitarische Kreuzesdiastase

Diese noch etwas formalistisch klingenden Ausführungen erhalten nun Farbe, wenn die Frage nach dem Verhältnis von Homousie und Kreuz wieder aufgenommen wird. Ist das Sein Gottes nicht substanzontologisch, sondern personologisch und damit relational vorgestellt, eröffnet sich damit auch Raum für ein Gegenüber, wie es das Kreuzesereignis in sich enthält. Die heilsgeschichtlich offenbar gewordene Gestalt der immanenten Trinität zeigt sich in der biblisch bezeugten Dahingabe des Sohnes. Die Unterschiedenheit der Personen verdeutlicht sich hier als Ferne zwischen Vater und Sohn. Gemäß der Aussage Röm 8,32 ist es der Vater, der den Sohn hingebend diese Trennung setzt. Und auch der Sohn bestätigt diese Entfernung durch seine Selbsthingabe

(Eph 5,2.25; Gal 2,20). Ihren Höhepunkt findet diese Entfernung zwischen den Personen am Kreuz. Der "Schrei Jesu zeigt..., daß die Auslieferung des Vaters an die Sünde den Sohn heilsgeschichtlich in eine Unterschiedenheit hinein entläßt, die so groß ist, wie sie größer nicht gedacht werden kann, nämlich in die völlige Gottverlassenheit"[920]. Die begriffliche Fassung von der personalen Unterschiedenheit hat hier ihre heilsgeschichtliche Anschauung. Daß die Trinität nun nicht auseinanderbricht (und was der personologische Ansatz formal als die Grund-legende Einheit zwischen den Personen zu denken aufgibt), gründet in der Gemeinsamkeit und Identität der Hingabe. Indem der Vater sein Eigenstes nicht schont und auch der Sohn sich selbst nicht vor dem Leiden bewahrt, "ist dieses Sich-nicht-Schonen im Vater und im Sohn streng ein und dasselbe"[921]. Diese Selbigkeit und Gemeinsamkeit, welche nach MÜHLEN die Intention der klassischen Homousie-Aussage erfüllt, ist im Kreuzesereignis als die absolute Nähe zwischen Vater und Sohn gegenwärtig[922]. Die Grund-legende Einheit, die die Trennung der Personen noch im Kreuzesgeschehen umgreift und sie zugleich auch gesetzt hat[923], ist die im Vater und Sohn identische Liebe zueinander[924]. Und "insofern nun der Heilige Geist diese im Vater und Sohn schlechthin identische Liebe selbst (als Person) ist, ist er (als Person) die absolute Nähe und Identität in der Unterschiedenheit zwischen Vater und Sohn selbst"[925].

Damit hat MÜHLEN Homousie und Kreuz in der Weise miteinander vermittelt, daß die extreme Unterschiedenheit der Personen in Gestalt der Gottverlassenheit der Intention der Homousie-Aussage noch zu entsprechen vermag. Weil die Einheit von Vater und Sohn nach personologischem Seinsverständnis sich gerade in der größten Differenz erweist, kann das Kreuz zugleich als ein in der relational strukturierten Wirklichkeit der immanenten Trinität sich auslegendes Geschehen gedacht werden, so daß die "Veränderlichkeit Gottes" die innere Dynamik des trinitarischen Wir-Aktes bezeichnet, wie sie am Kreuz heilsgeschichtlich zu ihrer Anschauung kommt.

Hiermit ist bereits auch das Verhältnis von immanenter Trinität und heilsgeschichtlicher Offenbarung angezielt. MÜHLEN setzt sich entschieden von HEGEL ab, indem er den Primat der Freiheit Gottes in seiner geschichtlichen Offenbarung betont. Sie zeigt sich auf dem Höhepunkt der Selbstmitteilung Gottes als das Ärgernis des Kreuzes, das HEGEL "fortspekuliert und in einen größeren, umfassenden Prozeß aufgehoben"[926] hat. Gott steht zu seinem heilsgeschichtlichen Handeln in einem Verhältnis, das der Mensch von seinem geschichtlichen Standort aus nicht aprioristisch einsehen kann. "Der Tod des Sohnes Gottes, der Erweis der Allmacht Gottes in der Ohnmacht des Kreuzes, ist der völlig unerwartbare, in keinem Vorentwurf a priori einzuholende Ausdruck der freien Treue Gottes zu seinen Verheißungen"[927].

Ist Gott in dieser Weise frei, daß er sich menschlicher Vernunft als Unberechenbarkeit entzieht, so schließt diese Freiheit Gottes dennoch nicht aus, daß er als Bundespartner eines geschöpflichen Gegenübers in souveräner Weise auf das menschliche Verhalten reagiert[928], so daß sich eine "Veränderung Gottes" auch im Hinblick auf das göttliche Weltverhältnis zeigt.

Diese Freiheit Gottes ist nach MÜHLEN letztlich grundgelegt in der Vollkommenheit seines personologisch gedachten Wesens. Die immanente Trinität besitzt immer schon die ganze Fülle trinitarischen (Mit-) Seins, sie ist die "a priori wirhafte göttliche Seiendheit"[929], die HEGEL durch die "Dulosigkeit des Geistverständnisses"[930] gerade verfehlt. Auf dem Hintergrund dieser trinitarischen Wirklichkeitsfülle muß Offenbarung Gottes als ein In-Erscheinung-Treten[931], als "Zeitwerdung"[932], als Selbstdurchsetzung des trinitarischen Wir-Aktes in der Geschichte[933] verstanden werden. Sie dient nicht einer Selbstentfaltung Gottes, sondern dem Heil der Geschichte.

Bemerkungen

Was MÜHLEN in seiner Programmschrift zeigen möchte, ist eine Vermittlung zwischen der Homousie-Aussage der altkirchlichen Christologie und der biblischen Kreuzestheologie, insofern sie das Leiden des Sohnes und Vaters thematisiert. Die Möglichkeit einer solchen Vermittlung wird darin gesehen, daß die frühe Konzilaussage von der Gleichseiendlichkeit von Vater und menschgewordenem Sohn nur eine formale ist, d.h. für eine inhaltliche Interpretation dessen offensteht, was unter der Seiendheit Gottes überhaupt zu verstehen ist. Als hierfür ungeeignet hat sich nach MÜHLEN das substanzontologische, oder wie er sagt unterpersonale, all-kosmische Seinsverständnis ausgewiesen. Es kann zwar die Homousie zum Ausdruck bringen, nicht aber das Leiden des Sohnes, da die göttliche Substanz in sich leidensunfähig bzw. unteilbar ist.

Deshalb bedarf es einer Neuorientierung theologischen Denkens. MÜHLEN sieht sie im personologischen Ansatz. Dieser interpretiert die Seiendheit Gottes als Wir-Gemeinschaft, zu der die vollkommene Unterschiedenheit personaler Identität ebenso gehört wie die Einheit der Personen im gegenseitigen In-Sein. Der Autor gewinnt diesen personologischen Gottesbegriff im Anhalt an die alt- und neutestamentliche Offenbarung. Nach der Selbstvorstellungsformel Ex 3,14 gibt sich Gott als der Mit-Seiende zu erkennen. Gott und Welt bilden zusammen eine Wir-Gemeinschaft, in der Gott "souverän auf das menschliche Verhalten reagiert"[934]. In Jesus Christus kommt diese Gemeinschaft zu ihrer eschatologischen Erfüllung. Denn in ihm erscheint das Mit-Sein Gottes mit seinem Volk "in Person" (Mt 1,23; 8,31). Dabei ist jedoch auch zu sehen, daß dieser mit-seiende Gott in sich selber noch einmal ein personales Gegenüber bildet. MÜHLEN schließt hier an die johanneischen Aussagen von der Einheit zwischen Vater und Sohn (Joh 10, 15.30.38; 14,11; 17,11.21.22) an. Diese "Seiendheit von Vater und Sohn ist also Wir-Sein in einem exklusiven Sinne"[935]. Während im Rahmen des bundestheologischen Ansatzes nur einzelne personale Elemente den theologischen Gedanken mitbestimmt haben, hat MÜHLEN demnach das personologische Denken zum grundlegenden theologischen Gestaltungsprinzip werden lassen. Das gilt sowohl für das Verhältnis zwischen Gott und Welt als auch für sein trinitarisches Selbstverhältnis.
Dieser personologische Gottesbegriff wirft nun einige Fragen auf. Zunächst in bundestheologischer Hinsicht. MÜHLEN hat mit seiner Orientierung am personalen Gottesbild der Bibel einen wesentlichen Grundsatz theologischen Sprechens artikuliert und steht damit in sachlicher Entsprechung zu jenen Kerngedanken, wie sie von Vertretern des bundestheologischen Ansatzes geäußert wurden: Gott ist kein dinghaft Seiendes oder die Spitze metaphysischer Abstraktion, sondern ansprechbare Person. Doch ähnlich wie dort sind auch hier Rückfragen zu stellen. Besteht nicht eine Gefahr, aufgrund der im heilsökonomischen Horizont erkannten Wir-Gemeinschaft zwischen Gott und Mensch auf Gott einen Personenbegriff anzuwenden, der seinen Analogiecharakter eingebüßt hat, d.h. der den theologalen Sinn des Personseins Gottes verwischt? Ist es nicht vielmehr so, daß die Bibel selbst ein derartiges personalistisches Mißverständnis beständig zu vermeiden sucht? So etwa in Ps 8, wo Gottes Personalität, d.h. hier seine Du-haftigkeit

und Ansprechbarkeit mit seinem Schöpfersein unlösbar verknüpft ist[936]: Seh ich den Himmel, das Werk D E I N E R Finger,/ Mond und Sterne, die D U befestigt: Was ist der Mensch, daß D U an ihn denkst,/ des Menschen Kind, daß D U D I C H seiner annimmst? (Ps 8,4f.). Gottes Personsein muß sich beständig auch von seiner Schöpfermacht her verstehen lassen. Der sich als Du einem geschöpflichen Ich ansprechbar gemacht hat, ist mächtig, dieses Ich überhaupt sein zu lassen, so daß er auch als Person nicht auf seinen personalen Gegenüber-Stand verkürzt werden darf. Diese Doppelstruktur der Personalität Gottes wurde oben als das Beieinander von Gutsein und Macht Gottes gekennzeichnet. An MÜHLEN wäre hier die Frage zu richten, ob er nicht mit dem phänomenologisch erhebbaren dialogischen Prinzip als Maßstab des Bundesverhältnisses den spezifisch theologalen Sinn der biblisch bezeugten Personalität Gottes nivelliert.
Die Frage zeigt sich damit berechtigt nicht nur im Blick auf das göttliche Subjekt, sondern auch auf die zwischen Gott und Mensch bestehende Wir-Gemeinschaft. Obwohl MÜHLEN sich besonders im kreuzestheologischen Zusammenhang von HEGEL distanziert, indem er die Freiheit göttlichen Handelns betont, die darin besteht, daß Gott in sich selber eine Wir-Gemeinschaft bildet, die verhindert, daß "die Welt die notwendige Ergänzung Gottes"[937] wird, bleibt dennoch gelegentlich der Eindruck zurück, als gäbe es faktisch so etwas wie ein ewiges Gegenüber von Gott und Welt. Sicherlich entspricht dies nicht der Absicht des Autors. Daß aber der optische Eindruck entstehen kann, hängt damit zusammen, daß MÜHLEN im Horizont seines personologischen Denkens die Frage übergeht, wie es überhaupt zur Wir-Gemeinschaft des Bundes zwischen Gott und Mensch kommen kann. Hier hat vor allem BARTH ein wichtiges Element beigesteuert, indem er darauf hingewiesen hat, daß dem Bund ein Erwählen vorausgegangen ist und die Gottesgemeinschaft des Menschen mithin eine gewährte ist. Dieser Primat des Handelns Gottes ("Gott hat uns z u e r s t geliebt" 1 Joh 4,19), der bei MÜHLEN nicht immer deutlich wird, bringt den Stiftungscharakter des Bundes zum Ausdruck, so daß das "Und" zwischen Gott und Mensch nicht eine je immer schon gegebene theologale Vorfindlichkeit, sondern d i e Schöpfertat Gottes ist, die -mit BARTH gesprochen- alle Schöpfung als innerer Grund begleitet.

Schließlich ist in diesem Zusammenhang auch zu überlegen, ob Lebendigkeit und Personalität Gottes hinreichen, von einer "Veränderlichkeit Gottes" -so im Titel der Programmschrift- zu sprechen. Man geht sicher nicht fehl in der Annahme, daß MÜHLEN hier bewußt der Unveränderlichkeit der beziehungslosen Gottheit griechisch-philosophischer Provenienz die "Veränderlichkeit" des biblischen Gottes entgegenstellt, der sein Gottsein gerade nicht unter Wahrung, sondern unter Preisgabe seines ausschließlichen Sich-selbst-Seins vollzieht. In diesem Sinn einer polemischen Spitze gegen das "all-kosmische" Seins- und Gottesverständnis erscheint der Gebrauch des Begriffs "Veränderlichkeit Gottes" gerechtfertigt. Die fehlenden Anführungszeichen lassen aber vermuten, daß MÜHLEN hierbei doch auch an eine positive Aussageintention denkt in dem soeben schon angedeuteten Sinn des lebendigen Personseins Gottes. In diesem Fall wird zu fragen sein, ob die Vollzüge g ö t t l i c h e n Personseins im Unterschied zu jenen des Menschen zutreffend mit "Veränderlichkeit" zu bezeichnen sind oder ob die lehramtliche Feststellung, daß Gott nicht wie die Geschöpfe einer Veränderung unterworfen ist, angesichts der Anfälligkeit und Wankelmütigkeit menschlichen Personseins nicht auch in diesem Fall Gültigkeit besitzt, so daß Gott auch als personales Wesen der Beständige und Treue und also der "Unveränderliche" ist. Bedenkt man aber einerseits die Schwierigkeiten, die mit der Kategorie der Unveränderlichkeit durch ihre theologiegeschichtliche Hypothek verbunden sind, und andererseits die Unzulänglichkeit des von MÜHLEN vertretenen Sprachgebrauchs der "Veränderlichkeit Gottes", dann wird man der Bemerkung LINKs zustimmen können, daß das dem griechischen Denken verhaftete Begriffspaar "veränderlich - unveränderlich" letztlich "keine angemessene Kategorie zur Erfassung des göttlichen Verhaltens"[938] darstellt.

Daneben besitzt der personologische Gottesbegriff auch eine innertrinitarische Dimension. Das Leben des trinitarischen Gottes wird von MÜHLEN als eine Wir-Gemeinschaft verstanden, in der das Ich des Vaters dem Du des Sohnes gegenübersteht und ihre personale Gemeinschaft sich in der Person des Geistes nochmals hypostasiert. Nach dem personologischen Grundgesetz fügen sich Eins-Sein der Personen im gegenseitigen In-Sein und personaler Abstand im unendlichen Verschieden-Sein der Personen nahtlos zusammen. Auf diesem Hintergrund gewinnt das Christusereignis als ein personales Geschehen zwischen Gott und Jesus an Plastizität und Farbigkeit. In seiner Auseinandersetzung mit MÜHLENs Programmschrift kommt LINK deshalb hier zu einer positiven Bewertung. "Innerhalb dieses Rahmens ist es ihm durchaus gelungen, gegenüber dem altkirchlichen statischen Substanzdenken die personale Unterschiedenheit und geist-volle Einheit zwischen Gott und Jesus angemessener zur Geltung zu bringen und das geschichtliche Geschehen wenigstens ansatzweise in das trinitarische Denken einzubeziehen"[939].

Das personologische Trinitätsverständnis wirft indes auch einige Fragen auf. So wird etwa die Personalität des Geistes bezweifelt. Denn insofern die dritte Person bei MÜHLEN als "Vermitteltheit von Vater und Sohn"[940] erscheint, muß nach LINK der Schluß gezogen werden, "daß der innertrinitarisch gedachte Geist keine selbständige dritte Person sein kann, sondern lediglich der personhafte Existenzmodus des wechselseitigen In-seins von Vater und Sohn"[941].

Eine andere Frage ist die Übertragbarkeit der Ich-Du- bzw. Wir-Relation auf die immanente Trinität. Wird bei aller Aussagekraft des personologischen Gedankens bezüglich der personalen Unterschiedenheit von Vater, Sohn und Geist die Trinität nicht auf eine formale Strukturalität reduziert? Ist es nicht vielmehr auch so, daß mit der Zeugung durch den Vater nicht nur ein von dessen Personsein radikal verschiedenes Gegenüber gesetzt, sondern in dieser Person des Sohnes als solchem doch auch das dem Vater eigene Sein mitgeteilt wird? Da MÜHLEN hier das personologische von jedem ontologischen Denken bewußt absetzt, muß der Eindruck entstehen, daß das Zeugen zwar als ein Setzen des Anderen ausgelegt wird, nicht aber als Mitteilung des dem Vater zutiefst Eigenen. Damit wird die Zeugung als Setzung des g ö t t l i c h Anderen von der Schöpfung als Setzung des nicht-göttlich Anderen nicht mehr hinreichend unterschieden.

Eine konsequent personologisch gefaßte immanente Trinität neigt schließlich auch dazu, die trinitarischen Personen als reine Bezüglichkeiten aufzufassen. So kann von Vater und Sohn nur je gesprochen werden als ein auf sein Du sich beziehendes Ich. Insofern nach dem dialogischen Prinzip die Begriffe Ich und Du ausschließlich eine Bezüglichkeit zum Ausdruck bringen, ist der Schluß nicht zu vermeiden, daß die Seiendheit der Personen auf reine Relationalität verkürzt ist. Fehlt den trinitarischen Personen aber die Fülle göttlichen Seins, dann mischt sich unweigerlich ein modalistischer Wesenszug ins Bild: Vater, Sohn und Geist

werden zu personalen Erscheinungsformen einer a-personalen und verborgenen Gottheit. Man wird deshalb die Warnung BALTHASARs ernstnehmen, daß "es nicht angeht, das sogenannte 'theo-ontologische' Denken der Philosophie einfach durch ein 'personologisches' zu ersetzen, das heißt, das Sein in reine Relation aufzulösen"[942].
Mit der personologischen Skizze des Gottesbegriffs geht es MÜHLEN aber nicht primär um eine Interpretation der Trinitätslehre, sondern um die Vermittlung zwischen Kreuzesgeschehen und der Homousie-Aussage von Nikaia unter Ausschaltung patripassianischer und doketischer Konsequenzen. Wie gesehen besteht die Gleichseiendlichkeit von Vater und Sohn nicht in Substanzgleichheit, sondern in ihrer personalen Nähe, in ihrem gegenseitigen In-Sein, das eine Unterschiedenheit der Personen zur Voraussetzung hat, die heilsökonomisch bis hin zur Unterschiedenheit zwischen verlassendem Vater und verlassenem Sohn gehen kann.
Dieser Vermittlungsversuch MÜHLENs enthält den Gedanken, daß die immanente Trinität als Wir-Gemeinschaft gegenüber der Kreuzesrealität Inklusionscharakter besitzt. Denn die personologisch gedachte Trinität wird so ausgelegt, daß im Unterschiedensein der Personen von Vater und Sohn ein Gegenübersein und eine Entfernung Raum erhält, innerhalb dessen sich das Kreuzesereignis, verstanden als reale Ferne des Sohnes vom Vater, vollziehen kann. MÜHLEN bezeichnet das Kreuz deshalb auch als "geschichtliche Selbstdurchsetzung des trinitarischen Wir-Aktes"[943], womit deutlich wird, daß hier im Kreuz Christi das personale Gegenüber von Vater und Sohn "in Erscheinung tritt"[944] und nicht in einem konstitutiven Sinn seine letzte Wirklichkeit und Tiefe erst noch erreicht. Das Kreuz wird also demonstrativ verstanden, so daß es eine Wirklichkeit zum Ausdruck bringt, die vor ihrer Offenbarung schon im Leben des trinitarischen Gottes Wahrheit ist. Genauer gesagt: der Verlassenheitsschrei (Mk 15,34) artikuliert in heilsökonomischer Gestalt eine Entfernung zwischen Vater und Sohn, die Moment ihres ewigen Gegenübers ist.
Für MÜHLEN ist demnach jede Diastase zwischen Vater und Sohn, die sich im Horizont des heilsökonomischen Handelns Gottes einstellt, im voraus durch die personale Unterschiedenheit zwischen göttlichem Ich und Du bedingt und eingeholt. Im Gegensatz dazu hat S.WEIL die Meinung vertreten, daß nicht schon die trinitarische Liebe Gottes selbst, sondern erst das ökonomische Heilshandeln

Gottes diesen unendlichen Abstand setzt zwischen Vater und Sohn. "Gott ist vor allem Liebe. Vor allem liebt Gott sich selbst. Diese Liebe, diese Freundschaft in Gott ist die Trinität. Unter den durch diesen Zusammenhang der göttlichen Liebe vereinigten Gliedern besteht mehr als nur Nähe; es ist ein unendliches Nahesein, die Wesensselbigkeit. Aber durch die Schöpfung, die Inkarnation, die Passion besteht auch ein unendlicher Abstand. Die Gesamtheit des Raumes, die Gesamtheit der Zeit, ihre dichte Masse dazwischensetzend, legen einen unendlichen Abstand zwischen Gott und Gott"[945]. WEIL nähert sich mit dieser Bemerkung einer Position, wie sie von PANNENBERG, KOCH, in gewisser Weise JÜNGEL und, wie noch zu zeigen sein wird, MOLTMANN vertreten wird, die der ökonomischen Trinität ein größeres theologales Gewicht beimessen, d.h. im heilsgeschichtlichen Handeln Gottes eine Verwirklichung oder Ratifizierung der Liebe oder des Lebens Gottes sehen.
Demgegenüber geht MÜHLEN im Blick auf das Kreuz vom Inklusionscharakter der Trinität aus. Dies nicht so, daß die Kreuzesrealität in das ewige Wesen Gottes eingezeichnet würde, sondern vielmehr als im Leben des trinitarischen Gottes einschließbar erscheint, ohne doch davon definiert zu werden. Im Grundsatz ähnliche Überlegungen finden sich auch bei GALOT, WIEDERKEHR und, wie noch zu zeigen sein wird, bei BALTHASAR. Der Inklusionscharakter des innergöttlichen Lebens wird bei MÜHLEN aber nicht im Horizont der Liebe oder des Seins Gottes artikuliert, sondern in jenem personaler Wir-Gemeinschaft.
Neben dem Einwand LINKs solchen grundsätzlichen Konzeptionen gegenüber, daß "der Tod Jesu zu einer geschichtlichen Exemplifikation eines auch vor und ohne ihn vorhandenen Verhältnisses nivelliert"[946] wird, erhebt sich vor allem die Frage, ob das personologische Denken ausreicht, den erwähnten Inklusionscharakter des ewigen trinitarischen Lebens aufrechtzuerhalten. Denn während MÜHLEN die formale Verschiedenheit von trinitarischem Ich und Du zur Grundlage nimmt, die Kreuzesdiastase zwischen Vater und Sohn darin zu integrieren, d.h. aber diese auf ein formales Verhältnis zu reduzieren, artikuliert das biblische Offenbarungszeugnis die Kreuzesdiastase zwischen Vater und Sohn nicht nur als eine formale, sondern wesentlich auch in ihrer Inhaltlichkeit. Demnach ist der Vater nicht nur das dem göttlichen Du unendlich unterschieden gegenüberstehende Ich, sondern der im Sohn sein Eigenstes Hingebende. Und umgekehrt ist der Sohn nicht nur

das vom göttlichen Ich des Vaters unendlich unterschieden gegenüberstehende Du, sondern der in Selbsthingabe dem Willen des Vaters Gehorsame. Obgleich MÜHLEN diese inhaltlichen Bestimmungen der trinitarischen Personen nicht übersehen hat[947], bleiben sie doch weitgehend ohne Einfluß auf das personologische Verständnis. Man wird deshalb nicht fehlgehen festzustellen, daß aufs Ganze gesehen die weitgehend formal verstandene Unterschiedenheit zwischen dem Ich des Vaters und dem Du des Sohnes die Schwere der inhaltlichen Aussage über das Kreuzeshandeln der Personen kaum angemessen begreifen kann. Zu ungeheuerlich erscheint das Ereignis -der Vater vollzieht an seinem Sohn, was Abraham erspart blieb-, um es auf die Formalität eines personalen Gegenübers von Ich und Du zu bringen.

Obgleich also eine rein formale Bezüglichkeit der trinitarischen Personen untereinander den Inklusionscharakter der immanenten Trinität gegenüber dem Kreuzesgeschehen nur unzureichend aufrechterhalten kann, wird man doch auch sehen müssen, daß sich zumindest im Grundsatz hier eine Lösungsmöglichkeit für das Problem der "Unveränderlichkeit" Gottes andeutet. Die "bis ins Unendliche"[948] gesteigerte Unterschiedenheit der Personen kann dann über MÜHLEN hinausgehend so ausgelegt werden, daß sie die im Horizont des Heilsökonomischen zu konstatierende Fremdheit zwischen Vater und "gekreuzigtem" Sohn einzuholen vermag. Einen solchen Lösungsvorschlag hat BALTHASAR ausgearbeitet, auf den am Ende dieser Untersuchung noch ausführlich eingegangen wird: Der trinitarische Gott hat in sich selber einen solchen "Freiheits"-Raum gebildet, der weit genug ist, die ungeminderte Kreuzesdiastase zwischen Vater und Sohn zu umgreifen.

In diesem Zusammenhang ist es zumindest bemerkenswert, daß MÜHLEN in Verbindung mit dem Inklusionscharakter des trinitarischen Wir-Aktes niemals ausdrücklich von der "Unveränderlichkeit" (des im Kreuz handelnden) Gottes spricht. Der Sache nach bleibt die trinitarische Wir-Gemeinschaft von Vater und Sohn intakt (und insofern eben unveränderlich), weil die Verschiedenheit der Personen von einem gegenseitigen In-Sein, hier von der Identität ihrer selbstlosen Liebe umgriffen ist. MÜHLENs Zurückhaltung, für das Verständnis der "Unveränderlichkeit" Gottes hier ein inhaltliches Element zu finden, steht offensichtlich mit seiner Auffassung in Zusammenhang, wonach über Gottes innerstes Wesen keine positive Aussage zu machen sei. "Wenn wir im Sinne der großen theologi-

schen Tradition nicht wissen können, w a s die göttliche Seiendheit ist, dann können wir auch die Nicht-Veränderlichkeit Gottes i n s i c h s e l b s t nicht positiv beschreiben"[949]. MÜHLEN scheint demnach den inhaltlichen Aussagewert der als Wir-Gemeinschaft ausgelegten immanenten Trinität für eine qualitative Bestimmung der innergöttlichen Seiendheit nicht sonderlich hoch zu veranschlagen, was als erneute Bestätigung für das vorwiegend formale Verständnis des trinitarischen Aktes gelten kann.
Seine Zurückhaltung gegenüber dem Unveränderlichkeitsbegriff gibt der Autor aber da auf, wo er die Seiendheit Gottes im heilsgeschichtlichen Rahmen als Gottes Mit-Sein versteht. Von dieser Seiendheit muß eine unbedingte Unveränderlichkeit ausgesagt werden, die nach Maßgabe zahlreicher atl. Bundesformeln in einem personalen Verständnishorizont als Gottes unverbrüchliche Bundestreue zu begreifen ist. Damit ist nach MÜHLEN ein Weg gefunden, die fragwürdig gewordenen substanzontologischen Implikationen der Unveränderlichkeitsaussage auszuscheiden, ohne die Tradition als solche aufzugeben. Gottes "Unveränderlichkeit" ist fortan als seine Bundestreue auszulegen, die "unveränderliche" Seiendheit als die Konstanz seiner personalen Haltung dem Menschen gegenüber. Diese, wenn man so will moralische Interpretation der klassischen Unveränderlichkeitsaussage, wird von zahlreichen Autoren heute geteilt. Zwischen unkritischer Neuauflage scholastischer Positionen und einer restlosen Beseitigung wird dieses Verständnis als eine brauchbare Alternative angesehen.
Es kann nun keine Frage sein, daß die Schriftstelle Ex 3,14, die dem Augenschein nach in formaler Hinsicht von Gott Unwandelbarkeit seines Seins aussagt, nicht fehlgedeutet wird, wenn unter besonderer Berücksichtigung der spezifischen semitischen Wortbedeutung des Verbums "sein" die Unwandelbarkeit des göttlichen Seins im Sinne unveränderlicher Bundestreue ausgelegt wird. Insofern hat das personale Denken, das die göttliche Seiendheit als personale Wesensverfassung interpretiert, für eine angemessene Schriftauslegung unaufgebbaren Wert. Die Frage allerdings, die im Verlauf der Diskussion schon häufiger gestellt wurde, ist, ob dieses personologische Verständnis ausreicht, den biblischen Gottesgedanken in seinem vollen Umfang zu erheben. So wurde etwa auch in diesem Abschnitt auf die Gefahren personalistischer Verkürzungen hingewiesen. Im Zusammenhang der Frage nach der "Unveränderlichkeit" Gottes ist zu überlegen, ob die Unwan-

delbarkeit der Bundestreue Gottes, d.h. einer moralischen Haltung tatsächlich das Letzte ist, was die biblische Offenbarung über Gottes "Unveränderlichkeit" enthält. Liegt nicht hinter dem Heilshandeln Gottes, das Gottes Treue manifestiert, allererst ein Vermögen Gottes hierzu? Verlangt die Treue Gottes gegenüber einem wechselvollen Auf und Ab der Geschichte nicht nach einer Fähigkeit seines Wesens, menschliche Geschichte auch gegen ihn selbst gerichtet sein zu lassen, ohne deswegen seine Treue aufkündigen zu müssen?

Derartige Überlegungen zeigen bereits, daß eine rein moralische Interpretation der "Unveränderlichkeit" Gottes zu schmal dimensioniert ist[950]. Der Beitrag BALTHASARs wird ausführlich auf dieses Problem der Alternative Ontologie-Personalismus[951] eingehen und verdeutlichen, daß es nicht nur legitim und im Sinn der biblischen Offenbarungszeugnisse, sondern geradezu gefordert ist, hinter der heilsgeschichtlichen Gestalt der Bundestreue Gottes ein (theo-)ontologisches Vermögen Gottes anzunehmen, das berechtigt, die "Unveränderlichkeit" Gottes nicht nur moralisch zu interpretieren, sondern sie auch von seiner innergöttlichen Seiendheit auszusagen. MÜHLEN hat diese Verbindungslinie zwischen der Unveränderlichkeit der Bundestreue und einem entsprechenden Begriff der Unveränderlichkeit des göttlichen Seins, wie es in sich selbst ist, nicht gezogen. Obgleich es im Zusammenhang seiner kreuzestheologischen Erörterung einen gewissen inhaltlichen Ansatz gibt, gebraucht er diesen doch nicht zu einer Erweiterung seines vorwiegend moralisch gefaßten Unveränderlichkeitsbegriffs.

2) J.MOLTMANN: Gottes trinitarische Geschichte mit der Welt

In seinem Vorwort zu "Der gekreuzigte Gott" schreibt J.MOLTMANN: "Erschüttert und zerschlagen kamen damals die Überlebenden meiner Generation aus den Lagern und Lazaretten in die Hörsäle. Eine Theologie, die nicht im Angesicht des gottverlassenen Gekreuzigten von Gott gesprochen hätte, hätte uns damals nicht erreicht"[952]. Dieser Zusammenhang von menschlicher Not, christlicher Hoffnung und Kreuz Christi bildet den Hintergrund für MOLTMANNs gesamte Theologie. Seine 1960 veröffentlichte "Theologie der Hoffnung" ist der Versuch, die durch den Christusglauben freigesetzten konstruktiven Kräfte herauszustellen und auf die Weltverantwortung des Christen hinzuordnen. Zur Absicherung dieser Erkenntnis hat MOLTMANN deshalb nach der theo-logischen Grundlage dieser eschatologischen Hoffnung gefragt. Wie sieht das Gottesbild aus, das eine Theologie der Hoffnung implizit begründet? Die Antwort auf diese Frage, die christologisch[953] und trinitarisch[954] entfaltet wird, ist MOLTMANNs Beitrag zum Thema der "Unveränderlichkeit" Gottes.

a) Das Kreuz Christi

Christliche Hoffnung entzündet sich an der Auferstehung Jesu Christi. Das biblische Zeugnis hat diesen mit dem zuvor Gekreuzigten identifiziert und ihn in dieser Identität verkündigt. Hoffnung zu begründen vermag dabei die Einsicht, daß das Heil nicht durch Ausblenden der unheilvollen Todeswirklichkeit zustande kommt, sondern dadurch, daß Gott selbst sich dieser Wirklichkeit aussetzt. Im Kreuz hat er sie so angenommen, daß der Mensch sogar im Tod von Gott nicht mehr getrennt werden kann. Was sich an Ostern als machtvolle Nähe Gottes offenbart, ist deshalb nicht ohne das Kreuz zu denken. "Kreuzestheologie ist... nichts anderes als die Kehrseite christlicher Hoffnungstheologie"[955].
Wenn nun der Grund aller christlichen Hoffnung darin liegt, daß der Auferweckte gerade nicht "der Verewigte oder himmlisch Verherrlichte"[956] ist, sondern der zuvor Gekreuzigte, daß also Heil von der Anwesenheit Gottes im Tod mitbedingt wird, dann impliziert die Frage nach dem Heil die theo-logische Frage nach der spezifisch christlichen Gotteserkenntnis. MOLTMANN nimmt hier die Theologie LUTHERs auf: "Der christliche Glaube steht und fällt mit der Erkenntnis des Gekreuzigten, d.h. mit der Erkenntnis Gottes i m gekreuzigten Christus oder, um es mit Luther noch schärfer zu sagen: mit der Erkenntnis des 'gekreuzigten Gottes'"[957]. Die Gotteslehre des Christentums kann daher in ihrem Zentrum kein ana-loges Denken sein, sondern ein dialektisches, wonach Gott gerade in seinem Gegenteil -der Gottlosigkeit- erkannt wird[958]. Diese staurozentrische Perspektive wird über den Reformator hinausgehend und in einer gewissen Nähe zu HEGELs Geistphilosophie entfaltet.
Die Kreuzestheologie vereitelt jeden Versuch einer "triumphalistisch-klerikalen Vergottung Jesu"[959]. Sie ist "eine Art Ikonoklasmus in den christologischen Bildern und Hoheitstiteln der Kirche"[960]. In ihrem Zentrum steht die ganze Dramatik von Golgatha. Als Gotteslästerer und politischer Rebell stirbt der Gekreuzigte einen schändlichen und grausamen Tod. Aber entscheidender als das äußere Leiden ist für MOLTMANN das innere. Diese innere Qual zeichnet sich bereits in Gethsemane ab. Es ist nicht

allein der physische Schmerz, den Jesus fürchtet, sondern es ist die Angst vor einem möglichen Sich-entziehen dessen, der ihm bisher Vater war. Mit der nicht erhörten Bitte Jesu setzt die Passion bereits ein. Schon sie muß deshalb als Verlassenheit vom Vater gedeutet werden. Diese Entwicklung kulminiert im Verlassenheitsschrei Jesu am Kreuz, den die Urgemeinde historisch zutreffend in Mk 15,34 mit Ps 22,2 artikuliert hat. Die historische Zuverlässigkeit dieses Verständnisses, so argumentiert der Autor, ergibt sich schon daraus, daß der Schrei des Gekreuzigten "Mein Gott, mein Gott, warum hast du mich verlassen?" ohne eine historische Grundlage wohl niemals von der nachösterlichen Gemeinde in die Verkündigung aufgenommen wäre[961]. Diese Anstößigkeit sowie die abschwächende Wirkung der gemäßigteren Abschiedsworte innerhalb der übrigen synoptischen Tradition lassen deshalb den Schluß zu, daß gerade die Gottverlassenheit des Gekreuzigten als "der historisch harte Kern der Golgathageschichte"[962] anzusehen ist. Dann darf Mk 15,34 gerade nicht im Lichte des gesamten Ps 22 als Ausdruck letzter vertrauensvoller Ergebenheit interpretiert werden, sondern umgekehrt findet Ps 22 in der Rettungslosigkeit des Kreuzes seine authentische Auslegung. Begriffen ist die letzte Dimension des Todes Jesu aber erst, wenn erkannt wird, daß der so Verlassene in einer rückhaltlosen, exklusiven Vertrautheit mit dem ihn nun Verlassenden lebte. "Im vollen Bewußtsein von solcher Nähe Gottes von Gott verlassen zu werden, das ist die Qual der Hölle. Verlassener kann niemand sein, als wer so in Gott und aus Gott zu leben, zu reden und zu wirken wagte"[963].

Mit der Auferstehung erst erschließt sich nun die volle Bedeutung und theologische Brisanz des Kreuzes. Ostern löst das Rätsel der Gottverlassenheit nicht auf, sondern macht diese zu einem theologischen Datum. Denn durch die Auferstehung kann Golgatha nicht mehr nur als ein Geschehen zwischen Gott und seinem Zeugen verstanden werden, sondern als Drama zwischen Gott und Gott, ja als Gott gegen Gott. "Das Kreuz des Sohnes trennt Gott von Gott bis zur völligen Feindschaft und Differenz"[964].

Daraus folgert MOLTMANN nun das Zerbrechen des einfachen, monotheistischen Gottesbegriffs. Gott läßt sich angesichts des Gekreuzigten weder mit der Kategorie der Substanz noch des Subjekts denken. Durch die radikale Selbstunterscheidung Gottes ergibt sich die Notwendigkeit einer trinitarischen Rede[965], wenn die

Paradoxie vermieden werden soll, daß Gott "tot" ist und doch nicht tot ist. Die Trinitätstheologie wird so zum Formalprinzip des Kreuzes. In dieser Auslegung kann das Leiden des Gekreuzigten nicht mehr nur physisch oder psychisch gefaßt und mit Hilfe der Idiomenkommunikation zu einer christologischen Aussage über den menschgewordenen Logos erweitert werden. Die trinitarische Interpretation sieht den Grund der harten Kreuzesrealität in der Beziehung der trinitarischen Personen zueinander. Der Sohn leidet dann zutiefst "in seiner Beziehung zum Vater, d.h. in seiner Gottessohnschaft"[966]. Diese Sohnschaft kommt durch den verlassenden Vater in ihre Krise, und insofern der Sohn nur in seinem Vom-Vater-her-Sein überhaupt ist, muß das Sterben in Verlassenheit als eine wesen-hafte Bedrohung der Sohnesexistenz verstanden werden. Die Verborgenheit des Vaters ist für den Sohn seinsmäßig und nicht nur bewußtseinsmäßig.
Damit stellt sich die Frage nach dem abwesenden Vater selbst, der den Sohn nicht geschont und ausgeliefert hat. In diesem Hingeben des Eigenen "erleidet der Vater selbst den Schmerz der Verlassenheit"[967]. Deshalb wird die Hingabe des Sohnes durch den Vater letztlich zur Hingabe auch des Vaters selbst, sie wird zur Passion des Vaters[968]. Das Leiden des Vaters am Tod des geliebten Sohnes und das Leiden des Sohnes im Sterben in Gottverlassenheit sind nicht identisch, aber sie sind von gleichem Gewicht und erhellen aus unterschiedlichen Perspektiven das eine Kreuzesgeschehen: Es ist das Zerbrechen der trinitarischen Lebensbeziehungen[969], denn der Verlust der Sohnschaft des Sohnes schließt den Verlust der Vaterschaft des Vaters ein. "Die verbindende Liebe wandelt sich zum trennenden Fluch"[970]. Hier an dieser Stelle, wo "ein Riß durch Gott selbst"[971] geht, findet sich die gesamte Negativität der Geschichte, "schmeckt Gott selbst Verdammnis und Tod"[972]. Der Tod Jesu kann dann nicht naiv als Tod Gottes verstanden werden, sondern als Moment in Gott und als "Seinsmöglichkeit Gottes"[973].
Für MOLTMANN ist das Verhältnis von Kreuz und Trinität aber durch die strukturgebende, auslegende Funktion der trinitarischen Beziehungen für das Kreuzesgeschehen noch nicht vollständig erschlossen. Es muß umgekehrt auch der innere Gehalt des Kreuzes für die trinitarische Existenz Gottes bedacht werden. Das Kreuz wird zum Materialprinzip der Trinität. Das bedeutet, daß sich das Leben des trinitarischen Gottes wesentlich im Blick auf das

Kreuz beschreiben läßt. "Der Inhalt der Trinitätslehre ist das reale Kreuz Christi selbst"[974]. Kennzeichnend für dieses staurologische Trinitätsverständnis ist zunächst, daß Vater und Sohn Hingebende sind. Der Vater gibt den Sohn dahin, und der Sohn gibt sich selbst dahin. MOLTMANN stellt hier (mit MÜHLEN) eine "tiefe Willenskonformität"[975] fest, die im Kreuzesgeschehen ihren Ausdruck findet. Es ist demnach gerade bei aller Trennung zwischen Vater und Sohn eine tiefe Übereinstimmung im gemeinsamen Wollen anzunehmen, "eine einzige Bewegung der Hingabe"[976]. Im Augenblick der tiefsten Trennung vollzieht sich das Ereignis der trinitarischen Gemeinschaft, die nach MOLTMANN Werk des Geistes ist. "Der Heilige Geist ist also der Verbindende in der Trennung, der die Verbindung und die Trennung des Vaters und des Sohnes miteinander verbindet"[977]. Darüber hinaus bedeutet diese staurologische Fassung der Trinitätslehre den Einschluß der Gottverlassenheit und des absoluten Todes in das innere trinitarische Leben Gottes[978]. Als entscheidend kann aber schließlich angesehen werden, daß es in dieser heilsgeschichtlichen Situation des Kreuzes nicht nur zum Erweis der Liebe Gottes kommt, weil er in der Gottlosigkeit des Sohnes dem gottlosen Menschen nun nahe ist, sondern daß es hier vor allem zur Konstituierung seiner trinitarischen Existenz kommt[979]. Denn erst der volle Ernst der radikalen Trennung von Vater und Sohn am Kreuz verschafft den trinitarischen Beziehungen ihren ganzen Wirklichkeitsgehalt. Erst die Herausforderung durch die Härte des Kreuzes provoziert die ganze Kraft der trinitarischen Liebesrelationen. "Was auf Golgatha geschieht, reicht bis in die Tiefen der Gottheit und prägt darum das trinitarische Leben in Ewigkeit"[980].
Angesichts der konstitutiven Bedeutung des Kreuzes wird man für den trinitarischen Gott selbst eine Entwicklung annehmen müssen. So spricht MOLTMANN von der "'Geschichte Gottes', deren Kernstück das Kreuzesgeschehen ist"[981]. Von hier aus eröffnet sich der Blick auf das trinitarische Ganze. Dem Kreuz als Mitte geht die Trinität des Ursprungs voraus und es folgt die Trinität der eschatologischen Verherrlichung. Daraus ergibt sich für das Verhältnis von immanenter und ökonomischer Trinität eine neue Bestimmung, denn "dann ist die Trinität kein in sich geschlossener Kreis im Himmel, sondern ein für die Menschen offener eschatologischer Prozeß auf der Erde, der vom Kreuz Christi ausgeht"[982].

b) Trinität des Ursprungs

Die innertrinitarische Gemeinschaft ist ein Leben in Liebe. Die Beziehung des Vaters zum Sohn ist zeugende und gebärende Liebe. Der Sohn erwidert diese Liebe in Gehorsam und Hingabe an den Vater. Vater und Sohn sind nicht dieselben, besitzen aber das gleiche göttliche Wesen. Daher ist ihre Liebe als Relation zum Gleichen nicht frei, sondern wesensnotwendig[983]. Dieser Liebe des trinitarischen Gottes ist es eigen, aus sich herauszugehen und das Wesensandere seiner selbst als Gegenüber zu schaffen und zu lieben. MOLTMANN versteht diese Neigung nicht als reine Potenz, sondern als Tendenz und Intention im Sein Gottes selbst, das Andere ins Dasein zu rufen. "Es würde der Liebe, die Gott ist, widersprechen, dies nicht zu tun"[984]. Hierdurch wird aus der zeugenden und gebärenden Liebe eine schöpferische und freie Liebe. Diese neue Qualität der Liebe ist nicht nur heilsgeschichtlich bedeutsam, sondern auch für das Sein Gottes selbst. Denn sie macht auf einen Umstand aufmerksam, den man nur als Überwindung eines Mangels verstehen kann. Es ist einer der drei Hauptgedanken MOLTMANNs, die Liebe der immanenten, vorweltlichen Trinität als defizitär aufzufassen, denn "das Gleiche ist dem Gleichen nicht genug"[985]. Das Motiv für die Schöpfung ist somit stärker an das Sein des trinitarischen Gottes gebunden[986] als an eine göttliche Willensentscheidung[987]. Damit soll gesichert werden, daß die Schöpfung kein Ergebnis eines zufälligen göttlichen Handelns ist, sondern Partner der göttlichen Liebe ist, der nicht einfach nicht sein kann. Diese Mitte zwischen emanatistischer Wesensmitteilung und zufälliger Setzung, die dem gütigen Wesen Gottes ebenso entsprechen soll wie der Freiheit seines Wollens, wird als das Selbstverständliche Gottes bestimmt. "Es ist für Gott selbstverständlich zu lieben, denn er kann sich selbst nicht verleugnen"[988]. Die Freiheit als Freiheit Gottes besteht nicht "formalistisch" in einer Wahlfreiheit, sondern im Sinne eines materialen Freiheitsbegriffs darin, "das Gute zu tun, das er selbst ist, d.h. sich selbst mitzuteilen"[989]. Gott ist dann frei, wenn er sich als Liebe im Verhältnis zu seinem Anderen entspricht.

In diesem (mehr als moralischen) Sinn ist die Schöpfung notwendig. Als Adressat göttlicher Mitteilung wird sie zugleich auch Dialogpartner Gottes, der die Liebe erwidert. Angesichts dieser gegenseitigen Verwiesenheit muß das Verhältnis Gottes zur Welt als eine echte Wechselseitigkeit[990] und die Antwort der Schöpfung als für das Sein Gottes konstitutiv betrachtet werden: "Ist Gott Liebe, dann verströmt er nicht nur, sondern dann erwartet er auch und braucht Liebe"[991]. Dadurch kommt zwischen Gott und Welt eine Geschichte in Gang, die durch die Schöpfung des Vaters, die Menschwerdung des Sohnes und die Verklärung des Geistes strukturiert ist. Weil das Gleiche dem Gleichen nicht genug ist, findet die trinitarische Lebensgemeinschaft erst in diesem heilsgeschichtlichen Handeln an und mit der Welt ihre Vollendung.

c) Trinitarische Geschichte Gottes

Unter den gegebenen Voraussetzungen wird die trinitarische Geschichte Gottes durch die Schaffung der Welt eröffnet. Diese wird vor allem im Anschluß an die kabbalistische Vorstellung vom "Zimzum" als Akt göttlicher Selbsterniedrigung verstanden. Gott nimmt sich zurück, um der Schöpfung Raum zu gewähren. Dem Handeln ad extra entspricht ein Leiden ad intra. Trinitarisch reflektiert: Der Vater bestimmt sich zum Schöpfer der Welt. Die zeugende Liebe zum Sohn enthält intentional bereits die schöpferische Liebe zum Wesensanderen. Diese letztere wird frei, indem der Vater seine Liebe zum Sohn beschränkt, d.h. durch "Kontraktion des Geistes"[992]. Umgekehrt bestätigt der Sohn diesen Freiraum, indem er seine erwidernde Liebe zum Vater über die Schöpfung umlenkt, d.h. durch "Inversion des Geistes"[993]. Der Sohn ist dabei insofern der "Gott immanente Archetyp der Weltidee"[994], als die Schöpfung auf kreatürliche Weise zu eben dem aufgerufen ist, was der Sohn auf göttliche Weise und in Ewigkeit tut: die Erwiderung der sich mitteilenden Liebe des Vaters. Schließlich überbrückt der Geist als Mittler "die sonst beziehungslos erscheinende Differenz von Schöpfer und Geschöpf"[995]. Mit der trinitarischen Entstehung der Schöpfung ist diese deshalb auch als "ein Teil der ewigen Liebesgeschichte zwischen dem Vater und dem Sohn"[996] zu begreifen.

Die trinitarische Geschichte Gottes findet ihren Fortgang in der Sendung des Sohnes. Diese gründet in der Selbstunterscheidung Gottes von sich selbst, d.h. als missio ad extra setzt sie die missio ad intra fort[997]. So wird in der Kontinuität die Identität des Gesandten gewahrt und eine erneute, radikale Öffnung der trinitarischen Gemeinschaft bewirkt. Inkarnation als Menschwerdung des Sohnes, der im Hinblick auf die Welt der Logos ist, verdichtet die Selbstmitteilung Gottes an die Schöpfung. Als

fortgeführte Bewegung Gottes zum Wesensanderen nimmt sie unter den Bedingungen von Sünde und Tod Leidensgestalt an. Menschwerdung ist deshalb Kenosis und entspricht damit der Schaffung der Welt als Akt der Selbsterniedrigung.
Mit der Inkarnation des Sohnes in einer Welt der Sünde und des Todes ist die grundsätzliche Befähigung der Schöpfung zum Sohnesverhältnis gegenüber dem Vater gewirkt. Daher greift jedes rein soteriologische Verständnis der Inkarnation zu kurz, weil diese nicht nur das Weltverhältnis, sondern auch das Selbstverhältnis Gottes betrifft, denn erst eine Liebeserwiderung durch die Schöpfung, was ansatzweise in der Menschwerdung geschieht, macht die sich mitteilende, schöpferische Liebe Gottes zur seligen Liebe[998]. In diesem Zusammenhang weist MOLTMANN darauf hin, daß die Selbstmitteilung Gottes in jedweder Form niemals in einem Mangel, sondern in der "göttlichen Fülle und Überfülle an Sein"[999] gründet.

Der kenotische Charakter der Menschwerdung findet in der Hingabe des Sohnes ans Kreuz seinen stärksten Ausdruck. Über die innertrinitarische Bedeutung dieses Todes in Gottverlassenheit wurde bereits gesagt, daß erst hier der volle Wirklichkeitsgehalt der trinitarischen Lebensbeziehungen erreicht wird. Im Blick auf die Welt heißt Golgatha, daß Gott sich als Liebe zur Welt als einer gottverlassenen konstituiert[1000]. Der Vater des Gottverlassenen "ist in seinem Sohn überall bei den Seinen und allgegenwärtig geworden"[1001]. Dies ist der zweite Hauptgedanke MOLTMANNs: Am Kreuz erschließt sich Gott immanent und ökonomisch als Liebe. Den Satz: "Es gab ein Kreuz im Herzen Gottes, bevor das Kreuz auf Golgatha aufgerichtet wurde"[1002] wird man ähnlich wie die Idee der Schöpfung dann in einem intentionalen Sinn zu verstehen haben.
Der letzte Abschnitt der trinitarischen Geschichte Gottes ist die Trinität in der Verherrlichung. Damit kommt der eschatologische Zusammenklang von mitgeteilter Liebe Gottes und der erwiderten Liebe der Schöpfung in den Blick. Dem Handeln des Vaters am Anfang entspricht nun das Handeln des Sohnes. Als der Auferstandene sendet er den Geist in die Welt. Dieser ist Subjekt der Verherrlichung. "Indem der Heilige Geist Menschen erneuert, die neue solidarische Gemeinschaft bewirkt und den Leib vom Tod erlöst, verherrlicht er den auferstandenen Herrn und durch ihn den Vater"[1003]. So wird die Schöpfung ihrem Wesen gerecht, Antwort auf die sich mitteilende Liebe des Vaters zu sein. Ihr Lob fügt

sich in die erwidernde Liebe des ewigen Sohnes ein und "macht dem Vater im Himmel die Freude auf Erden, die ihn endlich selig macht"[1004]. Für den Sohn bedeutet es die Übergabe des Reiches Gottes an den Vater. Heilsgeschichtlich erübrigt sich damit die Gestalt des Kyrios, aber die Sohnschaft des Sohnes findet, ebenso wie die Vaterschaft des Vaters, hier erst ihre Vollendung[1005]. Dies ist der dritte Hauptgedanke: Die Vollendung der trinitarischen Beziehungen fällt zusammen mit der Vollendung des Heils der Welt. Die Erlösung der Welt ist dann immer auch "Selbsterlösung Gottes"[1006].

Die Welt- und Zukunftsoffenheit der Trinität bedeutet als ein Integrieren der Geschichte in das relationale göttliche Sein eine Konditionierung der trinitarischen Lebensprozesse. Daraus ergeben sich zunächst Konsequenzen für den Begriff der Einheit Gottes. Im Unterschied zu traditionellen Vorstellungen kann sie weder als substanziale Homogenität noch als subjektive Identität gefaßt werden, weil diese sich gegen eine gottimmanente Selbstunterscheidung sperren. Sie muß vielmehr eschatologisch und dynamisch, d.h. im Blick auf das wesensandere Gegenüber, als eine "Einigung"[1007] verstanden werden. Nur so kann sie offen und integrationsfähig sein. Weil sie keinen Zustand bezeichnet, sondern eine immer noch zu vollziehende, Welt einbeziehende Gemeinschaft, ersetzt MOLTMANN "Einheit" durch "Einigkeit"[1008]. Diese Einigkeit, die das Miteinander der ursprünglichen Trinität als Einigkeit des Wesensgleichen prägt, kommt da an ihr Ziel, wo die "'Dreifaltigkeit' der suchenden Liebe"[1009] zur "'Dreieinigkeit' der versammelten Liebe"[1010] geworden ist.

Entsprechendes gilt im Blick auf die trinitarischen Relationen. Das Verhältnis der göttlichen Personen zueinander kann prinzipiell nicht mehr auf die Perspektiven der immanenten und ökonomischen Trinität aufgeteilt werden. Durch eine wesenhafte Verschränkung des heilsgeschichtlichen Handelns der trinitarischen Personen mit den ewigen Lebensvollzügen der ursprünglichen Trinität ist dieses relationale Sein Gottes nicht mehr ein einfaches Subsistieren in ewigen Beziehungen[1011], sondern dynamisch-geschichtliche Verwirklichung der vorzeitlichen trinitarischen Gemeinschaft. "Die ökonomische Trinität vollendet sich dann zur immanenten Trinität, wenn Geschichte und Erfahrung des Heils vollendet werden. Wenn alles 'in Gott' und 'Gott alles in allem' ist, dann ist die ökonomische Trinität in die immanente

Trinität aufgehoben"[1012].

Bemerkungen

Der Beitrag MOLTMANNs wurde hier dem trinitätstheologischen Ansatz zugeordnet, obgleich auch eine bundestheologische Zuordnung denkbar wäre. Denn im Mittelpunkt aller Überlegungen steht direkt oder indirekt der Gedanke einer trinitarischen Geschichte Gottes mit der Welt. Wenn hier dennoch an der trinitätstheologischen Eingruppierung festgehalten wird, so deshalb, weil eben diese trinitarische Geschichte Gottes im Unterschied zu jenen Autoren des bundestheologischen Ansatzes einen für Gott selbst konstitutiven Sinn erhält. Alles Heilsökonomische hat immer auch eine unaufgebbare theologale Relevanz, so daß man nicht nur sagen kann, Gott ist in einem höchst realen Sinn am Geschehen der Bundesbeziehung beteiligt und dies mit allen Konsequenzen, sondern Gottes trinitarisches Leben kommt überhaupt erst in dieser Geschichte mit der Welt zu seiner letzten Verwirklichung und Vollendung.

Darüber hinaus scheint auch eine staurologische Zuordnung denkbar. Denn zweifellos kommt der Kreuzesthematik bei MOLTMANN großes Gewicht zu. Doch während bei den beiden Vertretern des staurologischen Ansatzes sich die inhaltliche Bestimmung des Gottesgedankens immer wieder aus dem kreuzestheologischen Zusammenhang ergibt (Gott ist der auch im Tod mitgehende Weggott; Gott als Einheit von Leben und Tod zugunsten des Lebens), wird man im Falle MOLTMANNs doch sehen müssen, daß hier das Kreuzesgeschehen in entscheidender Weise einmal protologisch nach rückwärts und zum anderen eschatologisch nach vorn aufgebrochen wird. Das Kreuz behält damit wohl seine herausragende Stellung, wird aber zugleich zum Höhepunkt einer umfassenden trinitarischen Gottesgeschichte. Deshalb erscheint die trinitätstheologische Zuordnung angemessen.

MOLTMANNs Absicht ist die Konzeption einer sozialen Trinitätslehre. "Sozial" bedeutet hier einmal -in sachlicher Nähe zu MÜHLENs personologischer Auslegung- die personale Gemeinschaft von Vater, Sohn und Geist. Ihre Einheit liegt in ihrer "Einigkeit", deren Bedeutsamkeit sich erst dann erschließt, wenn bedacht wird, daß die trinitarischen Personen real verschieden voneinander sind und relative Subjektivität und Eigenständigkeit besitzen. MOLTMANN versucht hier beständig, den Begriff der trinitarischen Einheit nicht auf Kosten einer modalistischen Verzerrung des

Personbegriffs gehen zu lassen, an deren Ende nur die einfache Subjektivität der Gottheit steht. Demgegenüber gilt es, Gott in sich als Gemeinschaft zu begreifen.
Darüber hinaus bedeutet "sozial" wohl auch die Öffnung der göttlichen Trinität gegenüber der menschlichen Geschichte. Die Gemeinschaft der trinitarischen Personen wird als ein geschichtlicher Prozeß vorgestellt, an dessen Mitvollzug dem Menschen Anteil gewährt wird. Damit stellt MOLTMANN eine intensive Verbindung her zwischen Trinität und Heilsgeschichte. Gott und Welt haben geradezu ihr Wesen darin, aufeinander hingeordnet zu sein, so daß der Eindruck vermieden wird, als könne dieses Miteinander etwa Ergebnis einer zufälligen Willensentscheidung Gottes sein.
Gerade dieser letzte Gedanke wirft ein helles Licht auf das augenscheinliche Grundanliegen des Autors: die Gestaltung einer lebens- und praxisnahen Theologie[1013]. Hierzu gehört inhaltlich die Auslegung des Gottesgedankens derart, daß Gottes Gemeinschaft mit dem Menschen durch schlechterdings kein welthaftes Geschehen in irgendeiner Weise bedingt werden könnte. Deshalb muß auch der Tod -MOLTMANN trifft sich hier mit ähnlichen Überlegungen KOCHs und JÜNGELs- als "Seinsmöglichkeit Gottes" gedacht werden. Dieses pastorale Motiv scheint das innere Movens für die Rede vom "gekreuzigten Gott" zu sein.
In diesem Zusammenhang einer lebensnahen Theologie wird noch eine weitere Beobachtung wichtig. Im Verlauf seiner Gedankenführung ist immer wieder festzustellen, daß MOLTMANN die vernünftige Einsehbarkeit zum Kriterium theologischen Denkens erhebt. Die Erschaffung des geschöpflich Anderen, Menschwerdung, Kreuz und eschatologische Vollendung werden so auf einen letzten Grund durchleuchtet, daß göttliches Handeln in seiner Begründung dem Graubereich des Nominalismus enthoben und in die Eindeutigkeit einer Wesensnotwendigkeit überführt wird. Daß Gott in der biblisch bezeugten Weise heilsgeschichtlich handelt, kann bereits dem Begriff Gottes entnommen werden. Denn nach MOLTMANN ist es der Liebe, die Gott selbst ist, auf naturhafte Weise eigen, sich erst im Gegenüber mit einem nicht-göttlich Anderen vollkommen zu vollziehen. Auf diesem Hintergrund erhält das göttliche Handeln in seiner jeweiligen heilsgeschichtlichen Gestalt eine erhellende Transparenz. Nicht die Undurchdringlichkeit des göttlichen Liebesmysteriums ist MOLTMANNs Antwort auf die Frage nach dem Grund der Heilsgeschichte, sondern ein am platonischen Gedanken des

überfließenden Guten orientierter Liebesbegriff. Auf diese Weise wird versucht, die Möglichkeit von Nicht-Schöpfung nicht nur als irreal, sondern als absurd zu kennzeichnen. Der Christ soll von der Wahnvorstellung befreit werden, ein despotischer Willkürgott habe sich nur zufällig für eine Schöpfung entschieden und dabei die Möglichkeit von Nicht-Schöpfung als einer gleichwertigen Alternative nur eben zufällig ausgeschlossen.

MOLTMANN hat seinen pastoral orientierten trinitarischen Gottesbegriff inhaltlich mit Hilfe von drei Kerngedanken durchgeführt. 1. Gottes trinitarische Liebe ist naturhaft auf einen Vollzug ad extra hin angelegt. Sie schließt gleichsam wesensnotwendig das nichtgöttlich Andere als das zu liebende Gegenüber ein. Hierin gründet die Schöpfung sowie Gottes lebendige Schöpfungsbeziehung. 2. Den Höhepunkt dieser trinitarischen Liebe bildet das Kreuz als Geschehen zwischen Vater und Sohn. In der Gottverlassenheit des gekreuzigten Sohnes, in der er die Gottverlassenheit des geschöpflichen Sterbens erfährt, kommt diese Liebe zu ihrer entscheidenden Verwirklichung. 3. In der eschatologischen Vollendung gelangt die trinitarische Liebe an ihr Ziel, insofern sie durch Einbeziehung des Menschen in die göttliche Gemeinschaft von Vater, Sohn und Geist von der Welt her erwidert wird. Gottes Liebe ist dann selige Liebe.

Betrachtet man diesen Beitrag MOLTMANNs im Gesamtzusammenhang der gegenwärtigen Diskussion, dann fällt auf, daß er wie kaum ein anderer eine wahre Flut von theologischen Stellungnahmen provoziert hat. Deshalb soll es innerhalb dieses kommentierenden Teils vor einer Beurteilung der thematischen Aussage zur Frage nach der "Unveränderlichkeit" Gottes darum gehen, die sowohl zustimmenden als auch kritischen Entgegnungen vorzutragen, um damit anzudeuten, daß besonders MOLTMANN zu einer Intensivierung der Diskussion beigetragen hat.

Die pastorale Motivation theologischen Denkens ist auf breite Zustimmung gestoßen. Das gilt sowohl im Blick auf die gesamte Trinitätslehre, denn hier "wird die Wahrheit des dreieinigen Gottes wieder offenbar - als Achse und Voraussetzung zur Tatsache des Heilsereignisses, der Gewähr des Evangeliums der Hoffnung"[1014], als auch im Blick auf den kreuzestheologischen[1015] Ertrag. Mit diesem letzteren stellt MOLTMANN eine Verbindung her zwischen dem am Kreuz Leidenden und dem vom Leid getroffenen Menschen der Geschichte. "Weil Gott tatsächlich alle Stadien des

Leidens durchlaufen hat, ohne sich selbst zu verleugnen, kann sich jedes leidende Wesen auf ihn stützen"[1016]. Die Hoffnung und Zuversicht, die der Gekreuzigte eröffnet, hat ihre tiefste Wurzel dabei nicht in einer bloßen Anteilnahme Gottes am Leid, die als Mitleiden "formal, wenn nicht auch intentional die Struktur von Herablassung"[1017] behält, sondern darin, daß das Leiden in Gottes Wesen selbst eingetragen ist.

Die pastorale Bedeutsamkeit von MOLTMANNs kreuzestheologischem Gottesbegriff ist indes auch bezweifelt worden. "Ein Gott, der in sich sogar das Leiden enthält, ist ein leidender Gott, der letztlich nur an sich selber leidet und sich in sich selbst zerreißt... Dieser buchstäblich ungeheure Gott verdient im Zweifelsfall, wenn nicht den Protest, so immerhin das Mitleid des Menschen, doch ist dies ganz gewiß kein rettender Gott, der Licht ist und nur Licht ist ohne alle Finsternis in ihm (1. Johannes 1,5)"[1018]. Ähnliches hat früher schon RAHNER zu bedenken gegeben[1019].

Mit der Praxisorientierung theologischen Denkens ist bei MOLTMANN das Problem der Sprache verbunden. Einerseits versteht er seine Überlegungen als Beitrag zu einer systematischen Theologie mit dem Anspruch argumentativer Rationalität. Andererseits ist es sein Bestreben, eine theologische Aussage zu machen, die ohne eine noch zu leistende pastorale oder spirituelle Übersetzung auskommt. Unter diesem letzten Gesichtspunkt wird deshalb grundsätzlich für eine narrative Theologie[1020] plädiert. So weist er etwa darauf hin, nicht "allseitig informierend, ausgewogen im Urteil und beruhigend in der Weisheit"[1021] schreiben zu wollen, sondern eine "Theologie im Kontext des gegenwärtigen Lebens"[1022]. Auf diese Weise entstehen Textpassagen, die narrativen und gelegentlich ausgesprochen suggestiven Charakter erhalten, wenn er beispielsweise formuliert: "Hinsichtlich seiner selbst, seiner Wahrheit und Güte hat Gott keineswegs die Wahl zwischen einander ausschließenden Möglichkeiten. Er kann sich selbst nicht verleugnen! Er hat also nicht die Wahl, Liebe oder nicht Liebe zu sein. Ist er Liebe, dann ist er keineswegs zu 'seinem eigenen Gefangenen' geworden, wenn er die Welt liebt, sondern darin vielmehr ganz frei, weil ganz er selbst. Wenn er das höchste Gute ist, dann kann seine Freiheit nicht darin liegen, zwischen Gut und Böse wählen zu müssen. Sie liegt vielmehr darin, das Gute zu tun, das er selbst ist, d.h. sich selbst mitzuteilen"[1023].

Wird diese Aussage im Sinne narrativen Sprechens verstanden, womit ihr etwas Bekenntnishaftes und Spirituelles eignet, dann wird man ihr vorsichtig[1024] zustimmen können. Allerdings -und damit ergibt sich eine neue Situation- stellt MOLTMANN diese seine Aussage in einen reflektierend-argumentativen Zusammenhang, wenn er etwa vom Überströmen der Güte Gottes im Sinne der "Emanationslehre neuplatonischer Herkunft"[1025] spricht. Auf diese Weise erhält der Text den Charakter argumentativer Rationalität und wird damit theologisch fragwürdig, da er die Freiheit Gottes in bedrohlicher Weise verkürzt. Dieses Beispiel mag die Mehrdeutigkeit[1026] von MOLTMANNs theologischer Rede verdeutlichen. Sie muß sich insofern zumindest die Frage gefallen lassen, ob sie überhaupt noch Theo-Logie im strengen Sinn des Wortes sein kann, "weil diese der Pflicht zur rationalen Unzweideutigkeit untersteht"[1027]. Die Mehrdeutigkeit theologischen Sprechens öffnet in jedem Fall nicht nur dem Mißverständnis Tür und Tor, sondern mag auch der sachliche Grund dafür sein, bei MOLTMANN "ein neues mythologisches Reden von Gott"[1028] festzustellen.
Was die inhaltlichen Auseinandersetzungen angeht, sollen wieder die drei Komplexe unterschieden werden: das Kreuz Christi, die Trinität des Ursprungs und die trinitarische Geschichte Gottes.

MOLTMANN hat seine Kreuzestheologie ausschließlich auf das Kreuzeswort Mk 15,34 begründet. Die nach seiner Meinung als unbedingt historisch anzusehende Aussage Jesu hat als die entscheidende Deutung des Kreuzesereignisses zu gelten. Nicht Ps 22 interpretiert dabei (abschwächend) die Situation des gottverlassenen Sohnes, wonach dieser in einem letzten Gottvertrauen stirbt, sondern umgekehrt wird die Situation des gottverlassenen Beters durch jene des Sohnes am Kreuz endgültig interpretiert.
Zahlreiche Kritiker haben sich zunächst gegen die ausschließliche Konzentration auf Mk 15,34 gewandt. "Die Moltmannsche theologia crucis hat, so scheint uns, eine viel zu enge Basis gewählt. Ihr Fundament ist weniger das Kreuzesgeschehen als Offenbarung der Liebe des Vaters in Christo und als äußerste Konsequenz eines Lebens des liebenden Gehorsams dem Vater und den Menschen gegenüber, als vielmehr die eindrucksvoll dargestellte Gottverlassenheit, wie sie im Markusevangelium bezeugt ist"[1029]. Gegenüber der Fülle kreuzestheologischer Aussagen im NT -man denke etwa an die paulinische oder johanneische Theologie- scheint deshalb diese Kreuzestheologie damit beschäftigt zu sein, einen Kanon im

Kanon[1030] herauszubilden. MOLTMANN hat diese Konzentration auf die Gottverlassenheit des Gekreuzigten verteidigt, zunächst mit dem Hinweis darauf, daß die Gottverlassenheit der wesentliche Gesichtspunkt der Passion Jesu sei und diese wiederum "der wesentliche Gesichtspunkt der ganzen Erscheinung Jesu"[1031]. Zusätzlich verweist er auf die Heilsbedeutsamkeit gerade dieses spezifischen Todes hin, die darin liegt, daß der von Gott Verlassene nun all "den von Gott getrennten Menschen die Gottesgemeinschaft bringt"[1032]. Vor allem aber ist nach MOLTMANN gerade die Gottverlassenheit der Passion Jesu der Ort, an dem "die Wahrheit des dreieinigen Gottes"[1033] zu begreifen ist.
Aber nicht allein die kreuzestheologische Basis an sich erscheint problematisch, sondern auch deren Begründung durch die angenommene Historizität des Kreuzeswortes. Methodisch geht es MOLTMANN darum, "d i e h i s t o r i s c h e A u f g a b e der Darstellung des Todes Jesu... a l s t h e o l o g i s c h e A u f g a b e anzufassen"[1034]. Das historisch Erhebbare hat gleichsam unmittelbar theo-logische Dignität und Autorität. Hierzu gehört im Zusammenhang des Todes Jesu vor allem der Verlassenheitsschrei Mk 15,34, denn die Härte dieses Wortes, so argumentiert MOLTMANN, macht eine nachösterliche Gemeindebildung eher unwahrscheinlich, so daß es als historisch angesehen werden darf. Dem ist entgegenzuhalten, daß innerhalb der exegetischen Diskussion[1035] hierüber keineswegs ein Konsens erzielt ist. Grundsätzlich wäre nämlich einzuwenden, ob es sinnvoll sein kann, an die ntl. Schriften die Frage nach der nackten Historizität zu stellen. Darf hier überhaupt eine Antwort im Sinne der bruta facta erwartet werden? Oder muß nicht eher damit gerechnet werden, daß von Seiten der jungen Gemeinde der Wunsch besteht, gerade das Ende Jesu, d.h. seinen Kreuzestod mit einer Deutung zu versehen, statt ihn bloß kommentarlos zu konstatieren? Zahlreiche Fachexegeten vertreten deshalb die Auffassung, daß Mk 15,34 nicht historische Wiedergabe, sondern Reflexionszitat von Ps 22,2 ist. Insofern mit dem Psalmanfang aber der ganze Psalm gemeint ist[1036], dient dieser zur Deutung des Todes Jesu, so daß die Gottverlassenheit des Gekreuzigten im Lichte von Ps 22 und nicht umgekehrt, wie MOLTMANN es fordert, zu interpretieren ist[1037]. Nach GESE kommt in Psalm 22 eine apokalyptische Theologie zu Wort, "die in der an einem Einzelnen sich vollziehenden Errettung aus der Todesnot die Einbruchstelle der basileía tou theou sieht"[1038]. Auf diesem

Hintergrund erhält Mk 15,34 einen neuen Sinn. Das Golgathageschehen wird nicht auf die Situation des Gottverlassenen reduziert, sondern als Einbruch der eschatologischen Gottesherrschaft verstanden[1039].
Des weiteren hat MOLTMANN Mk 15,34 als trinitarisches Geschehen zwischen Vater und Sohn, als "Gott gegen Gott" ausgelegt. Dieses trinitarische Verständnis hat F.FIORENZA als unbiblisch und spekulativ zurückgewiesen. "Die Berufung auf das Neue Testament gestattet eine Deutung des Todes Jesu am Kreuz als ein innertrinitarisches Geschehen... nur dann, wenn man in das Neue Testament eine ihm fremde spekulative Sicht der Dreifaltigkeit hineinliest"[1040]. Mehr noch aber ist die Aussage auf Kritik[1041] gestoßen, wonach das Geschehen zwischen Vater und Sohn bis hin zur völligen Entzweiung und Feindschaft zu verstehen sei. In einem aufschlußreichen Vergleich zwischen BARTH und MOLTMANN hat MISKOTTE darauf hingewiesen, daß im Falle BARTHs Gott sich dem Widerspruch des Menschen ausliefert, ihn sich sogar selbst zu eigen macht ("Gerichtsparadox"), ohne ihn aber nachzuvollziehen. "Moltmann scheint jedoch gerade an diesem Punkt noch weitergehen zu wollen, so daß nicht nur von einem Gerichtsparadox, sondern auch von einem Seinsparadox die Rede ist"[1042]. Unter Berufung auf das Gethsemanegebet Jesu (Mk 14,35f.) hat MOLTMANN seine Auffassung verteidigt[1043].
Dieser Widerspruch im trinitarischen Gott, der zu einem handgreiflichen Tritheismus[1044] führen muß, bedeutet im Sinne MOLTMANNs nicht nur die für R.SCHULTE[1045] irrige Annahme eines Verlustes der Vater- bzw. Sohnschaft, sondern setzt auch eine in sich fragwürdige Identifikation von Jesus und Gott voraus. "Wie führt der Weg von der biblischen Aussage, die eher subordinatianisch erscheinen könnte, zu dieser betonten Identifizierung von Jesus und Gott? Ist hier ein leiser Monophysitismus wirksam (von Luther her?) oder deutet sich schon darin die Tendenz einer dialektischen, grundlegenden Unterscheidungen (Gott-Welt; immanente-ökonomische Trinität) nicht mehr gerecht werdenden Identitätstheologie an?"[1046] Früher schon hat RAHNER auf die Problematik der Kopula "ist" in dem Satz "Jesus ist Gott" aufmerksam gemacht. Demnach geht es in den christologischen Ist-Aussagen nicht um eine naive Realidentität zwischen Subjekt und Prädikat, sondern "um eine geheimnisvolle Einheit zwischen Gott und Jesus, in der die göttliche und die menschliche Wirklichkeit... 'unvermischt'

bleiben"[1047]. Ein Einheitsverständnis, das die Identität des Subjekts in der Selbigkeit der zu unterscheidenden göttlichen und menschlichen Wirklichkeiten sieht, läuft deshalb Gefahr, einem mythologischen Mißverständnis zu erliegen. Mit der entschiedenen Ablehnung der Zweinaturenlehre und der Identifikation Jesu mit Gott scheint MOLTMANN dieser Gefahr tatsächlich erlegen zu sein. Man wird deshalb der Feststellung R.SCHWAGERs zustimmen können, mit seiner plötzlichen Identifizierung Jesu mit Gott blähe MOLTMANN die geschichtliche Beschreibung des Kreuzesgeschehens unvermittelt dogmatisch auf[1048].
Ein ganz anderes Problem ist in kreuzestheologischer Hinsicht das Leiden des Vaters. Die Hingabe des Sohnes in die Gottverlassenheit des Todes ist nicht Ausdruck der "Brutalität"[1049] Gottes, sondern Grund auch für ein Leiden des Vaters. Obwohl der Autor dieses Leiden mit dem des Sohnes am Kreuz nicht einfachhin identifiziert, -MOLTMANN spricht deshalb von einem "Patricompassianismus"[1050]-, so daß hier nicht der Vorwurf des Patripassianismus erhoben werden kann[1051], gibt es doch auch gegenteilige Einschätzungen[1052]. Demgegenüber gänzlich unbefangen äußert BRAATEN die Überlegung, warum MOLTMANN, der vom "gekreuzigten Gott" redet, sich soviel unverständliche Zurückhaltung auferlegt und nicht im Zuge seiner Hellenismuskritik auch die patripassianische Konsequenz auf sich nimmt[1053]. In jedem Fall aber bleibt der Hinweis von Bedeutung, daß sich aus biblischer Perspektive wohl kaum ein Leiden des Vaters belegen läßt[1054].
Daß nun Gott -im Vater wie im Sohn- selbst ein Leidender ist, wurde innerhalb der Diskussion positiv aufgenommen. So hat WIEDERKEHR darauf hingewiesen, daß damit die Gefahr einer doketischen Christologie weitgehend gebannt ist[1055]. Und GALOT hat angemerkt, daß MOLTMANN im Recht ist, wenn er auf den Zusammenhang von Liebes- und Leidensfähigkeit[1056] hinweist[1057]. Seine Berufung auf ORIGENES ist indes auf Kritik gestoßen: Die Liebe Gottes, die das Leiden auf sich nimmt, ist bei ORIGENES -so GALOT- wohl eine solche des Vaters und des Sohnes, aber nicht im Horizont ihres immanenten Verhältnisses, sondern im Hinblick auf ihre jeweilige Schöpfungsbeziehung[1058].
Allgemein problematisch erscheint dagegen die Umkehrung von "Gott ist im Leiden/im Tod" in "das Leiden/der Tod ist in Gott". DOGAN äußert die Vermutung, daß auf diese Weise der Tod in Gott zur absoluten Gestalt des geschöpflichen Todes geworden ist. "Das

Elend, das Leiden, der Tod in der Kreatur und im Menschen sind der Abglanz dessen, was in Gott ist. In Gott ist der Tod auf eine absolute Weise gegenwärtig. In der Kreatur auf kontingente Weise"[1059]. Gegen eine derartige Eintragung von Leid und Tod in das ewige Wesen Gottes wurde überdies nicht nur der Vorwurf "selbstmächtiger Spekulation"[1060] erhoben, sondern vor allem die Befürchtung geäußert, Leiden und Tod in Gott zu verewigen[1061]. In welchem Sinn kann dann aber noch von Gottes Freiheit und transzendenter Heiligkeit gesprochen werden? Wird Gott dann nicht zu einer "Verlängerung der geschöpflichen Wirklichkeit"[1062], zu einem "evolutionistischen Welträtsel"[1063] degradiert? Und ist die unausweichliche Folge dann nicht eine heillose Vermengung von göttlicher und geschöpflicher Wirklichkeit, so daß hinsichtlich des göttlichen Leidens sich dessen theologaler Charakter auflöst[1064]?

Demgegenüber hat MOLTMANN die Umkehrung "Gott leidet" - "Das Leiden ist in Gott" verteidigt. "Die erste Aussage ist eine Subjektbestimmung, die zweite eine Ortsbestimmung. Nur wer angenommen hatte, daß Gott nichts anderes als ein einsames, absolutes Subjekt ist, dem muß die zweite Aussage merkwürdig erscheinen. Es ist aber 150 Jahre nach Hegel... an der Zeit, das Absolute nicht mehr nur als Subjekt, sondern ebensowohl als Substanz zu denken"[1065].

MOLTMANNs kreuzestheologische Aussage kommt schließlich da zu ihrem Höhepunkt, wo das Kreuz zum Ort der Selbstkonstituierung[1066] Gottes wird, was Grund für die relative Bedeutungslosigkeit der Auferstehung[1067] sein mag. Der Autor hat seinen staurologischen Standpunkt nachdrücklich verteidigt. "Muß die christliche Trinitätslehre mit dem Geschehen am Kreuz beginnen? - Ja, sie muß es, weil anders am Kreuz die Einheit Gottes zerbricht. Darum muß hier von der Selbstkonstitution der Trinität gesprochen werden"[1068].

Hier nun wird es geradezu handgreiflich, wie weit MOLTMANNs Theismuskritik geht. Sie führt am Ende zur völligen Preisgabe der theologischen Tradition von Gottes Aseität und Freiheit und damit zur Infragestellung eines wesentlichen Elements seines Gottseins überhaupt. Die Kreuzesdramatik von Golgatha wird "als notwendige und gesetzmäßige Bewegung Gottes gedacht"[1069]. Deshalb kann man der Feststellung J.NIEWIADOMSKIs nur beipflichten: "Das Kreuz kann dann aber nicht mehr als der radikale Erweis des in

sich souveränen Heilswillens Gottes gedeutet werden. Es stellt vielmehr die Bedingung seines Lebens dar. So wird es jedoch zu einem Mythologumenon ersten Ranges"[1070]. Auf diese Weise besteht eine vollkommene, das Wesen Gottes selbst betreffende Abhängigkeit von der Bewegung der geschichtlichen Welt, mit der nicht nur der Verlust der Aseität und Freiheit, sondern auch der Transzendenz und Geschichtsmächtigkeit einhergeht. Überdies bestätigt sich eine frühere Erkenntnis: die Verstrickung Gottes in die Welt, bei der weder das Göttliche seine theologale, noch das Geschaffene seine kreatürliche Identität behalten.
In diesem Zusammenhang kann es nicht überraschen, daß angesichts der konstitutiven Bedeutung des Kreuzes der Vorwurf erhoben wurde, wonach Leiden und Tod zu notwendigen Bedingungen für das Leben (der Liebe) Gottes geworden seien[1071]. MOLTMANN hat darauf mit dem Hinweis geantwortet, "daß in der Faktizität von Haß und Streit sich das Andere als Liebe und das Verändernde als Einheit offenbare... Damit ist die Faktizität von Haß, Streit und Sünde doch nicht als 'notwendig' erklärt"[1072]. Bedenkt man aber nochmals den konstitutiven Stellenwert des Kreuzes sowie den defizienten Modus der Trinität des Ursprungs, dann vermag diese Erwiderung nicht ganz zu überzeugen. So sehr es zutrifft, daß das Negative eine unbezweifelbare Faktizität ist, so sehr ist sie als dialektisches Konstitutivum für den Lebens- und Liebesvollzug Gottes eben doch auch wesensnotwendig.
Auf dem Hintergrund dieser Kreuzesdialektik erscheint deshalb die Frage berechtigt, inwieweit es sich bei MOLTMANN tatsächlich noch um Kreuzestheologie und nicht eher um Kreuzesphilosophie handelt. WIEDERKEHR erkennt hier einen Zusammenhang zwischen geschichtsphilosophischer Dialektik und Kreuzestheologie. Ihm geht es deshalb nur noch um die Frage: "Gelangt Moltmann, ausgehend vom einmaligen Geschehen von Tod und Auferstehung Jesu, zu einer Ausweitung und Anwendung der gleichen Gegensätzlichkeit (z.B. von Entfremdung und Identität) in der Geschichte? Oder: Gelangt er, ausgehend von dieser universalen Geschichtsinterpretation, zum konkreten Geschehen von Tod und Auferstehung, das er dann mit denselben Kategorien als das Symbol dieses allgemeinen Geschichts- und Denkgesetzes darstellt"[1073]? Andere haben MOLTMANN eine spekulative, im Sinne von bescheidwissende Kreuzestheologie vorgeworfen, "die die Frage nach den Grenzen des Erkennbaren und Sagbaren verachtet"[1074].

In einer theologischen Gesamtperspektive, so läßt sich am Ende dieses Abschnitts abschließend anmerken, gibt es bei MOLTMANN aus systematischen Gründen ein unverkennbares Gefälle hin zum Kreuz. Das hat zahlreiche Kritiker dazu veranlaßt, hier eine problematische staurozentrische Einseitigkeit zu konstatieren. "Gott des christlichen Glaubens ist nicht nur der gekreuzigte Gott. Ist eine Gotteslehre ohne Kreuz keine christliche Gotteslehre, so geht christliche Gotteslehre in der Kreuzesperspektive nicht auf"[1075]. Und KASPER hat hierzu bemerkt, daß die Liebesrelation Gottes zur Welt zwar durchaus eine christologische, nicht aber eine staurozentrische ist. Denn bereits in der Schöpfung teilt Gott seine Liebe mit, die seine Entschiedenheit für den Menschen zum Ausdruck bringt. "Erst in dieser universalen Perspektive... wird das Kreuz als Ausdruck der überbietenden Erfüllung und der unableitbaren Bundestreue Gottes zu seiner Schöpfung 'verständlich'"[1076].

Demgegenüber hat MOLTMANN seinen staurozentrischen Gottesbegriff damit verteidigt, daß es legitim sei, "das Ganze der Theologie von jeweils einem Brennpunkt her zu erfassen. Dabei muß man natürlich Überbetonungen in Kauf nehmen, aber es fällt auch ein neues Licht auf die anderen Lehrstücke der Theologie"[1077]. Und dann kommt er noch einmal auf das zu sprechen, was er bereits im Vorwort zu "Der gekreuzigte Gott" anklingen ließ und als "Recht der Subjektivität"[1078] bezeichnet hat. Demnach ist es nur recht und billig, sich mit denjenigen Problemen auseinanderzusetzen, "die als die eigenen erfahren werden. Das sucht man sich nicht aus. In meinem Falle ist eine theologische Existenz entstanden, die einen eigenen Weg gehen und sich dafür mit den Schritten in der Vergangenheit kritisch auseinandersetzen muß"[1079].

Der zweite Kerngedanke MOLTMANNs ist die protologische Rückverlängerung der trinitarischen Kreuzestheologie. Der "Trinität im Ursprung" ist ein Gefälle zu Passion und Kreuz eigen. Dieses Gefälle resultiert aus einem Zustand des dreifaltigen Gottes, in dem die Liebe Gottes noch hinter ihren eigenen Möglichkeiten zurückbleibt, insofern sie sich nicht auf das Gegenüber eines wesensverschiedenen Anderen beziehen kann.

Das zentrale Problem in diesem Zusammenhang ist die Frage nach der Freiheit Gottes. Auf einen ersten Aspekt hat Chr.YANNARAS aufmerksam gemacht. Er stellt fest, daß MOLTMANN einen trinita-

rischen Personbegriff gebraucht, bei dem die Frage nach dem Ursprung des Seins Gottes keine Rolle spielt. "Wenn er die Wahrheit der P e r s o n gleichsetzt mit dem Begriff 'eidos' (Gestalt) des Aristoteles und ihn abtrennt von der H y p o s t a s e des S e i n s, dann bleibt die Freiheit ontologisch ungedeutet"[1080]. Das heißt, daß der theologische Grundsatz der Aseität Gottes unberücksichtigt bleibt. Während nach diesem der Vater die Ursache des göttlichen Seins bildet, so daß damit das Sein Gottes in der Andersheit und Freiheit einer Person gründet, scheint bei MOLTMANN der Ursprung des Seins Gottes "auf eine gegebene Notwendigkeit des unpersönlichen W e s e n s oder auf das S e i n a l s s o l c h e s"[1081] zurückgeführt zu werden. Insofern nun Gott nicht mehr seine eigene freie Begründung ist, steht seine ontologische Freiheit in Gefahr. Nur der sich selbst begründende Gott ist seiner selbst so mächtig, daß er sein kann, ohne in Beziehung zu einem Anderen stehen zu müssen. Aber genau das versucht MOLTMANN beständig zu vermeiden. Für ihn ist Gottes ontologische Freiheit, d.h. seine Aseität realidentisch mit Gottes Unabhängigkeit und dann mit Selbstgenügsamkeit. Der Ausfall des Gedankens der Aseität Gottes entspricht insofern der inneren Logik seines Gottesbegriffs.
Die "Trinität im Ursprung" ist MOLTMANNs Antwort auf den Begriff der ontologischen Freiheit Gottes. Er führt damit vor allem eine Auseinandersetzung mit K.BARTH (s.o.), dem er vorwirft, Gottes Freiheit so stark betont zu haben, daß sein Weltbezug unmotiviert und daher zufällig und beliebig erscheint. BARTH hat immer wieder hervorgehoben, daß Gottes Schöpfungsbeziehung zutiefst eine geschenkte, von Gott frei gewährte ist und deshalb als Ausdruck seiner Freiheit verstanden werden muß. "An einer solchen Auffassung der Freiheit Gottes ist Moltmann offenbar wenig gelegen. Es scheint sogar, als ob er primär an Gottes Gebundensein, das unwiderruflich sein muß, interessiert ist"[1082].

Diese Einschätzung trifft genau den Kern. Tatsächlich entwirft MOLTMANN einen Gottesbegriff, der den Schöpfungsbezug nicht einem freien Willensentscheid zuordnet, sondern als theologale Notwendigkeit mit dem göttlichen Wesen unmittelbar in Verbindung bringt. Denn die Liebe der trinitarischen Personen und damit das Leben Gottes selbst ist erst dann umfassend verwirklicht, wenn Gott nicht nur das Gleiche, sondern auch das Andere seiner selbst liebt und von da Liebe empfängt.

Dagegen erheben sich nun gewichtige Einwände. Zunächst hat GALOT auf die Vollkommenheit der innertrinitarischen Liebe hingewiesen[1083]. Sie bietet keinerlei Ansatz für eine spekulative Begründung der Schöpfung im Leben des trinitarischen Gottes. Die Gemeinschaft der Personen vollzieht die unendliche Seinsfülle Gottes so, daß es unmöglich wird, von einer Potentialität zu sprechen, die erst noch zu ihrer Verwirklichung gelangen müßte. MOLTMANN hingegen relativiert die Lebensfülle der trinitarischen Gemeinschaft, indem er davon ausgeht, daß der Vollzug der innertrinitarischen Liebe hinter deren Möglichkeiten zurückbleibt und erst in der Schöpfungsbeziehung voll verwirklicht werden kann. Gottes Relation zur Welt setzt demnach eine wesentliche Defizienz im Leben der innertrinitarischen Gemeinschaft voraus.
Ein weiterer Einwand gegen MOLTMANN besteht darin, daß der Charakter der Schöpfung als eine freie Setzung verdunkelt wird. Die Welt erscheint vielmehr als eine für Gott selbst wesensnotwendige Wirklichkeit und ihre Setzung demzufolge als ein unverzichtbarer Akt im Leben des trinitarischen Gottes. Damit ist aber dem Gedanken der creatio ex nihilo[1084] der Abschied gegeben. Denn die Beziehung Gottes zur Welt kann hier nicht länger mehr als ungeschuldete Liebe und "nutz-los" gelten, sondern muß als ein funktionaler Zusammenhang betrachtet werden: "Das Gleiche ist dem Gleichen nicht genug"[1085]. Gottes Gottsein ist, will es zur Ganzheit und Erfüllung kommen, auf den lebendigen Bezug zu seinem Wesensanderen und damit auf dessen Setzung angewiesen. Gegenteilige Auskünfte, wonach etwa die Weltgeschichte "Gottes Passion, nicht der Prozeß seiner Selbstverwirklichung"[1086] sei, lassen eher auf ein selbst empfundenes Unbehagen schließen als daß sie angesichts der Gesamtkonzeption zu überzeugen vermöchten.

Indem Gottes trinitarische Vollkommenheit sowie die Schöpfung als freie Setzung bezweifelt werden, gerät schließlich auch der Gnadencharakter[1087] der schöpferischen Liebe aus dem Blick. Daß eine Welt ist, kann grundsätzlich nur als Geschenk empfangen werden, das Gott zu geben ebenso frei ist wie es zurückzuhalten. Und insofern kann nach GALOT auch von einer Wahl gesprochen werden: "Gott hätte die Menschheit auch nicht schaffen, nicht erlösen können. Er hätte sich darauf beschränken können, sich der Liebe zu erfreuen, die er in sich selbst besitzt"[1088]. Er hätte durchaus so handeln können, ohne dabei Egoist zu sein.
Hinter derartigen Argumentationen sieht MOLTMANN einen latenten

Nominalismus. So fragt er: "Ist es für das Verständnis der Realität der freien Gnade Gottes eigentlich denknotwendig, in die Irrealität zu schweifen und zu sagen: 'Gott konnte sich an sich selbst und an der unangerührten Herrlichkeit und Seligkeit seines inneren Lebens genügen lassen. Er hat es nicht getan. Er hat den Menschen gewählt zu seinem Bundesgenossen.' Welcher Freiheitsbegriff wird hier auf Gott angewendet? Bedroht dieser Begriff der absoluten Wahlfreiheit nicht die Wahrheit und die Güte Gottes selbst"[1089]. So fürchtet der Autor, daß Gottes Freiheit letztlich durch den nominalistischen Gedanken der potentia absoluta interpretiert und auf diese Weise "das Unmenschliche zum Maßstab Gottes gemacht"[1090] wird.

Das Fragwürdige an dieser Argumentation ist die Entgegensetzung von Macht (Freiheit) und Güte Gottes. Wie im Verlauf der Diskussion schon mehrfach festgestellt wurde, bezeugt die Schrift hier eine untrennbare Einheit: Der Gott, der Herr der Geschichte ist, begegnet seinem Volk in Liebe und Güte. Und auch umgekehrt gilt: Der Gott, der Liebe ist, ist zugleich der, in dessen Ratschluß es liegt, die Welt sein zu lassen oder nicht sein zu lassen. "Damit fallen auch die in Wahrheit sophistischen Argumente dahin, mit denen man Gottes Freiheit beim Erschaffen der Welt in Frage zu stellen und sie vom Wesen Gottes her zu überspielen sucht. Es ist immer noch Hegelianismus, wenn man Barths Feststellung: 'Gott braucht uns nicht... Gott genügt sich selber' mit der Frage anzweifelt: 'Könnte Gott sich wirklich an seiner 'unangerührten Herrlichkeit' genügen lassen'"[1091]? Was hier vor allem deutlich wird, ist MOLTMANNs völlige Ausgrenzung des Moments des Wählenkönnens. Sein Freiheitsbegriff leidet deshalb an einer unübersehbaren Einseitigkeit. Darin scheint auch das eigentlich Problematische der "Trinität im Ursprung" zu liegen.

Diese Einseitigkeit im Freiheitsbegriff ist die ausschließlich materiale Bestimmung im Sinne von Freundschaft. Gegen die Kritiker hat MOLTMANN dieses Verständnis entschieden verteidigt. Freiheit "besteht in der Offenheit füreinander, in der Anteilnahme aneinander und in der ungehinderten Kommunikation miteinander"[1092]. Eine schon früher von uns angestellte Überlegung[1093] hat gezeigt, daß Gottes Freiheit tatsächlich nicht ohne das inhaltliche Element seines Gutseins zu denken ist. Dabei wurde aber auch deutlich, daß eine Identifikation von Freiheit und Gutsein zu kurz greift. Denn es muß Gottes Freiheit bleiben, sich der

Materialität seines Wollens zu öffnen. Auf diese Weise kann Gottes Freiheit weder als nominalistische Willkür noch als ewig strahlende Sonne des Guten verstanden werden. MOLTMANN hat diese Doppelstruktur zugunsten einer rein materialen Bestimmung aufgehoben. In seiner Auseinandersetzung mit BARTH entgeht ihm dabei das unverzichtbare Wahrheitsmoment des formalen Freiheitsbegriffs, das darin besteht, die Ungeschuldetheit des freien Handelns Gottes auszudrücken. Deshalb muß bei ihm der Eindruck entstehen, als sei Gottes Handeln ad extra der naturale Vollzug seines eigenen Wesens. Das betont substanzhafte Verständnis der Güte Gottes und sein wiederholtes Plädoyer für die neuplatonische Emanationslehre[1094] bestätigen diesen Eindruck. Gott kann nicht anders, als sich selbst mitzuteilen. Seine Nichtoffenbarung wäre Widerspruch gegen sich selbst[1095]. Was aber, so fragt es sich, bleibt angesichts eines derart naturhaften Verständnisses der Schöpfungsbeziehung Gottes dann noch vom Gottesgedanken der Bibel übrig? Geschieht das gesamte Heilswerk wirklich noch um des geschöpflich Anderen willen oder läuft es nicht nach Gesetzen einer sich mitteilenden Automatik ab? Wo ist der Gott, der in menschlich unerwartbarer Weise dem Volk sein Heil zuwendet, der als Herr der Geschichte frei ist zu verwerfen und anzunehmen? Hat MOLTMANN hier nicht die ganze Dramatik des göttlichen Schöpfungsbezugs in das Gleichmaß eines ewigen Überfließens aufgelöst?

Die materiale Bestimmung der Freiheit Gottes, als deren Folge dann die wesenhafte Defizienz der "Trinität im Ursprung", die Funktionalität der Schöpfungsbeziehung und die Verdunkelung des Gnadencharakters der Schöpfung in Erscheinung treten, dient MOLTMANN aber letztlich dazu, den Schöpfungsbezug Gottes apriorisch einsichtig zu machen. Die eingangs schon erwähnte Plausibilität als theologisches Kriterium führt dazu, daß Gottes Hinkehr zum Menschen schon vor jeder Offenbarung vom Gottesbegriff selber her abgeleitet werden kann. Wird aber Gottes Schöpfungsbezug als eine theologale Notwendigkeit erkannt, dann stellt sich die Frage, ob hier nicht statt gläubigem Vertrauen ein spekulatives Wissen Platz gegriffen hat, das das Wagnis des Glaubens in die beschwichtigende Gewißheit rationaler Erkenntnis verkehrt hat. Steht der ewige Gott mit seiner Schöpfung in einem Bund, dann wird man eher anzuerkennen haben, daß sich hier das eigentliche Geheimnis der Schöpfung auftut, das sich von keinem

Standpunkt aus mittels einer "durchschauenden" Theologie auflösen läßt.
Verbindet man nun die Trinität des Ursprungs mit dem Kreuzesgeschehen und führt diese Bewegung fort bis hin zur eschatologischen Vollendung der Gottesgemeinschaft, so zeigt sich die gesamte trinitarische Geschichte Gottes. In ihr kommt es zu einer schrittweisen Integration des weltgeschichtlichen Prozesses in das Leben der trinitarischen Personen, das auf diese Weise erst den ganzen Ernst der Liebe erfährt.
Ein erster fundamentaler Einwand richtet sich gegen den für Gott selbst wesenskonstitutiven Charakter seines trinitarischen Weltbezugs. MOLTMANN hat zwischen der innertrinitarischen Geschichte und der Weltgeschichte ein wesenskonstitutives Verhältnis gegenseitiger Abhängigkeit geschaffen. "Die Weltgeschichte wird in die innergöttliche Geschichte aufgehoben, und zwar in der Weise, daß Gottes Gottheit von der Weltgeschichte ontisch abhängig ist und Gott erst durch die Vollendung der Weltgeschichte wahrhaft zu sich kommt"[1096].
Dieser kritische Einwand der ontischen Abhängigkeit Gottes vom Lauf der Weltgeschichte gliedert sich in zahlreiche Einzelaspekte auf. So hat JÄGER darauf hingewiesen, daß im Horizont der Theodizeefrage das Sinnlose der Geschichte mit einem tieferen Sinn versehen wird. "Das faktisch Sinnlose wird in diesem weitesten Horizont identifizierbar als Selbstprozeß Gottes von der Nacht zum Licht. Der totale Ausbruch des Negativen in Gott dient als Zwischenstufe und innere Peripetie der Selbstentfaltung Gottes zum Licht und Leben"[1097]. Damit stellt sich aber die Frage, ob die Sinnhaftigkeit des Sinnlosen MOLTMANNs ursprüngliche Absicht, eine "befreiende" Theologie zu konzipieren, nicht pervertieren muß.
Ein anderer Einwand geht dahin, mit dem wesenskonstitutiven Weltbezug Gottes einen Verlust der Geschichtsmächtigkeit konstatieren zu müssen. "Moltmanns Plädoyer für eine offene, prozeßhafte Trinität steht zu sehr in Gefahr, dem, was dieser Begriff betont aussagen will, selbst zu widerstreiten, nämlich dem unbedingten Vorrang Gottes gegenüber aller Zeit, seinem Herr-Sein über die Zeit und zugleich in der Zeit"[1098]. Die Doppellinigkeit der biblischen Aussage über Gottes Verhältnis zur Geschichte, sein In-Über der Zeit, wird weitgehend auf das Moment der Immanenz verkürzt. Gott steht höchstens noch als ein abstraktes We-

sen über der Geschichte. Der Ort seines trinitarischen Lebensvollzugs liegt jedoch nicht außerhalb der Geschichte. Insofern ergeben sich hier wesentliche Berührungspunkte mit der Prozeßtheologie: Gott als ein bipolares Wesen, das seine Abstraktheit durch Konkretion im Lauf der Weltgeschichte überwindet.
In eschatologischer Perspektive ergibt sich bei MOLTMANN eine völlige endzeitliche Konditionierung Gottes. Das "Gott alles in allem" (1 Kor 15,28) wird letztlich als Aussage über Gottes eigenes Wesen verstanden, so daß die volle trinitarische Wirklichkeit erst dann erreicht und vollzogen wird, wenn auch die irdische Geschichte zu ihrer endzeitlichen Vollendung gelangt ist. "Gewiß kann man mit Moltmann behaupten, daß Gott im Kampf der Welt ist, völlig einbezogen in das Werden der Welt, die dabei ist, neu erschaffen zu werden. Man kann -mit Jüngel- sagen: Gottes Sein ist im Werden, aber man kann das eben nicht umkehren. Gott ist kein werdender Gott, in Korrelation zum Werden seiner Welt"[1099].
MOLTMANN hat diesen seinen Standpunkt der Eschatologisierung des Gottesbegriffs nachdrücklich verteidigt. "Braucht Gott die Geschichte, um zu sich selbst zu kommen?... Versteht man unter dem ′sich selbst′ das, was die Bibel seine Herrlichkeit, sein Recht und sein Reich nennt, dann kann man diese Frage bejahen"[1100]. Demgegenüber hat GRESHAKE in seinem Beitrag deutlich gemacht, daß die universalgeschichtliche Vollendung wohl auch als ein theo-logischer "Ertrag", der Gott selbst "bereichert", ausgewiesen werden muß, daß es sich dabei aber keinesfalls um ein wesenskonstitutives Moment handeln kann. Die "Bereicherung", die Gott mit der eschatologischen Vollendung der Geschichte erfährt, ist nicht wie bei MOLTMANN die Beseitigung eines Mangels, sondern Mehrung seiner Liebe, wobei sich der Umkehrschluß verbietet, diese Liebe vor der eschatologischen Vollendung der Gottesherrschaft als defizitär und nur als "Spiel der Liebe" aufzufassen. Ähnlich differenziert auch BALTHASAR (s.u.), der die endzeitliche Gemeinschaft Gottes mit dem Menschen bei der eschatologischen Vollendung in die trinitarischen Lebensbezüge einschwingen läßt, ohne dadurch wesenskonstitutive Bedeutung für die Trinität zu besitzen. MOLTMANN, so scheint es, verzichtet hier bewußt auf derlei Differenzierungen zwischen wesensrelevant und wesenskonstitutiv, um auch in eschatologischer Hinsicht die unbedingte Gegenseitigkeit der Wechselbeziehung zwischen Gott

und Geschichte (und das heißt eben auch die wesenhafte Abhängigkeit Gottes von der Vollendung der Geschichte) deutlich zu machen.
Die eschatologische Konditionierung des Wesens Gottes als ein einzelner Aspekt der ontischen Abhängigkeit Gottes vom Gang der Geschichte verweist überdies auf eine mehr als merkwürdige Umkehrung: nicht Gott bringt das Heil für die Menschen, sondern mit der Erlösung des Menschen findet auch eine Selbsterlösung Gottes statt. Auf diese Weise wird der Mensch zur Bedingung, wenn nicht gar zum Träger[1101] der Erlösung Gottes. GALOT hat hier auf die Unhaltbarkeit dieser unbiblischen Verkehrung hingewiesen. "Die Bibel sieht in Gott den Heiland, und im Evangelium zeigt sich Christus als Erlöser der Menschheit. Aber vom Menschen als Retter Gottes kann dabei keine Rede sein"[1102]. Man kann deshalb durchaus auch von einem Ausfall der biblischen Soteriologie sprechen.
Schließlich läßt sich der Kerngedanke von der wesenskonstitutiven Bedeutung der Geschichtsbeziehung auch seitens der konkreten Welt in Frage stellen. Teilt man MOLTMANNs theologische Voraussetzung, wonach Gott in seiner vorzeitlichen Wesensverfassung nur als "abstraktes Sein für sich und bei sich"[1103] zu verstehen ist, dann mag die Sinnfälligkeit eines Weltbezugs Gottes einleuchten. Verschließt man sich aber nicht vor den konkreten Realitäten der Geschichte mit all ihren aggressiven und destruktiven Kräften, dann läßt sich so ohne weiteres die Frage nicht mehr unterdrükken, was dieser Gott eigentlich von einer solchen Welt profitieren kann. "Fast möchte man gegenüber der Ansicht, Gott brauche die Welt, um den 'Ernst' seiner Liebe zu verwirklichen, zur entgegengesetzten Ansicht neigen und sich fragen, wodurch Gott denn durch diese verworrene Fülle von Materie, Leben und endlichem Geist in seinem ewigen Leben 'bereichert' werde, und ob es sich für ihn lohne, die 'Mühsal' dieser Welt auf sich zu nehmen, um aus ihr einen Tropfen Dankbarkeit und 'Verherrlichung' zu ernten"[1104].
Im Zusammenhang der trinitarischen Geschichte Gottes wird neben dem Vorwurf einer ontischen Abhängigkeit Gottes von der Welt ein zweiter fundamentaler Einwand erhoben. Er bezieht sich auf eine mangelnde Unterscheidung von Gott und Welt. BALTHASAR sieht den trinitarischen Gott "in den Weltprozeß hineinverstrickt"[1105], und U.RUH stellt fest: "Die Grenzen zwischen dem Sein Gottes und

der Welt werden auf eine fragwürdige Weise fließend"[1106].
Auch dieser Einwand gliedert sich in eine Vielzahl von Einzelaspekten. So wird etwa darauf verwiesen, daß im Graubereich von göttlicher und geschöpflicher Wirklichkeit neben der Eigenwirklichkeit und Freiheit des Menschen vor allem Gottes Transzendenz[1107] verloren geht. "'Die trinitarische Geschichte Gottes' ist nur noch als ein Spiegelbild der tatsächlichen Geschichte von Gut und Böse und von Heil und Unheil zu verstehen"[1108]. Allem Anschein nach bestehen hier sachliche Berührungspunkte mit dem Beitrag von KOCH, dem es wesentlich darauf ankommt, dem transzendenten -weil damit weltentrückten- Gott der theistischen Tradition den Abschied zu geben. In diesem Sinn verzichtet auch MOLTMANN weitgehend auf das klassische Transzendenzverständnis, dem eine vorwiegend räumliche Bedeutung unterlegt wird. Statt dessen interpretiert er (mit KOCH) die Transzendenz Gottes zeitlich-horizontal als "Zukunfts- und Verheißungstranszendenz"[1109].

Ist dieses alternative Transzendenzverständnis haltbar? KOCH gegenüber ist festgestellt worden, daß die Transzendenz Gottes als seine unbedingte Weltüberlegenheit und Geschichtsmächtigkeit, aber auch als die völlige Andersheit seiner Ungeschaffenheit nur unter erheblichem Substanzverlust als Ferment und inneres Movens der Geschichte interpretiert werden kann. Auch MOLTMANNs Reduktion der Transzendenz Gottes auf eine geschichtsteleologische Funktion ist nicht akzeptabel. Denn demnach muß Gott seine "Transzendenz" einbüßen, sobald sich die Verheißung des Zukünftigen in der eschatologischen Vollendung erfüllt hat[110]. Das mag durchaus eine von MOLTMANN intendierte Konsequenz sein - biblisch läßt sich eine eschatologische Preisgabe der Transzendenz Gottes kaum rechtfertigen.
Die mangelnde Unterscheidung zwischen Leben Gottes und Geschichte der Welt zeigt sich in protologischer Hinsicht als göttlicher Prozeß der Selbstunterscheidung. Nach der kabbalistischen Vorstellung von der Selbstbeschränkung des Schöpfers, die MOLTMANN übernimmt, läßt sich der Eindruck kaum vermeiden, daß die entstehende Welt direkt aus dem kenotischen Wesen Gottes hervorgeht[1111]. Sie ist deshalb keine creatio ex nihilo, sondern Ergebnis göttlicher Selbstdifferenzierung, so daß beide, Gott und Welt, letztlich immer wieder als eine mystische Identität erscheinen.
NIEWIADOMSKI hat daraus den Schluß gezogen: "Der Gott Jürgen Moltmanns ist ein zerrissener, widersprüchlicher und somit auch

ein tragischer Gott"[1112]. In staurologischer Hinsicht entspricht dem, daß das Kreuz nicht ein einzelnes lokalisierbares Heilsereignis im Verlauf der Zeitgeschichte ist, sondern Ausdruck einer andauernden Passion Gottes, so daß BALTHASAR in diesem Zusammenhang von einer "Mythologie vom sterbenden und auferstehenden Gott"[1113] sprechen kann.
Letztlich aber wird man sagen müssen, daß ohne eine hinreichende Unterscheidung von Gott und Welt nicht nur die Freiheit der Inkarnation[1114] gefährdet ist (Weltgeschichte bedeutet dann Inkarnationsgeschichte), sondern überhaupt "Theologie nicht möglich und vor allem nicht kritisch"[1115] ist. Gegen MOLTMANN hat in diesem Sinn KASPER den Vorwurf erhoben, er fasse das Gegensätzliche in eine "Dialektik, die umschlägt in Identität"[1116]. Diese Kritik hat der Autor zurückgewiesen mit der Bemerkung, daß die Dialektik nicht eine höhere Einheit des Gegensätzlichen meint, "sondern nur die 'Einheit ihrer Einheit und ihrer Differenz', und zwar in der Beteiligung an ihrem Widerspruch und ihrer Entsprechung"[1117]. Die Differenz von Gott und Welt bleibt nach seiner Meinung durch die zahlreichen Aussagen vom gegenseitigen In-Sein von Gott und Geschichte, Gott und Tod gewahrt[1118]. Dagegen ist zu sagen, daß die Unterscheidung von Gott und Welt in erster Linie eine bloß funktionale ist. Beide Größen werden unterschieden, um ihre Angewiesenheit auf die je andere auszudrücken. Ist diese gegenseitige Abhängigkeit in der eschatologischen Vollendung der Geschichte erst einmal in Einheit überführt, findet also die trinitarische Liebe ihre beseligende Antwort in der erwidernden Liebe der Schöpfung und damit erst ihre volle Wirklichkeit, dann ist die Schöpfung in die trinitarische Gemeinschaft integriert, und damit entfällt der entscheidende Grund, Gott und Welt länger noch zu unterscheiden. Insofern ist die Rede von der "Dialektik, die umschlägt in Identität" nicht ganz von der Hand zu weisen.

In diesem Zusammenhang der unzureichenden Unterscheidung von Gott und Welt wird auch der Vorwurf einer unzulässigen Vermischung von immanenter und ökonomischer Trinität erhoben[1119]. Demgegenüber hält MOLTMANN diese Unterscheidung im platonischen Sinne von Wesens- und Offenbarungstrinität für unbefriedigend. So verweist er zunächst darauf, daß er statt der traditionellen Unterscheidung eine christologische annimmt, nämlich zwischen dem exklusiven Verhältnis Jesu als des Sohnes zu seinem Vater und dem Verhältnis Jesu als Kyrios im Namen dieses Vaters zu den

Menschen[1120]. Entscheidend aber kommt es ihm darauf an, daß über die christologische (und wiederum nur funktionale!) Unterscheidung von immanenter und ökonomischer Trinität hinaus der Eindruck vermieden wird, als stehe der geschichtlich sich offenbarenden Trinität "ein in sich geschlossenes, immanentes, sich selbst genügendes System"[1121] gegenüber. "Mit welchem Recht ließe sich auch behaupten, daß die Offenbarungstrinität eine von ihr unabhängige Wesenstrinität zur Voraussetzung haben muß? Kann sie eine solche überhaupt zur Voraussetzung haben? Wenn sie es hätte, dann würde die Offenbarungstrinität, in welcher Gott sich zur Welt und Geschichte öffnet, keine Entsprechung, sondern nur Widerspruch gegenüber einer immanenten Trinität zeigen, in der Gott sich selbst genug ist"[1122].

Deshalb muß nach MOLTMANN das Leben der immanenten Trinität so gedacht werden, daß es einen wesentlichen, d.h. konstitutiven Schöpfungsbezug impliziert. Die immanente Trinität wird deshalb zur "Trinität im Ursprung" und die ökonomische zur geschichtlichen Trinität (als Sendungs-, Hingabe-, Verherrlichungs- und Vollendungstrinität). Beides zusammen ergibt die trinitarische Geschichte Gottes mit der Welt, in der er sein Leben vollzieht. Und so "sind das, was in der Tradition als 'Wesenstrinität', und das, was als 'Offenbarungstrinität' beschrieben worden ist, nur z w e i A s p e k t e ein und desselben V o r g a n g s: nämlich der geschichtlichen Selbstbewegung der Trinität"[1123].

Eine solche Prozeß-Trinität muß zwangsläufig den genannten Vorwurf hervorrufen. Denn sie entleert die immanente Trinität zu einem bloßen Abstraktum, das als solches zum Ausgangspunkt der trinitarischen Geschichte Gottes wird, in der Gott erst ganz zu sich kommt. Damit ist aber eine entscheidende Intention der klassischen Unterscheidung von immanenter und ökonomischer Trinität aufgegeben: die (ontologische) Freiheit Gottes und damit den Gnadencharakter des Heilswerkes zu wahren[1124]. Wie oben gesehen scheint MOLTMANN darauf leichten Herzens zu verzichten. Ihm erscheint es ratsamer, die klassische Lehre von immanenter und ökonomischer Trinität auch mit ihren Implikationen aufzugeben, als mit ihr den Eindruck einer platonischen Unterscheidung von (selbstgenügsamer, in sich abgeschlossener und wirklichkeitsgefüllter) Idee und (oberflächlicher) Erscheinung zu erwecken. Er übergeht dabei auch den trinitätstheologischen Vermittlungsversuch RAHNERs, immanente und ökonomische Trinität so aufeinander zu beziehen, daß einerseits eine Disposition der immanenten zur ökonomischen Trinität hin erkennbar wird, ohne doch daraus eine wesenskonstitutive Notwendigkeit werden zu lassen, also sowohl Gottes Freiheit als auch den Gnadencharakter des Heilswerks zu bewahren.

In diesem Zusammenhang ist noch ein Wort zu MOLTMANNs Trinitätslehre als solcher zu sagen. Man hat hinter ihr "eine präzis ausgemachte Spekulation"[1125] über das trinitarische Geheimnis Gottes gesehen. "Moltmann erklärt genau, welche Aufgabe Gott der Vater, welche Jesus Christus, der Sohn, und welche der Heilige Geist, die dritte Person der Trinität, hat. Aus seinem theologischen Reden taucht die ganze trinitarische Spekulation auf, die dann als echt biblisch und christlich gerechtfertigt wird"[1126]. Es liegt auf der Hand, wenn deshalb auch immer wieder der Verdacht des Hegelianismus[1127] geäußert wird. "Hegels Einfluß macht sich wieder stark bemerkbar, wie in so vielen modernen Studien auf dem Gebiet der Christologie. Aber es kann auch zuviel des Guten an Hegel geben. Die Dialektik kann zu weit getrieben werden, so daß eine Pendelbewegung entsteht zwischen Gott und Welt, Auferstehung und Kreuz, die beinahe ein perpetuum mobile zu bilden scheint"[1128]. Daneben ließen sich als weitere Nachweise die "Trinität im Ursprung", die Kreuzes- und Auferstehungsthematik oder Gottes ontische Abhängigkeit von der Geschichte anführen. In jedem Fall sind die inhaltlichen Berührungspunkte zwischen der trinitarischen Geschichte Gottes und dem Selbstwerdungsprozeß des absoluten Geistes nicht zu verkennen.

Nach diesen Skizzierungen der von MOLTMANN aufgeworfenen Fragen soll es nun noch darum gehen, den eigentlichen Beitrag zur Fragestellung zu erheben.

Das Problem der "Unveränderlichkeit" des heilsgeschichtlich handelnden Gottes wird -wie etwa auch bei BARTH, JÜNGEL, MÜHLEN und BALTHASAR- im trinitätstheologischen Kontext angegangen. Die trinitarische Wirklichkeit wird dabei aber nicht als Ort der ontologischen Freiheit und Geschichtsmächtigkeit Gottes, sondern als welt- und geschichtsoffene göttliche Gemeinschaft interpretiert, die zu ihrer vollen Verwirklichung des geschöpflichen Gegenübers bedarf. Deshalb ist aufgrund der für die Trinität wesenskonstitutiven Bedeutung der Weltgeschichte auch Gott selbst geschichtlich verfaßt. Diese Geschichtlichkeit Gottes, die mehr als nur Ausdruck für die innertrinitarische Lebendigkeit ist, wird von MOLTMANN an die Stelle der schultheologischen Aussage von der Unveränderlichkeit Gottes gestellt. Es wird zwar eingeräumt, daß Gott unveränderlich ist, wenn damit die Weise geschöpflicher Veränderlichkeit gemeint ist; gegen die schultheologischen Implikationen (Unbezüglichkeit Gottes, Leidensunfähigkeit, doketische Tendenz) wendet er aber ein, daß aus der so verstandenen Unveränderlichkeit Gottes nicht abgeleitet werden darf, "daß Gott in jeder Hinsicht unveränderlich sei, denn diese negative Bestimmung sagt lediglich, daß Gott keiner Nötigung durch Nichtgöttliches unterliegt... Ist Gott nicht so passiv durch anderes veränderlich wie das Geschöpf, so kann er doch in sich frei sein, sich selbst zu verändern, und auch frei sein, sich aus eigenem Willen durch anderes verändern zu lassen"[1129]. Ähnliches wird auch über die Leidensunfähigkeit[1130] Gottes gesagt.

Hier können erste Zweifel aufkommen. Es fragt sich nämlich, ob MOLTMANNs Gott wirklich frei ist, sich durch anderes verändern zu lassen, mit diesem eine gemeinsame Geschichte einzugehen und Leid auf sich zu nehmen. Ist dieser Gott tatsächlich frei dazu? Könnte er sich auch all dem entziehen[1131]? Nach allem bisher Gesagten - nein! Denn so wie MOLTMANN das Gottesbild zeichnet, gibt es nicht nur eine "moralische Verpflichtung" Gottes (Gott ist Liebe) zu einer intensiven, wechselseitigen Schöpfungsbeziehung, sondern auch eine ontische Notwendigkeit (Das Gleiche ist dem Gleichen nicht genug). Gottes "Veränderlichkeit" beruht keineswegs auf freier Selbstbestimmung, sondern ist F o l g e einer natürlichen Zuständlichkeit. Wenn Gottes "Unveränderlichkeit" also als Ausschluß eines Bestimmt w e r d e n s verstanden werden soll, dann bleibt MOLTMANN hinter seinem eigenen, theologisch vertretbaren Verständnis der "Unveränderlichkeit" Gottes zurück.

Daneben gibt es bei MOLTMANN noch eine andere Hinsicht, in der von einer "Unveränderlichkeit" Gottes gesprochen werden könnte. Gemeint ist das, was biblisch unter der Bundestreue Gottes verstanden wird und hier als Gottes wesenhafter Schöpfungsbezug erscheint. Dieser unterliegt keinerlei Veränderung im Verlauf der Geschichte und kann als die entscheidende Konstante in diesem Entwurf gelten. "Gottes Freiheit kann der Wahrheit, die er selbst ist, niemals widersprechen: 'Er ist treu, er kann sich selbst nicht verleugnen' (2.Tim. 2,13)"[1132].

Gott kann sein Wesen nicht verleugnen. Deshalb bleibt er der

Treue. Hier scheint die eigentliche Aussage über Gottes "Unveränderlichkeit" zu liegen: es ist die moralische Haltung seiner Bundestreue, die nicht auf einer zufälligen Entscheidung, sondern im Wesen Gottes gründet. Als solche ist sie Grund dafür, daß Gott die Geschichte auch und gerade in ihrem Auf und Ab mit seiner Liebe begleitet. In dieser Liebe nimmt Gott im Sohn schließlich das Kreuz auf sich. Spätestens hier jedoch muß die Frage auftauchen, wie verhindert werden soll, daß sich Gott in seiner liebenden Hingabe selbst verliert. Muß nicht dafür ein umfassender, unerschütterlicher Selbstbesitz Gottes angenommen werden, der dann gestattet zu geben, ohne sich zu verlieren? Nur "das Werden des unveränderlichen Gottes, der von Ewigkeit zu Ewigkeit in absoluter Fülle besitzt, was er ist, ohne es erst einholen zu müssen, kann erst dann als seine Entäußerung durch Liebe verstanden werden"[1133].

Entäußerung setzt demnach Selbstbesitz und Seinsfülle voraus, d.h. aber genauer ein ontologisches Vermögen, das Gottes Identität und Integrität auch noch im Kreuz des Sohnes sichert. Indem es dieser letzten Anforderung standhält, gibt es die Möglichkeit, von einer echten, theologisch vertretbaren "Unveränderlichkeit" Gottes zu sprechen. MOLTMANN bleibt auch hinter diesem ontologischen Verständnis der "Unveränderlichkeit" Gottes zurück. Denn bei ihm scheint nicht ein ontologisches Vermögen Gottes den "Schmerz des Negativen" zu überwinden, sondern eine Dialektik, die in Identität umschlägt (KASPER). Seine moralische Auslegung wirft eher Probleme auf, als sie löst. Wie schon vordem MÜHLEN weist so auch MOLTMANN auf den letzten Diskussionsbeitrag, in dem das Verhältnis von moralischer und ontologischer Auslegung der "Unveränderlichkeit" Gottes ausführlich erörtert wird.

Abschließend lassen sich als bedeutsam für die Diskussion folgende Punkte zusammenfassen.

1. Wird die Plausibilität, d.h. eine letzte vernünftige Einsehbarkeit der Schöpfungsbeziehung Gottes zum theologischen Kriterium erhoben, dann kann es letztlich nicht ausbleiben, daß Gott in den geschichtlichen Weltprozeß hineinverstrickt wird. Entweder erscheint Gott als Funktion der Welt oder die Welt als Funktion Gottes.

2. Ein Gott, dessen Wirklichkeitsfülle weltgeschichtlich und eschatologisch bedingt ist, hat seine ontologische Freiheit und mit ihr seine Transzendenz und Geschichtsmächtigkeit verloren.

Damit werden die theologischen Anforderungen der vorliegenden Fragestellung erheblich unterschritten, weil Transzendenz und Geschichtsmächtigkeit unverzichtbare Wesensbestimmungen des in der Geschichte handelnden Gottes sind.

3. Wenn von einem Leiden Gottes gesprochen wird, dann nur im Sinn einer Analogie, d.h. das Leiden Gottes darf seinen theologalen Charakter nicht verlieren. Dies ist aber dort die unausweichliche Folge, wo geschöpfliches Leiden in das ewige Wesen Gottes eingetragen wird. Damit gerät Theologie in den Verdacht der Mythologie.

4. Ein rein moralisches Verständnis der "Unveränderlichkeit" Gottes umgeht die Frage nach ihrer eigenen Möglichkeitsbedingung. Erscheint nicht hinter der moralischen "Unveränderlichkeit" ein ontologisches Vermögen, das für jene die Voraussetzung bildet?

3) H.U.v.BALTHASAR: Universalität der trinitarischen "Ur-Kenose"

Im Gesamtzusammenhang des theologischen Denkens H.U.v.BALTHASARs gehört das Trinitätsmysterium zweifelsohne zur Herzmitte. Von hier aus erhellen sich Christologie, Anthropologie, Schöpfungslehre, Ekklesiologie und Eschatologie. Deshalb kann es auch zur Frage nach dem Verhältnis von Heilshandeln und "Unveränderlichkeit" Gottes bei ihm keinen anderen Zugang geben als den trinitätstheologischen.

Der Antwort BALTHASARs auf die gestellte Frage wird hier vor allem in seiner mehrbändigen "Theodramatik"[1134] nachgegangen sowie seinem Beitrag zur "Theologie der drei Tage"[1135].

Das theologische Verhältnis des Autors zu Adrienne v.SPEYR kann hier nicht eigens dargestellt werden. Beide Werke sind nach eigener Auskunft BALTHASARs "weder psychologisch noch philologisch auseinanderzutrennen, zwei Hälften eines Ganzen, das als Mitte eine einzige Gründung hat"[1136]. Diesem Umstand soll im Rahmen des Möglichen durch gelegentliche Zitate in den Anmerkungen Rechnung getragen werden.

a) Göttliche Heilsökonomie

Mit der Schöpfung, die Anfang aller Heilsökonomie ist, hat Gott echte, geschöpfliche Freiheit entlassen. Er hat damit eine Welt geschaffen, die nicht die Rolle eines passiven Befehlsempfängers spielt, sondern in kreatürlicher Eigenverantwortlichkeit zu eigenem aktiven Handeln ermächtigt worden ist. Diese geschaffene Freiheit wird von ihrem Schöpfer so sehr respektiert, daß die Schöpfungsbeziehung für Gott ver-bindlichen Charakter bekommt:

im eingegangenen Bund bindet sich Gott ausdrücklich an die endliche Freiheit. Daher ist es nach BALTHASAR durchaus statthaft, von einer Schöpfungskenose[1137] zu sprechen, denn "wo endliche Freiheit ernsthaft als nicht-göttlich gesetzt wird, da entsteht so etwas wie eine Opposition und wenigstens der Anschein einer Beschränkung der göttlichen Freiheit"[1138].

Im Wesen endlicher Freiheit liegt die Möglichkeit des Abirrens. Setzt Gott endliche Freiheit, dann bedeutet dies ein Inkaufnehmen dieser möglichen Verirrung mit allen ihren Konsequenzen[1139]. Die letzte Konsequenz dieser Freiheit ist -und darin zeigt sich, daß sie nicht auf bloße Scheinfreiheit verkürzt werden kann- ihre vollzogene Rebellion gegen Gott. In ihr spricht die Kreatur ihr Nein zum Schöpfer. Sie negiert ihre Geschöpflichkeit, indem sie ihre Freiheit als das Urspringen aus sich selber verabsolutiert und "dabei absichtlich wegsieht von der Tatsache, daß sie sich dieses Urspringenkönnen nicht selbst gegeben hat"[1140]. Aus der schöpferischen Gott-losigkeit des Geschaffenen (Schaffen ist ein Los-lassen Gottes) ist eine sündige Gottlosigkeit geworden.

Die kreatürliche Verweigerung wird von der endlichen Freiheit zwar als Möglichkeit begründet und ausgeführt, hat aber mit jener zusammen ihren letzten Grund nicht in sich selbst. Denn "möglich war das Nein aufgrund der trinitarischen 'Unvorsichtigkeit' der göttlichen Liebe, die in der Hingabe keine Schranken und Rücksichten auf sich selbst kannte"[1141]. Und an eben dieser "Unvorsichtigkeit" liegt es nun, daß Gott die leidvollen Konsequenzen seines eigenen freien Entschlusses zu tragen hat. Er ist "durch des Volkes dauernde Untreue in ein von seiner eigenen Freiheit abhängiges S c h i c k s a l hineingenommen worden, das auf eine noch undurchsichtige, rätselhafte Weise hinzeigt auf ein Leiden Gottes selber in der Weltsphäre seines Bundes"[1142].

Aus diesen wenigen Überlegungen resultiert eine für BALTHASAR grundlegende -und im weiteren noch zu entfaltende- Erkenntnis: daß das Verhältnis zwischen Gott und Welt ein zutiefst dramatisches ist. Es ist weder ein ästhetisches[1143] als Zusammenklang von Himmel und Erde, noch ein gnostisch-strukturalistisches[1144], das seit Ewigkeit bereits festgelegt ist und nur noch geschichtlich entborgen werden müßte.

Diese Dramatik wird nun gesteigert durch eine Erhöhung des göttlichen "Einsatzes": Gottes Menschwerdung in seinem Sohn. Dessen irdische Existenz trägt die durchgehende Gestalt des Gehorsams und kontrastiert so mit der verabsolutierten Selbstbestimmung sündiger Kreatürlichkeit. Sein Gehorsam wäre in dieser Entgegensetzung aber falsch verstanden, wenn er als Ausfallserscheinung eines eigenen Willens begriffen würde; tatsächlich verkörpert er "die höhere Einheit von Freiwilligkeit (sponte) und Fügsamkeit"[1145]. Der Menschgewordene besitzt durchaus einen eigenen Willen, der nun im Rahmen seiner Sendung durch den Vater zum bedingungslosen Verzicht auf jede Selbstgestaltung seines Lebens wird. "Darum gibt er seinem Leben keine sich rundende Sinngestalt, sondern überläßt dem Vater, es von Augenblick zu Augenblick zu formen und mit seinem Sinn zu füllen. Er führt die Situationen, die sein Leben ausmachen, nicht selbst herbei. Er läßt sich vom Vater in sie stellen"[1146]. Jesu Leben ist ein einziges Ausharren, reine Verfügbarkeit für den Willen des Vaters, ist geradezu "subsistierender Vollzug dieses Willens"[1147]. Als die reine Gehorsamsexistenz entbehrt das Leben des menschgewordenen Sohnes jeglicher Absicherung. In völliger Schutzlosigkeit wird er in die "rauhe Geschichtlichkeit der realistischen Menschheit"[1148] eingeführt und muß darin nicht nur die Erfahrung der allgemein menschlichen Situation machen, sondern auch die der verschärften Diastase zwischen dem erbsündigen Menschen und dem gerechten Gott. In der Begegnung mit dem Bösen, Gottfeindlichen offenbart sich deshalb erst die ganze Radikalität des Gehorsams und der Gefährdetheit der geschichtlichen Sohnesexistenz.

Die bedingungslose Verfügbarkeit des Menschgewordenen stellt sich nach BALTHASAR überdies auch trinitarisch dar, genauer gesagt als "trinitarische Inversion". Während im Horizont der (noch darzustellenden) immanenten Trinität die aktive (Mit-) Hauchung des Geistes durch den Sohn im Vordergrund steht, dreht sich im Fall der ökonomischen Trinität dieses Verhältnis um: nun übernimmt der Geist gegenüber dem Sohn die aktive Rolle, indem er ihn führt und dieser sich vom Geist führen läßt. So anerkennt der inkarnierte Sohn im Geistempfang den Primat[1149] des Geistes. Dieser ist es, der es übernimmt, "dem Sohn den väterlichen Willen in der Gestalt einer unbedingten, im Leiden sogar unerbittlichen R e g e l vorzustellen"[1150]. Hier wird nicht nur die trinitarische Differenz zwischen Vater und Sohn deutlich, sondern auch jene zwischen Sohn und Geist.

Voll in den Blick kommt die besondere Gehorsamsexistenz des Sohnes aber erst da, wo sie sich von jeder anderen menschlichen Gehorsamshaltung absetzt. Dies ist dort der Fall, wo bereits das Mensch-werden eine solche Gehorsamstat ist. Lk 1,35 stellt der aktiven Rolle des Geistes die passive des empfangenen Kindes gegenüber. Darin wird es möglich, die Verfügbarkeit des Sohnes, sein Geschehenlassen in eine seiner geschichtlichen Existenz vorausliegende Wirklichkeit zurückzuverfolgen. Der lebensgeschichtlichen Gehorsamstat des Menschgewordenen geht eine solche des menschwerdenden Sohnes voraus, wie es der Philipper-Hymnus bezeugt.

Mit dieser inkarnationstheologischen Zuspitzung dringt BALTHASAR in das Innerste der ökonomischen Trinität vor. Die Verfügbarkeit Jesu gründet in einem Geschehen, das nach Phil 2,6-8 vom ewigen Sohn als dessen Subjekt ausgesagt wird und das in der Preisgabe der "Gottesgestalt" besteht. "Will man das (...) christlich verstehen, und ist man deshalb gezwungen, es im Horizont der Christologie und damit der Trinitätslehre auszulegen, so muß man ein 'Geschehen' im überweltlichen und 'unveränderlichen' Gott annehmen, und dieses Geschehen, das mit den Worten 'Entleerung' (Vernichtung) und 'Herabniedrigung' beschrieben wird, ist ein 'Fahrenlassen' der 'Gottgleichheit' (...), was den kostbaren Besitz der 'Glorie' angeht"[1151]. Der Autor spricht hierbei auch gern von einer "Hinterlegung"[1152] der "Gottesgestalt" beim Vater, von dem der Sohn diese in einer ewigen Zeugung erhält.

Darin sieht BALTHASAR das atl. Gottesbild entscheidend radikalisiert. "Mochte dieses Festhalten (sc. der "Gottesgestalt") eine Grundeigenschaft des alttestamentlichen Gottes sein, der seine Ehre und Herrlichkeit mit keinem andern teilt, ja teilen kann, ... so kennzeichnet sie zunächst nicht länger 'Jesus Christus', als vorweltliches, also göttliches Subjekt genommen; er kann es sich gleichsam leisten, auf seine Glorie zu verzichten, ist so göttlich-frei, daß er sich in den Knechtsgehorsam binden kann"[1153].

Entscheidend ist, wie schon angedeutet wurde, daß dabei die Vorstellung einer mythischen Veränderung ausgeschlossen bleibt. Der ewige Sohn unterliegt keiner Depotenzierung oder Wesensverwandlung. Diese "anthropomorphe Seite"[1154] des Kenosis-Gedankens verdunkelt eher die biblische Aussage. Zu ihrer Sicherung muß ein Unveränderlichkeitsbegriff entwickelt werden, der zunächst Sorge dafür trägt, daß jene Depotenzierung des Sohnes vermieden wird. Andererseits darf die "Unveränderlichkeit" Gottes doch nicht so gewahrt werden, "daß im vorweltlichen Logos, der sich zur Menschwerdung anschickte, nichts Wirkliches sich ereignete"[1155]. Gerade diese zweite Option betreffend konstatiert BALTHASAR ein Ungenügen der frühen Konzilsaussagen. Konfrontiert man jene Christologie mit dem Text des Philipper-Hymnus, so wird man nicht umhin können, "ein Plus festzustellen, das die so fixierten Formeln der Unveränderlichkeit Gottes nicht wirklich fühlbar werden lassen; man spürt jenen Rest, dem die deutschen, englischen, russischen Kenotiker des 19. und 20.Jahrhunderts beizukommen versuchen"[1156]. In der umfassenden Lösung dieser Frage liegt der Diskussionsbeitrag des Autors.

Die Betrachtung der fortschreitenden Heilsökonomie hat bisher gezeigt, daß sie eng mit einem theologalen Innenaspekt verbunden ist. Alles Heilshandeln Gottes ist -menschlich gesprochen- mit Konsequenzen verknüpft, die ihn selbst nicht unberührt lassen. Das verdichtet sich zunehmend mit dem Fort- und Ausgang des Lebens Jesu. Dieses kann als ein einziger Gang zum Kreuz begriffen werden. Jesus lebt in einer tätigen Erwartung seines Todes, die "die absolute gesammelte Wucht seiner Gehorsamsexistenz auf die Sünde hin"[1157] erkennen läßt. Mit Nachdruck weist der Autor gegen RAHNER darauf hin, daß diese Bereitschaft Christi nicht die vollkommene Aktuierung einer kreatürlichen Potenz (der potentia oboedientialis) ist, sondern qualitativ verschieden davon verstanden werden muß als "den alle Geschaffenheit untergreifenden und die Gesamtexistenz Jesu begründenden Akt der kenotischen Bereitschaft des Sohnes zum Vater"[1158]. Was für Jesu Leben insgesamt zutrifft, erhält in seiner Passion noch besonderes Gewicht: der völlige Verzicht auf Selbstverfügung und das unbedingte Sich-Überlassen dem Willen des Vaters. Deshalb greift er auch seinem Ende nicht vor, indem er über seinen Tod nicht selbst verfügt, sondern sich alles von oben zumessen läßt[1159].

In dieser Bereitschaft und Offenheit wird der Sohn "nur noch Raum... für den aufprallenden Willen des Vaters"[1160]. Die "Stunde", die er erwartet, wird ihm zum Einlaß der Weltsünde in seine leib-seelisch-personale Existenz. Indem sich der Sohn in Gethsemane dazu durchringt, erklärt er sich mit einer Über-forderung einverstanden, stellvertretend die peona damni auf sich zu nehmen, d.h. aber mit der "Auferlegung einer Last, die mit natürlichen Kräften nicht getragen werden kann"[1161]. Eine solche Überforderung kann nur Gott selbst zugemutet werden.

Diese Über-forderung besteht im Tragen des göttlichen Zornes, dem sich der Sohn in der Passion zu stellen hat. Der Zorn Gottes gegen die Sünder, von dem die Bibel immer wieder berichtet, ist kein uneigentliches Als-ob, sondern volle Realität des göttlichen Nein. "Gott ist es sich selbst und seiner liebenden Bundesgerechtigkeit schuldig, dieses Nein zu sprechen und so lange aufrechtzuerhalten, als sein Wille nicht auf Erden wie im Himmel geschieht"[1162]. Hatten die prophetischen Mittler den Zorn Gottes zu verkünden, so bleibt dem endzeitlichen Mittler nur noch das Erleiden dieses Zornes als letzte Folge seiner mehr-als-prophetischen Vermittlung[1163]. "Gestalt ist jetzt nur noch da, um durchgestrichen... zu werden"[1164]. So durchmißt der Sohn mit seinem eigenen Sein den letzten Abstand, den die konkrete Schöpfung kennt: "zwischen dem Gott der flammenden, zürnenden Gerechtigkeit und dem von diesem Gott 'verlassenen', verworfenen Menschen"[1165].

Die Sündenlast, die der Sohn zu tragen hat, wird ihm vom Vater aufgeladen. Diese Verfügung des Vaters über das schlechthin Gegen-Göttliche erzeugt im Sohn die "absolute Angst"[1166]. In ihr ist beides enthalten: die völlige Abwesenheit Gottes und die noch unheimlichere Anwesenheit eines Gottes, der ihn "bekämpft" (Hiob 10,17). Der Sohn, "zur Sünde gemacht" (2 Kor 5,21), erleidet hier das "Weggefluchtwerden des substantiell Widergöttlichen durch den heiligen Gott. Man kann deshalb zwar sagen, daß der Sohn 'an der Sünde' stirbt, aber tiefer gesehen stirbt er an Gott selbst, am endgültigen Abgewiesenwerden dessen durch Gott, was mit Gottes Wesen unverträglich ist"[1167]. Aus der intimen Verbundenheit zwischen Vater und seinem menschgewordenen Sohn ist tiefste Verlassenheit geworden. In ihr erwartet der Sohn vergeblich auf ein Wort des Vaters und er -selber Wort des Vaters- versinkt in "Todesschweigen"[1168]. Die Selbsterniedrigung des Sohnes hat darin ihren absoluten Tiefpunkt erreicht[1169].
In der einzigartigen[1170] Gottverlassenheit, aber auch bereits in der anfänglichen Konfrontation des Willens Jesu mit dem des Vaters zeichnet sich eine unübersehbare ökonomische Opposition[1171] zwischen Vater und Sohn ab. "Am Kreuz und in seiner Verlassenheit erst wird die ganze Distanz des Sohnes vom Vater offenbar"[1172]. Immer wieder weist BALTHASAR darauf hin, daß die Entfernung zwischen beiden Personen im Ereignis des Kreuzes mit keiner geschöpflichen Erfahrung von Gottverlassenheit identifiziert werden darf. Was zwischen Vater und Sohn waltet, ist die Verwer-

fung des zur Sünde gemachten Sohnes, der den "zweiten Tod" erleidet, den zu tragen für den Menschen den sicheren und endgültigen Tod bedeuten müßte. Das Sterben dieses Todes geschieht "innerhalb der von keinem Geschöpf erahnbaren Tiefe der Beziehung der göttlichen Hypostasen"[1173]. Auf diese Weise unterfaßt er alles, was der Tod des Menschen an Ohnmacht und Gottverlassenheit in sich enthalten kann[1174]. Und er vertieft zugleich den zwischen endlicher und unendlicher Freiheit philosophisch denkbaren Unterschied zum Abgrund zwischen Gottes Heiligkeit und der Heillosigkeit der in Sünde gefallenen Welt[1175].

Der letzte Ernst dieser "trinitarische(n) Zerspannung"[1176] ergibt sich im Blick auf den Sohn. Als der vom Vater Dahingegebene verzichtet er auf alles Tröstende und Mildernde, um in seiner Kenosis nur noch Raum zu sein für die aufprallende Sünde, "kein Glauben oder Hoffen schirmt ab gegen die tödliche Wucht des Schlages"[1177]. So ist nicht nur "jeder Ausblick nach vorn auf die Verherrlichung vermauert"[1178], sondern auch jede Erfahrung eines Sinnes verstellt[1179]. Das Kreuz erscheint dem Gekreuzigten als die reine Sinn-losigkeit. Denn erst der Wegfall einer letzten, alles tragenden Sinnhaftigkeit ist Gewähr dafür, daß das Kreuzesleiden in nichts anderem als dem reinen Gehorsam getragen wird[1180]. Hierzu gehört auch, daß es dem Sohn auf seinem Gang bis ans Äußerste verborgen bleiben muß, daß er tatsächlich auf den Vater zugeht. Und schließlich muß ihm das in Maria real sichtbar begonnene Heilswerk durch sein vergebliches Leiden zum Scheitern verurteilt zu sein scheinen[1181]. Insofern bleibt dem Sohn[1182] nur die Finsternis des Kreuzes.

Dem Gang zum Kreuz folgt der Gang zu den Toten. Der Sohn ist damit an jenen Ort gelangt, wohin der sich von Gott abkehrende Mensch aufgemacht hat[1183]. Sein Gehen vollzieht sich nun nicht mehr als ein aktives oder gar triumphales Absteigen, sondern als Hinabsinken in den Urgrund der Hölle, "da die Wucht des väterlichen Willens, der dem kenotischen Jawort Jesu die Weltschuld auflud, den Erleidenden~~den~~ im eigentlichen Sinn 'zermalmte' (Is 53,10)"[1184]. So kann der Sohn nur als Toter in die Hölle eingeführt werden[1185].

Im Gegensatz zu den beiden großen Reformatoren LUTHER und CALVIN betont BALTHASAR den Unterschied zwischen Gottverlassenheit und Höllenfahrt Christi[1186]. Während nämlich am Karfreitag der vom Vater verlassene Sohn das Leiden des Kreuzes in tätigem Gehorsam besteht, versinkt dieser am Karsamstag in völlige Passivität. Darin wird erstmalig auch der ganze Ernst dessen erschlossen, was das AT mit Scheol bezeichnet hat. "Der Sohn trägt die Sünder in sich mitsamt der hoffnungslosen Undurchlässigkeit ihrer Sünde für das göttliche Liebeslicht. Deshalb erfährt er in sich - nicht ihre Sünde, sondern das Hoffnungslose ihres Widerstands gegen Gott und das gnadenlose Nein der göttlichen Gnade gegen diesen Widerstand"[1187]. Der Sohn gerät in das ihm bis dahin verborgene "Dunkel"[1188] des Vaters, das in dessen Schöpfermacht besteht, eine Welt zu schaffen, die sich von Gott abkehrend auf die ewige Hölle zubewegt.

Indem der Sohn die Sünden der Welt auf sich genommen hat, sind sie gleichsam vom Menschen abgelöst und stehen dem Erlöser als "die reine Substantialität der 'Hölle'"[1189] gegenüber. Darin erfährt er noch einmal die völlige Abkehr des Vaters, denn die Sünde ist das von Gott Verdammte, in dem er nicht gefunden werden kann. Damit ist das Äußerste erreicht, was sich Vater und Sohn in ihrer Trennung einander zumuten.

Daß der tote Sohn kraft seiner Kenose erst- und einmalig den vollen Ernst der Hölle ermißt, daß er darin zugleich die auf sich genommene Weltsünde schaut und schließlich diese letzte Verlorenheit Ergebnis der trinitarischen Opposition von Vater und Sohn ist, deutet auf den christologischen Charakter der Hölle. "Hölle im neutestamentlichen Sinn ist eine Funktion des Christusereignisses"[1190]. Diese Bestimmung hat ihre entscheidende Voraussetzung aber wiederum in der totalen Verfügbarkeit des Sohnes. Sein Gehorsam, den die kenotische Bewegung seiner Menschwerdung bis hin zum Kreuz ausdrückt, wird nun zum "Kadavergehorsam"[1191] des toten Sohnes. Er rückt damit weit über den Horizont des Lebendigen hinaus und bewährt sich noch dort, "wo sonst nur noch Zwang und Unfreiheit herrscht"[1192]. Es ist blinder Gehorsam, weil er dem Vater auch an einem Ort gehorcht, wo dieser in der reinen Gegengöttlichkeit dieses Ortes nicht mehr gefunden werden kann.

Das Heilshandeln der ökonomischen Trinität mündet schließlich in die Auferweckung des Sohnes. Auch hier betont BALTHASAR die passive Verfügbarkeitshaltung des Sohnes. Dieser verfügt -wie schon in seinem Leben und Sterben- nicht selbständig über seine Situation, sondern empfängt nun auch aus den Händen des Vaters sein Auferwecktwerden. "Und wenn es zum letzten Gehorsam des

Sohnes gehörte, daß er sich vom Vater auferwecken ließ, so gehört es nicht minder zur Erfüllung seines Gehorsams, daß er es sich 'geben' läßt, das 'Leben in sich selber zu haben' (Jo 5,26), ja nunmehr mit allen Insignien der eigentlich göttlichen Souveränität bekleidet zu w e r d e n, unbeschadet dessen, daß ihm diese Insignien 'vorweltlich' schon eignen"[1193].
Zugleich ist mit der Auferstehung die Aufhebung der "trinitarischen Inversion" verbunden. Während der menschgewordene Sohn bis hin zum Kreuz unter der Führung des Geistes stand, der ihm den väterlichen Willen stets aufs Neue vor Augen führte, hat sich an Ostern dieses Verfügungsverhältnis wieder umgekehrt. Denn jetzt ist es Jesus, "der auch als Mensch über den Geist verfügt und ihn in freier Herrschaftlichkeit den Jüngern einhaucht (Joh 20,22)"[1194].
Durch die Rückkehr des menschgewordenen Sohnes zum Vater wird nun keineswegs alles Gewesene einfach für beendet erklärt. Die geschichtliche Existenz Christi ist keine Episode im Verhältnis Gottes zur Welt. Biblisch gesprochen sind es die Wundmale, die mit in die Auferstehung und Verklärung eingehen und die auf diese Weise deutlich zum Ausdruck bringen, daß alles geschichtlich Erfahrene und besonders auch das Kreuzesleiden Eingang in das trinitarische Leben Gottes gefunden hat. Die Dramatik von Leiden, Tod und Höllenfahrt des Sohnes behält kraft der Einheit der ökonomischen Trinität mit der immanenten bleibende Aktualität[1195].

Im Rückblick auf die Lebensdramatik der Existenz Jesu kann gesagt werden, daß der menschgewordene Sohn seine Sendung ausgeführt hat. Es wäre aber falsch, daraus den Schluß zu ziehen, die dramatische Auseinandersetzung zwischen endlicher und unendlicher Freiheit sei bereits abgeschlossen. Denn auch "wenn er (sc. Christus) persönlich durch Tod am Kreuz, Descensus und Auferweckung als Sieger aus der Schlacht hervorgeht, so ist damit nicht alles getan; erst 'wenn er jede Gewalt und jede Macht und Kraft zunichte gemacht und alle Feinde unter seine Füße gelegt haben wird' (1 Kor 15,24f.), kann er das vollendete Reich dem Vater übergeben"[1196]. Dem christologischen Hauptteil des "Spiels" folgt deshalb das "Endspiel", in dem sich das "Kommen Gottes"[1197] - bereits anfänglich in Jesus Christus vollzogen, nun umfassend durchsetzen muß, bis Gott "alles in allem" sein wird.
Statt der Dramatik zwischen Gott und Welt ein dem Ausgang dieser Geschichte vorauslaufendes Ende zu bereiten, wird mit der durch-

geführten Sendung des Sohnes vielmehr der eigentliche und alles weitere umfassende Spielraum zwischen göttlicher und kreatürlicher Freiheit abgesteckt. Was letzte Nähe oder Ferne zu Gott wirklich ist, mag mit der konkreten Schöpfung bereits gegeben sein, es wird aber erst mit Christus in aller Deutlichkeit offenbar. So hat sich einerseits mit der Auferstehung des Menschgewordenen eine unvorstellbare Intimität mit Gott erschlossen und andererseits in dessen Gottverlassenheit und Höllenfahrt der letzte, alles verschlingende Abgrund menschlicher Freiheit aufgetan[1198]. Darin liegt eine nicht mehr steigerbare Dramatisierung geschöpflicher Existenz.

Nach dem Zeugnis der johanneischen Apokalypse, die in diesem Zusammenhang bei BALTHASAR großes Gewicht bekommt, ist in der Endzeit jene Spannung auszuhalten, daß das Lamm zwar immer schon gesiegt hat, daß aber trotzdem und nun sogar zunehmend ein Kampf um das Ganze der Welt entbrannt ist[1199]. "Denn es gibt außer und gegen das Sein-in-Christus ein Sein ʹgemäß dem Äon dieser Weltʹ, ʹdes Geistes, der jetzt am Werk ist in den Söhnen des Ungehorsamsʹ (Eph 2,2), und die Auseinandersetzung dieser beiden Sphären ist kein bloß innergeschichtlicher Kampf, sondern als Kampf zwischen dem Göttlichen und dem Widergöttlichen ein Kampf *um* die Welt"[1200]. TD 2/2, 48.

Das bisher Gesagte zusammenfassend kann festgehalten werden, daß sich im Schöpfer-Geschöpf-Verhältnis echte Freiheiten gegenüberstehen. In ihm läßt sich Gott von der geschaffenen Freiheit "bis ins Innerste treffen"[1201], insofern sich das Geschöpf der Liebe Gottes verweigert. Zur Rettung dieser sich selbst verfehlender Freiheit vollzieht Gott in völliger Selbstlosigkeit sein Heilswerk, indem er den Sohn die Rolle dieser unseligen Freiheit stellvertretend bis zur letzten Konsequenz des Süendertodes spielen läßt. Dabei wird die kreatürliche Freiheit von Gott nicht übermächtigt. Die innere Dramatik der Stellvertretung ist vielmehr Ausweis dafür, daß sie ihren Freiheitscharakter bewahrt und Gott sie *als solche* rettet.

Daraus zieht BALTHASAR den Schluß, daß es gerade das Entlassen und Verantworten endlicher, sich selber zerstören könnender Freiheit ist, was den Gott Jesu Christi von jedem philosophischen Gottesbegriff grundlegend unterscheidet. "Eine Theodramatik muß unerbittlich darauf beharren, daß zunächst das von der realen Welt her sich darstellende Pathos mit all seinen Aporien voll in Sicht komme, ehe von der freien Antwort Gottes (...) gesprochen wird. Läßt man dieser Selbstoffenbarung der Welt ihre Zeit und ihren Raum nicht..., dann riskiert man, dem Welt-Gott-Bezug jede Dramatik zu rauben. Die in Jesus Christus und schon in der Erwählung Israels erfolgende Z u w e n d u n g des erbarmenden Gottes zur in sich verlorenen Welt... wird zur undramatisch zuständlichen Wesensverfassung eines Gottes, der... die ewig ausstrahlende 'Sonne des Guten' ist"[1202]. Wer und was dieser Gott ist, enthüllt sich demnach einzig im dramatischen Miteinander göttlicher und kreatürlicher Freiheit. Im folgenden Abschnitt wird deshalb vom heilsgeschichtlichen Geschehen aus nach dem Sein der Freiheit dieses Gottes zurückzufragen sein.

b) Der trinitarische Gott

Das trinitarische Wesen Gottes kann nur vom Verhalten Jesu aus erschlossen werden. Er weist als der Gesendete auf den sendenden Vater und als Empfangender und am Ende selber Sendender auf den Geist. Diese heilsgeschichtliche Trinität eröffnet auf diese Weise den Zugang zur immanenten Trinität[1203]. Verläßlicher Ausgangspunkt ist der geschichtliche Gehorsam des Sohnes, der "dem trinitarischen Leben das höchste Relief"[1204] gibt. Er bedeutet nicht nur eine Gehorsamsleistung als Befolgen einer Weisung, sondern jene personale Verfaßtheit, in der der Sohn nichts aus sich selbst haben und tun will, sondern alles vom Vater empfangen möchte, um es ihm wieder zurückzugeben[1205]. Dieser Gehorsam, der bis zur Entäußerung der "Gottesgestalt" geht, läßt sich als "k e n o t i s c h e Übersetzung seiner ewigen Sohnesliebe gegenüber dem 'je-größeren' Vater"[1206] beschreiben und enthält damit eine entscheidende Konformität zwischen dem Menschgewordenen und dem ewigen trinitarischen Sohn.

Im Blick auf den Vater kann gesagt werden, daß er als der Sendende mit dem Zeugenden identisch sein muß. Denn wenn der Menschgewordene die Liebesoffenbarung des Vaters selber ist, "dann muß er als der personale Träger dieser Liebessendung das göttliche, also ewige Erzeugnis des Sendenden sein, den er selbst in einem überschwenglichen Sinn seinen Vater nennt"[1207]. Der Sendung des Sohnes durch den Vater geht dessen Zeugung durch den Vater voraus.

Bleibt man bei dieser Einheit zwischen Sendendem und Gesendetem, die sich immer wieder im Gehorsam des menschgewordenen Sohnes offenbart, dann zeigt sich schließlich auch die trinitarische

Wirklichkeit des Geistes. Denn im gegenseitigen Einverständnis von Vater und Sohn liegt die ökonomische Gestalt der gemeinsamen Geisthauchung, die zur Lebzeit Jesu durch die "trinitarische Inversion" hinter dem Geführtwerden Jesu durch den Geist verborgen bleibt[1208], die aber in der Aussendung durch den Auferstandenen manifest wird. Als solche entspricht die ökonomische Hauchung von Vater und Sohn der immanenten, während der ökonomische Geistempfang mit dem immanenten Empfang des (Mit-) Hauchenkönnens korrespondiert.
Die fortschreitende Bewegung der Reflexion von der ökonomischen zur immanenten Trinität, die bereits erste Erkenntnisansätze für die Bestimmung des innertrinitarischen Wesens Gottes geliefert hat, ist nicht nur eine solche des Denkens, sondern eine theologale. Nach BALTHASAR bedeutet der Umstand, daß die Gestalt der ökonomischen Trinität an die der immanenten verweist, letztlich ein umfassendes Integriertsein der ökonomischen Trinität in der immanenten Trinität: Die Sendung des Sohnes fügt sich ein in dessen ewige Zeugung, der geschichtliche Gehorsam Jesu in den ewigen Sohnesgehorsam und die ökonomische Hauchung des Geistes in dessen immanente Hauchung[1209]. Ansatzweise wird damit schon deutlich, "daß die neue Beziehung zu der weltlichen Natur, die dem Sohn hypostatisch geeint wird, eine der unendlichen Möglichkeiten, die in Gottes ewigem Leben liegen, ins Licht setzt"[1210].

Die trinitarische Grundfigur ist nun näherhin zu entfalten. Der Vater ist der den Sohn Zeugende. In seinem Willen zur Hingabe liegt bereits die Entstehung des innergöttlich Anderen, an den er sich verschwendet, ohne etwas von seinem Eigenen zurückzuhalten. Weil Gottes Sein kein Haben ist, gibt der Vater nicht etwas, was er "hat", sondern das, was er "ist", so daß seine Hingabe an den Sohn einer restlosen Selbsthingabe gleichkommt. "Diese totale Selbstpreisgabe... bedeutet so etwas wie einen 'Tod', eine erste radikale 'Kenose', wenn man will: einen Über-Tod, der als Moment in jeder Liebe liegt"[1211]. Dieser ewige Zeugungsakt, der den Schoß des Vaters "'leer' läßt"[1212], ist ein Handeln des Vaters, das als solches von seinem (Person-) Sein nicht getrennt werden kann. Die Zeugung des Sohnes ist eine Gebärde des Vaters, "die er nicht nur 'tut', sondern 'ist'"[1213]. Der Vater besitzt sein Sein deshalb nur in diesem "Sich-vom-Eigenen-abscheiden-Können"[1214]. Allerdings betont BALTHASAR immer wieder, daß damit nicht die Vorstellung verbunden werden darf, als verlöre sich der Gebende dabei selbst. Die Zeugung des Sohnes durch den Vater bedeutet keinen Verlust seines Gottseins, sondern ein "unvorstellbar mächtiges Vermögen"[1215], das auf eine je schon vollzogene "Preisgabe seines alleinigen Gottseins"[1216] hinausläuft.

Dementsprechend ist der Sohn zutiefst der Gezeugte. Er bildet gegenüber dem Vater insofern eine vollkommene Opposition, als sein Sein gerade das Gegenteil eines aus dem Eigenen selbständigen Verfügens ist. Er besitzt deshalb "die Absolutheit der Gottheit nicht anders... als im Modus des Empfangs"[1217]. Dieser Sich-vollständig-Gegebene stimmt seinem Gezeugtwerden zu, so daß in diesem bereitwilligen Geschehenlassen eine "passive actio" liegt, die als eine Mitbedingung der "aktiven actio" des zeugenden Vaters angesehen wird[1218]. Im passiven Mitvollzug seiner Zeugung bejaht der ewige Sohn in sich den mitgeteilten Vater. Mit dieser sich schließlich zum Akt ewiger Selbstrückgabe steigernden Antwort entspricht er der Hingabegebärde des Vaters und gewinnt so "Macht über alle Tiefen des eigenen göttlichen Seins"[1219]. Auf diese Weise wird die Zeugung zum Akt ewiger trinitarischer Kommunikation, insofern auf die Hingabe des Vaters, in der er die unendliche Differenz zwischen dem Ursprungslosen und dem Sich-vollständig-Gegebenen überbrückt, nun die Bejahung und Selbstrückgabe des Sohnes antwortet, wodurch auch von dessen Seite der Hiatus zwischen beiden nochmals überspannt wird. Hierzu gehört auch das Danken: Der Vater dankt dem Sohn für dessen Bereitschaft zur Zeugung und der Sohn dankt dem Vater für dessen Absicht der Zeugung[1220].

In ihrer gegenseitigen Hingabe hauchen Vater und Sohn den Geist. Auch in dieser Hauchung ist die "passive actio" des Geistes, d.h. sein Geschehenlassen konstitutive Mitbedingung. Sein Wesen ist es, die zum gemeinsamen Wir hypostasierte Übereinstimmung und Deckungsgleichheit "von zeugender Hingabe und verdankender Bereitschaft (zu jeder Vergebung) über das trennende Ganz-anders hinweg"[1221] zu sein. Darin liegt eingeschlossen, daß er -als die Liebe selbst- die unendliche Differenz zwischen Vater und Sohn offenhält und bestätigt, um zugleich immer schon ihre Überholung zu verkörpern.

Aus dem Umstand, daß Sohn und Geist sich selbst nicht aus eigener Wurzel besitzen, sondern Sich-Gegebene sind, den Schluß zu ziehen, es handle sich bei Sohn und Geist um defiziente Seinsmodi, ist ebenso unzulässig wie die Annahme, der Vater könne sich in der Zeugung selbst verlieren. Gegen beides macht BALTHASAR deutlich, daß der Modus ihres Seinsbesitzes als Hingeben bzw. Sich-verdanken keine Einschränkung der personalen Seinsfülle bedeutet. "Der Vater, der den Sohn zeugt, 'verliert sich in diesem Akt nicht an ein Anderes, um so erst sich selbst zu 'gewinnen', er ist als der sich Schenkende i m m e r s c h o n er selbst. Und auch der Sohn ist immer schon er selbst, indem er sich zeugen und den Vater über sich verfügen läßt. Der Geist ist immer schon er selbst, indem er sein 'Ich' als das 'Wir' von Vater und Sohn versteht, zu ihrem Propriissimum 'expropriiert' ist"[1222].

In diesem ontologischen Zusammenhang ist nun darauf hinzuweisen, daß BALTHASAR das Sein der trinitarischen Personen nicht substanzontologisch bestimmt. Vater, Sohn und Geist haben ihr Sein nicht als ein Besitzen eines gemeinsamen Gutes, sondern sie "sind", indem sie an einem durch sie selbst konstituierten Geschehen teilnehmen. Weder sind sie von diesem Seinsgeschehen als wirkursächliche Momente ablösbar, noch dürfen sie zu reinen Relationen[1223] dieses Geschehens verkürzt werden. Der beste Verständniszugang für die Dynamik dieses Seins eröffnet sich, wenn es als absolute Liebe ausgelegt wird. Sie bestimmt als das Zueinander der trinitarischen Personen die innere Struktur des Seins Gottes. In ihr ereignet sich vollkommene Trennung vom Eigenen, ein "'Unter'-gehen, damit der Andere in sich selber 'auf'-geht"[1224], aber ebenso die vollkommene Rückwendung in Dank, Hingabe und Verfügbarkeit.

In dieser absoluten Liebe, deren Grund kein innerer oder äußerer Zwang sein kann, sondern einzig ihre eigene Grundlosigkeit, fallen Identität und Nichtidentität zusammen, insofern der Hingebende sich selber dem Anderen gibt und in der Überantwortung des Eigenen eins wird mit diesem, dennoch darin nicht sein Eigenes liebt, sondern das das hingegebene Ich empfangende Du. Diese Einheit übersteigt sich im Geist in eine "neue Identität von schenkender und empfangender Liebe..., die den Liebenden als das stets neue Wunder ihrer gegenseitigen Liebe erscheinen muß"[1225].

Dieses trinitarische Geschehen wird auch als Ur-Gebet[1226] bezeichnet. Ihre bleibenden personalen Verschiedenheiten voraussetzend verherrlichen sich Vater und Sohn im Geist gegenseitig, indem sie -den Anderen anbetend- dessen Erwartung in überschwenglicher Weise übererfüllen. Im trinitarischen "Glauben"[1227] werden zwischen den göttlichen Hypostasen Freiheitsräume bereitgestellt, in denen das hin und her wogende Geschehen von Erwartung und Übererfüllung nie zum Stillstand einer Sättigung kommt. Immerschon liegt in der Erfüllung einer Erwartung die Bereitschaft der Liebe, neu zu erfüllen, und in der erfüllten Erwartung ein neues Erhoffen der Liebe.

Für den Begriff des Seins Gottes resultiert daraus eine dynamische Fassung. Es gibt eine ontologische Gegenläufigkeit der Seinsbewegung -trinitarisch als die Gegenläufigkeit von Zeugung und Rückgabe[1228]- deren Unendlichkeitscharakter nicht superlativisch, sondern als Komparativ[1229] bestimmt werden muß. Das Sein Gottes ist ein sich stetig neu Übertreffendes, das als "Werden" dann unmißverständlich bleibt, wenn es die ewige Lebendigkeit Gottes beschreibt und "also kein Werden im innerweltlichen Sinn ist, kein Entstehen dessen, was irgendwann nicht war (...), aber offenbar doch etwas, was die Idee, die innere Möglichkeit und Wirklichkeit eines Werdens fundiert"[1230]. Das "Werden" Gottes beseitigt keine ständige Defizienz eines Noch-nicht, sondern ist die überschwengliche Bestätigung eines Immer-schon. Insofern ist es Ausdruck seiner (ontologischen) Freiheit.

Für den trinitarischen Personbegriff ergibt sich schließlich, daß diese die Konstitutiva des Seinsgeschehens sind, ja daß jede Person in gewisser Weise dieses Geschehen selber ist, wenn auch niemals ohne die anderen und für sich. Eine Person steht insofern in der Fülle des Seins, als bei ihr Hingabe und Empfang ineinsschlagen, so daß man gerade nicht sagen kann, "eine Hypostase sei reich als Besitzende und arm als Verschenkende, denn erst im Geben wie auch im Entgegennehmen des Geschenkten und Schenkenden"[1231] liegt die Fülle des Seins. Dementsprechend hat BALTHASAR das trinitarische Personsein als "Auf-sich-Zurückkommen (...) aus dem je schon Entäußertsein"[1232] und "Aus-sich-Heraustreten als sich hingebendes, auswortendes Innen"[1233] gefaßt. In der Bewegung des Hin- und Zurückflutens haben die Personen ihre volle Seinswirklichkeit und damit ihre Freiheit, die im Horizont der Liebe eine solche für den Andern ist.

Auf dem Hintergrund jener Überlegungen ist am Ende dieses Abschnitts das grundsätzliche Weltverhältnis des trinitarischen Gottes zu beleuchten. Es geht BALTHASAR (in fundamentaler Übereinstimmung mit BARTH) vor allem darum, daß die Freiheit Gottes auch als (hypothetische) Freiheit Gottes von der Welt, d.h. als (hypothetische) Unabhängigkeit denkbar sein muß, bevor die oben bereits skizzierte Heilsökonomie in ihrer ganzen Dramatik mit dem trinitarischen Sein dieses Gottes in Beziehung gesetzt wird.

Die ontologische Freiheit Gottes meint die unbedingte Seinsfülle des trinitarischen Gottes. Es ist deshalb abwegig, die immanente Trinität als rein "abstrakt" oder "leer" zu bezeichnen und damit die Vorstellung eines notwendigen Durchgangs durch eine zeitliche Geschichte zu verbinden, in dem Gott zu seiner "Konkretion" gelangte[1234]. Und so wenig Gott sein Sein immer erst noch vollziehen muß, um zu sein, so wenig wird Gott erst im Gegenüber zur Welt die Liebe. Daß Gott sich gerade als trinitarischer der Welt zukehrt, will heißen, daß er "in sich selber und erhaben über alle Welt schon 'die Liebe ist'"[1235]. Zur Wahrung dieser Lebens- und Liebesfülle Gottes, die seine Freiheit ist, gilt es, jede Gefährdung durch eine theologische Überakzentuierung[1236] der ökonomischen Trinität zu vermeiden.
Angesichts der Freiheit Gottes, die es verbietet, den vielgestaltigen Schöpfungsbezug in irgend einer Form als notwendig zu erachten, kann das liebende Sich-Verströmen Gottes nur aposteriorisch konstatiert werden. Alles Immer-schon-Wissen wird an dem geoffenbarten Gott vorbeisehen. So verbietet sich die Gotteserkenntnis aus dem Wesen des Menschen ebenso wie aus einem kosmologischen Gesetz[1237]. Eine Möglichkeit, das Handeln Gottes an der Welt "spekulativ aufzuarbeiten, gibt es nicht, denn das hieße, die Sphäre der translogischen Grundlosigkeit der personalen Liebeszuwendung (die Sphäre des Heiligen Geistes also) auf die Sphäre des Logos, verstanden als abschließende kosmologisch-anthropologische Vernunft, zurückinterpretieren - wodurch die 'heilsgeschichtliche Trinität' (als Erscheinung der absoluten) mißdeutet wäre"[1238].
Wenn das Handeln Gottes keinem inneren oder äußeren "Systemzwang" unterliegt, mithin auch keine paradigmatische Verwirklichung eines umfassenden Lebensprinzips ist, dann bleibt nicht nur das geoffenbarte Theodrama innerweltlich unübersehbar[1239], sondern dann steht neben der Schöpfungsbeziehung Gottes auch die Schöpfung selbst mit einem Mal in einem neuen Licht. Ihre Existenz hängt dann einzig an der Freiheit Gottes, überhaupt schaffen zu wollen, "menschlich gesprochen an unendlicher Willkür"[1240]. Daß ihre nicht-notwendige Existenz dennoch nicht Zufall ist, ergibt sich dann, wenn die Ebene der philosophischen Reflexion durch

Offenbarung überstiegen wird. Gott hat von Ewigkeit her die Schöpfung gewollt, um mit ihr einen bleibenden Bund einzugehen. Was sich dahinter verbirgt, ist tatsächlich keine Zufallserscheinung, sondern die freie Liebe, die Gott in sich selber ist. "Wenn theologisch Gottes Wesen sich als 'absolute Liebe' (...) dadurch erweist, daß er in sich der Sich-Verschenkende und Sein-Lassende ist, aus keinem anderen Grund, als weil dieses (grundlose) Geben das Gute und Sinnerfüllte ist..., dann kann auch sein Raumgewähren für seine freien Geschöpfe keinen anderen (grundlosen) Grund haben"[1241].

Aber nach all dem bisher über die Freiheit Gottes Gesagten kann es nicht fraglich sein, daß zwischen der innertrinitarischen Liebe und der heilsökonomischen eine grundlegende Unterscheidung angebracht ist. Die Schöpfung und mit ihr das ganze umfassende Heilswerk ist "im letzten ein personales und nicht ein naturales Geschehen"[1242]. Gottes Heilsgeschichte mit der Welt hat ihre Voraussetzung in der Freiheit des trinitarischen Gottes. Deshalb kann sie personales Geschehen sein. Als solches schließt es nicht nur jeden Emanationsgedanken aus, sondern steht vor allem gemäß seinem theologischen Verständnis dafür, daß sich der trinitarische Gott nicht in den geschichtlichen Weltprozeß hineinverstrickt[1243]. Ohne an der Ernsthaftigkeit des Heilsengagements Gottes in der Schöpfung einen Abstrich zu machen, muß doch gewahrt bleiben, daß Gott *in* der Geschichte handelnd auch immer *über* ihr steht.

Nach BALTHASAR liegt die christliche Wahrheit von dem an seiner Welt handelnden Gott somit zwischen dem unberührbar Einen der Metaphysik und der mit den Wandlungen des Kosmos oder der Geschichte sich verändernden Gottheit des Mythos. Für diesen Stand sorgt das Trinitätsgeheimnis. Im folgenden wird es nun darum gehen, wie BALTHASAR die Heilsdramatik und die Transzendenz Gottes (sein In-Über-Sein) miteinander vermittelt, oder anders gefragt, wie die Freiheit des Gottes des Theodramas als Freiheit gedacht werden kann.

c) Gottes "Unveränderlichkeit"

Der die Welt ins Sein hebende Vater verantwortet die Schöpfung im Blick auf den Sohn[1244]. Das gilt zunächst rein schöpfungstheologisch. Nach dem Schriftzeugnis ist die Welt in Christus erschaffen (Kol 1,14-17; Hebr 1,2) und im voraus "erwählt" (Eph 1,4f.). In ihm ist der Schöpfung wirkliche Freiheit gegeben, die sie in die Lage versetzt, eine echte Geschichte zu haben. Als die Uridee der Welt verkörpert er deren Exemplar-, Ziel- und darin Wirkursache. "Die Stellung des Sohnes im Mysterium der Trinität prädestiniert ihn zu dieser Idee - falls es eine Welt und endliche Freiheit geben soll; ist er doch der erste total Empfangende, der dann, im Mithauchen des Geistes, auch der bis ins Letzte Einverstandene, Antwortende, Mitwirkende ist"[1245]. Der, der sich ganz "der Freigebigkeit des Vaters"[1246] verdankt, wird zum Ort, an dem die Schöpfung als die sich ebenfalls der göttlichen Freiheit verdankende ihre Möglichkeit und Wirklichkeit erhält. Und insofern der Sohn das "Wort" des Vaters ist, wird die Ant-wort der Schöpfung auf den Anruf des Vaters nur in diesem "Wort" und nicht in der Willkür des Geschöpfs erfolgen[1247].

Erneut weist BALTHASAR in diesem Zusammenhang auf die Nicht-Identität von Sohn und Schöpfung hin. Obschon beide ihr Sein nicht aus sich selber haben, gilt doch der fundamentale Unterschied, daß der Sohn "im Selbstempfang die ursprungslose, sich selbst besitzende Gottheit entgegennimmt"[1248] und insofern (unter Vermeidung eines Subjekt-Objekt-Schemas, wonach das Subjekt "Sohn" das Objekt "Gottheit" empfängt) im Modus des Empfangs schon immer das ganze Gottsein besitzt. Im Gegensatz zur Kreatur vermag der Sohn sich in seiner "Gottesgestalt" (Phil 2,6) so zu entleeren, daß am Ende dieser Kenose nicht die restlose Selbstaufgabe steht, sondern immer noch die Annahme der "Knechtsgestalt" (Phil 2,7).

Das Geschaffensein in Christus bedeutet für die Welt Dasein in einem "Sinn-Raum"[1249], der vom Sohn als Uridee der Schöpfung durchwaltet wird. Die Uridee umgreift demnach, ohne die endliche Freiheit einzuschränken, alle geschaffene Wirklichkeit. Darin liegt ein erster Hinweis auf die "Unveränderlichkeit" Gottes überhaupt. Wird dabei bedacht, daß die geschaffene Welt in ihre eigene Geschichte entlassen wird, dann kann die "unveränderliche" Uridee, sofern sie ihre Universalität behalten soll, angesichts dieser Geschichtlichkeit der Welt selbst keine bloß statische "Idee" sein, sondern muß -die Schöpfung "dynamisch geleitend"[1250]- selber dramatischen Charakter besitzen. In jedem Fall gilt aber in Bezug auf das Schöpfer-Geschöpf-Verhältnis zu sehen, "wie unnötig es ist, bei der Universalität der göttlichen Idee von einer 'Veränderung' Gottes zu reden"[1251].

Die Verantwortung des Sohnes für die Schöpfung nimmt für den

Fall der Abirrung endlicher Freiheit die Gestalt des Kreuzes an. Das Nein der Sünde, das als Autonom-sein-Wollen die verweigerte Anerkenntnis geschenkter Freiheit ist und das am Kreuz gesühnt wird, hat seinen Ort im umgreifenden Ja des Sohnes zum zeugenden Vater. Indem dieser seine Wahrheit in Ewigkeit "durch willig-dankbares Sich-verströmen-Lassen durch den Vater"[1252] vollzieht, hat er darin das sündige Nein der Kreatur schon immer überholt. Christus ist "das seit Grundlegung der Welt geschlachtete Lamm (Apk 13,8; vgl.5,6.9.12)"[1253]. Diese "Schlachtung" meint den "Ewigkeitsaspekt des geschichtlichen blutigen Opfers am Kreuz"[1254] und darin "einen Zustand des Sohnes, der der Gesamtschöpfung koextensiv ist"[1255].

Damit hat BALTHASAR sichtbar gemacht, daß sich alle geschichtlichen Bewegungen und Veränderungen bis in ihre letzte dramatische Zuspitzung sündiger Verfehlung immer nur innerhalb eines umfassenderen Horizonts abspielen, der alles trägt, ohne Freiheitsräume des Geschaffenen einzuengen. "Die Uridee... ist der ewige Sohn Gottes selbst, dessen ewige Freiheit im hypostatischen Modus der Bereitschaft immer dieselbe ist, ob sie als Gottes erstes Wort 'an Anfang' 'Leben und Licht' der Menschen ist (Joh 1,1-4) oder als Gottes letztes Wort in der Finsternis leuchtend den Schrei der Verlassenheit ausstößt. Die Gesamtidee Gottes ist derart umfassend..., daß sie alles Besondere integriert... Auf welchen Wegen dieses Besondere auch wandeln mag, es werden Wege innerhalb der Gesamtidee Gottes sein, die ja im Kreuz des Sohnes die äußersten möglichen Wege der Kreatur eingeholt und untergriffen hat"[1256].

Die spontane, ureigene Bereitschaft[1257] des Sohnes zu jeder Form der verströmenden Selbstrückgabe an den Vater weist so schließlich das ihm scheinbar Fremdeste des Kreuzes als das ihm Eigenste, weil sich selbst Zugedachte aus[1258]. Zugleich wird deutlich, wie gerade im Vermögen zur äußersten Form der Selbstverströmung, der Eucharistie[1259], die ganze freie Schöpfung und der mit ihr von Gott geschlossene ewige Bund so ermöglicht werden, daß Gott dabei "in keinen tragizistischen Prozeß, in keine Zerrissenheit"[1260] gerät. Gott kann das Wagnis endlicher Freiheit eingehen, weil "er sich selber ins Wagnis mithineinwarf"[1261]. Damit ist es in einem besonderen Sinn der Sohn, der für das "Gutsein" der Schöpfung (Gen 1,31) einsteht.

Bleibt bei allen Wechselfällen der Geschichte die christologische Uridee der Schöpfung wirklich das Umfassende, dann kann man sagen, daß Schöpfung und Bund, Inkarnation und Kreuz und schließlich die eschatologische "Eintiefung des geschichtlichen Anders-als-Gott in das ungeschaffene Anders-in-Gott"[1262], kurz die gesamte Heilsökonomie in Gott eine ewige Wahrheit besitzt[1263]. Im folgenden wird es nun darum gehen zu zeigen, daß nach BALTHASAR die "Schöpfung in Christus" nicht allein Wahrheit des Sohnes ist, sondern eine solche des gesamttrinitarischen Lebens.

Die zentrale Aussage BALTHASARs zur fraglichen Problematik lautet, daß die Dramatik der Heilsökonomie von der immanenten Trinität umfassend begründet und überholt wird. Dieses Integriertsein wirft auf die innertrinitarischen Vorgänge ein neues Licht. In kritischer Anknüpfung an BULGAKOW geht der Autor von einer "Selbstlosigkeit" aller trinitarischen Personen aus, von der das gesamte, kenotisch qualifizierte Heilswerk Gottes getragen wird[1264].

Wie oben schon dargestellt wurde, vollzieht der Vater in seinem Vatersein eine radikale "Selbstentleerung" und Selbsthingabe an den Sohn, ohne etwas von seinem Gottsein für sich zurückzubehalten. Dieser göttliche Akt des Vaters bedeutet aber auch "die Setzung eines absoluten, unendlichen Abstands, innerhalb dessen alle möglichen andern Abstände, wie sie innerhalb der endlichen Welt bis einschließlich zur Sünde hin auftreten können, eingeschlossen und umfangen sind"[1265]. So wird das Verhältnis von Nähe und Ferne zwischen Vater und Sohn nicht alternativ bestimmt, sondern gegenseitig inklusiv. In der ewigen Zeugung des Vaters zieht dieser sich als der Schenkende so vom Beschenkten zurück, daß ein Raum entsteht als "innertrinitarische Grundlage für das ..., was in der ökonomischen Trinität sie Möglichkeit der Distanz bis zur Kreuzesverlassenheit sein wird"[1266]. Und dennoch bilden Vater und Sohn kraft des zugesprochenen Wortes eine unabänderliche Einheit[1267]. Wird auf diese Weise das Kreuz vom ewigen Zeugungsakt untergriffen, dann ist die Sendung bis ins Äußerste bereits im innergöttlichen Hervorgang grundgelegt, dann legt sich die processio des Sohnes ökonomisch als missio aus[1268].

Angesichts der Freiheit Gottes wird es sich bei diesem Zusammenhang selbstverständlich nicht um eine naturhaft notwendige Kontinuität von processio und missio handeln. Die ewige Zeugung des Sohnes durch den Vater ist die trinitätsimmanente Grundlage des Heilswerks in Christus und keine Initialzündung für eine notwendige Geschichte Gottes mit seinem welthaften Gegenüber[1269].

Auf den Zusammenhang zwischen Ewigkeitsgestalt des Sohnes und Heilsökonomie wurde bereits eingegangen. Das "geschlachtete Lamm" hat indes seine Gestalt nur im trinitarischen Kontext: der Sohn antwortet dankend auf die Hingabe des Vaters mit gleicher Selbstlosigkeit. Diese ewige kenotische Hingabe des Sohnes, die vom absoluten Gehorsam und schließlich der Lebenshingabe des Menschgewordenen ins Ökonomisch-Zeitliche übersetzt wird, ist die "Entsprechung" zur kenotischen Zeugung des Vaters. Sie umgreift ermöglichend die "Hinterlegung" der "Gottesgestalt" beim Vater, durch die der Sohn in seiner Verlassenheit am Kreuz doch immer mit dem Vater verbunden bleibt[1270]. Die ewige Eucharistie des Sohnes als Dank und Hingabe an den Vater verhindert so nach BALTHASAR (im Blick auf MOLTMANN) ein letztes "Gott gegen Gott" des Kreuzes[1271].

Schließlich hält der Geist als "subsistierendes 'Wir'"[1272] die Differenz zwischen Vater und Sohn offen und überbrückt sie zugleich. Das gilt für alle Entfernungen innerhalb der ökonomischen Trinität, besonders für diejenige der Passion. Deshalb kann kraft der dritten Person die ökonomische Trennung zwischen Vater und Sohn, die bis hin zur Kreuzesverlassenheit reicht, als stärkster Ausdruck ihrer höchsten Einheit gelten. Im Geist sind Vater und Sohn so eins, daß sie eine solche Trennung ohne die Gefahr einer Entfremdung auf sich nehmen[1273], weil der Geist als die dritte Gestalt innertrinitarischer Hingabe "nichts 'für sich' sein will, sondern (wie seine Offenbarung in der Welt zeigt) reine Kundgabe und Verschenkung der Liebe zwischen Vater und Sohn"[1274].

Die "Kenose" des Vaters hat sich damit zu einer gesamttrinitarischen geweitet. Weil es sich in ihr nicht nur um eine erste in der Reihe weiterer (ökonomischer) Kenosen, sondern um eine qualtitativ höherstehende (weil alle weiteren ermöglichend) handelt, kann BALTHASAR diese als "Ur-Kenose"[1275] und "Vor-Opfer"[1276] bezeichnen. Sie bildet als die erste "traditio"[1277] für alle in der Ökonomie stattfindenden weiteren das umgreifende Kontinuum[1278] und kann deshalb mit jenen nicht gleichgesetzt werden. Deshalb betont BALTHASAR, daß alle innerweltlichen Erfahrungen von Leid und Ohnmacht nicht unmittelbar in das innertrinitarische Leben eingetragen werden dürfen, das Wesen Gottes also nicht univok[1279] kenotisch zu bestimmen sei. Und dennoch muß die Möglichkeitsbedingung für ein solches Erleiden in Gott angesetzt werden. "Ein solches Denken bewegt sich auf Messers Schneide, weil es alles modische Reden vom 'Schmerz Gottes' vermeidet und dennoch ein Geschehen in Gott setzen muß, das nicht nur die Möglichkeit und das Geschehenlassen aller Schmerzen der Welt, sondern darüber hinaus die Teilnahme Gottes daran -bis zum wirksam stellvertretenden Übernehmen der Gottlosigkeit- rechtfertigt"[1280].

Die Wirksamkeit des "ur-kenotischen" Vermögens der Trinität zeigt sich dort am klarsten, wo die Gottverlassenheit des gekreuzigten Sohnes in die immanente Trinität "aufgehoben" werden kann. "Bleibt man beim bloßen 'sub contrario' stehen, dann wird der Weg von Luther zu Hegel unvermeidlich: die rein dialektische Christologie schlägt um in eine bloße 'philosophische' Dialektik als Weltformel"[1281]. Entscheidend ist, daß die Diastase zwischen Vater und Sohn im Kreuz sich nur innerhalb jenes unendlichen Abstands vollzieht, der durch das ewige Gezeugtwerden des Sohnes vom Vater gesetzt und zugleich kraft des zugesprochenen Wortes und der dankenden Selbstrückgabe des Sohnes immer schon überwunden ist. Insofern Differenz demnach nur als Einheit besteht, kann gesagt werden, daß die Kreuzesdiastase in paradoxer Weise zum Zeichen höchster Nähe und Verbundenheit von Vater und Sohn wird[1282]. Das ökonomisch Getrennte ist das ewig Geeinte und als solches "ewige Seligkeit"[1283].
Der Einschluß der ökonomischen Trinität in die immanente, der zum Ausdruck bringt, daß der trinitarische Gott "allen Eventualitäten des Spiels"[1284] endlicher Freiheit gewachsen ist[1285], vermag den Mittelweg zwischen einem "undramatischen Philosophismus"[1286] und tragischer Mythologie zu sichern, von dem oben schon andeutungsweise die Rede war. Dieser trinitarische Gott unterscheidet sich zunächst von allen platonisch-plotinischen und aristotelischen Gottesvorstellungen, insofern er nicht unberührbar und beziehungslos über dem Endlichen schwebt, sondern endliche Freiheit entlassend, im Sohn menschwerdend und den (Sünder-) Tod ertragend eine wirkliche konkrete Geschichte mit der Welt hat. Und dies alles geschieht nicht als ein von ihm "nur... aus absoluter Liebe und Freude übernommenes 'fremdes' Werk"[1287], sondern als das ihm Gemäße und Eigene.

Der anderen Gefahr, der es trinitätstheologisch zu begegnen gilt und die BALTHASAR weitaus höher veranschlagt, ist die mythologische Verstrickung Gottes in den Gang der Geschichte. Bedenkt man

das Leben der immanenten Trinität, insofern es in sich ewige Seligkeit ist und jede weltliche Dramatik immer schon überholt hat, dann könnte der Eindruck entstehen, als entbehre dieses Leben als bloßes "Spiel der Liebe" noch des Ernstes und Schmerzes von Trennung und Tod. Dieser Ernst wäre demnach erst in der Kreuzesverlassenheit des Sohnes erreicht, in der sich zwischen Vater und Sohn die ungeminderte Realität des Negativen auswirken würde, so daß die Offenbarung "der ökonomischen Trinität erst den ganzen in der immanenten angelegten Ernst zur Vollendung"[1288] brächte. In diesem Fall bestünde zwischen trinitarischer "Ur-Kenose" und der Ökonomie im Raum der Geschichte eine naturhaft notwendige Kontinuität im Sinne prozessualen Fortschreitens. Gott geriete damit unter die Bedingungen endlichen Seins und hätte so seine unendliche Freiheit abgegeben. Deshalb muß mit aller Entschiedenheit, wie oben schon mehrfach gesagt wurde, eine Verstrickung Gottes in den Weltprozeß vermieden werden[1289]. Einer derartigen theologalen Überfrachtung der ökonomischen Trinität muß entgegengehalten werden, daß das innertrinitarische Leben in der "Ur-Kenose" der göttlichen Personen jenen Ernst auch der Trennung und des Todes (überholend) in sich trägt, daß sie in sich eine Hingabe verkörpert, "die durch nichts Ökonomisches steigerbar ist"[1290]. "Somit kann von einem 'Prozeß' Gottes, der durch die sündige Entfremdung der Welt und die Menschwerdung und das Kreuz des Sohnes erst zu seiner Fülle gelangen würde, keine Rede sein"[1291].
Die strenge Unterscheidung zwischen den ewigen, innertrinitarischen Bezügen und dem ökonomischen Heilshandeln der göttlichen Personen, das von diesen doch ermöglichend umfangen ist, kann deutlich machen, "daß weder Schöpfung noch Menschwerdung eine Veränderung Gottes und seines ewigen Lebens notwendig machen"[1292]. Dieser trinitarische Gott vermag im Raum der Geschichte in einem wahren Sinn etwas zu werden, was er als Gott in sich je immer schon ist[1293]. Das ökonomische Heils-Geschehen ist (freie) Bestätigung des ewigen Seins-Geschehens. Ist damit auf die Frage nach Gottes "Unveränderlichkeit" eine Antwort gefunden, so soll nun (mehr zusammenfassend, weil implizit immer schon mit enthalten) der umgreifende Verstehenshorizont skizziert werden, in den BALTHASAR alle bisherigen theologischen Aussagen eingegliedert hat. Zentral handelt es sich um die Frage, wie die dreifache hypostatische Hingabe als ein personales Geschehen auszulegen ist,

ohne sie weder als Selbstverwirklichung der göttlichen Personen noch als bloß beliebiges, zufälliges, d.h. akzidentelles Geschehen zu begreifen. Ein solcher Horizont, der Hingeben und Empfangen über die Alternative von Zufall und Notwendigkeit erhebt, kann nach BALTHASAR nur Liebe sein.

Diese Liebe, die Gott selbst ist (1 Joh 4,8.16), wird (im Glauben) unübersehbar im "pro nobis" des Kreuzes. Sie ist dessen alleiniger Grund[1294]. Weder kann es seitens der Welt ein Anrecht geben, noch kann für Gott eine Notwendigkeit bestehen, daß der Vater dem Sohn das Kreuz auferlegt und der Sohn dieses Kreuz tragend den Zorn Gottes auf sich selber lenkt, um ihn "für" den Sünder zu erleiden. Das geschieht allein aus Liebe[1295]. Soll aber Gott darin nicht erst zur Liebe werden, daß er den welthaft Anderen liebt, sondern die Liebe immer schon sein, dann hat dieser Gipfel aller Heilsökonomie einen tragenden theologalen Innenaspekt: Der Vater liebt den Sohn so, daß er ihm gestattet, im absoluten Gehorsam nur noch Raum zu werden für das Gericht, während der Sohn den Vater liebt, indem er dessen Willen tut[1296].

Damit ist bereits angedeutet, daß die Liebe Gottes zur Schöpfung faktisch die Gestalt des Gekreuzigten annimmt[1297]. Die Aussagen des AT vom Leiden Gottes dürfen deshalb nicht voreilig als anthropomorphe Rede minimalisiert werden, wie auch das Leiden Christi nicht einseitig auf seine menschliche Natur beschränkt werden darf[1298]. Hier ist auf die von BALTHASAR breit dargestellte Leidensdramatik in der Heilsökonomie zu verweisen, die die Ohnmachtsgestalt der göttlichen Liebe verdeutlicht. Sie ist die ins Geschichtliche übersetzte innertrinitarische "Ur-Kenose". Bei dieser geht es "um den restlosen Verlust des ʼganzen Habens und Besitzensʼ, die Gottheit einschließlich, um etwas also, das vom Schenkenden her wie ein absolutes ʼWagnisʼ erscheinen könnte, wenn nicht gleich-ewig ihm die unendliche Dankbarkeit für das Geschenk entgegenkäme, eine Dankbarkeit, die bereit ist, für den Schenkenden das Äußerste zu leisten"[1299]. So kann BALTHASAR den starken Ausdruck von einem "gegenseitigen ʼVerblutenʼ Gottes"[1300] gebrauchen.

Die Ohnmacht der Liebe Gottes darf jedoch gerade angesichts ihrer sichtbaren Gestalt am Kreuz nicht als Hilflosigkeit interpretiert werden. Sie bleibt nicht in einer letzten Tragik auf der Strecke, denn sie ist nach dem Zeugnis der Schrift heilende, den Menschen erneuernde Liebe, weshalb der Autor lieber von der

"Unmacht" der Liebe Gottes spricht. Im Kreuzestod Jesu enthüllt sich vollends, was Gottes Liebe vermag. "Der Zorn Gottes gegen die Verneinung der göttlichen Liebe trifft auf eine göttliche Liebe, die des Sohnes, die sich diesem Zorn aussetzt und ihn entwaffnet und buchstäblich gegenstandslos macht"[1301]. In der Freiwilligkeit seines Sohnesgehorsams ereignet sich die radikale Umkehr vom ewigen Tod zum ewigen Leben, in der "die allmächtige Unmacht der Liebe Gottes aufscheint"[1302]. Und auch hier gilt, daß sich Ökonomisches nur innerhalb der gesamttrinitarischen "Ur-Kenose" ereignet: Die göttlichen Hypostasen der zeugenden, empfangenden und bezeugenden Selbsthingabe verlieren sich darin nicht, weil sie sich nur "haben", indem sie sich liebend "weggeben", d.h. weil ihr Reichtum in ihrer Armut liegt[1303].
Die Liebe, mit der Gott der Welt begegnet und die er selber ist, wirft ein für menschliche Vorstellungen überraschendes, ja überhelles Licht auf die Größe seines Gottseins. Denn sie gibt den Blick frei auf eine Souveränität, die nicht "im Festhalten des Eigenen, sondern in seiner Preisgabe sich kundtut, so daß diese Souveränität sich jenseits dessen ausbreitet, was sich innerweltlich als Macht und Ohnmacht gegenübersteht"[1304]. Die Sünde wird nicht in einem Gewaltakt Gottes beseitigt, der letztlich die endliche Freiheit mißachten müßte. Statt dessen wird sie vom Sohn bis zur Ohnmacht des Kreuzes getragen und d a r i n überwunden. Der Sieg Gottes nimmt in der Welt stets die Gestalt der Niederlage an (johanneisch: die "Erhöhung" des Gekreuzigten als Zusammenfall von Machtlosigkeit und Herrlichkeit). "In der Kreuzesverlassenheit wird, als in der höchsten kreatürlichen Negativität, die höchste Positivität der trinitarischen Liebe offenbar"[1305]. Damit ist schließlich auch die Entgegensetzung einer theologia crucis und gloriae überwunden.
Von hier aus wird nach BALTHASAR auch die Rede vom Schmerz Gottes zu verantworten sein. Als berechtigte Rede muß sie ihren theologalen Charakter bewahren, der darin besteht, daß das ohnmächtige Leiden Gottes in seinem Sohn nicht "ein Werk göttlicher Übermächtigung"[1306] ist, sondern die innerweltliche Gestalt der t ä t i g e n Übernahme der Weltsünde. Der Autor schließt hier unmittelbar an die patristischen Aussagen über das "Pathos" Gottes an. "Pathos kann in Gott nicht sein, sofern dieses ein ungewolltes Bestimmtwerden von außen her besagt. Oder positiv gewendet: Gott (und auch der Menschgewordene) kann passiv nur betrof-

Unveränderlichkeit

fen werden, sofern dies einem vorausgehenden aktiven freien Willensentschluß entspricht"[1307]. Insofern also "Pathos" (seinem ursprünglichen Sinn nach) ein unfreiwilliges Erleiden durch einen Anderen meint, muß von Gott "A-pathie"[1308] ausgesagt werden, was der Rede vom "göttlichen Schmerz"[1309] dann nicht widerspricht.

Überblickt man alles bisher Gesagte, dann wird erkennbar, wie die heilsgeschichtliche Dramatik zwischen Gott und Welt so im Sein des trinitarischen Gottes eingeschlossen liegt, daß d a r i n -und gerade nicht in einer metaphysisch neutralisierenden Wesenstheologie- die "Unveränderlichkeit" Gottes sichtbar wird. Die Schöpfung und alle ihre dramatischen Bewegungen sind im Sohn als dem "von Ewigkeit geschlachteten Lamm", dann aber auch gesamttrinitarisch im Vater, der in der Zeugung des Sohnes immer schon der Hingebende ist, und im Geist als der Besiegelung der Hingabe von Vater und Sohn verantwortet und untergriffen. Die trinitarische "Ur-Kenose" der Liebe ist jener weite Horizont, innerhalb dessen sich Geschichte frei vollzieht und der deshalb von dieser auch nicht einer Veränderung unterworfen werden kann. "Somit besteht kein Anlaß, gegen die 'Unveränderlichkeit Gottes' zu polemisieren, als würde mit diesem Prädikat dem lebendigen und personalen Gott der Bibel fälschlich ein aus dem 'unterpersonalen', besonders dem 'geometrischen' Denken der Antike entlehntes ontologisches Attribut zugesprochen"[1310].
Grundlage für den Begriff der "Unveränderlichkeit" Gottes ist demnach keine andere als die Trinitätstheologie[1311]. Damit wird nicht nur der "antik-ontologische Verständnishorizont"[1312] überstiegen, welcher die Unveränderlichkeit eines höchsten Wesens aus seiner absoluten Einfachheit, Unteilbarkeit und Unbewegtheit herleitet, sondern auch der Meinung widersprochen, die "Unveränderlichkeit" Gottes sei nur unter Verzicht auf ein ontologisches Verständnis zu konzipieren, "wie viele katholische Theologen es den protestantischen nachsprechen"[1313]. Mit Nachdruck weist BALTHASAR darauf hin, daß es in der Selbstvorstellungsformel Ex 3,14 nicht nur um eine moralische Absichtserklärung Gottes geht, sein Volk durch den Gang der Geschichte zu begleiten, sondern auch um die Begründung solcher Treue im Wesen Gottes, so daß es eine Verkürzung der Schriftaussage bedeuten müßte, wenn Gottes "Unveränderlichkeit" auf seine heilsgeschichtliche Haltung der Bundestreue reduziert würde. "Die Bibel Alten und Neuen Bundes blickt zweifellos durch seine ökonomische Haltung h i n d u r c h auf

eine Eigenschaft der Gottheit an sich selbst"[1314].
Das ontologische Verständnis der biblischen Unveränderlichkeitsaussage kann nach BALTHASAR nicht mehr hinter das zurück, "was Platon am Ende des zweiten Buches seines 'Staates' gegen die Mythendichter über Gottes Unveränderlichkeit (und deshalb Wahrhaftigkeit) gesagt hat"[1315]. Dort geht es darum, daß von Gott alle Veränderungen ausgeschlossen werden, solche durch äußere Einwirkung, denn Gott ist vollkommen, und solche durch Gott selbst, denn als das Höchste könnte er sich nur zum Niederen verändern, was für Gott anzunehmen unmöglich ist. Ist von Gott solchermaßen eine reale Veränderung auszuschließen, dann auch jede nur scheinbare, mit der er den Menschen über sein eigentliches Wesen täuschen würde. Worauf es BALTHASAR ankommt, ist die von PLATON hier artikulierte Einheit von Gottes Wahrheit (d.h. seiner Unveränderlichkeit) und Wahrhaftigkeit. Auch der biblische Gott ist "unveränderlich", d.h. er wird weder von außen noch durch sich selbst verändert (letzteres allerdings nur in formaler Übereinstimmung mit PLATON angesichts der Ungeheuerlichkeit ihrer trinitätstheologischen Implikation); als ein solcher aber verändert er sich dann auch nicht im Gegenüber zur Welt. Die "Unveränderlichkeit" des trinitarischen Gottes, d.h. seine "kenotische" Überlegenheit über die Welt ("allmächtige Unmacht"), begründet seine unverbrüchliche Treue gegenüber der Welt. In seinem göttlichen Ja zu sich selbst, in dem Gott immer schon ist, der er ist, liegt auch sein Ja zur Schöpfung (2 Tim 2,13)[1316]. "Die unendliche Freiheit Gottes im Bund ruht auf Gottes Treue zu seinem eigenen Wesen"[1317]. Damit hat BALTHASAR die Unveränderlichkeit der Bundestreue in ein ontologisches Verständnis überführt.

Mit dem Aufweis der unbedingten Bundestreue hat der Autor -neben der Verantwortung der Schöpfung im Sohn als deren Uridee, der trinitarischen "Ur-Kenose" und der "allmächtigen Unmacht" der Liebe Gottes- einen letzten Aspekt der "Unveränderlichkeit" Gottes offengelegt. Sie alle weisen auf Gottes Freiheit, die in ihrer letzten und entscheidenden Gestalt nicht so sehr als Freiheit v o n der Welt oder als Freiheit, aus sich selbst zu sein, erscheint (obwohl beide nicht ausgeschlossen werden dürfen!), sondern jene Freiheit Gottes ist, in der er f ü r die Welt, für diese reale, von Gott abgeirrte Welt sein kann. Eine jede Konsequenz, die sich für Gott aus dem geschichtlichen Schöpfungsverhältnis ergibt, ist von dieser absoluten Freiheit Gottes bereits grundlegend als Möglichkeit endlicher Freiheit eröffnet und zugleich überholend unterfaßt. Für Gott kann von der Welt schlechterdings kein Risiko ausgehen, nicht weil er in seliger Unberührbarkeit über der Geschichte schweben würde, sondern weil das "Risiko" der innertrinitarischen Selbsthingabe, in der alle innerweltlichen ihren Platz haben, immer schon überwunden ist. "Man wird deshalb die Rede von der 'Veränderlichkeit Gottes' in der Theologie vermeiden, gerade weil man seine absolute Freiheit, die in seinem Weltplan als Freiheit zu seiner (trinitarischen) Freiheit erscheint, im Sinn behält"[1318].

So kann sich abschließend noch die Frage nach der Bedeutung der Schöpfung für Gott stellen. Daß sie nicht konstitutiv sein kann, versteht sich nun von selbst. Aber ist die Welt damit für Gott bedeutungslos? Mit Entschiedenheit weist BALTHASAR auch diese Möglichkeit zurück. Schöpfung hat für Gott insofern Bedeutung, als sie der Verherrlichung Gottes dient, dies nicht in einem rein äußerlichen, akzidentellen Sinn, sondern als ein Hineingenommensein der Welt in die ewige gegenseitige Verherrlichung der trinitarischen Personen. So ist sie ein Geschenk des Vaters an den Sohn, in dem als Haupt der Schöpfung er alles zusammenfassen will; sie ist zugleich Gelegenheit des Sohnes, den Vater dankend zu verherrlichen, indem er ihm bei der Vollendung der Welt alles zu Füßen legen wird; und schließlich ist sie Gelegenheit des Geistes, die gegenseitige Verherrlichung von Vater und Sohn auch durch die Schöpfung zu betätigen[1319]. Somit kann gesagt werden, "daß das Werk der oikonomia, das wie für die Welt, so auch für Gott keinesfalls nichts ist, selbst Gott in einer bestimmten Hinsicht 'bereichert', ohne seinem ewigen Leben etwas ihm Fehlendes hinzuzufügen"[1320].

Bemerkungen

Der Horizont, innerhalb dessen BALTHASAR das Problem der "Unveränderlichkeit" Gottes behandelt, ist das dramatische Gegenüber von endlicher und unendlicher Freiheit[1321]. Damit schließt er an das an, was als ein Grundelement des bundestheologischen Ansatzes zu gelten hat: daß Gott und Welt in einem Dialogverhältnis zueinander stehen und auf diese Weise eine gemeinsame Geschichte gestalten. Diese Gemeinsamkeit zeigt sich -bei aller Weltüberlegenheit Gottes- als Gegenseitigkeit der Bundespartner. Insofern dieser Bund durch Erwählung Gottes zustandekommt und von der unbedingten Treuezusage des Erwählenden begleitet wird,

erhält dieses Gegenüber den Charakter einer Solidargemeinschaft. Damit hat sich Gott -im Bundesschluß ausdrücklich- an die endliche Freiheit gebunden. Gott ist mit dem Bundespartner auf dem Weg. Führt er ins Leiden, dann leidet Gott mit ihm.
Der zweite Aspekt des Dialogverhältnisses, den der bundestheologische Ansatz zum Ausdruck gebracht hat und der von KITAMORI nochmals in einer letzten Deutlichkeit herausgestellt wurde, bekommt für BALTHASAR indes mehr Gewicht. Das Leiden Gottes ist nicht nur ein Leiden m i t dem Geschöpf, es ist auch ein Leiden a n ihm. Das dramatische Verhältnis zwischen Gott und Welt ist deshalb nie nur ein spannungsvolles Gegenüber zweier Freiheiten, die sich voneinander weg- oder aufeinander zubewegen k ö n n e n, sondern ein solches, in dem eine Entfremdung tatsächlich geschehen i s t, in dem die Treuezusage der unendlichen Freiheit mit Untreue der endlichen Freiheit beantwortet wurde.
Dieser biblisch so reich bezeugte Charakter der Schöpfungsbeziehung Gottes kann nach BALTHASAR nur dadurch gesichert werden, daß die endliche, aber doch reale Freiheit des Geschöpfs in keinem Augenblick mißachtet wird. Gegenüber BARTH hat der Autor geltend gemacht, daß bei ihm die geschöpfliche Freiheit in der Gefahr steht, durch eine akzentuiert christozentrische Anthropologie absorbiert zu werden[1322]. Das kann nur bedeuten, daß die Eigenwirklichkeit des Geschaffenen vor jeder theologischen Durchdringung mit den Mitteln des ihr eigenen Denkens zu erheben ist. Hier weist BALTHASAR der philosophischen Reflexion ihren Platz an. Diese vermag -noch vor jeder christlichen Anthropologie- endliche Freiheit zu erkennen als ein (relatives) Aus-sich-sein-Können und als Wählen-Müssen. Wo diese Einsicht verdunkelt wird, entbehrt das personale Verhältnis des Menschen zu Gott seiner unaufgebbaren Möglichkeitsbedingung (GRESHAKE) und wird zu einem undramatischen vis-a-vis eines Bildners zu seinem Machwerk.

Insofern BALTHASAR größtes Gewicht auf den dramatischen Charakter des Gott-Welt-Verhältnisses und also auf die Wahrung kreatürlicher Eigenwirklichkeit und Freiheit legt, erscheint die Kritik, wie sie L.J.O'DONOVAN[1323] geäußert hat, wenig verständlich. Dieser geht von einem evolutionstheoretischen Schöpfungsbegriff aus. Im Hintergrund steht dabei nicht jene von WHITEHEAD philosophisch inspirierte Prozeßtheologie, die den prozessualen Fortgang der Welt nur in einer punktuellen Impulsgabe Gottes gegründet sieht, sondern eine biblisch orientierte präsentische Eschatologie mit der Betonung menschlicher Verantwortung für die Durchsetzung der Gottesherrschaft. Hinsichtlich des Problems endlicher Freiheit hält er BALTHASAR entgegen, Welt in ihrer relativen Autonomie und Eigenwertigkeit zu verkennen und sie zu einem bloßen Vehikel göttlichen Handelns zu verkürzen[1324]. Es dürfte aus dem bisher Gesagten hinreichend deutlich geworden sein, daß diese Beurteilung nicht zutreffend ist. O'DONOVAN führt seine Kritik weiter, indem er auf den Verlust einer präsentischen Eschatologie hinweist. "Bei Balthasars Behandlung von Entwicklung, Geschichte und Eschatologie scheint indes eine einseitige Betonung der Transzendenz der Gottesherrschaft vorzuliegen sowie der Ausfall jener Kraft, die das Kreuz in sich trägt. So ist er letztlich geneigt, die innere Verwandtschaft auszublenden zwischen einem evolutiven Weltverständnis und der Glaubensaussage: 'Hier auf Erden ist das Reich schon im Geheimnis da'"[1325]. Das aber müßte in letzter Konsequenz zusammen mit dem ersten Einwand zu einer undramatischen Schöpfungsbeziehung und einem Ausfall des Miteinanders von endlicher und unendlicher Freiheit führen, da Gott sich aus dem Gang der Geschichte auf eine reine Transzendenz zurückgezogen hätte. Bedenkt man aber gerade den Geschichts- und Eschatologie-, aber auch den Transzendenzbegriff BALTHASARs, dann stößt man immer wieder nicht nur auf die Einsicht in eine bleibende, allgemeine Präsenz Gottes im Gang der Geschichte, sondern auf jenes gern gebrauchte Wort von der "Eucharistie" des Sohnes, das in seiner trinitarisch-staurologisch-sakramentalen Mehrdeutigkeit näherhin die Gestalt anzeigt, unter der die Gottesherrschaft in der Welt anwesend ist. Gott hat sich nachösterlich gerade nicht auf seine Transzendenz zurückgezogen, sondern durch seine bleibende Präsenz im Fortgang der Geschichte eine Steigerung der endzeitlichen Dramatik herbeigeführt.

Das dramatische Miteinander von endlicher und unendlicher Freiheit ist für BALTHASAR die unabdingbare Voraussetzung für ein Nachdenken über die "Unveränderlichkeit" des in Jesus Christus sich offenbarenden Gottes. Es ist gleichsam jenes Schwergewicht in der Waagschale, das theologisch so aufzuwiegen ist, daß die Rede von der "Unveränderlichkeit" Gottes ins rechte Lot kommt. BALTHASAR hat das Heilshandeln mit dem Sein Gottes in eine solche Beziehung gesetzt, daß die theologia nur dann überhaupt authentisch sein kann, wenn sie die Bewegtheit der oikonomia aufzunehmen vermag. Eine Gotteslehre, die sich vorab metaphysisch neutralisierender Spekulation bedient und auf diese Weise zu einer Aussage über die "Unveränderlichkeit" Gottes gelangt (wie es bis heute schultheologisch immer noch hier und da zu lesen ist), wird von BALTHASAR für zu leicht befunden.

Die Anforderungen, denen der Gottesbegriff und mithin das rechte Verständnis der "Unveränderlichkeit" Gottes ausgesetzt sind, werden von BALTHASAR nicht punktuell auf ein einzelnes Heilsereignis eingegrenzt. So steht beispielsweise nicht nur die Frage an, wie der Sohn Mensch werden könne, ohne sein Gottsein zu verlieren. Die Perspektive auf das Heilshandeln ist universal ausgeweitet und umfaßt vom Anfang des schöpferischen Entlassens endlicher Freiheit bis zum Ende der eschatologischen Gottesgemeinschaft den weiten Horizont der Heilsökonomie. So entgeht BALTHASAR der Gefahr, die in einer perspektivischen Einengung der Frage nach dem nur schaffenden, menschwerdenden oder "gekreuzigten" Gott lauert und die darin liegt, die jeweilige Perspektive für d i e entscheidende auszugeben. Der Schöpfergott ist derselbe wie der menschwerdende und dieser wiederum kein anderer als der "gekreuzigte". BALTHASAR wahrt diese theologale Identität, indem er das Ganze der Ökonomie im Auge behält und sich die Grundsatzfrage stellt, wie Gott überhaupt fähig sein kann, endliche Freiheit zu entlassen, sich damit an sie zu binden und diese am Ende noch als "gute Schöpfung" (Gen 1,31) zu verantworten. Man spürt hier sofort, wie der Gottesbegriff und mit ihm das Verständnis der "Unveränderlichkeit" eine Weite erhalten, die in der Lage ist, die Besonderheiten der theologalen Bewegungen einzelner Heilssituationen in sich aufzunehmen. An der Erkenntnis der Offenbarung in Jesus Christus gebildet, wird dieser Gottesbegriff doch nie zur Funktion einer Christusidee, sondern zu einem trinitarischen Begriff, der mit der Ganzheit der Heilsökonomie korrespondiert. Man könnte sagen, daß inhaltlich gesprochen die Kenosis des menschgewordenen Offenbarers dazu führt, dem Gottesbegriff eine "ur-kenotische" Gestalt zu geben, um dann bei einer relecture der gesamten Heilsgeschichte darin die differenzierten Formen dieser frei ins Ökonomische gewandelten "Ur-Kenose" Gottes zu finden. Schöpfung, Inkarnation und Kreuz werden nicht zu Einzelmomenten an einem immer noch zu konstruierenden Gottesbegriff, sondern gewinnen auf dem Hintergrund eines schon bestehenden -wenn auch nie apriorisch gebildeten- Gottesverständnisses ihre volle Gestalt und Leuchtkraft. Sie sind ei-

nerseits Erkenntnisgrundlage und andererseits aufgrund ihrer theologalen Über-Setzung die heilsökonomisch unterschiedlichen Formen einer einzigen, "unveränderlichen" Gottesgestalt.
Ergänzend ist in diesem Zusammenhang hinzuzufügen, daß das Gegenüber von endlicher und unendlicher Freiheit nicht nur ein dramatisches ist, sondern im höchsten Maß auch ein Heilsgeschehen. Auf diese soteriologische Qualität der Schöpfungsbeziehung wurde bereits in der Deutung der Beiträge von BARTH und RAHNER aufmerksam gemacht. Auch bei BALTHASAR findet sich dieses Motiv wieder. Es impliziert zwei eng miteinander verknüpfte Aspekte. Zunächst bedeutet die ausdrückliche Kennzeichnung der Schöpfungsbeziehung als Heilsereignis einen Hinweis auf den Grund ihres Zustandekommens. Daß Gott Gemeinschaft mit dem Menschen sucht und darin immerfort auf dessen Heil bedacht ist, kann angesichts der trinitarischen Freiheit Gottes weder auf eine notwendige Veranlassung seitens Gottes -etwa als "moralische" oder naturhafte Bedingung seines Gottseins- noch auf ein Anrecht seitens der Schöpfung zurückgeführt werden. Grund für diesen ewigen Heilsplan ist allein die Freiheit der Liebe Gottes. BALTHASAR insistiert darauf, daß Theologie hier zu einer aussagbaren Letztheit gelangt, die ein legitimes Weiterfragen verbietet. Für diese Liebe ist schlechterdings kein weiterer Grund mehr anzugeben. Der reinen Vernunft muß diese "Begründung" als Willkür und Beliebigkeit erscheinen. Der Autor akzeptiert bewußt diese philosophische Unzulänglichkeit und spricht deshalb gern von der Grundlosigkeit der Liebe. Hier zeigt sich im übrigen ein durchgängiger Wesenszug seiner gesamten Theologie. Bei allem Gebrauch der Vernunft zur Erhellung von Glaubenswahrheiten wird doch niemals die Plausibilität des Denkens zum letzten Kriterium für die Theologie. Grundsätzlich bleibt theologisches Denken gläubiger Nachvollzug eines in der Offenbarung Vorgegebenen, so daß es so etwas wie einen Gehorsam des Begreifens gibt, der verhindert, daß die inneren Gesetzmäßigkeiten menschlichen Denkens zum heimlichen Maß der Theologie werden.
Das Wort von der Grundlosigkeit der Liebe muß (und soll) für all diejenigen eine Provokation darstellen, denen diese Begründung göttlicher Ökonomie zu dürftig erscheint, die dahinter eben tatsächlich eine kaschierte Willkürentscheidung vermuten und deshalb versucht sind, einen letzten, positiv einsichtigen Grund anzugeben. So hat PANNENBERG Gott und Geschichte nicht mit der

Grundlosigkeit der Liebe verbunden, sondern damit, daß Gottes Sein, insofern es im Durchlaufen der Geschichte zu seiner endgültigen Bewahrheitung gelangt, selbst den Grund für eine Schöpfungsbeziehung naturhaft in sich trägt. KOCH und MOLTMANN verdächtigen den freien Liebesentscheid Gottes des Nominalismus und gehen deshalb grundsätzlich von der Unmöglichkeit einer Nicht-Beziehung Gottes zur Welt aus. Und schließlich muß auch zumindest vereinzelten Tendenzen nach JÜNGEL genannt werden, der die Grundlosigkeit der Liebe dort gefährdet, wo die Selbstlosigkeit der innertrinitarischen Liebe immer schon wesenhaft über sich hinausgeht und von da her eine Schöpfungsbeziehung in gewisser Weise schon von sich aus plausibel wird. Aber alle diese Begründungen führen nach BALTHASAR zu einem letzten Bescheidwissen über Gottes Weltverhältnis, bei dem der theologische Gottesgedanke zu einem handhabbaren philosophischen Gottesbegriff[1326] verkommen ist. Eine Theologie, die die Grundlosigkeit der Liebe Gottes nochmals begründen möchte, wagt sich zu weit nach vorn und verliert dadurch paradoxerweise ihren Gegenstand aus den Augen.

Der zweite Aspekt ist, daß überall dort, wo die Liebe Gottes als Grund der Heilsökonomie nochmals begründet wird, das Weltverhältnis Gottes ein eigentümlich theologales Gewicht bekommt. Denn es läßt sich nun nicht mehr vermeiden, daß mit einer letzten, positiv einsichtigen Begründung der Schöpfungsbeziehung diese für Gott selbst konstitutive Bedeutung erlangt. Wo dies aber der Fall ist, verblaßt das soteriologische Motiv. Deutlich läßt sich dies an den eben genannten Beiträgen erkennen (JÜNGEL vielleicht ausgenommen). Steht Gott der Welt nicht in einer grundsätzlichen Freiheit gegenüber, sondern ist immer schon auf sie verwiesen und deshalb angewiesen, dann gerät diese in eine fragwürdige Zweideutigkeit, indem sie zum notwendigen, d.h. quasigöttlichen Gegenüber wird und dennoch als Geschaffenes nicht gleichewig sein kann. In jedem Fall hat dieses Verhältnis seine biblisch so reich bezeugte soteriologische Qualität verloren. Denn hier steht nun nicht mehr das Heil der Schöpfung im Vordergrund, sondern, wenn man so will, das Heil Gottes. Indem BALTHASAR die Schöpfungsbeziehung so eindeutig und nachdrücklich immer wieder als eine soteriologische kennzeichnet -das "pro nobis" ist der letzte Verstehenshorizont des Kreuzes!- wird Gott zum "Heiland", der Heil zu schaffen vermag, ohne selbst heilsbedürftig zu sein.

Der Heilscharakter des Weltverhältnisses ist nach seiner biblischen Maßgabe der starke Ausdruck für die "Selbstlosigkeit" des so handelnden Gottes, der nicht seine eigenen Belange in den Vordergrund stellt, sondern eindeutig eben nur jene des Geschöpfs. Auch die Verherrlichung Gottes durch die Schöpfung ist nur möglich, wenn diese ihre Bestimmung der eschatologischen Gottesgemeinschaft erreicht und kann deshalb nicht als ein zweiter Gesichtspunkt gleichsam als Konkurrenz neben die Erlösung treten. Zusammenfassend kann gesagt werden, daß der soteriologische Charakter des Weltverhältnisses Gottes bei BALTHASAR als Hinweis darauf zu gelten hat, daß das Geschichtshandeln Gottes auf keinen anderen Grund als die Grundlosigkeit der selbstlosen Liebe zurückgeführt werden darf und es darin allein um das Heil des geschöpflich Anderen geht.

Wie oben ausgeführt wurde, hat BALTHASAR seinen Unveränderlichkeitsbegriff im Gegengehalt zur dramatisch gefaßten Heilsökonomie gebildet. Die einzelnen Aspekte dieses Begriffs sollen im folgenden zusammengetragen und gesichtet werden. Dabei zeigen sich zugleich jene Antwortelemente, mit denen der Autor die hier entscheidende Frage angeht: "Wer und wie beschaffen ist dieser Gott, der, ohne sich zu verändern, endliche Freiheiten aus sich entlassen kann"[1327]?

TD 2/1 175

Ein erster Komplex besteht darin aufzuzeigen, daß die Negation der Unveränderlichkeitsaussage ein Ausschließen eines äußerlichen Bestimmtwerdens Gottes meint. Dieser Sinn wird von BALTHASAR mit dem Begriff der A-pathie ausgedrückt. Er unterscheidet ihn damit von der mit ihm heute assoziierten Bedeutung von Teilnahmslosigkeit und gibt ihm so seinen ursprünglichen Sinn zurück. Damit, daß Gott a-pathisch ist, d.h. von außen nichts ungewollt erleidet, hängt eng zusammen, daß Gottes Handeln stets nur actio und niemals re-actio sein kann. Gott besitzt den Primat des Handelns. Weder geht diesem Handeln seitens der Schöpfung ein Anrecht oder eine Veranlassung voraus, noch seitens Gottes eine wesenhafte bedingte Notwendigkeit, etwa als Insuffizienz seines Seins. Und schon gar nicht läßt sich Gott -wie bei KOCH oder innerhalb der Prozeßtheologie- einem universalen kosmischen Prinzip unterstellen, wobei er dann als Motor oder dessen höchste paradigmatische Verwirklichung erscheinen würde.

Der actio-Charakter göttlichen Handelns bleibt schließlich auch da bestehen, wo dieses Handeln die Gestalt des Leidens und der

Ohnmacht annimmt. Denn auch die "Passivitäten" Gottes sind seine Aktivitäten, insofern sie auf einem Geschehen-Lassen gründen. Sie sind tätiges Ertragen eines Leidenszustandes, nicht Übermächtigung im Leiden. Hierfür steht vor allem der absolute Gehorsam des menschgewordenen Sohnes als die umfassende actio gegenüber seiner irdischen passio. Positiv kann deshalb der Sinngehalt der A-pathie Gottes als ein ausschließliches Sich-selbst-Bestimmen bezeichnet werden. Hier ist an den theologischen Akzent des BARTHschen Gottesgedankens zu erinnern, den BALTHASAR in vollem Umfang übernimmt: Gott wird nur durch Gott bestimmt. Wo sich ein anderer Bestimmungsursprung auftut, hat Gott seine Freiheit verloren.

Ein zweites Element des Unveränderlichkeitsbegriffs ist BALTHASARs Ablehnung eines bloß moralischen Verständnisses. Gott ist nicht nur unveränderlich in dem Sinn, daß seine Absichtserklärung, Gemeinschaft mit dem Geschöpf zu halten, unwiderruflich und endgültig ist. Mit dieser Kritik, die von GALOT[1328] uneingeschränkt geteilt wird, richtet er sich gegen eine Theologie, die im Anschluß an exegetische Untersuchungen zu entsprechenden Schriftstellen (Ex 3,14; Mal 3,6; Ps 102,28; Jak 1,17) Gottes "Unveränderlichkeit" auf die moralische Haltung seiner Bundestreue reduzieren möchte. Hierzu gehören E.BRUNNER[1329], MOLTMANN[1330], PANNENBERG[1331], MÜHLEN[1332], KÜNG[1333] und DEWART[1334].

Demgegenüber macht BALTHASAR geltend, daß die Treue Gottes als moralische Unveränderlichkeit nicht nur eine Haltung ist, sondern auch eine Eigentümlichkeit Gottes an sich. Mit anderen Worten: die Treue Gottes ist in seinem Wesen begründet[1335]. Damit wird erstens deutlich gemacht, daß Gott in seinem Sein kein anderer ist als der Bundesgott. Handelt Gott in Treue an seiner Schöpfung, dann entspricht er darin seinem Sein. Gottes Treue zur Kreatur ist seine Treue zu sich selbst, kurz: seine Wahrhaftigkeit. Zweitens bedeutet die Begründung dieser Treue in seinem Wesen, daß Gott zu dieser (unbedingten!) Treue fähig ist. Er kann sich aufgrund seines göttlichen Vermögens so an endliche Freiheit binden, daß er darin niemals aufhört, Gott zu sein. Seine Treue ist demnach von einer ontologisch zu verstehenden "Unveränderlichkeit" getragen und ermöglicht.

Damit, daß die als Treue ausgelegte "Unveränderlichkeit" Gottes nicht rein ethisch, sondern ontologisch gefaßt wird, ist ein Zugang zum tieferen Verständnis der Selbstvorstellungsformel Ex 3,14 eröffnet. Denn hier wird ja genau eine ethische Treuezusage an sein Sein gebunden: Insofern Gott überhaupt ist, ist er dies als der Mit-Seiende. Eine Ausklammerung dieser ontologischen Dimension zugunsten einer nur moralischen, rein willentlichen Haltung muß sich deshalb fragen lassen, inwieweit sie nicht Ergebnis jener in sich fragwürdigen Schematisierung ist, wonach sich bis zur ersten Begegnung im hellenistischen Judentum ein reiner Personalismus semitischen Denkens und eine spekulative Seinsmetaphysik griechischen Denkens gegenübergestanden hätten. Sicher trifft es zu, daß dem biblischen Denken ein Interesse an metaphysischen Spekulationen über Gott völlig fremd ist. Insofern hat es nie eine Theo-Ontologie entwickelt. Aber daraus ist nicht der Schluß zu ziehen, daß sich eine biblische Theologie allein auf den Gebrauch personaler bzw. personalistischer Kategorien beschränkt hätte.

Dem steht grundlegend der besondere Charakter der Schrift als Verkündigung entgegen. Belangvoll kann Gott für den je anderen Menschen nur dann werden, wenn dieser Gott nicht in seiner subjektiven Bedeutsamkeit für mich aufgeht. Das bedeutet aber, daß alles, was über diesen Gott zu sagen ist, nicht nur in seinem Verhältnis zu mir wahr sein darf, sondern "an sich" und "objektiv" wahr sein muß. Damit ist aber schon grundsätzlich die personale Wahrheit Gottes in eine ontologische übersetzt. Dem entsprechen Aussagen wie die über Gottes wesenhafte Transzendenz, Geistigkeit oder absolute Heiligkeit und Unnahbarkeit, die Gott jenem ausschließlich personalen Gegenüber entheben und ihn in der Weise betrachten, wie er in sich selber ist. Die Bibel äußert sich demnach nicht nur über Gottes Personalität in seiner jeweiligen existentiellen Bedeutsamkeit, sondern auch über das seine Personalität tragende Sein Gottes. Man wird deshalb nicht fehlgehen, auch im Falle von Ex 3,14 mit der Selbstverständlichkeit eines personal u n d ontologisch gedachten Gottesbegriffs[1336] zu rechnen.

BALTHASAR hat mit der Ablehnung eines rein ethisch-personalen Verständnisses der als Treue ausgelegten "Unveränderlichkeit" Gottes zugunsten eines tieferen, theo-ontologischen Denkens, vor allem aber mit seiner ausdrücklichen Bezugnahme auf PLATON die in weiten Teilen der Theologie bereitwillig akzeptierte These von der Unversöhnlichkeit von biblischem Personalismus und griechischem Seinsdenken als in sich fragwürdig problematisiert. Sehr deutlich sieht er dabei aber auch, daß eine naive Vermittlung des biblischen Gottesgedankens mit dem platonischen Gottesbegriff nicht möglich ist. Denn die von PLATON philosophisch gedachte Unveränderlichkeit Gottes kann zwar ihrer Intention nach als Zielaussage übernommen werden (daß Gott weder von außen noch durch sich selbst real oder dem Schein nach in seinem Sein verändert wird), aber ihre Begründung ergibt sich nicht auf dem Weg analytischen Denkens, sondern nur unter Einbezug der gesamten heilsökonomischen Dramatik aus der Offenbarung der bleibenden Geschichtsmächtigkeit und Freiheit Gottes. Zu diesem Zweck ist eine kritische Auseinandersetzung mit dem platonischen Seinsbegriff angezeigt.

3. Damit wird zugleich ein drittes Element des von BALTHASAR entwickelten Unveränderlichkeitsbegriffs deutlich: der dem Wesen des "unveränderlichen" Gottes entsprechende Seinsbegriff. Der unbefangene Umgang mit dem Gottesgedanken PLATONs führt zu dessen differenzierter Beurteilung. So sieht BALTHASAR vor allem in der Funktion substanzontologischer Aussagen eine auch für das christliche Gottesverständnis unverzichtbare Bestimmung. Diese besteht darin, die Vollkommenheit und das Beharrungsvermögen des göttlichen Seins zu sichern. Während aber im Falle der griechischen Philosophie Vollkommenheit und Beharrungsvermögen nur in Verbindung mit dem Ausschluß jeglicher Bezüglichkeit des göttlichen Seins gedacht werden, hat christliche Theologie stets von deren Einschluß auszugehen. Insofern ist die Inhaltlichkeit einer reinen Substanzontologie von deren Zielaussage zu unterscheiden. BALTHASAR nimmt für seinen theologischen Seinsbegriff die Bestimmungen des Selbstbeharrungsvermögens und der Vollkommenheit als Gottes Freiheit (Aseität) und "Unveränderlichkeit" so auf, daß sie ihre Wahrheit gerade angesichts der dramatischen Schöpfungsbeziehung entfalten.

Der idealistische Versuch einer Überwindung der reinen Substanzmetaphysik durch Erweiterung zur Subjektivität wird von BALTHASAR als unbefriedigend abgelehnt. Denn hier wird das göttliche Sein zwar mit dem Anderen in Beziehung gesetzt, dies aber um den Preis einer wesenhaften Notwendigkeit. Ohne diesen Bezug nämlich müßte das Sein in der Bewußt-losigkeit seiner reinen Substanzialität verharren. Es kann nur wirklich s e i n, wenn es durch Entäußerung an sein Anderes zum Bewußtsein seiner selbst gelangt ist. Mit diesem Anderen steht es dann in einer notwendigen (weil kon-

stitutiven) Beziehung, womit gerade die Bestimmung der göttlichen Freiheit aufgegeben ist.
Deshalb denkt BALTHASAR das Sein Gottes nicht als Bewußtwerdungsprozeß, um es über die beziehungslose Zuständlichkeit reiner Substanzialität zu erheben, sondern als trinitarische Liebe. "Das 'Wasserzeichen' der Kreuzesliebe Christi prägt die Ontologie Balthasars -ohne der Gefahr eines Panchristismus zu erliegen- und führt zu dem metaphysischen Ansatz: *Sein als Liebe*"[1337]. Göttliches Sein hat demnach in seiner trinitarischen Vollkommenheit dynamischen Charakter, ohne das nichtgöttlich Andere notwendig zu implizieren, weil es das Andere als ein göttliches selbst in sich enthält. Aber es kann den Bezug zum nichtgöttlich Anderen als freie Möglichkeit einschließen, denn die gottimmanente Bezüglichkeit dieses Seins ist der weite Horizont für jede gotttranszendente Bezüglichkeit.
Diesen Spuren im Denken BALTHASARs ist K.HEMMERLE[1338] nachgegangen. Er arbeitet die ontologischen Implikationen der trinitarisch gedeuteten eucharistischen Liebeshingabe Christi heraus und gewinnt auf diese Weise einen dem Wesen Gottes entsprechenden Seinsbegriff. Liebe als ontologischer Begriff bedeutet, daß in der Mitte dieses Denkens Relationalität und Bewegung stehen. "Aber Beziehung, Bewegung werden nicht als ein neues Prinzip statuiert, aus dem sich alles doch wiederum in einsamer Deduktion ableiten ließe. Nur eines bleibt: das Mittun jener Bewegung, welche die agape selber ist. Diese Bewegung ist der Rhythmus des Seins; es ist der Rhythmus des Gebens, das sich selber gibt"[1339].

Sein ist seiend, insofern es sich in seinem Akt vollzieht. Ein solcher Vorgang ist nicht das Strömen eines homogenen Seienden, denn in einem solchen bliebe alles in sich ungeschieden und in unbewegter Ruhe. Vielmehr ist dieser Vorgang "geschehende Beziehung, die nicht ginge ohne das Zueinander, Ineinander und Auseinander von Polen, zwischen denen sie spielt"[1340]. Diese Pole, die entgegen der einfachen Ursprünglichkeit sich selbst setzender Subjektivität eine Mehrursprünglichkeit des Seins bedeutet, dürfen nicht außerhalb dieses Seinsgeschehens situiert werden, sondern gehören in dieses selbst hinein. "Mehr noch: sie selbst sind Geschehen. Sie sind dies: sich mitteilen, sich in den Vorgang hineingeben und aus ihm empfangen, ihn sein lassen und von ihm sein gelassen sein. In jedem Pol ist der ganze Vorgang, der ganze Vorgang ist das Sein eines jeden Pols. Die Pole

unterscheiden sich durch die Weise, wie der ganze Vorgang aus ihnen hervorgeht und sie aus ihm hervorgehen"[1341].
So ist Sein ein in sich strukturiertes Geschehen von Hingeben, das nur darin sich selbst gegeben ist. Es ist eine notwendige Verschränkung von Überstieg und Rückwendung. "Was nur aufbricht zu sich selbst, kommt nicht zu sich; was nur aufbricht von sich weg, kommt nicht zu seinem Anderen, weil es seinem Anderen nichts bringt, weil es sich selber seinem Anderen nicht bringt"[1342].
Damit hat HEMMERLE im Anhalt an die geoffenbarte Liebestrinität den theologischen Seinsbegriff ganz im Sinne BALTHASARs aus seiner substanzontologischen Verengung herausgeführt. "Substanz ist da zur 'Transsubstantiation', zur 'Kommunion'"[1343].
Die "Verflüssigung" reiner Substanzialität zum Geschehen der Hingabe löst die problematische Bindung von Freiheit und Unveränderlichkeit des Seins Gottes an dessen Beziehungslosigkeit. "Die Freiheit des Sich-Gebens ist innertrinitarisch reine, notwendige Einheit in sich selbst und ist zugleich Freiheit über sich selbst hinaus, Freiheit, Nicht-Notwendiges sein zu lassen, es also nicht notwendig sein zu lassen"[1344]. Gott ist in seinem Sein nicht zur Schöpfung gezwungen, weil er in sich selbst vollkommen ist und frei. Aber als der sich an sich selbst Hingebende, als der über sich Hinausgehende und darin der In-sich-Seiende ist er ebenso frei zur Schöpfung. In dieser Freiheit, die eine solche der sich hingebenden Liebe ist, so daß damit hinreichend deutlich wird, wie abwegig es ist, "hier eine Theorie der 'ekstatischen Liebe' am Werk zu sehen"[1345], liegt zugleich auch Gottes "Unveränderlichkeit". Denn Hingabe an das geschöpfliche Du ist nichts anderes als die freie, ungeschuldete ökonomische Form des Selbstvollzugs göttlichen Seins. "Sich-Geben ist Aufbruch, ist Weg-Sein von sich selbst. Darin aber hat Sich-Geben gerade seine Identität, darin bleibt es. Sein Verschenken ist sein Wahren"[1346].

HEMMERLE, Thesen 62

Mit der "Spurensicherung" einer trinitarischen Ontologie im Denken BALTHASARs, für die bereits vor BALTHASAR einige Versuche[1347] unternommen wurden, taucht auch die Frage nach dem Begriff der göttlichen Natur auf. Hierzu stellt H.HEINZ fest: "Das schwierige und doch für die Christologie entscheidende Problem der Veränderbarkeit bzw. der Leidensfähigkeit Gottes geht B. also nicht wie die meisten -auch neueren- Theologen von der göttlichen N a t u r her an, sondern konsequent von der trinitarischen

Struktur Gottes, von der allein her eine Lösung dieser Frage in Sicht kommen kann"[1348]. Demgegenüber ist aber festzustellen, daß eine trinitarische Ontologie den Begriff der göttlichen Natur von seinem rein substanzhaften Verständnis befreit. Die göttliche Natur ist nicht länger ein allen trinitarischen Personen gemeinsamer Besitz, sondern jene Hingabegebärde, mit der das Eigene dem Anderen mitgeteilt wird. Eine Entgegensetzung von göttlicher Natur und trinitarischem Geschehen kann deshalb für die Interpretation der Theologie BALTHASARs nur irreführend sein.

Zur Ontologie des Seins Gottes gehört auch dessen komparativischer Charakter: "Identität als Steigerung"[1349] HEMMERLE, Thesen 49. Im Horizont der innertrinitarischen Liebe ausgelegt bedeutet Sein nicht ein tautologisches Geschehen, bei dem der Fortgang je immer wieder auf seinen Ausgang zurückfiele. Göttliches Sein ist sich selbst übertreffender und überbordender Vollzug. Dennoch ist es kein naives Werden als das Beseitigen eines ständigen Noch-Nicht. Nach der ausschließlich positiv-progressiven Logik der Liebe kann ihr Je-mehr nicht so ausgelegt werden, als sei mit diesem Wachsen ein vorgängiges Defizit beseitigt. Im Komparativ des Seins Gottes liegt eine Selbstüberbietung -sowohl die Übererwartung über jede Erfüllung hinaus als auch die Übererfüllung jeder Erwartung- und gerade darin die Identität dieses Seins. Liebe "überbietet sich und ist gerade darin mit sich identisch, sich selber treu, wenn man so will 'unveränderlich', unverlierbar und unverbrauchbar im Sich-schenken"[1350].

Gottes "Unveränderlichkeit" wäre aber zu schmal dimensioniert, wenn sie nur als Ausdruck einer bleibenden Strukturkonstanz des sich komparativisch vollziehenden Seinsgeschehen verstanden würde. Das Je-mehr der Liebe schließt absolute Neuheit ein und erst damit ist die volle Bedeutungstiefe des von BALTHASAR gebrauchten Begriffs der "Unveränderlichkeit" Gottes erreicht. Das dynamisch als Liebe gefaßte Sein impliziert eine absolute Neuheit, die Raum für die relative Neuheit des geschichtlichen Liebeserweises Christi eröffnet.

Aus diesem Einschlußcharakter des göttlichen Aktes[1351] ergibt sich ein viertes Element des Unveränderlichkeitsbegriffs. BALTHASAR faßt diesen Akt als "ur-kenotisches" Geschehen. Eine ähnliche kenotische Fassung des Gottesbegriffs liegt auch bei anderen Autoren vor. So hat MÜHLEN die immanente Trinität ausdrücklich als Hingabe mit einer personologischen Inklusion des Kreuzes

Christi verstanden. JÜNGEL geht von einer Selbstlosigkeit der innertrinitarischen Liebe aus, die ihre letzte Ernsthaftigkeit allerdings erst im Horizont der geschichtlichen Heilsökonomie zu erreichen scheint, so daß diese selbstlose Liebe zwar vorausgesetzte Bedingung der Kreuzesliebe ist, aber nicht im strengen Sinn einer Inklusion. Und auch WIEDERKEHR beschreibt das Sein Gottes als kenotisch-pleromatisch, das das kenotische Heilshandeln des Menschgewordenen umfassend begründet. Und schließlich hat GALOT ähnlich wie JÜNGEL Gottes innertrinitarische Liebe als ekstatisch verstanden, in deren Hingabe das leidvolle Handeln der Heilsökonomie grundsätzlich eingeholt ist.
Die Konturen des kenotischen Seins Gottes, das die Spannungen der Heilsökonomie schon umgreift, sind bei BALTHASAR indes um ein Vielfaches ausgeprägter[1352]. Ihm geht es nicht um eine rein personologische oder Liebes-Inklusion der ökonomischen Kenosis, sondern um eine theo-ontologische, nicht nur um eine theologale Vorbedingung, sondern um Einschluß. Der reale Einschluß aller kenotischen Akte der Heilsökonomie im "ur-kenotischen" Sein Gottes sorgt erstens dafür, daß der Ernst und die Tiefe der innertrinitarischen Bezüge schon vor aller Heilsökonomie eine Realität in Gott sind und nicht erst nachträglich eingeholt werden müssen. Zweitens erscheint die ökonomische Trinität damit als eine der vielen Möglichkeiten aus der Fülle des innertrinitarischen Lebens. Und drittens wird eine innere Kohärenz zwischen Sein und Handeln Gottes erreicht. Es besteht keine Gefahr mehr einer Aufteilung in ein seliges, unberührtes Innen und ein leidendes Außen Gottes. Seine Seligkeit "in sich" vermag kraft ihres "ur-kenotischen" Charakters alles ohnmächtige Leiden in sich aufzunehmen und damit die theologale Identität zwischen dem ewig seligen und dem geschichtlich leidenden Gott zu wahren. BALTHASAR teilt somit das spirituelle Anliegen der Beiträge von VARILLON/BRANTSCHEN/RIEDLINGER und führt es, wie auch den unbefriedigenden Vermittlungsversuch GALOTs einer reflexiv-theologischen Lösung zu.
Der Einschlußcharakter der trinitarischen "Ur-Kenose" drängt bei BALTHASAR in keinem Augenblick zu einer panentheistischen Konsequenz. Schöpfung behält ihre kreatürliche Eigenwirklichkeit und Freiheit und wird gerade als solche von Gottes Liebe umfangen. Auch BARTH nimmt einen Einschluß des Geschöpfs im Leben Gottes an. Denn in Jesus Christus ist der Mensch schon vorzeit-

lich erwählt und zum Partner Gottes bestimmt. Damit ist zwar das geschöpfliche Sein nicht vergöttlicht (was von BARTH auch zeit seines Lebens immer bestritten wurde), aber es enthält doch die Tendenz, den Freiheitsraum der Schöpfung auf das christologische Maß ihres Erwähltseins einzugrenzen. BALTHASAR ist damit einer Gefahr entgangen, die der Gedanke einer Schöpfungs-Inklusion in sich trägt.

In diesem Zusammenhang muß nochmals auf den Gebrauch des Kenosis-Gedankens eingegangen werden. Daß sich das Heilshandeln Gottes in Jesus Christus unter der Gestalt der Gewaltlosigkeit und Ohnmacht vollzieht, gilt heute weithin als ein christologisches Grunddatum. Die Verwendung der Vorstellung, daß dieser Ohnmacht Christi eine Kenosis vorausgehe, wird indes auch grundlegend abgelehnt, so z.B. von PANNENBERG. Ein kurzer Vergleich mit dessen Argumentation soll nun zeigen, daß die Behauptung, die Ohnmacht der Liebe Christi sei zugleich ihre erlösende Allmacht, ohne den Gebrauch des (bibl.) Kenosis-Gedankens über einen hypothetischen Charakter nicht hinauskommt.

Für PANNENBERG enthält, wie oben schon dargestellt wurde, die Vorstellung einer Selbstentäußerung Gottes "ein noch aus heterogenen Bestandteilen zusammengesetztes Gottesverständnis, in welchem die christlichen Motive noch keine vollständige und konsequente Durchbildung gefunden haben"[1353]. Die Ausbildung des Kenosis-Gedankens sei ausschließlich geistesgeschichtlich durch die jüdische Vorstellung von der Allmacht Gottes bedingt, was auch und in besonderm Maß für die Aussage des Philipper-Hymnus (Phil 2,7f.) gelte. Demnach kann der Allmächtige nur Mensch werden über den Schritt der Selbstentäußerung. Demgegenüber stellt PANNENBERG fest, daß die Menschwerdung Gottes "vielmehr gerade als Selbstverwirklichung Gottes in der Ausübung seiner Herrschaft über seine Schöpfung"[1354] zu betrachten ist, mithin Gott immer schon der ist, der auf jede Macht und Herrlichkeit verzichtet und sich mit dem verbindet, was innerweltlich als "Ohnmacht des reinen Herzens, des Mühens um Frieden und Gerechtigkeit"[1355] erscheint. Damit hat sich PANNENBERG ohne Zweifel wieder dem angenähert, was BALTHASAR als "allmächtige Unmacht" bezeichnet hat.

Daß Gottes Macht gerade in der Ohnmacht des Gekreuzigten aufscheint, wird also von beiden Autoren bejaht. Die Frage, die bei diesem Vergleich entsteht, lautet, ob angesichts des offensichtlich gleichen Ergebnisses der trinitätstheologische "Aufwand"

BALTHASARs erforderlich ist, ob es nicht ausreicht, Gott als die Liebe zu denken und darin immer schon mit ausgesagt zu haben, daß dieser Gott deswegen nicht ein im weltlichen Sinn "mächtiger" ist, sondern sein Gottsein eben in der "leisen und geräuschlosen Form"[1356] der Liebe vollzieht.

Die Frage scheint berechtigt. Zu ihrer Beantwortung ist zu sagen, daß Liebe sich in überraschender Weise über weltliche Mächte zu erheben vermag und gerade in ihrer Ohnmacht und Wehrlosigkeit mehr Durchsetzungskraft besitzen kann als brutale Gewalt. Wenn Liebe nicht mit einem philanthropischen Altruismus verwechselt wird, dann muß aber auch deutlich werden, daß solche Liebe den Liebenden etwas "kostet", ihn aufzehren kann. Deshalb wird man die Möglichkeit zulassen müssen, daß Liebe auch auf der Strecke bleiben kann, daß sie sich machtlos erweist angesichts weltlicher Bosheit und Sünde. Es kann deshalb nicht hinreichen, mit PANNENBERG Gott als Liebe zu bezeichnen, die sich a l s s o l c h e bereits auch in ihrer Ohnmachtsgestalt durchsetzen wird. Die Orientierung dieser Vorstellung an der Existenz Jesu ist als Begründung durchaus stichhaltig, wenn a u s g e f ü h r t wird, was mit der Orientierung an Jesus vor allem ausgesagt sein will: der göttliche Charakter dieser Liebe. Erst die Göttlichkeit der ohnmächtigen Liebe ist der (formale) Grund für die Durchsetzungskraft der Heilsökonomie gegen das Sündige. Als solche wird sie von BALTHASAR christologisch dargelegt als die eucharistische Hingegebenheit des Menschgewordenen, die ihrerseits in der Universalität der trinitarischen "Ur-Kenose" gründet. Demgegenüber fehlt bei PANNENBERG eine systematische Begründung für die Mächtigkeit der ohnmächtigen Liebe. Dieser Ausfall muß seinen Gottesgedanken zu einer hypothetischen Behauptung depotenzieren.

Ein fünftes Element der "Unveränderlichkeit" Gottes ist die ausgesprochen theologale Bestimmung des "Schmerzes Gottes". Wenn im Horizont der heilsökonomischen Dramatik von einem Leiden oder Schmerz Gottes zu sprechen ist, dann -so betont BALTHASAR- kann dieses Sprechen nur ein analoges sein. Darauf wurde auch im Verlauf der Diskussion mehrfach hingewiesen[1357]. ALBUS hat hierzu festgestellt: "Die Argumentationsstruktur Balthasars ist... von der Möglichkeit einer sofortigen Fehlinterpretation des biblischen Befundes her aufgebaut. Er versucht beständig, das Ergebnis und die Aussage vor gnostischen und philosophischen Engführungen oder Ausweitungen zu schützen. Dies verleiht seinen Untersuchungen gerade am zentralen Punkt eine zerbrechliche Feingliedrigkeit"[1358].

Das bedeutet zunächst, daß Leiden Gottes und kreatürliche Leiderfahrung nicht in einem naiven Sinn dasselbe sind. BALTHASAR achtet sehr darauf, daß hier keine Vermischungen entstehen. Die im Horizont der Heilsökonomie sich ereignenden leidvollen Erfahrungen der trinitarischen Personen, sei es die Auslieferung des Sohnes durch den Vater (KITAMORI), die Gottverlassenheit des Gekreuzigten (MOLTMANN) oder das kreatürliche Sterben (KOCH, JÜNGEL), dürfen nicht unmittelbar in das göttliche Sein eingetragen werden. Alles Leiden Gottes fordert gleichsam eine theologale Übersetzung, die eine Vermengung von göttlichem und geschöpflichem Leben und damit auch mythische Verzerrungen des Gottesbildes verhindert.

Andererseits steht ebenso fest, daß Gott die vielschichtige Leidsituation des Geschöpfs in sich aufnimmt. Der Analogiecharakter der Rede vom Leiden Gottes darf nicht zu Doketismus entarten. Gott erfährt wirklich menschliches Leiden. Ja er geht darin noch über das menschlich zumutbare Maß hinaus, indem er den Höllentod erleidet. Daß er dies wirklich kann, ohne von göttlichem und menschlichem Leiden in einem univoken Sinn sprechen zu müssen, daß es also tatsächlich zu einer theologalen Übersetzung kommt, liegt im trinitarischen Mysterium begründet. Der Akt der göttlichen "Ur-Kenose" ist der Horizont jeder geschichtlichen Leiderfahrung Gottes. Er nimmt sie in sich auf und läßt sie in jenem trinitarischen "Leiden" der göttlichen Hypostasen mitschwingen. Auf diese Weise hat das geschichtliche Leiden in Gott Realität, ohne doch in einem damit das Wesen Gottes zu bestimmen.

Die theologale Bestimmung des "Schmerzes Gottes" meint aber nicht nur die Vermeidung eines unikoven Begriffs, sondern auch die Erkenntnis, daß neben dem Was auch der Umfang des Leidens von Gott bestimmt wird. "Dem Kenosegedanken wird eine etwa im Denken K.BARTHs gefährliche Tendenz genommen. Nicht die Gegenmacht der 'Sünde' bestimmt, wieweit Gott sich zu engagieren hat... Bestimmend ist für Gott vielmehr, daß er willens ist, seinem Werk seine ganze Liebe einzustiften"[1359]. Die theologale Bestimmung des "Schmerzes Gottes" erscheint damit in ihrer zweifachen Bedeutung als die leidenstheologisch gewendete Konsequenz der eingangs erwähnten A-pathie Gottes.

In einem sechsten und letzten Punkt läßt sich die "Unveränderlichkeit" Gottes schließlich zusammenfassend als Gottes Freiheit verstehen. Eine erste und wenn man so will Grund-legende Gestalt dieser Freiheit ist Gottes Aseität. Als solche zeigt sie sich gegenüber der geschaffenen Welt als Unabhängigkeit, pointiert (und mit BARTH) als Selbstgenügsamkeit Gottes. Gesteigert wird diese Freiheit v o n der Welt dort, wo sie als absolute Freiheit zu einer solchen f ü r die Welt wird. Denn nun wird ein (trinitarisches) Vermögen sichtbar, die Freiheit des Geschaffenen als solche zu verantworten, d.h. uneingeschränkt gelten zu lassen ohne dirigistische Intervention, um das selbstzerstörerische Abirren endlicher Freiheit zu verhindern. Es zeigt sich, daß er sich zu seiner ursprünglichen Freiheit, sich in Unabhängigkeit von einem nichtgöttlich Anderen aus sich selbst zu empfangen, nochmals frei verhalten kann, indem er sich als der Ungebundene an endliche Freiheit bindet und nun gerade d a r i n seine Freiheit in einem neuen, unableitbaren Sinn offenbart. Gottes absolute Freiheit ist nicht die Unbezüglichkeit und Bindungslosigkeit eines metaphysisch höchsten Wesens, sondern Freiheit in der Bindung. Oder anders ausgedrückt: Gott ist nicht darin frei, daß er sich auf seine Transzendenz zurückgezogen hätte, sondern darin, daß er der Transzendente in seiner Immanenz im Gang der Geschichte ist.

Erst wo neben geschöpflicher Freiheit auch die göttliche gewahrt wird, kann von einem wirklichen Drama die Rede sein. Denn theologiegeschichtlich gibt es nicht nur die Gefahr der Absorption kreatürlicher Eigenständigkeit durch die Allmacht Gottes, sondern umgekehrt auch jene pan(en)theistische Qualifizierung des Geschaffenen. Die Gottheit wird dann zu einer Summe von Unendlichkeit und Endlichkeit verrechnet. Solchen Zügen theologischen Denkens, die sich vor allem in der amerikanischen Prozeßtheologie finden, ebenso aber auch etwa bei MOLTMANN oder KOCH, liegt in der Regel ein pastorales Motiv zugrunde, die Zusammengehörigkeit von Gott und Welt nicht als eine freie Setzung Gottes (die dann ja auch unterbleiben könnte) zu deuten, sondern als Verläßlichkeit einer strukturellen Gegebenheit. So z.B. auch H.FRITZSCHE: "Natur, Mensch und Geschichte auf der einen Seite und Gott auf der anderen Seite bilden einen Zusammenhang, in dem beide Seiten weder miteinander identifiziert noch abstrakt getrennt werden können. Sie sind in einem Geschehenszusammenhang mitein-

ander verbunden, in dem es keine geschlossenen Systeme gibt, sondern alle Seiten offen bleiben für ein noch größeres Geschehen Gottes, der Schöpfung und des Menschen. Weder Gott noch Schöpfung sind in ihrem Verhältnis zueinander abgeschlossen, sondern offen für ein größeres Werden. So kann man sowohl vom Sein Gottes als auch vom Sein der Schöpfung und dem des Geschöpfes sagen, daß sie im Werden sind. Das Werden ist die einzige Konstante, das, was 'an sich' ist"[1360].
Gegenüber diesen Versuchungen theologischen Denkens hat BALTHASAR seinen Begriff göttlicher Freiheit gestellt. Aus dem bisherigen Gang der Untersuchung ist deutlich geworden, daß Gottes Freiheit vor allem eine solche für die Welt ist. Darin wird nicht nur Gottes Macht über jede geschöpfliche Unheilssituation eingeschlossen, sondern kraft der göttlichen Wahrhaftigkeit auch alle Verbindlichkeit Gottes gegenüber der Welt, an der eine pastoral orientierte Dogmatik unbedingt festhalten möchte. Kategorisch lehnt BALTHASAR aber eine apriorische Einsicht ab. Statt einer naturalen Bindung an die Schöpfung kann es nur eine personale, d.h. freie geben. Daß Gott seine ursprüngliche Freiheit für die Welt gebraucht, ist das Geheimnis und Wunder der Liebe Gottes schlechthin, das nur im Glauben "einsichtig" wird.
Überblickt man alles bisher Gesagte, dann wird man ohne Zweifel feststellen können, daß die Trinitätslehre BALTHASARs "als das entscheidende Gestaltungsmoment seiner Theologie"[1361] angesehen werden kann. Daß Gott in sich Liebe ist, daß er darin seine absolute Freiheit hat, die als solche eine Freiheit für die Welt ist und darin jede sündige Abirrung endlicher Freiheit immer schon eingeholt hat, das alles kann nur trinitarisch gedacht werden. Die Trinitätslehre ist damit, wie sich im Verlauf der Diskussion schon mehrfach gezeigt hat, d e r systematische Horizont für die Konstruktion eines tragfähigen Unveränderlichkeitsbegriffs. Wie BALTHASAR gezeigt hat, ist der trinitarische Gott schon vor aller Heilsökonomie in Ewigkeit der "unveränderliche", der seine Seinsfülle ganz in sich hat, der nicht des außergöttlich Anderen bedarf, weil er das Andere als göttliches immer schon in sich trägt und in dieser innergöttlichen Bezüglichkeit selbst eine "Geschichte" hat, in der er wahrhaft "unveränderlich" ist, weil er darin seine unendliche Freiheit besitzt. Wenn deshalb in einem christlichen Sinn von der "Unveränderlichkeit" Gottes "in sich" die Rede ist (RAHNER), dann wird diese sich

nicht im Horizont metaphysischer Spekulationen bewegen dürfen, in dem endliche Negativa wie Unvollkommenheit, Zusammengesetztheit und Bewegung von Gott einfach ausgeschlossen werden, sondern einzig im trinitarischen Horizont.

Indem der trinitarische Gott aber das Andere als das ihm Eigenste in sich enthält, ist er auch dem nichtgöttlich Anderen gegenüber frei, es sein zu lassen. Dessen Anderssein liegt im Raum des innertrinitarischen Anderssein zwischen Vater und Sohn im Geist eingeschlossen und bleibt dies auch für den Fall, daß es kraft seiner endlichen Freiheit die Gestalt des Gottfeindlichen annimmt. Selbst diese letzte menschenmögliche Opposition zu Gott vermag der Trinitarische noch zu verantworten, d.h. zu unterfassen im ewigen innergöttlichen Akt der "Ur-Kenose" und zum Heil zu wenden.

Wird die Frage nach der "Unveränderlichkeit" Gottes in diesem trinitarischen Horizont gestellt, dann kann darin jeder einzelne spezifische Frageansatz der Diskussion integriert werden. Als der trinitarische vermag Gott endliche Freiheit zu entlassen und sich daran zu binden. Er bleibt auch dann "unveränderlich", wenn diese Bindung ihn in ein Leiden mit der Schöpfung oder gar ein Leiden an der Schöpfung führt (bundestheologischer, hamartiologischer Ansatz). In jedem Fall umfaßt er den gesamten Lauf der Geschichte, ohne daß diese ein für Gott konstitutives Neues austrägt (universalgeschichtlicher Ansatz). Und auch dort, wo Gott im Sohn selbst sich den Unheilszusammenhängen der Geschichte bis hin zur Gottfeindlichkeit des Kreuzes aussetzt, bleibt er kraft der trinitarischen "Ur-Kenose" der "unveränderliche" (christologischer, staurologischer Ansatz). Die trinitätstheologischen Beiträge von MÜHLEN und MOLTMANN (aber auch die trinitätstheologischen Implikationen der Beiträge von BARTH, RAHNER, PANNENBERG, KOCH und JÜNGEL) bleiben hier hinter dem von BALTHASAR zurück, weil sie entweder die inhaltliche Breite seiner Antwort nicht erreichen, d.h. nur auf spezifische Situationen der Heilsökonomie Bezug nehmen, nicht aber auf den umfassenden Horizont aller Heilsökonomie (so MÜHLEN, der staurologisch ausgerichtet ist, sowie die in Klammer gesetzten Autoren), oder aber hinter dem qualitativen Aussageniveau BALTHASARs zurückstehen, insofern Gottes "Unveränderlichkeit" auf eine moralische Haltung verkürzt oder nicht ontologisch verstanden wird (besonders MOLTMANN, in gewisser Hinsicht auch MÜHLEN).

Ein letztes Wort noch zur Bedeutung des Beitrags von BALTHASAR für die Trinitätstheologie als solche. SCHEFFCZYK hat im Anschluß an das von RAHNER vertretene trinitätstheologische Axiom von der wechselseitigen Bestimmung der immanenten und ökonomischen Trinität einen in der heutigen Theologie vorfindlichen "Zug zur radikalen Immanentisierung Gottes"[1362] festgestellt. "Es geht heute eine mächtige Tendenz in Philosophie und Theologie dahin, Gott völlig in das Leben und in die Geschichte hineinzuziehen, so daß er darin als Kraft, als Motor oder als Horizont aufgeht, daß er dem Ganzen aber nicht mehr als Person gegenübersteht"[1363]. Diese Tendenz, die sich im Verlauf der Diskussion als durchaus zutreffend erwiesen hat (etwa bei PANNENBERG, KOCH und MOLTMANN), führt nach SCHEFFCZYK zu einer Überbetonung der ökonomischen Trinität und in einem damit zu einer problematischen Entwertung der immanenten Trinität. Die ökonomische Trinität wird nicht länger mehr als durch die immanente transzendental begründet verstanden, sondern als wesensnotwendiges Moment im Selbstvollzug des trinitarischen Gottes. Zur Vermeidung dieser Konsequenz muß die immanente Trinität wieder neu bedacht werden. Mit diesem Akzent, so betont SCHEFFCZYK, läßt sich deutlich machen, daß das Trinitätsgeheimnis beides, Gottes Immanenz und Transzendenz beinhaltet[1364].

Wenn man so will, hat BALTHASAR dieses Anliegen in überwältigender Deutlichkeit zur Durchführung gebracht. Durch die theologale Über-Setzung der geoffenbarten ökonomischen Trinität in die immanente Trinität ist es ihm nicht nur gelungen, dem Grundsatz RAHNERs folgend die Konturen der immanenten Trinität nach Maßgabe der Christusoffenbarung einzuzeichnen, sondern dabei zugleich die unaufgebbare Transzendenz der immanenten Trinität zu berücksichtigen. Zur Vermeidung platter Selbigkeit, die die immanente Trinität in der ökonomischen aufgehen läßt, wird die ökonomische Trinität mit der immanenten Trinität in ein Entsprechungsverhältnis gesetzt. Die Kenosis Christi dient deshalb als Hinweis auf die eucharistische Selbstrückgabe des ewigen Sohnes an den ewigen Vater im Raum der Zeugung und insofern als Hinweis auf eine gesamttrinitarische "Ur-Kenose". In dieser Über-Setzung, die den blassen Vorstellungen von einer innergöttlichen Hingabe oder Selbstmitteilung eine lebendige Farbigkeit verleiht, wird eine Vermengung von Gott und Welt vermieden und Gottes Freiheit gesichert, so daß er "transzendenter Urgrund der Heilsgeschichte" (RAHNER) bleibt. Sein Heilshandeln in der Geschichte ist

kein wesensnotwendiges Moment seines göttlichen Lebens, sondern frei gewährte Gnade.
Am Ende sind nun noch diejenigen Aspekte zusammenzutragen, die sich für die Diskussion als besonders hilfreich erwiesen haben.
1. Der Begriff der "Unveränderlichkeit" Gottes kann nur dann überhaupt brauchbar sein, wenn er im Anhalt an die innere Dramatik der Heilsökonomie gebildet wird. Das bedeutet nichts Geringeres als die Wahrung endlicher Freiheit. Gott als der "unveränderliche" muß so gedacht werden, daß er dieser endlichen Freiheit ohne dirigistische Eingriffe gewachsen bleibt.
2. Gott ist auf jeden Fall in dem Sinn a-pathisch, daß von ihm ein ungewolltes Bestimmtwerden von außen ausgeschlossen werden muß. Er unterliegt weder dem Einfluß eines nichtgöttlich Anderen noch einem universalen kosmischen Lebensprinzip. Sein Handeln ist reine actio, nicht re-actio.
3. Gottes "Unveränderlichkeit" ist als Konstanz einer rein ethischen Haltung zu schmal bemessen. Seine "Unveränderlichkeit" liegt vielmehr in der ontologischen Begründung der Bundestreue im Sein Gottes. Dafür ist die substanzontologische Fassung des Seins Gottes in Richtung auf eine trinitarische Ontologie zu erweitern.
4. Die trinitarische Opposition zwischen Vater und Sohn erreicht in der Zeugung durch den Vater und der dankbaren Selbstrückgabe des Sohnes eine solche Dimension, daß darin noch Raum entsteht für die sündige Opposition zwischen Gott und Geschöpf.
5. Die Rede vom "Schmerz Gottes" hat Analogiecharakter. Damit soll gesagt werden, daß kreatürliches Leiden nicht unmittelbar in das Wesen Gottes eingezeichnet werden darf. Gott ist für kreatürliches Leiden durchaus empfänglich, aber er nimmt es als solches auf in die "Leidens"-Wirklichkeit seiner trinitarischen "Ur-Kenose", so daß vom "Schmerz Gottes" nur in theologaler Über-Setzung gesprochen werden kann.
6. Innerhalb der christlichen Theologie ist Gottes "Unveränderlichkeit" identisch mit seiner absoluten Freiheit. Diese meint nicht Beziehungslosigkeit, sondern Fähigkeit zur bedingungslosen Bindung an eine endliche Freiheit. Denn darin ist Gott allen Eventualitäten kreatürlicher Freiheit unendlich gewachsen.
7. Der systematische Ort für die Fassung eines tragfähigen Unveränderlichkeitsbegriffs ist die Trinitätslehre.

D. SCHLUSS

I. Ergebnissicherung

Die heutige Diskussion zum Thema "Unveränderlichkeit und Menschwerdung Gottes" zeichnet sich zunächst durch eine Vielzahl theologischer Perspektiven aus. Diese Perspektivität einzelner Beiträge bringt mit sich, daß einerseits das jeweils erarbeitete Einzelergebnis nicht den Anspruch erheben kann, auf die Fragestellung umfassend einzugehen. Andererseits korrigieren oder ergänzen sich die einzelnen Beiträge hinsichtlich ihrer jeweiligen Perspektive. So ist z.B. gegenüber allen einseitigen Betonungen eines Mit-Leidens Gottes (bes. bei MOLTMANN) mit KITAMORI auch Gottes Leiden am Menschen zu bedenken. Oder es muß gegenüber dem letzteren mit RAHNER trotz der sündigen Kreatur in inkarnationstheologischer Sicht an der grundsätzlichen Positivität des Geschöpfs, d.h. an der Annehmbarkeit für Gottes Selbstaussage festgehalten werden.
Den perspektivisch gebundenen Beiträgen, die nur Teilaspekte der Fragestellung beleuchten, stehen diejenigen gegenüber, die die "Unveränderlichkeit" Gottes im Anhalt an alle Konkreta der göttlichen Heilsökonomie (Schöpfung, Inkarnation, Passion, Kreuz, Auferstehung und eschatologische Verherrlichung) zu bestimmen versuchen. Zu ihnen gehören die Beiträge von MOLTMANN, BALTHASAR und mit Einschränkung auch BARTH.
Darüber hinaus finden sich innerhalb der Diskussion unterschiedliche theologische "Sagensgestalten". Eine erste kann als reflexiv-metaphysische bezeichnet werden. In einem argumentativen Diskurs artikuliert diese das Problem entweder in Gestalt einer offenen (RAHNER, GALOT) oder versöhnten Dialektik (BARTH, WIEDERKEHR, PANNENBERG, KOCH, JÜNGEL, MOLTMANN, BALTHASAR). Davon unterscheidet sich die spirituelle "Sagensgestalt" (VARILLON, BRANTSCHEN, RIEDLINGER, z.T. auch KITAMORI), die die Fragestellung als Verhältnis von Leiden und Glückseligkeit Gottes interpretiert und beides in einer geistlichen Glaubensaussage miteinander verbindet. Die dritte theologische "Sagensgestalt" ist die personologische (GRESHAKE, SCHALLER, MÜHLEN). Sie behandelt die Frage auf dem Hintergrund des Gott-Welt-Verhältnisses als einer personalen Wir-Gemeinschaft.
Zum Inhalt der Diskussion ist zunächst festzustellen, daß sie in vielfältiger Weise den Ernst und die innere Dramatik der

Schöpfungsbeziehung betont. So haben Gott und Welt aufgrund einer vorzeitlich-ewigen Selbstbestimmung Gottes eine gemeinsame Geschichte (BARTH). Darin ist Gott ansprechbar, ja "beeinflußbar" hinsichtlich der Gestalt, in der er seinen Heilsplan durchsetzt (SCHALLER). Auf seine Liebe erwartet er die antwortende Gegenliebe seines Geschöpfs und erfährt darin eine "Bereicherung" (GRESHAKE, MOLTMANN). Die Geschichte als Raum der Selbstdurchsetzung Gottes hat für seine eigene Wirklichkeit bewahrheitende Bedeutung (PANNENBERG). Die gemeinsame Geschichte mit dem Menschen führt Gott aber auch selbst ins Leiden (GALOT, VARILLON, BRANTSCHEN, RIEDLINGER). Die Sünde ruft Gottes Zorn hervor, den er im "Schmerz Gottes" überwindet (KITAMORI). Der dramatische Charakter dieser gemeinsamen Geschichte gründet letztlich in der endlichen, aber doch realen Freiheit des Geschöpfs, die von Gott respektiert wird (GRESHAKE, BALTHASAR).
Im Zusammenhang der heilsökonomischen Konkreta wird besonders in inkarnationstheologischer bzw. christologischer (BARTH, RAHNER, WIEDERKEHR, MOLTMANN, BALTHASAR) und staurologischer Hinsicht (BARTH, KOCH, JÜNGEL, MÜHLEN, MOLTMANN, BALTHASAR) darauf geachtet, daß das jeweilige Ereignis in seiner theologalen Sinntiefe unverkürzt artikuliert wird. Die heilsökonomischen Konkreta, bei denen Gott selbst das handelnde Subjekt ist, bilden die Nahtstelle, an der Gott in der Person des Sohnes in die Geschichte der Welt eingeht und dort deren Wirklichkeit bis in ihre letzte Tiefe auslotet und erleidet. In der Konfrontation mit der geschöpflichen Wirklichkeit hält Gott nichts von sich zurück, ja er setzt gleichsam seine eigene Gottheit aufs Spiel.
Mit dieser Betonung der "Geschichtlichkeit" Gottes wird der ersten Bedingung der Fragestellung weitgehend entsprochen, die "Unveränderlichkeit" Gottes nur im Anhalt an das heilsökonomische Handeln Gottes in und an der Geschichte zu bestimmen. Denn allein ein Verständnis der "Unveränderlichkeit" Gottes, das diese "Geschichtlichkeit" von demselben Gott zu denken zuläßt und es nicht verkürzt oder völlig ausscheidet, darf den Anspruch erheben, Bestandteil einer christlichen Gotteslehre zu sein. Indem die gegenwärtige Diskussion diese kriteriologische, begriffsbestimmende Funktion der "Geschichtlichkeit" Gottes für ein erneuertes Verständnis der "Unveränderlichkeit" Gottes erkannt hat, ist ihr gegenüber der alten schuldogmatischen Tradition ein entscheidender Fortschritt gelungen. Denn sie hat deren Frageansatz,

die Unveränderlichkeit Gottes ausschließlich im Horizont unterpersonal-dinghaften Seins zu denken, zugunsten einer heilsgeschichtlichen Perspektive überwunden.
Wie in der Einleitung dargestellt, verweist schon das mit dem Begriff der "Geschichtlichkeit" Gottes Bezeichnete auf den Gegenbegriff der "Unveränderlichkeit". Gerade im Zusammenhang mit seinem Geschichtshandeln muß gewährleistet sein, daß Gott seine Identität, d.h. seine Freiheit, Transzendenz, Weltüberlegenheit und Geschichtsmächtigkeit, nicht verliert. Das theologische Denken bewegt sich demnach hier auf einem schmalen Grat zwischen echter, unverkürzter Immanenz und Tranzendenz Gottes, zwischen Bedingtheit und Unbedingtheit, Ohnmacht und Allmacht Gottes.

Die gegenwärtige Diskussion hat den theologischen Gegenbegriff der "Unveränderlichkeit" Gottes in verschiedenen Gestalten zum Ausdruck gebracht. Im folgenden soll das jeweilige Verständnis nochmals zusammenfassend erhoben sowie die Frage nach der dialektischen Vermittlung gestellt werden.

1. Dem Geschichtshandeln Gottes wird in einer offenen Dialektik eine ontologische "Unveränderlichkeit" Gottes gegenübergestellt (Konfrontationsschema[1]).

Diese Verhältnisbestimmung haben RAHNER und GALOT vorgenommen. RAHNERs kurze Formel "'in sich' unveränderlich, 'am andern' etwas werden" markiert in ihrer dialektischen Zuspitzung eher eine Problemanzeige als eine Problemlösung. Beide Autoren konfrontieren den Ernst der inkarnationstheologischen bzw. christologischen Aussage mit einer notwendig anzunehmenden "Unveränderlichkeit" und "Leidensunfähigkeit" des göttlichen Seins und der göttlichen Natur, wobei diese beiden Begriffe nicht im Sinne der alten Axiomatik zu verstehen sind, wie der theologische Gesamtzusammenhang deutlich macht. "Unveränderlichkeit" bedeutet nach RAHNER die Negation einer Wesensverwandlung Gottes im Zusammenhang der Menschwerdung; sie bedeutet nicht die Ausgrenzung des göttlichen Subjekts aus dem Geschehen der Inkarnation. Das etwas spröde "werden 'am andern'" ist nicht zu einem "werden des andern" zu verkürzen. Der ganz mit sich identisch bleibende Gott-Logos hat die Möglichkeit, die Gestalt des kreatürlichen Anderen zu seiner eigenen zu machen. Neben einer Vermittlung der Dialektik, für die RAHNER selbst einen möglichen Ansatz bietet, bleibt hier aber vor allem die unerbittliche dialektische Zuspitzung jener Wahrheit von Wert, die das Geheimnis der Menschwerdung ausmacht. -

Ähnliches gilt für GALOT. Das von ihm christologisch festgestellte Leiden des dahingegebenen Sohnes und des dahingebenden Vaters muß in seiner biblisch vermittelten Gestalt (Mk 12,1-12) unverkürzt erkannt werden. Wenn dieses dennoch nicht als ein Leiden Gottes in seiner Natur interpretiert werden darf, weil es sonst eine naturhafte Notwendigkeit darstellen würde, Gott in diesem naturhaften Sinn also "unveränderlich" und "leidensunfähig" ist, so darf doch niemals dadurch die Realität dieses Leidens verdunkelt werden. Neben einem Vermittlungsversuch (das Leiden Gottes als ein solches der Liebe und nicht der Natur oder des Seins Gottes zu verstehen) zeigt sich somit auch bei GALOT dieselbe dialektische Zuordnung der beiden theologischen Aussagen. Er verfolgt damit letztlich die Intention, auf den theologalen Charakter des Leidens Gottes und d.h. für das theologische Sprechen auf seinen Analogiecharakter hinzuweisen.

2. Im Horizont seiner Schöpfungsbeziehung bedeutet die eschatologische Verherrlichung eine "Bereicherung" des vollkommenen und damit "unveränderlichen" Gottes (Additionsschema).

Dieser Gedanke von GRESHAKE stellt, wie überhaupt sein gesamter Beitrag, mehr einen Denkanstoß dar, als daß er eine fertige Konzeption sein möchte. Ihm geht es u.a. darum, eine Rücksicht zu entwickeln, unter der die eschatologische Verherrlichung als reale, aber nicht konstitutive "Bereicherung" des Lebens Gottes verstanden werden kann. Darin zeichnet sich wieder die dialektische Struktur der Fragestellung ab. Einerseits trägt die eschatologische Vollendung der Schöpfung auch für Gott selbst etwas Neues aus. Andererseits wird festgehalten, daß dieser "Ertrag" unter keinen Umständen ein für Gott wesensnotwendiges Konstitutivum darstellt. Die sich hier nahelegende Vermutung, es könnte sich bei diesem "Ertrag" um eine Verherrlichung rein akzidenteller Natur handeln, wird von GRESHAKE nicht bestätigt. Zur Vermittlung dieser Dialektik verweist der Autor das Denken statt dessen an die "Logik der Liebe". Demnach meint die eschatologische Verherrlichung ein endzeitliches Geliebtwerden Gottes durch die Schöpfung, das ihn in seinem innersten Wesen berührt und ihn in diesem positiven Sinn "bereichert". Der Umkehrschluß, wonach das frühere Nichtgeliebtwerden Gottes eine Defizienzerscheinung sei, d.h. Gott einen Mangel erleiden müsse, ist aber innerhalb der "Logik der Liebe" nicht zulässig. Gott schließt jede Unvollkommenheit seines Wesens und seiner Liebe aus und ist in diesem

Sinn "unveränderlich". Und dennoch darf eine reale "Bereicherung" seines Lebens angenommen werden. Mit diesem Additionsschema geht GRESHAKE insofern über das obengenannte Konfrontationsschema hinaus, als sich die beiden Aussagen vom Heilshandeln Gottes und seiner "Unveränderlichkeit" nicht mehr ausschließlich gegenüberstehen, sondern durch die angedeutete Vermittlung eher nebeneinander stehen. Eine konkrete Entfaltung dieses Zusammenhangs (wie etwa die trinitätstheologische BALTHASARs) wird indes nicht geleistet, so daß der Eindruck einer Addition der beiden Aussagen bestehen bleibt.

3. Dem Geschichtshandeln Gottes wird die Unwandelbarkeit seiner moralischen Haltung zugeordnet (Subordinationsschema I).

Diese Vermittlung, die vor allem von MOLTMANN (z.T. auch von PANNENBERG und MÜHLEN) vertreten wird, kann sich auf exegetische Untersuchungen stützen. Wie wir gezeigt haben, weisen die einschlägigen Bibelstellen, die von einer "Unveränderlichkeit" Gottes reden, in Richtung auf eine Beständigkeit und Zuverlässigkeit der Heilsverheißungen Gottes, nicht aber auf eine Unveränderlichkeit im Sinne der griechisch-philosophischen Gotteslehre. Demnach kann die "Unveränderlichkeit" Gottes unter Beachtung der biblischen Aussagen als seine Bundestreue ausgelegt werden. Unter diesem Gesichtspunkt wird die "Unveränderlichkeit" Gottes mit seinem Geschichtshandeln in der Weise vermittelt, daß sie für jenes die ewig sich gleichbleibende Voraussetzung bietet. Die Bundestreue Gottes als moralische Haltung ist gleichsam die leuchtende Folie, von der aus auf die heilsökonomischen Konkreta ein erhellendes Licht fällt. Umgekehrt sind diese ihrerseits die jeweils konkreten Formen, unter denen sich Gottes Bundestreue vollzieht. Als die Konstanz einer moralischen Haltung führt die "Unveränderlichkeit" Gottes nicht länger mehr zu einer Einschränkung des für Gottes Geschichtshandeln notwendigen Freiraumes. MOLTMANN kann so die heilsgeschichtliche Dramatik bis in ihre letzte Zuspitzung ungehindert entfalten. Die Unveränderlichkeit der göttlichen Bundestreue erscheint auf diesem Weg als das transzendente Movens der gesamten Heilsgeschichte. MOLTMANN hat mit dieser moralischen Interpretation die "Unveränderlichkeit" Gottes als einen einzelnen (wenn auch wesentlichen) Aspekt des Heilshandelns Gottes ausgewiesen und auf diese Weise diesem untergeordnet.

4. Dem Geschichtshandeln Gottes wird die Beständigkeit seines

vorzeitlichen, geschichtlich noch nicht verwirklichten Wesens zugeordnet (Subordinationsschema II).
Diese Zuordnung wird von PANNENBERG vertreten. Gottes "Unveränderlichkeit" besteht hier in der Beständigkeit seines vorzeitlichen Wesens, das im Zusammenspiel mit der kontingent verlaufenden Geschichte zur Durchsetzung und Realisierung kommt. PANNENBERG entwirft hier einen Gottesgedanken, für den Gottes vorzeitliche Ewigkeit und sein universalgeschichtliches Handeln in gleicher Weise konstitutiv sind. Das Wirken Gottes im Raum der Geschichte, das die geschichtlichen Ereignisse post factum zu einem universalgeschichtlichen Kontinuum zusammenbindet, führt zu einer letzten und entscheidenden Bewahrheitung dessen, was in Gottes ewiger Wirklichkeit immer schon wahr gewesen ist. Auf diesem Weg wird das Geschichtliche zwar nicht zum Konstitutivum Gottes, es wird aber auch nicht als bloßer Schauplatz für die Handlungen des göttlichen Subjekts gedacht. Die Geschichte ist der Ort der Durchsetzung der Gottesherrschaft, die der Autor stark mit dem Wesen Gottes selbst identifiziert. Insofern es dabei zu einer letzten Bewahrheitung der Wirklichkeit Gottes kommt, hat die Geschichte zumindest eine für Gott wesensrelevante Bedeutung. Das "Unveränderliche" an Gott läßt sich hier als die Präfiguration der eschatologischen Gottesherrschaft verstehen, die, das geschichtlich Kontingente in sich einbeziehend, aus ihrem vorzeitlichen und gleichsam "abstrakten" Zustand in eine universalgeschichtliche Bewahrheitung drängt. Das führt im Endeffekt dazu, daß bei einem Vergleich der beiden Aussagen von Gottes "Unveränderlichkeit" und seinem Geschichtshandeln der theologische Akzent immer wieder auf der letzteren liegt, so daß zwischen beiden Aussagen ein deutliches Verhältnis der Unterordnung besteht.
5. Im Geschichtshandeln Gottes vollzieht sich seine "Unveränderlichkeit" im Sinne eines im Gang der Schöpfung sich durchsetzenden Lebensprinzips (Subordinationsschema III).
Diese Vermittlung von KOCH entspringt seinem Grundanliegen, Gott ausschließlich im Horizont seiner heilsgeschichtlichen Werke zu denken. Folglich kann auch Gottes "Unveränderlichkeit", insofern von ihr überhaupt noch die Rede sein soll, nicht mehr Prädikat eines weltjenseitigen, noch hinter seinem heilsgeschichtlichen Tun verborgenen Gottes sein. Sie muß statt dessen zu einer Aussage über das Geschichtshandeln Gottes werden und nur dadurch ist sie ein theo-logischer Begriff. Indem KOCH sich dazu ent-

schließt, den Schöpfergott ganz in den Gang seiner Schöpfung einzubinden, wird dieser zu einem weltimmanenten Lebensprinzip, das sich in der Konfrontation mit allem Vergehen in der Welt immer wieder durchsetzt und so die Schöpfung vorantreibt. Dieses Vermögen, im Ver-gehen des Todes ein Weiter-gehen zu haben, ist des Schöpfergottes "Unveränderlichkeit". Sie erscheint damit als ein Moment an seinem Geschichtshandeln, so daß auch hier die heilsökonomische Perspektive dominiert. Denn sie ist es, die den Horizont für das absteckt, was unter der "Unveränderlichkeit" Gottes verstanden werden soll. Deshalb kann auch hier -wenngleich in einem anderen Sinn als oben- von einem Subordinationsschema gesprochen werden.

6. Die Schöpfungsbeziehung Gottes wird von einem innerhalb der Heilsökonomie sich konstituierenden gottimmanenten bzw. trinitarischen Ereignis umgriffen, so daß dieser Einschluß ein Licht auf Gottes "Unveränderlichkeit" wirft (Inklusionsschema I).
Mit diesem Ereignis ist einmal die Konfrontation des Zornes Gottes über die Sünde mit Gottes Liebe zum Sünder gemeint, die nach KITAMORI zum "Schmerz Gottes" führt. Zum andern der Gebetsdialog des menschgewordenen Sohnes mit seinem Vater, den SCHALLER bedacht hat. Bei allen Unterschiedlichkeiten der beiden Beiträge kommen sie doch darin überein, für Gottes Schöpfungsbeziehung einen von diesem selbst gesteckten Rahmen anzunehmen. KITAMORI sieht im "Schmerz Gottes" die einzige Möglichkeit für eine Fortsetzung der Schöpfungsbeziehung Gottes mit einer sündigen Kreatur. Gott bleibt unverändert ein Gott des Menschen, weil er die Störung des Verhältnisses durch die Sünde in seinem "Schmerz" überwindet. Er verfügt somit im "Schmerz Gottes" über eine Mächtigkeit, die in dieser hamartiologischen Hinsicht als Gottes "Unveränderlichkeit" ausgelegt werden kann. - Für SCHALLER vollzieht sich das menschliche Bittgebet und dessen Erhörung einzig im Rahmen des Gebets Jesu mit seinem Vater. Darin ist es ermöglicht und umgriffen. Das Ansprechen Gottes durch den Menschen ist teilnehmender Mitvollzug der Anbetung des Vaters durch Jesus. Und daß Gott das Bittgebet des Menschen erhört, hat seinen Grund in der Erhörung der Bitte Jesu in der Auferweckung. Gottes Ansprechbarkeit und sein Erhören menschlicher Bitte werden von Gott selbst, d.h. von der trinitarischen Relation des menschgewordenen Sohnes zu seinem Vater untergriffen. Deswegen bleibt Gott, auch wenn er auf menschliches Beten "reagiert", der "Unveränderliche".

7. Das Geschichtshandeln Gottes wird von einem ewigen trinitarischen Geschehen umgriffen, so daß von diesem Einschluß ein Licht auf Gottes "Unveränderlichkeit" fällt (Inklusionsschema II). Die Struktur der Vermittlung zwischen Geschichtshandeln und Gottes "Unveränderlichkeit" ist hier die gleiche wie unter Punkt 6. Der Unterschied besteht darin, daß das einschließende Ereignis nicht in einem heilsökonomisch konstituierten, sondern in einem ewigen Geschehen besteht. Eine solche Konzeption des Inklusionsschemas findet sich bei GALOT, VARILLON/BRANTSCHEN/RIEDLINGER, MÜHLEN, BARTH, JÜNGEL, WIEDERKEHR und BALTHASAR.
Am Ende seines Beitrags hat J.GALOT den Versuch unternommen, die dialektische Gegenüberstellung von Gottes seinsmäßiger "Unveränderlichkeit" und seinem Leiden doch noch miteinander zu vermitteln. Ausdrücklich betont er dabei, diese "Vermittlung" nicht im Horizont des Seins, sondern der Liebe Gottes zu denken. Demnach ist die Liebe der trinitarischen Personen zueinander eine derart selbstlose und sich aufopfernde, daß sie Raum für ein Leiden der heilsökonomisch handelnden Personen enthält.
Aus einem mehr spirituellen Antrieb haben VARILLON/BRANTSCHEN/RIEDLINGER ähnlich argumentiert. Gottes Leiden an und mit der Welt findet Aufnahme in das ewige Leben Gottes. Da es ein Leiden der Liebe ist, wird es von eben dieser Liebe immer schon umfangen und darin grundsätzlich überwunden. Als dieses in der Liebe überwundene Leiden ist es Moment der Seligkeit Gottes.
In modifizierter Gestalt findet sich dieser Gedanke auch in MÜHLENs personologischer Skizze des Gottesgedankens. Nur identifiziert er die personale Liebe der trinitarischen Personen (als Ich-Du-Relation) mit der Seiendheit Gottes. In staurologischer Perspektive läßt er das Beieinander von Ferne und Nähe zwischen dem Gekreuzigten und dem Vater einschwingen in das Beieinander von Ferne und Nähe im ewigen Akt der trinitarischen Liebe.
Eine etwas andere Gestalt des Inklusionsschema hat BARTH vorgetragen. Er legt das Gewicht ganz auf die vorzeitlich-ewige Selbstbestimmung Gottes, mit dem Menschen eine Bundesbeziehung einzugehen. Darin, daß Gott ohne innere oder äußere Nötigung, also in vollkommener Freiheit diesen Bund eingeht, sieht BARTH es als gegeben an, daß Gott in dieser seiner Freiheit allen Eventualitäten dieser Bundesbeziehung gewachsen ist. In der christologischen Konkretion dieses Gedankens, d.h. in der vorzeitlich-ewigen Erwählung Jesu Christi, erscheint die Geschichte Gottes

mit dem Menschen in jenem Grund-legenden Erwählungsgeschehen umgriffen.

Im Anschluß an BARTH hat auch JÜNGEL diese Grundkonzeption übernommen, legt sie aber mehr trinitarisch aus. Demnach schließt die Dynamik und Relationalität des trinitarischen Lebens eine lebendige Beziehung Gottes zum nichtgöttlichen Anderen ein. In der Überschwenglichkeit seines Lebens geht Gott dabei nicht nur über sich hinaus (auf den Anderen zu), sondern ek-sistiert auch in das Nicht-Sein des Nichts hinein, was im Ereignis des Kreuzes als konkrete geschichtliche Wirklichkeit vollzogen wird. Diesem Nichts ist Gott in der Kraft seines Werdens immer schon gewachsen. So umfaßt er in seinem überschäumenden Selbstverhältnis sein bis hin zur Kreuzesrealität gesteigertes Weltverhältnis.

Das Inklusionsschema findet sich auch im christologischen Beitrag WIEDERKEHRs. Die lebensgeschichtliche Dramatik des Weges Jesu wird als die Auslegungsgestalt der ewigen Sohnschaft verstanden. Daß dies auch in der Erniedrigung und Ohnmacht Jesu noch möglich ist, sieht der Autor in der kenotisch(-pleromatisch-)en Gestalt der ewigen Sohnschaft begründet. Der ewige Sohn ist in seiner Herkünftigkeit so sehr ein sich gegebener, daß darin auch die Selbstentzogenheit des Gekreuzigten noch unterfaßt wird.

Eine umfassende Ausbildung des Inklusionsschema hat schließlich BALTHASAR vorgelegt. Er konzentriert sich nicht allein auf den kenotisch-staurologischen Aspekt der "Geschichtlichkeit" Gottes, sondern stellt die Frage, wie das gesamte Schöpfungsverhältnis Gottes als Bezug zu realer, wenn auch endlicher Freiheit bei gleichzeitiger Wahrung der "Unveränderlichkeit" Gottes gedacht werden kann. Allen im Zusammenhang mit den einzelnen heilsökonomischen Konkreta unternommenen Vermittlungen liegt der Gedanke zugrunde, daß der trinitarische Gott in einer ewigen Ur-Kenosis eine absolute Freiheit besitzt, endliche Freiheit zu entlassen und sie selbst noch in ihrer gegengöttlichen Gestalt zu umgreifen. Die liebende Hingabe der trinitarischen Personen untereinander, die über das Formal-Personologische einer Ich-Du-Relation weit hinausgeht, beinhaltet ein Vermögen Gottes, das die heilsgeschichtliche Dramatik zwischen Gott und Welt bis in die Extreme unterfaßt.

In jedem Fall wird mit dem Inklusionsschema die "Unveränderlichkeit" Gottes als Mächtigkeit oder Vermögen ausgelegt. Gottes heilsgeschichtliches Handeln basiert auf diesem Ver-mögen und wird von diesem umgriffen. Die Ereignisse der Heilsgeschichte sind in diesem Sinne Mög-lichkeiten Gottes. Deshalb bleibt Gott trotz seines heilsgeschichtlichen Handelns der "Unveränderliche".

Hinsichtlich der Frage nach dem Konsens innerhalb der Diskussion läßt sich rückblickend feststellen, daß Einigkeit wenigstens in drei Punkten besteht.

1. Das alte Axiom von der Unveränderlichkeit und Leidensunfähigkeit Gottes wird in dieser Form nicht mehr vertreten. Zu stark hat es den Blick auf Gottes heilsökonomisches Handeln in und an der Geschichte sowie auf seine innere Lebendigkeit verstellt, so daß sein theologischer Gebrauch fortan abgelehnt wird.
2. Konsens besteht weiterhin darin, den Ernst der heilsökonomischen Werke Gottes auch im Blick auf Gott selbst zum Ausdruck zu bringen. Nichts in der Theologie darf die Dramatik der Schöpfungsbeziehung Gottes verdunkeln.
3. Faktisch stimmen die Autoren schließlich auch darin überein, die Kritik am Unveränderlichkeits- und Apathieaxiom nicht bis zur Ablehnung eines jeden Begriffs von Gottes Unveränderlichkeit und Apathie gehen zu lassen. Ausdrücklich oder der Sache nach wird in jedem Fall der "Geschichtlichkeit" Gottes ein neuer Begriff der Unveränderlichkeit Gottes zugeordnet.

Diesem Maß an Übereinstimmung steht nun auch ein deutlicher Dissens gegenüber. Wie die Punkte 1 - 7 gezeigt haben, besteht dieser im wesentlichen in einer unterschiedlichen Fassung dessen, was unter der "Unveränderlichkeit" Gottes verstanden werden soll. Die Bandbreite reicht dabei von der Unwandelbarkeit einer moralischen Haltung bis hin zu einer Gott wesenseigenen Mächtigkeit, von der Konstanz eines schöpferischen Lebensprinzips bis zur Beständigkeit einer vorweltlich-"abstrakten" Wesenheit Gottes. Im folgenden ist in einer kritischen Sichtung auf diese Unterschiede einzugehen.

II. Beurteilung

Die für eine kritische Auseinandersetzung mit den Diskussionsbeiträgen leitende Fragestellung lautet: Inwiefern gelingt es, unter Wahrung der Dialektik zwischen Gottes "Unveränderlichkeit" und seinem Geschichtshandeln zu vermitteln?

1) Tendenz zur Vereinseitigung

Überblickt man die gegenwärtige Diskussion zu unserem Thema, dann kann man bei einzelnen Autoren unschwer eine Neigung zur Überpointierung der "Geschichtlichkeit" Gottes feststellen. Eine solche zeigt sich vor allem bei PANNENBERG, KOCH und MOLTMANN. Für sie gilt in besonderer Weise der Grundsatz, daß von Gottes eigener Wirklichkeit nur dann gesprochen werden kann, wenn von Gottes heilsökonomischen Werken in der Geschichte gesprochen wird. In diesem Ansatz, so scheint es, liegt bereits strukturell die genannte Vereinseitigung begründet.

Nach PANNENBERG ist erst durch die geschichtliche Verwirklichung der Gottesherrschaft mit Gewißheit entschieden, was in Gottes wesenhafter Wirklichkeit wahr ist. Wenn damit, wie mehrfach betont wurde, auch keine seinskonstitutive Funktion des Geschichtlichen ausgesagt werden soll, so kann doch nicht übersehen werden, daß die zeitliche Durchsetzung der Gottesherrschaft als ein Prozeß der Bewahrheitung Gottes Sein selbst endgültig und in neuer Weise, d.h. in einer dem vorweltlichen, nicht heilsökonomisch handelnden Gott gegenüber neuen Weise, qualifiziert. Insofern also in ontologischer Hinsicht zwischen dem Gott im Anfang und dem Gott des "alles in allem" ein qualitativer Unterschied besteht, muß der Schluß gezogen werden, daß die ontologische Freiheit Gottes immer noch einer gewissen Vervollkommnung unterliegt (auch wenn diese aufgrund des retroaktiven Sinnes der eschatologischen Bewahrheitung Gottes nicht einfach als ein geschichtliches Werden verstanden werden darf). Denn mit der eschatologischen Bewahrheitung Gottes erhält die Geschichte eine für Gottes Sein zumindest relevante Bedeutung, so daß der Seinsbesitz des vorzeitlichen Gottes eigentlich kein absoluter und vollkommener sein kann. Was in Gott wahr ist und also überhaupt i s t, wird ja an die Bedingung eschatologischer Entschiedenheit geknüpft. Diese Erkenntnis von der Bedingtheit der ontologischen Freiheit Gottes läßt sich auch an PANNENBERGs Verständnis der "Unveränderlichkeit" Gottes ablesen. Dieser Begriff, der innerhalb der dialektischen Spannung der Fragestellung u.a. auch Gottes ontologische Freiheit garantieren soll, beinhaltet bei PANNENBERG nur die Beständigkeit der vorzeitlichen Präfiguration des durch die eschatologische Verwirklichung der Gottesherrschaft noch nicht bewahrheiteten Wesens Gottes. Insofern er damit die ontologische Vollkommenheit des vorzeitlichen Gottes nicht mit ein-

schließt, kann dieses Verständnis der "Unveränderlichkeit" Gottes der Anforderung der Fragestellung nicht in vollem Umfang gerecht werden. Der Versuch einer Vermittlung zwischen Gottes Geschichtshandeln und seiner "Unveränderlichkeit" geht letztlich auf Kosten der Dialektik.
Zu einer Überbetonung der "Geschichtlichkeit" Gottes neigt auch KOCH. Gott wird hier zu einem schöpfungsimmanenten Lebensprinzip, das in allem Vergehen des Endlichen den Fortgang der Schöpfung sichert. Er nimmt auf diese Weise den Charakter eines Ferments im Gang der Geschichte an. Insofern steht er inmitten des geschichtlichen Prozesses, ohne mit diesem pantheistisch identisch zu sein. Genügt aber diese Unterscheidung, um Gott noch als den im Sinne der Fragestellung "Unveränderlichen" zu denken? Zweifel sind hier angebracht. Zu stark wird Gottes Immanenz im Fortgang der Geschichte betont, als daß noch Raum für Gottes Transzendenz bliebe. Die Spannung zwischen dem In-Über Gottes, das die Tradition als die Grundgestalt des Gott-Welt-Verhältnisses vielfach beschrieben hat, ist von KOCH auf die erste Hälfte reduziert worden. Ähnlich wird auch die Weltüberlegenheit und Geschichtsmacht Gottes verkürzt. Obgleich Gott durch das geschichtliche Vergehen hindurch immer wieder Zukunft eröffnet, bleibt diese Überlegenheit eine relative, weil sie sich aufgrund einer reinen Immanenz Gottes immer nur innerhalb einzelner geschichtlicher Situationen vollziehen kann. Gottes Geschichtsmacht ist nur eine solche im Horizont der Geschichte, nicht aber eine ihr auch gegenüber. Ohne seine Welt- und Geschichtstranszendenz vermag Gott der Geschichte nicht als ein Ganzes gegenüberzutreten. Bedeutet aber nicht gerade die biblische Aussage von Gott als dem Herrn der Geschichte, daß er das G a n z e und nicht nur Situationen der Geschichte umgreift, es solchermaßen lenkt und an sein Ende führt? Dementsprechend fällt auch KOCHs Vorstellung der "Unveränderlichkeit" Gottes aus. Sie wird auf die Konstanz des im Gang der Geschichte sich durchsetzenden Schöpfungsprinzips beschränkt. Da er dabei eine Preisgabe der Transzendenz Gottes sowie eine erhebliche Verkürzung der Geschichtsmächtigkeit Gottes in Kauf nimmt, vollzieht sich seine Vermittlung von Gottes "Unveränderlichkeit" mit seinem Geschichtshandeln als unzulässige Vereinseitigung dieser Dialektik.
Schließlich ist in diesem Zusammenhang auch MOLTMANN zu nennen. Mit seiner Konzeption der Trinität als einem eschatologisch of-

fenen, sozialen Prozeß wird die Geschichte derart in das trinitarische Leben eingeschrieben, daß diese für die Wirklichkeit Gottes (mit-)konstitutive Bedeutung erhält. Erst die vollständige Integration des Geschichtlichen in die trinitarischen Lebensbezüge ermöglicht es, den ganzen Ernst der Liebe Gottes zu erschließen und damit die Verwirklichung des Wesens Gottes zu erreichen. Insofern hat Gott selbst eine Geschichte, in der er die Vollendung seines Wesens betreibt. Mit dieser Verhältnisbestimmung von Gott und Geschichte ist eine deutliche Vereinseitigung zugunsten der "Geschichtlichkeit" Gottes gegeben. Diese Vereinseitigung besteht im wesentlichen darin, die ontologische Freiheit Gottes nicht mehr in ausreichendem Maß zu wahren. MOLTMANNs Gott ist ein Wesen, das über sein Sein nur als Entwurf verfügt. Denn insofern sein Sein ein noch nicht vollkommen aktuiertes ist, bleibt Gott hinter seinen eigenen Möglichkeiten zurück. Ohne diese Verwirklichung seines Seins ist Gott aber nicht frei. Er bleibt konkret auf das nichtgöttliche Andere verwiesen, weil er nur in Relation zu diesem -scholastisch gesprochen- sein Sein als Potenz in den Akt überführen kann. Dem entspricht MOLTMANNs Verständnis der "Unveränderlichkeit" Gottes. Es beschränkt sich darauf, die Unwandelbarkeit einer moralischen Haltung Gottes festzustellen und übergeht damit jeden Bezug zur grundlegenden Bestimmung der ontologischen Freiheit Gottes. Angesichts dieser Defizienz kann auch MOLTMANNs Beitrag als Vermittlung der Dialektik von Gottes Geschichtshandeln und seiner "Unveränderlichkeit" dem Problemniveau der Fragestellung nicht gerecht werden.

In allen drei Fällen hat sich die Vereinseitigung der Dialektik auch in der Konzeption dessen niedergeschlagen, was (bei allen drei Autoren unausdrücklich) als Gottes "Unveränderlichkeit" in Erscheinung tritt. Die von PANNENBERG, KOCH und MOLTMANN gedachte "Unveränderlichkeit" Gottes muß theologisch als zu leicht befunden werden, da sie das Gewicht der Aussage von der ontologischen Freiheit, Transzendenz, Weltüberlegenheit und Geschichtsmächtigkeit überhaupt nicht oder nur unzureichend zu fassen vermag.

2) Tendenz zur Vereinfachung

Neben der Tendenz zu Vereinseitigungen in der Fragestellung gibt es innerhalb der Diskussion auch die Tendenz zur Vereinfachung. Damit ist die Bestrebung einer Logisierung des Gott-Welt-Verhältnisses, das univoke Verständnis von göttlichem und kreatür-

lichem Leiden sowie die Aufspaltung in die handelnde Liebe und das unberührte Sein Gottes gemeint.
Die Logisierung der Schöpfungsbeziehung Gottes entspringt dem Bedürfnis, diese Beziehung einer möglichen nominalistischen Interpretation zu entziehen. Dadurch wird aber die theologische Option der apriorischen Unableitbarkeit der Schöpfung Gottes mißachtet. Diese Unableitbarkeit stellt jedoch eine wesentliche Voraussetzung der Dialektik zwischen Gottes "Unveränderlichkeit" und seinem Geschichtshandeln dar. Denn es muß gewahrt bleiben, daß die heilsgeschichtlichen Werke Gottes in seiner wesenhaften Freiheit gründen, also nur aposteriorisch erkannt werden können und nicht aus einem bestimmten Begriff Gottes apriorisch abgeleitet werden. Der "unveränderliche" Gott ist in seiner Freiheit immer auch der unabhängige Gott, also auch der gegenüber der Schöpfung freie. Wird diese Unableitbarkeit der Schöpfungsbeziehung Gottes, in deren Konsequenz eine letzte Spannung zwischen Heilshandeln und Freiheit Gottes liegt, durch vernünftige Einsehbarkeit ersetzt, wie das bei MOLTMANN, KOCH und zumindest der Tendenz nach stellenweise auch bei JÜNGEL der Fall ist, dann geraten Gott und Welt in einen unvermeidlichen Funktionszusammenhang. Dieser bewirkt nicht nur eine restlose Auflösung der erwähnten Spannung zwischen Gottes Heilshandeln und seiner Freiheit, nicht nur eine Beraubung des Gnadencharakters dieses Handelns, sondern er vereinfacht auch von Anfang an den Zusammenhang zwischen Gottes Geschichtshandeln und seiner "Unveränderlichkeit". Denn auf diesem Weg entfällt die theologische Forderung, Gott trotz seines heilsgeschichtlichen Engagements zugleich auch als den seiner Schöpfung gegenüber "unabhängigen" und freien Gott zu denken. Durch diese Vereinfachung kann sich das Verständnis der "Unveränderlichkeit" Gottes unter Umgehung dessen seinshafter "Unabhängigkeit" von der Welt dann darauf beschränken, lediglich die Unwandelbarkeit einer moralischen Haltung Gottes (MOLTMANN) oder die Beständigkeit eines schöpferischen Lebensprinzips (KOCH) zu artikulieren.
Eine zweite Tendenz zur Vereinfachung besteht darin, ein von Gott auszusagendes Leiden nicht hinreichend vom Leiden des Geschöpfs zu unterscheiden. Auf den theologalen Charakter des Leiden Gottes haben vor allem MARITAIN, GALOT und RIEDLINGER, aber auch KITAMORI und BALTHASAR hingewiesen. Dieser besteht insbesondere darin, das Leiden Gottes im ursprünglichen Sinn nicht

als passives Er-leiden zu fassen, sondern als ohnmächtige Gestalt eines umfassenden, aktiven Handeln Gottes. Als solches ist es nicht nur ohnmächtige Gebärde, sondern das Vermögen, Heil zu schaffen. Es ist eine Möglichkeit, die in der Fülle seines Lebens grundgelegt ist. Leidet Gott, dann ist dieses Leiden ein solches aus Liebe, von dieser ermöglicht und umgriffen. Demgegenüber bleibt kreatürliches Leiden als eine Vorform des Todes grundsätzlich auch in einen hamartiologischen Zusammenhang eingebunden. Als ein solches ist es (wiederum grundsätzlich) reine Ohnmachtsgebärde, die weder konstruktiven Charakter hat, noch in ein umfassendes menschliches Vermögen eingebunden ist. Angesichts dieser elementaren Unterschiede muß ein kreatürliches Verständnis des Leidens Gottes zur Auflösung der göttlichen Identität des Leidenssubjekts führen. Da besonders bei KOCH und teilweise auch bei MOLTMANN diese Unterscheidung zwischen kreatürlichem und göttlichem Leiden nicht immer deutlich gemacht wird, stellt sich gelegentlich der Eindruck einer mythologischen Vermischung von Gott und Geschöpf ein. Gott unterliegt dem Leid der Geschichte in eben derselben Weise wie das Geschöpf. Weder hat es einen ausgesprochen erlösenden Charakter, noch erscheint es als Moment eines umfassenderen Vermögens. Indem der theologale Charakter des Leidens Gottes vernachlässigt wird und damit ein mythologisierender Gottesbegriff entsteht, wird die Fragestellung nach der "Unveränderlichkeit" eines leidenden Gottes bereits von Anfang an verkürzt.

Eine letzte Vereinfachung zeichnet sich in der Diskussion dort ab, wo die "Unveränderlichkeit" Gottes und sein Geschichtshandeln unter jeweils verschiedenen Rücksichten von Gott ausgesagt werden. GALOT unterscheidet die Liebe Gottes, in der Gott handelt und leidet, vom Sein Gottes, das von seinem Handeln und Leiden gänzlich unberührt bleibt. Er teilt Gott damit in ein "Innen" und ein "Außen". Ähnlich so auch GRESHAKE, der Gottes vollkommenes Sein neben der Liebe Gottes, die endzeitlich eine "Bereicherung" erfährt, bestehen läßt, und KITAMORI, der eine Vermittlung zwischen der Liebe der ökonomischen Trinität und jener der immanenten Trinität nicht in ausreichendem Maß zustande bringt. Besteht in diesen Fällen nicht die Gefahr, Gott in ein handelndes, leidendes und ein seliges, unberührtes Subjekt aufzuspalten? Gewiß ließe sich auf diese Weise eine "Vermittlung" herstellen zwischen der "Unveränderlichkeit" Gottes und seiner "Geschichtlichkeit". Aber sie ginge doch zugleich auf Kosten der Identität und Einheit des Subjekts. Und gerade darin liegt ja der theologische Charakter der Frage, beide Prädikate von ein und demselben Subjekt auszusagen.

3) Gelungene Vermittlung

All jenen Konzepten, die Gottes "Unveränderlichkeit" seinem Geschichtshandeln entweder in einer offenen Dialektik gegenübergestellt (Konfrontationsschema: GALOT, RAHNER), nebengeordnet (Additionsschema: GRESHAKE) oder in welcher Form auch immer untergeordnet haben (Subordinationsschema: PANNENBERG, KOCH, MOLTMANN), stehen die Beiträge gegenüber, die ein Inklusionsschema vertreten. Bei allen unterschiedlichen Ausformungen stimmen diese darin überein, die "Unveränderlichkeit" Gottes damit zu begründen, daß Gottes Geschichtshandeln von einem einzigartigen Vermögen hierzu getragen und umgriffen ist. In der Struktur dieser Argumentation scheint gegenüber den anderen Konzeptionen eine grundsätzliche Überlegenheit zu liegen. Sie besteht vor allem darin, ein konkurrierendes Verhältnis zwischen den beiden Gottesprädikationen der "Unveränderlichkeit" und "Geschichtlichkeit" zu vermeiden. Denn diese Konkurrenz muß entweder in eine unversöhnte dialektische Konfrontation führen oder aber zu einer "Vermittlung", die dadurch zustande kommt, daß eine der beiden Prädikationen verkürzt wird.

Das Inklusionsschema überwindet diese Konkurrenz, indem ihm -wenigstens im Grundsatz- eine echte Vermittlung der beiden unverkürzten Gottesprädikationen gelingt. Zum einen schafft es eine Weite, die genügend Raum läßt für die unverkürzte Dynamik des Handelns Gottes in und an der Geschichte. Das Maß der Dramatik und Ernsthaftigkeit der Aktionen und Passionen Gottes wird nicht von außen zugeteilt. Zum anderen weist das Inklusionsschema das Handeln als Ver-mögen Gottes aus. Es liegt in seiner Macht, wenn Gott seinen Schöpfungsbezug die unterschiedlichsten Formen bis hin zur Ohnmachtsgestalt des Kreuzes annehmen läßt. Die "Unveränderlichkeit" dieses Gottes, die hier sichtbar wird, ist deshalb identisch mit seiner Freiheit[2]. Beide Begriffe zeichnen sich dadurch aus, daß sie das, was sich im Horizont der Heilsökonomie als "Veränderung" und Knechtschaft Gottes zeigt, also ihr jeweiliges Gegenteil, nicht ausgrenzen, sondern mit allem Nachdruck einschließen. Gottes Freiheit ist im Denken erst dann eingeholt, wenn sie nicht primär als Unabhängigkeit von der Welt, sondern als Freiheit in der G e b u n d e n h e i t an die Welt gedacht wird. Darin liegt die Freiheit Gottes. Und in eben d i e s e r Freiheit ist er zugleich der "Unveränderliche".

Gegenüber dem Konfrontations-, Additions- und Subordinationsschema kann das Inklusionsschema als eine im Grundsatz gelungene Vermittlung der beiden einander dialektisch zugeordneten Gottesprädikationen angesehen werden. Es beinhaltet einen neuen Begriff der "Unveränderlichkeit" Gottes, der den axiomatischen Charakter des alten da überwindet, wo er zuläßt, daß die Dramatik der göttlichen Schöpfungsbeziehung unverkürzt in den Gottesbegriff selbst eingetragen wird. Zugleich wahrt er aber auch -als Ausdruck eines unvordenklichen Vermögens- die Aussageintention des alten Unveränderlichkeitsbegriffs. Denn Gott handelt kraft dieses Vermögens immer nur so, daß er zu keinem Zeitpunkt ein anderer ist als der freie, transzendente, geschichtsmächtige und weltüberlegene Gott.

Die einzelnen Autoren, die innerhalb der Diskussion das Inklusionsschema vertreten, insbesondere SCHALLER, GALOT, WIEDERKEHR, KITAMORI, JÜNGEL, MÜHLEN und BALTHASAR, aber auch andere Autoren wie RAHNER und MOLTMANN, haben die dogmatische Aufgabe einer Neukonzeption der "Unveränderlichkeit" Gottes konkret an die Trinitätslehre verwiesen. Mehr oder weniger deutlich wird das göttliche Vermögen bzw. die göttliche Freiheit zu einem rückhaltlosen Handeln Gottes in und an der Geschichte immer als ein trinitarisches Vermögen bzw. als trinitarische Freiheit verstanden. Das dramatische Gegenüber und Miteinander von Vater, Sohn und Geist ist es, das (entweder innerhalb der ökonomischen oder immanenten Trinität) den Raum absteckt für jedes dramatische Gegenüber und Miteinander von Gott und Welt. Die "Unveränderlichkeit" Gottes ist -und auch darin markiert die Diskussion einen deutlichen Unterschied zum alten Unveränderlichkeitsbegriff- einzig und allein eine solche des trinitarischen Gottes.

Mit der Neukonzeption der "Unveränderlichkeit" Gottes stellt sich schließlich auch die Frage nach der Vereinbarkeit mit dem biblischen Zeugnis. Zunächst ist festzustellen, daß das neue Verständnis der "Unveränderlichkeit" Gottes als ein göttlich-trinitarisches Vermögen explizit in dieser Form nicht zu finden ist. Dennoch bleibt der Schluß unzulässig, daraus zwischen Schrift und dogmatischer Reflexion ein widersprechendes Verhältnis abzuleiten. Denn die Schrift liefert für das neue Verständnis der "Unveränderlichkeit" Gottes zumindest einige interpretationsfähige

Anhaltspunkte, so etwa der Prolog des Johannesevangeliums (Joh 1), die großen Christus-Hymnen am Anfang des Epheser-, Philipper- und Kolosserbriefs (Eph 1; Phil 2; Kol 1) oder die Aussagen der Apokalypse über das "geschlachtete Lamm" (Apk 5, 6.9.12; 13,8).
Darüber hinaus läßt sich die Frage stellen, ob die biblische Aussage von der "Unveränderlichkeit" Gottes in den eingangs erwähnten Texten -ausgelegt als Unwandelbarkeit seiner Bundestreue- bereits voll ausgeschöpft ist, wenn diese als Konstanz einer nur moralischen Haltung Gottes interpretiert wird. Ist es nicht eher so, daß, wie BALTHASAR formuliert, "die Bibel Alten und Neuen Bundes... zweifellos durch seine ökonomische Haltung h i n - d u r c h auf eine Eigenschaft der Gottheit an sich selbst"[3] blickt? Wenn diese Bundestreue mehr als nur eine moralische Absichtserklärung ist, d.h. wenn sie sich konkret auch als heilsgeschichtliches Handeln vollzieht, dann wird man sagen können, daß diesem Handeln bei allen Wechselfällen der Bundesgeschichte ein entsprechendes physisches Vermögen vorausgehen muß. Gott bleibt der Treue und in diesem Sinn der Unveränderliche, weil er, wie BALTHASAR es mit aller Deutlichkeit vorgeführt hat, in seiner göttlichen Freiheit die geschöpfliche Freiheit ermöglicht und umgreift. Die biblische Aussage von der "Unveränderlichkeit" Gottes als seiner Bundestreue läßt sich deshalb ohne grundsätzlichen Einwand in Richtung auf die dogmatische Neukonzeption der "Unveränderlichkeit" Gottes hin verlängern.
Schließlich bleibt auch gegenüber einzelnen Vertretern des Inklusionsschemas Kritisches anzumerken - wenn auch meist nur hinsichtlich konkreter Darstellung und nicht im Grundsätzlichen.
Ein Hauptvorwurf, der die Argumentationsstruktur als solche vielleicht noch am ehesten zu treffen vermag, besteht darin, daß das heilsgeschichtliche Handeln Gottes in einer vorzeitlichen Ewigkeit bereits real vorweg genommen sein könnte, wie es im Verlauf der Diskussion von KOCH und PANNENBERG gegenüber BARTH zum Ausdruck gebracht wurde. Demnach besäße letztlich die gesamte Heilsgeschichte in Gottes Ewigkeit eine urbildhafte Wirklichkeit, die sich im Raum der zeitlichen Geschichte nur abbildhaft nachvollziehe. Mit diesem Urbild-Abbild-Schema wäre das freie Zueinander von Gott und Welt von vorn herein gleichsam programmatisch festgelegt. Inwiefern BARTH mit diesem Vorwurf zu treffen ist, wurde bereits erörtert. Gegenüber dem Inklusionsschema, wie es von GALOT, WIEDERKEHR, JÜNGEL, MÜHLEN und BALTHASAR vertreten wird,

kann dieser Vorwurf jedenfalls nicht verfangen, da das heilsgeschichtliche Handeln Gottes nicht in einer vorzeitlichen Ewigkeit urbildhaft vorweggenommen, sondern einer göttlich-trinitarischen Freiheit zugeordnet wird, die ein solches Handeln fakultativ als Vermögen, nicht aber schon als urbildhaften Vollzug in sich trägt.
Darüber hinaus wäre noch an den Beitrag KITAMORIs zu erinnern, der den "Schmerz Gottes" als einen alles heilsgeschichtliche Handeln Gottes begründenden, durchgehenden ökonomischen Akt zwar zum Wesen Gottes erklärt, ihn aber andererseits nicht mit der immanenten Trinität vermittelt. - Nochmals hinzuweisen wäre auch auf die von MÜHLEN vorgenommene Deutung des trinitarischen Aktes nach Maßgabe des Begriffs der Ich-Du-Relation, wobei der Autor über eine formal-relationale Auslegung der Trinität kaum hinauskommt. - Und auch auf JÜNGELs Gottesbegriff des "a se in nihilum ek-sistere" wäre aufmerksam zu machen, insofern Gott zumindest der Tendenz nach sich naturhaft auf das Nichts des Todes hin transzendiert und ihm damit -wiederum der Tendenz nach- mehr ein natürliches Gefälle denn eine Freiheit zum Kreuz eignet.

III. Ausblick

Am Ende dieses abschließenden Kapitels unserer Untersuchung sollen andeutungsweise noch einige weiterführende Gesichtspunkte skizziert werden, die sich aus der dargestellten Diskussion und besonders aus dem sich abzeichnenden neuen Verständnis der "Unveränderlichkeit" Gottes ergeben. In erster Linie sind dabei einzelne Konsequenzen für die Gotteslehre zu bedenken.
Die Diskussion hat in ihren unterschiedlichen Beiträgen gezeigt, daß zumindest der Sache nach der christliche Gottesgedanke nicht ohne den Begriff der "Unveränderlichkeit" Gottes auskommt. (Das gilt auch für diejenigen Beiträge, die diesen Begriff zu schmal dimensioniert haben.) Denn ihm fällt die unverzichtbare Aufgabe zu, zwischen dem heilsgeschichtlichen Handeln Gottes einerseits und dessen bleibender Identität als des freien, transzendenten, weltüberlegenen und geschichtsmächtigen Gottes andererseits die Balance zu halten. Insofern für die Konzeption der christlichen Gotteslehre in erster Linie die heilsgeschichtliche und also weder die existentiale noch die rein metaphysische Perspektive bestimmend sein soll, bleiben Wahrung und Vermittlung dieser dialektischen Spannung eine fundamental notwendige Obliegenheit

theologischen Denkens. Der neue Unveränderlichkeitsbegriff, hinsichtlich dessen ein Teilkonsens (vgl. I. 6 und 7) erzielt wurde, vermag diese Aufgabe grundsätzlich zu lösen. Aufgrund seiner integrativen Leistungsfähigkeit wird man ihn als einen unverzichtbaren Bestandteil jeder christlichen Gotteslehre anzusehen haben.
Die Diskussion hat weiterhin gezeigt, daß der in der theologischen Gotteslehre weithin in Gebrauch befindliche Seinsbegriff den Anforderungen einer heilsgeschichtlich orientierten Dogmatik nicht genügt. Seine Konstruktion im Anhalt an Unterpersonal-Dinghaftes gibt diesen Seinsbegriff als Teil einer regionalen Ontologie zu erkennen, die in ihrer Anwendung auf Gott nur über eine Teilberechtigung verfügt. Denn neben der Erkenntnis des absoluten Selbstbeharrungsvermögens und des In-sich-Stehens wird in das Sein Gottes zugleich eine Statik und Stofflichkeit hineingetragen, die die Lebendigkeit Gottes zu erdrücken drohen. Soll diese Lebendigkeit Gottes gewahrt werden, dann muß der Seinsbegriff selber eine innere Dynamik, ein "Werden" enthalten, das nicht mehr substanzontologisch als Seinsdefizienz zu bewerten ist, sondern als Ausdruck lebendiger, vollkommener Seinswirklichkeit. Wie HEMMERLE und LOCHBRUNNER gezeigt haben, bietet die Trinitätslehre hierzu einen passenden Rahmen.
Die neue Erkenntnis von der "Unveränderlichkeit" Gottes wirft auch ein helles Licht auf den Begriff der Freiheit Gottes. Diesem zentralen Begriff christlicher Gotteslehre ist doch über weite Strecken eine gewisse farblose Abstraktivität eigen, so daß er nicht selten in der Gefahr steht, formalistisch-nominalistisch als bloße Wahlfreiheit verkürzt zu werden. Gottes Freiheit ist primär auch nicht als Unabhängigkeit von der Welt zu verstehen. Sie ist nach dem biblischen Zeugnis in der Sache vielmehr eine Freiheit, die der Schöpfung[4] zugute kommt. Um hier jedoch eine rein moralische Begriffsbestimmung als Liebe (MOLTMANN) zu verhindern, ist die Freiheit Gottes mit Hilfe des neuen Unveränderlichkeitsbegriffs als ein machtvolles Vermögen zu interpretieren, sich gerade in der bis zur liebenden Selbsthingabe gesteigerten Bindung an die Schöpfung als der weltüberlegene und geschichtsmächtige Gott zu offenbaren.
Eine weitere Konsequenz für die Gotteslehre könnte in einer Wiederbelebung dessen liegen, was in der Tradition als "relatio rationis - relatio realis" bezeichnet wurde. Mit diesem theolo-

gischen Ausdruck soll die Ungleichheit und Unumkehrbarkeit der Gott-Welt- bzw. der Welt-Gott-Beziehung ausgedrückt werden, nicht aber, daß im Gegensatz zur Welt-Gott-Beziehung als einer realen die Gott-Welt-Beziehung eine nur gedachte, also letztlich unwirkliche sei. Gottes Schöpfungsbeziehung ist durchaus eine reale, aber eben auf andere Weise real als die Gottesbeziehung der Schöpfung. Wird Gott als der (im Sinne des Inklusionsschemas) "Unveränderliche" verstanden, dann bleibt einerseits der unverkürzte Realitätsbezug Gottes zur Schöpfung gesichert, denn es ist diesem neuen Verständnis eigen, die "Unveränderlichkeit" Gottes nur in dialektischer Einheit mit der heilsgeschichtlichen Dramatik und also mit dem vollen Realitätsgehalt der Schöpfungsbeziehung Gottes auszusagen. Andererseits wird gegenüber der Gottesbeziehung der Schöpfung der qualitative Unterschied dergestalt deutlich, daß die Welt ihr Sein nur innerhalb dieser Gottesrelation besitzt, daß Gott aber in seiner Schöpfungsrelation diese zugleich immer umgreift und so auch unendlich transzendiert. Auf diese Weise ist die Schöpfungsrelation Gottes ein Umgreifen, in dem der "Unveränderliche" Sein und Heil gewährt, und die Gottesrelation der Schöpfung ein Umgriffensein, in dem Sein und Heil empfangen werden[5]. Beide Relationen sind real, aber ihrem Wesen nach unumkehrbar.

Schließlich ergibt sich auch ein neuer Aspekt für die Theodizeefrage. Denn wenn unter verschiedenen Voraussetzungen von einem Leiden Gottes gesprochen werden kann, das die Erfahrung kreatürlichen Leidens durchaus einschließt (ohne doch damit einfach identisch zu sein), dann bedarf es zumindest nicht mehr der Rechtfertigung eines weltfernen Gottes, der dem Leiden des Menschen in seliger Unberührtheit gegenübersteht. Gott "rechtfertigt" sich dann vielmehr dadurch, daß er geschöpfliches Leiden zuläßt, indem er es zugleich in seinem göttlichen Leiden einbirgt und überwindet.

Neben der erhellenden Funktion der neuen Unveränderlichkeitsaussage ist zugleich auch zu bedenken, daß letztes Thema der Gotteslehre nicht ein vollständig analysierbares Subjekt ist, sondern der Gott, der wesenhaft in sich ein Mysterium bleibt. Hinsichtlich unserer Fragestellung bedeutet diese Erkenntnis, daß das theologische Denken, auch und gerade insofern es den Glaubensinhalt vor dem Forum der Vernunft zu verantworten sucht, sich eine letzte Zurückhaltung auferlegen sollte, d.h. darauf zu verzichten, die Problematik restlos "aufklären" zu wollen. Die Verstehensansätze, die im Zusammenhang mit unserer Frage legitimerweise entwickelt wurden, dürfen nicht zu einem Bescheidwissen über Gott führen[6]. Daß Gott mit der Welt in eine bewegte Geschichte eintritt und dabei dennoch der "Unveränderliche" bleibt, kann zwar mit aller gebotenen Vorsicht bedacht werden, es muß aber in einer l e t z t e n Hinsicht ein Teil des Mysteriums bleiben, das Gott selber ist.

NACHTRAG

Zwischen dem Abschluß der vorliegenden Arbeit und ihrer Veröffentlichung liegen mehr als vier Jahre. In dieser Zeit sind, wenn ich recht sehe, zum Problem der Unveränderlichkeit Gottes keine umfassenderen Untersuchungen erschienen. Im folgenden sollen aber einige kleinere Beiträge erwähnt werden, die aus recht verschiedenen Blickwinkeln und mit unterschiedlicher Zielsetzung die Problematik berühren.

Für einen dialektisch strukturierten Gottesbegriff hat J. MACQUARRIE[1] votiert. Er schließt damit inhaltlich an den oben skizzierten Ansatz von K.RAHNER an. Es geht ihm in heilsgeschichtlicher Perspektive einerseits um eine theologische Ratifizierung des Welt- und Geschichtsbezuges Gottes. "Als Schöpfer der Welt war und ist er bereit, das Leiden und die Enttäuschungen der Geschöpfe an sich heranzulassen. All dies muß zweifellos gegen die Lehre von der göttlichen Leidensunfähigkeit ... festgehalten werden."[2] In der Kritik an einem weltfernen, unberührbaren Gott sieht der Autor dann aber auch die Gefahr, "übers Ziel hinaus zu schießen"[3]. Denn um die existentielle Tragfähigkeit unseres Glaubens zu sichern, muß theologisch verhindert werden, daß Gott unter das Diktat der geschichtlichen Unheilszusammenhänge gerät. "Während das menschliche Leiden den Betroffenen überwältigen und eventuell zerstören kann, ist dies bei Gott nicht möglich. Er kann das Leiden der Geschöpfe in sich einlassen, und tut das auch, aber er hat eine unendliche Kraft, das Leiden zu absorbieren, ja es zu verwandeln, obwohl wir nicht wissen können, wie diese Umwandlung geschieht."[4]
Damit sind jene theologischen Eckdaten erneut formuliert, hinter die die Diskussion nicht mehr zurückgehen kann.

Einen Ansatz für eine theologische Vermittlung dieser Dialektik bietet P.KOSLOWSKI[5] in einem kurzen Aufsatz. Für ihn bedeutet das Leiden Gottes "nicht notwendige Stufe der Subjektwerdung, aber auch nicht von außen erzwungenes Leid Gottes wie in den Kulten des Dionysos oder Osiris, auch kein Zerstreuen oder Wiedereinsammeln der Lichtfunken ins Licht wie in der Barbelognosis"[6]. Wenn Gott Leiden auf sich nimmt, dann tut er

dies in seiner Freiheit. Für die theologische Aufarbeitung verweist der Autor auf die Trinitäts- und Schöpfungslehre. Die Annahme eines vollendeten Bei-sich-seins des trinitarischen Gottes sowie die Lehre von der creatio ex nihilo können den Begriff der Freiheit Gottes begründen, so daß entsprechend der biblischen Tradition "das Leiden Gottes ... freies Aufsichnehmen des Leidens aus Liebe"[7] ist.
Die obige Diskussion hat gezeigt, daß dem Begriff der Freiheit Gottes in der Tat ein hoher Stellenwert in dieser Frage zukommt.

Von jüdischer Seite hat Schalom BEN-CHORIN[8] auf den Beitrag der Schekhina-Theologie hingewiesen und damit ein Anliegen aufgegriffen, das er mit zahlreichen Autoren innerhalb unserer Diskussion teilt. "Gott will ... auch die dunkle Seite der irdischen Wirklichkeit in sich aufnehmen, um so alles in allem zu sein und den unendlichen Abstand zwischen Schöpfer und Schöpfung zu überbrücken. Nach dieser Auffassung will Gott selbst leiden, will in Tod und Abschied, in das Böse und Unvollkommene miteindringen, denn nur so ist seine Vollkommenheit auch nach der dunklen Seite hin möglich."[9]

Diesen Aspekt hat in besondere Weise u.a. J.MOLTMANN betont und erneut darauf aufmerksam gemacht, daß das Leiden Gottes eine Antwort auf das klassische Problem der Rechtfertigung Gottes geben kann. "Als der Leidensgefährte gab er Trost, wo in jener Hölle menschlich nichts zu hoffen war. Die unaussprechlichen Leiden in Auschwitz waren auch die Leiden Gottes selbst."[10]

Neuerdings hat W.PANNENBERG[11] im Rahmen seiner Gotteslehre und näherhin der dogmatischen Behandlung der Eigenschaften Gottes[12] einige seiner Überlegungen zum Problem der Unveränderlichkeit Gottes wiederholt. Neben dem Hinweis auf die Deutung der Unveränderlichkeit Gottes im Sinne der biblischen Aussage von seiner (Bundes-)Treue sowie auf einige theologische Probleme im Gefolge des theologiegeschichtlich wirksamen Unveränderlichkeitsaxioms[13], verdienen zwei Aspekte (nochmalige) Beachtung. Zum einen beschreibt PANNENBERG erkenntnistheoretisch jenen Weg, den die christliche Gotteslehre auch und gerade im Hinblick auf den Begriff der Unveränderlichkeit Gottes zu gehen hat. In einer philosophischen Theologie "mit ihren Aussagen über Einheit, Unveränderlichkeit, Ewigkeit Gottes"[14] sieht er den Ausgangspunkt. Sie ist "die reflektierte Gestalt der Vorstellung von 'Gott überhaupt', die in allem religiösen Reden von Göttern und ihren Erweisungen mehr oder weniger vage vorausgesetzt ist"[15]. An diesem "Rohmaterial" muß die christliche Theologie nun weiterarbeiten, denn mit den philosophischen Bedingungen "für ein konsistentes Reden von Gott ... ist ... noch nicht die konkrete Wirklichkeit Gottes beschrieben mit den Eigenschaften ihres Wesens, die sich durch sein Handeln in einer bestimmten Geschichte erweisen"[16]. PANNENBERG sieht insbesondere in der Problematik der Unveränderlichkeit Gottes ein Beispiel für die kritische Funktion der christlichen Gotteslehre gegenüber jener philosophischen Theologie. "Die christliche Theologie kann solche Behauptungen der Philosophie allerdings nur dann entkräften, wenn sie sich dabei, obwohl aus der Perspektive der biblischen Gottesoffenbarung, auf dem Boden der philosophischen Argumentation selber bewegt."[17]

Als Versuch, jenen Anspruch theologisch einzulösen, kann PANNENBERGs Überlegung angesehen werden, zwischen der ewigen Gottheit und seinem Welthandeln durch den Begriff der Selbstverwirklichung Gottes (vgl. oben S.262f.) im Sinne seiner Selbstwiederholung zu vermitteln. Doch der bereits oben entstandene Eindruck einer gewissen schillernden Uneindeutigkeit des theologischen Arguments (vgl. oben S.277-279) kann nun auch hier wieder empfunden werden: "Gott verwirklicht sich selbst in der Welt durch sein Kommen in die Welt. Dafür ist sein ewiges Dasein in der Gemeinschaft des Vaters, des Sohnes und des Heiligen Geistes schon vorausgesetzt, und das ewige Wesen Gottes bedarf nicht der Vollendung durch sein Kommen in die Welt, obwohl mit der Schöpfung einer Welt die Gottheit Gottes und sogar sein Dasein abhängig werden von der Vollendung ihrer Bestimmung in der Gegenwart der Gottesherrschaft."[18]

Eine weiterführende Interpretation der Position RAHNERs hat P.SCHOONENBERG[19] versucht. Ausgehend von dessen Formel "'in sich' unveränderlich - 'im/am andern' werden" möchte der Autor

eine Vermittlung dieser antithetischen Dialektik erreichen. "Die beiden Sphären fallen zusammen. Das ist Rahners Ansicht, obwohl er nicht viel sagt, um das Zusammenfallen auch einsichtig zu machen."[20] Hierfür interpretiert er das "Ändern" des in sich unveränderlichen Gottes im Sinne der biblischen Aussage vom Kommen der Gottesherrschaft: "Gott ist einerseits der ewig Lebende, andererseits der in seiner Herrschaft Kommende und Werdende."[21] Eine weitere Interpretation gibt der Autor für RAHNERs Begriff "am andern". Er sieht darin eine reale Beziehung Gottes zur Welt ausgedrückt, die als eine rein göttliche Relation "Bedürfnis, Abhängigkeit oder passive Rezeptivität"[22] ausschließt und positiv im Schenken und Erschaffen besteht. Sie ist kein Akzidens, sondern Gottes Wesen selber.[23] In der Menschwerdung des Logos sieht der Autor nun eine Änderung dieser Relation Gottes zur Welt. "Deshalb ändert sich Gott, wird er, was er zuvor nicht war, in seinem eigenen Wesen. Das hebt die Unveränderlichkeit Gottes kraft seiner uneingeschränkten Vollkommenheit oder Seinsfülle jedoch nicht auf. Er sagt nur noch einmal, daß im selben Wesen Gottes Unveränderlichkeit und Veränderlichkeit, Sein und Werden zugleich bestehen."[24]
Um über diese rein additive Beschreibung hinaus zu einer positiven Vermittlung zu kommen, verweist SCHOONENBERG zunächst auf die menschliche Analogie von Sein und Werden, wonach Werden und Veränderung immer auch eine sich durchhaltende Identität des Subjekts einschließen.[25] Darüber hinaus beruft er sich sowohl auf die Prozeßtheologie als auch auf PANNENBERG, wenn er in der Vollendung der Gottesherrschaft einen heilsgeschichtlichen Ausdruck der völligen Seinsmacht Gottes sieht, die ihm von Ewigkeit her eigen ist. In ihr liegt "die Einheit der Unveränderlichkeit und Veränderlichkeit, des Seins und Werdens Gottes ... Gerade in dieser Macht ist Gott schon, was er sein wird. Durch diese Seinsmacht kann Gott sich ändern, aber um mit sich selbst identisch zu sein. So verwirklicht Gott sein Sein in seinem Werden, das nicht passives und bedürfendes Werden ist, sondern ... ein sich gebendes, sich präsent stellendes Werden, ein Kommen."[26]

Unter der Überschrift "Heutige Grundprobleme" gibt schließlich H.VORGRIMLER[27] im Rahmen seiner Gotteslehre einen kurzen

Einblick in einen Teil der gegenwärtigen Diskussion zu unserem Problem. Er stellt einleitend die Frage nach einem Ersatz für das als untauglich erkannte philosophische Unveränderlichkeitsaxiom und sieht zunächst in der Prozeßtheologie "entschiedene Impulse zu einer kritischen Revision"[28] dieser Aussage. Auch wenn der Autor die Prozeßtheologie als ein logisch nicht "ganz überzeugendes ... System"[29] apostrophiert, kann kann er ihr doch nicht die Anerkennung versagen, "ernsthaft die Frage gestellt zu haben, ob die alten, logisch erschlossenen Eigenschaften Gottes nicht ebenso anthropomorph sind wie diejenigen, die nun als 'menschenfreundliche' Eigenschaften thematisiert werden und die jedenfalls den lebendigen, freien Gott der biblischen Gotteszeugnisse zutreffender wiedergeben"[30].
Sodann geht er auf einige Beiträge im deutschsprachigen Raum ein und sieht auf dem Hintergrund einer lutherischen Kreuzestheologie auf evangelischer Seite (angeführt werden JÜNGEL, MOLTMANN und PANNENBERG) eine eindeutige Entscheidung zugunsten der Rede vom Leiden und Tod Gottes am Kreuz und gegen die Lehre von der wesensmäßigen Unveränderlichkeit und Leidensunfähigkeit Gottes.[31] Neben der Position MÜHLENs beschäftigt sich VORGRIMLER dann ausführlicher mit dem Beitrag von RAHNER. Ähnlich wie für SCHOONENBERG legt sich auch für ihn die theologische Interpretation nahe, daß RAHNERs Wort vom "Werdenkönnen Gottes in der Zeit nicht als ein Zeichen seiner Bedürftigkeit zu denken sei, sondern als Höhe seiner Vollkommenheit. Weniger werden zu können, als Gott bleibend ist, wäre dementsprechend größere Vollkommenheit."[32]

Unter philosophiegeschichtlichem Aspekt ist im Anschluß an die Untersuchung von W.MAAS zur Entstehungs- und Rezeptionsgeschichte der Vorstellung von der Unveränderlichkeit Gottes noch ein Beitrag von G.WATSON[33] zu erwähnen, in dem der philosophische Unveränderlichkeitsbegriff des PARMENIDES in seiner Wirkungsgeschichte über PLATON, SOKRATES und ARISTOTELES bis hin zum Mittel- und Neuplatonismus verfolgt wird.

ANMERKUNGEN

Kapitel A

1) Vgl. K.LEHMANN, Kirchliche Dogmatik und biblisches Gottesbild, in: Die Frage nach Gott, hrsg.v.J.RATZINGER, Freiburg-Basel-Wien [2]1973, 139
2) ebd.
3) C.GEFFRÉ, Sinn und Unsinn einer nichtmetaphysischen Theologie, in: Concilium 8(1972)447
4) Tendenzen der Gotteslehre in der Gegenwart, in: EvTh 35 (1975)189-193
5) C.GEFFRÉ, a.a.O.
6) W.KASPER, Die Gottesfrage als Problem der Verkündigung. Aspekte der systematischen Theologie, in: Die Frage nach Gott, 156
7) Gott als Protest gegen den "Tod des Menschen", in: Concilium 8(1972)434-443
8) ebd., 438
9) ebd., 438f.
10) ebd., 441
11) ebd., 440
12) Das Unbehagen an einem weltfernen, leidensunfähigen Gott, der in seliger Selbstgenügsamkeit von der Geschichte und dem Geschick des Menschen unberührt bleibt, hat auch in der neuzeitlichen Literatur vielfältigen Niederschlag gefunden, so etwa, um nur einige zu nennen, bei Angelus Silesius, Jean Paul, F.Dostojewski, F.Kafka, R.M.Rilke, M.de Unamuno, E.Lasker-Schüler, P.Zech, W.Borchert, G.Bernanos, P.Claudel, R.Schneider, A.Camus und J.P.Sartre. Das Spektrum reicht von Angst vor diesem Gott bis hin zum leidenschaftlichen Protest und schließlich sogar zur kategorischen Ablehnung eines jeden Gottesgedankens. Es reicht von einer vollständigen Entmachtung dieses Gottes im "Tod Gottes" bis hin zur Suche nach einem anderen, nicht nach einem "Märchenbuchliebergott", der "zuviel dünne Theologentinte" im Blut hat, sondern nach einem Gott "für unsere Angst und Not" (W.BORCHERT, Draußen vor der Tür, 5.Szene). Und es folgt die Antwort: Gott selbst ist ein Leidender. "Geschichtszeit ist Seine Agonie" (R.SCHNEIDER, Verhüllter Tag, 100). - Auf die Vielfalt der literatischen Aspekte kann hier nicht näher eingegangen werden. Zur Frage nach dem Gottesbild in der Literatur vgl. M.ALYN, Anwesenheit und Abwesenheit Gottes in der Literatur von heute, in: Concilium 8(1872)456-460; A.HARBARTH, Das Kreuz Jesu und die vielen Kreuze in der Welt. Gedanken-Texte-Bilder, in: Lebendige Seelsorge 38 (1983) Heft 4, 41-56; K.-J.KUSCHEL, Jesus in der deutschsprachigen Gegenwartsliteratur, Zürich-Köln-Gütersloh 1978; W.ROTHE, Der Expressionismus. Theologische, soziologische und anthropologische Aspekte einer Literatur, Frankfurt 1977; Widerruf oder Vollendung. Reinhold Schneiders "Winter in Wien" in der Diskussion, m.Beitr.v.K.ADEL, G.BECKER, u.a., Freiburg-Basel-Wien 1981
13) H.WIERSINGA, Leid: Herausforderung des Lebens. Auseinandersetzung mit einer Grundfrage, München 1982, 113; U.EIBACH, Die Sprache leidender Menschen und der Wandel des Gottesbildes, in: ThZ 40(1984)34-65; H.DEMBOWSKI, Menschliches Leiden und der dreieinige Gott, Freiburg/Schweiz 1978
14) Unveränderlichkeit Gottes. Zum Verhältnis von griechisch-

philosophischer und christlicher Gotteslehre, München-Paderborn-Wien 1974; vgl. auch I.A.DORNER, Über die richtige Fassung des dogmatischen Begriffs der Unveränderlichkeit Gottes, mit besonderer Beziehung auf das gegenseitige Verhältnis zwischen Gottes übergeschichtlichem und geschichtlichem Leben, in: Gesammelte Schriften aus dem Gebiet der systematischen Theologie, Exegese und Geschichte, Berlin 1883, 188-377, bes. 241-299; weitere bibliographische Hinweise finden sich bei W.BRUGGER, Summe einer philosophischen Gotteslehre, München 1979, 549f. Zur Thematik der Leidensunfähigkeit Gottes vgl. theologiegeschichtlich J.K. MOZLEY, The impassibility of God. A survey of christian thought, Cambridge 1926

15) Vgl. ebd., 34f.
16) ebd., 59
17) Vgl. ebd., 50f.
18) ebd., 80
19) ebd., 37
20) Vgl. ebd., 35-39
21) Vgl. ebd., 125-162
22) Vgl. ebd., 87-124
23) K.RAHNER, Zur Theologie der Menschwerdung, in: Schriften zur Theologie IV, Einsiedeln-Zürich-Köln ^{5}1967, 146
24) Für ORIGENES und AUGUSTINUS nachgewiesen bei W.MAAS, a.a.O., 132-136; 158
25) Vgl. auch R.M.HÜBNER, Der Gott der Kirchenväter und der Gott der Bibel. Zur Frage der Hellenisierung des Christentums, München 1979, 5
26) Vgl. W.MAAS, a.a.O., 165
27) Gegenüber der Gottesbeziehung der Schöpfung (relatio realis) soll der Begriff der relatio rationis dogmatisch lediglich die Unumkehrbarkeit der Schöpfungsbeziehung Gottes zum Ausdruck bringen.
28) J.BRINKTRINE, Die Lehre von Gott I, Paderborn 1953, 138
29) M.J.SCHEEBEN, Handbuch der katholischen Dogmatik II, hrsg. v.M.SCHMAUS, Freiburg ^{3}1948, 85
30) Gott - Der Eine und Dreieine. Kleine katholische Dogmatik II, hrsg.v.J.AUER u. J.RATZINGER, Regensburg 1978
31) ebd., 452f.
32) Vgl. DS 126, 197, 285, 294, 297, 302, 501, 683, 800, 853, 1330, 2901, 3001
33) R.SCHULTE, Art. Unveränderlichkeit Gottes, in: LThK X, Freiburg 1965, 537
34) "Gerade in dieser Frage scheint sich heute in einer heilsgeschichtlichen Dogmatik eine gewisse Neubesinnung aufzudrängen, besteht doch der Eindruck, daß in einer undifferenzierten Aussage der Unveränderlichkeit Gottes verschiedene theologische Aspekte zu wenig berücksichtigt werden" (M.LÖHRER, Dogmatische Bemerkungen zur Frage der Eigenschaften und Verhaltensweisen Gottes, in: MySal II, hrsg.v. J.FEINER u. M.LÖHRER, Einsiedeln-Zürich-Köln 1967, 310f.).
35) Zuerst erschienen in: Jahrbücher für Deutsche Theologie 1 (1856)361-416; 2(1857)440-500; 3(1858)299-377; zitiert wird hier nach der Veröffentlichung in: Gesammelte Schriften aus dem Gebiet der systematischen Theologie, Exegese und Geschichte, Berlin 1883, 188-377
36) I.A.DORNER, a.a.O., 241
37) H.CREMER, Die christliche Lehre von den Eigenschaften Gottes, Gütersloh ^{2}1917, 7
38) ebd., 112

39) K.BARTH, Die Kirchliche Dogmatik II/1, Zürich ^{3}1948, 554f.
40) E.BRUNNER, Die christliche Lehre von Gott I, Zürich ^{2}1953, 292
41) K.RAHNER, Zur Theologie der Menschwerdung, 146
42) E.SCHILLEBEECKX, Die Heiligung des Namens Gottes durch die Menschenliebe Jesu des Christus, in: Gott in Welt. Festgabe für Karl Rahner, II, hrsg.v.J.B.METZ, W.KERN, A.DARLAPP, H.GRILLMEIER, Freiburg-Basel-Wien 1964, 48
43) W.PANNENBERG, Die Aufnahme des philosophischen Gottesbegriffs als dogmatisches Problem der frühchristlichen Theologie, in: Grundfragen systematischer Theologie. Gesammelte Aufsätze, Göttingen 1967, 329
44) H.MÜHLEN, Die Veränderlichkeit Gottes als Horizont einer zukünftigen Christologie. Auf dem Wege zu einer Kreuzestheologie in Auseinandersetzung mit der altkirchlichen Christologie, Münster ^{2}1976
45) H.U.v.BALTHASAR, Mysterium Paschale, in: MySal III/2, 146
46) D.WIEDERKEHR, Entwurf einer systematischen Christologie, in: MySal III/1, 551
47) H.KÜNG, Menschwerdung Gottes. Eine Einführung in Hegels theologisches Denken als Prolegomena zu einer künftigen Christologie, Freiburg-Basel-Wien 1970, 641
48) ebd., 646
49) W.KASPER, Glaube und Geschichte, Mainz 1970, 46; vgl. auch ders., Der Gott Jesu Christi, Mainz ^{2}1983, 229
50) Chr.SCHÜTZ, Gegenwärtige Tendenzen in der Gottes- und Trinitätslehre, in: MySal, Erg.bd., 271
51) H.OTT, Gott, Stuttgart-Berlin 1971, 40
52) P.SCHONENBERG, Ein Gott der Menschen, Zürich-Einsiedeln-Köln 1969, 90, Anm. 15
53) W.MAAS, a.a.O., 176
54) J.GALOT, Vers une nouvelle christologie, Paris 1971, 75
55) E.JÜNGEL, Gott als Geheimnis der Welt. Zur Begründung der Theologie des Gekreuzigten im Streit zwischen Theismus und Atheismus, Tübingen ^{4}1982, 511
56) Die japanische Erstveröffentlichung erfolgte 1946
57) J.MOLTMANN, Der gekreuzigte Gott. Das Kreuz Christi als Grund und Kritik christlicher Theologie, München ^{3}1976, 208
58) Leiden, Stuttgart-Berlin 1973, 58
59) H.RIEDLINGER, Vom Schmerz Gottes, Freiburg-Basel-Wien 1983, 11
60) Chr.SCHÜTZ, a.a.O., 300
61) Vgl. W.BEIERWALTES, Platonismus und Idealismus, Frankfurt 1972, 5-82; E.GILSON, Der Geist der mittelalterlichen Philosophie, Wien 1950, 58-70; C.J.de VOGEL, Antike Seinsphilosophie und Christentum im Wandel der Jahrhunderte, in: Festgabe Joseph Lortz, hrsg.v.E.ISERLOH u. P.MANNS, I: Reformation. Schicksal und Auftrag, Baden-Baden 1958, 527-548
62) A.DEISSLER, Gottes Selbstoffenbarung im Alten Testament, in: MySal II, 246; vgl. auch Th.BOMANN, Das hebräische Denken im Vergleich mit dem griechischen, Göttingen ^{5}1968 und C.H.RATSCHOW, Werden und Wirken, Berlin 1941
63) W.MAAS, a.a.O., 24
64) H.BRANDENBURG, Die kleinen Propheten II, Gießen-Basel 1963, 149
65) W.MAAS, a.a.O., 25
66) H.J.KRAUS, Psalmen, 2.Teilband, Neukirchen ^{3}1966, 698
67) H.GUNKEL, Die Psalmen, Göttingen ^{5}1968, 437
68) H.BALZ/W.SCHRAGE, Die "Katholischen" Briefe, Göttingen ^{11}1973, 19

69) J.MICHL, Die katholischen Briefe, Regensburg [2]1968, 32
70) F.MUßNER, Der Jakobusbrief, Freiburg-Basel-Wien 1964, 92
71) Die Reue Gottes. Aspekte alttestamentlicher Gottesvorstellung, Neukirchen-Vluyn 1975
72) ebd., 37
73) Vgl. ebd., 37f.
74) ebd., 38
75) ebd., 110. Zu Hos 11,8 bemerkt G.v.RAD: Hosea "hat gesehen, wie der Kampf zwischen Zorn und Liebe im Herzen Gottes selbst zum Austrag kam. Damit hat er allerdings eine Aussage gewagt, deren Kühnheit in der ganzen Prophetie ohne Beispiel ist" (Theologie des Alten Testaments II, München [7]1980, 151
76) ebd.
77) ebd.
78) ebd.
79) H.MÜHLEN, a.a.O., 22
80) K.BARTH, KD II/1, 557. Vgl. auch A.VOS, Immutabilitas Dei, in: NThT 35(1981)111-133. VOS teilt die Kritik am Unveränderlichkeitsaxiom nur hinsichtlich einzelner Auswirkungen. Grundsätzlich hält er am Begriff der Unveränderlichkeit Gottes fest, da dieser im Sinne einer Aussage über Gottes beständige Wesenheit den Grund für die Unveränderlichkeit der Verheißungen Gottes liefert.
81) J.-B.BRANTSCHEN, Die Macht und Ohnmacht der Liebe. Randglossen zum dogmatischen Satz: Gott ist unveränderlich, in: FZPhTh 27(1980)228
82) W.PANNENBERG, a.a.O.
83) H.KÜNG, a.a.O., 642; vgl. auch E.BRUNNER, a.a.O., 292-295; M.LÖHRER, a.a.O., 311; J.MOLTMANN, Trinität und Reich Gottes. Zur Gotteslehre, München 1980, 69
84) W.KASPER, Glaube und Geschichte, 57f.
85) Vgl. Gaudium et Spes 4,2
86) ebd., 5,3
87) "Die Entdeckung der Geschichtlichkeit und deren wachsende Ratifizierung seitens der Theologie überführt nicht nur die traditionellen Antworten ihrer Partikularität und Relativität, sie stellt auch die Einheit und Einheitlichkeit des Gottesbegriffs, dessen Realitätsbezug und unangefochtene Überlegenheit in Frage" (Chr. SCHÜTZ, a.a.O., 270).
88) "Die Botschaft vom lebendigen Gott der Geschichte steht in innerer Konvergenz zur gegenwärtigen Verkündigungssituation. Sie ist faktisch die einzig mögliche Antwort auf diese Fragen, welche uns unsere geschichtlich gewordene Welt aufgibt. Dieser einzigartige Kairos ermöglicht auch einen neuen Ansatz für eine systematisch-theologische Gotteslehre jenseits der statischen Kategorien der klassischen Metaphysik" (W.KASPER, Die Gottesfrage als Problem der Verkündigung, 155).
89) W.FALK, Vom Strukturalismus zum Potentialismus. Ein Versuch zur Geschichts- und Literaturtheorie, Freiburg- München 1976, 91
90) D.BONHOEFFER, Widerstand und Ergebung. Briefe und Aufzeichnungen aus der Haft. Neuausgabe, München [2]1977, 305
91) ebd., 394
92) ebd. "Hinter die in geschichtlicher Selbstmitteilung sich ereignende Subjekteinheit des Gott-Menschen Jesus Christus kann nicht zurückgegangen werden zu einer Spekulation über das Leiden und Sterben der göttlichen Natur" (G.L.MÜLLER, Tod und Auferstehung Gottes heute. Zur Überwindung des neu-

zeitlichen Atheismus in Bonhoeffers theologia crucis, in: ZKTh 104 [1982] 182).

93) Vgl. J.NATANSON, La mort de Dieu. Essai sur l'atheisme moderne, Paris 1975, 279f.

94) D.BONHOEFFER, a.a.O., 308

95) M.BUBER, Werke I. Schriften zur Philosophie, München-Heidelberg 1962, 501-603

96) ders., Ich und Du, in: Werke I, 133

97) ders., Werke III. Schriften zum Chassidismus, München-Heidelberg 1963, 739-894

98) ebd., 752

99) ebd.

100) ebd.

101) Auf dieses jüdische Theologumenon mit seiner langen, in sich differenzierten Tradition kann im Rahmen dieser Untersuchung nicht eingegangen werden. Vgl. dazu G.SCHOLEM, Von der mystischen Gestalt der Gottheit. Studien zu Grundbegriffen der Kabbala, Frankfurt 1971, 135-191; A.M.GOLDBERG, Untersuchungen über die Vorstellung von der Schekhinah in der frühen rabbinischen Literatur. Talmud und Midrasch, Berlin 1969; P.KUHN, Gottes Selbsterniedrigung in der Theologie der Rabbinen, München 1968; ders., Gottes Trauer und Klage in der rabbinischen Überlieferung (Talmud und Midrasch), Leiden 1978

102) J.A.T.ROBINSON, Gott ist anders, München ^{4}1964, 30

103) ebd., 36

104) ebd., 23

105) ebd., 50

106) ebd., 54

107) ebd., 93f.

108) K.KERÉNYI, Antike Religion, München-Wien 1971, 212

109) Als eine Art Probe aufs Exempel ist die Bestimmung jenes Begriffs anzusehen, der nicht selten als Argument gegen eine "Geschichtlichkeit" Gottes gebraucht wurde: der Begriff der Ewigkeit Gottes. Es zeigt sich, daß die (heils-)geschichtliche Perspektive auch hier begriffsbestimmend geworden ist. "Wenn freilich ein verselbständigtes philosophisches Denken dazu neigen könnte, Ewigkeit rein negativ als Zeitlosigkeit zu verstehen und so dem Ewigen als einem Unveränderlichen die Beziehung zum Veränderlich-Zeitlichen abzusprechen, so wird hier der besondere Sinn des biblisch-christlichen Ewigkeitsbegriffes deutlich, dem Ewigkeit nicht einfach negative Zeitlosigkeit, sondern auch positive Herrschaftsmacht über die Zeit ist" (J.RATZINGER, Art. Ewigkeit Gottes, in: LThK III, ^{2}1959, 1269). Ewigkeit Gottes schließt demnach den realen Bezug Gottes zur Geschichte nicht aus, sondern ausdrücklich ein.

110) Th.HAECKER, Was ist der Mensch?, Leipzig ^{3}1935, 11. E.BRUNNER meint dazu: Gottes "Mitgehen mit dem zeitlichen Geschehen bedeutet auf keinen Fall das, was ein Lieblingsgedanke des modernen Menschen ist: den werdenden Gott. Der Gedanke eines werdenden Gottes ist eine mythologische Spielerei. Wäre Gott selbst ein Werdender, so würde alles im Sumpf des Relativismus versinken" (a.a.O., 289).

111) Vgl. auch A.ZIEGENAUS, Grundstrukturen neuzeitlicher Christologie, in: Wegmarken der Christologie, hrsg.v.ders., Donauwörth 1980, 180: "Die Unveränderlichkeit Gottes schließt nicht die Überfülle von Liebe und Leben aus, sondern besagt, daß Gott Liebe und Leben usw. bleibt und sich darin nicht ändert, weil Gottes Sohn gerade als uneinge-

schränkte Liebe, Macht, Leben den Vater und die Menschen mehr lieben kann."

112) G.EBELING, Dogmatik des christlichen Glaubens II, Tübingen 1979, 352

113) So "bleibt für die theologische Aussage über Gott entscheidend, daß sie sich ihren Gegenstand ganz und gar von der Offenbarung geben läßt, um von daher über ihn nachzudenken. Infolgedessen geht es in einer theologischen Gotteslehre nicht an, die Eigenschaften Gottes einfach von einem vorgegebenen philosophischen Ansatz her abzuleiten" (M.LÖHRER, Eigenschaften und Verhaltensweisen Gottes im Lichte der Heilsgeschichte, in: MySal II, 222).

114) K.RAHNER, Zur Theologie der Menschwerdung, 147, Anm. 3 Vgl. auch M.LÖHRER, Dogmatische Bemerkungen zur Frage der Eigenschaften und Verhaltensweisen Gottes, 311; L.OEING-HANHOFF, Die Krise des Gottesbegriffs. Wolfhart Pannenberg zum 50.Geburtstag, in: ThQ 159(1979)300.

115) Incarnazione e immutabilitá di Dio. Una soluzione moderna nella patristica?, in: Rivista di Filosofia neo-scolastica 57(1975)631-647

116) "Menschwerdung Gottes" ist hier nur als eine Chiffre für Gottes Handeln in und an der Geschichte zu verstehen, sonst müßte präzisierend von der Menschwerdung des Logos bzw. Sohnes Gottes gesprochen werden.

117) Oder mit W.KASPER christologisch formuliert: "Es gilt, durch den Engpaß hindurchzukommen, den Gottgleichen zum Subjekt der Entäußerung zu machen, diese Entäußerung ernst zu nehmen, ohne ihn dabei seiner Göttlichkeit zu berauben und zu entleeren. Wie kann also der unveränderliche Gott zugleich veränderlich sein?" (Der Gott Jesu Christi, 236).

Kapitel B

1) W.ELERT, Der Ausgang der altkirchlichen Christologie. Eine Untersuchung über Theodor von Pharan und seine Zeit als Einführung in die alte Dogmengeschichte. Aus dem Nachlaß herausgegeben v.W.MAURER und E.BERGSTRÄßER, Berlin 1959, 73

2) Ep. ad Rom. 6, 3, in: SCh 10, 134 (PG 5, 692 A). H.PAULSEN, Studien zur Theologie des Ignatius von Antiochien, Göttingen 1978, weist darauf hin, daß besonders auf dem Hintergrund des Martyriums Leiden "zum bedeutsamen Interpretament der ignatianischen Christologie" (181) geworden ist.

3) Peri tou pascha, fragm. VII, in: SCh 123, 226, (PG 5, 1221)

4) Adv. Marc. II, 16, in: CSEL 47, 356

5) Adv. Marc. II, 27, in: CSEL 47, 374

6) Hauptquellen: TERTULLIAN, Adv. Praxean (CSEL 47, 227-289); HIPPOLYT, Contra haer. Noeti (PG 10, 803-830); ders., Toi kata pason haireseon elenchoi IX (GCS 26, III, 239-264); EPIPHANIUS, Panarion haer. LVII, kata Noet. (GCS 31, II, 343-357)

7) HIPPOLYT, Contra haer. Noeti, 2, in: PG 10, 805 B

8) Vgl. Toi kata pason haireseon elenchoi IX, 10, in: GCS 26, III, 245 (PG 16, III, 3378 B-C)

9) Nur syrisch erhalten, übersetzt v.V.RYSSEL, Gregorius Thaumaturgos. Sein Leben und seine Schriften, Leipzig 1880, 71-99

10) V.RYSSEL, a.a.O., 75

11) Vgl. ebd., 76, 78, 84
12) ebd., 87. Dies wäre im Grunde gerade Gottes Leiden, wenn er sich der Welt nicht zuwenden könnte (94).
13) Vgl. ebd., 78
14) ebd., 81
15) Vgl. H.CROUZEL, La passion de l'impassible. Un essai apologétique et polémique du IIIe siécle, in: L'homme devant Dieu. Mélanges offerts au Pére Henri de Lubac I, Paris 1963, 278
16) ebd.
17) De trinitate X, 23, in: CCL 62a, 477 (PL 10, 361 A)
18) ebd., 47, in: CCL 62a, 500 (PL 10, 380 B)
19) Vgl. ebd., 46, in: CCL 62a, 499f. (PL 10, 379f.)
20) ebd., 47, in: CCL 62a, 501 (PL 10, 381 A)
21) ebd., 11, in: CCL 62a, 468 (PL 10, 351 B)
22) Vgl. ebd., 49, in: CCL 62a, 503f. (PL 10, 382 A)
23) ebd., 47, in: CCL 62a, 500 (PL 10, 380 B)
24) ebd., 23, in: CCL 62a, 477 (PL 10, 361 A)
25) ebd., 23, in: CCL 62a, 477 (PL 10, 362 A). "Non et doloris nostri dolet sensu" (ebd., 47, in: CCL 62a, 501)
26) A.GRILLMEIER, Jesus der Christus im Glauben der Kirche I: Von der Apostolischen Zeit bis zum Konzil von Chalcedon (451), Freiburg-Basel-Wien 1979, 585
27) Adv. haeres. V, 18, 1, in: SCh 153, 236 (PG 7, 1172 B)
28) Ep. ad Epictet. VI, in: PG 26, 1060 C
29) Vgl. Adversus Arianos I, 56, in: PG 26, 130 B
30) In diesem Zusammenhang wird immer wieder auf eine Formulierung des Tomus Leonis an Flavian hingewiesen: "Es wirkt (agit) nämlich jede der beiden Naturen (forma) in Gemeinschaft mit der anderen (cum alterius communione) das, was ihr eigen ist, d.h. das Wort tut, was Sache des Wortes ist, das Fleisch das, was Sache des Fleisches ist. Das eine von ihnen erstrahlt in Wundern, das andere unterliegt Schmähungen" (ACO II, 2, 1, 28). Das doppelte agere wird als Hinweis auf die Zweiheit der Handlungsträger verstanden, die die Einheit der Person als Addition entstehen läßt (vgl. W.ELERT, a.a.O., 115). Demgegenüber hat in jüngster Zeit H.ARENS darauf hingewiesen, daß die Interpretation von forma (bzw. verbum/caro) als eigenständiges Subjekt dem "Grundduktus der leonischen Christologie widersprechen" (Die christologische Sprache Leos des Großen. Analyse des Tomus an den Patriarchen Flavian, Freiburg-Basel-Wien 1982, 465) würde. Stattdessen will der Text "das ungeschiedene, aber zu unterscheidende Wirken der beiden Naturen in Jesus Christus herausstellen" (473). Es handelt die eine Person zugleich als Gott und Mensch, ohne daß das göttliche und menschliche Handeln zu Handlungen einer Natur werden. Allerdings räumt H.ARENS eine Begrenztheit des "cum alterius communione" ein, insofern "die Natur, die dem Unrecht unterliegt, nur die menschliche sein kann, die 'caro', denn sie allein ist des Erleidens von Unrecht 'fähig'. Unrecht erleiden kann nur eine veränderliche Natur, da das Unrecht Lebensminderung oder gar Lebenszerstörung bewirkt" (474).
31) Ep. IV ad Nestor. 3, in: ACO I, 1, 1, 26 (PG 77, 45 B)
32) Vgl. ebd., in: ACO I, 1, 1, 26f. (PG 77, 45 C)
33) Quod unus sit Christus, 769b, in: SCh 97, 482, 84 (PG 75, 1345 D). Genauer: die göttliche Natur ist und bleibt leidensunfähig und unveränderlich (Ep. XXXIX ad Ioan. Antioch. 9, in: ACO I, 1, 4, 19. - PG 77, 180 B-C).
34) Ep. XXVII ad Nestor. 12, in: ACO I, 1, 1, 42 (PG 77, 121 D)

35) ebd.; vgl. Quod unus sit Christus, 778b, in: SCh 97, 514 (PG 75, 1361 B-C); Ep. IV ad Nestor. 5, in: ACO I, 1, 1, 27 (PG 77, 48 A); Ep. XXVII ad Nestor. 6, in: ACO I, 1, 1, 37 (PG 77, 113 A-B); Ep. XXXIX ad Ioan. Antioch. 9, in: ACO I, 1, 4, 19
36) Vgl. Quod unus sit Christus, 766c-d, in: SCh 97, 474 (PG 75, 1341 B-C)
37) W.ELERT, Die theopaschitische Formel, in: ThLZ 75(1950)199
38) Die Bezeichnung "Theopaschit", vermutlich von NESTORIUS geprägt, ist ursprünglich ein Schimpfwort (was es im Grunde auch nach der lehramtlichen Anerkennung in der Sache geblieben ist). Er richtet sich damit besonders gegen die nach seiner Meinung monophysitische Christologie des KYRILL, der er unterstellt, das Leiden des Menschgewordenen in die göttliche Natur einzutragen.
39) Ep. IV ad Ioan. episc. Antioch., in: PG 65, 877 A
40) W.ELERT, Die theopaschitische Formel, 196
41) THEODORUS LECTOR, Ecclesiastica historia I, 20, in: PG 86, 176 B
42) Vgl. De fide III, in: ACO IV, 2, 73
43) Tomus ad Armenios 21, in: ACO IV, 2, 192
44) Vgl. De fide III, in: ACO IV, 2, 73
45) Vgl. Fragm. ep. ad Armenios, in: PG 65, 888 B
46) Tomus ad Armenios 21, in: ACO IV, 2 192 (PG 65, 865 C)
47) Fragm. ep. ad Armenios, in: PG 65, 888 B
48) W.ELERT, Der Ausgang der altkirchlichen Christologie, 123
49) Vgl. Tomus ad Armenios 21, in: ACO IV, 2, 192 (PG 65, 865 C)
50) Ep. IV ad Ioan. episc. Antioch., in: PG 65, 876 D-877 A
51) Tomus ad Armenios 21, in: ACO IV, 2, 192
52) ACO IV, 2, 10. Dieser war Führer jener Gesandtschaft "skythischer" Mönche, die die neu-chalkedonische Auffassung nach Rom brachten, um dort ihre Anerkennung zu erreichen. Vgl. A.GRILLMEIER, Vorbereitung des Mittelalters. Studie über das Verhältnis von Chalkedonismus und Neu-Chalkedonismus in der lateinischen Theologie von Boethius bis zu Gregor d.Gr., in: Das Konzil von Chalkedon. Geschichte und Gegenwart, hrsg.v.ders. u. H.BACHT, II: Entscheidung um Chalkedon, Würzburg ^{5}1979, 791-839
53) In Ez. hom. VI, 6, in: GCS 33, 384f. (PG 13, 714f.)
54) Vgl. J.GALOT, Le Dieu trinitaire et la passion du Christ, in: NRTh 104(1982)71
55) H.de LUBAC, Geist aus der Geschichte. Das Schriftverständnis des Origenes, Einsiedeln 1968, 284
56) Vgl. W.MAAS, a.a.O., 138
57) H.de LUBAC, a.a.O., 286
58) Vgl. De trinitate X, 49, in: CCL 62a, 503 (PL 10, 382 C)
59) ebd., 71, in: CCL 62a, 527 (PL 10, 398 B)
60) Vgl. Quod unus sit Christus, 755e-756a, in: SCh 97, 440 (PG 75, 1324 D)
61) ebd., 757a, in: SCh 97, 444 (PG 75, 1325 D)
62) M.LIENHARD, Martin Luthers christologisches Zeugnis, Göttingen 1979, 290
63) A.BRANDENBURG, Martin Luther gegenwärtig. Katholische Lutherstudien, München-Paderborn-Wien 1969, 23
64) Disputatio Heidelbergae habita (1518), in: D.Martin LUTHERs Werke. Kritische Gesamtausgabe, Weimar 1883ff. (zitiert WA; Band, Seite und Zeile in arabischen Zahlen angegeben) WA 1, 362, 28f.
65) Vgl. Sermo Lutheri. In Natali Christi (1515), in: WA 1, 27, 6-12

66) Vgl. ebd., 22-26
67) R.PRENTER, Spiritus Creator. Studien zu Luthers Theologie, München 1954, 178
68) Hierauf gründet sich die Kenotik des 16. und 17.Jahrhunderts.
69) Fastenpostille (1525) - Epistel auff den Palmtag. Philippen. 2., in: WA 17, II, 239, 11-14
70) "Nicht, das er die Gottheyt hette odder kündte sie ablegen und weg thun" (ebd., 243, 5f.). "Er nam knechts gestalt an und bleyb doch Gott und ynn Gotts gestalt" (ebd., 243, 19f.).
71) ebd., 243, 11f.
72) ebd., 243, 20-24
73) ebd., 244, 21f.
74) M.LIENHARD, a.a.O., 132
75) Die Promotionsdisputation von Theodor Fabricius und Stanislaus Rapagelanus (1544), in: WA 39, II, 279, 34-280, 1
76) Die Disputation über Joh.1,14 (1593), in: WA 39, II, 22, 14f.
77) Die Disputation de divinitate et humanitate Christi (1540), in: WA 39, II, 111, 7-13
78) Vgl. M.LIENHARD, a.a.O., 245
79) Die Disputation über Joh.1,14 (1539), in: WA 39, II, 21, 1. "Die Gottheit an ir selbs leidet nicht, wird an ir selbs nicht gecreutziget, stirbt nicht an ir selbs, wird an ir selbs nicht begraben" (Die Ander Predigt. Von der Menscheit Christi und seinem Ampt. 1537, in: WA 45, 298, 25f.).
80) Vom Abendmahl Christi (1528), in: WA 26, 319, 37-39
81) Die Ander Predigt. Von der Menscheit Christi und seinem Ampt (1537), in: WA 45, 298, 12-17
82) M.LIENHARD, a.a.O., 179. "Denn die zwo Naturn in Christo sind viel neher vereiniget, denn Leib und Seel im Menschen vereiniget sind" (Die Ander Predigt. Von der Menscheit Christi und seinem Ampt. 1537, in: WA 45, 302, 11-13).
83) Vgl. Die Ander Predigt. Von der Menscheit Christi und seinem Ampt (1537), in: WA 45, 300, 39-301, 12
84) Vom Abendmahl Christi (1528), in: WA 26, 321, 22f.
85) Enarratio 53.capitis Esaiae (1544/50), in: WA 40, III, 707, 22-25
86) M.LIENHARD, a.a.O., 152
87) Enarratio 53.capitis Esaiae (1544/50), in: WA 40, III, 704, 5-7; vgl. Die Ander Predigt. Von der Menscheit und seinem Ampt (1537), in: WA 45, 300, 17-26
88) Vgl. Die Ander Predigt. Von der Menscheit Christi und seinem Ampt (1537), in: WA 45, 299, 30-33. Die gegen ZWINGLI gerichtete Aussage vom Leiden Gottes in Jesus Christus aufgrund der hypostatischen Union findet sich auch im 3.Artikel der Confessio Augustana. Hier "liegt alles Gewicht auf der Feststellung, 'Ein und derselbe (u n u s) Christus, der wahrer Gott und wahrer Mensch' (v e r e D e u s e t h o m o), also nicht bloß ein Mensch ist, 'hat wirklich (v e r e) gelitten', wurde 'wirklich gekreuzigt', ist 'wirklich gestorben'" (K.LEHMANN/H.G.PÜHLMANN, Gott, Jesus Christus, Wiederkunft Christi, in: Confessio Augustana. Bekenntnis des einen Glaubens. Gemeinsame Untersuchung lutherischer und katholischer Theologen, hrsg.v.H.MEYER u. H.SCHÜTTE, Frankfurt-Paderborn 1980, 59).
89) Vom Abendmahl Christi (1528), in: WA 26, 320, 31-33; vgl. ebd., 321, 24-26. 322, 20-22; Die Disputation über Joh.1,14 (1539), in: WA 39, II, 21, 8f.; Enarratio 53.capitis Esaiae (1544/50), in: WA 40, III, 703, 11-13. 717, 31f.; Die Ander

Predigt. Von der Menscheit Christi und seinem Ampt (1537), in: WA 45, 300, 9-13, u.a.m. Die zweite Strophe des Kirchenliedes "O Traurigkeit, o Herzeleid" von Heinrich von SPEE, die mit dem Satz beginnt: "O große Noth, Gott selbst liegt tot", stammt nicht von LUTHER, sondern von Johann RIST (1607-1667), evangelischer Pfarrer in Wedel a.d. Elbe und berühmter Lieddichter. In den folgenden Jahrhunderten hat die Drastik der Aussage zahlreiche Abwandlungen und Milderungen ausgelöst. Vgl. dazu H.-D.UELTZEN, "Gott selbst ist tot". Historische Bemerkungen zur Entstehung des Liedes und der Rede vom Tode Gottes, in: EvTh 36(1976)563-567.

90) Enarratio 53.capitis Esaiae (1544/50), in: WA 40, III, 744, 5
91) ebd., 714, 36-715, 2
92) M.LIENHARD, a.a.O., 112f.
93) Vgl. Enarratio 53.capitis Esaiae (1544/50), in: WA 40, III, 702, 20-25
94) Eyn Sermon von der Betrachtung des heyligen leydens Christi (1519), in: WA 2, 137, 12f.
95) Enarratio 53.capitis Esaiae (1544/50), in: WA 40, III, 721, 24f.
96) ebd., 715, 18f.
97) Vgl. ebd., 716, 4f. Der soteriologische Zielsinn der Gottverlassenheit des Sohnes wurde bereits im 17.Jahrhundert auch als Nähe Gottes zum gottverlassenen Sünder gefaßt: G.STANIHURSTIUS, Dei immortalis in corpore mortali patientis historia, Antwerpen 1660, dt.: Geschichte des Leidens und Sterbens Jesu unseres göttlichen Erlösers in Betrachtungen und Belehrungen frei bearbeitet nach P.W.Stanyhurst, hrsg.v.B.HANEBERG, München 1881 (im folgenden hiernach zitiert). Der Verlassenheitsschrei Mk 15,34 wird im Anschluß an LUTHER als Ereignis zwischen Gott und Gott verstanden, aber nicht zu einer theologischen Spekulation fortgeführt. "Daß Gott über Gott, der ewige Sohn über den ewigen Vater klagt, ...das ist ein anbetungswürdiges Geheimnis, das Niemand begreifen, Niemand erklären kann, das wir nur glauben können" (316). Es ist ein Kennzeichen gerade der soteriologischen Interpretation, daß diese Dramatik als "Kriegslist der göttlichen Liebe" (317) angesehen wird. Denn das sündige Treiben des Menschen versetzt diesen in eine tödliche Entfernung zu Gott, so daß diese schließlich den Tod bedeuten müßte, wenn nun Gott nicht auch noch in dieser Gottverlassenheit zu finden wäre. "Dein Vater hat dich ja darum verlassen, daß du, mein Bruder, mich nicht verlassest in Ewigkeit" (320).
98) ebd., 704, 13f.
99) Vgl. W.MAAS, Gott und die Hölle. Studien zum Descensus Christi, Einsiedeln 1979, 273-288
100) Operationes in Psalmos (1519-1521), in: WA 5, 606, 39-607, 1
101) W.MAAS, Gott und die Hölle, 275
102) Vgl. E.VOGELSANG, Der angefochtene Christus bei Luther, Berlin-Leipzig 1932, 44
103) Enarratio 53.capitis Esaiae (1544/50), in: WA 40, III, 717, 31-37
104) "Lex comprehendit eum et conclusit; ita mors... Diabolus ... habent et damnant eum tanquam sacrilegum. Quid autem fit? resurgens a morte, audiunt: Ego sum Filius Dei, sum innocens et iustus; seduxisti Adam in Paradiso, suscepi

peccata totius humani generis in me et feci me victimam pro eis; Quid habes iuris in me? Nescivi te esse Filium Dei! sed olfecisti, quod innocens sim et Dei Filius... putabam te similem Ioanni Baptistae aut alii sancto Prophetae! sic ars artem fallit. Ibi cogitur dicere Satan et Mors: Nos peccavismus, accusavismus innocentam personam, occidismus insontem. Ego, lex, Filium Dei similem feci caeteris latronibus. Audias igitur te vicissim damnatam et fatearis te innocentem occidisse; Sic, ut iam non solum peccaveris in personam innocentem, sed in Filium Dei. Sic mors sese occidit, Diabolus sese strangulavit, infernus sese spoliavit" (ebd., 744, 14-28).

105) M.LIENHARD, a.a.O., 111

106) Vgl. W.MAAS, Gott und die Hölle, 278f.

107) E.JÜNGEL, Zur Bedeutung Luthers für die gegenwärtige Theologie, in: Luther und die Theologie der Gegenwart. Referate und Berichte des Fünften Internationalen Kongresses für Lutherforschung, Lund/Schweden 14.-20. August 1977, hrsg.v.L.GRANE u. B.LOHSE, Göttingen 1980, 30

108) Stuttgarter Privatvorlesung (in: Schellings Werke. Nach der Originalausgabe in neuer Anordnung herausgegeben von M. SCHRÖTER, 1.-6. Hauptband, München 1958/59. 1.-6. Ergänzungsband, München 1956-1960. Nachlaßband: Die Weltalter. Fragmente. In den Urfassungen von 1811 und 1813 herausgegeben von M.Schröter, München 1946. Zitiert wird nach der von K.F.A.Schelling veranstalteten Ausgabe, Stuttgart, 1856ff., wobei die zweite Abteilung als Band XI-XIV gezählt wird. Der Band wird in römischen und die Seite in arabischen Zahlen zitiert. Der Nachlaßband wird als Schröter mit Seitenangabe zitiert.) VII, 429

109) Schröter, 228

110) H.FUHRMANS, Schellings Philosophie der Weltalter. Schellings Philosophie in den Jahren 1806-1821. Zum Problem des Schellingschen Theismus, Düsseldorf 1954, 297

111) K.HEMMERLE, Gott und das Denken nach Schellings Spätphilosophie, Freiburg-Basel-Wien 1968, 251

112) Philosophie der Offenbarung, XIII, 268

113) K.HEMMERLE, a.a.O., 252f.

114) Philosophie der Offenbarung, XIII, 273

115) ebd.

116) W.SCHULZ, Die Vollendung des deutschen Idealismus in der Spätphilosophie Schellings, Stuttgart-Köln 1955, 216-237

117) Vgl. Philosophie der Offenbarung, XIII, 267. Sie sind "die gewährleistenden Wirkmächte seiner Freiheit" (K.HEMMERLE, a.a.O., 249).

118) ebd., 269

119) Vgl. W.SCHULZ, a.a.O., 219f.

120) Philosophie der Mythologie I, XII, 33

121) Stuttgarter Privatvorlesung, VII, 429

122) Vgl. ebd., 428

123) M.HEIDEGGER, Schellings Abhandlung Über das Wesen der menschlichen Freiheit (1809), hrsg.v.H.FEICK, Tübingen 1971, 130-135

124) Über das Wesen der menschlichen Freiheit, VII, 358

125) Vgl. M.HEIDEGGER, a.a.O., 137

126) J.HENNIGFELD, Mythos und Poesie. Interpretation zu Schellings "Philosophie der Kunst" und "Philosophie der Mythologie", Meisenheim a.Glan, 1973, 19

127) Vgl. Stuttgarter Privatvorlesung, VII, 435

128) ebd., 439

129) Vgl. W.SCHULZ, a.a.O., 227f.
130) Vgl. Stuttgarter Privatvorlesung, VII, 440
131) ebd., 439
132) Vgl. ebd., 429
133) Vgl. ebd., 430
134) Über das Wesen der menschlichen Freiheit, VII, 361
135) ebd., 362
136) H.FUHRMANS, a.a.O., 301
137) Vgl. Stuttgarter Privatvorlesung, VII, 441
138) H.FUHRMANS, a.a.O., 299
139) Über das Wesen der menschlichen Freiheit, VII, 360
140) Vgl. H.FUHRMANS, a.a.O., 300
141) Stuttgarter Privatvorlesung, VII, 434
142) Über das Wesen der menschlichen Freiheit, VII, 362
143) Vgl. Schröter, 246
144) ebd., 247
145) W.KASPER, Das Absolute in der Geschichte. Philosophie und Theologie der Geschichte in der Spätphilosophie Schellings, Mainz 1965, 215
146) Stuttgarter Privatvorlesung, VII, 432
147) H.FUHRMANS, a.a.O., 300
148) ebd., 301
149) ebd., 302
150) ebd., 304
151) X.TILLIETTE, Schellings Wiederkehr?, in: Schelling, hrsg. v.H.M.BAUMGARTNER, Freiburg-München 1975, 169
152) Vgl. J.R.GEISELMANN, Die Katholische Tübinger Schule. Ihre theologische Eigenart, Freiburg-Basel-Wien 1964, 23, 287f.
153) M.BREIDERT, Die kenotische Christologie des 19.Jahrhunderts, Gütersloh 1977, 291
154) Vgl. L.MÜLLER, Schellings Einfluß in Russland. Seréj A. Júrjev und Vladímir S.Solovjév, in: Archiv für Philosophie 3(1949)53-81
155) W.KASPER, Das Absolute in der Geschichte, 1
156) Die religionsphilosophische Konstruktion in Schellings positiver Philosophie, ihre Voraussetzungen und Prinzipien, Breslau 1910
157) P.TILLICH, Schelling und die Anfänge des existentialistischen Protests, in: Gesammelte Werke IV: Philosophie und Schicksal. Schriften zur Erkenntnislehre und Existenzphilosophie, Stuttgart 1961, 144. Vgl. dazu Th.WERNSDÖRFER, Die entfremdete Welt. Eine Untersuchung zur Theologie Paul Tillichs, Zürich 1968, 207ff.
158) Vorlesungen über die Philosophie der Religion I (in: G.W. F.HEGEL, Werke in zwanzig Bänden. Theorie Werkausgabe. Auf der Grundlage der Werke von 1832-1845 neu edierte Ausgabe. Redaktion E.MOLDENHAUER u. K.M.MICHEL, Frankfurt/M. 1970. Der Band wird in römischen und die Seite in arabischen Zahlen zitiert.) XVI, 159
159) Phänomenologie des Geistes, III, 23
160) ebd., 24
161) E.METZKE, Hegels Vorreden. Mit Kommentar zur Einführung in seine Philosophie, Heidelberg 1949, 167
162) Phänomenologie, III, 25
163) Philosophie der Religion II, XVII, 223
164) Phänomenologie, III, 24
165) ebd., 395
166) Philosophie der Religion I, XVI, 94
167) Vgl. Phänomenologie, III, 324f.
168) Philosophie der Religion I, XVI, 111

169) Phänomenologie, III, 54
170) ebd., 572
171) ebd., 22f.
172) ebd., 23. Dies heißt dann vor allem für das Wesen des Seins "sich zu entwickeln, und zwar so, daß es in der Entwicklung zu sich selbst kommt, nicht nur an sich existiert, Substanz ist, sondern auch für sich existiert, Subjekt wird" (E.METZKE, a.a.O., 162).
173) E.JÜNGEL, Gott als Geheimnis der Welt. Zur Begründung der Theologie des Gekreuzigten im Streit zwischen Theismus und Atheismus, Tübingen ^{4}1982, 107
174) Wissenschaft der Logik II, VI, 184
175) Heidelberger Schriften (1817), IV, 273
176) Philosophie der Religion I, XVI, 71
177) Phänomenologie, III, 142
178) ebd.
179) Enzyklopädie der philosophischen Wissenschaften III, X, 375
180) Philosophie der Religion I, XVI, 420
181) Phänomenologie, III, 25
182) Philosophie der Religion II, XVII, 228
183) M.THEUNISSEN, Hegels Lehre vom absoluten Geist als theologisch-politischer Traktat, Berlin 1970, 73
184) ebd., 119
185) Philosophie der Religion II, XVII, 216
186) Phänomenologie, III, 561
187) Vgl. Philosophie der Religion II, XVII, 243
188) F.WAGNER, Der Gedanke der Persönlichkeit Gottes bei Fichte und Hegel, Gütersloh 1971, 239
189) Philosophie der Religion II, XVII, 222
190) ebd.
191) ebd., 235
192) Vgl. ebd., 242
193) J.SPLETT, Die Trinitätslehre G.W.F.Hegels, Freiburg-München 1965, 61
194) Jenaer Realphilosophie. Vorlesungsmanuskripte zur Philosophie der Natur und des Geistes von 1805-1806, hrsg.v. J.HOFFMEISTER, Hamburg ^{2}1967, 266
195) E.JÜNGEL, Gott als Geheimnis der Welt, 101
196) Phänomenologie, III, 385
197) ebd., 28
198) Vgl, ebd., 565
199) Vgl. Philosophie der Religion I, XVI, 111f.
200) Philosophie der Religion II, XVII, 193. "Es ist die Logik des Geistes: Sein als das bloß unbestimmte Allgemeine muß ihm leer und nichts sein, er muß zum schöpferischen Werden seines Anderen weitergehen" (B.WELTE, Hegels theologischer Entwurf als Ausdruck einer geschichtlichen Situation und als Impuls einer neuen Geschichte der Theologie, in: Kirche und Theologie im 19.Jahrhundert. Referate und Berichte des Arbeitskreises Katholische Theologie, hrsg.v.G.SCHWAIGER, Göttingen 1975, 141).
201) Vgl. M.THEUNISSEN, a.a.O., 219
202) Vorlesungen über die Geschichte der Philosophie I, XVIII, 94
203) Vgl. M.THEUNISSEN, a.a.O., 66
204) Philosophie der Religion II, XVII, 243
205) Vgl. M.THEUNISSEN, a.a.O., 62
206) Philosophie der Religion I, XVI, 114
207) J.SPLETT, a.a.O., 18

208) Philosophie der Religion II, XVII, 245
209) ebd., 246
210) J.SPLETT, a.a.O., 144
211) Vgl. Differenz des Fichteschen und Schellingschen Systems der Philosophie (1801), II, 112
212) Philosophie der Religion I, XVI, 191
213) M.THEUNISSEN, a.a.O., 62
214) Vgl. Phänomenologie, III, 561, 564
215) Philosophie der Religion II, XVII, 244f.
216) Phänomenologie, III, 584f.
217) J.SPLETT, a.a.O., 62
218) Phänomenologie, III, 562
219) F.WAGNER, a.a.O., 271
220) Phänomenologie, III, 566
221) Vgl. Philosophie der Religion II, XVII, 273
222) Vgl. W.KERN, Philosophische Pneumatologie. Zur theologischen Aktualität Hegels, in: Gegenwart des Geistes. Aspekte der Pneumatologie, hrsg.v.W.KASPER, Freiburg-Basel-Wien 1979, 75
223) Vorlesungen über die Ästhetik II, XIV, 24
224) Jenaer Realphilosophie, 266
225) E.JÜNGEL, Gott als Geheimnis der Welt, 103
226) Vgl. ebd., 102f. "L'Essence divine inessentielle ne s'incarne jusqu'à la fin que dans la mesure où elle mortifie sans reste l'immédiateté" (E.BRITO, Hegel et la tâche actuelle de la christologie, Paris 1979, 122).
227) Philosophie der Religion II, 272. "Indem Gott als die Einheit göttlicher und menschlicher Natur erscheint, zeigt er diese Einheit als s e i n Wesen" (J.SPLETT, a.a.O., 97).
228) Geschichte der Philosophie I, XVIII, 92
229) Philosophie der Religion I, XVI, 97
230) M.THEUNISSEN, a.a.O., 248f.
231) ebd., 248
232) Philosophie der Religion II, XVII, 217
233) Phänomenologie III, 558. Vgl. Chr.LINK, Hegels Wort "Gott selbst ist tot", Zürich 1974, 33ff.
234) W.KERN, Menschwerdung Gottes im Spannungsfeld der Interpretationen von Hegel und Kierkegaard, in: Wegmarken der Christologie, 99
235) J.SPLETT, a.a.O., 91. Vgl. Aphorismen (1803-1906), II, 563
236) Vorlesung über die Philosophie der Geschichte, II, 305 Mit der Notwendigkeit der Entäußerung ist ein wesentlicher Kritikpunkt seitens der theologischen Rezeption gegeben. Daß sich der hegelsche Geist notwendig entäußert, wird heute von einer breiten Mehrheit angenommen. F.WAGNER sieht den Grund vor allem darin, daß nur in der Entäußerung Gottes die diesem vorgegebene trinitarische Dialogizität realisiert und erst damit auch Gottes Persönlichkeit aktualisiert werden kann (a.a.O., 246-248). L.OEING-HANHOFF kommt zur selben Einsicht auf dem Wege der Reflexion über die geschöpfliche Freiheit: "Soll es nämlich sittliche Freiheit auch vor Gott und Gott gegenüber geben -das ist ja Hegels Grundgedanke- dann muß, wenn es Freiheit nur im Prozeß gegenseitiger Anerkennung gibt, auch Gott die endliche Freiheit als gleichberechtigt anerkennen, also in den Prozeß gegenseitiger Anerkennung eintreten und somit selber sich seiner Ewigkeit entäußernd geschichtlich und endlich werden" (Hegels Trinitätslehre. Zur Aufgabe ihrer Kritik und Rezeption, in: ThPh 52 [1977] 403). Dieser

theologische Befund läßt eine Rezeption hier problematisch erscheinen. W.KERN konstatiert eine einseitige Erkenntnisdialektik ohne "Dialog der Liebe" (Dialektik und Trinität in der Religionsphilosophie Hegels. Ein Beitrag zur Diskussion mit L.OEING-HANHOFF, in: ZKTh 102 [1980] 153), ähnlich W.KASPER, Jesus der Christus, Mainz ^{9}1984, 293. E.BRITO meint: "l'irrésistible impatience éternelle à se dépouiller de sa pureté trinitaire inféconde, condamne à tel point le Dieu hégélien à la fatalité sans secret de son exhibition effective" (a.a.O., 148). Und A.CHAPELLE spricht von einem "principe de manque" (Hegel et la religion II, La dialectique [A], Paris 1967, 106). - Demgegenüber bestreitet M.THEUNISSEN überhaupt die Eindeutigkeit in dieser Frage. Er sieht eine Indifferenz, in die freie Liebe und logische Notwendigkeit der Entäußerung zusammenfließen (a.a.O., 280).

237) Phänomenologie, III, 572

238) "La christologie hégélienne est, au fond, une 'Christologia mortis'" (E.BRITO, a.a.O., 130).

239) Vgl. Phänomenologie, III, 571

240) ebd., 547

241) ebd., 572

242) Philosophie der Religion II, XVII, 291

243) E.BRITO, a.a.O., 133

244) H.-W.SCHÜTTE, Tod Gottes und Fülle der Zeit. Hegels Deutung des Christentums, in: ZThK 66 (1969) 70. Es tritt die Verendlichung eines Verhältnisses ein, "in dem sich Gott und Mensch als einander gegenüberstehende, sich gegenseitig einschränkende oder aufhebende partielle Wirklichkeiten darstellen" (72). E.JÜNGEL erhebt hier gegen HEGEL den Vorwurf, daß dieser den in der Menschwerdung definitiv gewordenen Unterschied zwischen Gott und Mensch gerade in sein Gegenteil verkehre (Gott als Geheimnis der Welt, 124).

245) Phänomenologie, III, 564

246) Vgl. M.THEUNISSEN, a.a.O., 38

247) Phänomenologie, III, 36

248) Vgl. F.WAGNER, a.a.O., 270

249) Phänomenologie, III, 549

250) ebd.

251) "Indem der Tod das Endliche dergestalt seiner Endlichkeit überführt, spricht er die Wahrheit über es aus; er ist die Negation eines an sich Negativen, dessen Negativität er offenbart" (M.THEUNISSEN, a.a.O., 281).

252) Phänomenologie, III, 566. Hier wird gegen HEGEL der Vorwurf erhoben, daß er die Selbstfindung des menschlichen Geistes, die sich allein durch Rückkehr aus dem Anderssein vollzieht, unzulässigerweise auf Gott übertragen hat. Die imago Trinitatis wird zur Trinitatis selbst (J.SPLETT, a.a.O., 148).

253) ebd., 552. Damit ist es auch nach HEGELs Verständnis zur Verwirklichung der Freiheit des Geistes gekommen. "Freiheit ist ihm die zu sich gekommene Notwendigkeit, jene Identität und Innerlichkeit, als die sich das auferlegte Werden selbst enthüllt" (J.SPLETT, a.a.O., 80).

254) Philosophie der Religion II, XVII, 295

255) Glauben und Wissen, II, 432

256) Vgl. E.BRITO, a.a.O., 133

257) Differenz des Fichteschen und Schellingschen Systems der Philosophie (1801), II, 96. In diesem Zusammenhang mag ein kurzer Vergleich mit NIKOLAUS von KUES angebracht sein,

denn auch bei ihm spielt der Zusammenfall des Gegensätzlichen eine bedeutende Rolle. Zugleich liegt hier aber auch der entscheidende Unterschied. Während HEGEL die Identität als Wesen des Geistes selbst begreift, in dem die Unterschiede "aufgehoben" sind, versteht NIKOLAUS von KUES die "coincidentia oppositorum" als Mauer, die Gott umgibt, aber nicht Gott selber ist. "Et repperi locum, in quo revelate reperieris, cinctum contradictorium coincidentia. Et ista est murus paradisi, in quo habitas; cuius portam custodit spiritus altissimus rationis, qui nisi vincatur non patebit ingressus. Ultra igitur coincidentiam contradictoriorum videri poteris et nequaquam citra" (NIKOLAUS von KUES, Philosophisch-theologische Schriften, hrsg. u. eingeführt v. L.GABRIEL, 3 Bde, Wien 1967. Zitiert: S. - De visione Dei, c.9, S III, 132). Diese Mauer bezeichnet das In-eins-Sein von Einfaltung und Ausfaltung, von Anfang und Ende; sie ist der Ort, "ubi distinctum et indistinctum coincidunt" (De visione Dei, c.17, S III, 172). Gott selbst ist daher nicht nur anzusiedeln "ante differentiam indifferentiae et differentiae" (De venatione sapientiae, c.13, S I, 58) als der Ort ihrer Einheit, sondern auch noch vor der Einung des Gegensätzlichen. "Nam non est radix contradictionis Deus, sed est ipsa simplicitas ante omnem radicem" (De Deo abscondito, S I, 304). Damit hatte sich der Kusaner vor allem "gegen die Unterwerfung des Gottesbegriffes unter die Regeln der diskursiven Logik" (G.SCHNEIDER, Gott- das Nichtandere. Untersuchungen zum metaphysischen Grunde bei Nikolaus von Kues, Münster 1970, 70) gestellt. Wenngleich so Gott nicht dort schon erreicht ist, wo eine "spekulative" Vernunft die Gegensätze eint, so darf aber nach W.BEIERWALTES die Beziehung Gottes zum Zusammenfall des Gegensätzlichen doch auch nicht aufgegeben werden: "Der göttliche Ursprung ist gerade a l s Zusammenfall (einigende Einfalt) der Gegensätze ü b e r den Gegensätzen" (Deus opposito oppositorum. Nicolaus Cusanus, De visione Dei XIII, in: Salzburger Jahrbuch für Philosophie, VIII/1964, 179). Den Gipfel seiner theologischen Bemühungen erreicht er mit dem Begriff des "non aliud". "Es ist in seinen Augen offenbar die Krönung dieses formalen Prinzips, insofern es die Transzendenz v o r dem Auseinandertreten von Bejahung und Verneinung bezeichnet" (G. Freiin v. BREDOW, Gott der Nichtandere. Erwägungen zur Interpretation der cusanischen Philosophie, in: PhJ 73 [1965/66] 19). Für HEGEL ist das Andere das Gegenüber Gottes, so daß hinsichtlich der Selbstbestimmung Gottes beide auf derselben Ebene stehen. Der Kusaner dagegen hebt Gott so über die Möglichkeit eines gleichwertigen Gegenübers oder Gegensatzes hinaus, daß er Gottes Andersheit als "alteritas sine alteritate, quia est alteritas, quae identitas" (De visione Dei, c.17, S III, 170) begreift. Gott als der Nichtandere ist in der Weise von der Welt verschieden, daß er nicht einmal mehr als Gegensatz zur Welt erscheint. Seine Andersheit bezeichnet gerade keine konstitutive Bezüglichkeit zu einem Anderen, sondern schlechthin Unvergleichbarkeit als analogielose Identität. Das "non aliud" stellt ein Verbot theologischer Ableitung auf. Deshalb ist auch eine (wie immer) gedachte Einigung des Gegensätzlichen als Identität der Identität und Nichtidentität kein theologisches Mittel, das Gott zu erreichen vermag.

258) E.JÜNGEL, Gott als das Geheimnis der Welt, 98. "Dieu cepen-

dant ne serait pas l'Unique s'il ne ressaisissait en soi cette Différence et ce dessaisissement de lui-même" (A. CHAPELLE, a.a.O., 102).

259) Glaube und Wissen, II, 432
260) ebd., 432f.
261) Phänomenologie, III, 549. Christliche Theologie sieht in dieser Vorläufigkeit die volle Osterwirklichkeit entscheidend verkürzt: "Le Dieu de Pâques n'est rien de plus, pour Hegel, que le Dieu 'réconcilié' qui n'effectue son 'en soi' que par la négation mortelle" (E.BRITO, a.a.O., 146).
262) ebd., 550
263) ebd., 568
264) ebd., 566
265) Vgl. ebd., 575
266) ebd., 570
267) Vgl. ebd.
268) ebd., 568
269) F.WAGNER, a.a.O., 274
270) Vgl. Phänomenologie, III, 569f.
271) Philosophie der Religion II, XVII, 215
272) Vgl. Phänomenologie, III, 570
273) ebd., 571. "Im Ziel soll nicht nur die Religion den Geist ganz begreifen, also vollendetes Selbstbewußtsein sein, sondern auch umgekehrt der Geist sein Begreifen ganz verwirklichen" (J.SPLETT, a.a.O., 56).
274) ebd.
275) Vgl. J.SPLETT, a.a.O., 65f., L.OEING-HANHOFF, a.a.O., 403, F.WAGNER, a.a.O., 278f. Zu einem anderen Ergebnis kommt M. THEUNISSEN, der zwischen Geist der Gemeinde (Weltgeist) und absolutem Geist eine bleibende Verschiedenheit feststellt als Unterschied von Weg und Ziel. Der Weltgeist schlage nicht um in den absoluten Geist, sondern nur in das Wissen des absoluten Geistes (74f.).
276) Philosophie der Religion II, XVII, 243f.
277) Philosophie der Religion I, XVI, 192
278) Philosophie der Geschichte, XII, 386f.
279) Phänomenologie, III, 591
280) Vgl. H.G.TÜRK, Rezeption und Kritik der Philosophie Hegels in der "Katholischen Tübinger Schule", in: Die Flucht in den Begriff. Materialien zu Hegels Religionsphilosophie, hrsg.v.F.W.GRAF u. F.WAGNER, Stuttgart 1982, 247-273
281) J.R.GEISELMANN, a.a.O., 324
282) Vgl. A.SCHWEITZER, Geschichte der Leben-Jesu-Forschung, Gütersloh [3]1977, 108
283) ebd., 116f.
284) Vgl. M.BREIDERT, a.a.O., 291-297
285) ebd., 297
286) Vgl. E.BRITO, a.a.O., 63-93
287) Vgl. C.J.P.de OLIVEIRA, L'esprit agit dans l'histoire. La totalisation hégélienne de l'histoire confrontée avec les perspectives du Concile de Vatican II, in: Hegel et la théologie contemporaine. L'absolu dans l'histoire?, mit Beiträgen von A.BIELER, u.a., Neuchâtel-Paris 1977, 55-73
288) N.BERDIAJEW, Die Philosophie des freien Geistes. Problematik und Apologie des Christentums, Tübingen [2]1930, 247
289) ders., Der Sinn der Geschichte. Versuch einer Philosophie des Menschengeschickes, Tübingen [2]1930, 80
290) Vgl. Die Philosophie des freien Geistes, 228
291) Vgl. ebd., 225f.

292) Der Sinn der Geschichte, 84
293) Vgl. Die Philosophie des freien Geistes, 225-228. In hermeneutischer Hinsicht kann gesagt werden, daß es BERDIAJEW nicht primär um ontologisch scharfe Wesensaussagen, sondern um Reflexion geistig-mystischer Erfahrung geht. Dieses Anliegen verlangt nach seiner Meinung, daß der Weg nicht über einen rationalen Diskurs führt, sondern entsprechend dem Erkenntnisobjekt mit Hilfe eines antinomischen, mythologischen und bildhaften Denkens beschritten wird. Denn die Gestalt des göttlichen Lebens ist der Art, daß die rational(istisch)e Erkenntnis jenes Proprium glättet, welches menschlich nur widersprüchlich ausgesagt werden kann. Die lebendige religiöse Erfahrung, der das Mythologem entspricht, kontrastiert mit der zum Rationalismus tendierenden theologischen Doktrin. "Immer ist es fehlerhaft,... wenn man die Mystiker metaphysisch und theologisch kommentiert" (ebd., 229).
294) ebd., 225
295) Der Sinn der Geschichte, 81
296) Die Philosophie des freien Geistes, 233; vgl. auch Der Sinn der Geschichte, 81, 94f.
297) Vgl. ebd., 242
298) ebd., 245
299) Vgl. Der Sinn der Geschichte, 93
300) ebd., 97
301) "Gott leidet und verblutet sich, wenn er die begegnende Liebe des Menschen nicht findet, wenn die Freiheit des Menschen Gott bei Seinem schöpferischen Werke nicht hilft, wenn der Mensch Gott seine schöpferischen Kräfte nicht hingibt" (Die Philosophie des freien Geistes, 247).
302) Der Sinn der Geschichte, 90
303) Die Philosophie des freien Geistes, 229
304) P.EVDOKIMOV, Christus im russischen Denken, Trier 1977, 196
305) Die Philosophie des freien Geistes, 245
306) Vgl. Der Sinn der Geschichte, 98
307) Die Philosophie des freien Geistes, 234
308) Vgl. S.BULGAKOW, Du verbe incarné, Paris 1943, 32
309) ebd., 49
310) ebd., 32
311) ebd., 289
312) "...residant dans l'immuabilité, Dieu peut par Sa volonté modifier et limitier pour Soi la plénitude de Sa vie, en refusant à Sa béatitude" (ebd., 147f.).
313) ebd., 149
314) Vgl. ebd., 148
315) S.BULGAKOW, Die Tragödie der Philosophie, Darmstadt 1927, 219
316) Du verbe incarné, 48
317) ebd., 50
318) ebd., 118
319) Vgl. ebd., 82
320) P.EVDOKIMOV, a.a.O., 216
321) Vgl. Du verbe incarné, 98
322) ebd., 238
323) ebd., 150
324) ebd., 153
325) ebd., 158
326) Vgl. hierzu die detailierte Untersuchung von M.BREIDERT. Bei einer insgesamt kritischen Beurteilung der Kenotik

sieht er ihr Verdienst vor allem darin, den von D.F.STRAUß behaupteten Hiatus zwischen dem Christus des Dogmas und dem Jesus der Geschichte überbrücken zu wollen. "Die Kenotik ist also der Versuch, den Gottesbegriff mit dem neuzeitlichen Geschichtsdenken zusammenzubringen" (306). Zur Geschichte des Kenosis-Gedankens vgl. P.HENRY, Art. Kénose, in: Suppl.(V)au Dict. de la Bible, 7-161 (m. umf. Bibliographie).

327) Vgl. E.SARTORIUS, Die Lehre von Christi Person und Werk, Hamburg [6]1853, 30: "Aufgeschlagen hat das Auge des Menschen in seinem Blick Himmel und Erde in Einem Nu; senkt es aber diesen und läßt die Augenlieder nieder, so siehet es wenig und immer weniger ohne Veränderung seines Wesens und seiner Sehkraft. - So verändert auch die Gottheit ihr Wesen nicht und geht ihrer unendlichen Eigenschaften nicht verlustig, während sie den Vorhang des Fleisches vor den Strahlen ihrer Herrlichkeit senkt."

328) Vgl. Th.A.LIEBNER, Die christliche Dogmatik aus dem christologischen Princip I, Göttingen 1849, 346

329) O.BENSOW, Die Lehre von der Kenose, Leipzig 1903, 282

330) G.THOMASIUS, Christi Person und Werk. Darstellung der evangelisch-lutherischen Dogmatik vom Mittelpunkt der Christologie aus, Erlangen 1855, 216

331) ebd., 65

332) ebd., 214

333) W.F.GEß, Das Dogma von Christi Person und Werk entwickelt aus Christi Selbstzeugnis und den Zeugnissen der Apostel, Basel 1887, 349

334) ebd., 367

335) Vgl. ebd., 394

336) ebd., 353

337) Vgl. ebd., 455

338) Vgl. ebd., 455f.

339) Vgl. ebd., 451f.

340) Über die richtige Fassung des dogmatischen Begriffs der Unveränderlichkeit Gottes, mit besonderer Beziehung auf das gegenseitige Verhältniß zwischen Gottes übergeschichtlichem und geschichtlichem Leben, in: a.a.O.

341) ebd., 251

342) ebd., 250

343) ebd., 226

344) ebd., 228. "Ihre Theorien der Kenosis lassen sich nicht halten. Der Versuch einer Teilung innerhalb der Gottheit, einer relativen Entgöttlichung Gottes verbietet sich sowohl theologisch (im engen Sinn) wie christologisch. Er verletzt das vere Deus, ohne das vere homo zu erreichen, und vergeht sich damit an dem christologischen Mysterium" (P.ALTHAUS, Art. Kenosis, in: RGG III, Tübingen [3]1959, 1245). K.BARTH sieht hierin eine Verdunkelung der Heilswahrheit von der Versöhnung der Welt mit Gott (Kirchliche Dogmatik IV/1, Zürich 1953, 199).

345) ebd., 193

346) ebd., 240

347) ebd., 247

348) ebd., 338

349) ebd., 339

350) ebd., 342

351) ebd., 346

352) ebd., 347

353) ebd.

354) ebd., 349
355) ebd., 353
356) ebd., 355
357) Vgl. ebd., 355, 357, 359, 360f.
358) ebd., 361
359) Vgl. ebd., 362
360) Vgl. ebd., 364
361) ebd., 366
362) Einen Überblick über die wichtigsten Autoren geben J.K. MOZLEY, The impassibility of God. A survey of christian thought, Cambridge 1926, 127-166 sowie in seinem Anhang B.R.BRASNETT, The suffering of the impassible God, London 1928. Vgl. dazu A.M.RAMSEY, From gore to temple. The development of anglican theology between Lux Mundi and the Second World War 1889-1939, London 1960 und W.M.HORTON, Contemporary english theology. An american interpretation, NewYork-London 1936
363) Vgl. J.K.MOZLEY, a.a.O., 138f.
364) Vgl. G.A.STUDDERT-KENNEDY, The hardest part, London 1918
365) ders., The sorrows of God, and other poems, NewYork 1924, 13
366) H.R.MACKINTOSH, The christian apprehension of God, London-NewYork 1929, 192
367) Vgl. ebd.
368) "The Atonement is commonly thought of as only a means to the Foregiveness of Sins; it is in fact much more than that; it is the mode of the Deity of God" (W.TEMPLE, Christus Veritas, London [3]1926, 255; 262).
369) "Sacrifice is, for Christians, the open secret of the heart of God" (W.TEMPLE, a.a.O., 273).
370) Vgl. C.E.ROLT, The world's redemption, London 1913, 96f.
371) ebd., 96
372) V.TYMMS, The christian idea of atonement, London 1904, 313
373) Vgl. C.E.ROLT, a.a.O., 37: "If Christ was dumb before His oppressors and resisted not the evil, then God in heaven cannot resist through all eternity, but must be dumb and silent."
374) Vgl. A.J.MASON, The faith of the gospel. A manual of christian doctrine, London 1892, 32f.; H.BUSHNELL, God in Christ. Three discourses, Hartford 1849, 162
375) "It is as if there were a cross unseen, standing on its undiscovered hill, far back in the ages, out of which were sounding always, just the same deep voice of suffering love and patience, that was heard by mortal ears from the sacred hill of Calvary" (H.BUSHNELL, The vicarious sacrifice, o.O. 1865, 31).
376) Vgl. C.E.ROLT, a.a.O., 275: "Now good can come to know itself only by conflict with evil; for which reason God must endure the Passion, and only so can He, in that complete self-sacrifice on earth, attain to His eternal self-sacrifice in the Being of the Blessed Trinity." Vgl. auch A.J.MASON, a.a.O.; G.B.STEVENS, The christian doctrine of salvation, Edinburgh 1905
377) C.E.ROLT, a.a.O., 85; 228
378) Vgl. ebd., 119
379) Vgl. ebd., 187
380) Vgl. ebd., 204: "He must pass through time, and only so is He eternal; He must as a Servant fulfil His course on earth, and only so is He Lord of Heaven; He must be Man and nothing more than Man, and only so is He perfect God."

Obgleich nun diese Position Gefahr läuft, die theologische Unterscheidung von Gott und Welt zu verdunkeln, hat sie nichts mit jenen im Grunde theosophischen Gedanken E. TROELTSCHs zu tun, die dieser etwa zur selben Zeit in seinen Heidelberger Vorlesungen entwickelt hat (Glaubenslehre. Nach Heidelberger Vorlesungen aus den Jahren 1911 und 1912, München-Leipzig 1925). TROELTSCH geht von einer mystischen Identität von Gott und Welt aus. So ist Schöpfung die Liebestat Gottes, "der sein Wesen in unendlichen Geisterreichen vervielfältigt und in ihnen sich selber zurückgewinnt" (213). Im Unterschied zur anglikanischen Theologie wird hier Substanzgleichheit ausgedrückt. Eine vermeintliche Übereinstimmung scheint dort zu bestehen, wo TROELTSCH von der Inklusion des Leidens in der Liebe Gottes spricht. "Es ist... ein wesentlicher Punkt in der heiligen Liebe, daß Gott sich selbst dem Leid unterzieht" (236). Doch auch hier unterscheidet er sich von der anglikanischen Theologie. Während dort das Leiden Gottes zuerst Rettung des Sünders bedeutet, ist es hier ein pantheistisches Wachstumsleiden, denn die Erlösung ist "im letzten Grunde S e l b s t e r l ö s u n g G o t t e s" (218).

381) Vgl. B.R.BRASNETT, a.a.O., 35f.

382) V.F.STORR, The problem of the cross, London 1919, 124

383) Vgl. C.G.MORGAN, The bible and the cross, London 1909, 49-51

384) "By an eternal activity, of which the Death of Christ is both a symbol and also an essential part, He is everlastingly... redeeming and perfecting the world" (B.H. STREETER, The suffering of God, in: The Hibbert Journal 12 [1913/14] 606).

385) Vgl. W.TEMPLE, a.a.O., 280, 283

386) ebd., 280

387) Vgl. ebd.

388) Das Motiv der passio als com-passio spielt innerhalb der anglikanischen Tradition vom Selbstopfer Gottes ein unwesentliche Rolle (vgl. J.K.MOZLEY, a.a.O., 161). Demgegenüber stehen Äußerungen des Zeitgenossen Fr.v.HÜGEL, Suffering and God, in: Essays and addresses on the philosphy of religion II, London [2]1928, 167-213, der sich gegen diese anglikanische Theologie ausspricht, indem er eine "leidlose Sympathie" Gottes ("deep Sympathy of God without Suffering in God", 197) vertritt. Für diese Leidlosigkeit Gottes gibt er mehrere Gründe an. Zunächst ist Leiden -wie auch die Sünde- ein Übel, das von Gott auszuschließen ist. Demgegenüber erweckt die Theologie vom Leiden Gottes den Eindruck, als sei dieses Leiden nur ein scheinbares Übel. Dann verbietet aber auch Gottes vollkommene Freiheit, die Entsprechung seiner Natur ist, nur das Gute zu tun, und ebenso seine Transzendenz den Gedanken eines leidenden Gottes. Und schließlich kann auch im christologischen Zusammenhang vom Leiden Christi nur hinsichtlich seiner Menschheit, nicht seiner Gottheit gesprochen werden. So kommt HÜGEL am Ende seiner Argumentation zu dem Schluß: "True, God is full of loving care for us, His creatures; He knows us each and singly in all our particularity, and can and does help us to become more like unto Himself. But this Sympathy is not Suffering... He has allowed real, direct Suffering to come as close to Him, in the humanity of Christ, as, in the nature of things, Suffering could come. Let us be wise and sober, and rest satisfied with

that depp Sympathy in God and this deep Suffering in Christ" (209). HÜGELs Plädoyer für die Leidlosigkeit Gottes ist letztlich aber nicht durch eine Reihe vernünftiger Argumente bedingt, sondern durch die Einsicht in die existentielle Bedeutsamkeit Gottes als Ursprung und Ziel menschlichen Daseins. "Let us be satisfied... because we thus keep secure the only quite wholesome, the only sufficiently deep, outlook for our own utilisation - the outlook for which the Ultimate Intention, as indeed already the First Cause of all things, is not Sin or Suffering or Want, but Delectation, Joy and Holiness" (ebd.).

389) Vgl. W.TEMPLE, a.a.O., 269

390) ebd., 270

391) In poetischer Gestalt hat STUDDERT-KENNEDY dies zum Ausdruck gebracht:

"Not just that ′E suffered once for all
To save us from our sins,
And then went up to ′Is throne on ′igh
To wait till ′Is ′eaven begins.

But what if ′E came to the earth to show,
By the paths o′ pain that ′E trod
The blistening flame of eternal shame
That burns in the heart o′ God?

O God, if that′s ′ow it really is,
Why, bless ye, I understands,
And I feels for you wi′ your thorn-crowned ′ead
And your ever-pierced ′ands."

(The sorrows of God, 124). STUDDERT-KENNEDYs leidender Gott "is one of the main themes that run through the post-War period in English theology, and give a distinctive colour to the contemporary period" (W.M.HORTON, a.a.O., 55).

392) C.E.ROLT, a.a.O., 36

393) "It is a mistake to regard the Passion as a temporary defeat which was only reversed by the Resurrection. The Passion was itself the final victory won by the Son of God" (C.E.ROLT, a.a.O., 35).

394) In dieser Allmacht des leidenden Gottes liegt auch eine Theodizee Gottes. "So God vindicates His own Deity. Only such a God can be the God of the world we know. For the Name of God signifies the union of perfect goodness and absolute power... He reigns from the Tree. Because, and only because, His goodness is so perfect as to include self-sacrifice, His power is known to be supreme and all-controlling" (W.TEMPLE, a.a.O., 273).

395) Dieser bemerkenswerte Einbezug der theologischen Tradition von der beatitudo Dei scheint MOLTMANN nicht so recht ins Bild zu passen. Er ist innerhalb der Diskussion neben BALTHASAR der einzige, der diese anglikanische Theologie überhaupt zur Kenntnis nimmt. Seine Rezeption ist im wesentlichen aber von einem einseitigen Interesse an der pas-

sio Dei bestimmt. So zitiert er den bei MOZLEY dargestellten C.A.DINSMORE, der vom Kreuz im Herzen Gottes spricht, das auch nach dem historischen Kreuz von Golgatha bestehen bleibt, so lange es noch Sünder gibt, für die Gott leidet. Hier blendet MOLTMANN ab (J.MOLTMANN, Trinität und Reich Gottes. Zur Gotteslehre, München 1980, 47). Bei MOZLEY aber heißt es weiter: "This, however, is not the whole truth; 'the Christian doctrine of God would be inferior to that of the Greeks, did it not supplement this teaching of the infinite passibility of God with the assertion that the Almighty abides in perfect felicity. In him is completeness of joy because he sees the end from the beginning'" (a.a.O., 148).

396) Vgl. H.MARTENSEN, Die christliche Dogmatik, Berlin 1856, 94

397) W.N.CLARKE, An outline of christian theology, Edinburgh 1920, 343

398) Vgl. C.E.ROLT, a.a.O., 127, 187, 247, 249

399) "There is suffering in God, but it is always an element in the joy of the triumphant sacrifice" (W.TEMPLE, a.a.O., 269, Anm.1).

400) J.B.COBB/D.R.GRIFFIN, Prozess-Theologie. Eine einführende Darstellung, Göttingen 1979, 8f.

401) D.BROWN, Gott verändert sich. Konzepte und Entwicklungen der Prozeßtheologie in den Vereinigten Staaten, in: EK 10 (1977)595

402) Diese Vertiefung reicht hin bis zu dem religionsgeschichtlichen Versuch, die Prozeßtheologie mit Vorstellungen östlicher Religionen zu vermitteln. Vgl. dazu J.Y.LEE, The theology of change. A christian concept of God in an eastern perspective, New York 1979.

403) Vgl. W.A.CHRISTIAN, The concept of God as a derivative notion, in: Process and divinity. Philosophical essays presented to Charles Hartshorne, hrsg.v.W.L.REESE u. E. FREEMAN, La Salle 1964, 181-203

404) R.L.FETZ, Whitehead: Prozeßdenken und Substanzmetaphysik, Freiburg 1981, 200

405) dt. "Wissenschaft und moderne Welt", übers.v.G.TSCHIEDEL/ F.BONDY, Zürich 1949

406) Im Unterschied zu WELKERs Übersetzung "wirkliches Ereignis" und TSCHIEDEL/BONDYs "aktualer Anlaß" habe ich "actual occasion" mit "Kontingenzereignis" sowie "substantial activity" statt "substantielle Tätigkeit" (TSCHIEDEL/ BONDY) mit "alles tragender Akt" übersetzt.

407) Die Gottesbezeichnung für eine metaphysische Funktion weist über eine rein philosophische Kosmologie hinaus ins Religiöse, wenngleich auch erst in "Process and reality" der religiöse Aspekt durch die Einführung der Folgenatur Gottes im vollen Sinn zum Tragen kommt. Gott als Prinzip der Konkretion faßt die idealen Möglichkeiten einschließlich aller Werte ins Auge, so daß dieser Bezug zu werthaftem Gutsein ihn über den Status einer bloß metaphysischen Funktion erhebt.

408) Prozeß und Realität. Entwurf einer Kosmologie, Frankfurt 1979, 446

409) ebd., 79

410) So von J.B.COBB/D.R.GRIFFIN, a.a.O., 56, interpretiert.

411) Prozeß und Realität, 79

412) "Gottes begriffliche Natur ist aufgrund ihrer endgültigen Vollständigkeit unveränderlich" (ebd., 616).

413) ebd., 390. Vgl. hierzu in sachlicher Übereinstimmung J. KAMP, Souffrance de Dieu, vie du monde, Tournai 1971. Im Sinne HEGELs unterscheidet er zwischen Existenz (Realität) und Inexistenz (Idealität) Gottes, wobei dem Idealen ein Gefälle zur geschichtlichen Realisierung eigen ist.
414) ebd., 614
415) ebd.
416) ebd., 83
417) J.B.COBB, A christian natural theology. Based on the thought of Alfred North Whitehead, London 1966, 161
418) Prozeß und Realität, 623
419) ebd., 616
420) ebd.
421) "Consciousness requires the interweaving of the physical feelings with conceptual feelings" (J.B.COBB, a.a.O., 614).
422) Prozeß und Realität, 616
423) R.L.FETZ, a.a.O., 206
424) Prozeß und Realität, 617
425) J.B.COBB, a.a.O., 161f.
426) D.D.WILLIAMS, How does God act? An essay in Whitehead's metaphysics, in: Process and divinity, 175. Vgl. auch W.A. CHRISTIAN, a.a.O., 194
427) ders., Prozeß-Theologie: eine neue Möglichkeit für die Kirche, in: EvTh 30(1970)574
428) R.L.FETZ, a.a.O., 200
429) Prozeß und Realität, 618
430) ebd., 625
431) ebd.
432) ebd., 626. In diesem Zusammenhang weist J.B.COBB darauf hin, daß Gottes Liebe kein ausschließlich aktives Wohlwollen ist. "Diese Liebesvorstellung betont eine 'Liebe', der eine genuine Sensitivität für die eigentlichen und dem 'Geliebten' eigentümlichen Bedürfnisse fehlt" (J.B.COBB/ D.R.GRIFFIN, a.a.O., 45). Gottes Liebe ist teilnehmende und mitleidende Liebe und keine blinde Emanation. Diesen Gedanken hat D.D.WILLIAMS in tiefenpsychologischer Hinsicht weiterentwickelt. "There is a transformative power in the knowledge, the f e l t knowledge, not bare conceptualization, that our feelings have entered into the 'consequent' nature of another person" (D.D.WILLIAMS, How does God act?, 176).
433) Sie stellt einen prozeßtheologischen Konsens dar. Ihre Entfaltung geschieht indessen auf unterschiedliche Weise. Neben der Komplementarität von Dauer und Fließen, begrifflicher und physischer Empfindung, Einheit und Vielheit, usw. wird sie im Zusammenhang mit der Frage nach der Räumlichkeit Gottes auch als sich ergänzendes Verhältnis von Ereignissen verstanden, die in einem begrenzten Raum geschehen und jenen, die einen umfassenden Raum einnehmen. Beispielsweise stellt das Verhältnis der Elektronen eines menschlichen Gehirns und die umfassende Subjektivität des Menschen eine solche Komplementarität dar, denn die energetischen Ereignisse des Gehirns beeinflussen die menschliche Subjektivität und umgekehrt. Analoges gilt auch für das räumliche Verhältnis von Gott und Welt. "Gottes Standort ist allesumgreifend; so verstanden, sind wir Teile Gottes. Aber wir sind nicht derart Teile Gottes, daß er einfach die Gesamtsumme aller Teile wäre oder daß die einzelnen Teile der Unabhängigkeit und Selbstbestimmung ermangelten. Gott und die Geschöpfe wirken als gesonderte

Wesen aufeinander ein, wobei Gottes allumfassender Standort die Standorte der Geschöpfe umgreift" (J.B.COBB, Christlicher Glaube nach dem Tode Gottes. Gegenwärtiges Weltverständnis im Lichte der Theologie, München 1971, 73).

434) Prozeß und Realität, 619
435) ebd., 620
436) ebd., 622
437) ebd.
438) ebd., 621
439) ebd., 622
440) ebd., 623
441) R.L.FETZ, a.a.O., 204
442) Prozeß und Realität, 621
443) ebd., 622
444) ebd., 621
445) Ch.HARTSHORNE, The divine relativity. A social conception of God, NewHaven-London 1948, 19
446) ders., A natural theology for our time, LaSalle 1967, 74
447) A natural theologie, 128
448) The divine relativity, 20
449) ebd.
450) Dazu in sachlicher Übereinstimmung steht auch S.M.OGDEN. Im Anschluß an HEIDEGGERs Existenzialanalyse nimmt er eine Analogie zwischen dem Sein des Menschen und dem Sein Gottes an. Beiden gemeinsam ist die essentielle Struktur, ihr Selbst-Sein bzw. ihre Zeitlichkeit. Unterschiedlich ist die Verwirklichung dieser Struktur, d.h. ihre Existenz. Während die ursprüngliche Bezogenheit des Menschen raumzeitlich begrenzt ist, ist Gottes ursprüngliche Bezogenheit raum-zeitlich unbegrenzt. Der endlichen Zeitlichkeit des Menschen steht die eminente Zeitlichkeit Gottes gegenüber, d.h. nicht zeit-lose Ewigkeit, "sondern unendliche Fülle der Zeit" (Die Realität Gottes, Zürich 1970, 191. Vgl. dazu M.HEIDEGGER, Sein und Zeit, Tübingen [15]1979, 427, Anm.1).
451) A natural theology, 132
452) The divine relativity, 88f.
453) "Deity is the supreme case of the social principle, rather than an exception to it" (ebd., 29).
454) Vgl. ebd., 82
455) Vgl. A natural theology, 44. Daß die Prozeßtheologie nicht gänzlich auf eine Unveränderlichkeitsaussage verzichtet, hat bereits auch WHITEHEADs Gottesbegriff gezeigt, wo er im Zusammenhang seines Begriffs von Gottes Urnatur diese als vollkommene und ewige Ordnung aller Werte und Möglichkeiten beschreibt. Noch anders J.B.COBB. In einer gewissen Nähe zur biblischen Unveränderlichkeitsaussage steht er, wenn er im Zusammenhang mit dem heilsgeschichtlichen Miteinander von Gott und Mensch doch wenigstens in einer kurzen Erwähnung die Unveränderlichkeit des göttlichen Heilsplanes behauptet (J.B.COBB/D.R.GRIFFIN, a.a.O., 60).
456) The divine relativity, 74
457) A natural theology, 20
458) The divine relativity, 48
459) A natural theology, 105
460) Vgl. ebd., 126
461) ebd., 127
462) ebd., 113
463) Ch.HARTSHORNE, Man's vision of God and the logic of theism,

Hamden 1964, 343: "Ein solches Subjekt vereint zu jeder Zeit alle positiven Aussagen in sich, die sich zu einem bestimmten Zeitpunkt auf irgendeine Sache bezogen haben."

464) Vgl. A natural theology, 26

465) ebd., 104

466) ebd., 114

467) ebd., 114f.

468) B.M.LOOMER, Christian faith and process philosophy, in: JR 29(1949)191

469) ebd., 195. An dieser Stelle sei eine weitere prozeßtheologische Interpretation des Inkarnationsgedankens erwähnt. In ähnlicher Weise versteht zunächst auch COBB die Inkarnation allgemein als die Anwesenheit der Ursache in ihrer Wirkung. Er identifiziert die göttliche Urnatur (im Sinne WHITEHEADs) mit dem Logos, der in der Geschichte das Neue hervorbringt. Darüber hinaus aber besitzt die Inkarnation in Jesus einen einmaligen und einzigartigen Charakter, weil er aufgrund seiner unbedingten Offenheit für Gott die Inkarnation des Logos in vollem Umfang ermöglicht hat. Demgegenüber steht der Mensch mit seiner stets nur eingeschränkten Empfänglichkeit für Gott, so daß sich die Inkarnation des Logos hier immer nur teilweise vollzieht (vgl. J.B.COBB/D.R.GRIFFIN, a.a.O., 97-107).

470) ebd.

471) B.M.LOOMER, Neo-naturalism and neo-orthodoxy, in: JR 28 (1948)82

472) Vgl. ebd., 82f.

473) Christian faith, 195

474) Neo-naturalism, 83

475) J.B.COBB, A christian natural theology, 188

476) Vgl. ebd., 181f.: "But if God's aim at beauty explains the limitation by which individual occasions achieve definiteness, then in its continual adaption to changing circumstances it must involve propositional feelings of each of the becoming occasions as realizing some peculiar satisfaction."

477) ebd., 189

478) ebd., 206

479) ebd., 210

480) ebd., 211

481) An der daraus sich ergebenden Konsequenz der Notwendigkeit und Aseität der göttlichen Existenz ist COBB nicht interessiert. "It is no objection to my mind that if that which has the power to give existence requires also that it receive existence..." (A christian natural theology, 212). Gottes eigener Ursprung bleibt im Dunkel eines unendlichen Rückschritts. Demgegenüber steht OGDEN, der jede existentielle Abhängigkeit Gottes ablehnt: "D a ß Gott ist, in diesem oder jenem aktuellen Zustand oder in Beziehung zu einer aktuellen Welt, hängt von nichts ab und ist im strengsten Sinne notwendig" (a.a.O., 217).

482) A christian natural theology, 212

483) J.B.COBB/D.R.GRIFFIN, a.a.O., 98

484) ebd.

485) ebd., 99

486) Vgl. S.M.OGDEN, Zur Frage der "richtigen" Philosophie, in: ZThK 61(1964)103-124

487) ders., Die Realität Gottes, 220

488) ebd., 221

489) ebd., vgl. dazu besonders den ethisch-religiös bestimmten

Tranzendenzbegriff bei Ch.HARTSHORNE.
490) ebd.
491) ebd., 222
492) ebd., 229
493) ebd., 223
494) Als Strömung gegenwärtigen theologischen Denkens hat die Prozeßtheologie anders als in Amerika im deutschsprachigen Raum kaum Beachtung gefunden. Neben vereinzelten Hinweisen von W.KASPER (Der Gott Jesu Christi, Mainz [2]1983, 87), H.VORGRIMLER (Hoffnung auf Vollendung, Freiburg-Basel-Wien, 1980, 98), W.BRUGGER (Summe einer philosophischen Gotteslehre, München 1979, 321, 332) und H.KÜNG (Existiert Gott? Antwort auf die Gottesfrage der Neuzeit, München 1978, 206ff.) sind in jüngster Zeit einige wenige Aufsätze erschienen: H.SCHWARZ, Die christologische Forschung in der gegenwärtigen nordamerikanischen Theologie, in: NZSTh 25(1983)41-51; J.BRACKEN, Ein Beispiel, wie westliche Theologie die Modernität ernst nehmen kann: die "Prozeßtheologie", in: Concilium 20(1984)38-43; L.SCHEFFCZYK, Prozeßtheismus und christlicher Gottesglaube, in: MThZ 35(1984)81-104.
495) A.J.KELLY, Trinity and process: relevance of the basic christian confession of God, in: TS 31(1970)394
496) Vgl. A.PARMENTIER, La philosophie de Whitehead et le problème de Dieu, Paris 1968: "La nature conséquente de Dieu est l'exercice de la créativité divine, ou plutôt l'exercice conjoint de la créativité de Dieu et de la créativité du monde (qui sont une seule et même créativité, avec des modalités diverses)" (552).
497) Vgl. M.WELKER, Universalität Gottes und Relativität der Welt. Theologische Kosmologie im Dialog mit dem amerikanischen Prozeßdenken nach Whitehead, Neukirchen-Vluyn 1981, 130-137
498) Vgl. A.PARMENTIER, a.a.O., 568: "L'Ultime, dans la philosophie de Whitehead, n'est pas Dieu, mais la créativité." Ebenso A.J.KELLY, a.a.O., 395. Die Erwiderung N.PITTENGERs, Trinity and process: some comments in reply, in: TS 32 (1971)290-296, vermag nicht zu überzeugen.
499) M.WELKER, a.a.O., 197
500) Vgl. die deutschsprachigen Darstellungen von J.BISHOP, Die "Gott-ist-tot"-Theologie, Düsseldorf 1968 und S.DAECKE, Der Mythos vom Tode Gottes. Ein kritischer Überblick, Hamburg 1969 sowie H.-M.BARTH, Tod-Gottes-Christologie. Der christologische Ansatz der nordamerikanischen Tod-Gottes-Theologie, in: KuD 17(1971)258-272.
501) Eine Liste dessen, was unter Gott-ist-tot-Theologie alles verstanden wird, findet sich in: Radical theology and the death of God, hrsg.v.Th.J.J.ALTIZER und W.HAMILTON, Indianapolis-New York-Kansas City 1966, Xf.
502) Th.J.J.ALTIZER, ...dass Gott tot sei. Versuch eines christlichen Atheismus, Zürich 1968
503) W.HAMILTON, The new essence of christianity, New York 1966. Der Titel bezieht sich nach eigenen Aussagen des Autors vor allem auf A.v.HARNACKs "Wesen des Christentums", um anzuzeigen, daß dessen Aussage überholt sei. Denn in einer Zeit der Abwesenheit Gottes kann nicht mehr von einer Unmittelbarkeit des Gott-Mensch-Verhältnisses geredet werden. Statt dessen besteht die Unmittelbarkeit in der Horizontalen. Christliche Existenz hat ihren Ort "neben dem Nächsten, neben dem Feind, zu Verfügung dem in Not Ge-

ratenen" (W.HAMILTON, 'Death-of-God-Theology' in den Vereinigten Staaten, in: PTh 56 [1967] 360).
504) ... dass Gott tot sei 53
505) Vgl. Th.J.J.ALTIZER, Theology and the death of God, in: Radical theology and the death of God, 95
506) ... dass Gott tot sei, 102
507) The new essence of christianity, 54
508) Vgl. D.SÖLLE, Stellvertretung. Ein Kapitel Theologie nach dem "Tode Gottes". (Neuauflage), Stuttgart 1982
509) ... dass Gott tot sei, 98. Nach A.CAMUS hat die Übermacht Gottes den Menschen in die Revolte gegen Gott getrieben. Er sieht aber, ähnlich wie die radikale Theologie, in der neutestamentlichen Botschaft die Beendigung dieser Konfrontation durch Gott selbst. Denn angesichts des Gekreuzigten können Leiden und Tod nicht mehr länger als Gott zur Verfügung stehende Instrumentarien gelten, mit denen er seine Allmacht ausübt. Der Gottmensch unterliegt ihnen nun selbst. "Die Nacht von Golgatha hat... darum für die Geschichte der Menschen soviel Bedeutung, weil in ihrem Dunkel die Gottheit, sichtbar auf alle hergebrachten Privilegien verzichtend, bis zu ihrem Ende, alle Verzweiflung eingeschlossen, die Todesangst durchlebt" (A.CAMUS, Der Mensch in der Revolte, Hamburg 1969, 29).
510) ebd., 118
511) ebd., 127
512) Th.J.J.ALTIZER, Schöpferische Verneinung in der Theologie, in: Theologie im Umbruch. Der Beitrag Amerikas zur gegenwärtigen Theologie, hrsg.v.D.PEERMAN, München 1968, 84
513) ... dass Gott tot sei, 105-115
514) ebd., 105
515) Vgl. The new essence of christianity, 95
516) ebd., 90
517) Vgl. ... dass Gott tot sei, 104
518) ebd., 101
519) ebd., 108
520) ebd., 76
521) ebd., 104
522) Vgl. Th.J.J.ALTIZER, The sacred and the profane: A dialectical understanding of christianity, in: Radical theology and the death of God, 153
523) ... dass Gott tot sei, 76
524) ebd., 131
525) Vgl. The new essence of christianity, 96
526) ebd.
527) ebd., 97f.
528) Vgl. ebd., 113
529) Vgl. ebd., 115f., Anm.34
530) ... dass Gott tot sei, 139
531) ebd., 95
532) ebd., 123
533) ebd., 132
534) ebd., 96
535) Vgl. ebd., 119
536) ebd., 97
537) The sacred and the profane, 155
538) Vgl. ... dass Gott tot sei, 97f., 125f., 128
539) Vgl. Theology and the death of God, 109
540) The sacred and the profane, 154
541) ... dass Gott tot sei, 120
542) Vgl. ebd., 104

543) ebd., 103
544) Vgl. J.BISHOP, a.a.O., 91f.
545) Auf die Irrtümlichkeit dieser Gleichsetzung weist H.MYNAREK, Vor einem neuen Durchbruch der Transzendenz? Vorschläge zur Beendigung der Tod-Gottes-Diskussion, in: Catholica 25(1971)238, hin.
546) Vgl. J.A.SANDERS, Biblischer Glaube und die "Tod-Gottes"-Bewegung, in: daß Gott auferstehe. Debatte um den Tod Gottes, hrsg.v.J.L.ICE u. J.J.CAREY, Zürich 1971, 127
547) Vgl. H.ZAHRNT, Gott kann nicht sterben. Wider die falschen Alternativen in Theologie und Gesellschaft, München 1970, 52-61
548) Vgl. H.-W.SCHÜTTE, a.a.O., 72
549) D.CALLAHAN, Radikale Theologie oder radikaler Nervenprikkel, in: daß Gott auferstehe, 105
550) Vgl. G.F.BORNÉ, Christlicher Atheismus und radikales Christentum. Studien zur Theologie von Thomas Altizer im Zusammenhang mit Ketzereien der Kirchengeschichte, der Dichtung von William Blake und der Philosophie von Georg Friedrich Wilhelm Hegel, München 1979, 272-275
551) ebd., 274
552) W.M.ALEXANDER, Tod Gottes oder Gott des Todes?, in: daß Gott auferstehe, 150
553) ebd., 151
554) J.A.SANDERS, a.a.O., 126
555) Nach H.-W.SCHÜTTEs Auffassung kann sich eine Theologie, die dem Tod Gottes einen Gott-Welt-Dualismus als Ursache des Kreuzes vorordnet, nicht auf Hegel berufen. Für diesen ist vielmehr Gott selbst der Grund aller Gegensätze (a.a.O., 72f.).
556) Th.RUNYON, Thomas Altizer und die Zukunft der Theologie, in: daß Gott auferstehe, 59
557) Vgl. W.MAAS, Unveränderlichkeit Gottes, 181ff.
558) M.THEUNISSEN, a.a.O., 34
559) J.SPLETT, a.a.O., 154
560) W.MAAS, Unveränderlichkeit Gottes, 183
561) W.KASPER, Das Absolute in der Geschichte, 203
562) E.SCHMIDT, Hegel und die kirchliche Trinitätslehre, in: NZSTh 24(1982)259
563) ebd.
564) F.WAGNER, a.a.O.
565) E.JÜNGEL, Gott als Geheimnis der Welt
566) W.PANNENBERG, Grundzüge der Christologie, Gütersloh [5]1976
567) J.MOLTMANN, Gedanken zur "trinitarischen Geschichte Gottes", in: EvTh 35(1975)208-223
568) J.MOLTMANN, Trinität und Reich Gottes; W.PANNENBERG, Die Subjektivität Gottes und die Trinitätslehre. Ein Beitrag zur Beziehung zwischen Karl Barth und der Philosophie Hegels, in: Grundfragen systematischer Theologie. Gesammelte Aufsätze II, Göttingen 1980, 96-111; ders., Der Gott der Geschichte. Der trinitarische Gott und die Wahrheit der Geschichte, in: ebd., 112-128; ders., Person und Subjekt, in: ebd., 80-95; ferner P.HENRICI, Règne de Dieu er mort de Dieu, in: Religione e Politica (Archivio di Filosofia), Milano 1978, 189-201; W.KERN, Dialektik und Trinität in der Religionsphilosophie Hegels, in: ZKTh 102(1980)129-155; ders., Menschwerdung Gottes im Spannungsfeld der Interpretationen von Hegel und Kierkegaard, in: Wegmarken der Christologie, 81-126; L.OEING-HANHOFF, Hegels Trinitätslehre. Zur Aufgabe ihrer Kritik und Rezeption, in:

ThPh 52(1977)378-407
569) Vgl. P.KOSLOWSKI, Hegel- "der Philosoph der Trinität"? Zur Kontroverse um seine Trinitätslehre, in: ThQ 162 (1982)107
570) W.KERN, Philosophische Pneumatologie, 72
571) W.PANNENBERG, Die Subjektivität Gottes und die Trinitätslehre, 105
572) E.JÜNGEL, Gott als Geheimnis der Welt, 124
573) P.KOSLOWSKI, a.a.O., 105
574) Vgl. E.JÜNGEL, Gott als Geheimnis der Welt, 123
575) J.MOLTMANN, Gedanken zur "trinitarischen Geschichte Gottes", 210
576) Vgl. ders., Trinität und Reich Gottes, 33
577) W.PANNENBERG, Die Subjektivität Gottes und die Trinitätslehre, 110
578) Vgl. J.MOLTMANN, Trinität und Reich Gottes
579) P.KOSLOWSKI, a.a.O., 123
580) ebd., 128
581) W.JAESCHKE, Absolute Idee - Absolute Subjektivität. Zum Problem der Persönlichkeit Gottes in der Logik und in der Religionsphilosophie, in: ZPhF 35(1981)416
582) Vgl. W.KASPER, Krise und Neuanfang der Christologie im Denken Schellings, in: EvTh 33(1973)366-384
583) ebd., 371
584) W.KERN, Philosophische Pneumatologie, 79-90
585) ebd., 81
586) ebd., 87

Kapitel C

1) Tendenzen und Meinungen der Diskussion geben wieder: H.KÜNG, Menschwerdung Gottes, Exkurs V, 647-670; H.-G. LINK, Gegenwärtige Probleme einer Kreuzestheologie. Ein Bericht, in: EvTh 33(1973)337-345; B.KLAPPERT, Tendenzen der Gotteslehre in der Gegenwart, in: EvTh 35(1975)189-208; M.GERVAIS, Incarnation et immuabilité divine, in: RevSR 50(1976)215-243; H.PFEIL, Die Frage nach der Veränderlichkeit und Geschichtlichkeit Gottes, in: MThZ 31 (1980)1-23; A.ZIEGENAUS, Grundstrukturen neuzeitlicher Christologie, in: Wegmarken der Christologie, 127-185, bes.145-164; Chr.SCHÜTZ, Gegenwärtige Tendenzen in der Gottes- und Trinitätslehre, in: MySal, Erg.bd., 264-371, bes. 269-276, 317-322; H.U.v.BALTHASAR, Theodramatik IV, Einsiedeln 1983, 204-220.
2) G.GRESHAKE, Exkurs: Anmerkungen zum Problem "Gott in Geschichte", in: Die Auferstehung der Toten. Ein Beitrag zur gegenwärtigen theologischen Diskussion über die Zukunft der Geschichte, Essen 1969, 344
3) ders., Grundlagen einer Theologie des Bittgebets, in: Bittgebet-Testfall des Glaubens, hrsg.v.ders. u. G.LOHFINK, Mainz 1978, 37
4) Vgl. P.SCHOONENBERG, Ein Gott der Menschen, Zürich- Einsiedeln-Köln 1969: "Gottes wirkliche Beziehungen zu uns bringen mit sich, daß auch Wandel, Entstehen und Werden in Gott anerkannt werden muß, wenn sie auch auf durchaus göttliche Weise geschehen" (89, Anm.15).
5) G.GRESHAKE, Gnade als konkrete Freiheit. Eine Untersuchung zur Gnadenlehre des Pelagius, Mainz 1972, 285
6) Grundlagen einer Theologie des Bittgebets, 40

7) ebd., 38f.
8) Exkurs, 347
9) Vgl. Grundlagen einer Theologie des Bittgebets, 38f., 41. Vgl. auch E.SCHILLEBEECKX, a.a.O., 46f.
10) "Der Mensch ist nicht ein Pseudopartner in dieser Lebensgemeinschaft" (E.SCHILLEBEECKX, a.a.O., 47).
11) Exkurs, 346. Vgl. dazu auch E.BRUNNER, Das Ärgernis des Christentums. Fünf Vorlesungen über den christlichen Glauben, Zürich 1957: "Die Gottesherrschaft ist von der Art, dass sie sich nur durch den freien Gehorsam des Geschöpfs hindurch vollziehen kann. Gott will durch sein Geschöpf verherrlicht werden. Sein Herrsein ist nicht eine von vornherein gegebene Tatsache, sondern eine sittliche Aufgabe und damit etwas, das nicht am Anfang steht, sondern das Ziel der Geschichte bildet" (37).
12) Grundlagen einer Theologie des Bittgebets, 41
13) Exkurs, 345
14) ebd., 346
15) ebd., 348. Für E.SCHILLEBEECKX ergibt sich hier eine andere Alternative. Er geht ebenso wie GRESHAKE von der uneingeschränkten Wirklichkeit der göttlichen Weltbeziehung aus, die für ihn notwendige Konsequenz einer durch die Gnadengemeinschaft hergestellten Intersubjektivität zwischen Gott und Mensch ist. Es gibt eine wirkliche, von Gott frei gewährte "Partnerschaft, in der Gott den Menschen persönlich anspricht und der Mensch im Glauben persönlich Umgang mit seinem Gott hat" (a.a.O., 44). Aus dieser Gemeinschaft resultiert auch für Gott ein "Ertrag". Dieser erscheint unter den Gesetzen der Zeitlichkeit als das Neue. Dieses geschichtlich Neue "bereichert" Gott, ohne daß dieser aber als einem zeitlichen Vorher-Nachher unterlegen gedacht werden darf. Der passende Integrationshorizont ist nun nicht Liebe wie bei GRESHAKE, sondern die Bestimmung Gottes als "absolute Neuheit" (a.a.O., 48), in der er in einem unzeitlich-ewigen Akt das kontingent Neue immer schon in sich aufgenommen hat. "Gottes Freude an sich selbst und die Neuheit des G e s c h i c h t l i c h e n , das Gott Freude bereitet, können nicht addiert werden; das läßt uns etwas von Gottes ewiger Jugend und nie alternder Wirklichkeit durchschimmern... Wenn die Gnadengemeinschaft mit Gott eine R e a l i t ä t ist..., muß auf eine für uns unvorstellbare Weise unsere Geschichte nicht nur für uns, sondern auch für Gott einen Sinn haben" (a.a.O., 48).
16) G.GRESHAKE, Leiden und Gottesfrage, in: GuL 50(1977)102-121
17) ebd., 108
18) ebd., 111
19) ebd., 111f.
20) ebd., 113
21) ebd., 115 (gesperrt)
22) Vgl. ebd., 115f.
23) ebd., 116
24) ebd., 117
25) ebd.
26) Schützenhilfe hat GRESHAKE von geschichtsphilosophischer Seite erhalten: "Geschichtliche Erfahrungsreflexion meint ... darauf verweisen zu müssen, daß eine jeweilige und damit eben 'geschichtliche' Form des Miteinander, der Gegenwart von Mensch und Welt und Gott je so 'neu' ist, daß sie nicht aus der vorhergehenden allein verstanden werden kann

... Geschichte bedeutet Überraschung gerade für die Beteiligten, durch die Geschichte geschieht" (A.HALDER, Wirklichkeit als Geschichte. Philosophische Vorfragen zu Bedeutung und Vermittlung des Christusereignisses, in: Grundfragen der Christologie heute, hrsg.v.L.SCHEFFCZYK, Freiburg-Basel-Wien 1975, 31).

27) H.SCHALLER, Das Bittgebet. Eine theologische Skizze, Einsiedeln 1979

28) Vgl. E.SCHILLEBEECKX, a.a.O.: "Unser Bittgebet hat vor Gott Geltung, er hört und r e a g i e r t darauf. Zu behaupten, Gott habe von Ewigkeit her in göttlicher 'Einsamkeit' auf eine schöpferische Weise dieses bestimmte Gebet 'schon' auf diese Erhörung hingeordnet, mag Gottes Absolutheit sicherstellen, es stellt nicht die Realität der theologalen Gegenseitigkeit sicher" (47). Im Anschluß daran bezeichnet er Gott als "absolute Neuheit", d.h. der im Besitz jener Möglichkeiten ist, die sich in der Geschichte als Antworten Gottes zeigen, so daß "das geschichtliche und relative Novum dieses Betens durch die absolute Neuheit Gottes ... a u f g e f a n g e n werden kann" (48). Vgl. auch K.BARTH, Die Kirchliche Dogmatik III/4, 119f.

29) Vgl. H.U.v.BALTHASAR, Theodramatik II/1, Einsiedeln 1976, 267ff.

30) ebd., 267

31) Das Bittgebet, 139

32) ebd., 140

33) ebd., 141

34) ebd., 144

35) Vgl. ebd.

36) Vgl. auch H.U.v.BALTHASAR, Theodramatik II/1, 265-275

37) Das Bittgebet, 154

38) ebd., 155

39) ebd., 157

40) ebd., 158

41) ebd., 158f.

42) H.U.v.BALTHASAR, Theodramatik II/1, 272

43) Das Bittgebet, 160

44) Auf diese Gegenseitigkeit hat mit der Kühnheit des Glaubens M.BUBER hingewiesen: "Daß du Gott brauchst, mehr als alles, weißt du allzeit in deinem Herzen; aber nicht auch, daß Gott dich braucht, in der Fülle seiner Ewigkeit dich? Wie gäbe es den Menschen, wenn Gott ihn nicht brauchte, und wie gäbe es dich?" (Ich und Du, in: Werke I, 133; s.o., 25). Von einer Reihe einzelner bibeltheologischer Untersuchungen wird diese Erkenntnis der Gegenseitigkeit des Verhältnisses Gottes zu seinem Volk bestätigt. Nicht nur der Mensch ist ganz an diesem Bund beteiligt, sondern auch Gott. Dieser gibt sich zutiefst als Bundesgott zu erkennen. Die Selbstvorstellungsformel Ex 3,14 kann H.M. KUITERT deshalb mit "Ich bin der Gott, der sein Gottsein in seinen Partnertaten beweisen wird, und das sollt ihr erfahren" (Gott in Menschengestalt. Eine dogmatisch-hermeneutische Studie über die Anthropomorphismen der Bibel, München 1967, 162) übersetzen. Dieses Partnersein ist der entscheidende Zielsinn aller anthropomorphen Rede von Gott. Finden sich in der Bibel Aussagen von einem emotionalen Reagieren Gottes, so mögen diese für eine metaphysische Gotteslehre "unverdauliche Brocken" (H.M.KUITERT, a.a.O., 196) sein, - eine Theologie, die sich an den Offenbarungszeugnissen orientiert, wird hier jedenfalls Anlaß haben,

die innere Beteiligung Gottes an der Geschichte des Volkes Israels zu erkennen. Darauf hat neben E.BRUNNER, Die christliche Lehre von Gott I, Zürich [2]1953, 288-291, auch U.MAUSER, Gottesbild und Menschwerdung. Eine Untersuchung zur Einheit des Alten und Neuen Testaments, Tübingen 1971, hingewiesen. Gottes Sorge um Israel, seine enttäuschte Liebe angesichts dessen Abfalls, sein Zorn und der innere Konflikt zwischen Heils- und Strafwille lassen mit aller Deutlichkeit nicht nur eine reale Teilhabe an der Geschichte seines Volkes sichtbar werden (was nach A.J.HESCHEL, The Prophets, New York 1962, Grund dafür ist, ein wirkliches "Pathos" Gottes anzunehmen), sondern auch die Wandelbarkeit Gottes, so daß von einer tatsächlichen Geschichtlichkeit Gottes zu sprechen ist (U.MAUSER, a.a.O., 76, 97, 115, 151). Sachliche Bestätigung findet diese Erkenntnis bei J. JEREMIAS, a.a.O., der in der Wandelbarkeit sogar die Existenzgrundlage Israels sieht, insofern sie zum Ausdruck bringt, daß Gott seinen vernichtenden Zorn überwindet (119). - All diesen Untersuchungen ist die Grundüberzeugung gemeinsam, daß das Bundesverhältnis auch auf Gott Einfluß hat - und dies nicht nur auf sein äußerliches Verhalten, sondern auf sein inneres Wesen. Damit muß schließlich auch der Vorstellung eines in sich und nach außen ewig unveränderlichen Gottes der Abschied gegeben werden (U.MAUSER, a.a.O., 151).

45) Diesen Vorwurf erheben besonders P.SCHOONENBERG, a.a.O., 88f., Anm.15 sowie E.SCHILLEBEECKX, a.a.O., 45, gegenüber der scholastischen Tradition. Diese habe eine reale Beziehung Gottes zur Welt deshalb ablehnen müssen, weil sie darin ein Abhängigkeitsverhältnis gesehen habe. Gegen dieses Verständnis scholastischer Theologie hat sich M.GERVAIS, a.a.O., gewandt. In seinem Beitrag geht es ihm vor allem darum, die Spannung zwischen scholastischer und einer stärker heilsgeschichtlich orientierten Theologie fruchtbar zu machen und damit zu verhindern, daß sie in polemische Gegnerschaft umschlägt. So sehr einerseits der metaphysisch-spekulativ gedachte Gott der ständigen Kontrolle durch den biblischen Gottesgedanken bedarf, so sehr erscheint es GERVAIS andererseits auch sinnvoll, den Beitrag einer scholastischen Theologie unvoreingenommen auf seine Leistungsfähigkeit hin zu prüfen. Den Vorwurf einer theologischen Überfremdung der Scholastik durch die griechische Philosophie will er in diesem Zusammenhang nicht gelten lassen, denn durch THOMAS v.AQUIN seien gerade am Gottesbegriff entscheidende Korrekturen vorgenommen (233f.). Eine Vermittlung von ontologischem Denken und biblischer Theologie sieht GERVAIS gerade von der Schrift selbst gefordert. Gottes "Unveränderlichkeit" kann nach dem Zeugnis der Offenbarung nicht auf eine moralische Haltung verkürzt werden, sondern ist (nach Ps 102,26-28; Jes 90,2; Jak 1,17) ebenso als ontologische Aussage zu entfalten (232; vgl. auch F.M.GENUYT, Le mystère de Dieu, Tournai 1963, 73.). Einen nützlichen Beitrag sieht der Autor überdies auch in der scholastischen Unterscheidung von relatio realis und relatio rationis. Der Grund, die Beziehung Gottes zur Welt als relatio rationis zu bezeichnen, liegt nicht, wie SCHOONENBERG meint, darin, die sich aus jeder realen Beziehung ergebende Konsequenz einer Abhängigkeit auszuschließen, sondern darin, die Transzendenz Gottes gegenüber allem Geschaffenen zum Ausdruck zu bringen. "Gott transzendiert

die gesamte Ordnung des Geschaffenen. Dies ist hier der genaue Grund dafür, daß man für Gott keinerlei reale Beziehung zum Menschen oder zu jeder anderen Kreatur annehmen darf: Man würde dann Gottes Transzendenz verletzen, indem man ihn auf die Ebene des Geschaffenen herunterzöge" (242f.). Relatio rationis muß demnach nicht als Ausdruck einer nur gedanklich existenten Beziehung verstanden werden, sondern als "reale" Beziehung eines Gottes, der in dieser Beziehung zur Welt immer auch noch der transzendente bleibt. GERVAIS hat damit auf eine Spannung im Gottesbegriff hingewiesen, die auch dem biblischen Gedanken des Bundesgottes eigen ist. Gott bindet sich an sein auserwähltes Volk, begleitet es auf seinem geschichtlichen Weg und bleibt doch zugleich der geschichtsmächtige, transzendente Gott. Seine Transzendenz bedeutet in keinem Fall eine Einschränkung seiner Verbundenheit mit dem Volk Israel.

46) Vgl. dazu die unterschiedlichen Beiträge von PANNENBERG u. MOLTMANN, die beide über die Position GRESHAKEs weit hinausgehen (s.u.). Der Gedanke einer "Bereicherung" Gottes ist vor allem von der amerikanischen Prozeßtheologie radikalisiert worden. Sowohl von einem bipolar-theistischen als auch einem neonaturalistischen Ansatz aus geht es doch entscheidend darum, daß durch den Fortschritt der Geschichte entweder Gottes reine "Urnatur" zur Konkretion gebracht wird oder mit dem Abschluß der Evolution naturalistisch auch Gott selbst vollendet ist.
In mystischer Sprachform verschärft auch H.JONAS, Unsterblichkeit und heutige Existenz, in: Zwischen Nichts und Ewigkeit. Drei Aufsätze zur Lehre vom Menschen, Göttingen 1963, 44-62, das Verhältnis von Gott und Geschichte. "In der großen Pause der Metaphysik" (59) kann nur der Mythos die restlose Immanenz der göttlichen Substanz im Gang der Universalgeschichte zum Ausdruck bringen. "Im Anfang, aus unerkennbarer Wahl, entschied der göttliche Grund des Seins, sich dem Zufall, dem Wagnis und der endlosen Mannigfaltigkeit des Werdens anheimzugeben" (55). Unter Verlust seiner Transzendenz ist Gottes Fleischwerdung total. "Er entkleidet sich seiner Gottheit, um sie zurückzuempfangen aus der Odyssee der Zeit, beladen mit der Zufallsernte unvorhersehbarer zeitlicher Erfahrung, verklärt oder vielleicht auch entstellt durch sie" (56). In dem sich zu immer neuen Formen differenzierenden Leben des Kosmos erfährt Gott zunehmend sein eigenes Selbst. "Und dann zittert er, da der Stoß der Entwicklung, von seiner eigenen Schwungkraft getragen, die Schwelle überschreitet, wo Unschuld aufhört und ein gänzlich neues Kriterium des Erfolgs und Fehlschlags vom göttlichen Einsatz Besitz ergreift. Die Heraufkunft des Menschen bedeutet die Heraufkunft von Wissen und Freiheit" (58). Die Immanenz Gottes im Fortgang der Universalgeschichte hat Gott in die Hände des Menschen getrieben, der nun als "Verwahrer dieses höchsten und immer verratbaren Treuegutes" (55) in gewisser Weise über Gottes Schicksal entscheidet, so daß sich im Hell und Dunkel menschlicher Geschichte Gottes eigener Zustand widerspiegelt.

47) Vgl. K.LEHMANN, a.a.O., 125f.

48) Vgl. dazu auch die Überlegungen zum Verhältnis von spiritueller und reflexiv-metaphysischer Theologie im Anschluß an VARILLON u.a.

49) Vgl. A.DEISSLER, Die Grundbotschaft des Alten Testaments.

Ein theologischer Durchblick, Freiburg-Basel-Wien [4]1974, 45
50) Vgl. ebd., 44
51) H.U.v.BALTHASAR, Klarstellungen. Zur Prüfung der Geister, Einsiedeln [4]1978, 35
52) J.BLANK, Der sich bewährende Gott. Zum Gottesgedanken der Bibel, in: J.BLANK/W.KASPER/M.MACHOVEC/H.ZAHRNT, Gottfrage und moderner Atheismus, Regensburg 1972, 7-23
53) G.HASENHÜTTL, Einführung in die Gotteslehre, Darmstadt 1980, 89
54) P.TILLICH, Die Frage nach dem Unbedingten, Stuttgart 1964, 158
55) P.SCHOONENBERG, Gott als Person/als persönliches Wesen, in: Concilium 13(1977)177
56) Vgl. W.KASPER, Glaube und Geschichte, 116f.
57) Vgl. K.LEHMANN, a.a.O., 137
58) P.TILLICH, Die Frage nach dem Unbedingten, 183
59) P.SCHOONENBERG, Gott als Person und als das unpersönlich Göttliche, in: TGA 21(1978)232
60) Die Entwicklung des persönlichen Gottesbegriffs in der christlichen Spiritualität, in: Concilium 13(1977)160-166
61) Vgl. P.TILLICH, Die Frage nach dem Unbedingten, 218f.
62) H.SPAEMANN, Die Frage nach der Bedeutung des Wortes "Gott", in: IKaZ 1(1972)62
63) Vgl. K.LEHMANN, a.a.O., 134ff.
64) Vgl. H.SPAEMANN, a.a.O., 63; H.M.KUITERT hat diese Verschränkung als das Stehen Gottes in der Geschichte, der zugleich Geschichte macht, beschrieben (a.a.O., 197).
65) Vgl. K.LEHMANN, a.a.O., 125; G.EBELING, Dogmatik des christlichen Glaubens I, Tübingen 1979, 229
66) Vgl. K.LEHMANN, a.a.O., 131; F.K.SCHUMANN, Der Gottesgedanke und der Zerfall der Moderne, Tübingen 1929, 348f.
67) Vgl. hierzu die trinitätstheologischen Überlegungen BARTHs, JÜNGELs, MOLTMANNs, RAHNERs, v.BALTHASARs sowie den personologischen Ansatz von MÜHLEN.
68) H.-G.GEYER, Atheismus und Christentum, in: EvTh 30(1970) 267
69) J.SPLETT, Die Absolutheit Gottes und die Kontingenz der Schöpfung, in: ZKTh 101(1979)151
70) ebd., 157
71) a.a.O.
72) ebd., 13
73) ebd.
74) ebd., 14
75) Die Kirchliche Dogmatik III/4, Zürich 1951, 119f.
76) Das gleiche Problem findet sich auch bei GALOT (s.u.).
77) Dieu souffre-t-il?, Paris 1976. Dem Buch gehen bereits einige frühere Überlegungen des Autors zum Thema der "Geschichtlichkeit" Gottes voraus (Vers une nouvelle christologie, Paris 1971, 75-86), die in geraffter Form schon die zentralen Gedanken des Buches enthalten.
78) ebd., 49f.
79) "Ce dépouillement fait apparaître l'acte de l'Incarnation elle-même comme un acte sacrificiel accompli par le Fils" (ebd., 62).
80) Vgl. ebd., 48
81) Vgl. ebd., 48f., 57-60
82) Vgl. ebd., 56. So auch J.MOLTMANN, Der gekreuzigte Gott, 138-146
83) Vgl. ebd., 63

84) Zu einer "patripassianischen" Konsequenz angesichts der Liebeseinheit der Trinität gelangt auch G.MARTELET, "Das Lamm, erwählt vor Grundlegung der Welt", in: IKaZ 9(1980) 36-44: "Da die Liebe der drei Personen in Gott nur eine gemeinsame ist, muß das Leiden des Sohnes, vermittelt durch das Band des Geistes, auch das Herz des Vaters berühren" (42).
85) Dieu souffre-t-il?, 103
86) ebd., 79: "Le Christ n'a pas été jeté à l'improviste dans le drame rédempteur; il y a été introduit peu à peu par le Père qui le précédait sur la voie douloureuse." Vgl. auch die Ezechiel-Homilie des ORIGENES.
87) ebd., 106
88) Vgl. ebd., 109. "Le Père ne souffre pas d'être abandonné, mais il souffre d'abandonner" (ebd.). Vgl. J.MOLTMANN, Der gekreuzigte Gott, 230
89) ebd., 91f.: "La souffrance du Calvaire a été la plus éloquente leçon donnée par Jésus sur les sentiments divins."
90) ebd., 114
91) ebd., 213
92) Vgl. ebd., 149
93) Vgl. ebd., 143-147
94) ebd., 159 u.ö.
95) Gott leidet in einem "sens très noble, accordé à la souveraine perfection divine" (ebd., 150).
96) Vgl. ebd., 150-153. Vgl. auch F.VARILLON, La souffrance de Dieu, Paris 1975, 65
97) ebd., 154
98) Vgl. ebd., 156f.
99) Vgl. ebd., 155, 170f.
100) ebd., 162. GALOT faßt auch dieses Sein Gottes als Liebe. Nur unterscheidet er diese von jener, mit der Gott den Menschen liebt. Die erste ist als innertrinitarische notwendig und schließt deshalb ein Leiden aus, während die letzte von Gott frei gesetzt ist und die Möglichkeit des Leidens mit einschließt (ebd., 160f.).
101) ebd., 167
102) ebd.
103) Vgl. ebd., 172
104) Vgl. ebd., 175
105) Vgl. ebd.
106) Vgl. ebd.
107) ebd., 176
108) Dies ist auch ein Ergebnis seiner früheren christologischen Überlegungen. Zwischen Gottes Handeln und Sein besteht Konformität durch die Liebe Gottes: "Dieu étant amour en lui-même, se fait amour à l'égard du monde et de l'humanité" (Vers une nouvelle christologie, 86).
109) Vgl. Dieu souffre-t-il?, 130f.
110) Vgl. ebd., 152
111) A.GANOCZY, Rez. J.Galot, Dieu souffre-t-il?, in: ThRv 74 (1978)135
112) Vgl. Dieu souffre-t-il?, 26-38
113) H.U.v.BALTHASAR, Theodramatik IV, Einsiedeln 1983, 216
114) Vgl. Dieu souffre-t-il?, 7f.
115) J.MARITAIN, Quelques réflexions sur le savoir théologique, in: RThom 69(1969)5-27
116) Vgl. ebd., 14
117) ebd., 16
118) Vgl. ebd., 17

119) J.MARITAIN, a.a.O., 21 (Übers. bei H.U.v.BALTHASAR, Theodramatik IV, 218f.)
120) Vgl. ebd.; vgl. H.RIEDLINGER, Vom Schmerz Gottes, Freiburg-Basel-Wien 1983, 123f. und F.VARILLON, La souffrance de Dieu, Paris 1975, 98, 113 (s.u.)
121) Vgl. ebd., 24
122) Vgl. ebd., 23
123) ebd., 19
124) Vgl. ebd., 20
125) Vgl. Dieu souffre-t-il?, 182-184
126) Vgl. auch H.U.v.BALTHASAR, Theodramatik IV, 218
127) H.MARTENSEN, a.a.O., 94
128) K.RAHNER, Der dreifaltige Gott als transzendenter Urgrund der Heilsgeschichte, in: MySal II, 338
129) G.SÖHNGEN, Die Weisheit der Theologie durch den Weg der Wissenschaft, in: MySal I, 913
130) Vgl. Dieu souffre-t-il?, 172-176
131) La souffrance de Dieu, Paris 1975
132) Vgl. ebd., 75
133) ebd., 54
134) ebd.
135) ebd., 71
136) "Si Dieu souffre, c'est de trop aimer" (ebd., 76).
137) Vgl. ebd., 31
138) Vgl. ebd., 66
139) Vgl. ebd., 76
140) Vgl. ebd., 70
141) "L'oeuvre créatrice est une aventure" (ebd., 16).
142) ebd. 27
143) Vgl. ebd., 67
144) ebd., 22
145) Vgl. ebd., 96
146) ebd., 33
147) Vgl. ebd., 37f.
148) Vgl. ebd., 27
149) Vgl. ebd., 59
150) Vgl. ebd.
151) ebd., 39
152) Vgl. ebd., 74. Vgl. auch B.RONZE, Dieu souffre-t-il?, in: Etudes t. 345(1976)93-106: "La souffrance du Fils est image de la souffrance du Père. Le délaissement de l'un est douleur pour l'autre. La coupe du Fils, le Père y boit aussi" (103).
153) Vgl. ebd.
154) ebd., 65
155) Vgl. ebd., 14, 96
156) "Rien n'est accidentel en Dieu" (ebd., 12).
157) Vgl. ebd., 53
158) Theologie des Schmerzes Gottes, Göttingen 1972
159) Vgl. La souffrance de Dieu, 73
160) Vgl. ebd., 39f.
161) ebd., 75. Vgl. dazu den Beitrag von MÜHLEN
162) Vgl. ebd., 96
163) ebd., 113
164) Die Macht und Ohnmacht der Liebe. Randglossen zum dogmatischen Satz: Gott ist unveränderlich, in: FZPhTh 27 (1980)224-246
165) ebd., 231
166) ebd., 232
167) ebd., 235

168) ebd.
169) ebd., 236. Vgl. auch B.RONZE, a.a.O., 101: "Car Dieu aime l'homme... dans son amour pour lui, il se livre a sa merci".
170) ebd., 237f.
171) ebd., 244
172) Vom Schmerz Gottes, Freiburg-Basel-Wien 1983
173) ebd., 10
174) Vgl. ebd., 51-95
175) Vgl. ebd., 100
176) ebd., 99
177) ebd., 101
178) Vgl. ebd., 103-116
179) ebd., 116
180) ebd., 119
181) Vgl. ebd., 119f.
182) ebd., 123
183) Vgl. ebd., 124
184) ebd.
185) Vgl. ebd.
186) La souffrance de Dieu, 60
187) Vgl. Die Macht und Ohnmacht der Liebe, 231; La souffrance de Dieu, 54
188) Vgl. Vom Schmerz Gottes, 123f.
189) Vgl. dazu H.U.v.BALTHASAR, Theologie und Heiligkeit, in: Verbum Caro. Skizzen zur Theologie I, Einsiedeln 1960, 195-225; ders., Spiritualität, in: ebd., 226-244; ders., Das Evangelium als Norm und Kritik aller Spiritualität in der Kirche, in: Spiritus Creator. Skizzen zur Theologie III, Einsiedeln 1967, 247-263; ders., Die Einheit von Theologie und Spiritualität, in: Einfaltungen. Auf Wegen christlicher Einigung, München 1969, 15-42; H.OTT, Theologie als Gebet und als Wissenschaft, in: ThZ 14(1958) 120-132; J.WEISMAYER, Spirituelle Theologie oder Theologie der Spiritualität?, in: Spiritualität in Moral. Festschrift für Karl Hörmann zum 60.Geburtstag, Wien 1975, 59-77; A.SICARI, Heiligkeit der Theologie - Heiligkeit des Theologen, in: IKaZ 10(1981)339-348
190) H.U.v.BALTHASAR, Theologie und Heiligkeit, 224
191) K.LEHMANN, Theologiestudium und kirchlicher Dienst, in: IKaZ 9(1980)523
192) Deshalb hat Theologie auch eine fundamental-ekklesiologische Gestalt als Mitsprechen "des antwortenden bräutlichen Jaworts" der Kirche (H.U.v.BALTHASAR, Spiritualität, 231). Vgl. auch A.SICARI, a.a.O., 342 sowie K.BARTH, Die Kirchliche Dogmatik II/2, 355-357.
193) H.U.v.BALTHASAR, Theologie und Heiligkeit, 222
194) Vgl. ebd., 223
195) ebd.
196) Vgl. La souffrance de Dieu, 53
197) Vgl. H.U.v.BALTHASAR, Theologie und Heiligkeit, 206f.
198) Vgl. G.GLOEGE, Der theologische Personalismus als dogmatisches Problem. Versuch einer Fragestellung, in: KuD 1 (1955)34
199) Vgl. dazu G.STAMMLER, Ontologie in der Theologie? Eine systematische Skizze, in: KuD 4(1958)143-175
200) G.GLOEGE, a.a.O., 37f. Dieser Weg wird heute aber bewußt von einer Theologie begangen, die die Vermittlung von Glaube und Alltagserfahrung des Menschen unter ausdrücklichem Verzicht auf einen ontologischen Gottesbegriff

versucht. In ihrem Mittelpunkt steht die "Gegenwart Gottes" als das für menschliche Existenz allein Bedeutsame. "Seine Identifikation (sc. Christi mit Gott) ereignet sich sozusagen im Rücken der ontologischen Fragestellung nach dem Sein Gottes (die mit den Mitteln unserer Ontologie offenbar nicht zu lösen ist), und sie überholt diese Frage, weil Gott in Christi Rollenspiel gegenwärtig ist, wenn auch nicht mehr als der unmittelbar Erfahrbare" (D. SÖLLE, Stellvertretung. Ein Kapitel Theologie nach dem "Tode Gottes", um ein Nachw. erw. Neuaufl., Stuttgart 1982, 160; vgl. ferner L.DEWART, Die Zukunft des Glaubens, Einsiedeln 1968; ders., Die Grundlagen des Glaubens, 2 Bde., Einsiedeln 1971).

201) Vgl. ebd., 38-41

202) K.BARTH, Die Kirchliche Dogmatik, I/1 - IV/4, Zürich 1932-67 (im folgenden KD zitiert, Band und Teilband in römischen bzw. arabischen Ziffern)

203) Vgl. KD II/2, 355-357

204) KD II/2, 206; KD IV/1, 171. E.JÜNGEL nannte es "das besondere Genie Karl Barths, das eine genuine Verbindung von argumentierender und erzählender Dogmatik ermöglichte, wobei BARTH die argumentative Kraft der Erzählung selber zur Geltung zu bringen versteht" (Gott als Geheimnis der Welt, 427, Anm.52).

205) Vgl. J.-L.LEUBA, Le problème de l'église chez M.K.Barth, in: Verbum caro 1(1947)17-19

206) KD I/1, 503

207) KD II/1, 291. Hiergegen hat F.MILDENBERGER den Einwand erhoben, daß es der Theologie nicht statthaft sein kann, "über die Geschichte Gottes hinaus nach Gott selbst zu fragen" (Gotteslehre. Eine dogmatische Untersuchung, Tübingen 1975, 161), weil sie damit eine unzulässige Dekkungsgleichheit von Denken und Sein Gottes voraussetzt (ebd., 162). E.JÜNGEL hat diesen Vorwurf als theologischen Kurzschluß zurückgewiesen, weil es BARTH in erster Linie darum geht, "die Geschichte, in der Gott ist, so als seine Geschichte zu denken, daß diese Geschichte eben 'Gott selbst' ist", was mit einer behaupteten Identität von Denken und Sein Gottes ebenso wenig zu tun hat wie mit deren Bestreitung (Gott als Geheimnis der Welt, 449, Anm. 28).

208) ebd.

209) KD II/2, 108

210) Vgl. KD II/1, 305

211) KD II/2, 108

212) Vgl. KD II/2, 177

213) Überschrift d.1.Abschnitts v.§28, KD II/1

214) Vgl. KD II/2, 192

215) Vgl. KD II/1, 294

216) Vgl. ebd.

217) Vgl. ebd.

218) ebd.

219) KD II/2, 192

220) Vgl. KD II/1, 296

221) Vgl. KD II/1, 552

222) KD II/1, 339

223) Vgl. KD II/1, 344

224) Vgl. KD II/1, 344, 556

225) KD II/1, 553

226) ebd.

227) Vgl. KD II/1, 344
228) Vgl. KD II/1, 301
229) Vgl. KD II/1, 348 u.ö.
230) Vgl. KD II/1, 347
231) KD II/2, 193; KD I/1, 409f. u.ö.
232) Vgl. KD II/2, 181
233) Vgl. KD II/1, 62
234) KD II/1, 315. Wenn nun diese Freiheit aber bis hin zur Selbstgenügsamkeit göttlicher Liebe interpretiert werden muß, dann läßt sich die Frage nicht mehr umgehen, ob Gottes faktisches Weltverhältnis nicht blinde Zufallserscheinung ist und ob Gottes Freiheit nach außen nicht nominalistisch als Willkür zu verstehen ist. BARTH richtet sich grundlegend gegen eine theologische Verwendung eines allgemeinen Freiheitsbegriffs. Was Freiheit theologisch heißt, läßt sich nur mit Hilfe der Offenbarung erheben. Sie kann deutlich machen, daß Gottes Freiheit keine Willkür ist, sondern geprägt ist von seiner Treue zur Schöpfung. Es ist "wohl s e i n e Treue und also nicht auf den Nenner irgend einer kosmischen Stetigkeit zu bringen, aber darum nun doch nicht in der Weise uns verborgen, daß wir faktisch und praktisch nicht wüßten, an wen und was wir uns zu halten hätten, wenn wir seine Treue im Glauben bejahen und ergreifen... Sondern... daß sie wirklich Treue, verantwortliches Handeln und nicht ein unverantwortliches Spiel mit uns ist in allen ihren Gestalten, das steht fest" (KD II/1, 358). Gottes Freiheit ist nicht despotische Unberechenbarkeit, sondern vielmehr die Freiheit des Liebenden (KD II/1, 361, 496, 562; KD II/2, 26). Dennoch bleibt auch dies wahr: daß Gott in seiner Liebe frei ist. Sie ist als Zuwendung zum Andern seiner selbst immer und unter allen Umständen ungeschuldet. Gottes heilsgeschichtliches Handeln geschieht ohne irgendeine Form von Nötigung (KD II/1, 307, 315, 561, 577f. u.ö.). Hierin zeigt sich für J.MOLTMANN trotz aller Korrekturversuche BARTHs ein "nominalistischer Rand" (Trinität und Reich Gottes, 68). Denn wenn auch Gottes Freiheit nicht ohne seine Liebe zu denken ist - ein Gott, der sich in seliger Unangerührtheit selbst hätte genügen können, steht immer in dem Verdacht, daß seine Liebeszuwendung Willkür und Zufall ist und also im Grunde auch ebenso unterbleiben könnte. Aber "kann Gott sich wirklich damit begnügen, sich selbst zu genügen, wenn er Liebe i s t ?" (ebd., 69). Auch BARTHs Vermittlung zwischen Selbstgenügsamkeit Gottes und seinem Bund mit dem Menschen durch die Selbstbestimmung Gottes kann von MOLTMANN nicht akzeptiert werden, weil sie eine Vorher-Nachher-Struktur in die Ewigkeit einträgt und es folglich auch zwei widersprüchliche Naturen Gottes gibt (ebd.). Deshalb schlägt MOLTMANN zur Überwindung des am römischen Eigentumsrecht im Sinne freier Verfügungsgewalt orientierten nominalistischen Freiheitsbegriffs vor, die Selbstbestimmung nicht -wie BARTH es tut- als ursächliche Begründung für das Überströmen der göttlichen Selbstmitteilung zu verstehen, sondern beide in ein Korrelationsverhältnis zu bringen. "Indem Gott sich e n t s c h l i e ß t, e r - s c h l i e ß t er sich" (ebd., 70. Vgl. dazu die Grundkonzeption DORNERs). Gott ist nur insofern ganz mit sich identisch, als er diese Urentscheidung setzt. Für das Weltverhältnis resultiert daraus, daß nicht eine zufällige Bestimmung Gottes seine Ursache ist, sondern eine diesem

immer schon vorausliegende naturhafte Zugewandtheit Gottes zur Welt. Gott ist dann das höchste Gut und hat seine Freiheit darin, "das Gute zu tun, das er selbst ist" (ebd., 70). Während MOLTMANN also den dunklen Raum hinter der Urentscheidung Gottes mittels einer natürlichen Güte zu erhellen versucht und damit die Plausibilität der göttlichen Selbstbestimmung das eigentliche theologische Motiv ist, lehnt es BARTH grundsätzlich ab, die Urentscheidung Gottes ihrerseits noch einmal begründen zu wollen (KD II/1, 419). Das Faktische der Barmherzigkeit Gottes -für BARTH Grund der Heilsgewißheit- bleibt für MOLTMANN das Zufällige und somit Grund der Skepsis gegenüber diesem Gott. - Gegen MOLTMANNs Vorwurf eines willkürlich herrschenden Gottes, dem der Mensch nur gehorchen könne, weist E.JÜNGEL darauf hin, "daß BARTH ganz im Gegenteil Gott so zu denken gefordert hat, daß dem Gottesbegriff anthropologisch Freiheit und Freude korrespondieren... Gehorsam ist für Barth die B e j a h u n g der dem e i g e n e n Sein zukommenden Bedeutung und Wichtigkeit" (... keine Menschenlosigkeit Gottes... Zur Theologie Karl Barths zwischen Theismus und Atheismus, in: EvTh 31 [1971] 383).

235) Vgl. KD II/1, 320

236) ebd., vgl. auch E.BRUNNER, Das Ärgernis des Christentums, 35f.

237) Immer wieder ist gegen BARTH der Vorwurf erhoben worden, er begründe seine Trinitätslehre nicht eigentlich mit dem Offenbarungsereignis, sondern konstruiere sie als Entfaltung aus dem axiomatisch vorausgesetzten Satz "Gott offenbart sich als der Herr" (KD I/1, 312ff.). Nach MOLTMANN liegt eine "Reflexionslogik" vor, die aber näher betrachtet nicht zu einem trinitarischen Gott führt, sondern zu einer absoluten Subjektivität. "Eine solche Reflexion der Subjektivität hat keineswegs notwendig etwas mit dem biblischen Zeugnis der Geschichte Gottes zu tun" (Trinität und Reich Gottes, 158). W.PANNENBERG hat darin trotz gegenteiliger Positionsbestimmung des Autors eine letzte Abhängigkeit von HEGEL erkannt, "da die trinitarischen Bestimmungen nicht aus dem exegetisch-historisch gewonnenen Befund urchristlichen Redens von Gott als Vater, Sohn und Geist entwickelt, sondern daran nur nachträglich bestätigt werden, nachdem sie aus dem Satz 'Gott offenbart sich als der Herr'... abgeleitet worden sind. Es liegt eine tiefe Ironie in der Tatsache, daß Barth selber gerade dem von ihm am schärfsten kritisierten Aspekt der Hegelschen Gotteslehre verfiel" (Die Subjektivität Gottes und die Trinitätslehre, 107f. - Zum Verhältnis BARTHs zu HEGEL siehe auch M.WELKER, Barth und Hegel. Zur Erkenntnis eines methodischen Verfahrens bei Barth, in: EvTh 43 [1983] 307-328). Dem sich anschließend kommt F.MILDENBERGER zu der Einsicht, BARTHs theologisches Denken habe darüber hinaus den Kontingenzcharakter der Offenbarung in Richtung auf eine Selbstbegründung der Theologie überholt (Überlegungen zum Gottesbegriff, in: ZThK 62 [1965] 472f.). - Demgegenüber wurde der Vorwurf der logischen Deduktion auch zurückgewiesen, etwa von W.KRECK (Grundentscheidungen in Karl Barths Dogmatik, Neukirchen-Vluyn 1978, 234), von H.U.v. BALTHASAR, der betont, "daß Barth der Theologie, auch wo sie sich idealistischer Terminologie und Denkform bedient, doch ihre Selbständigkeit bewahrt oder zurückgewonnen hat" (Karl Barth. Darstellung und Deutung seiner Theologie,

Einsiedeln [4]1976, 251) und von E.JÜNGEL (Gottes Sein ist im Werden. Verantwortliche Rede vom Sein Gottes bei KARL BARTH. Eine Paraphrase, Tübingen [3]1976, 29f.). Dieser hat es als Mißverständnis bezeichnet, die BARTHsche Trinitätslehre als Entfaltung einer Begriffslogik zu verstehen, räumt aber ein, daß es zu den "Schwächen der großartigen trinitarischen Architektur" gehört, für dieses Mißverständnis einen gewissen Anlaß zu bieten (Gott als Geheimnis der Welt, 481f., Anm.22).

238) Vgl. KD I/1, 379
239) Vgl. KD I/1, 380
240) KD IV/1, 220
241) KD II/1, 553
242) KD IV/1, 222. Gott ist Gott nur in seiner dreimaligen Wiederholung (KD I/1, 369).
243) Die Legitimität bzw. Plausibilität dieses Personbegriffs haben J.MOLTMANN (Trinität und Reich Gottes, 189) und W. PANNENBERG (Die Subjektivität Gottes und die Trinitätslehre, 100, 107f.) bestritten.
244) KD II/1, 308
245) Vgl. KD II/1, 521
246) KD I/1, 415
247) KD II/1, 357
248) KD II/1, 606. In seiner BARTH-Paraphrase bezeichnet JÜNGEL dies als "die Kraft des Seins Gottes... eines Anderen Gott z u   w e r d e n" (Gottes Sein ist im Werden, 113).
249) Vgl. KD II/2, 82f.
250) KD II/2, 6
251) Vgl. KD II/1, 341
252) Diese Erwählung des Menschen hat selbst ein Wählen der trinitarischen Personen zur Voraussetzung. Es ist die Wahl des Vaters, den Bund mit dem Menschen durch die Hingabe des Sohnes zu vollziehen. Es ist die Wahl des Sohnes, Gehorsam zu leisten und sich selbst hinzugeben. Und es ist die Wahl des Geistes, die Einheit von Vater und Sohn im Bund mit dem Menschen zu bestätigen (KD II/2, 109).
253) Vgl. KD II/2, 192
254) KD II/2, 9
255) Vgl. KD II/1, 315. Die Vorstellung eines ewig wirksamen Gottes, der in ausschließlicher Selbstmitteilung seine Schöpfungsbeziehung realisiert, ist nach MOLTMANN nicht dafür geeignet, das Bundesverhältnis ernsthaft, d.h. auch in seiner uneingeschränkten Gegenseitigkeit zu beschreiben. Denn wenn Gott im Gegenüber zum Menschen Liebe ist, "dann verströmt er nicht nur, sondern dann erwartet er auch und braucht Liebe" (Trinität und Reich Gottes, 113f.).
256) Vgl. KD II/2, 108
257) Vgl. KD II/2, 8
258) KD II/1, 315
259) Vgl. KD II/1, 356
260) KD II/2, 112
261) KD II/2, 200f.
262) Vgl. KD II/2, 200
263) KD II/2, 130
264) KD II/2, 112, 101f.
265) Vgl. KD II/2, 111f.
266) KD II/2, 6
267) KD II/2, 701
268) Vgl. KD II/2, 125

269) KD II/2, 197, 203
270) Vgl. KD II/2, 6. BARTH hatte in der 2.Aufl. seines Römerbriefkommentars (1922) den ewigen Logos als ur- bzw. ungeschichtliche Bedingtheit aller Geschichte bezeichnet (Der Römerbrief, 117), so daß auch Jesus "nur als Ur-Geschichte (Overbeck) zu verstehen" ist (5f.). Später meint "Urgeschichte" die Offenbarung Gottes in Jesus Christus (Die christliche Dogmatik im Entwurf I, München 1927, 230). Er dient zur Kennzeichnung des geschichtlichen Charakters der Offenbarung und macht zugleich deutlich, daß sie nicht auf ihre diesseitige Historizität eingeengt werden kann. Gerade unter diesem letzten Aspekt verzichtet BARTH aber dennoch bewußt auf den Begriff der Übergeschichte, "weil sich mit diesem Begriff allzu leicht... die Vorstellung verbindet, als befänden wir uns immer noch in jenem Raum, da Gott Gott ist in sich selber, als handle es sich immer noch um jenes ewige Geschehen zwischen Gott Vater, Sohn und heiligem Geist" (231). Seine bereits hier schon formulierten kritischen Bemerkungen zum Begriff der Urgeschichte (232) haben BARTH später dazu veranlaßt, diesen gänzlich fallen zu lassen. Denn er sieht die Offenbarung aus dem Geschichtsbegriff hergeleitet, "indem man (...) von 'H e i l s geschichte' oder (...) von 'Ü b e r geschichte' oder (so in der 1.Auflage dieses Buches S.230f. im Anschluß an F.Overbeck leider ich selber!) von 'U r geschichte' redete" (KD I/2, 64). Umso mehr überrascht dann die Wiederaufnahme des Begriffs im 2.Band der Kirchlichen Dogmatik. Hier dient er zur Kennzeichnung der vorzeitlichen Erwählung des Menschen Jesus durch Gott, die als solche dann auch Inhalt des Offenbarungsgeschehens ist. BARTH hat mit dieser Zuordnung von vorzeitlich-ewigem Sein Gottes in sich selber und dem Offenbarungsereignis das miteinander verbunden, was er in seiner Christlichen Dogmatik mit Hilfe der Unterscheidung von Über- und Urgeschichte noch getrennt wissen wollte.
271) Vgl. KD II/1, 307f.; KD II/2, 193
272) KD II/1, 308
273) Vgl. KD IV/1, 234
274) KD II/1, 353
275) Vgl. KD I/2, 148
276) KD II/2, 205
277) KD IV/1, 232
278) KD II/1, 578
279) KD II/1, 694
280) Vgl. KD I/2, 175f.
281) Vgl. KD IV/1, 141 u.ö.
282) Vgl. KD IV/1, 193
283) ebd.
284) Vgl. KD I/2, 147
285) KD I/1, 334
286) Vgl. KD I/1, 337
287) Vgl. KD I/2, 150, 176
288) KD I/2, 176
289) Der Römerbrief (Zehnter Abdruck der neuen Bearbeitung von 1922), Zürich 1967
290) ebd., 5
291) Vgl. ebd.
292) ebd.
293) ebd.
294) Vgl. Die christliche Dogmatik I, 239

295) Der Römerbrief, 5
296) Vgl. Die christliche Dogmatik I, 231, 233. Die Geschichtlichkeit der Offenbarung hat hier einen existentialistisch-subjektivierenden Charakter.
297) Vgl. KD I/2, 55f. "Wenn man es heute liest, wird man doch nicht verkennen können, daß Joh. 1,14 darin nicht zu seinem Rechte kommt" (56).
298) KD I/2, 56
299) KD I/2, 58
300) KD IV/1, 182ff.
301) KD IV/1, 190f.
302) Vgl. KD IV/1, 236
303) KD IV/1, 173
304) Vgl. KD IV/1, 196. PANNENBERG hat bestritten, daß es BARTH mit Hilfe der Kenosis des Sohnes gelungen sei, eine wirkliche gottmenschliche Einheit deutlich zu machen. Zwar beläßt die Vorstellung von der Erniedrigung Gottes dem Menschen das Spezifikum seines Menschseins und läßt zugleich die demütige Existenz Jesu als Mitvollzug des Demutsaktes Gottes erkennen, aber "daß Barth auf die Frage nach dem Verständnis der persönlichen Einheit von Gott und Mensch in Christus, also auf die zentrale Frage der christologischen Tradition, keine Antwort gegeben hat, wird nur durch den kenotischen Schein der Rede von der demütigen Herablassung Gottes verdeckt, so als ob eben in dieser Bewegung... der Übergang Gottes zum Menschen... läge" (Grundzüge der Christologie, 325
305) KD IV/1, 203
306) Vgl. KD IV/1, 196f.
307) Vgl. KD I/2, 175
308) Vgl. KD IV/1, 210f.
309) KD IV/1, 211
310) Vgl. KD IV/1, 218
311) KD IV/1, 221
312) Vgl. KD IV/1, 223
313) KD II/2, 177
314) KD II/1, 557
315) KD II/1, 568f.
316) Vgl. KD II/1, 442f.
317) Vgl. KD II/1, 566f.
318) KD II/2, 133
319) Vgl. KD II/1, 420
320) Vgl. KD II/2, 179
321) KD II/2, 177
322) Vgl. KD IV/1, 236. Demnach artikuliert der Sohn den Verlassenheitsschrei des vom Tod bedrohten Menschen. Diesem Verständnis, das bereits in der Patristik vertreten wurde, wird MOLTMANN seine trinitarische Interpretation entgegenstellen, wonach die Spannung zwischen Vater und Sohn im Kreuzesereignis bis hin zu einer Gegnerschaft reicht (Der gekreuzigte Gott, 144f.).
323) Vgl. KD IV/1, 191, 244
324) KD II/2, 179. Vgl. hierzu W.MAAS, Gott und die Hölle, 211-214
325) Vgl. KD II/1, 450
326) KD IV/1, 191
327) KD IV/3, 478 (Hervorhebung von mir)
328) KD IV/2, 399
329) Vgl. KD IV/2, 399
330) KD IV/1, 202

331) KD II/1, 566
332) KD IV/1, 335
333) KD II/2, 135
334) Vgl. KD IV/1, 379f. In diesem und nur in diesem Sinn kann BARTH MOLTMANN zustimmen: "Das Kreuz des Sohnes auf Golgatha reicht in seiner Bedeutung bis in die Mitte der immanenten Trinität hinein" (Trinität und Reich Gottes, 176). Ein ewiges Leiden in der Trinität ist für BARTH unhaltbar. Vgl. dazu B.KRAUSE, Leiden Gottes - Leiden des Menschen. Eine Untersuchung zur Kirchlichen Dogmatik Karl Barths, Stuttgart 1980, 182-186.
335) KD IV/1, 341
336) KD II/1, 568
337) In seinem Buch über Karl BARTH hat BALTHASAR angemerkt, daß hier die Schwachstelle der BARTHschen Theologie liegt. Der Erwählungsgedanke stellt eine "christologische Engführung" (Karl Barth, II, 255) dar, die zunächst die kreatürliche Eigenwirklichkeit des Menschen wie überhaupt der Schöpfung fraglich erscheinen läßt (254). Sie betrifft aber zugleich auch den Gottesbegriff. In Jesus Christus hat sich in einer Art urgeschichtlicher Verdichtung der Bundesschluß bereits so vollzogen, daß die Sünde beseitigt und eine letzte Verurteilung des Sünders unmöglich geworden ist. Aber, so fragt BALTHASAR, "sind wir hier nicht h i n t e r den Spiegel geraten, in den wir schauen sollten? Wird hier nicht dem lieben Gott in die Karten geblickt? Ist nicht das Geheimnis aufgeklärt, so gründlich, daß es hier nach - Aufklärung riecht? Ist dieser 'barmherzige Gott', der nur sich selber straft, um den Menschen zu schonen und zu begnaden, nicht plötzlich dem harmlosen Vatergott Harnacks bedenklich verwandt?" (256). Der urgeschichtlich schon vollzogene Bund in Jesus Christus bestimmt als Hintergrund fortan alle weiteren Aussagen über das Verhältnis Gottes zur Welt. Aber gerade "in dieser Aufrichtung eines Hintergrundes liegt die Abstraktion, die Grenzüberschreitung, die Metaphysik" (256). Allerdings, so räumt BALTHASAR ein, besteht die Systematisierung nur in der Tendenz (255f.). Ähnlich kritisiert auch W.KRECK, daß durch die Betonung der Integration der Schöpfung in die Herrschaft Jesu Christi von Anfang an ein Ausfall des Eschatologischen entstanden ist. "Die Einsetzung Jesu Christi zum Herrn über alles ist Ereignis, Aktion, nicht immer schon bestehender Sachverhalt" (a.a.O., 241). - Zu einer völlig entgegengesetzten Einschätzung kommt PANNENBERG. Er sieht in BARTHs Erwählungsgedanken die Urbildlichkeit des erwählten Menschen Jesus als eschatologische Aussage an. "Die Erwählung Jesu Christi erscheint... nicht schon von sich aus als Zusammenfassung der Geschichte Gottes mit der Menschheit" (Grundzüge der Christologie, 399). Sie stellt vielmehr die endzeitliche Entscheidung über Erwählung oder Verwerfung jedes einzelnen Geschöpfs dar, so daß das Ende der Geschichte immer noch offen bleibt und ohne "die abwegige Vorstellung nahezulegen, als ob Jesus für sich allein... der einzige Verworfene wäre" (402).
338) KD I/2, 58
339) Vgl. KD I/2, 146; KD II/1, 557
340) KD II/1, 557
341) Vgl. KD II/1, 598; KD IV/1, 223. Dieser Begriff der Selbstwiederholung Gottes kann in besonderer Weise als

Problemanzeige dienen. Er hat unterschiedliche Meinungen und Urteile zu BARTHs Verhältnisbestimmung von Gott und Welt hervorgerufen. So hat JÜNGEL die Ansicht vertreten, daß Selbstwiederholung nicht eine tautologische Identität meint. Gott ist in seiner Offenbarung wohl ganz er selbst, aber er ist es und Kraft des Aktcharakters seines Seins nun unter den endlichen Bedingungen der Geschichte. Deshalb ist das Wort von der Selbstwiederholung Gottes in seiner Offenbarung dahingehend zu verstehen, daß es Selbstauslegung Gottes mit Hilfe historischer Prädikate meint (Gottes Sein ist im Werden, 109). Demgegenüber will KOCH diese Interpretation nicht gelten lassen. Er sieht in BARTHs Unterscheidung zwischen der vorzeitlich-ewigen Wirklichkeit Gottes und der Heilsgeschichte das alte Urbild-Abbild-Schema auf dem Hintergrund des Gegensatzes von Gott und Welt am Werk (Die Zukunft des toten Gottes, Hamburg 1968, 353f.). Die Selbstwiederholung Gottes im Raum der Geschichte hat den Charakter, bloße Erscheinung eines Idealen zu sein. Gott ist eine ewige, in sich geschlossene Wirklichkeit, die sich zwar in der Geschichte zeigt, die sich aber nicht auf Geschichte wirklich einläßt. Dies wird für KOCH vor allem kreuzestheologisch sichtbar. Das In- und Miteinander der trinitarischen Seinsweisen nach dem Grundsatz, wonach die Werke der Trinität ad extra unteilbar sind, bilden eine innere Verbundenheit und Abgeschlossenheit, die die heilsgeschichtliche Verwerfung des Sohnes als Gottverlassenheit und damit die Bedrohung Gottes durch das Kreuz zur Harmlosigkeit verkürzt. "Muß nicht in einer solchen Interpretation über dem weltlichen Wirken, in welchem Gott das Geschick des Menschen annimmt und mit ihm sich identisch erklärt, ein Schein zwar nicht des Unernstes, aber eben einer fatalen 'Wiederholung' vorliegen, die der wirklichen Gefahr des Todes Gottes nicht den nötigen Tribut zollt?" (357). Ähnlich urteilt O.WEBER, Grundlagen der Dogmatik II, Neukirchen 1962, 184. Zu einem völlig anderen Ergebnis kommt PANNENBERG. Er sieht in der Offenbarung als Selbstwiederholung vor allem eine trinitarische Entfaltung der unaufhebbaren Subjektivität Gottes (Die Subjektivität Gottes und die Trinitätslehre, 100, 107). Gott verwirklicht erst im Laufe der Geschichte mit der Welt die subjektiven Bestimmungen seines Gottseins, so daß Selbstwiederholung letztlich Selbstverwirklichung bedeutet. Fragt man aber nach dem Subjekt der Selbstentfaltung, dann ist es "kaum mehr vermeidbar, den V a t e r als die ursprüngliche Gestalt des göttlichen Ich... zu denken" und so zugleich eine Depotenzierung der beiden anderen Personen in Kauf zu nehmen (100). Ähnlich J.MOLTMANN, Trinität und Reich Gottes, 160.

342) Vgl. KD I/1, 315; KD II/1, 565, 579 u.ö.

343) Vgl. die selbstkritischen Äußerungen BARTHs zu eigenen Aussagen seiner Frühzeit, nach denen die Göttlichkeit gerade in seiner transzendenten Weltgeschiedenheit lag (Die Menschlichkeit Gottes. Vortrag, gehalten an der Tagung des Schweiz.Ref.Pfarrvereins in Aarau am 25.September 1956, in: Theologische Studien 48 [1956] 3-27, bes.5f.).

344) KD II/1, 581

345) Vgl. KD IV/1, 173, 192, 271

346) Vgl. KD IV/1, 205

347) Dogmatik im Grundriß im Anschluß an das apostolische

Glaubensbekenntnis, München 1947, 134
348) Vgl. KD IV/1, 204
349) KD II/1, 574 (b.BARTH gesperrt), vgl. auch KD III/4, 119f.
350) Vgl. Die Menschlichkeit Gottes, 10-14
351) Vgl. KD II/1, 525f., 695f.; KD IV/1, 204
352) KD IV/1, 203
353) Vgl. dazu die Überlegungen im Anschluß an GALOT und VARILLON/BRANTSCHEN/RIEDLINGER.
354) W.KRECK, a.a.O., 241. Wird mit diesem protologischen Akzent nicht erneut BARTHs theologische Zurückhaltung gegenüber allem Geschichtlichen sichtbar? Diese Zurückhaltung zeigte sich bereits beim "frühen" BARTH in Gestalt einer Theologie des "unendlichen qualitativen Unterschieds". Doch auch die Überwindung dieser Geschiedenheit von Gott und Geschichte durch die spätere Erwählungslehre scheint hier nicht grundsätzlich etwas geändert zu haben. Denn auch wenn jetzt gerade die Bundesgemeinschaft zwischen Gott und Mensch im Vordergrund steht, ist es doch aufschlußreich, daß dieser Bund nicht primär als eine Weg-Gemeinschaft im Verlauf der Geschichte gedacht wird, sondern schon in seinem Vollzug in den Raum der Vor-Geschichte vorverlegt wird.
355) B.KRAUSE, a.a.O., 185
356) H.U.v.BALTHASAR, a.a.O., 255
357) ebd.
358) Freiheit. Ein Versuch Gott zu denken, in: PhJ 77(1970) 225-237
359) Vgl. ebd., 230f.
360) ebd., 231
361) ebd., 232
362) Vgl. ebd.
363) H.-G.GEYER, Rohgedanken über das Problem der Identität Jesu Christi, in: EvTh 33(1973)386
364) L.OEING-HANHOFF, Freiheit als "Wiedergeburt im göttlichen Geist". Zum Verhältnis endlicher zu vollkommener Freiheit, in: Prinzip Freiheit. Eine Auseinandersetzung um Chancen und Grenzen transzendentalphilosophischen Denkens, hrsg. v.H.M.BAUMGARTNER, Freiburg-München 1979, 257
365) P.KOSLOWSKI, Ontologische Überlegungen zur Dialektik von System und Freiheit, in: Prinzip Freiheit, 240
366) "Transzendentale Freiheit besagt, daß das Wollen sich selbst als ursprünglich materiales Wollen bejaht" (H. KRINGS, a.a.O., 232).
367) H.U.v.BALTHASAR, Glaubhaft ist nur Liebe, Einsiedeln [4]1975, 47
368) ebd., 70
369) Vgl. H.-G.GEYER, Rohgedanken über das Problem der Identität Jesu Christi, 386
370) Gottes Sein ist im Werden, 35f.
371) KD II/1, 353
372) K.RAHNER, Theos im Neuen Testament, in: Schriften zur Theologie I, Einsiedeln-Zürich-Köln [5]1961, 91-167; Probleme der Christologie von heute, in: Schriften I, 169-222; Zur Theologie der Weihnachtsfeier, in: Schriften III, 1956, 35-46; Zur Theologie der Menschwerdung, in: Schriften IV, [5]1967, 137-155; Die Christologie innerhalb einer evolutiven Weltanschauung, in: Schriften V, 1962, 183-221; Bemerkungen zur Gotteslehre in der katholischen Dogmatik, in: Schriften VIII, 1967, 165-186; Theologische Bemerkungen zum Zeitbegriff, in: Schriften IX, 1970, 302-

322; Die zwei Grundtypen der Christologie, in: Schriften X, 1972, 227-238; Der dreifaltige Gott als transzendenter Urgrund der Heilsgeschichte, in: MySal II, 317-401; Art. Jesus Christus, in: SM II, 1968, 920-957; Art. Selbstmitteilung Gottes, in: SM IV, 1969, 521-526; Grundkurs des Glaubens. Einführung in den Begriff des Christentums, Freiburg-Basel-Wien [3]1976; Die Gabe der Weihnacht, Freiburg-Basel-Wien 1980; Hörer des Wortes. Zur Grundlegung einer Religionsphilosophie. Neu bearbeitet von J.B. METZ, München [2]1969; Praxis des Glaubens. Geistliches Lesebuch, hrsg.v.K.LEHMANN u. A.RAFFELT, Zürich-Köln-Freiburg-Basel-Wien 1982

373) Zur Theologie der Menschwerdung, 151

374) Die Christologie innerhalb einer evolutiven Weltanschauung, 190f.

375) Vgl. ebd., 194f., 196

376) ebd., 191

377) Die Gabe der Weihnacht, 23

378) Die Christologie innerhalb einer evolutiven Weltanschauung, 191. Vgl. zum Begriff der Selbsttranszendenz H.VORGRIMLER, Der Begriff der Selbsttranszendenz in der Theologie Karl Rahners, in: Wagnis Theologie. Erfahrungen mit der Theologie Karl Rahners, hrsg.v.ders., Freiburg-Basel-Wien 1979, 242-258.

379) ebd., 199

380) Probleme der Christologie von heute, 187

381) Vgl. Grundkurs des Glaubens, 146

382) Die Christologie innerhalb einer evolutiven Weltanschauung, 201

383) Vgl. Probleme der Christologie von heute, 185

384) ebd., 188

385) Vgl. Der dreifaltige Gott als transzendenter Urgrund der Heilsgeschichte, 378f.

386) Vgl. Die Christologie innerhalb einer evolutiven Weltanschauung, 215

387) ebd., 216

388) Vgl. Die zwei Grundtypen der Christologie, 233

389) Hörer des Wortes, 55; vgl. auch 71-88

390) Vgl. Zur Theologie der Menschwerdung, 140, 142

391) Probleme der Christologie von heute, 182f.

392) Vgl. ebd., 183; Zur Theologie der Menschwerdung, 151

393) Zur Theologie der Weihnachtsfeier, 44

394) Zur Theologie der Menschwerdung, 142, Anm.1

395) ebd.

396) ebd., 142f.

397) ebd., 149

398) ebd., 143

399) ebd., 148f.

400) ebd., 143

401) Vgl. ebd., 142, 151

402) ebd., 141f.; vgl. auch Probleme der Christologie von heute, 204. Ähnliche Überlegungen hat auch B.WELTE angestellt.

403) Vgl. Probleme der Christologie von heute, 205

404) Der dreifaltige Gott als transzendenter Urgrund der Heilsgeschichte, 335

405) ebd., 372, Anm.7

406) Vgl. Bemerkungen zum dogmatischen Traktat "De Trinitate", 115. Dieser Aufsatz von 1960 ist in erweiterter Form in "Der dreifaltige Gott als transzendenter Urgrund der

Heilsgeschichte", 318-345, enthalten.
407) Der dreifaltige Gott als transzendenter Urgrund der Heilsgeschichte, 327
408) ebd., 341
409) Grundkurs des Glaubens, 142
410) Vgl. Der dreifaltige Gott als transzendenter Urgrund der Heilsgeschichte, 328, 338
411) Zur Frage nach der Einheit dieses trinitarischen Gottes hat RAHNER den Begriff der "distinkten Subsistenzweisen" geprägt (Der dreifaltige Gott als transzendenter Urgrund der Heilsgeschichte, 385-393). Er versucht damit zwischen dem für die Trinitätslehre unbrauchbar gewordenen modernen Personbegriff (der die geistige Subjektivität betont) und dem Begriff der bloßen Seinsweise zu vermitteln und versteht darunter dasjenige, was "die konkrete, je verschieden begegnende Wirklichkeit Gottes zu gerade diesem s o Begegnenden macht, wobei dieses So-Begegnen immer als Gott an und für sich selbst Eignendes zu denken ist" (389). Die "distinkten Subsistenzweisen" unterscheiden sich demnach von jenen sekundären Modalitäten, ohne die Gott immer noch Gott sein könnte. "Weise" wird positiv als sprachlicher Ausdruck für die Bezogenheit einer "Person" auf das Absolute Gottes verstanden (390) und bietet damit vor allem die Voraussetzung, die Einheit des dreifaltigen Gottes besser zu fassen. Auf dem Hintergrund des neuzeitlichen Personbegriffs ist dieses Einheitsverständnis um so mehr gefordert, als der "Tritheismus, der dort, wo man überhaupt die Trinität denkt, die viel größere Gefahr ist als ein sabellianischer Modalismus" (342f.). - Dieser Einschätzung hat MOLTMANN radikal widersprochen. Er hält den Tritheismus für eine inexistente Gefahr. Dennoch gibt es gute Gründe, diesen zu bekämpfen, denn "die Standardpolemik gegen den 'Tritheismus' dient faktisch überall zur Verschleierung des eigenen M o d a l i s m u s" (Trinität und Reich Gottes, 161, Anm.41). Dieser im Falle RAHNERs "idealistische Modalismus" kommt nach MOLTMANN dadurch zustande, daß zur Beschreibung der einzelnen Personen von Vater, Sohn und Geist der moderne Personbegriff in seiner individualistischen Verzerrung zwar abgelehnt wird, zugleich aber für das eine Wesen Gottes Anwendung findet (162f.). Im Gefolge wird die trinitarische Fülle Gottes auf seine "absolute Subjektivität" (165) reduziert, so daß "das eine, einzige Gott-Subjekt der Vater" (ebd.) ist und Sohn und Geist depotenziert werden. Kritisch auch E. GUTWENGER, Zur Trinitätslehre von "Mysterium Salutis" II, in: ZKTh 90(1968)328.
412) Vgl. Der dreifaltige Gott als transzendenter Urgrund der Heilsgeschichte, 338, Anm.34; 339
413) ebd., 339
414) ebd., 384. Damit gilt die "immanente" Trinität als die "notwendige Bedingung der Möglichkeit der freien Selbstmitteilung Gottes" (ebd., 384, Anm.21). L.OEING-HANHOFF interpretiert den Identitätssatz deshalb so, "daß die immanente Trinität die ökonomische g e w o r d e n ist" (Die Krise des Gottesbegriffs. Wolfhart Pannenberg zum 50.Geburtstag, in: ThQ 159 [1979] 301).
415) Vgl. ebd., 338
416) ebd., 334
417) Vgl. dazu die Kritik von E.JÜNGEL, Das Verhältnis von "ökonomischer" und "immanenter" Trinität. Erwägungen über

eine biblische Begründung der Trinitätslehre - im Anschluß an und in Auseinandersetzung mit Karl Rahners Lehre vom dreifaltigen Gott als transzendentem Urgrund der Heilsgeschichte, in: ZThK 72(1975)359

418) Vgl. Zur Theologie der Menschwerdung, 149
419) Vgl. ebd., 146
420) Theologische Bemerkungen zum Zeitbegriff, 321
421) Vgl. Der dreifaltige Gott als transzendenter Urgrund der Heilsgeschichte, 375
422) Vgl. Probleme der Christologie von heute, 202, Anm.2
423) Zur Theologie der Weihnachtsfeier, 41
424) Vgl. Zur Theologie der Menschwerdung, 145f.
425) ebd., 148
426) ebd., 149
427) Vgl. Die zwei Grundtypen der Christologie, 233
428) Die Christologie innerhalb einer evolutiven Weltanschauung, 205
429) ebd., 204
430) Art. Jesus Christus, 951
431) Der dreifaltige Gott als transzendenter Urgrund der Heilsgeschichte, 336, Anm.30. Vgl. auch K.RAHNER, Gott ist Mensch geworden. Meditationen, Freiburg-Basel-Wien 1975, 62
432) Probleme der Christologie von heute, 202
433) Vgl. Zur Theologie der Menschwerdung, 149
434) Der dreifaltige Gott als transzendenter Urgrund der Heilsgeschichte, 336, Anm.30
435) Vgl. Probleme der Christologie von heute, 203. Dieses "unvermischt" ist überdies für RAHNER das entscheidende Argument, in der Frage nach dem Leiden Christi einen Neuchalkedonismus abzulehnen, der, die Verschiedenheit der Naturen mißachtend, das menschliche Leiden Jesu Christi in das Innere Gottes selbst als eigene Wirklichkeit hineinträgt (Vgl. Die Gabe der Weihnacht, 30ff.; Praxis des Glaubens, 456ff.).
436) Zur Theologie der Menschwerdung, 154
437) Die zwei Grundtypen der Christologie, 233
438) Zur Theologie der Menschwerdung, 148
439) ebd., 147, Anm.3. Statt "am andern" auch "im andern" (Probleme der Christologie von heute, 202, Anm.2).
440) Auf die Notwendigkeit dieser dialektischen Fassung haben W.KERN, Philosophische Pneumatologie, 87 und L.OEING-HANHOFF, Die Krise des Gottesbegriffs, 300f. hingewiesen.
441) Zur Theologie der Menschwerdung, 145
442) ebd.. 147
443) Die Dialektik bedeutet dann keinen Widerspruch, wenn nach B.v.d.HEIJDEN ihre Einzelaussagen nicht auf das gleiche Formalobjekt bezogen werden. So bezieht sich die Unveränderlichkeitsaussage auf das Wesen Gottes, während das Werden und die Veränderlichkeit von Gottes personaler Relation zur Welt ausgesagt wird. "Über das Personsein hinaus, das Gott notwendig von seinem Wesen her eignet, wird eine freie, unserer Weise des Personsein entsprechende relationale Selbstbestimmung Gottes vorausgesetzt. Diese persönliche Änderung Gottes kann man im allgemeinen Liebe nennen. Damit ist dann aber mehr gemeint als mit Gottes metaphysisch notwendiger Liebe: Sie 'entspricht' unserer Weise, persönliche Gemeinschaft zu suchen und zu realisieren. Die grundlegende Entsprechung besteht darin, daß auch die göttliche Liebe sich Kategorialität als Selbst-

aussage und Selbstmitteilung, als Personrealsymbol aneignet, in ähnlicher Weise, wie wir sind und einander durch Kategorialität begegnen" (Karl Rahner. Darstellung und Kritik seiner Grundpositionen, Einsiedeln 1973, 382). HEIJDEN kommt deshalb zu dem Schluß: "Rahner bleibt somit innerhalb derselben sachlichen Perspektive, in der auch die Schultheologie von der Unveränderlichkeit Gottes redet. Wenn man Gott als ´res´ (Wesen) betrachtet, kann man seine Unveränderlichkeit bejahen. Als Person aber will er von uns nicht ´unberührt´ (vgl. I, 197) bleiben" (ebd., Anm.57).

444) Vgl. dazu H.OTT, Gott, Stuttgart-Berlin 1971: "´Am andern veränderlich´ heißt: Gott, sofern Er der Partner eines andern, nämlich der Geschichtspartner und Bundespartner des Menschen ist, kann i n dieser geschichtlichen Beziehung etwas werden, sich verändern. Gott steht nicht ungeschichtlich über der Beziehung: diese ist Ihm nicht letztlich indifferent; sondern Er ist selbst als authentischer Partner in diese Geschichte eingegangen" (39f.).

445) Art. Selbstmitteilung Gottes, 522f.

446) Probleme der Christologie von heute, 196, Anm.1. Nach F. MALMBERG gibt es eine wirkliche Veränderung, "für die der Logos selber das aktive und völlig freie Prinzip ist (der Er also in diesem Sinn nicht ´unterzogen´ wird), ´Veränderung´, die vereinbar ist mit Seinem I n - S i c h - s e l b s t - (in Seiner göttlichen Natur) vollständig-unverändert-Bleiben, ´Veränderung´, die als wirkliche Veränderung d e s L o g o s s e l b s t ´reine Vollkommenheit´ ist. Kurz: der Logos selbst verändert wirklich sich selber, jedoch nicht i n Sich selbst, wohl aber in Seinem Geschöpf, das Er, vollkommen frei schaffend, angenommen hat" (Über den Gottmenschen, Freiburg-Basel-Wien 1960, 63).

447) Vgl. Zur Theologie der Menschwerdung, 148. SCHILLEBEECKX zieht daraus die Konsequenz, "daß die Nicht-Veränderlichkeit Gottes nicht als ein starrer Fixismus aufgefaßt werden darf. Der göttliche Modus dieser Nicht-Veränderlichkeit (das Wort ist selbstverständlich nur negativ zu verstehen: Gott ist nicht veränderlich wie das Geschaffene) geht über unser Auffassungsvermögen hinaus; gerade die Schöpfung und die Inkarnation legen uns nahe, daß diese Nicht-Veränderlichkeit Gottes überraschende Formen annehmen kann, ohne positiv veränderlich zu werden" (a.a.O., 50).

448) ebd., 147

449) Im folgenden werden zu RAHNERs Theologie nur einige wenige Kommentatoren zu Wort kommen. Der Rahmen dieser Untersuchung erlaubt es nicht, auf die recht umfangreiche Sekundärliteratur einzugehen.

450) E.SCHILLEBEECKX, a.a.O., 52

451) Auch WELTE spricht von der Möglichkeit eines anthropologischen Zugangs zum Christusereignis. Demnach besteht grundsätzlich zwischen Gott und Mensch eine "partizipative Einheit" des Erkennens und Wollens. So "zeigt sich in allen menschlichen Verhältnissen eine eigentümliche und aus der tiefsten Natur des Menschen hervorgehende Konvergenz gegen jene heilige Vollendung hin, deren Wirklichkeit doch gänzlich über der natürlichen Seinsverfassung des Menschen liegt. Immer wieder bemühen sich die Menschen, das Leben der reinen Wahrheit und des vollendeten Rechten

und Guten zu leben und zu sein, und noch in ihrer Verworfenheit können sie nicht anders, als gerade diesen Anspruch zu erheben" (Zur Christologie von Chalkedon, in: Auf der Spur des Ewigen. Philosophische Abhandlungen über verschiedene Gegenstände der Religion und der Theologie, Freiburg-Basel-Wien 1965, 450). Damit soll zunächst nur dies gesagt sein, daß menschliche Natur von ihrer Wesensverfassung her keinen Widerspruch zur hypostatischen Union bildet, sondern vielmehr von sich aus offen ist für diese Einheit. Und den Gedanken weiterführend: "Hat uns aber eine tiefere Überlegung erst einmal sehen gelehrt, wie nahe von innen her die Menschennatur der göttlichen steht - sie, die freilich zugleich auch durch jene höchste und durch kein Geschöpf überschreitbare heilige Grenze von der göttlichen geschieden ist, welche sie auch von der ungeschwächten Vollendetheit ihres eigenen Seins scheidet-, dann wird freilich gleichsam von unten her sichtbar, daß, w e n n einer von uns und aus einem Grunde, der gewiß nur oberhalb aller menschlichen Möglichkeiten und Forderungen entspringen kann, sich Gott nennen darf und als göttlich von seinen Jüngern erfahren wird, daß dieser dann doch gerade dadurch erst recht im vollendeten, weil ungeminderten Sinn ein Mensch sein kann, das heißt im höchsten Sinne eins mit dem, was überhaupt den Menschen zum Menschen macht, und womit dieser doch sonst nie aus Eigenem durchaus eins zu sein vermag" (448f.).

452) Probleme der Christologie von heute, 196, Anm.1. Im Blick auf den Schöpfergott ist damit zumindest soviel zu sagen, daß Gott, ohne seine göttliche Identität zu verlieren, sich in bestimmter Hinsicht selbst an das Andere seiner selbst abgibt und dies so, daß das Andere nicht ein zweiter Gott wird, sondern gerade in seinem Anderssein entstehen kann. Damit scheint RAHNER eine dialektische Verhältnisbestimmung von Gott und Welt anzuzielen, wie sie ähnlich auch E.PRZYWARA angenommen hat: "Gott also als das reine ´Ist´, ist, auf der einen Seite, dem Geschöpf so inne, daß das irgendwelche ´ist´ des Geschöpfes nur aus und in Ihm ist, - und ist doch, auf der anderen Seite, dem Geschöpf unverändert ´über´ als dasselbe reine ´Ist´, dem keinerlei Beziehung zu einem ´wird´ irgendwie ´inne´ ist" (Religionsphilosophie katholischer Theologie, in: Religionsphilosophische Schriften II, Einsiedeln 1962, 404).

453) Eine "Veränderlichkeit" Gottes muß nach E.GUTWENGER, Bewußtsein und Wissen Christi. Eine dogmatische Studie, Innsbruck 1960, "gegen eine allzu starre Fassung der göttlichen Unveränderlichkeit" (116) schon deshalb behauptet werden, weil die Existenz der Welt eine ratio sufficiens verlangt. Diese kann weder in der Welt selbst noch in einer Beziehung Gottes zur Welt liegen, sondern ausschließlich in Gott. Geht dieser zureichende Grund für den Bestand der Schöpfung auf einen freien Entscheid Gottes zurück, dann muß dieser Entscheid den Schöpfergott von jenem nicht-schaffenden Gott unterscheiden, den anzunehmen die Nicht-Notwendigkeit von Schöpfung gebietet. Die "Veränderung" des Schöpfergottes besteht nach GUTWENGER darin, daß sich im Schöpfungswillen, der zur göttlichen Substanz hinzugehört, Gottes Allmacht in besonderer und wirksamer Weise auf einen bestimmten Bereich der Schöpfungsmöglichkeiten bezieht, so "daß man in einem wohl abgegrenzten Sinn

von einer Modifikation des göttlichen Wesens sprechen darf, einer Modifikation, die durch den Schöpfungswillen Gottes gegeben ist" (120).

454) Ph.KAISER, Die Gott-menschliche Einigung in Christus als Problem der spekulativen Theologie seit der Scholastik, München 1968, 289

455) Vgl. z.B. L.OEING-HANHOFF, Die Krise des Gottesbegriffs, 301; E.JÜNGEL, Das Verhältnis von "ökonomischer" und "immanenter" Trinität; W.KASPER, Jesus der Christus, Mainz [9]1984, 203, 218; K.HEMMERLE, Thesen zu einer trinitarischen Ontologie, Einsiedeln 1976, 59

456) L.SCHEFFCZYK, Trinität: Das Specificum Christianum, in: Schwerpunkte des Glaubens. Gesammelte Aufsätze zur Theologie, Einsiedeln 1977, 166

457) Vgl. F.X.BANTLE, Person und Personbegriff in der Trinitätslehre Karl Rahners, in: MThZ 30(1979) Heft 2, 15; ebenso W.SIMONIS, Über das "Werden" Gottes. Gedanken zum Begriff der ökonomischen Trinität, in: MThZ 33(1982)133-139: So müssen wir "die Unterscheidung von immanenter und ökonomischer Trinität aufrechterhalten, wenn anders das (...) Faktische nicht unter der Hand sogleich zu einem auch für Gott Notwendigen werden soll. Das aber würde bedeuten, daß die von Gott in absoluter persönlicher Freiheit gewollte und verwirklichte Heilsökonomie zu einem bloßen Naturprozeß depraviert würde" (134, Anm.4).

458) Z.TRTIK, Die Trinität als ewiges Subjekt, in: ThZ 37 (1981)35

459) ebd.

460) W.SIMONIS, a.a.O., 134

461) Der dreifaltige Gott als transzendenter Urgrund der Heilsgeschichte, 382, Anm.18

462) Vgl. Grundkurs des Glaubens, 129; Der dreifaltige Gott als transzendenter Urgrund der Heilsgeschichte, 337, 339, 384; Zur Theologie der Menschwerdung, 148, u.ö.

463) Vgl. Zur Theologie der Menschwerdung, 151

464) Vgl. Die Christologie innerhalb einer evolutiven Weltanschauung, 210

465) Vgl. Ph.KAISER, a.a.O., 264: "Dieser Heilscharakter ist der zentrale Punkt des Inkarnationsmysteriums, ihm muß die Spekulation gerecht werden und nicht irgendwelchen angeblich logischen Gesetzen menschlichen Denkens oder philosophisch-theologischen Systemspekulationen."

466) GALOT hat ihr bei aller Anerkennung der christologischen Bemühungen RAHNERs doch eine unübersehbare Rätselhaftigkeit bescheinigt (Vers une nouvelle christologie, 76). Die von GALOT selbst vorgeschlagene Lösung zur Überwindung der Dialektik durch den Begriff der "dynamischen Unveränderlichkeit Gottes" stellt sich bei näherem Zusehen jedoch auch als unbefriedigend heraus, weil er die beiden Momente der "Geschichtlichkeit" und "Unveränderlichkeit" auf Gottes Handeln ad extra und sein immanentes Sein "in sich" verteilt, so daß eine Vermittlung gerade nicht auf der gleichen Ebene stattfindet (86).

467) Vgl. H.PFEIL, a.a.O., 11

468) ebd., 11f.

469) Vgl. ebd., 12

470) E.PRZYWARA, Gottgeheimnis der Welt, in: Religionsphilosophische Schriften II, 216

471) W.KERN, Art. Gott-Welt-Verhältnis, in: SM II, 529

472) W.KASPER, Glaube und Geschichte, 46f.

473) In diese Richtung geht ein instruktiver Versuch von K. HEMMERLE, Thesen zu einer trinitarischen Ontologie: "Substanz ist da zur 'Transsubstantiation', zur 'Kommunion'" (48).
474) In diesem Sinn einer Spaltung versteht W.PANNENBERG, Grundzüge der Christologie, 331, die dialektische Formel RAHNERs.
475) Vgl. PRZYWARA, Gottgeheimnis der Welt, 222ff.
476) Diese trinitarische Gegenseitigkeit vermißt B.WENISCH, Zur Theologie Karl Rahners, in: MThZ 28(1977)391f. Dagegen: "Gott ist der konkrete Gott in je diesen Gegebenheitsweisen, die unter sich natürlich relativ aufeinander verwiesen sind" (Der dreifaltige Gott als transzendenter Urgrund der Heilsgeschichte, 389) und "Die Subsistenzweisen... sind distinkt als gegenläufige Relationen" (392).
477) Der dreifaltige Gott als transzendenter Urgrund der Heilsgeschichte, 384
478) Ist dem aber so, dann bedeutet Gottes Sich-Ändern "am andern" schließlich "keine V e r änderung schlechthin, ihn mehrend (in Schöpfung) oder mindernd (in Menschwerdung, als Selbstentäußerung), sondern ist identisch mit Gottes Selbstsein, das sich ewig in unendlich lebendiger Wirklichkeit vollzieht" (W.KERN, Art. Gott-Welt-Verhältnis, 529).
479) D.WIEDERKEHR, Entwurf einer systematischen Christologie, in: Mysterium Salutis III/1, Einsiedeln-Zürich-Köln 1969, 477-645, bes. 500-583
480) ebd., 515
481) ebd.
482) ebd., 517
483) ebd., 502
484) ebd., 508
485) Vgl. ebd., 518
486) ebd., 535
487) ebd., 535
488) Vgl. ebd., 537
489) ebd.
490) ebd., 539
491) ebd., 542f.
492) ebd., 540f. Die folgenden Ausführungen stehen in gedanklicher Nähe zu RAHNERs christologischer Anthropologie.
493) ebd., 545
494) ebd., 546
495) Vgl. ebd. 547
496) ebd., 548
497) ebd., 503
498) ebd., 551. Der Autor artikuliert damit ein Hauptanliegen heutiger Christologie, wie es u.a. auch besonders von PANNENBERG verfolgt wird. Die sich zeitigenden theo-logischen Konsequenzen unterscheiden sich bei beiden jedoch grundlegend.
499) ebd., 552 (Hervorhebung von mir)
500) ebd., 553, Anm.70
501) ebd., 553f.
502) ebd., 555
503) ebd.
504) Vgl. ebd., 555f.
505) ebd., 557
506) Vgl. ebd., 556f.
507) ebd., 558
508) ebd.

509) ebd., 579
510) ebd., 580. Hier könnte allerdings gefragt werden, ob die Erfahrung der Abhängigkeit und Fremdherkunft des eigenen Lebens ausreicht, um damit die letzte Tiefe und den vollen Ernst des Kreuzes auszuloten.
511) ebd., 570
512) ebd.
513) ebd., 571
514) ebd., 522
515) Vgl. ebd., 510, 521f.
516) ebd., 573
517) ebd.
518) W.PANNENBERG, Grundzüge der Christologie, 155
519) In diesem Sinn hat auch B.WELTE den Versuch gemacht, die Statik der Zweinaturenlehre in Anlehnung an HEIDEGGERs Begriff des Ereignisses (vgl. dazu Die Krisis der dogmatischen Christusaussagen, in: Zeit und Geheimnis. Philosophische Abhandlungen zur Sache Gottes in der Zeit der Welt, Freiburg-Basel-Wien 1975, 292-318) in Richtung auf ein mehr dynamisches Verständnis hin zu öffnen. So stellt er fest, "daß der Glaube von Chalkedon von der hypostatischen Einheit und der physischen Unvermischtheit des göttlichen und menschlichen Seins und Lebens in Jesus in sich selbst Raum frei läßt für ein Gegenüber und in diesem Leben für ein Leben, das sich in einer historischen Reihe von Ereignissen vollzieht. Und zwar in einem Raum nicht oberhalb oder unterhalb dessen, wovon die Väter von Chalkedon sprachen, sondern inmitten eben dieses Geheimnisses, von dem sie sprechen. Weder die Einheit noch die Unvermischtheit können gemäß dieser Überlegung als perfectio omnio perfecta betrachtet werden in dem Sinne, daß hier ein schlechthin zeitloses perfectum gegeben würde, welches keinen Raum mehr böte für eine Verhältnishaftigkeit und Ereignishaftigkeit. Es kann sich nur um eine perfectio handeln, deren ganz gewiß fundamentale Unwandelbarkeit gerade erst in einer echten historischen Bewegung und im Wandel entscheidender Ereignisse vollbracht wird und vollbracht werden kann, in Ereignissen, die von dem zugrunde liegenden Geheimnis getragen und ermöglicht werden und dessen Sinn vollenden" (Zur Christologie von Chalkedon, 455f.).
520) W.PANNENBERG, Grundzüge der Christologie, 349
521) G.EBELING, Dogmatik des christlichen Glaubens II, 88
522) Vgl. M.GERVAIS, a.a.O., 236: "...l'histoire de l'homme est devenue l'histoire personelle de Dieu."
523) H.PFEIL, a.a.O., 20
524) Inwiefern der kenotisch-pleromatische Seinscharakter auch vom Sein des Vaters ausgesagt werden muß, bleibt bei WIEDERKEHR offen. Wenn die Sohnschaft als einseitige Abhängigkeit des Sohnes vom Vater verstanden werden müßte, hätte dieser spezifische Seinscharakter des Sohnseins seinen Grund in eben dieser (gleichsam subordinatianischen) Abhängigkeit vom Vater, so daß er nicht vom Sein des Vaters auszusagen wäre. Dann aber würde sich dieser kenotisch-pleromatische Charakter nicht eigentlich auf das Sein selbst beziehen, sondern nur auf die Gestalt, in der der Sohn dieses Sein besitzt. Der Sohn müßte damit letztlich nur als modalistische Variante des einen göttlichen Wesens erscheinen und überdies wäre die Unterscheidung zwischen äußerer Gestalt und innerem Gehalt dazu geeignet, den Got-

tesbegriff wieder substanzontologisch zu fassen. Diese Konsequenz ist abwegig. Deshalb wird man bei WIEDERKEHR wohl eher davon ausgehen dürfen, daß das vom Vater dem Sohn mitgeteilte Sein selbst kenotisch-pleromatischen Charakter hat, so daß dies dann auch für das Sein des Vaters selbst zu gelten hat. Denn das Sein des Sohnes soll ja Selbstmitteilung des Vaters sein.

525) K.KITAMORI, Theologie des Schmerzes Gottes, Göttingen 1972

526) ebd., 15

527) "Nirgendwo sonst hat der Geist des Satans, der den Petrus ja im Blick aufs Kreuz sagen ließ: ʹHerr, das widerfahre dir nur nicht!ʹ (Mt.16,22), so erfolgreich gearbeitet" (ebd., 21).

528) ebd., 90. Auf eine jegliche theo-logische Vermittlung der Dialektik hat S.KIERKEGAARD, Gottes Unveränderlichkeit. Eine Rede, in: Gesammelte Werke XXXIV: Der Augenblick. Aufsätze und Schriften des letzten Streits, Düsseldorf-Köln 1959, 259-276, verzichtet. Er stellt die Unveränderlichkeit des göttlichen Zornes der Unveränderlichkeit des göttlichen Heilswillens in einer schroffen Antithetik gegenüber.

529) ebd., 17. H.J.MARGULL interpretiert: "Sein ʹHerzʹ steht gegen sein ʹHerzʹ, deshalb sein Schmerz" (Tod Jesu und der Schmerz Gottes, in: Leben angesichts des Todes. Beiträge zum theologischen Problem des Todes. Helmut Thielicke zum 60.Geburtstag, Tübingen 1968, 274). In sachlicher Nähe hierzu vgl. JEREMIAS, a.a.O. Was das AT mit "Reue" Gottes meint, hat nichts mit Schuldgefühl oder einer nachträglichen Mißbilligung kraft besserer Einsicht zu tun, sondern bezeichnet vielmehr "einen emotionalen Willenswandel in Jahwe, durch den er i m B l i c k a u f d i e K o n s e q u e n z seines Vernichtungsplanes von diesem abrupt Abstand nimmt, sich von ihm befreit, seinem Zorn Einhalt gebietet" (110). Dieses Eingreifen Gottes gegen sich selbst als "Selbstüberwindung" (ebd.) ist mit dem Schmerz Gottes bei KITAMORI nicht identisch, weist aber in die gleiche Richtung.

530) ebd., 34 u.ö.

531) Vgl. ebd., 115-121

532) ebd., 90

533) Vgl. ebd., 31

534) ebd., 32

535) B.OGURO-OPITZ, Analyse und Auseinandersetzung mit der Theologie des Schmerzes Gottes von Kazoh Kitamori, Frankfurt-Bern-Cirencester/U.K. 1980, 33

536) Theologie des Schmerzes Gottes, 32

537) B.OGURO-OPITZ, a.a.O., 28

538) Vgl. ebd., 42-52

539) Theologie des Schmerzes Gottes, 42. Von hier aus ist deshalb auch HEGELs Gottesbegriff abzulehnen. "Denn bei Hegel ist der einhüllende Gott ein Gott ohne Schmerz. Hegels Gott bleibt immer der allgemeine, der sich niemals stören und sich keine Wunden zufügen läßt" (24).

540) ebd., 43

541) ebd., 44

542) Es "muß gerade der ʹSchmerzʹ für Gott e i n u n d a l l e s und e w i g sein" (ebd., 121).

543) ebd., 44

544) Vgl. ebd., 108

545) ebd., 113

546) ebd.
547) ebd., 168
548) ebd., 67
549) ebd., 114
550) ebd., 163
551) Ähnlich wie KITAMORI und unter Bezugnahme auf die anglikanische Theologie des Selbstopfers Gottes hat auch Ch.OHLRICH, The suffering God. Hope and comfort for those who are hurt, London 1983, den Gedanken des leidenden Gottes entfaltet. Gottes Liebe zum Menschen und sein Zorn über die Sünde finden ihren Ausgleich im Leiden Gottes, das die Grundlage der erlösten Schöpfung darstellt. Neben diesem Leiden Gottes im Sinne der Stellvertretung spricht der Autor -hier geht er über KITAMORI hinaus- auch von einem solidarischen Mitleiden Gottes mit der Schöpfung. "God hates to see his children suffer. He hates it so much that he bears the brunt himself. Every loss, every cancer, every agony is part of the burden God carries. No one suffers alone. He suffers with us" (92).
552) Vgl. dazu den Gedanken einer doppelten Erwählung bei BARTH.
553) Viel fast nützlicher Punkt. Predigten, 1537, in: WA 45, 370, 35
554) Das Leid in der Welt und die Liebe Gottes, Düsseldorf 1972
555) ebd., 64f.
556) ebd., 66f.
557) Vgl. ebd., 68
558) ebd.
559) ebd., 69
560) ebd., 73
561) God suffers for us. A systematic inquiry into a concept of divine passibility, The Hague 1974
562) Vgl. ebd., 10-13
563) Vgl. ebd., 14f.
564) ebd., 15
565) Vgl. ebd., 19
566) Vgl. ebd., 51
567) Vgl. ebd., 56
568) Vgl. ebd., 62f.
569) Vgl. ebd., 69f.
570) ebd., 58
571) ebd., 74
572) Vgl. ebd.
573) ebd., 75
574) ebd., 76
575) Vgl. F.FIORENZA, Freude und Schmerz in ihrer paradigmatischen Bedeutung für das Reden von Gott, in: Concilium 10 (1974)335; A.SCHMIED, Rez. K.Kitamori, Theologie des Schmerzes Gottes, in: TGA 17(1974)57; R.WETH, Über den Schmerz Gottes. Zur Theologie des Schmerzes Gottes von Kazoh Kitamori, in: EvTh 33(1973)436
576) R.WETH, a.a.O., 432
577) L.WENZLER, Rez. K.Kitamori, Theologie des Schmerzes Gottes, in: ThRv 70(1974)131
578) Vgl. F.FIORENZA, a.a.O., 339, 341; K.BLASER, Rez. K.Kitamori, Theologie des Schmerzes Gottes, in: RThPh 24(1974) 308
579) F.FIORENZA, a.a.O., 338, 339; R.WETH, a.a.O., 433f.
580) J.JEREMIAS, a.a.O., 111
581) R.WETH, a.a.O., 436

582) Vgl. M.LIENHARD, a.a.O., 111; W.MAAS, Gott und die Hölle, 278f.
583) Vgl. J.GALOT, Dieu souffre-t-il?, 175, Anm.10; H.U.v.BALTHASAR, Theodramatik IV, 211
584) Vgl. B.OGURO-OPITZ, a.a.O., 34f.
585) Theologie des Schmerzes Gottes, 115f.
586) ebd., 44
587) Vgl. L.WENZLER, a.a.O., 131
588) Vgl. H.U.v.BALTHASAR, Theodramatik IV, 211
589) Vgl. J.MASSON, Rez. K.Kitamori, Theologie des Schmerzes Gottes, in: NRTh 105(1973)803; A.PEREGO, Rez. K.Kitamori, Teologia del dolor de Dios, in: DT(P) 53(1976)289; L.WENZLER, a.a.O.
590) W.PANNENBERG, Was ist der Mensch? Die Anthropologie der Gegenwart im Lichte der Theologie, Göttingen 1962; Dogmatische Thesen zur Lehre von der Offenbarung, in: Offenbarung als Geschichte, hrsg.v.ders., Göttingen [2]1963, 91-114; Heilsgeschehen und Geschichte, in: Grundfragen systematischer Theologie. Gesammelte Aufsätze, Göttingen 1967, 22-78; Über historische und theologische Hermeneutik, in: ebd., 122-158; Die Aufnahme des philosophischen Gottesbegriffs als dogmatisches Problem der frühchristlichen Theologie, in: ebd., 296-346; Der Gott der Hoffnung, in: ebd., 387-398; Christentum und Mythos, in: Grundfragen systematischer Theologie. Gesammelte Aufsätze II, Göttingen 1980, 13-65; Person und Subjekt, in: ebd., 80-95; Die Subjektivität Gottes und die Trinitätslehre. Ein Beitrag zur Beziehung zwischen Karl Barth und der Philosophie Hegels, in: ebd., 96-111; Der Gott der Geschichte. Der trinitarische Gott und die Wahrheit der Geschichte, in: ebd., 112-128; Christologie und Theologie, in: ebd., 130-145; Theologie und Reich Gottes, Gütersloh 1971; Grundzüge der Christologie, Gütersloh [5]1976
591) Die Subjektivität Gottes und die Trinitätslehre, 111. Vgl. auch Theologie und Reich Gottes, 13f.
592) Der Gott der Geschichte, 121
593) Offenbarung als Geschichte. Einführung, 10
594) Heilsgeschehen und Geschichte, 22
595) ebd., 25
596) K.LÖWITH, Weltgeschichte und Heilsgeschehen. Die theologischen Voraussetzungen der Geschichtsphilosophie, Stuttgart [2]1953, 177
597) Der Gott der Geschichte, 116
598) Vgl. Die Aufnahme des philosophischen Gottesbegriffs, 299-314
599) ebd., 327
600) ebd., 311
601) Die Subjektivität Gottes und die Trinitätslehre, 111
602) Vgl. M.HEIDEGGER, Sein und Zeit, 427, Anm.1
603) Was ist der Mensch?, 53
604) Die Aufnahme des philosophischen Gottesbegriffs, 344. Vgl. auch Der Gott der Hoffnung, 393f.
605) Heilsgeschehen und Geschichte, 73f.
606) ebd., 74f.
607) Vgl. Der Gott der Geschichte, 116
608) "Die Dauerhaftigkeit der Welt hängt freilich daran, daß Gott nicht von einer Möglichkeit zur andern springt, sondern seine schöpferischen Entscheidungen durchhält, sie 'nicht ändert', nicht einfach wieder fallen läßt. Aber daß Gott sich in seinem Tun nicht ändert, das ist nicht Aus-

druck einer sein Wesen konstituierenden Unbeweglichkeit, sondern das ist ebenso wie die schöpferische Tätigkeit selbst Gottes freie, jeweilige, vom Menschen nicht vorwegzunehmende Entscheidung. Es ist identisch mit der Treue Gottes. In seiner Treue läßt Gott sein voriges Tun nicht einfach um der neuen Möglichkeiten seiner Freiheit willen fallen, sondern nimmt das Vorige in das Neue mit auf" (Die Aufnahme des philosophischen Gottesbegriffs, 329).

609) Er ist der Gott der Liebe, "der die vergangene und gegenwärtige Welt durch sich selbst integriert und so verwandelnd bejaht zur Teilhabe an seinem eigenen unsterblichen Leben" (Theologie und Reich Gottes, 29).
610) Theologie und Reich Gottes, 13
611) Vgl. Der Gott der Geschichte, 118
612) Theologie und Reich Gottes, 14
613) ebd., 13
614) Dogmatische Thesen zur Lehre von der Offenbarung, 97
615) Die Subjektivität Gottes und die Trinitätslehre, 111, Anm.35
616) Christologie und Theologie, 142
617) ebd., 141
618) ebd., 140
619) ebd., 141
620) ebd., 142, Anm.1
621) Vgl. Grundzüge der Christologie, 330f.
622) Christentum und Mythos, 60
623) Christologie und Theologie, 133
624) Vgl. Grundzüge der Christologie, 230
625) ebd., 157
626) ebd., 134
627) Christologie und Theologie, 139
628) Grundzüge der Christologie, 160
629) Vgl. ebd., 345-349
630) ebd., 331
631) ebd.
632) ebd.
633) ebd., 157
634) ebd., 332
635) Der Gott der Geschichte, 123
636) Grundzüge der Christologie, 160
637) Person und Subjekt, 85. Vgl. auch Die Subjektivität Gottes und die Trinitätslehre, 110
638) Vgl. Der Gott der Geschichte, 124
639) Grundzüge der Christologie, 347
640) Vgl. Person und Subjekt, 91-93
641) Vgl. ebd., 93
642) Vgl. Der Gott der Geschichte, 124f.
643) ebd., 127
644) Grundzüge der Christologie, 332
645) Theologie und Reich Gottes, 29
646) Vgl. hierzu H.U.v.BALTHASAR, Theodramatik IV, 463-476, der die Frage nach einer "Bereicherung" Gottes durch die vollendete Schöpfung trinitätstheologisch angeht. Demnach stellt die Kreatur weder eine für Gott konstitutive noch eine bloß akzidentelle Verherrlichung dar, sondern sie wird so "in die innergöttlichen gegenseitigen Bezeugungen der Liebe (einbezogen)..., daß jede am Schöpfungswerk mitwirkende göttliche Person damit die Vermehrung der 'Herrlichkeit' der andern Personen beabsichtigt" (464).
647) J.WIRSCHING, Ein neues theologisches System. Randbemerkun-

gen zur Theologie W.Pannenbergs, in: Deutsches Pfarrerblatt 64(1964)602

648) Vgl. K.SCHWARZWÄLLER, Theologie oder Phänomenologie. Erwägungen zur Methodik theologischen Verstehens, München 1966, 91

649) Vgl. E.F.TUPPER, The theology of Wolfhart Pannenberg, London 1973, 296

650) Vgl. M.BUSS, Der Sinn der Geschichte, in: Neuland in der Theologie. Ein Gespräch zwischen amerikanischen und europäischen Theologen, hrsg.v.J.M.ROBINSON u. J.B.COBB, III: Theologie als Geschichte, Zürich-Stuttgart 1967, 195

651) W.HAMILTON, Die Eigenart der Theologie Pannenbergs, in: ebd., 237

652) Vgl. K.SCHWARZWÄLLER, a.a.O., 102, Anm.315

653) W.KLEIN, Offenbarung als Geschichte? Marginalien zu einem theologischen Programm, in: MPTh 51(1962)80

654) W.PANNENBERG, Stellungnahme zur Diskussion, in: Neuland der Theologie, 319

655) Vgl. H.NEIE, The doctrine of atonement in the theology of Wolfhart Pannenberg, Berlin-NewYork 1979, 124, 126

656) Vgl. ebd., 127

657) L.STEIGER, Offenbarungsgeschichte und theologische Vernunft. Zur Theologie W.Pannenbergs, in: ZThK 59(1962)109

658) Offenbarung als Geschichte, Nachwort d.2.Aufl., 137

659) A.ZIEGENAUS, a.a.O., 156

660) In dem Gedanken eines die Einheit der Geschichte gewährenden Handelns Gottes sieht PANNENBERG auch einen entscheidenden Beitrag für die Geschichtswissenschaft. Wenn diese die Geschichte nicht im Sinne des Historismus atomisieren und relativieren will, sondern Ereignisse gerade in ihren Zusammenhängen beleuchtet, dann wird sie darauf angewiesen sein, eine übergreifende Einheit anzunehmen. Für den Historiker kann das Einzelgeschehen erst im Horizont einer Weltgeschichte in seiner vollen Bedeutung erkannt werden. Am deutlichsten zeigt sich die Notwendigkeit einer universalgeschichtlichen Einheitskonzeption angesichts historischer Periodenbildung. Dieser von R.G.COLLINGWOOD, The idea of history, Oxford 1946, artikulierten, sich als geschichtswissenschaftliche Denknotwendigkeit darstellenden Einheitsvorstellung kann die Theologie in ausgezeichneter Weise entsprechen, weil sie in der Lage ist, die Einheit der Geschichte nicht aus ihr selbst, sondern transzendental zu begründen. "Die Ganzheit der Geschichte, auf die sich theologisches Reden von Gott und seiner Offenbarung in Jesus bezieht, bildet nun auf der anderen Seite ein unabweisbares Thema historischer Hermeneutik, weil nämlich alle historische Arbeit auf das Problem der Universalgeschichte bezogen bleibt" (Über historische und theologische Hermeneutik, 140).

661) P.HENKE, Gewißheit vor dem Nichts. Eine Antithese zu den theologischen Entwürfen Wolfhart Pannenbergs und Jürgen Moltmanns, Berlin-NewYork 1978, 109

662) J.WIRSCHING, Gott in der Geschichte. Studien zur theologiegeschichtlichen Stellung und systematischen Grundlegung der Theologie Martin Kählers, München 1963, 24

663) ebd.

664) J.WIRSCHING, Ein neues theologisches System, 608

665) H.-G.GEYER, Geschichte als theologisches Problem. Bemerkungen zu W.Pannenbergs Geschichtstheologie, in: EvTh 22 (1962)98

666) Vgl. H.NEIE, a.a.O., 127
667) J.MOLTMANN, Theologie der Hoffnung. Untersuchungen zur Begründung und zu den Konsequenzen einer christlichen Eschatologie, München [8]1969, 69
668) J.WIRSCHING, Gott in der Geschichte, 24
669) Vgl. P.ALTHAUS, Offenbarung als Geschichte und Glaube. Bemerkungen zu Wolfhart Pannenbergs Begriff der Offenbarung, in: ThLZ 87(1962)321-330
670) Vgl. B.KLAPPERT, a.a.O., 199
671) L.STEIGER, a.a.O., 97
672) Offenbarung als Geschichte, Nachw.2.Aufl., 146
673) Der Autor hat selbst jeden Hegelianismus-Vorwurf von sich gewiesen: "Ich habe mich nirgends verpflichtet, die überlieferungsgeschichtliche Vermittlung des Geschehens als ´Selbstvermittlung des Absoluten´ im Sinne der Hegelschen ´Selbstvermittlung des Denkens´ zu verstehen" (Offenbarung als Geschichte, Nachw.2.Aufl., 138).
674) J.MOLTMANN, Der gekreuzigte Gott, 253, Anm.145
675) "Pannenberg believes that God cannot be thought of as now extant... Rather ´God´ is another name for the end itself. God is what Jesus speaks of as the Kingdom of God" (J.B. COBB, Wolfhart Pannenberg´s "Jesus - God and Man", in: JR 49 [1969] 200).
676) E.F.TUPPER, a.a.O., 299
677) Wegen sachlicher Nähe zu HEGEL daraus eine abwertende Beurteilung zu folgern, hält K.SCHWARZWÄLLER grundsätzlich für verfehlt. "Pannenberg zu denunzieren, weil Hegels Gestalt im Hintergrund nicht zu übersehen ist... wäre nicht eben geistreich. Daß jedem Theologen stets ein Philosoph oder mehrere über die Schulter sehen, ist gleicherweise unvermeidlich, notorisch wie auch vielfach fruchtbar" (a.a.O., 107).
678) Theologie und Reich Gottes, 20
679) Vgl. E.F.TUPPER, a.a.O., 205
680) Durch die Offenbarung in Jesus Christus und die Ausgießung des Geistes konstituiert sich Gott als der heilsökonomisch trinitarische. "In Christus und dem ausgegossenen Geist ist es dann auch Gott selbst, der dreifaltig ist (eventuell: geworden ist, in einem göttlichen Werden, indem er sich selbst an seinen Geschöpfen ändert, indem er mehr u n s e r Gott wird)" (Ein Gott der Menschen, 88). Da der Christ "außerhalb dieser Heilsgeschichte von Gott nichts weiß, kann er sagen: Gott ist oder ´wird´ aus seiner Ewigkeit, d.h. aus seinem tiefsten Wesen heraus derjenige, der für uns Vater, Sohn und Geist ist. Gott ist dazu in seinem ganzen Wesen auf dem Weg; er hat sich in seiner Herzenstiefe entschlossen, so zu sein" (ebd., 89f.).
681) Vgl. dazu F.ROSENZWEIG, Der Stern der Erlösung, Den Hag [4]1976: "In diesem Ausblick auf eine gegensatzbefreite zukünftige Ein- und Allgemeinheit der Welt, des Tages, wo Gott alles in allem sein wird, liegt nun wiederum für das Christentum eine Gefahr..., die über dem Alles in Allem den Einen über allem vergäße" (446).
682) G.KOCH, Die Auferstehung Jesu Christi, Tübingen 1959; Die Zukunft des toten Gottes, Hamburg 1968; Für eine bewohnbare Welt. Abschied vom homo faber, Hamburg 1970
683) Für eine bewohnbare Welt, 43
684) Die Zukunft des toten Gottes, 273
685) ebd., 42
686) ebd., 18

687) ebd., 25
688) Vgl. ebd., 85
689) Vgl. ebd., 19
690) ebd., 186
691) ebd., 204
692) ebd., 48
693) ebd., 355
694) ebd., 49
695) Für eine bewohnbare Welt, 37
696) Die Zukunft des toten Gottes, 49
697) ebd., 335
698) Vgl. die Kritik an HEGEL (ebd., 236), GOGARTEN und BARTH (ebd., 172)
699) ebd., 21
700) ebd., 45
701) ebd., 48
702) ebd., 66
703) ebd., 58
704) ebd., 164
705) Vgl. ebd., 257
706) Vgl. ebd., 173
707) ebd., 339
708) ebd., 142
709) Vgl. ebd., 274
710) ebd., 293
711) ebd., 282
712) Vgl. ebd., 282-285
713) ebd., 291
714) ebd.
715) ebd., 293
716) Für eine bewohnbare Welt, 66
717) Die Zukunft des toten Gottes, 294
718) ebd., 275
719) Vgl. ebd., 20f., 294
720) Für eine bewohnbare Welt, 67
721) Die Zukunft des toten Gottes, 50
722) ebd., 60
723) ebd., 298
724) ebd., 299
725) Vgl. Für eine bewohnbare Welt, 70
726) Vgl. ebd., 67
727) Die Zukunft des toten Gottes, 294
728) ebd., 295
729) Für eine bewohnbare Welt, 71
730) Die Zukunft des toten Gottes, 85
731) ebd., 21
732) Vgl. ebd., 54f.
733) ebd., 55
734) ebd., 386
735) ebd.
736) ebd., 67
737) ebd., 53
738) ebd., 54
739) Vgl. ebd., 31
740) ebd., 25
741) Vgl. ebd., 26f., 356f.
742) ebd., 341
743) ebd., 342
744) ebd., 343
745) ebd., 344

746) Vgl. ebd., 66
747) ebd., 307
748) ebd., 355
749) ebd., 356
750) Adv. haer. III 16,6; 24,1; IV 11,3, in: SCh 211, 313; 471; SCh 100, 507
751) Die Zukunft des toten Gottes, 273
752) Vgl. ebd., 257f.
753) ebd., 256
754) Zustimmend hierzu H.FRIES/R.STÄHLIN, Gott ist tot? Eine Herausforderung - zwei Theologen antworten, München 1968: Leid und Tod sind "der Ort und die Stunde, da der Mensch Gott begegnen kann, weil Gott mitten in der Nacht und im Grauen des Leides anwesend ist - so anwesend wie im Kreuz und in der scheinbaren Gottverlassenheit Jesu Christi, des Sohnes Gottes" (111).
755) Vgl. dazu A.HALDER, Wirklichkeit als Geschichte. Philosophische Vorfragen zu Bedeutung und Vermittlung des Christusereignisses, in: Grundfragen der Christologie heute, hrsg.v.L.SCHEFFCZYK, Freiburg-Basel-Wien 1975: "Geschichte ist nicht ein Stück Vergangenheit, fix und fertig, aber vorbei; plus ein Stück Gegenwart, noch in Bewegung, im Fertigwerden; plus ein Stück Zukunft, noch völlig offen oder jedenfalls verschwommen, unklar und undeutlich erst auftauchend. Sondern wohinein die Vergangenheit vergangen ist, das ist eben die je neue wirkliche Möglichkeit der Gegenwart. Geschichte ist immer Gegenwart, gegenwärtige Geschichte, in der die Geschichte der Vergangenheit weiter geschieht" (33f.). Diese Geschichte wird ausdrücklich nicht nur als Auslegungsgeschichte, sondern als "real", dh. "als Geschichte der Wirklichkeit in ihrem Wesen" (ebd., 35) verstanden. Hiermit kommen philosophische Bemühungen in den Blick, wie sie im Anschluß an HEIDEGGERs Spätschriften zur Überwindung einer metaphysischen Wesensphilosophie u.a. von H.ROMBACH und M.MÜLLER unternommen werden. Erklärtes Ziel ist die Neukonzeption einer Ontologie, bei der "das Ontologische, das Sein, das Ideale aus seiner Starre erlöst wird, in sich selbst eine Geschichte erhält. So daß nun eine innerlich notwendige Geschichte des Seins, eine ontologische Geschichte neben die Geschichte des Seienden... tritt" (M.MÜLLER, Existenzphilosophie im geistigen Leben der Gegenwart, Heidelberg ^{3}1964, 34). Die "neue Gestalt der Wahrheit des Seins" (ebd., 40) läßt dieses als das "abgründige Spiel von Vor- und Rückgründung" (ebd., 248) erscheinen: Vergangenheit ist kein "Nichtmehr", sondern "Tradition", und Zukunft kein "Nochnicht", sondern Anforderung und Ausblick auf ein zu Übernehmendes. Eine derartige "Metaphysik ist gekennzeichnet durch die ´Knotenpunkte´ der Freiheit und der Geschichte, des Symbols, des Namens, der Repräsentation und der Participation, die sich zu einem ´G e f ü g e´ zusammenfinden" (ebd., 257).
756) Kohelet "weiß die Welt von Gott geschaffen und unablässig durchwaltet; aber für den Menschen ist es katastrophal, daß er mit diesem göttlichen Walten in keinen Kontakt kommen kann, weil es zu tief verborgen ist" (G.v.RAD, Theologie des Alten Testaments I, München ^{7}1978, 470).
757) Vgl. Die Auferstehung Jesu Christi, 121-124; Die Zukunft des toten Gottes, 147-160, 353f., 357f.
758) Die Zukunft des toten Gottes, 357
759) ebd., 400, Anm.34

760) Für eine bewohnbare Welt, 175
761) L.SCHEFFCZYK, Der Eine und Dreifaltige Gott, Mainz 1968, 130
762) Für eine bewohnbare Welt, 217; Die Auferstehung Jesu Christi, 54, 154f., 174f., 229, 234ff., 266f., 276f., 278, 281; Die Zukunft des toten Gottes, 280f., 325f.
763) W.PANNENBERG, Grundzüge der Christologie, 110
764) ebd., 111
765) H.U.v.BALTHASAR, Theodramatik IV, 208
766) Die Zukunft des toten Gottes, 334. Dabei wäre zu fragen, ob hier nicht aus Furcht vor dem platonischen Chorismos zwischen Idee und Materie der aristotelische Formbegriff das Schöpfer-Geschöpf-Verhältnis bestimmt.
767) ebd., 386
768) ebd., 387
769) ebd., 350
770) P.-P.JUNGE, Für eine neue dialektische Theologie. Zu dem letzten Buch von Gerhard Koch "Die Zukunft des toten Gottes", in: EvTh 30(1970)353
771) Vgl. E.JÜNGEL, Gottes Sein ist im Werden (im folgenden GSW)
772) Ders., Gott als Geheimnis der Welt, 15 (im folgenden GGW)
773) GGW 45
774) GGW 44
775) GGW 45
776) GGW 48
777) GGW 47, Anm.6. "Im Grunde sind die hier vorgelegten Studien nichts weiter als ein einziger Angriff gegen die Gottlosigkeit dieses Arguments" (ebd.).
778) GGW 48. Vgl. W.KERNs Hinweis auf die Möglichkeit theologischer HEGEL-Rezeption (Philosophische Pneumatologie, 81).
779) GGW 298
780) Vgl. GSW VIII, 77
781) Vgl. GSW VII
782) Vgl. GSW 92
783) Vgl. GSW 114f., Anm.150
784) GGW 521
785) Vgl. GGW 522
786) ebd.
787) Vgl. GGW 524
788) GGW 527
789) Vgl. GGW 531
790) GGW 532
791) GSW 115. Darin, Relationen als "grundlegende Geschehensbezüge" für die Reflexion des neuzeitlichen Gottesbegriffs fruchtbar gemacht zu haben, sieht H.-G.GEYER einen entscheidenden Beitrag für die Theologie (Gottes Sein als Thema der Theologie, in: VF 11 [1966] Heft 2, 32).
792) GSW 115f.
793) Vgl. GSW 116, Anm.153
794) Vgl. GSW 121
795) Vgl. GGW 430-470
796) Vgl. GGW 449
797) Vgl. ebd.
798) Vgl. GGW 506
799) Vgl. GGW 451
800) ebd.
801) Vermutlich ist es diese ontische Qualität, die auch R. GUARDINI, Die Bewegung Gottes, in: Die Schildgenossen 9

(1929)291-303, im Auge hat. "Mit dieser Liebe ist keine allgemeine personale Kategorie gemeint; noch weniger eine ethische, oder gar psychologische. Die Liebe, die das Neue Testament meint, ist jene Bewegung, durch welche sich Gott aus seiner Initiative aufmacht, um in Christus zu uns zu kommen; und ist die Gegenbewegung, zu welcher er den Menschen anruft und befähigt" (301).

802) K.RAHNER, Hörer des Wortes, 67. Im Anschluß an den Aquinaten versteht RAHNER den "Selbstbesitz" nicht als tautologische Zuständlichkeit, sondern als vermitteltes Geschehen zweier gegenläufiger Bewegungen: "ein Ausströmen, ein Heraussetzen seines eigenen Wesens aus seinem eigenen Grund, eine emanatio, und ein In-sich-Zurücknehmen dieses aus seinem Grund herausgestellten, gleichsam geoffenbarten Wesens" (ebd.).

803) GGW 302

804) GSW 120, 113f.

805) Vgl. GGW 509; Das Verhältnis von "ökonomischer" und "immanenter" Trinität, 359

806) Vgl. GGW 526

807) ebd.

808) ebd.

809) GGW 276

810) GGW 287

811) GGW 290

812) Vgl. GGW 292

813) GGW 294

814) Vgl. GSW 92; GGW 304

815) Die Sünde verleiht dem Nichts aber das Gewicht einer Gegen-Gottheit. Sie ist die ins Nichts zurückrufende Macht (GGW 305, Anm.73).

816) Vgl. GSW 121

817) GGW 303

818) E.JÜNGEL, Vom Tod des lebendigen Gottes. Ein Plakat, in: Unterwegs zur Sache. Theologische Bemerkungen, München 1972, 106

819) ebd., 123

820) Vgl. ebd., 111-116

821) Vgl. GGW 83-132

822) Vgl. GGW 74-83

823) GGW 284. Die kreuzestheologische Orientierung JÜNGELS eröffnet nach H.-G.GEYER die Möglichkeit, das allgemeine Problem legitimer Rede vom Sein Gottes zu präzisieren und damit die neu gestellte Gottesfrage anzugehen (Gottes Sein als Thema der Theologie, 36).

824) GGW 285

825) Vgl. Vom Tod des lebendigen Gottes, 122

826) Vgl. GGW 54; Vom Tod des lebendigen Gottes, 107, 110f.

827) Vgl. GGW 132

828) Vgl. GGW 284

829) GGW 306, Anm.73; Vgl. GSW 92

830) E.JÜNGEL, Tod, Gütersloh 1979, 138f.; Vgl. Vom Tod des lebendigen Gottes, 120; Das dunkle Wort vom Tode Gottes, in: EK 2(1969)200; GSW 121

831) Vgl. GGW 295

832) Vgl. GSW 97

833) GGW 296

834) GGW 297

835) Vgl. Vom Tod des lebendigen Gottes, 120

836) GGW 298

837) Vgl. Das dunkle Wort vom Tode Gottes, 201; Tod, 139; GGW 504. JÜNGEL hat mit seinen staurologischen Überlegungen zugleich jene theologischen Konsequenzen ausgeführt, die sich aus einer innerhalb der Theologie immer wieder aufgestellten s o t e r i o l o g i s c h e n Forderung ergeben. Diese besteht darin, daß zur Wahrung des Heilscharakters des Kreuzes Gottes unverkürzte Anwesenheit im Tod Jesu zu denken ist. Noch vor jeder Heilswirksamkeit hat der "Tod Gottes" zunächst enthüllende Funktion. Nach H.-G.GEYER zeigt sich in der Gottverlassenheit des Gekreuzigten "das grundlose Unwesen der Welt" (Anfänge zum Begriff der Versöhnung, in: EvTh 38 [1978] 244) und X.TILLIETTE sieht darin, daß der Tod Christi das Sein Gottes berührt, den Grund für die Erkenntnis der Zweideutigkeit des menschlichen Todes als der Sünde Sold und Zugang zum Leben (Der Kreuzesschrei, in: EvTh 43 [1983] 7). Der eigentliche Zielsinn der soteriologisch motivierten Kreuzestheologie ist, um mit LUTHER zu sprechen, Christus als den Leidenden und Gekreuzigten nicht auf seine menschliche Natur zu reduzieren (Vgl. Vom Abendmahl Christi, WA 26, 319,29-40; 321,19-26; 322,3-5) oder positiv formuliert, an der "Realpräsenz Gottes" im Sterben Jesu festzuhalten. "In der diamantenen Wirklichkeit und Gültigkeit dieses EST liegt die rettende, erlösende, endzeitliche Heilskraft des Todes Jesu beschlossen. An diesem EST hängt die Realität der Heilsstiftung des neuen Bundes. An diesem einzigartigen Sein Gottes in dem Tode Jesu hängt die Tatsächlichkeit der Heilswende zur Zukunft der Basileia Gottes hin" (P.BRUNNER, Die Herrlichkeit des gekreuzigten Messias. Eine vordogmatische Erwägung zur dogmatischen Christologie, in: Pro Ecclesia. Gesammelte Aufsätze zur dogmatischen Theologie II, Berlin-Hamburg 1966, 72. Ähnlich schon A.SCHLATTER, Jesu Gottheit und das Kreuz, Gütersloh [2]1913, 13f.). Und nach Auffassung der Evangelischen Kirche der Union "ist der Grund für die Predigt der bedingungslosen universalen Versöhnung" allein davon abhängig, daß Gott seine Hoheit in Ohnmacht und seine Herrschaft in Hingabe zu offenbaren vermag (Zum Verständnis des Todes Jesu. Stellungnahme des Theologischen Ausschusses und Beschluß der Synode der Evangelischen Kirche der Union, Gütersloh [3]1968, 17). Diese zu denken geforderte Beteiligung Gottes am Kreuz Jesu hat theologisch unterschiedliche Konsequenzen. Während JÜNGEL eine Vermittlung zwischen Leben Gottes und Tod Jesu versucht, bestehen noch weitere grundsätzliche Möglichkeiten. Die eine verzichtet auf eine letzte Vermittlung, weil es gerade im Wesen des Kreuzes liegt, die Unversöhnlichkeit des Gegensatzes von Gottes Sein und dem Nichts der Sünde zu offenbaren. Im Kreuzesgeschehen "kann Gott aufhören zu sein (zu existieren), ohne aufzuhören, Gott zu sein" (W.FÜRST, Die Predigt der Rechtfertigung der Gottlosen. Homiletik als ein Kapitel der theologia crucis, in: Das Kreuz Jesu Christi als Grund des Heils. Schriftenreihe des Theologischen Ausschusses der Evangelischen Kirche der Union, hrsg.v.F.VIERING, Gütersloh 1967, 120). Eine andere Möglichkeit ist eingedenk der Überwindung des Todes eine "kraftvolle Siegestheologie des Kreuzes" (B.STEFFEN, Das Dogma vom Kreuz. Beitrag zu einer staurozentrischen Theologie, Gütersloh 1920, 154). Die Anwesenheit Gottes im Kreuz führt hier zu einem theologischen Triumphalismus. "Wenn er als Sohn Gottes in

die Hölle geht, dann nimmt er alle Seligkeit des Himmels mit, und die Hölle selber wird zum Himmel" (ebd., 138).

838) Vom Tod des lebendigen Gottes, 118

839) ebd., 122

840) Vgl. GGW 471; Vom Tod des lebendigen Gottes, 122

841) GGW 471

842) ebd. In der Konsequenz dieser Überlegungen liegt es, daß JÜNGELs staurologische Konzeption das Kreuzesgeschehen nur als geschichtlichen Ausdruck dessen versteht, was sich im Sein Gottes ewig ereignet. Die Einbeziehung des Todes in Gottes Wirklichkeit ist nicht auf das geschichtliche Ereignis des Kreuzes Jesu zu beschränken. Vielmehr gilt, daß Gott, insofern er ist, das Nichts nicht nur als das Ungewollte von sich ausschließt, sondern es als das Entmachtete ewig einschließt. Darin hat B.KRAUSE zum einen einen eschatologisch problematischen Ausgriff und zum andern eine fragwürdige Abstraktion des Gottesbegriffs gesehen, die das christologisch Konkrete theologisch zu stark systematisiert (a.a.O., 185f.).

843) GGW 298

844) Damit ist BARTH, an den sich JÜNGEL anlehnt, an entscheidender Stelle des Gottesbegriffs radikalisiert. BARTH hätte hier vermutlich ein vorsichtigeres "an" vorgezogen.

845) JÜNGELs Bestrebung, den Gottesbegriff nicht von einer Onto-logik bestimmt sein zu lassen, sondern von der Aussage 1 Joh 4,8.16, schließt an Überlegungen R.PRENTERs an, in denen gleichfalls die die Alternative von Sein und Nichtsein übergreifende Integrationsfähigkeit der Liebe thematisiert wird. "Wenn das Sein, das den Namen ʼGottʼ trägt, sich als der Gott, der Liebe ist, offenbart, dann wird es offenbar, daß das Sein auch im Nicht-Sein des Seienden ist, dann wird es offenbar, daß das Sein, das ewig und unwandelbar ist, [dasjenige,] das den Namen ʼMenschʼ trägt, in sich hineinnehmen kann" (Der Gott, der Liebe ist. Das Verhältnis der Gotteslehre zur Christologie, in: ThLZ 96 [1971] 412. Zur grammatikalischen Vollständigkeit des Satzes ist das in rechteckigen Klammern Stehende von mir hinzugefügt worden.).

846) Vgl. GGW 280

847) GGW 499

848) Vgl. GGW 298; Tod, 143

849) GGW 451

850) Dieses "erweisen" ist von JÜNGEL letztlich nicht im Sinne eines Konstituierens gemeint, wonach Gott erst im Tod Jesu die Liebe würde. Umgekehrt ist Gott schon so die Liebe, daß er sich auf das Nichts einläßt (GGW 299, 301).

851) GGW 298

852) GGW 434

853) GGW 449; Vgl. H.MÜHLEN, a.a.O., 31. Erhebliche Zweifel an der Vertretbarkeit dieses Gedankens hat L.OEING-HANHOFF geäußert: "Bedeutet es nicht... ein s a c r i f i c i u m i n t e l l e c t u s, eine in die Geschichte sich verströmende Schicksalsmacht ohne ursprüngliche ʼSelbsthabeʼ und ohne ʼSelbstbesitzʼ (...) doch zugleich als ihrer selbst bewußte, sich also selbst habende und sich frei bestimmende Person, als ʼunbedingtes Subjektʼ und als ein ʼIchʼ, zu glauben (...)?" (Die Krise des Gottesbegriffs, 292). Ähnlich auch H.FRIES, Gott als Geheimnis der Welt. Zum neuesten Werk von Eberhard Jüngel, in: HerKorr 31 (1977)528

854) Heil durch das Kreuz ergibt sich für den Menschen nur dann, "wenn Gott in der Gefahr, in die er sich selber begibt, nicht umkommt" (Vom Tod des lebendigen Gottes, 120, Anm.35).
855) Vgl. E.JÜNGEL, Das Sein Jesu Christi als Ereignis der Versöhnung Gottes mit einer gottlosen Welt: Die Hingabe des Gekreuzigten, in: Entsprechungen. Gott-Wahrheit-Mensch. Theologische Erörterungen, München 1980, 276
856) Vgl. GGW 509f.
857) Vgl. GGW 449f.
858) Vgl. GGW 528
859) GGW 504; Vgl. H.MÜHLEN, a.a.O., 33
860) Vgl. GGW 449, 450
861) Vgl. GGW 520
862) ebd.
863) Vgl. GGW 500
864) Vgl. GGW 513f.
865) GGW 434
866) GGW 300
867) GGW 305
868) Vgl. GGW 510
869) GGW 506
870) Das Verhältnis von "ökonomischer" und "immanenter" Trinität, 359. Dabei ist von JÜNGEL im Blick auf das Kreuz des Sohnes an RAHNER die Frage gestellt worden, ob die Prädisposition des ewigen Sohnes zur Menschwerdung nicht auch den Fluchtod des Fleischgewordenen einschließt. "Entsteht ohne die Berücksichtigung dessen, daß Christus u n t e r d e m G e s e t z lebte und durch das Gesetz als Verfluchter zugunsten der Sünder starb, nicht trotz aller 'heilsgeschichtlichen' Orientierung eine die Geschichte Jesu Christi um ihr Ärgernis bringende und insofern dann doch nur formale Identifizierung von 'ökonomischer' und 'immanenter' Trinität?" (ebd., 360).
871) Vgl. GSW 121
872) Vgl. GGW 475
873) Vgl. GSW 115. Entgegen dieser Versicherung ist L.OEING-HANHOFF der Auffassung, daß bei JÜNGEL Gottes Eintritt in die Geschichte für dessen Identität selbst konstitutive Bedeutung hat und sich erst dadurch auch die volle Differenz zwischen den trinitarischen Personen bildet (Die Krise des Gottesbegriffs, 296, 301).
874) Vgl. Das Verhältnis von "ökonomischer" und "immanenter" Trinität, 364
875) J.MOLTMANN, Trinität und Reich Gottes, 70
876) Chr.SCHÜTZ, Gegenwärtige Tendenzen in der Gottes- und Trinitätslehre, 320
877) L.OEING-HANHOFF, Die Krise des Gottesbegriffs, 294
878) H.-G.GEYER, Atheismus und Christentum, 270
879) Tod Gottes und Herrenmahl, in: ZThK 70(1973)346-363
880) ebd., 353
881) Vgl. ebd., 359
882) ebd., 363
883) ebd.
884) ebd.
885) Vgl. ebd., 358f.
886) Vgl. GGW 518
887) Vgl. GGW 519
888) Die Existenz Gottes im Bekenntnis des Glaubens, München 1963

889) GSW 5
890) GSW 6
891) Vgl. GGW 74, 83, 123f., 128, 511; GSW 125
892) Vgl. GGW 124
893) U.MAUSER, a.a.O., 77
894) Vgl. in diesem Sinn auch W.KASPER, Neuansätze gegenwärtiger Theologie, in: Wer ist Jesus Christus?, hrsg.v.J.SAUER, Freiburg-Basel-Wien 1977, 148
895) Vgl. GGW 300
896) GGW 303
897) Vgl. GGW 532
898) Vgl. ebd.
899) Vgl. GGW 506
900) Vgl. GSW 120
901) Vgl. J.A.BRACKEN, What are they saying about the Trinity?, New York 1979, 60 (Zur trinitätstheologischen Interpretation der Prozeßtheologie vgl. auch ders., Ein Beispiel, wie westliche Theologie die Modernität ernst nehmen kann: die "Prozeßtheologie", in: Concilium 20 [1984] 38-43).
902) a.a.O.
903) W.SIMONIS, a.a.O., 135
904) Vgl. Ein Gott der Menschen, 88-90
905) Vgl. W.SIMONIS, a.a.O., 137
906) W.KASPER, Abschied vom Gott der Philosophen, in: EK 10 (1977)622
907) Die Veränderlichkeit Gottes
908) ebd., 7 u.ö.
909) ebd., 21
910) H.MÜHLEN, Die abendländische Seinsfrage als der Tod Gottes und der Anfang einer neuen Gotteserfahrung, Paderborn 1968, 31
911) Nach MÜHLEN besitzt der Homousie-Begriff in seiner Fassung von Nikaia "eine ganz formale, inhaltlose Weite" (Die Veränderlichkeit Gottes, 12), so daß die "Seiendheit" (ousia), die Vater und Sohn gemeinsam ist, "für eine Interpretation im Horizont des jeweils erreichten Standes der Denkgeschichte" (ebd., 13) offen bleibt.
912) Vgl. Die Veränderlichkeit Gottes, 22, 29
913) ebd., 22
914) ebd., 24
915) Vgl. ebd., 25: "Die Unterschiedenheit der göttlichen Personen, i n s o f e r n sie Personen sind (d.h. hinsichtlich ihrer jeweiligen Existenzweise), ist so groß, wie sie größer nicht gedacht werden kann, während ihre Einheit (d.h. ihr wechselseitiges In-sein) so intensiv ist, wie sie intensiver nicht gedacht werden kann."
916) ebd., 24
917) ebd., 23
918) ebd., 28
919) ebd.
920) ebd., 32
921) ebd., 33
922) Vgl. ebd., 32: So "zeigt sich in dieser absoluten Unterschiedenheit die absolute N ä h e zwischen Vater und Sohn, die... so groß ist, wie sie größer nicht gedacht werden kann."
923) Vgl. ebd., 28
924) Vgl. W.KASPER, Jesus der Christus, 296: "Im Unterschied zum Geheimnis, das an den Grenzen philosophischen Denkens aufleuchtet, handelt es sich in der Theologie um ein in-

haltlich qualifiziertes Geheimnis, das Geheimnis einer unergründlichen Liebe, zu deren Wesen es gehört, Unterschiedenes so zu vereinen, daß dabei der Unterschied respektiert wird; die Liebe ist ja... die Einheit zweier, die bleibend verschieden und doch gerade in ihrer wechselseitigen Freiheit ohne einander nicht sein können."

925) Die Veränderlichkeit Gottes, 33
926) ebd.
927) ebd., 30
928) Vgl. ebd., 29, 37
929) ebd., 34
930) ebd., 35
931) Vgl. ebd., 33
932) ebd., 34
933) Vgl. ebd., 33
934) ebd., 29. Der Autor nimmt damit ein zentrales Motiv des bundestheologischen Ansatzes auf.
935) ebd., 22
936) Darauf hat H.OTT, Gott, 72 hingewiesen.
937) Die Veränderlichkeit Gottes, 24
938) H.-G.LINK, Auf dem Weg zu einer zukünftigen Kreuzestheologie. Bemerkungen zu Heribert Mühlens christologischer Programmschrift, in: EvTh 33(1973)429
939) ebd., 430
940) Die Veränderlichkeit Gottes, 24
941) H.-G.LINK, Auf dem Weg zu einer zukünftigen Kreuzestheologie, 428. Geteilt wird diese Kritik von J.A.BRACKEN, What are they saying about the Trinity?, 50.
942) H.U.v.BALTHASAR, Theodramatik II/1, 243
943) Die Veränderlichkeit Gottes, 33
944) ebd.
945) S.WEIL, Das Unglück und die Gottesliebe, München [2]1961, 121f.
946) H.-G.LINK, Auf dem Weg zu einer zukünftigen Kreuzestheologie, 430
947) Vgl. Die Veränderlichkeit Gottes, 33f.
948) ebd., 26
949) ebd., 29
950) Darauf ist mit Nachdruck und gegen MÜHLEN von GALOT hingewiesen worden. Er fordert ein ontologisches Verständnis der "Unveränderlichkeit" Gottes, um den qualitativen Unterschied zwischen göttlichem und kreatürlichem Leiden hinreichend deutlich zu machen (Dieu souffre-t-il?, 156f.).
951) Auf die Unhaltbarkeit dieser Alternative haben in dogmengeschichtlicher und philosophischer Hinsicht in ihren Rezensionen zu MÜHLENs Programmschrift A.GRILLMEIER/H.OGIERMANN (ThPh 46 [1971] 304f.) und B.STUDER (FZPhTh 18 [1971] 525-527) hingewiesen.
952) J.MOLTMANN, Der gekreuzigte Gott, 7 (im folgenden GG)
953) GG
954) J.MOLTMANN, Trinität und Reich Gottes (im folgenden TRG)
955) GG 10
956) J.MOLTMANN, Theologie der Hoffnung, 183
957) GG 66
958) "Gott wird nur in seinem Gegenteil, in der Gottlosigkeit und Gottverlassenheit, als 'Gott' offenbar" (GG 66).
959) J.MOLTMANN, Jüdischer und christlicher Messianismus, in: Das Experiment Hoffnung. Einführungen, München 1974, 90
960) GG 83

961) Vgl. GG 139f.
962) TRG 94
963) J.MOLTMANN, Umkehr zur Zukunft, Gütersloh [2]1977, 137
964) GG 145. Damit wird ein Gedanke von P.ALTHAUS aufgenommen: "Jesus starb für Gott, ehe er für uns starb. Es war ein schwerer Mangel, daß die altprotestantische Theologie das Kreuz nicht schon aus dem Verhältnis des Sohnes zum Vater begriff, sondern unmittelbar als sühnende oboedientia passiva auf die Sünde der Menschheit bezog" (Das Kreuz Christi, in: Theologische Aufsätze, Gütersloh 1929, 23). Dieser lutherische Gedanke einer Entzweiung Gottes ist vor MOLTMANN bereits wieder neu von KITAMORI bedacht worden.
965) Vgl. GG 188
966) TRG 93
967) GG 179; TRG 177
968) So schon K.KITAMORI, a.a.O., 44
969) Vgl. TRG 96-98
970) TRG 96
971) J.MOLTMANN, Der gekreuzigte Gott und der apathische Mensch, in: Das Experiment Hoffnung, 107
972) Ders., Gott und Auferstehung. Auferstehungsglaube im Forum der Theodizeefrage, in: Perspektiven der Theologie. Gesammelte Aufsätze, München 1968, 47
973) GG 201
974) GG 232
975) GG 230
976) TRG 98
977) ebd.
978) Vgl. GG 233
979) Vgl. GG 231, 232
980) TRG 97
981) GG 204
982) GG 235f.
983) Vgl. TRG 74
984) ebd.
985) TRG 74. Es gibt eine "L e i d e n s c h a f t G o t t e s nach seinem Anderen" (TRG 190).
986) "Es ist darum nicht gut, in der christlichen Schöpfungslehre ständig gegen die neuplatonische Emanationslehre zu polemisieren" (TRG 128).
987) Das richtet sich vor allem gegen BARTH, bei dem er einen nominalistischen Freiheitsbegriff findet (vgl. TRG 68-72).
988) TRG 122
989) TRG 70. Vgl. dazu den Grundgedanken DORNERs.
990) Vgl. TRG 113f.
991) TRG 114
992) TRG 126
993) ebd.
994) TRG 128
995) ebd.
996) TRG 74
997) Vgl. J.MOLTMANN, Gedanken zur "trinitarischen Geschichte Gottes", 212
998) Vgl. TRG 132
999) J.MOLTMANN, Gedanken zur "trinitarischen Geschichte Gottes", 213
1000) Vgl. TRG 98
1001) ebd.
1002) P.LAPIDE/J.MOLTMANN, Jüdischer Monotheismus und christliche Trinitätslehre, München 1979, 44. MOLTMANN nimmt hier

einen wesentlichen Gedanken der anglikanischen Kenosistheologie der letzten Jahrhundertwende auf.
1003) TRG 141
1004) TRG 142
1005) Vgl. GG 253f.
1006) Vgl. TRG 75
1007) Vgl. J.MOLTMANN, Gedanken zur "trinitarischen Geschichte Gottes", 218f.
1008) Vgl. TRG 167
1009) J.MOLTMANN, Gedanken zur "trinitarischen Geschichte Gottes", 219
1010) ebd.
1011) Vgl. TRG 190
1012) TRG 178
1013) P.GOFFINET, La théologie de la croix de Jürgen Moltmann, Diss. Rom 1980: "Chez J.Moltmann, la question du contexte d'une oeuvre théologique n'est pas une question périphérique. Comme croyant et comme théologien, Moltmann est un homme profondément enraciné dans l'histoire contemporaine" (42).
1014) Chr.YANNARAS, Rez. J.Moltmann, Der gekreuzigte Gott, in: ÖR 31(1982)374; G.O'COLLINS, Rez. J.Moltmann, Der gekreuzigte Gott, in: Gregorianum 63(1982)160; J.A.BRACKEN, What are they saying about the Trinity?, 81
1015) Vgl. J.F.HAUGHT, Rez. The crucified God. By Jürgen Moltmann, in: TS 37(1976)145-147; K.REBLIN, "Er hängt dort am Galgen", in: LM 12(1973)269; R.STRUNK, Diskussion über "Der gekreuzigte Gott", in: EvTh 41(1981)91; A.BLANCY, "Der gekreuzigte Gott" von Jürgen Moltmann, in: Diskussion über Jürgen Moltmanns Buch "Der gekreuzigte Gott", hrsg.v.M.WELKER, München 1979, 124; J.M.LOCHMANN/H.DEMBOWSKI, Gottes Sein ist im Leiden. Zur trinitarischen Kreuzestheologie Jürgen Moltmanns, in: Diskussion, 31; D.L.MIGLIORE, Der gekreuzigte Gott, in: Diskussion, 41f.; R.BAUCKHAM, Moltmanns Eschatologie des Kreuzes, in: Diskussion, 53; H.H.MISKOTTE, Das Leiden ist in Gott. Über Jürgen Moltmanns trinitarische Kreuzestheologie, in: Diskussion, 90; M.BARTH, Aus einem Brief an Jürgen Moltmann, in: Diskussion, 162
1016) A.BLANCY, a.a.O., 124
1017) R.STRUNK, a.a.O., 91
1018) A.JÄGER, Gott. 10 Thesen, Tübingen 1980, 150f.
1019) Vgl. K.RAHNER, Probleme der Christologie von heute, 199
1020) Vgl. TRG 206
1021) J.MOLTMANN, Antwort auf die Kritik an "Der gekreuzigte Gott", in: Diskussion, 166
1022) ebd.
1023) TRG 70
1024) Zu überlegen wäre immerhin noch, ob dieser narrative Zug nicht "unter Umständen auch den Verdacht eines sich verweigernden Denkens aufkommen lassen könnte" (Chr.SCHÜTZ, a.a.O., 322).
1025) TRG 70
1026) Diese Erkenntnis ist in semantischer Hinsicht von W.HÄRLE/E.HERMS, Deutschsprachige protestantische Dogmatik nach 1945, in: VF 27(1982)68f., bestätigt worden; vgl. dazu auch J.NIEWIADOMSKI, Die Zweideutigkeit von Gott und Welt in J.Moltmanns Theologien, Innsbruck-Wien-München 1982.
1027) A.JÄGER, a.a.O., 37

1028) H.JORISSEN, Rez. J.Moltmann, Der gekreuzigte Gott, in: Würzburger Diözesanblatt II, 1973, 18
1029) J.E.VERCRUYSSE, Der gekreuzigte Gott. Zu Jürgen Moltmanns gleichnamigem Buch, in: Gregorianum 55(1974)376; U.KÜHN, Rezension, in: Diskussion, 55
1030) Vgl. C.E.BRAATEN, A trinitarian theology of the cross, in: JR 56(1976)120; Chr.FREY, Ewige Passion Gottes, in: LM 21(1982)90
1031) J.MOLTMANN, Antwort, 176
1032) ebd., 178
1033) ebd.
1034) GG 106
1035) Einen Überblick hierüber liefert H.SCHÜTZEICHEL, Der Todesschrei Jesu. Bemerkungen zu einer Theologie des Kreuzes, in: TThZ 83(1974)1-16. Neueren Datums ist der Beitrag von X.TILLIETTE, Der Kreuzesschrei, in: EvTh 43 (1983)3-15. Eine Aufzählung der wichtigsten Arbeiten gibt W.MAAS, Gott und die Hölle, 269f., Anm.327
1036) Vgl. H.GESE, Psalm 22 und das Neue Testament. Der älteste Bericht vom Tode Jesu und die Entstehung des Herrenmahls, in: ZThK 65(1968)1
1037) So gefordert von J.GALOT, Dieu souffre-t-il?, 55; ders., Le Dieu trinitaire et la passion du Christ, in: NRTh 114 (1982)82
1038) H.GESE, a.a.O., 13
1039) ebd., 17
1040) F.FIORENZA, Freude und Schmerz in ihrer paradigmatischen Bedeutung für das Reden von Gott, 339
1041) Vgl. J.GALOT, De Dieu trinitaire, 82; X.TILLIETTE, Der Kreuzesschrei, 11; A.SCHMIED, Gotteslehre als trinitarische Kreuzestheologie, in: TGA 16(1973)249; E.JÜNGEL, Gott als Geheimnis der Welt, 474; H.SCHÜTZEICHEL, Der Todesschrei Jesu, 16
1042) H.H.MISKOTTE, a.a.O., 81
1043) Vgl. J.MOLTMANN, Antwort, 177; A.BLANCY, a.a.O., 121
1044) Vgl. G.HUNSINGER, The crucified God and the political theology of violence, in: HeyJ 14(1973)278; K.ROSENTHAL, Bemerkungen zur gegenwärtigen Behandlung der Trinitätslehre, in: KuD 22(1976)146
1045) Vgl. Rez. P.F.MOMOSE, Kreuzestheologie, in: ThRv 76(1980) 42
1046) A.SCHMIED, a.a.O., 250; H.-G.LINK, Gegenwärtige Probleme einer Kreuzestheologie, 338f.; H.KÜNG, Die Religionen als Frage an die Theologie des Kreuzes, in: EvTh 33(1973) 403
1047) K.RAHNER, Gott ist Mensch geworden, 62
1048) Vgl. R.SCHWAGER, Der Prozeß um Gott. Zu Jürgen Moltmanns "Der gekreuzigte Gott", in: Orientierung 37(1973)191
1049) So urteilt D.SÖLLE, Gott und das Leiden, in: Diskussion, 115: "Die Geschichte von der Opferung Isaaks ist dann nicht die humane Überwindung einer früheren Stufe der Religiosität, die die Gottheit nur mit Menschenopfern befriedigen konnte, sondern die unerfüllte Vorstufe, in der die volle Härte dieser theologia crucis noch nicht erreicht war. Erst die Trinität bringt Gott auf seinen Begriff: des Vernichtens." Dem hat R.STRUNK entgegengehalten: "Man kann natürlich so verfahren, daß man das Geschehen zwischen Vater und Sohn am Kreuz Jesu in ein autoritäres Vaterbild hineinprojiziert, das man von anderswoher gewonnen oder erlitten hat. Dann konditioniert das

eigene Vaterbild die Wahrnehmung und Deutung dessen, was am Kreuz zwischen Vater und Sohn geschehen ist" (a.a.O., 90).

1050) J.MOLTMANN, Gesichtspunkte der Kreuzestheologie heute, in: EvTh 33(1973)359

1051) Vgl. W.McWILLIAMS, Divine suffering in contemporary theology, in: SJTh 33(1980)38

1052) Vgl. H.-G.LINK, Gegenwärtige Probleme einer Kreuzestheologie, 339; B.KLAPPERT, Die Gottverlassenheit Jesu und der gekreuzigte Gott. Beobachtungen zum Problem einer theologia crucis in der Christologie der Gegenwart, in: Diskussion, 66; P.F.MOMOSE, Kreuzestheologie. Eine Auseinandersetzung mit Jürgen Moltmann, Freiburg-Basel-Wien 1978, 170f.

1053) Vgl. C.E.BRAATEN, a.a.O., 117f.

1054) Vgl. F.FIORENZA, a.a.O., 339; J.-H.NICOLAS, Aimante et bienheureuse Trinité, in: RThom 78(1978)289f., Anm.23

1055) D.WIEDERKEHR, Neue Interpretation des Kreuzestodes Jesu. Zu Jürgen Moltmanns Buch "Der gekreuzigte Gott", in: FZPhTh 20(1973)459

1056) Vgl. TRG 39

1057) Vgl. J.GALOT, Le Dieu trinitaire, 87

1058) Vgl. ebd., 73

1059) N.DOGAN, Theologie der Offenbarung. Eine fundamentaltheologische Untersuchung zum Begriff der Offenbarung in der Theologie Jürgen Moltmanns, Diss. Rom 1980, 100

1060) P.F.MOMOSE, a.a.O., 170

1061) Vgl. H.H.MISKOTTE, a.a.O., 89, 91, 92; U.EIBACH, a.a.O., 55

1062) R.SCHWAGER, a.a.O., 192

1063) L.SCHEFFCZYK, Trinität: Das Specificum Christianum, 158

1064) Vgl. X.TILLIETTE, Der Kreuzesschrei, 11: "Der Tod Christi kann nicht an unserem menschlichen Tod gemessen werden."

1065) J.MOLTMANN, Antwort, 188

1066) Vgl. P.F.MOMOSE, a.a.O., 79; H.-G.LINK, Gegenwärtige Probleme einer Kreuzestheologie, 339; H.U.v.BALTHASAR, Theodramatik III, 299; Chr.MORSE, The logic of promise in Moltmann's theology, NewYork 1975, 123; J.GALOT sieht hier den Ort, an dem sich die Trinität selber aufgibt, statt sich zu konstituieren (Le Dieu trinitaire, 83).

1067) Vgl. P.HENKE, a.a.O., 141; J.NIEWIADOMSKI, a.a.O., 131; H.H.MISKOTTE, a.a.O., 80

1068) J.MOLTMANN, Antwort, 178. Gegen MOLTMANNs eigene Deutung hat BLANCY den Gedanken verworfen, daß MOLTMANN eine Selbstkonstituierung Gottes am Kreuz vertrete, "als ob das, was sie (sc. die Trinität) durch sich selbst ist (ihre Immanenz), plötzlich von ihrer äußeren Aktion (ihrer Struktur) abhinge" (a.a.O., 122).

1069) D.WIEDERKEHR, Neue Interpretation des Kreuzestodes Jesu, 462

1070) J.NIEWIADOMSKI, a.a.O., 145; H.U.v.BALTHASAR, Zu einer christlichen Theologie der Hoffnung, in: MThZ 32(1981) 98f.

1071) Vgl. W.KASPER, Revolution im Gottesverständnis? Zur Situation des ökumenischen Dialogs nach Jürgen Moltmanns "Der gekreuzigte Gott", in: Diskussion, 144; R.SCHULTE, a.a.O., 42; J.NIEWIADOMSKI, a.a.O., 83

1072) J.MOLTMANN, "Dialektik, die umschlägt in Identität" - was ist das? Zu Befürchtungen Walter Kaspers, in: Diskussion, 151

1073) D.WIEDERKEHR, Neue Interpretation des Kreuzestodes Jesu, 461
1074) J.M.LOCHMANN/H.DEMBOWSKI, a.a.O., 36; J.E.VERCRUYSSE, a.a.O., 377; R.SCHWAGER, a.a.O., 191f.
1075) J.M.LOCHMANN/H.DEMBOWSKI, a.a.O., 33; H.H.MISKOTTE, a.a.O., 87f.; C.E.BTAATEN, a.a.O., 120; B.MONDIN, Der gekreuzigte Gott, in: Diskussion, 106f.
1076) W.KASPER, Zur Sachfrage: Schöpfung und Erlösung, in: Diskussion, 158
1077) J.MOLTMANN, Antwort, 166
1078) ebd., 167
1079) ebd.
1080) Chr.YANNARAS, a.a.O., 380
1081) ebd.
1082) H.H.MISKOTTE, a.a.O., 77
1083) Vgl. J.GALOT, Le Dieu trinitaire, 85f.
1084) Vgl. dazu die Überlegungen zu GRESHAKE/SCHALLER.
1085) TRG 74
1086) TRG 183
1087) J.GALOT, Le Dieu trinitaire, 86
1088) ebd., 85
1089) J.MOLTMANN, Antwort, 169f.; TRG 68-72
1090) ebd., 170
1091) H.U.v.BALTHASAR, Zu einer christlichen Theologie der Hoffnung, 101
1092) J.MOLTMANN, Antwort, 174; breiter ausgeführt in TRG 70-72
1093) Vgl. dazu die im Anschluß an BARTHs Beitrag geführte Auseinandersetzung mit H.KRINGS.
1094) Vgl. TRG 70, 128
1095) Vgl. J.MOLTMANN, Antwort, 171; TRG 69
1096) P.F.MOMOSE, a.a.O., 86; J.NIEWIADOMSKI, a.a.O., 133; W.KASPER, Revolution im Gottesverständnis?, 146; R.BAUCKHAM, a.a.O., 52; J.M.LOCHMANN/H.DEMBOWSKI, a.a.O., 33; H.H.MISKOTTE, a.a.O., 85; M.BARTH, a.a.O., 161; J.GALOT, Le Dieu trinitaire, 78, 79
1097) A.JÄGER, a.a.O., 151
1098) H.H.MISKOTTE, a.a.O., 86
1099) ebd., 85
1100) J.MOLTMANN, "Dialektik, die umschlägt in Identität" - was ist das?, 155
1101) Es gibt nun aber auch Stimmen, die das Hineingenommensein des Menschen in den trinitarischen Lebensprozeß als Grund dafür ansehen, daß MOLTMANN der existenzgestaltenden Fähigkeit des Menschen nur geringe Bedeutung beimißt. "Indem hinter der Betonung des Aufgenommenseins endlicher Subjektivität in den trinitarischen Prozeß Gottes die durch göttliches Schaffen konstituierte und in ihm aufgehobene Differenz zwischen endlichem Subjekt und geschaffener Wirklichkeit völlig zurücktritt und unbestimmt bleibt, erlaubt das christliche Wirklichkeitsverständnis in der bei Moltmann entwickelten Gestalt es dem Glaubenden nicht mehr, seine Existenz als eine solche zu verstehen, die zum selbständigen, eigenverantwortlichen Handeln, zum folgenreichen Wirken aus selbst zu verantwortender Einsicht, also zum W e r k, bestimmt und damit auf die Annahme oder Verwerfung der Werke durch Gott angewiesen ist" (W.HÄRLE/E.HERMS, a.a.O., 70). Ähnlich J.NIEWIADOMSKI, a.a.O., 133; P.F.MOMOSE, a.a.O., 157; D.SÖLLE, Gott und das Leiden, 116
1102) J.GALOT, Le Dieu trinitaire, 87

1103) J.MOLTMANN, "Dialektik, die umschlägt in Identität" - was ist das?, 155
1104) H.U.v.BALTHASAR, Zu einer christlichen Theologie der Hoffnung, 101f.
1105) Ders., Theodramatik III, 300
1106) U.RUH, Das unterscheidend Christliche in der Gottesfrage. Zur neueren Entwicklungen in der Trinitätstheologie, in: HerKorr 36(1982)191; Chr.MORSE, a.a.O., 121; J.M.LOCHMANN/H.DEMBOWSKI, a.a.O., 36; R.BAUCKHAM, a.a.O., 52; W. KASPER, Revolution im Gottesverständnis?, 146f.; M.BARTH, a.a.O., 161
1107) Vgl. J.A.BRACKEN, What are they saying about the Trinity?, 33; J.M.LOCHMANN/H.DEMBOWSKI, a.a.O., 33; J.GALOT, Le Dieu trinitaire, 78
1108) J.NIEWIADOMSKI, a.a.O., 138
1109) B.KLAPPERT, Tendenzen der Gotteslehre in der Gegenwart, 203
1110) Vgl. Chr.MORSE, a.a.O., 123
1111) Vgl. hierzu die Lehre vom "Ungrund" bei den russ. Kenotikern (BERDIAJEW).
1112) J.NIEWIADOMSKI, a.a.O., 144
1113) H.U.v.BALTHASAR, Zu einer christlichen Theologie der Hoffnung, 99
1114) Vgl. J.NIEWIADOMSKI, a.a.O., 152f.
1115) W.KASPER, Revolution im Gottesverständnis?, 147
1116) ebd., 146
1117) J.MOLTMANN, "Dialektik, die umschlägt in Identität" - was ist das?, 150
1118) Vgl. ebd., 155
1119) Vgl. W.KASPER, Revolution im Gottesverständnis?, 147; H.U.v.BALTHASAR, Theodramatik III, 301, Anm.22; J.GALOT, Le Dieu trinitaire, 79
1120) Vgl. J.MOLTMANN, "Dialektik, die umschlägt in Identität" - was ist das?, 154
1121) Ders., Antwort, 179
1122) ebd.
1123) J.MOLTMANN, Antwort, 180
1124) Vgl. dazu die Beiträge von RAHNER, JÜNGEL und BALTHASAR.
1125) N.DOGAN, a.a.O., 103; U.RUH, a.a.O., 192
1126) ebd., 104
1127) Vgl. P.F.MOMOSE, a.a.O., 85; R.BAUCKHAM, a.a.O., 45; H.H.MISKOTTE, a.a.O., 85f.; W.KASPER, Revolution im Gottesverständnis?, 144; G.GRESHAKE, Die Auferstehung der Toten, 134-162. Das zeigt sich in Formulierungen wie Gott ist "ein Prozeß, der den ganzen Schmerz des Negativen in sich enthält" (TRG 73). Dazu HEGEL: "Dies ist der fürchterlichste Gedanke, daß... die Negation selbst in Gott ist" (Vorlesung über die Philosophie der Religion II, XVII, 291).
1128) H.H.MISKOTTE, a.a.O., 85f.
1129) GG 216
1130) Vgl. GG 217
1131) In antinominalistischer Polemik gebraucht MOLTMANN derartige Fragen selbst, um sie mit einem entschiedenen Nein zu beantworten.
1132) TRG 69
1133) P.F.MOMOSE, a.a.O., 171
1134) H.U.v.BALTHASAR, Theodramatik I-IV, Einsiedeln 1973-83 (Im folgenden mit TD, Bandangabe in römischen, Seitenangabe in arabischen Ziffern zitiert.)

1135) H.U.v.BALTHASAR, Theologie der drei Tage, Einsiedeln 1969. Dasselbe Werk erschien auch als "Mysterium Paschale" in: MySal III/2, 133-326, nach dem hier zitiert wird.
1136) Rechenschaft 1965, Einsiedeln 1965, 35; TD IV, 11
1137) Vgl. TD III, 305
1138) TD II/1, 246
1139) Vgl. TD II/1, 250
1140) TD III, 305
1141) TD III, 306
1142) Theologie der Geschichte. Ein Grundriß. Neue Fassung, Einsiedeln [6]1979, 42f.
1143) Vgl. TD II/1, 167
1144) Vgl. ebd.
1145) TD III, 460
1146) Theologie der Geschichte, 39
1147) ebd., 25. Vgl. A.v.SPEYR, Dienst der Freude, Einsiedeln 1951, 68: "Über alles wichtig ist ihm nur der Gehorsam an den Vater, der Dreiklang der Liebe zwischen Vater, Sohn und Geist, die Einheit, die darin liegt und die in der Liebe je seinen absoluten Gehorsam verlangt. Einen Gehorsam, der es nicht nur im Blick auf den Vater ist, sondern zugleich im Blick auf das, worauf der Vater blickt, der den Vater und auch alles, was des Vaters ist, achtet, der nichts außer acht läßt, was den Vater betrifft... Es ist ein immer neuer Gehorsam. Ein Gehorsam, der so stark ist, daß er das Eigene nur gelten lassen will, wenn es das Eigene des Vaters... mitenthalten kann."
1148) Theologie der Geschichte, 57
1149) Vgl. Mysterium Paschale, 187
1150) TD II/2, 173
1151) Mysterium Paschale, 144
1152) Vgl. TD II/2, 209; TD IV, 470. Vgl. A.v.SPEYR, Passion nach Matthäus, Einsiedeln 1957, 153f.: "Der Vater soll wachsen, soll erhöht werden dadurch, daß der Sohn alles, was an ihm göttlich ist, beim Vater hinterlegt. Der Sohn will nur noch leiden, sich immer tiefer unter dem wachsenden, je größeren Gott demütigen. Er will die Distanz immer stärker erfahren, die den Sünder von Gott trennt. Der Heilige Geist nimmt jetzt dauernd aus den Händen des Sohnes das Opfer seines Gottseins entgegen, um es dauernd in den Schoß... des himmlischen Vaters zu legen."
1153) Mysterium Paschale, 147
1154) TD IV, 469
1155) Mysterium Paschale, 144f.
1156) ebd., 146
1157) H.U.v.BALTHASAR, Herrlichkeit. Eine theologische Ästhetik, III/2/2, Einsiedeln 1969, 201
1158) ebd.
1159) Vgl. ebd., 207; TD III, 459, 465
1160) ebd., 195
1161) H.U.v.BALTHASAR, Alle Wege führen zum Kreuz, in: IKaZ 9 (1980) 334
1162) Herrlichkeit III/2/2, 191; TD III, 315-327; Mysterium Paschale, 225
1163) Vgl. TD III, 321f.
1164) Herrlichkeit III/1, 38
1165) Theologie der Geschichte, 52
1166) Herrlichkeit III/2/2, 193
1167) TD III, 462

1168) TD III, 334
1169) Vgl. TD II/1, 76; Herrlichkeit III/2/2, 210
1170) Vgl. Mysterium Paschale, 182
1171) Vgl. ebd., 269
1172) TD III, 297
1173) TD III, 313
1174) Vgl. TD III, 461f., 465; TD IV, 252, 297; Mysterium Paschale, 160f., 243
1175) Vgl. TD II/1, 174
1176) TD III, 465
1177) Herrlichkeit III/2/2, 209
1178) Mysterium Paschale, 197
1179) Vgl. A.v.SPEYR, Das Wort und die Mystik I, Einsiedeln 1970. 91: "Es ist nichts mehr da, worauf der Sohn zurückgreifen könnte, um sich in seinem Leiden zurechtzufinden. Es gibt nichts mehr als den harten und blinden Gehorsam. Die Blindheit ist vollkommen, weil weder der Weg noch der Vater noch die Frucht sichtbar sind. Es hat keinen Sinn, dieses Leiden sublim zu nennen; man kann es nur schildern als den Entzug jeder Möglichkeit, sich auszukennen, jedes Stützpunktes, jedes Verstehens und jeder geistigen Folgerichtigkeit."
1180) Vgl. Mysterium Paschale, 198; TD III, 332
1181) Vgl. TD III, 333
1182) In jedem Fall ist der trinitarische Sohn Subjekt des Kreuzesleidens (Vgl. TD II/2, 207). Auf derartige Feststellungen hat RAHNER mit dem Vorwurf des Neuchalkedonismus (Die Gabe der Weihnacht, 30-32) geantwortet, da er das "Unvermischt" dort aufgegeben sieht, wo dem menschlichen Leiden Christi ein göttliches korrespondiert. Dagegen BALTHASAR: "Ich kann nicht einsehen, inwiefern das 'pro nobis' von Kreuz und Auferstehung Christi für uns fruchtbar sein könnte, falls dieser Gekreuzigte und Auferstandene nicht 'einer aus der Trinität' wäre" (TD IV, 11).
1183) Vgl. TD IV, 284
1184) Herrlichkeit III/2/2, 213
1185) Vgl. Mysterium Paschale, 248
1186) Vgl. ebd., 244
1187) TD III, 325
1188) Vgl. TD IV, 242, Vgl. A.v.SPEYR, Das Wort und die Mystik II, Einsiedeln 1970, 88: "In Reinheit bestandene Versuchungen erinnern uns daran, daß in uns ein Raum für mögliche Sünde ist. Gott hat uns das Dunkel gegeben, sofern er uns nach seinem Bild und Gleichnis geschaffen hat. Aber dem Sohn und dem Geist hat der das Dunkel nicht gegeben... In Gott i s t keine Finsternis, nur eine 'gewesene' Finsternis; da der Vater den Sohn in seine Finsternis einführt, läßt er gleichsam seine Finsternis erhellen durch den Sohn, läßt dem Sohn die Möglichkeit, sein Licht in ihm, dem Vater, zu erproben. Der Karsamstag des Sohnes ist der Karfreitag des Vaters; als würde der Vater sich vom Sohn von seinem Dunkel 'erlösen' lassen."
1189) Mysterium Paschale, 247
1190) ebd., 246; Glaubhaft ist nur Liebe, Einsiedeln ^{4}1975, 60f.
1191) Mysterium Paschale, 248
1192) Herrlichkeit III/2/2, 214
1193) Mysterium Paschale, 273
1194) TD III, 339

1195) Vgl. TD III, 338
1196) TD III, 399
1197) TD II/2, 48f.
1198) Vgl. TD II/2, 19, 42, 49
1199) Vgl. TD III, 18, 21
1200) TD II/2, 48
1201) TD II/1, 64
1202) TD III, 71
1203) Vgl. TD II/2, 465f.
1204) Theologie der Geschichte, 43
1205) Vgl. ebd., 27
1206) Mysterium Paschale, 186
1207) TD II/2, 475
1208) Vgl. TD II/2, 173
1209) Vgl. A.v.SPEYR, Das Wort und die Mystik II, 99: "Aber eben dies, daß die Akte Jesu als einzelne geschichtliche Ereignisse Gottes überzeitliches Sein offenbaren, öffnet uns die Augen dafür, daß Gottes Wesen selbst in ewigen Akten besteht. Immerfort zeugt Gott Vater den Sohn. Immerfort geht der Heilige Geist aus beiden hervor. Gott freut sich seiner innergöttlichen Akte so sehr -und ihrer Erwiderung im Geschehenlassen des Sohnes und des Geistes- daß er ihnen die Ausmaße ewigen Lebens gibt."
1210) TD II/2, 479
1211) TD IV, 74
1212) TD II/2, 475
1213) TD III, 302
1214) TD IV, 75
1215) Zu einer christlichen Theologie der Hoffnung, 99
1216) ebd.
1217) TD III, 303
1218) Vgl. TD IV, 75f.
1219) Theologie der Geschichte, 40
1220) Vgl. TD IV, 76
1221) TD III, 303
1222) TD II/1, 232
1223) Vgl. TD II/1, 243
1224) TD IV, 74
1225) TD IV, 72
1226) Vgl. TD IV, 84. Vgl. A.v.SPEYR, Die Welt des Gebetes, Einsiedeln 1951, 21-66
1227) Vgl. TD IV, 82
1228) Vgl. TD IV, 92
1229) Vgl. TD IV, 68, 467f.
1230) TD IV, 59. Vgl. A.v.SPEYR, Das Wort und die Mystik II, 104f.: "Gott i s t, der dreieinige Gott i s t, und das 'Werden' in ihm ist Zeichen seiner ewigen Lebendigkeit. Ewig zeugt der Vater den ewigen Sohn, aber in der Zeugung 'wird' der Sohn nicht, sondern ist. Das 'Werden' in Gott ist Bestätigung seines Seins. Auch weil Gott unveränderlich ist, kann die Lebendigkeit seines 'Werdens' nie etwas anderes sein als sein Sein."
1231) TD II/1, 234
1232) Mysterium Paschale, 148
1233) ebd.
1234) Vgl. TD III, 303f. "So bleibt Hegels Ansatz... wesentlich 'zweiseitig, um nicht zu sagen zweideutig', als der Versuch, Gott gleichzeitig philosophisch als einen notwendigen Prozeß und theologisch als eine 'freie' Selbstoffenbarung und Selbsthingabe (in Christus) zu deuten" (TD IV, 203).

1235) TD II/2, 466
1236) Damit wird RAHNERs Trinitätsverständnis kritisiert. Demnach ist die immanente Trinität "zu einer Art Vorbedingung der wahren und ernsthaften Selbstoffenbarung und Selbsthingabe Gottes" (TD III, 298) herabgesunken, so daß der Begriff der Selbstmitteilung "nur im Ökonomischen Klang und Gewicht" (TD III, 299) erhält (ähnlich urteilt JÜNGEL). Mit Nachdruck wiederholt BALTHASAR den Vorwurf der Überbetonung der Ökonomie gegenüber MOLTMANN, insofern das Kreuz hier zum Ort des trinitarischen Lebensvollzugs schlechthin geworden ist (TD III, 299).
1237) Vgl. Glaubhaft ist nur Liebe, 8-32: Gott "muß und will sich selber auslegen. Wenn er es tut, so ist eines von vornherein sicher: es wird darin nicht stehen, was der Mensch von sich aus... über die Welt, über sich selber und über Gott herausgebracht haben könnte" (ebd., 32).
1238) ebd., 47, 68, 93; Klarstellungen, 23, 30; Herrlichkeit III/2/2, 199; Mysterium Paschale, 164, 170; TD II/1, 59f.
1239) Vgl. TD II/1, 80
1240) TD II/1, 222, 227
1241) TD II/1, 248
1242) TD II/2, 466; TD II/1, 237
1243) Vgl. TD II/2, 466, 471, 483f.
1244) Vgl. A.v.SPEYR, Die Welt des Gebetes, 24: "Da er (sc.der Vater) aber jeder Schöpfung voraus den ewigen Sohn zeugt, sieht er, daß er von dessen Liebe nie enttäuscht werden wird und daß sie beide durch die Schöpfung nicht so enttäuscht werden können, daß ihre Liebe darob erkaltet, weil diese Liebe eine seit Ewigkeit geübte Liebe ist. Im nie enttäuschenden Sohn schöpft der Vater sich gleichsam die Kraft für alle kommenden Enttäuschungen mit den Geschöpfen."
1245) TD II/1, 242
1246) TD II/1, 237
1247) Vgl. TD IV, 93
1248) TD II/1, 243
1249) TD II/1, 251
1250) TD II/1, 252
1251) TD II/1, 258
1252) TD III, 306
1253) Mysterium Paschale, 152; Herrlichkeit III/2/2, 198
1254) ebd.
1255) ebd.
1256) TD II/1, 252f.
1257) Vgl. TD III, 307
1258) Vgl. TD III, 466
1259) Vgl. TD III, 307, 309, 310
1260) TD III, 308
1261) Klarstellungen, 44
1262) TD IV, 92
1263) Vgl. TD II/2, 33f.
1264) Vgl. Mysterium Paschale, 153; Herrlichkeit III/2/2, 198; TD III, 291f., 300
1265) TD III, 301, 302, 304; TD IV, 238f., 465
1266) TD IV, 83
1267) Vgl. TD IV, 473; vgl. A.v.SPEYR, Achtzehn Psalmen, Einsiedeln 1957, 115: Kraft der ewigen Zeugung "wird in Menschwerdung und Kreuz keine Entfremdung des Sohnes vom Vater möglich sein; ihre Einheit ist ewig unabänderlich, auch für die Zeit, da Gott durch die Vermittlung seines

Heiligen Geistes den Sohn aus dem Schoße der Mutter gezeugt hat. Der Sohn gehört seiner Mutter, er gehört nachher den Aposteln und schließlich am Kreuz allen Sündern; der Vater hat sich von ihm wie getrennt, um ihn der ganzen Welt zu eigen zu schenken. Und doch bleibt durch alles hindurch das Verhältnis des Sohnes zu dem ihn zeugenden Vater intakt, ja alles übrige dient nur dazu, das ewige Verhältnis zu offenbaren. Es ist eine Bindung über alle weltlichen Bindungen, eine Nähe, die jede Entfernung überbrückt, ein Verhältnis, das die Kraft der Ewigkeit in sich hat und von keinem Kommen und Gehen des Sohnes unterbrochen wird."

1268) Vgl. TD IV, 70f.
1269) Vgl. TD III, 302
1270) Vgl. TD IV, 232f.
1271) Vgl. TD II/2, 485
1272) TD III, 301
1273) Vgl. TD IV, 237
1274) TD III, 308
1275) TD III, 308
1276) TD IV, 466
1277) TD III, 50
1278) Vgl. TD II/1, 221, 238, 240; TD III, 310; TD IV, 86, 106, 226f., 465; Mysterium Paschale, 147: "Gottes Entäußerung (in der Menschwerdung) hat ihre ontische Möglichkeit in Gottes ewiger Entäußertheit, seiner dreipersönlichen Hingabe." Auf diesen trinitätstheologischen Horizont hat aus exegetischer Sicht H.SCHÜRMANN, Jesu ureigener Tod. Exegetische Besinnungen und Ausblick, Freiburg-Basel-Wien 1975, hingewiesen: "Hinter der 'ökonomischen Trinität' im Heilsgeschehen wird das i n n e r t r i n i t a r i s c h e L e b e n G o t t e s erkennbar... So ist der Tod Jesu als Heilsgeschehen letztlich nur vom innertrinitarischen Geschehen her verstehbar: als sich selbst entäußernde Liebe Gottes zum Sohn und des Sohnes zum Vater" (147).
1279) Vgl. Mysterium Paschale, 148; TD IV, 192
1280) TD III, 302
1281) Mysterium Paschale, 161
1282) Vgl. A.v.SPEYR, Das Wort wird Fleisch. Betrachtungen über das Johannesevangelium Kapitel 1-5, Einsiedeln 1949, 69: "Die Zeit der gegenseitigen Verlassenheit von Vater und Sohn ist die Zeit, in der sich das geheimste Geheimnis ihrer Liebe vollzieht. Ihre Entfremdung ist nur eine Form ihrer höchsten Intimität."
1283) TD IV, 222
1284) TD III, 59
1285) Vgl. TD II/1, 242; TD II/2, 484; TD III, 28, 337; TD IV, 86, 232; Herrlichkeit III/2/2, 200; Klarstellungen, 45; Theologie der Geschichte, 53
1286) TD III, 50
1287) TD IV, 231
1288) TD III, 297
1289) Vgl. TD III, 300, 301f., 310
1290) TD IV, 239
1291) ebd.
1292) TD IV, 469 keine Verwendung
1293) Vgl. Mysterium Paschale, 274; Herrlichkeit III/2/2, 196
1294) Vgl. TD IV, 297f.
1295) Vgl. TD III, 466; Mysterium Paschale, 201

1296) Vgl. Herrlichkeit III/2/2, 192; Mysterium Paschale, 274
1297) Vgl. zum Folgenden auch H.U.v.BALTHASAR, Gottes Allmacht, in: IKaZ 13(1984)193-200.
1298) Vgl. TD IV, 194
1299) TD IV, 221
1300) ebd.
1301) TD III, 326
1302) TD III, 312
1303) Vgl. TD II/1, 233
1304) Mysterium Paschale, 147; TD III, 312; vgl. dazu P.ALTHAUS, Art. Kenosis, in: RGG III, 1245f.: "In der völligen Ohnmacht, in der Todesnot des Gekreuzigten, aus der man keine 'göttliche Natur' heraushalten darf, waltet die volle ungeminderte Gottheit Gottes. Was Paulus als Wort des Herrn für sein eigenes Leben vernahm ('die Kraft vollendet sich in der Schwachheit', 2 Kor.12,9), das erkennen wir im Glauben an Jesus Christus als ein Gesetz des Lebens Gottes selbst. An dieser Erkenntnis zerbricht freilich die alte Fassung der Unveränderlichkeit Gottes. Die Christologie muß ernst damit machen, daß Gott selbst in dem Sohne wirklich in das Leiden eintritt und eben darin ganz Gott ist und bleibt." Vgl. auch die Gedanken J.RATZINGERs unter dem Stichwort "Gesetz des Inkognito" (Einführung in das Christentum. Vorlesungen über das Apostolische Glaubensbekenntnis, München [10]1969, 207ff.).
1305) TD IV, 473
1306) TD III, 312
1307) TD IV, 200
1308) BALTHASAR bemerkt, daß die Schultheologie die Impassibilität Gottes als Leidlosigkeit in j e d e r Hinsicht aufgefaßt hat und damit hinter die differenzierten Aussagen der Väter zurückgefallen ist, so "daß die Reaktion des 19. und 20.Jahrhunderts dagegen und die Versuche einer ernsthaften 'Theologie des Schmerzes Gottes' begreiflich erscheinen" (TD IV, 200f.).
1309) Klarstellungen, 55
1310) TD II/1, 253
1311) Vgl. TD II/1, 269: Gottes "festzuhaltende Unveränderlichkeit läßt sich mit ewiger innerer Lebendigkeit nur vereinen, wenn man mit dem Christentum den Schritt auf das trinitarische Mysterium zu wagt".
1312) TD II/1, 253
1313) TD IV, 200
1314) ebd.
1315) TD II/1, 255, Anm.20, 228, Anm.15
1316) Vgl. TD II/1, 237
1317) TD II/1, 229
1318) TD II/1, 255
1319) Vgl. TD II/1, 237f.; TD IV, 476
1320) TD IV, 470; vgl. hierzu die ähnlichen Gedanken GRESHAKEs.
1321) Vgl. M.LOCHBRUNNER, Analogia Caritatis. Darstellung und Deutung der Theologie Hans Urs von Balthasars, Freiburg-Basel-Wien 1981, 224f.
1322) Vgl. Karl Barth, 253f.
1323) Evolution under the sign of the cross, in: TS 32(1971) 602-626
1324) ebd., 626: "The world, which indeed has symbolic character, all too easily appears to be only symbolic, a vessel which is used but then disappears in the light of eternity, a polymorphous process which in the end evanesces

into spirit which is acceptable to God."

1325) ebd., 625 (Als Glaubensaussage ist hier der vorletzte Satz aus Nr.39 der Pastoralkonstitution "Gaudium et spes" zitiert.)

1326) "von Balthasars Theologie vollzieht sich unter dem Einsatz aller geistigen Kräfte, aber sie verfestigt sich an keiner Stelle zu einem System. Sie stammt aus dem Glaubensakt und verweist sogleich wieder auf ihn zurück" (W. LÖSER, Das Sein - ausgelegt als Liebe. Überlegungen zur Theologie Hans Urs von Balthasars, in: IKaZ 4 (1975) 423).

1327) TD II/1, 175

1328) Vgl. Dieu souffre-t-il?, 156f.

1329) Vgl. Die christliche Lehre von Gott I, 292-295

1330) Vgl. TRG 69

1331) Vgl. Die Aufnahmen des philosophischen Gottesbegriffs, 329, 344

1332) Vgl. Die Veränderlichkeit Gottes, 22, 28-30

1333) Vgl. Menschwerdung Gottes, 641f.

1334) Vgl. Die Zukunft des Glaubens, 133f., 211-226

1335) Vgl. dazu auch F.MITZKA, Der philosophische Beweis für die moralische Unveränderlichkeit Gottes, in: ZKTh 59 (1935)57-72. Der Autor vertritt hier die Ansicht des Christophorus GILLIUS (gest. 1608), wonach die moralische Unveränderlichkeit Gottes ausschließlich aus der Analyse des subsistierenden göttlichen Aktes hergeleitet werden kann.

1336) Vgl. dazu G.GLOEGE, a.a.O.

1337) M.LOCHBRUNNER, a.a.O., 244

1338) Thesen zu einer trinitarischen Ontologie. In sachlicher Nähe hierzu die BALTHASAR-Studie von LOCHBRUNNER.

1339) ebd., 38

1340) ebd., 41

1341) ebd., 42

1342) ebd., 48

1343) ebd.

1344) ebd., 63

1345) M.LOCHBRUNNER, a.a.O., 280

1346) K.HEMMERLE, Thesen, 62, 64-66. Sehr ähnlich hat JÜNGEL die Schöpfungsbeziehung der trinitarischen Liebe gefaßt, allerdings eben doch mit einer gewissen Tendenz zu einer "Theorie der 'ekstatischen Liebe'".

1347) G.SIEWERTH, Das Sein als Gleichnis Gottes, Heidelberg 1958, 70: "Da das Wesen Gottes Liebe ist, die sich liebend erschließt und durchdringt, so ist auch das Sein an seinem Grunde nichts denn liebendes Streben, mögend-vermögendes Erwalten zu mögend strebender Durchdringung und einigender Rückkehr zu sich selbst." Davon abzusetzen sind die Überlegungen von C.KALIBA, Die Welt als Gleichnis des dreieinigen Gottes. Entwurf zu einer trinitarischen Ontologie, Salzburg 1952 sowie Th.HAECKER, Schöpfer und Schöpfung, Leipzig 1934 (darin: Zwischenspiel Analogia Trinitatis). Beide liefern im Grunde nur eine durch Trinitätsspekulationen überformte Ontologie bzw. Anthropologie.

1348) H.HEINZ, Der Gott des Je-mehr. Der christliche Ansatz Hans Urs von Balthasars, Bern-Frankfurt 1975, 100, 196

1349) K.HEMMERLE, Thesen, 45

1350) H.HEINZ, a.a.O., 290

1351) Diesen Kerngedanken hat N.HOFFMANN unter dem Gesichtspunkt einer innertrinitarischen Grundlegung der Stellvertretung Christi erneut durchgespielt ("Stellvertretung", Grundgestalt und Mitte des Mysteriums. Ein Versuch trinitätstheologischer Begründung christlicher Sühne, in: MThZ 30 [1979] 161-191; Sühne. Zur Theologie der Stellvertretung, Einsiedeln 1981; Kreuz und Trinität. Zur Theologie der Sühne, Einsiedeln 1982). Die Idee der "Stellvertretung" ereignet sich als das Urgeheimnis in Gott selbst: So hat "die zeugende väterliche Selbstweggabe in Gott den Charakter eines derart spezifischen Eintretens für den Sohn, daß das Ich des Vaters, a l s weggebendes und mitteilendes, s e l b s t Ort und Ursprung des diese Mitteilung empfangenden Du des Sohnes i s t. Die erste Person i s t als sich verschenkende die Eröffnung und Erstellung des Seinsraumes für die zweite. Der Vater i s t die Stelle des Sohnes" (Kreuz und Trinität, 73). Ähnliches ist vom Sohn zu sagen. "Es gibt also, über das... wechselseitige In-Sein hinaus, eine relationale Immanenz, eine korrelative Inklusion von Vater und Sohn" (Kreuz und Trinität, 74), die nochmals personmächtigen Ausdruck gewinnt im Geist. "In ihm erst vollendet sich die Zweiheit von Vater und Sohn zur Trinität. Insofern gehört er innerlich in die Stellvertretungsstruktur des innergöttlichen Für hinein" ("Stellvertretung", 186). Gegenüber dem Stellvertretungsereignis des Kreuzes besteht nun aber ein Unterschied in der Form, daß die trinitarischen Personen sich wohl gegenseitig "Stelle" des je Anderen sind, sie sind es aber nicht substitutiv "anstelle" des Anderen. "Auf jeden Fall läßt sich eine deutlich beschreibbare Sachdifferenz zwischen dem Hypergeschehen am Kreuz und jenem in Gott aufweisen. Trinität verhält sich zu Kreuz ohne jeden Zweifel nicht bloß im Sinne irgendeiner unspezifisch gedachten 'Bedingung'; im Für des Kreuzes ist das innertrinitarische Für selbst quasi-formal-ursächlich impliziert; aber es ist doch auch strukturell modifiziert; die Direktheit seines Hinbezugs erfährt die sündenbedingte substitutive Brechung. Am Kreuz ist ablesbar, wie immanente Trinität aus ihrem eigensten Wesensimpuls heraus bei der Rettung der sündigen Welt in souveräner Liebe sich transformiert und zur ökonomischen wird" (Kreuz und Trinität, 78f.). Allerdings ist hierbei zu fragen, ob aufs Ganze gesehen das theologische Gewebe nicht zu engmaschig angelegt ist. Denn die Subsummierung des Trinitätsmysteriums unter das Stellvertretungsgeheimnis kann der Gefahr nicht ganz entgehen, aufgrund der Strukturidentität von immanenter und ökonomischer Trinität ein gewisses Gefälle zum Sühnetod des Kreuzes zu suggerieren (Vgl. auch den Anhang "Trinität - ein Sühnemechanismus?", in: ~~O.NIEWIADOMSKI~~, a.a.O., 154-156; R.SCHWAGER, Rez. N.Hoffmann, Sühne. Zur Theologie der Stellvertretung, Einsiedeln 1981; ders., Kreuz und Trinität. Zur Theologie der Sühne, Einsiedeln 1982, in: ZKTh 105 [1983] 341-342).

1352) Man wird mit X.TILLIETTE, L'exinanition du Christ: théologies de la kénose, in: Les quatres fleuves, cahier 4, 1975, 48-60, überhaupt sagen können, daß die Kenosis Christi in der Theologie BALTHASARs weniger eine zu erörternde Einzelfrage als vielmehr ein durchgängiges spirituelles Motiv darstellt (56, 60).

1353) W.PANNENBERG, Christologie und Theologie, 141

1354) ebd.

1355) ebd.
1356) ebd.
1357) Vgl. J.MARITAIN, a.a.O., 23f.; J.GALOT, Dieu souffre-t-il?, 147- 150; H.RIEDLINGER, a.a.O., 119f.
1358) M.ALBUS, Die Wahrheit ist Liebe. Zur Unterscheidung des Christlichen nach Hans Urs von Balthasar, Freiburg-Basel-Wien 1976, 127
1359) J.SCHMID, Im Ausstrahl der Schönheit Gottes. Die Bedeutung der Analogie in "Herrlichkeit" bei Hans Urs von Balthasar, Münsterschwarzach 1982, 138
1360) H.FRITZSCHE, Der christliche Gott als der trinitarische Gott, in: ThLZ 107(1982)7
1361) H.HEINZ, a.a.O., 96
1362) L.SCHEFFCZYK, Trinität: Das Spezificum Christianum, 160
1363) ebd.
1364) Vgl. Ders., Der Eine und Dreifaltige Gott, 123-131

Kapitel D

1) Der Begriff Schema soll nicht den Umstand verdunkeln, daß es sich bei allen Beiträgen um Entwürfe handelt. Es sind gestaltungs- und ausbaufähige Versuche und insofern alles andere als Schemata. Wenn dieser Begriff hier dennoch gebraucht wird, dann aufgrund seines Abstraktionscharakters. Denn angesichts der Fülle und Farbigkeit der verschiedenen Beiträge ist eine sinnvolle Zusammenfassung nur mit Hilfe vereinfachender Typisierungen möglich.
2) In diesem Zusammenhang ist insbesondere noch einmal auf den Beitrag von BALTHASAR einzugehen. Unter allen Autoren scheint dieser der Problematik -wie sie etwa von RAHNER in inkarnationstheologischer Zuspitzung formuliert wurde- am meisten gerecht zu werden. Denn er beschränkt sich nicht auf eine einzelne Perspektive, sondern behandelt die Frage umfassend, also inkarnationstheologisch, staurologisch, eschatologisch und -als einziger (von einer Anmerkung RAHNERs in Schriften I, 196 abgesehen)- auch schöpfungstheologisch. Gerade aber dieser letzte Aspekt macht deutlich, daß der Autor die Frage nach dem Verhältnis von Gottes "Unveränderlichkeit" und seinem Geschichtshandeln als Frage nach dem Verhältnis zweier Freiheiten, der göttlichen und der geschaffenen, versteht. Wie kann Gott endliche Freiheit sich gegenüberstellen, sie sogar respektieren und zugleich in seiner eigenen Freiheit unangetastet bleiben? BALTHASAR faßt hier das Problem an der Wurzel. Seine Antwort auf die Frage nach dem Verhältnis der beiden Freiheiten ist Antwort auf die Frage nach dem "unveränderlichen" Gott der Heilsgeschichte. Er behält in seinem "Theodrama" wie kaum ein anderer Autor stets die beiden Freiheiten und damit die innere Dialektik der Fragestellung im Auge: den Raum geschöpflicher Eigenwirklickeit und -verantwortlickeit eröffnend, bleibt die geschaffene Freiheit im Untergriff durch die Freiheit Gottes stets gehalten. D i e s e Freiheit Gottes ist seine "Unveränderlichkeit".
3) TD IV, 200
4) Neben den Konsequenzen für die Gotteslehre ist der neue, im Grundsatz tragfähige Begriff der Unveränderlichkeit Gottes auch für die Schöpfungslehre von Bedeutung. Denn er impliziert mit seiner Auslegung der Freiheit Gottes

auch ein radikales Ernstnehmen kreatürlicher Freiheit. Gott ist demnach so frei, echte, nichtgöttliche Freiheit sein zu lassen. Auf diesen Aspekt wird eine christliche Schöpfungstheologie besonderes Gewicht legen. Denn hier kann vom Gottesbegriff her deutlich gemacht werden, was für den christlichen Schöpfungsgedanken elementar ist: daß sich Schöpfung zwar sich nicht selbst verdankt, daß ihr aber in eben dem Maß ihrer Kreatürlichkeit doch echte Freiheit zukommt. Die Schöpfung ist ermächtigt, sich in relativer Selbständigkeit sich selber und Gott gegenüber zu verhalten und also eine eigene Geschichte zu haben. Ihre Eigenwirklichkeit und kreatürliche Freiheit, deren nicht-göttliche Gestalt schließlich sogar zur gegen-göttlichen werden kann, wird der Schöpfung dabei von Gott selber zugemessen, so daß das, was dem aufgeklärten Geist als emanzipatorische Errungenschaft welthafter Diesseitigkeit erscheinen mag, der Schöpfung tatsächlich ursprünglicher ist, als dieser es selber vermuten könnte.

5) Damit weist das neue Verständnis der "Unveränderlichkeit" Gottes schließlich auch eine spirituelle Dimension auf. Denn die Erkenntnis eines Gottes, der in seiner "Unveränderlichkeit" dem geschöpflichen Gegenüber einen Freiraum eröffnet und ihn umfängt, wird für die Gestaltung menschlicher Existenz insofern von Bedeutung sein, als im Glauben damit ein letztes Gesichertsein der individuellen wie universalen Geschichte angenommen werden darf. Gott in seiner absoluten Freiheit vermag die konkrete Schöpfung zu verantworten. Er verantwortet sie selbst da noch, wo sie sich gegen ihren eigenen Schöpfer und also gegen ihr eigenes Wesen verhält. Die Welt, so kann im Glauben gesagt werden, wird deshalb aus der liebenden Allmacht Gottes nicht herausfallen können: Wie Berge Jerusalem rings umgeben, so ist der Herr um sein Volk, von nun an auf ewig (Ps 125,2).

6) Vgl. W.KASPER, Der Gott Jesu Christi, 327: "Begreifen wir denn... seine absolute Unveränderlichkeit und Ewigkeit bei der Mannigfaltigkeit seiner Tätigkeiten und seines Eingehens in die Geschichte? Gott ist unerkennbar in seinem ganzen Wesen, nicht allein in seinen inneren persönlichen Verhältnissen."

NACHTRAG

1) Ein dialektisches Gottesverständnis, in: Theologie der Gegenwart 29(1986)1-10
2) ebd., 8
3) ebd.
4) ebd.
5) Der leidende Gott, in: Theologie und Philosophie 61(1986) 562-565
6) ebd., 564
7) ebd.
8) Als Gott schwieg. Ein jüdisches Credo, Mainz 1986
9) ebd., 52
10) J.MOLTMANN, Art. Leiden/Theodizee, in: Praktisches Lexikon der Spiritualität, hrsg.v.Chr.SCHÜTZ, Freiburg 1988, 781
11) Systematische Theologie, Bd.1, Göttingen 1988
12) Vgl. ebd., 365-483
13) Vgl. ebd., 471f.
14) ebd., 426

15) ebd.
16) ebd., 427
17) ebd.
18) ebd., 423
19) Gott ändert sich am andern. In freundlichem Gedenken an Karl Rahner, in: Theologisch-Praktische Quartalschrift 133(1985)323-332
20) ebd., 324
21) ebd.
22) ebd., 326
23) Vgl. ebd.
24) ebd.
25) Vgl. ebd., 328
26) ebd., 331
27) Theologische Gotteslehre, Düsseldorf 1985
28) ebd., 150
29) ebd., 154
30) ebd.
31) Vgl. ebd., 156
32) ebd., 160
33) The problem of the unchanging in greek philosophy, in: Neue Zeitschrift für Systematische Theologie und Religionsphilosophie 27(1985)57-70

LITERATURVERZEICHNIS

a) Theologiegeschichte

ALEXANDER, W.M., Tod Gottes oder Gott des Todes?, in: daß Gott auferstehe. Debatte um den Tod Gottes, hrsg.v.J.L.ICE u. J.J.CAREY, Zürich 1971, 146-152

ALTIZER, Th.J.J., ... dass Gott tot sei. Versuch eines christlichen Atheismus, Zürich 1968

- Schöpferische Verneinung in der Theologie, in: Theologie im Umbruch. Der Beitrag Amerikas zur gegenwärtigen Theologie, hrsg.v.D.PEERMAN, München 1968, 80-88

- The sacred and the profane: A dialectical understanding of christianity, in: Radical Theology and the death of God, hrsg.v.ders. u. W.HAMILTON, Indianapolis-NewYork-Kansas City 1966, 140-155

- Theology and the death of God, in: Radical theology and the death of God, 95-111

ARENS, H., Die christologische Sprache Leos des Großen. Analyse des Tomus an den Patriarchen Flavian, Freiburg-Basel-Wien 1982

ATHANASIUS, Adversus Arianos, in: PG 26

- Epistola ad Epictetum, in: PG 26

BARTH, H.-M., Tod-Gottes-Christologie. Der christologische Ansatz der nordamerikanischen Tod-Gottes-Theologie, in: Kerygma und Dogma 17(1971)258-272

BEIERWALTES, W., Deus opposito oppositorum. Nicolaus Cusanus, De visione Dei XIII, in: Salzburger Jahrbuch für Philosophie, VIII/1964, hrsg.v.E.J.SCHÄCHER u. V.WARNACH, Salzburg-München 1964, 175-185

BENSOW, O., Die Lehre von der Kenose, Leipzig 1903

BERDIAJEW, N., Die Philosophie des freien Geistes. Problematik und Apologie des Christentums, Tübingen 1930

- Der Sinn der Geschichte. Versuch einer Philosophie des Menschengeschickes, Tübingen ^{2}1930

BISHOP, J., Die "Gott-ist-tot"-Theologie, Düsseldorf 1968

BORNÉ, G.F., Christlicher Atheismus und radikales Christentum. Studien zur Theologie von Thomas Altizer im Zusammenhang mit Ketzereien der Kirchengeschichte, der Dichtung von William Blake und der Philosophie von Georg Friedrich Hegel, München 1979

BRACKEN, J., Ein Beispiel, wie westliche Theologie die Modernität ernst nehmen kann: die "Prozeßtheologie", in: Concilium 20(1984)38-43

BRANDENBURG, A., Martin Luther gegenwärtig. Katholische Lutherstudien, München-Paderborn-Wien 1969

BRASNETT, B.R., The suffering of the impassible God, London 1928

BREDOW, G. Freiin v., Gott der Nichtandere. Erwägungen zur Interpretation der cusanischen Philosophie, in: Philosophisches Jahrbuch 73(1965/66)15-22

BREIDERT, M., Die kenotische Christologie des 19.Jahrhunderts, Gütersloh 1977

BRITO, E., Hegel et la tâche actuelle de la christologie, Paris 1979

BROWN, D., Gott verändert sich. Konzepte und Entwicklungen der Prozeßtheologie in den Vereinigten Staaten, in: Evangelische Kommentare 10(1977)595-597

BULGAKOW, S., Die Tragödie der Philosophie, Darmstadt 1927

- Du verbe incarné, Paris 1943

BUSHNELL, H., God in Christ. Three discourses, Hartford 1849

- The vicarious sacrifice, o.O. 1865

CALLAHAN, D., Radikale Theologie oder radikaler Nervenprickel, in: daß Gott auferstehe, 103-113

CAMUS, A., Der Mensch in der Revolte, Hamburg 1969

CHAPELLE, A., Hegel et la religion II: La dialectique, Paris 1967

CHRISTIAN, W.A., The concept of God as a derivative notion, in: Process and divinity. Philosophical essays presented to Charles Hartshorne, hrsg.v.W.L.REESE u. E.FREEMAN, La Salle 1964, 181-203

CLARKE, W.N., An outline of christian theology, Edinburgh 1920

COBB, J.B., A christian natural theology. Based on the thought of Alfred North Whitehead, London 1966

- Christlicher Glaube nach dem Tode Gottes. Gegenwärtiges Weltverständnis im Lichte der Theologie, München 1971

COBB, J.B./GRIFFIN, D.R., Prozess-Theologie. Eine einführende Darstellung, Göttingen 1979

CROUZEL, H., La passion de l'impassible. Un essai apologétique et polémique du IIIe siècle, in: L'homme devant Dieu. Mélanges offerts au Père Henri de Lubac I, Paris 1963, 269-279

DAECKE, S., Der Mythos vom Tode Gottes. Ein kritischer Überblick, Hamburg 1969

DORNER, I.A., Über die richtige Fassung des dogmatischen Begriffs der Unveränderlichkeit Gottes, mit besonderer Beziehung auf das gegenseitige Verhältnis zwischen Gottes übergeschichtlichem und geschichtlichem Leben, in: Gesammelte Schriften aus dem Gebiet der systematischen Theologie, Exegese und Geschichte, Berlin 1883, 188-377

ELERT, W., Der Ausgang der altkirchlichen Christologie. Eine Untersuchung über Theodor von Pharan und seine Zeit als Einführung in die alte Dogmengeschichte. Aus dem Nachlaß herausgegeben von W.MAURER u. E.BERGSTRÄßER, Berlin 1957

- Die theopaschitische Formel, in: Theologische Literaturzeitung 75(1950)195-206

EPIPHANIUS, Panarion haer. LVII, in: GCS 31,II

EVDOKIMOV, P., Christus im russischen Denken, Trier 1977

FETZ. R.L., Whitehead: Prozeßdenken und Substanzmetaphysik, Freiburg 1981

FUHRMANS, H., Schellings Philosophie der Weltalter. Schellings Philosophie in den Jahren 1806-1821. Zum Problem des Schellingschen Theismus, Düsseldorf 1954

GEISELMANN, J.R., Die Katholische Tübinger Schule. Ihre theologische Eigenart, Freiburg-Basel-Wien 1964

GEß, W.F., Das Dogma von Christi Person und Werk entwickelt aus Christi Selbstzeugnis und den Zeugnissen der Apostel, Basel 1887

GRILLMEIER, A., Jesus der Christus im Glauben der Kirche I: Von der Apostolischen Zeit bis zum Konzil von Chalcedon (451), Freiburg-Basel-Wien 1979

- Vorbereitung des Mittelalters. Studie über das Verhältnis von Chalkedonismus und Neu-Chalkedonismus in der lateinischen Theologie von Boethius bis zu Gregor d.Gr., in: Das Konzil von Chalkedon. Geschichte und Gegenwart, hrsg.v.ders. u. H.BACHT, II: Entscheidung um Chalkedon, Würzburg ^{5}1979, 791-839

HAMILTON, W., 'Death-of-God-Theology' in den Vereinigten Staaten, in: Pastoraltheologie 56(1967)353-362. 425-436

- The new essence of christianity, New York 1966

HARTSHORNE, Ch., The divine relativity. A social conception of God, New Haven-London 1948

- Man's vision of God and the logic of theism, Hamden 1964

- A natural theology for our time, La Salle 1967

HEGEL, G.W.F., Jenaer Realphilosophie. Vorlesungsmanuskripte zur Philosophie der Natur und des Geistes von 1805-1806, hrsg.v.J.HOFFMEISTER, Hamburg ^{2}1967

- Werke in zwanzig Bänden. Theorie Werkausgabe. Auf der Grundlage der Werke von 1832-1845 neu edierte Ausgabe. Redaktion E.MOLDENHAUER u. K.M.MICHEL, Frankfurt/M. 1970

HEIDEGGER, M., Schellings Abhandlung über das Wesen menschlicher Freiheit (1809), hrsg.v.H.FEICK, Tübingen 1971

HEMMERLE, K., Gott und das Denken nach Schellings Spätphilosophie, Freiburg-Basel-Wien 1968

HENNIGFELD, J., Mythos und Poesie. Interpretation zu Schellings "Philosophie der Kunst" und "Philosophie der Mythologie", Meisenheim a.Glan 1973

HENRICI, P., Règne de Dieu et mort de Dieu, in: Religione e Politica (Archivo di Filosofia), Milano 1978, 189-201

HENRY, P., Art. Kénose, in: Supplément(V) au Dictionnaire de la Bible, 7-161

HILARIUS, De trinitate, in: CCL 62-62a

HIPPOLYT, Contra haeresin Noeti, in: PG 10

- Toi kata pason haireseon elenchoi, in: GCS 26,III

HORTON, W.M., Contemporary english theology. An american interpretation, New York-London 1936

HÜGEL, Fr.v., Suffering and God, in: Essays and addresses on the philosophy of religion II, London ^{2}1928, 167-213

IGNATIUS von ANTIOCHIEN, Epistola ad Romanos, in: SCh 10

IRENÄUS, Adversus haereses V, in: SCh 152-153

JAESCHKE, W., Absolute Idee - Absolute Subjektivität. Zum Problem der Persönlichkeit Gottes in der Logik und in der Religionsphilosophie, in: Zeitschrift für philosophische Forschung 35(1981)385-416

JOHANNES MAXENTIUS, Capitula Maxentii Iohannis edita contra Nestorianos et Pelagianos ad satisfactionem fratrum, in: ACO IV,2

JÜNGEL, E., Zur Bedeutung Luthers für die gegenwärtige Theologie, in: Luther und die Theologie der Gegenwart. Referate und Berichte des Fünften Internationalen Kongresses für Lutherforschung, Lund/Schweden 14.-20.August 1977, hrsg.v. L.GRANE u. B.LOHSE, Göttingen 1980, 17-80

KAMP, J., Souffrance de Dieu, vie du monde, Tournai 1971

KASPER, W., Das Absolute in der Geschichte. Philosophie und

Theologie der Geschichte in der Spätphilosophie Schellings, Mainz 1965
- Krise und Neuanfang der Christologie im Denken Schellings, in: Evangelische Theologie 33(1973)366-384
KELLY, A.J., Trinity and process: relevance of the basic christian confession of God, in: Theological studies 31(1970) 393-414
KERN, W., Dialektik und Trinität in der Religionsphilosophie Hegels. Ein Beitrag zur Diskussion mit L.Oeing-Hanhoff, in: Zeitschrift für katholische Theologie 102(1980)129-155
- Menschwerdung Gottes im Spannungsfeld der Interpretationen von Hegel und Kierkegaard, in: Wegmarken der Christologie, hrsg.v.A.ZIEGENAUS, Donauwörth 1980, 81-126
- Philosophische Pneumatologie. Zur theologischen Aktualität Hegels, in: Gegenwart des Geistes. Aspekte der Pneumatologie, hrsg.v.W.KASPER, Freiburg-Basel-Wien 1979, 54-90
KOSLOWSKI, P., Hegel - "der Philosoph der Trinität"? Zur Kontroverse um seine Trinitätslehre, in: Theologische Quartalschrift 162(1982)105-131
KÜNG, H., Existiert Gott? Antwort auf die Gottesfrage der Neuzeit, München 1978
KYRILL von ALEXANDRIEN, Epistola (IV/XXVII) ad Nestorium, in: ACO I,1,1
- Epistola XXXIX ad Ioannem Antiochenum, in: ACO I,1,4
- Quod unus sit Christus, in: SCh 97
LEE, J.Y., The theology of change. A christian concept of God in an eastern perspective, New York 1979
LEHMANN, K./PÖHLMANN, H.G., Gott, Jesus Christus, Wiederkunft Christi, in: Confessio Augustana. Bekenntnis des einen Glaubens. Gemeinsame Untersuchung lutherischer und katholischer Theologen, hrsg.v.H.MEYER u. H.SCHÜTTE, Frankfurt-Paderborn 1980, 47-78
LEO d.Gr., Epistola "Lectis dilectionis tuae" ad Flavianum episc. Constantinopolitanum (=Tomus Leonis), in: ACO II,2,1
LIEBNER, Th.A., Die christliche Dogmatik aus dem christologischen Princip I, Göttingen 1849
LIENHARD, M., Martin Luthers christologisches Zeugnis, Göttingen 1979
LINK, Chr., Hegels Wort "Gott selbst ist tot", Zürich 1974
LOOMER, B., Christian faith and process philosophy, in: Jour-

nal of religion 29(1949)181-203
- Neo-naturalism and neo-orthodoxy, in: Journal of religion 28(1928)79-91
LUBAC, H. de, Geist aus der Geschichte. Das Schriftverständnis des Origenes, Einsiedeln 1968
LUTHER, M., D.Martin Luthers Werke. Kritische Gesamtausgabe, Weimar 1883ff.
MAAS, W., Gott und die Hölle. Studien zum Descensus Christi, Einsiedeln 1979
MACKINTOSH, H.R., The christian apprehension of God, London-New York 1929
MARTENSEN, H., Die christliche Dogmatik, Berlin 1856
MASON, A.J., The faith of the gospel. A manual of christian doctrine, London 1892
MELITON von SARDES, Peri tou pascha, in: SCh 123
METZKE, E., Hegels Vorreden. Mit Kommentar zur Einführung in seine Philosophie, Heidelberg 1949
MORGAN, C.G., The bible and the cross, London 1909
MOZLEY, J.K., The impassibility of God. A survey of christian thought, Cambridge 1926
MÜLLER, L., Schellings Einfluß in Rußland. Seréj A.Júrjev und Vladîmir S.Solovjév, in: Archiv für Philosophie 3(1949)53-81
MYNAREK, H., Vor einem neuen Durchbruch der Transzendenz? Vorschläge zur Beendigung der Tod-Gottes-Diskussion, in: Catholica 25(1971)214-241
NIKOLAUS v. KUES, Philosophisch-theologische Schriften, hrsg. u. eingef.v.L.GABRIEL, I-III, Wien 1967
ODGEN, S.M., Die Realität Gottes, Zürich 1970
- Zur Frage der "richtigen" Philosophie, in: Zeitschrift für Theologie und Kirche 61(1964)103-124
OEING-HANHOFF, L., Hegels Trinitätslehre. Zur Aufgabe ihrer Kritik und Rezeption, in: Theologie und Philosophie 52 (1977)378-407
OLIVEIRA, C.J.P. de, L'esprit agit dans l'histoire. La totalisation hégélienne de l'histoire confrontée avec les perspectives du Concile de Vatican II, in: Hegel et la théologie contemporaine. L'absolu dans l'histoire?, Neuchâtel-Paris 1977, 55-73
ORIGENES, In Ezechielem homilia VI, in: GCS 33
PARMENTIER, A., La philosophie de Whitehead et le problème de Dieu, Paris 1968

PAULSEN, H., Studien zur Theologie des Ignatius von Antiochien, Göttingen 1978
PITTENGER, N., Trinity and process: some comments in reply, in: Theological studies 32(1971)290-296
PRENTER, R., Spiritus Creator. Studien zu Luthers Theologie, München 1954
PROKLUS, De fide, in: ACO IV,2
- Epistola IV ad Ioannem episcopum Antiochiae, in: PG 65
- Fragm. epistola ad Armenios, in: PG 65
- Tomus ad Armenios, in: ACO IV,2
RAMSEY, A.M., From gore to temple. The development of anglican theology between Lux Mundi and the Second World War 1889-1939, London 1960
ROLT, C.E., The world's redemption, London 1913
RUNYON, Th., Thomas Altizer und die Zukunft der Theologie, in: daß Gott auferstehe, 53-65
RYSSEL, V., Gregorius Thaumaturgos. Sein Leben und seine Schriften, Leipzig 1880
SANDERS, J.A., Biblischer Glaube und die "Tod-Gottes"-Bewegung, in: daß Gott auferstehe, 118-128
SARTORIUS, E., Die Lehre von Christi Person und Werk, Hamburg ^{6}1853
SCHEFFCZYK, L., Prozeßtheismus und christlicher Gottesglaube, in: Münchener theologische Zeitschrift 35(1984)81-104
SCHELLING, F.W.J., Schellings Werke. Nach der Originalausgabe in neuer Anordnung herausgegeben von M.SCHRÖTER, 1.-6.Hauptband, München 1958/59. 1.-6.Ergänzungsband, München 1956-1960. Nachlaßband: Die Weltalter. Fragmente. In den Urfassungen von 1811 und 1813 herausgegeben von M.SCHRÖTER, München 1946. Zitiert wird nach der von K.F.A.SCHELLING veranstalteten Ausgabe, Stuttgart 1856ff.
SCHMIDT, E., Hegel und die kirchliche Trinitätslehre, in: Neue Zeitschrift für systematische Theologie 24(1982)241-260
SCHNEIDER, G., Gott - das Nichtandere. Untersuchungen zum metaphysischen Grunde bei Nikolaus von Kues, Münster 1970
SCHÜTTE, H.-W., Tod Gottes und Fülle der Zeit. Hegels Deutung des Christentums, in: Zeitschrift für Theologie und Kirche 66(1969)62-76
SCHULZ, W., Die Vollendung des deutschen Idealismus in der Spätphilosophie Schellings, Stuttgart-Köln 1955

SCHWARZ, H., Die christologische Forschung in der gegenwärtigen nordamerikanischen Theologie, in: Neue Zeitschrift für systematische Theologie 25(1983)41-51

SCHWEITZER, A., Geschichte der Leben-Jesu-Forschung, Gütersloh ^{3}1977

SÖLLE, D., Stellvertretung. Ein Kapitel Theologie nach dem "Tode Gottes". (Neuauflage), Stuttgart 1982

SPLETT, J., Die Trinitätslehre G.W.F.Hegels, Freiburg-München 1965

STANIHURSTIUS, G., Dei immortalis in corpore mortali patientis historia, Antwerpen 1660, dt.: Geschichte des Leidens und Sterbens Jesu unseres göttlichen Erlösers in Betrachtungen und Belehrungen frei bearbeitet nach P.W.Stanyhurst, hrsg. v.B.HANEBERG, München ^{3}1881

STEVENS, G.B., The christian doctrine of salvation, Edinburgh 1905

STORR, V.F., The problem of the cross, London 1919

STREETER, B.H., The suffering of God, in: The Hibbert Journal 12(1913/14)603-611

STUDDERT-KENNEDY, G.A., The hardest part, London 1918

- The sorrows of God, and other poems, New York 1924

TEMPLE, W., Christus Veritas, London ^{3}1926

TERTULLIAN, Adversus Marcionem, in: CSEL 47

- Adversus Praxean, in: CSEL 47

THEODORUS LECTOR, Ecclesiastica historia, in: PG 86

THEUNISSEN, M., Hegels Lehre vom absoluten Geist als theologisch-politischer Traktat, Berlin 1970

THOMASIUS, G., Christi Person und Werk. Darstellung der evangelisch-lutherischen Dogmatik vom Mittelpunkt der Christologie aus, Erlangen 1855

TILLICH, P., Die religionsphilosophische Konstruktionen in Schellings positiver Philosophie, ihre Voraussetzungen und Prinzipien, Breslau 1910

- Schelling und die Anfänge des existentialistischen Protestes, in: Gesammelte Werke IV: Philosophie und Schicksal. Schriften zur Erkenntnislehre und Existenzphilosophie, Stuttgart 1961, 133-144

TILLIETTE, X., Schellings Wiederkehr?, in: Schelling, hrsg.v. H.M.BAUMGARTNER, Freiburg-München 1975, 161-172

TROELTSCH, E., Glaubenslehre. Nach Heidelberger Vorlesungen

aus den Jahren 1911 und 1912, München-Leipzig 1925

TÜRK, H.G., Rezeption und Kritik der Philosophie Hegels in der "Katholischen Tübinger Schule", in: Die Flucht in den Begriff. Materialien zu Hegels Religionsphilosophie, hrsg.v. F.W.GRAF u. F.WAGNER, Stuttgart 1982, 247-273

TYMMS, V., The christian idea of atonement, London 1904

UELTZEN, H.-D., "Gott selbst ist tot". Historische Bemerkungen zur Entstehung des Liedes und der Rede vom Tode Gottes, in: Evangelische Theologie 36(1976)563-567

VOGELSANG, E., Der angefochtene Christus bei Luther, Berlin-Leipzig 1932

VORGRIMLER, H., Hoffnung auf Vollendung, Freiburg-Basel-Wien 1980

WAGNER, F., Der Gedanke der Persönlichkeit Gottes bei Fichte und Hegel, Gütersloh 1971

WELKER, M., Universalität Gottes und Relativität der Welt. Theologische Kosmologie im Dialog mit dem amerikanischen Prozeßdenken nach Whitehead, Neukirchen-Vluyn 1981

WELTE, B., Hegels theologischer Entwurf als Ausdruck einer geschichtlichen Situation und als Impuls einer neuen Geschichte der Theologie, in: Kirche und Theologie im 19.Jahrhundert. Referate und Berichte des Arbeitskreises Katholische Theologie, hrsg.v.G.SCHWAIGER, Göttingen 1975, 137-146

WERNSDÖRFER, Th., Die entfremdete Welt. Eine Untersuchung zur Theologie Paul Tillichs, Zürich 1968

WHITEHEAD, A.N., Prozeß und Realität. Entwurf einer Kosmologie, Frankfurt 1979

- Wissenschaft und moderne Welt, Zürich 1949

WILLIAMS, D.D., How does God act? An essay in Whitehead's metaphysics, in: Process and divinity, 161-180

- Prozeß-Theologie: eine neue Möglichkeit für die Kirche, in: Evangelische Theologie 30(1970)571-582

ZAHRNT, H., Gott kann nicht sterben. Wider die falschen Alternativen in Theologie und Gesellschaft, München 1970

b) Systematik

ALBUS, M., Die Wahrheit ist Liebe. Zur Unterscheidung des Christlichen nach Hans Urs von Balthasar, Freiburg-Basel-Wien 1976

ALTHAUS, P., Art. Kenosis, in: Die Religion in Geschichte und Gegenwart III, ^{3}1959, 1244-1246

- Das Kreuz Christi, in: Theologische Aufsätze, Gütersloh 1929, 1-50
- Offenbarung als Geschichte und Glaube. Bemerkungen zu Wolfhart Pannenbergs Begriff der Offenbarung, in: Theologische Literaturzeitung 87(1962)321-330

ALYN, M., Anwesenheit und Abwesenheit Gottes in der Literatur von heute, in: Concilium 8(1972)456-460

AUER, J., Gott - Der Eine und Dreieine. Kleine katholische Dogmatik II, hrsg.v.J.AUER u. J.RATZINGER, Regensburg 1978

BALTHASAR, H.U.v., Alle Wege führen zum Kreuz, in: Internationale katholische Zeitschrift 9(1980)333-342

- Die Einheit von Theologie und Spiritualität, in: Einfaltungen. Auf Wegen christlicher Einigung, München 1969, 15-42
- Das Evangelium als Norm und Kritik aller Spiritualität in der Kirche, in: Spiritus Creator. Skizzen zur Theologie III, Einsiedeln 1967, 247-263
- Glaubhaft ist nur Liebe, Einsiedeln ^{4}1975
- Gottes Allmacht, in: Internationale katholische Zeitschrift 13(1984)193-200
- Herrlichkeit. Eine theologische Ästhetik I-III/2/2, 1961-1969
- Karl Barth. Darstellung und Deutung seiner Theologie, Einsiedeln ^{4}1976
- Klarstellungen. Zur Prüfung der Geister, Einsiedeln ^{4}1978
- Rechenschaft 1965, Einsiedeln 1965
- Spiritualität, in: Verbum Caro. Skizzen zur Theologie I, Einsiedeln 1960, 226-244
- Theodramatik I-IV, Einsiedeln 1973-1983
- Theologie der drei Tage, Einsiedeln 1969 (=Mysterium Paschale, in: Mysterium Salutis III/2, 1970, 133-326)
- Theologie der Geschichte. Ein Grundriß. Neue Fassung, Einsiedeln ^{6}1979
- Theologie und Heiligkeit, in: Verbum Caro. Skizzen zur Theologie I, 195-225

- Zu einer christlichen Theologie der Hoffnung, in: Münchener theologische Zeitschrift 32(1981)81-102

BALZ, H./SCHRAGE, W., Die "Katholischen" Briefe, Göttingen [11]1973

BANTLE, F.X., Person und Personbegriff in der Trinitätslehre Karl Rahners, in: Münchener theologische Zeitschrift 30 (1979)Heft 2, 11-24

BARTH, K., Die christliche Dogmatik im Entwurf I, München 1927

- Dogmatik im Grundriß im Anschluß an das apostolische Glaubensbekenntnis, München 1947

- Die Kirchliche Dogmatik I/1-IV/4, Zürich 1932-1967

- Die Menschlichkeit Gottes. Vortrag, gehalten an der Tagung des Schweiz. Ref. Pfarrvereins in Aarau am 25. September 1956, in: Theologische Studien 48(1956)3-27

- Der Römerbrief (Zehnter Abdruck der neuen Bearbeitung von 1922), Zürich 1967

BARTH, M., Aus einem Brief an Jürgen Moltmann vom 20. November 1973, in: Diskussion über Jürgen Moltmanns Buch "Der gekreuzigte Gott", hrsg.v.M.WELKER, München 1979, 160-162

BAUCKHAM, R., Moltmanns Eschatologie des Kreuzes, in: Diskussion über Jürgen Moltmanns Buch "Der gekreuzigte Gott", 43-53

BAYER, O., Tod Gottes und Herrenmahl, in: Zeitschrift für Theologie und Kirche 70(1973)346-363

BEIERWALTES, W., Platonismus und Idealismus, Frankfurt 1972

BIELANDER, R., Martin Bubers Rede von Gott. Versuch einer philosophischen Würdigung des religiösen Denkens, Bern-Frankfurt 1975

BIESEL, H., Das Leid in der Welt und die Liebe Gottes, Düsseldorf 1972

BLANCY, A., "Der gekreuzigte Gott" von Jürgen Moltmann, in: Diskussion über Jürgen Moltmanns Buch "Der gekreuzigte Gott", 118-125

BLANK, J., Der sich bewährende Gott. Zum Gottesgedanken der Bibel, in: J.BLANK/W.KASPER/M.MACHOVEC/H.ZAHRNT, Gottfrage und moderner Atheismus, Regensburg 1972, 7-23

BLASER, K., Rez. K.Kitamori, Theologie des Schmerzes Gottes, in: Revue de théologie et de philosophie 24(1974)307-308

BOMAN, Th., Das hebräische Denken im Vergleich mit dem griechischen, Göttingen [5]1968

BONHOEFFER, D., Widerstand und Ergebung. Briefe und Aufzeichnungen aus der Haft (Neuausgabe), München ²1977
BORCHERT, W., Draußen vor der Tür und ausgewählte Erzählungen, Hamburg 1956
BRAATEN, C.E., A trinitarian theology of the cross, in: Journal of religion 56(1976)113-121
BRACKEN, J.A., Ein Beispiel, wie westliche Theologie die Modernität ernst nehmen kann: die "Prozeßtheologie", in: Concilium 20(1984)38-43
- What are they saying about the Trinity?, New York 1979
BRANDENBURG, H., Die kleinen Propheten II, Gießen-Basel 1963
BRANTSCHEN, J.-B., Die Macht und Ohnmacht der Liebe. Randglossen zum dogmatischen Satz: Gott ist unveränderlich, in: Freiburger Zeitschrift für Philosophie und Theologie 27 (1980)224-246
BRINKTRINE, J., Die Lehre von Gott I, Paderborn 1953
BRUGGER, W., Summe einer philosophischen Gotteslehre, München 1979
BRUNNER, E., Das Ärgernis des Christentums. Fünf Vorlesungen über den christlichen Glauben, Zürich 1957
- Die christliche Lehre von Gott I, Zürich ²1953
BRUNNER, P., Die Herrlichkeit des gekreuzigten Messias. Eine vordogmatische Erwägung zur dogmatischen Christologie, in: Pro Ecclesia. Gesammelte Aufsätze zur dogmatischen Theologie II, Berlin-Hamburg 1966, 60-75
BUBER, M., Werke I-III, München-Heidelberg 1962-1963
BUSS, M., Der Sinn der Geschichte, in: Neuland in der Theologie. Ein Gespräch zwischen amerikanischen und europäischen Theologen, hrsg.v.J.M.ROBINSON u. J.B.COBB, III: Theologie als Geschichte, Zürich-Stuttgart 1967, 171-196
CANTALAMESSA, R., Die Entwicklung des persönlichen Gottesbegriffs in der christlichen Spiritualität, in: Concilium 13 (1977)160-166
- Incarnazione e immuabilitá di Dio. Una soluzione moderna nella patristica?, in: Rivista di filosofia neo-scolastica 57(1975)631-647
COBB, J.B., Wolfhart Pannenberg's "Jesus - God and Man", in: Journal of religion 49(1969)192-201
COLLINGWOOD, R.G., The idea of history, Oxford 1946
CREMER, H., Die christliche Lehre von den Eigenschaften Gottes,

in: Beiträge zur Förderung christlicher Theologie, Gütersloh 1897, 1.Jahrgang, 4.Heft

DEISSLER, A., Gottes Selbstoffenbarung im Alten Testament, in: Mysterium Salutis II, 1967, 226-269

- Die Grundbotschaft des Alten Testaments. Ein theologischer Durchblick, Freiburg-Basel-Wien [4]1974

DEMBOWSKI, H., Menschliches Leiden und der dreieinige Gott, Freiburg/Schweiz 1978

DEWART, L., Die Grundlagen des Glaubens I-II, Einsiedeln 1971

- Die Zukunft des Glaubens, Einsiedeln 1968

DOGAN, N., Theologie der Offenbarung. Eine fundamentaltheologische Untersuchung zum Begriff der Offenbarung in der Theologie Jürgen Moltmanns, Diss. Rom 1980

DORNER, I.A., Über die richtige Fassung des dogmatischen Begriffs der Unveränderlichkeit Gottes, mit besonderer Beziehung auf das gegenseitige Verhältnis zwischen Gottes übergeschichtlichem und geschichtlichem Leben, in: Gesammelte Schriften aus dem Gebiet der systematischen Theologie, Exegese und Geschichte, Berlin 1883, 188-377

DUMAS, A., Gott als Protest gegen den "Tod des Menschen", in: Concilium 8(1972)434-443

EBELING, G., Dogmatik des christlichen Glaubens, I-III, Tübingen 1979

EIBACH, U., Die Sprache leidender Menschen und der Wandel des Gottesbildes, in: Theologische Zeitschrift 40(1984)34-65

FALK, W., Vom Strukturalismus zum Potentialismus. Ein Versuch zur Geschichts- und Literaturtheorie, Freiburg-München 1976

FIORENZA, F., Freude und Schmerz in ihrer paradigmatischen Bedeutung für das Reden von Gott, in: Concilium 10(1974)335-342

FREY, Chr., Ewige Passion Gottes, in: Lutherische Monatshefte 21(1982)90-91

FRIES, H., Gott als Geheimnis der Welt. Zum neuesten Werk von Eberhard Jüngel, in: Herder Korrespondenz 31(1977)523-529

FRIES, H.,/STÄHLIN, R., Gott ist tot? Eine Herausforderung - zwei Theologen antworten, München 1968

FRITZSCHE, H., Der christliche Gott als der trinitarische Gott, in: Theologische Literaturzeitung 107(1982)1-12

FÜRST, W., Die Predigt der Rechtfertigung der Gottlosen. Homiletik als ein Kapitel der theologia crucis, in: Das Kreuz

Jesu Christi als Grund des Heils. Schriftenreihe des Theologischen Ausschusses der Evangelischen Kirche der Union, hrsg.v.F.VIERING, Gütersloh 1967, 113-132

GALOT, J., Dieu souffre-t-il?, Paris 1976

- Le Dieu trinitaire et la passion du Christ, in: Nouvelle revue théologique 114(1982)70-87
- Vers une nouvelle christologie, Paris 1971

GANOCZY, A., Rez. J.Galot, Dieu souffre-t-il?, in: Theologische Revue 74(1978)134-136

GEFFRÉ, C., Sinn und Unsinn einer nichtmetaphysischen Theologie, in: Concilium 8(1972)443-450

GERVAIS, M., Incarnation et immuabilité divine, in: Revue des sciences religieuses 50(1976)215-234

GESE, H., Psalm 22 und das Neue Testament. Der älteste Bericht vom Tode Jesu und die Entstehung des Herrenmahles, in: Zeitschrift für Theologie und Kirche 65(1968)1-22

GEYER, H.-G., Anfänge zum Begriff der Versöhnung, in: Evangelische Theologie 38(1978)235-251

- Atheismus und Christentum, in: Evangelische Theologie 30 (1970)255-274
- Geschichte als theologisches Problem. Bemerkungen zu W.Pannenbergs Geschichtstheologie, in: Evangelische Theologie 22 (1962)92-104
- Gottes Sein als Thema der Theologie, in: Verkündigung und Forschung 11(1966)Heft2, 3-37
- Rohgedanken über das Problem der Identität Jesu Christi, in: Evangelische Theologie 33(1973)385-401

GILSON, E., Der Geist der mittelalterlichen Philosophie, Wien 1950

GLOEGE, G., Der theologische Personalismus als dogmatisches Problem. Versuch einer Fragestellung, in: Kerygma und Dogma 1(1955)23-41

GOFFINET, P., La théologie de la croix de Jürgen Moltmann, Diss. Rom 1980

GOLDBERG, A.M., Untersuchung über die Vorstellung von der Schekhinah in der frühen rabbinischen Literatur. Talmud und Midrasch, Berlin 1969

GOLLWITZER, H., Die Existenz Gottes im Bekenntnis des Glaubens, München 1963

GRESHAKE, G., Exkurs: Anmerkungen zum Problem "Gott in Ge-

schichte", in: Die Auferstehung der Toten. Ein Beitrag zur gegenwärtigen theologischen Diskussion über die Zukunft der Geschichte, Essen 1969, 344-348
- Gnade als konkrete Freiheit. Eine Untersuchung zur Gnadenlehre des Pelagius, Mainz 1972
- Grundlagen einer Theologie des Bittgebets, in: Bittgebet - Testfall des Glaubens, hrsg.v.ders. u. G.LOHFINK, Mainz 1978, 32-45
- Leiden und Gottesfrage, in: Geist und Leben 50(1977)102-121

GRILLMEIER, A./OGIERMANN, H., Rez. H.Mühlen, Die Veränderlichkeit Gottes als Horizont einer zukünftigen Christologie, in: Theologie und Philosophie 46(1971)304-305

GUARDINI, R., Die Bewegung Gottes, in: Die Schildgenossen 9 (1929)291-303

GUNKEL, H., Die Psalmen, Göttingen ^{5}1968

GUTWENGER, E., Bewußtsein und Wissen Christi. Eine dogmatische Studie, Innsbruck 1960
- Zur Trinitätslehre von "Mysterium Salutis" II, in: Zeitschrift für katholische Theologie 90(1968)325-328

HAECKER, Th., Schöpfer und Schöpfung, Leipzig 1934
- Was ist der Mensch?, Leipzig ^{3}1935

HÄRLE, W./HERMS, E., Deutschsprachige protestantische Dogmatik nach 1945, in: Verkündigung und Forschung 27(1982)2-100

HALDER, A., Wirklichkeit als Geschichte. Philosophische Vorfragen zu Bedeutung und Vermittlung des Christusereignisses, in: Grundfragen der Christologie heute, hrsg.v.L.SCHEFFCZYK, Freiburg-Basel-Wien 1975, 15-35

HAMILTON, W., Die Eigenart der Theologie Pannenbergs, in: Neuland in der Theologie III, 225-251

HARBARTH, A., Das Kreuz Jesu und die vielen Kreuze in der Welt. Gedanken - Texte - Bilder, in: Lebendige Seelsorge 38(1983) Heft 4, 41-56

HASENHÜTTL, G., Einführung in die Gotteslehre, Darmstadt 1980

HAUGHT, J.F., Rez. The crucified God. By Jürgen Moltmann, in: Theological studies 37(1976)145-147

HEIDEGGER, M., Sein und Zeit, Tübingen ^{15}1979

HEIJDEN, B.v.d., Karl Rahner. Darstellung und Kritik seiner Grundpositionen, Einsiedeln 1973

HEINZ, H., Der Gott des Je-mehr. Der christologische Ansatz Hans Urs von Balthasars, Bern-Frankfurt 1975

HEMMERLE, K., Thesen zu einer trinitarischen Ontologie, Einsiedeln 1976
HENKE, P., Gewißheit vor dem Nichts. Eine Antithese zu den theologischen Entwürfen Wolfhart Pannenbergs und Jürgen Moltmanns, Berlin-New York 1978
HESCHEL, A.J., The Prophets, New York 1962
HOFFMANN, N., Kreuz und Trinität. Zur Theologie der Sühne, Einsiedeln 1982
- "Stellvertretung", Grundgestalt und Mitte des Mysteriums. Ein Versuch trinitätstheologischer Begründung christlicher Sühne, in: Münchener theologische Zeitschrift 30(1979)161-191
- Sühne. Zur Theologie der Stellvertretung, Einsiedeln 1981
HÜBNER, R.M., Der Gott der Kirchenväter und der Gott der Bibel. Zur Frage der Hellenisierung des Christentums, München 1979
HUNSINGER, G., The crucified God and the political theology of violence, in: Heythrope journal 14(1973)379-395
JÄGER, A., Gott. 10 Thesen, Tübingen 1980
JEREMIAS, J., Die Reue Gottes. Aspekte alttestamentlicher Gottesvorstellung, Neukirchen-Vluyn 1975
JONAS, H., Unsterblichkeit und heutige Existenz, in: Zwischen Nichts und Ewigkeit. Drei Aufsätze zur Lehre vom Menschen, Göttingen 1963, 44-62
JORISSEN, H., Rez. J. Moltmann, Der gekreuzigte Gott, in: Würzburger Diözesanblatt II, 1973, 17-18
JÜNGEL, E., Das dunkle Wort vom Tode Gottes, in: Evangelische Kommentare 2(1969)133-138, 198-202
- Gott als Geheimnis der Welt. Zur Begründung der Theologie des Gekreuzigten im Streit zwischen Theismus und Atheismus, Tübingen [4]1982
- Gottes Sein ist im Werden. Verantwortliche Rede vom Sein Gottes bei KARL BARTH. Eine Paraphrase, Tübingen [3]1976
- ... keine Menschenlosigkeit Gottes... Zur Theologie Karl Barths zwischen Theismus und Atheismus, in: Evangelische Theologie 31(1971)376-390
- Das Sein Jesu Christi als Ereignis der Versöhnung Gottes mit einer gottlosen Welt: Die Hingabe des Gekreuzigten, in: Entsprechungen. Gott - Wahrheit - Mensch. Theologische Erörterungen, München 1980, 276-284
- Tod, Gütersloh 1979

- Vom Tod des lebendigen Gottes. Ein Plakat, in: Unterwegs zur Sache. Theologische Bemerkungen, München 1972, 105-125
- Das Verhältnis von "ökonomischer" und "immanenter" Trinität. Erwägungen über eine biblische Begründung der Trinitätslehre - im Anschluß an und in Auseinandersetzung mit Karl Rahners Lehre vom dreifaltigen Gott als transzendentem Urgrund der Heilsgeschichte, in: Zeitschrift für Theologie und Kirche 72(1975)353-364

JUNGE, P.-P., Für eine neue dialektische Theologie. Zu dem letzten Buch von Gerhard Koch "Die Zukunft des toten Gottes", in: Evangelische Theologie 30(1970)337-355

KAISER, Ph., Die Gott-menschliche Einigung in Christus als Problem der spekulativen Theologie seit der Scholastik, München 1968

KALIBA, C., Die Welt als Gleichnis des dreieinigen Gottes. Entwurf zu einer trinitarischen Ontologie, Salzburg 1952

KASPER, W., Abschied vom Gott der Philosophen, in: Evangelische Kommentare 10(1977)622-623
- Glaube und Geschichte, Mainz 1970
- Der Gott Jesu Christi, Mainz ^{2}1983
- Die Gottesfrage als Problem der Verkündigung. Aspekte der systematischen Theologie, in: Die Frage nach Gott, hrsg.v. J.RATZINGER, Freiburg-Basel-Wien ^{2}1973, 143-161
- Jesus der Christus, Mainz ^{9}1984
- Neuansätze gegenwärtiger Theologie, in: Wer ist Jesus Christus?, hrsg.v.J.SAUER, Freiburg-Basel-Wien 1977, 121-150
- Revolution im Gottesverständnis? Zur Situation des ökumenischen Dialogs nach Jürgen Moltmanns "Der gekreuzigte Gott", in: Diskussion über Jürgen Moltmanns Buch "Der gekreuzigte Gott", 140-148
- Zur Sachfrage: Schöpfung und Erlösung, in: Diskussion über Jürgen Moltmanns Buch "Der gekreuzigte Gott", 157-159

KERÉNYI, K., Antike Religion, München-Wien 1971

KERN, W., Art. Gott-Welt-Verhältnis, in: Sacramentum Mundi II, 1968, 522-529

KIERKEGAARD, S., Gottes Unveränderlichkeit. Eine Rede, in: Gesammelte Werke XXXIV: Der Augenblick. Aufsätze und Schriften des letzten Streits, Düsseldorf-Köln 1959, 259-276

KITAMORI, K., Theologie des Schmerzes Gottes, Göttingen 1972

KLAPPERT, B., Die Gottverlassenheit Jesu und der gekreuzigte

Gott. Beobachtungen zum Problem einer theologia crucis in der Christologie der Gegenwart, in: Diskussion über Jürgen Moltmanns Buch "Der gekreuzigte Gott", 57-73

- Tendenzen der Gotteslehre in der Gegenwart, in: Evangelische Theologie 35(1975)189-208

KLEIN, W., Offenbarung als Geschichte? Marginalien zu einem theologischen Programm, in: Monatsschrift für Pastoraltheologie 51(1962)65-88

KOCH, G., Die Auferstehung Jesu Christi, Tübingen 1959

- Für eine bewohnbare Welt. Abschied vom homo faber, Hamburg 1970

- Die Zukunft des toten Gottes, Hamburg 1968

KOSLOWSKI, P., Ontologische Überlegungen zur Dialektik von System und Freiheit, in: Prinzip Freiheit. Eine Auseinandersetzung um Chancen und Grenzen transzendentalphilosophischen Denkens, hrsg.v.H.M.BAUMGARTNER, Freiburg-München 1979, 231-253

KRAUS, H.J., Psalmen, 2.Teilband, Neukirchen ^{3}1966

KRAUSE, B., Leiden Gottes - Leiden des Menschen. Eine Untersuchung zur Kirchlichen Dogmatik Karl Barths, Stuttgart 1980

KRECK, W., Grundentscheidungen in Karl Barths Dogmatik, Neukirchen-Vluyn 1978

KRINGS, H., Freiheit. Ein Versuch Gott zu denken, in: Philosophisches Jahrbuch 77(1970)225-237

KÜHN, U., Rezension, in: Diskussion über Jürgen Moltmanns Buch "Der gekreuzigte Gott", 54-56

KÜNG, H., Menschwerdung Gottes. Eine Einführung in Hegels theologisches Denken als Prolegomena zu einer künftigen Christologie, Freiburg-Basel-Wien 1970

- Die Religionen als Frage an die Theologie des Kreuzes, in: Evangelische Theologie 33(1973)401-423

KUHN, P., Gottes Selbsterniedrigung in der Theologie der Rabbinen, München 1968

- Gottes Trauer und Klage in der rabbinischen Überlieferung (Talmud und Midrasch), Leiden 1978

KUITERT, H.M., Gott in Menschengestalt. Eine dogmatisch-hermeneutische Studie über die Anthropomorphismen der Bibel, München 1967

KUSCHEL, H.-J., Jesus in der deutschsprachigen Gegenwartsliteratur, Zürich-Köln-Gütersloh 1978

LAPIDE, P./MOLTMANN, J., Jüdischer Monotheismus und christliche Trinitätslehre, München 1979

LEE, J.Y., God suffers for us. A systematic inquiry into a concept of divine passibility, The Hague 1974

LEHMANN, K., Kirchliche Dogmatik und biblisches Gottesbild, in: Die Frage nach Gott, hrsg.v.J.RATZINGER, Freiburg-Basel-Wien ²1973, 116-140

- Theologiestudium und kirchlicher Dienst, in: Internationale katholische Zeitschrift 9(1980)522-531

LEUBA, J.-L., Le problème de l'église chez M.K.Barth, in: Verbum caro 1(1947)4-24

LIENHARD, M., Martin Luthers christologisches Zeugnis, Göttingen 1979

LINK, H.-G., Auf dem Weg zu einer zukünftigen Kreuzestheologie. Bemerkungen zu Heribert Mühlens christologischer Programmschrift, in: Evangelische Theologie 33(1973)424-431

- Gegenwärtige Probleme einer Kreuzestheologie. Ein Bericht, in: Evangelische Theologie 33(1973)337-345

LOCHBRUNNER, M., Analogia Caritatis. Darstellung und Deutung der Theologie Hans Urs von Balthasars, Freiburg-Basel-Wien 1981

LOCHMANN, J.M.,/DEMBOWSKI, H., Gottes Sein ist im Leiden. Zur trinitarischen Kreuzestheologie Jürgen Moltmanns, in: Diskussion über Jürgen Moltmanns Buch "Der gekreuzigte Gott", 26-38

LÖHRER, M., Dogmatische Bemerkungen zur Frage der Eigenschaften und Verhaltensweisen Gottes, in: Mysterium Salutis II, 1967, 291-314

- Eigenschaften und Verhaltensweisen Gottes im Lichte der Heilsgeschichte (Einleitung), in: Mysterium Salutis II, 1967, 221-225

LÖSER, W., Das Sein - ausgelegt als Liebe. Überlegungen zur Theologie Hans Urs von Balthasars, in: Internationale katholische Zeitschrift 4(1975)410-424

LÖWITH, K., Weltgeschichte und Heilsgeschehen. Die theologischen Voraussetzungen der Geschichtsphilosophie, Stuttgart ²1953

MAAS, W., Unveränderlichkeit Gottes. Zum Verhältnis von griechisch-philosophischer und christlicher Gotteslehre, München-Paderborn-Wien 1974

MALMBERG, F., Über den Gottmenschen, Freiburg-Basel-Wien 1960
MARGULL, H.J., Tod Jesu und Schmerz Gottes, in: Leben angesichts des Todes. Beiträge zum theologischen Problem des Todes. Helmut Thielicke zum 60.Geburtstag, Tübingen 1968, 269-276
MARITAIN, J., Quelques réflexions sur le savoir théologique, in: Revue thomiste 69(1969)5-27
MARTELET, G., "Das Lamm, erwählt vor Grundlegung der Welt", in: Internationale katholische Zeitschrift 9(1980)36-44
MARTENSEN, H., Die christliche Dogmatik, Berlin 1856
MASSON, J., Rez. K.Kitamori, Theologie des Schmerzes Gottes, in: Nouvelle revue théologique 105(1973)802-803
MAUSER, U., Gottesbild und Menschwerdung. Eine Untersuchung zur Einheit des Alten und Neuen Testaments, Tübingen 1971
Mc WILLIAMS, W., Divine suffering in contemporary theology, in: Scottish journal of theology 33(1980)35-53
MICHL, J., Die katholischen Briefe, Regensburg ^{2}1968
MIGLIORE, D.L., Der gekreuzigte Gott, in: Diskussion über Jürgen Moltmanns Buch "Der gekreuzigte Gott", 39-42
MILDENBERGER, F., Gotteslehre. Eine dogmatische Untersuchung, Tübingen 1975
- Überlegungen zum Gottesbegriff, in: Zeitschrift für Theologie und Kirche 62(1965)458-483
MISKOTTE, H.H., Das Leiden ist in Gott. Über Jürgen Moltmanns trinitarische Kreuzestheologie, in: Diskussion über Jürgen Moltmanns Buch "Der gekreuzigte Gott", 74-93
MITZKA, F., Der philosophische Beweis für die moralische Unveränderlichkeit Gottes, in: Zeitschrift für katholische Theologie 59(1935)57-72
MOLTMANN, J., Antwort auf die Kritik an "Der gekreuzigte Gott", in: Diskussion über Jürgen Moltmanns Buch "Der gekreuzigte Gott", 165-190
- "Dialektik, die umschlägt in Identität" - was ist das? Zu Befürchtungen Walter Kaspers, in: Diskussion über Jürgen Moltmanns Buch "Der gekreuzigte Gott", 149-156
- Gedanken zur "trinitarischen Geschichte Gottes", in: Evangelische Theologie 35(1975)208-223
- Der gekreuzigte Gott. Das Kreuz Christi als Grund und Kritik christlicher Theologie, München ^{4}1981
- Der gekreuzigte Gott und der apathische Mensch, in: Das Ex-

periment Hoffnung. Einführungen, München 1974, 93-111
- Gesichtspunkte der Kreuzestheologie heute, in: Evangelische Theologie 33(1973)346-365
- Gott und Auferstehung. Auferstehungsglaube im Forum der Theodizeefrage, in: Perspektiven der Theologie. Gesammelte Aufsätze, München 1968, 36-56
- Jüdischer und christlicher Messianismus, in: Das Experiment Hoffnung. Einführungen, München 1974, 82-92
- Theologie der Hoffnung. Untersuchungen zur Begründung und zu den Konsequenzen einer christlichen Eschatologie, München [8]1969
- Trinität und Reich Gottes. Zur Gotteslehre, München 1980
- Umkehr zur Zukunft, Gütersloh [2]1977

MOMOSE, P.F., Kreuzestheologie. Eine Auseinandersetzung mit Jürgen Moltmann, Freiburg-Basel-Wien 1978

MONDIN, B., Der gekreuzigte Gott, in: Diskussion über Jürgen Moltmanns Buch "Der gekreuzigte Gott", 94-107

MORSE, Chr., The logic of promise in Moltmann's theology, New York 1975

MOZLEY, J.K., The impassibility of God. A survey of christian thought, Cambridge 1926

MÜHLEN, H., Die abendländische Seinsfrage als der Tod Gottes und der Anfang einer neuen Gotteserfahrung, Paderborn 1968
- Die Veränderlichkeit Gottes als Horizont einer zukünftigen Christologie. Auf dem Wege zu einer Kreuzestheologie in Auseinandersetzung mit der altkirchlichen Christologie, Münster [2]1976

MÜLLER, G.L., Tod und Auferstehung Gottes heute. Zur Überwindung des neuzeitlichen Atheismus in Bonhoeffers theologia crucis, in: Zeitschrift für katholische Theologie 104(1982) 172-190

MÜLLER, M., Existenzphilosophie im geistigen Leben der Gegenwart, Heidelberg [3]1964

MUßNER, F., Der Jakobusbrief, Freiburg-Basel-Wien 1964

NATANSON, J., La mort de Dieu. Essai sur l'atheisme moderne, Paris 1975

NEIE, H., The doctrine of atonement in the theology of Wolfhart Pannenberg, Berlin-New York 1979

NICOLAS, J.-H., Aimante et bienheureuse Trinité, in: Revue thomiste 78(1978)271-292

NIEWIADOMSKI, J., Die Zweideutigkeit von Gott und Welt in Jürgen Moltmanns Theologien, Innsbruck-Wien-München 1982

O'COLLINS, G., Rez. J.Moltmann, Der gekreuzigte Gott, in: Gregorianum 63(1982)158-160

O'DONOVAN, L.J., Evolution under the sign of the cross, in: Theological studies 32(1971)602-626

OEING-HANHOFF, L., Freiheit als "Wiedergeburt im göttlichen Geist". Zum Verhältnis endlicher zu vollkommener Freiheit, in: Prinzip Freiheit, 254-281

- Die Krise des Gottesbegriffs. Wolfhart Pannenberg zum 50. Geburtstag, in: Theologische Quartalschrift 159(1979)285-303

OGURO-OPITZ, B., Analyse und Auseinandersetzung mit der Theologie des Schmerzes Gottes von Kazoh Kitamori, Frankfurt-Bern-Cirencester/U.K. 1980

OTT, H., Gott, Stuttgart-Berlin 1971

- Theologie als Gebet und als Wissenschaft, in: Theologische Zeitschrift 14(1958)120-132

PANNENBERG, W., Die Aufnahme des philosophischen Gottesbegriffs als dogmatisches Problem der frühchristlichen Theologie, in: Grundfragen systematischer Theologie. Gesammelte Aufsätze, Göttingen 1967, 296-346

- Christentum und Mythos, in: Grundfragen systematischer Theologie. Gesammelte Aufsätze II, Göttingen 1980, 13-65

- Christologie und Theologie, in: Grundfragen systematischer Theologie II, 130-145

- Dogmatische Thesen zur Lehre von der Offenbarung, in: Offenbarung als Geschichte, hrsg.v.ders., Göttingen ^{2}1963, 91-114

- Der Gott der Geschichte. Der trinitarische Gott und die Wahrheit der Geschichte, in: Grundfragen systematischer Theologie II, 112-128

- Der Gott der Hoffnung, in: Grundfragen systematischer Theologie, 387-398

- Grundzüge der Christologie, Gütersloh ^{5}1976

- Heilsgeschehen und Geschichte, in: Grundfragen systematischer Theologie, 22-78

- Über historische und theologische Hermeneutik, in: Grundfragen systematischer Theologie, 122-158

- Person und Subjekt, in: Grundfragen systematischer Theologie II, 80-95

- Stellungnahme zur Diskussion, in: Neuland in der Theologie III, 285-351
- Die Subjektivität Gottes und die Trinitätslehre. Ein Beitrag zur Beziehung zwischen Karl Barth und der Philosophie Hegels, in: Grundfragen systematischer Theologie II, 96-111
- Theologie und Reich Gottes, Gütersloh 1971
- Was ist der Mensch? Die Anthropologie der Gegenwart im Lichte der Theologie, Göttingen 1962

PEREGO, A., Rez. K.Kitamori, Teologia del dolor de Dios, in: Divus Thomas 53(1976)288-289

PFEIL, H., Die Frage nach der Veränderlichkeit und Geschichtlichkeit Gottes, in: Münchener theologische Zeitschrift 31 (1980)1-23

PRENTER, R., Der Gott, der Liebe ist. Das Verhältnis der Gotteslehre zur Christologie, in: Theologische Literaturzeitung 96(1971)401-413

PRZYWARA, E., Gottgeheimnis der Welt, in: Religionsphilosophische Schriften II, Einsiedeln 1962, 123-375
- Religionsphilosophie katholischer Theologie, in: Religionsphilosophische Schriften II, 376-512

RAD, G.v., Theologie des Alten Testaments I-II, München 7 1978-1980

RAHNER, K., Art. Jesus Christus, in: Sacramentum Mundi II, 1968, 920-957
- Art. Selbstmitteilung Gottes, in: Sacramentum Mundi IV, 1969, 521-526
- Bemerkungen zur Gotteslehre in der katholischen Dogmatik, in: Schriften zur Theologie VIII, Einsiedeln-Zürich-Köln 1967, 165-186
- Die Christologie innerhalb einer evolutiven Weltanschauung, in: Schriften V, 1962, 183-221
- Der dreifaltige Gott als transzendenter Urgrund der Heilsgeschichte, in: Mysterium Salutis II, 1967, 317-401
- Die Gabe der Weihnacht, Freiburg-Basel-Wien 1980
- Gott ist Mensch geworden. Meditationen, Freiburg-Basel-Wien 1975
- Grundkurs des Glaubens. Einführung in den Begriff des Christentums, Freiburg-Basel-Wien 3 1976
- Hörer des Wortes. Zur Grundlegung einer Religionsphilosophie. Neu bearbeitet von J.B.METZ, München 2 1969

- Praxis des Glaubens. Geistliches Lesebuch, hrsg.v.K.LEHMANN u. A.RAFFELT, Zürich-Köln-Freiburg-Basel-Wien 1982
- Probleme der Christologie von heute, in: Schriften I, ^{5}1961, 169-222
- Zur Theologie der Menschwerdung, in: Schriften IV, ^{5}1967, 137-155
- Zur Theologie der Weihnachtsfeier, in: Schriften III, 1956, 35-46
- Theologische Bemerkungen zum Zeitbegriff, in: Schriften IX, 1970, 302-322
- Theos im Neuen Testament, in: Schriften I, ^{5}1961, 91-167
- Die zwei Grundtypen der Christologie, in: Schriften X, 1972, 227-238

RATSCHOW, C.H., Werden und Wirken, Berlin 1941

RATZINGER, J., Art. Ewigkeit Gottes, in: Lexikon für Theologie und Kirche III, ^{2}1959, 1268-1270
- Einführung in das Christentum. Vorlesungen über das Apostolische Glaubensbekenntnis, München ^{10}1969

REBLIN, K., "Er hängt dort am Galgen", in: Lutherische Monatshefte 12(1973)268-269

RIEDLINGER, H., Vom Schmerz Gottes, Freiburg-Basel-Wien 1983

ROBINSON, J.A.T., Gott ist anders, München ^{4}1964

RONZE, B., Dieu souffre-t-il?, in: Etudes t. 345(1976)93-106

ROSENTHAL, K., Bemerkungen zur gegenwärtigen Behandlung der Trinitätslehre, in: Kerygma und Dogma 22(1976)132-148

ROSENZWEIG, F., Der Stern der Erlösung, Den Haag ^{4}1976

ROTHE, W., Der Expressionismus. Theologische, soziologische und anthropologische Aspekte einer Literatur, Frankfurt 1977

RUH, U., Das unterscheidend Christliche in der Gottesfrage. Zu neueren Entwicklungen in der Trinitätstheologie, in: Herder Korrespondenz 36(1982)187-192

SCHALLER, H., Das Bittgebet. Eine theologische Skizze, Einsiedeln 1979

SCHEEBEN, M.J., Handbuch der katholischen Dogmatik II, hrsg.v. M.SCHMAUS, Freiburg ^{3}1948

SCHEFFCZYK, L., Der Eine und Dreifaltige Gott, Mainz 1968
- Trinität: Das Specificum Christianum, in: Schwerpunkte des Glaubens. Gesammelte Aufsätze zur Theologie, Einsiedeln 1977, 156-173

SCHILLEBEECKX, E., Die Heiligung des Namens Gottes durch die

Menschenliebe Jesu des Christus, in: Gott in Welt. Festgabe für K.Rahner, hrsg.v.A.DARLAPP, u.a., II, Freiburg-Basel-Wien 1964, 43-91

SCHLATTER, A., Jesu Gottheit und das Kreuz, Gütersloh ^{2}1913

SCHMID, J., Im Ausstrahl der Schönheit Gottes. Die Bedeutung der Analogie in "Herrlichkeit" bei Hans Urs von Balthasar, Münsterschwarzach 1982

SCHMIED, A., Gotteslehre als trinitarische Kreuzestheologie, in: Theologie der Gegenwart 16(1973)246-251

- Rez. K.Kitamori, Theologie des Schmerzes Gottes, in: Theologie der Gegenwart 17(1974)57

SCHNEIDER, R., Verhüllter Tag, Frankfurt 1980

SCHOLEM, G., Von der mystischen Gestalt der Gottheit. Studien zu Grundbegriffen der Kabbala, Frankfurt 1971

SCHOONENBERG, P., Gott als Person und als das unpersönlich Göttliche, in: Theologie der Gegenwart 21(1978)223-232

- Gott als Person / als persönliches Wesen, in: Concilium 13 (1977)172-179

- Ein Gott der Menschen, Zürich-Einsiedeln-Köln 1969

SCHÜRMANN, H., Jesu ureigener Tod. Exegetische Besinnungen und Ausblicke, Freiburg-Basel-Wien 1975

SCHÜTZ, Chr., Gegenwärtige Tendenzen in der Gottes- und Trinitätslehre, in: Mysterium Salutis, Erg.bd. 1981, 264-371

- Verborgenheit Gottes. Martin Bubers Werk - Eine Gesamtdarstellung, Zürich-Einsiedeln-Köln 1975

SCHÜTZEICHEL, H., Der Todesschrei Jesu. Bemerkungen zu einer Theologie des Kreuzes, in: Trierer theologische Zeitschrift 83(1974)1-16

SCHULTE, R., Art. Unveränderlichkeit Gottes, in: Lexikon für Theologie und Kirche X, 1965, 536-537

- Rez. P.F.MOMOSE, Kreuzestheologie, in: Theologische Revue 76(1980)39-43

SCHUMANN, F.K., Der Gottesgedanke und der Zerfall der Moderne, Tübingen 1929

SCHWAGER, R., Der Prozeß um Gott. Zu Jürgen Moltmanns "Der gekreuzigte Gott", in: Orientierung 37(1973)190-192

- Rez. N.Hoffmann, Sühne; Kreuz und Trinität, in: Zeitschrift für katholische Theologie 105(1983)341-342

SCHWARZWÄLLER, K., Theologie oder Phänomenologie. Erwägungen zur Methodik theologischen Verstehens, München 1966

SICARI, A., Heiligkeit der Theologie - Heiligkeit des Theologen, in: Internationale katholische Zeitschrift 10(1981) 339-348

SIEWERH, G., Das Sein als Gleichnis Gottes, Heidelberg 1958

SIMONIS, W., Über das "Werden" Gottes. Gedanken zum Begriff der ökonomischen Trinität, in: Münchener theologische Zeitschrift 33(1982)133-139

SÖHNGEN, G., Die Weisheit der Theologie durch den Weg der Wissenschaft, in: Mysterium Salutis I, 1965, 905-977

SÖLLE, D., Gott und das Leiden, in: Diskussion über Jürgen Moltmanns Buch "Der gekreuzigte Gott", 111-117

- Leiden, Stuttgart-Berlin 1973

SPAEMANN, H., Die Frage nach der Bedeutung des Wortes "Gott", in: Internationale katholische Zeitschrift 1(1972)54-72

SPEYR, A.v., Achtzehn Psalmen, Einsiedeln 1957

- Dienst der Freude, Einsiedeln 1951
- Passion nach Matthäus, Einsiedeln 1957
- Die Welt des Gebetes, Einsiedeln 1951
- Das Wort und die Mystik I-II, Einsiedeln 1970
- Das Wort wird Fleisch. Betrachtungen über das Johannesevangelium Kapitel 1-5, Einsiedeln 1949

SPLETT, J., Die Absolutheit Gottes und die Kontingenz der Schöpfung, in: Zeitschrift für katholische Theologie 101 (1979)147-162

- Die theologische Dimension der Geschichte, in: Zeitschrift für katholische Theologie 100(1978)302-317

STAMMLER, G., Ontologie in der Theologie? Eine systematische Skizze, in: Kerygma und Dogma 4(1958)143-175

STEFFEN, B., Das Dogma vom Kreuz. Beitrag zu einer staurozentrischen Theologie, Gütersloh 1920

STEIGER, L., Offenbarungsgeschichte und theologische Vernunft. Zur Theologie W.Pannenbergs, in: Zeitschrift für Theologie und Kirche 59(1962)88-113

STUDER, B., Rez. H.Mühlen, Die Veränderlichkeit Gottes als Horizont einer zukünftigen Christologie, in: Freiburger Zeitschrift für Philosophie und Theologie 18(1971)525-527

STRUNK, R., Diskussion über "Der gekreuzigte Gott", in: Evangelische Theologie 41(1981)89-94

THILS, G., Rez. H.Mühlen, Die Veränderlichkeit Gottes als Horizont einer zukünftigen Christologie, in: Revue théologique de Louvain 8(1977)489-490

TILLICH, P., Die Frage nach dem Unbedingten, Stuttgart 1964
TILLIETTE, X., L'exinanition du Christ: théologies de la kénose, in: Les quatres fleuves, cahier 4, 1975, 48-60
- Der Kreuzesschrei, in: Evangelische Theologie 43(1983)3-15
TRTIK, Z., Die Trinität als ewiges Subjekt, in: Theologische Zeitschrift 37(1981)35-44
TUPPER, E.F., The theology of Wolfhart Pannenberg, London 1973
VARILLON, F., La souffrance de Dieu, Paris 1975
VERCRUYSSE, J.E., Der gekreuzigte Gott. Zu Jürgen Moltmanns gleichnamigem Buch, in: Gregorianum 55(1974)369-378
VOGEL, C.J.de, Antike Seinsphilosophie und Christentum im Wandel der Jahrhunderte, in: Festgabe Joseph Lortz, hrsg.v.E. ISERLOH u. P.MANNS, I: Reformation. Schicksal und Auftrag, Baden-Baden 1958, 527-548
VORGRIMLER, H., Der Begriff der Selbsttranszendenz in der Theologie Karl Rahners, in: Wagnis Theologie. Erfahrungen mit der Theologie Karl Rahners, hrsg.v.ders., Freiburg-Basel-Wien 1979, 242-258
VOS, A., Immutabilitas Dei, in: Nederlandse theologisch tijdschrift 35(1981)111-133
WEBER, O., Grundlagen der Dogmatik II, Neukirchen 1962
WEIL, S., Das Unglück und die Gottesliebe, München [2]1961
WELKER, M., Barth und Hegel. Zur Erkenntnis eines methodischen Verfahrens bei Barth, in: Evangelische Theologie 43(1983) 307-328
WELTE, B., Zur Christologie von Chalkedon, in: Auf der Spur des Ewigen. Philosophische Abhandlungen über verschiedene Gegenstände der Religion und der Theologie, Freiburg-Basel-Wien 1965, 429-458
- Die Krisis der dogmatischen Christusaussagen, in: Zeit und Geheimnis. Philosophische Abhandlungen zur Sache Gottes in der Zeit der Welt, Freiburg-Basel-Wien 1975, 292-318
WEISMAYER, J., Spirituelle Theologie oder Theologie der Spiritualität?, in: Spiritualität in Moral. Festschrift für Karl Hörmann zum 60.Geburtstag, Wien 1975, 59-77
WENISCH, B., Zur Theologie Karl Rahners, in: Münchener theologische Zeitschrift 28(1977)383-397
WENZLER, L., Rez. K.Kitamori, Theologie des Schmerzes Gottes, in: Theologische Revue 70(1974)129-132
WETH, R., Über den Schmerz Gottes. Zur Theologie des Schmerzes

Gottes von Kazoh Kitamori, in: Evangelische Theologie 33 (1973)431-436

Widerruf oder Vollendung. Reinhold Schneiders "Winter in Wien" in der Diskussion, m.Beitr.v.K.ADEL, G.BECKER u.a., Freiburg-Basel-Wien 1981

WIEDERKEHR, D., Entwurf einer systematischen Christologie, in: Mysterium Salutis III/1, 1969, 477-645

- Neue Interpretation des Kreuzestodes Jesu. Zu Jürgen Moltmanns Buch "Der gekreuzigte Gott", in: Freiburger Zeitschrift für Philosophie und Theologie 20(1973)441-463

WIERSINGA, H., Leid: Herausforderung des Lebens. Auseinandersetzung mit einer Grundfrage, München 1982

WIRSCHING, J., Gott in der Geschichte. Studien zur theologiegeschichtlichen Stellung und systematischen Grundlegung der Theologie Martin Kählers, München 1963

- Ein neues theologisches System. Randbemerkungen zur Theologie W.Pannenbergs, in: Deutsches Pfarrerblatt 64(1964)601-609

YANNARAS, Chr., Rez. J.Moltmann, Der gekreuzigte Gott, in: Ökumenische Rundschau 31(1982)372-380

ZIEGENAUS, A., Grundstrukturen neuzeitlicher Christologie, in: Wegmarken der Christologie, hrsg.v.ders., Donauwörth 1980, 127-185

Zum Verständnis des Todes Jesu. Stellungnahme des Theologischen Ausschusses und Beschluß der Synode der Evangelischen Kirche der Union, Gütersloh [3]1968

ABKÜRZUNGSVERZEICHNIS

ACO	Acta Conciliorum Oecumenicorum, hrsg.v.E.SCHWARTZ, Straßburg 1914ff., Berlin-Leipzig 1922-1940 (IV,1 v.J.STRAUB 1971)
CCL	Corpus Christianorum, Series Latina, hrsg.v.E.DEKKERS, Turnholt 1953ff.
CSEL	Corpus Scriptorum Ecclesiasticorum Latinorum, Wien 1866ff.
DS	Enchiridion Symbolorum, Definitionum et Declarationum de rebus fidei et morum, hrsg.v.H.DENZINGER u. A.SCHÖNMETZER, Barcelona-Freiburg-Rom ^{36}1976
GCS	Die griechischen christlichen Schriftsteller der ersten drei Jahrhunderte, hrsg.v.d.Kirchenväter-Commission der Preuss.Akademie der Wissenschaften, Leipzig 1897ff.
LThK	Lexikon für Theologie und Kirche, hrsg.v.J.HÖFER u. K.RAHNER, Freiburg ^{2}1957ff.
MySal	Mysterium Salutis. Grundriß heilsgeschichtlicher Dogmatik, hrsg.v.J.FEINER u. M.LÖHRER, Einsiedeln-Zürich-Köln 1965ff.
PG	Patrologiae cursus completus, Series Graeca, hrsg.v. J.P.MIGNE, Paris 1857ff.
PL	Patrologiae cursus completus, Series Latina, hrsg.v. J.P.MIGNE, Paris ^{2}1879ff.
RGG	Die Religion in Geschichte und Gegenwart, hrsg.v. K.GALLING, Tübingen ^{3}1957ff.
SCh	Sources Chrétiennes. Collection dirigée par H.de LUBAC et J.DANIELOU, Paris 1943ff.
SM	Sacramentum Mundi, hrsg.v.A.DARLAPP u. K.RAHNER, Freiburg-Basel-Wien 1967ff.